宋刻集韻

〔宋〕丁度等編

中華書局

圖書在版編目(CIP)數據

宋刻集韻/(宋)丁度等編. —北京:中華書局,1989.8(2024.6 重印)
(音韻學叢書)
ISBN 978-7-101-10856-9

Ⅰ.宋…　Ⅱ.丁…　Ⅲ.韻書-中國-北宋　Ⅳ.H113.4

中國版本圖書館 CIP 數據核字(2015)第 062382 號

音韻學叢書
宋刻集韻
〔宋〕丁　度等編
*
中華書局出版發行
(北京市豐臺區太平橋西里 38 號　100073)
http://www.zhbc.com.cn
E-mail:zhbc@zhbc.com.cn
北京建宏印刷有限公司印刷
*
700×1000 毫米 1/16 · 33¼印張 · 2 插頁 · 1100 千字
1989 年 8 月第 1 版　2005 年 9 月第 2 版
2015 年 5 月第 3 版　2024 年 6 月第 4 次印刷
印數:5001-5300 册　定價:138.00 元

ISBN 978-7-101-10856-9

《音韻學叢書》出版説明

我國古代音韻學的研究源遠流長，自漢末魏晉始，各個歷史時期都留下了不同類型的音韻學文獻。這些文獻既包括古人分析和描寫古漢語語音的韻書、韻圖，也包括系統研究古漢語語音狀況的古音學專著，可謂彌足珍貴。二十世紀以後，隨着西方語言學理論的引入，音韻學在研究方法和研究材料上都有較大突破，出現了一批經典著作，成爲進一步開展音韻學研究的出發點。

自二十世紀五十年代起，中華書局出版了一系列音韻學古籍、研究專著和論文集，内容涵蓋了上古音、中古音、近代音和等韻學等音韻學的主要研究領域，對促進音韻學研究的發展起到了積極的作用。但由於出版時間不一，這些書籍的出版體例未能統一，所收書的種類亦不能完全滿足學界的需要，因此我們决定重新編輯出版一套《音韻學叢書》。

這套《音韻學叢書》將以整理我國音韻學古籍爲主要内容，遵循工具性、資料性和權威性的原則，力求爲音韻學研究提供版本可靠、校勘精良、使用方便、全面系統的文獻資料。主要收録：音韻學傳世和出土文獻及其整理校勘成果，主要包括各個歷史階段出現的韻書、韻圖，此外還將適當選收與音韻學關係密切的佛典音義、域外對音等古籍文獻；清代及清代以前學者的音韻學研究著作及其點校整理本。此外，由於二十世紀以來某些現代學者具有標志性的音韻學研究專著和文集已經成爲音韻學研究的經典著作，《音韻學叢書》也將酌情收入。

中華書局編輯部

二〇一〇年二月

出版説明

《集韻》是一部重要的中古韻書，始撰於宋景祐四年（公元一〇三七年）。當時鄭戩、宋祁等人上書批評《廣韻》「多用舊文，繁略失當」，宋仁宗遂下令命丁度等人刊修《廣韻》。寶元二年（公元一〇三九年）修訂完畢，詔名曰《集韻》。

《集韻》雖然是在刊修《廣韻》的基礎上編成的，但韻目名稱和次序都與《廣韻》有所不同，反切也根據實際語音進行了更訂。訓釋的繁略也進行了調整，或增或删，與《廣韻》有較大差異。《集韻》的收字原則是「務從該廣」，只要有據，各種異體統統收入，一字多體是《集韻》的一大特點。異體字中有些是古老字體的保留，在文字學中也有一定的價值。《集韻》共收字五萬三千五百二十五個，是目前爲止收字最多的字典。

現在常見的《集韻》多爲影宋本、姚刻本、曹刻本等，宋刻本很難見到。本書所用爲北京圖書館所藏之宋本，由於保存得好，相當完整，只略有小殘。因是宋刻原本，比之其他刻本錯誤自然要少些。只是宋刻本原版有點小誤，第六卷中本應在十一頁的小韻字錯被當作十三頁放入巧韻中，而本應在十三頁的巧、皓韻字却錯被當作十一頁放到小韻中。爲方便讀者，製版時將十一頁與十三頁互倒，恢復各韻原來的次序。書後附四角號碼索引，用原書字頭剪貼而成，準確度高，查找方便。

中華書局編輯部

一九八八年九月

目録

去聲

卷之七

卷之八

入聲

卷之九

五福五代堂古稀天子寶

八徵耄念之寶

太上皇帝之寶

集韻卷之一

[illegible]奉

勅脩定

韻例

昔唐虞君臣賡載作歌商周之代頌雅參列則聲韻經見此焉爲始後世屬文之士比音擇字類別部居乃有四聲若周研李登吕静沈約之流皆有編著近世小學寖廢六書亡缺臨文用字不給所求隋陸法言唐李舟孫愐各加裒撰以裨其闕

先帝時令陳彭年丘雍因法言韻就爲刊益景祐四年太常博士直史館宋祁太常丞直史館鄭戩建言彭年雍所定多用舊文繁略失當因詔祁戩與國子監直講賈昌朝王洙同加脩定刑部郎中知制誥丁度禮部員外郎知制誥李淑爲之典領令所撰集務從該廣經史諸子及小學書更相參定凡字訓悉本許慎説文慎所不載則引它書爲解凡古文見經史諸書可辨識者取之不然則否凡經典字有數讀先儒傳授各欲名家今竝論著以粹羣説凡通用韻中同音再出者既爲冗長止見一音凡經史用字類多假借今字各著義則假借難同故但言通作某凡舊韻字有别體悉入子注使奇文異畫湮晦難尋今先標本字餘皆竝出啓卷求義爛然易曉凡字有形義並同轉寫或異如坪垩夻吅心忄水氵之類今但注曰或書作某字凡一字之左舊注兼載它切既不該盡徒釀細文況字各有訓不煩悉箸凡姓望之出舊皆廣陳名系既乖字訓復類譜牒今之所書但曰某姓惟不顯者則略著其人凡字有成文相因不釋者

今但曰闕以示傳疑凡流俗用字附意生文既無可取徒亂真僞今於正文之左直釋曰俗作某非是凡字之翻切舊以武代某以亡代芒謂之類隔今皆用本字述夫宫羽清重篆籀後先總括包幷種别彙聯列十二凡著于篇端云字五万三千五百二十五（新增二万七千三百三十一字）分十卷詔名曰集韻

平聲一

東第一（都籠切　獨用）　冬第二（都宗切　與鍾通）

鍾第三（諸容切）　江第四（古雙切　獨用）

支第五章移切與脂之通　脂第六蒸夷切
之第七眞而切　微第八無非切獨用
魚第九牛居切獨用
一○東都籠切許慎說文動也从木官溥說从日在木中一曰春方也又姓文二十五　涷說文水出發鳩山入於河爾雅暴雨謂之涷郭璞曰
今江東呼夏月暴雨爲涷雨引楚辭使涷雨兮灑塵一曰瀧涷沾漬　涷凌也　菄菄風艸名蘱南平澤有之莖高三二尺先春而生　蝀蛞蝀科斗
通作蝀　蝀爾雅螮蝀虹也　鰊魚名似鯉　鶇鶇鶇鳥名美形皃一曰鶇名或書作鶇　𧰔𤞾山海經泰戲之山有獸狀如羊一角
一目目在耳後其名𧰔或从犬　倲倲儱倲劣也或作倲　徚倲然行皃　崠山名一曰山脊　埬埬地名　𩞯東郡館名
䰤鬼名一曰醜皃　錬方言韓魏趙魏之間曰錬鏞　𤸇吳俗謂惡氣所傷爲𤸇病　暕地名　諌諌諌鼓聲　騋馬名　䰤
騄鬆髮皃　娻嬽名　悚愚皃○通他東切說文達也亦州名又姓文二十五　熥以火煖物　樋木名　蓪藥名博雅附支蓪艸
筩竹名　俑說文痛也　侗說文大皃引詩神罔時侗一曰侗未成器之人　恫痌恿說文痛也一曰呻吟或作痌恿　瞳

曈曨日欲明　狪狪貐獸名山海經泰山有獸狀如豚而有珠其鳴自呼或从犬从豸　潼水名　𢨲舍響　迵水聲　踊
走皃　桐甋脆皃通作通　絧緩而直通皃　𨋢鼓聲遠聞　樋恫樋裯衷服也或从同　眮町眮鹿跡　嫞女字○
同徒東切說文合會也亦州名文七十二　童僮說文男有罪曰奴奴曰童女曰妾一曰山無艸木曰童又姓籀文童中與竊中同从廿
僮說文未冠也詩僮僮竦敬也　動成人也　侗倥侗童蒙也　曈眮曈曨日欲出或作眮　朣朣朧月初出　朣
肥皃　瞳目瞳子　眮吳楚謂瞋目顧視曰眮　哃哃嗋大言　銅說文赤金也　峒崆峒山名　硐硧博雅磨也或从
甬　甋博雅甋瓦也　甌瓻瓿小牡瓦也或从同　桐木名說文榮也又姓古書作桐　橦木名華可作布　絧布名
罿捕鳥罔　舼艟博雅舟也或作艟　筒竹名　筩說文斷竹也　穜先種後孰爲穜　董艸名爾雅蘱薡董郭璞曰
似蒲而細　洞洪洞縣名在晉州一曰泽洞水無崖皃　潼說文水出廣漢梓潼北界南入墊江　烔爞燑博雅烔爞熱也或作爞燑
扃舍響　𢨲通　衕通街也　郋鄉名　鄆地名又姓　鮦鱦魚名爾雅鰹大鮦或从童　鶇鶲鶇鶲水鳥黃喙長尺
餘南人以爲酒器　狪狪貐野彘或从犬从豸　犝犋說文無角牛也或从同通作童　䍶羫無角羊或从同通作

童　𩋍鞃車被具飾或从同　𪔝鼕鼓聲或从冬　潼幢潼容車幨帷也或从巾　酮埤倉馬酪也一曰酢也
挏推復引也　獞犬名　㢥象弓謂之㢥　憧憧憧往來不絕皃徐邈讀　氃氋毛皃　詷說文共也一曰譀也引周書在夏后
之詷　戙舟纜所繫曰戙　嶝山皃　䅊禾盛皃　粡粽也　痌瘇創潰也或从童　鸏黑虎　黵黑皃　驡
馬名○籠盧東切說文舉土器一曰笭也一曰所以畜馬文四十二　蘢艸名說文天蘥也　櫳說文檻也一曰所以養獸　龒說文房室
之疏　䆍博雅䆍穢也一曰禾病　聾說文無聞也或書作聾　嚨說文喉也　礱大聲也　饕龓餅屬或从麥
靇靇靇雷聲　曨曈曨日出　朧朦朧月出　朧有也　龓說文兼有也　驡馬被具通作龓　䡁方言車轄齊謂之䡁　襱裥
方言齊魯之間謂之襱關西謂之袴一曰裙也或从同　巃或書作巄　巄巃從山高皃　儱儱倲劣也　壟壠土墊也　蠪䗫蠪蛭行皃
𢡢態怱遽皃　徿䃧蝕說文大長谷也或作䃧蝕　瓏玪瓏玉聲一曰風聲　礱說文䃺也天子之桷椓而礱之　龔
䃧土以磨穀一曰瓦礱物　瀧說文雨瀧瀧皃　䗁蠪說文丁螘也一曰蠪蛭如狐九尾虎爪音如小兒食人亦名蛉蠪　龐驡
充實也詩四牡龐龐或从馬　寵都寵縣名在漢九眞郡　儱儱悷多惡也　籠篚也　䥢器也　䑣舟名　𤜣獸名　攏

理也○蓬菶蒲蒙切說文蒿也籀省亦州名文三十一　芃說文草盛也引詩芃芃黍苗　篷筝韸方言車簍南楚之外
謂之篷或省亦作韸　艂芃艂船或作芃　逢韸鑝逢逢鼓聲又姓或作韸鑝　龐驩
充切也　髼鬆字林髼鬆髮亂皃或作鬆　槰艸名爾雅困枝　熢熢浡煙鬱皃　漨漨浡滃鬱也　蜂蠭
倉頡篇蠡蜂名或从逢　䬠風皃　菶茂也詩菶菶萋萋　塳塜塺也誤作塜　鏠首著兜鍪也莊子鏠頭　䡫車聲
𤪌車答上皮篋　桻棑上構也　䗬䗬蠭也　妦女字○蒙謨蓬切艸名說文王女也文五十五　冡說文覆也通作蒙
說文突前也徐鍇曰冂重覆也犯冂而見是突前也　幪幪說文蓋衣也一曰下刑墨幪巾也使刑者不得冠飾或作幪　䑃
辯也郭璞曰艸木之叢茸翳會或作𦺖　駹馬垂䰢　濛霿說文微雨也或作霿　雺霧霚霿爾雅天氣下地不應曰雺或作霿霧霧
朦朦朧月將入　曚曚曨日未明　朦方言秦晉之間凡大皃謂之朦一曰豐也　艨博雅艨艟舟也通作蒙
矇說文童矇也一曰不明　饛盎盟說文盛器滿皃引詩有饛簋飧或作盎盟　醿醿說文䤂生衣也或作䤂通作㲛　醘
醘醲也或作𨠊　鸏說文水鳥也　罞爾雅麋罟謂之罞　蠓方言蠭燕趙之閒謂之蠓蝓　蒙絲亂緒皃　鄸邑名

騣騣說文驢子也或从蒙 檬木名黃檬也 擝收斂也 尨尨茸亂皃 蛖蟲名爾雅蛖螻蛖螻 懵懜懵懵
無知皃或从夢 𧒽蠭北氣不澤也洪範曰圛曰𧒽 瞢雲瞢澤名在荊州李軌說 夢艸名說文灌渝博雅蒥夢薛也 鬉博雅鬉鬆髯也
鬞鬞毛皃 𨭫博雅鏳𨭫釜也 獴獸似豕目出於耳 矇浮矇 艨醜也 嵸山名 謈言不明亦从口
𨻫邑名 鄸魯邑 懞盛厚皃 襛襛䙕衣 ○檧篰蘇叢切俗呼小籠為樬篰或作篰文十一 揔手進物
憽惺憽慧皃 𦝡素白也 蜙蚣蟲名爾雅蜙蝑蜙蝑或从公亦書作蚣 鬆鬆髮亂或作鬆 鍯大鑿也
潨水聲 ○怱悤麤叢切說文多遽怱怱也古作悤俗作忩非是文三十 聰聦說文察也一說耳病晉邾仲堪父患耳聰古作
聰 蔥蔥說文菜也古作蔥 轗載囚檻車通作蔥 㧜擔兩頭銳者 鍃說文鎗鍃也一曰大鑿一曰平木刻 㥦說文
屋階中會 嵸山皃 璁說文石之似玉者 繱緫說文帛青色一曰輕緰或作緫 惚惚恫無知 蹤蘢蹤行遽 驄說文
馬青白雜毛也 蟌蟲名淮南子水蠆為蟌一曰蜻蛉 熜熜博雅熾熜炬也一曰煴也或省 醲醲醲謂之醲濛或作醲 窻
囱牕窗囪通孔也鄭康成曰窻助戶為明古作囱或作牕窗囪 豵山海經大荒之南有豵淵 偬志衆也 嫐女字

○㚇翪鶵祖叢切說文斂足也鵲鵙醜其飛也㚇或从羽从鳥文三十九 騣馬鬣也 鬉鬉亂髮 鬷繫髮縹一曰頭鬉
豵豵說文生六月豚一曰一歲豵尚叢聚也或从犬 猣爾雅犬生三猣 鯼魚名石首也出南海頭中有石 蝬三蝬蛤蟹 蜙
說文蝬蝬也一曰似蝗 葼說文青齊沇冀謂木細枝曰葼 䕺折竹䈡 椶椶櫚木名葉似車輪 稯稅說文布八十縷為稯一曰
十莒曰稯籀作稅通作緵緵 㚇逡行也或从辵 緵爾雅緵罟謂之九罭郭璞曰今百囊罟 總絲數詩素絲五總 㚇說文
九嵏山在馮翊谷口或書作嵕 㥮困㥮刻賊不通也李頤說 嵸巃嵸山皃 輚輪也 碊石名 堫稯說文種也一曰內其中也
一曰不耕而種或从耒 鬷說文釜屬一曰總也又姓 艐朡說文船著不行爾雅至也一曰三朡國名隸作朡 蚼蛪蚼蟲名似蟬
揔字統揔㨂俗謂之抳頭 睃睬也 縱椶博雅縱襟㯼衣也或作椶 陖國名 豵雞也 嫎女字 ○叢
徂聰切說文聚也俗作叢非是文十五 纘合絲纖也 鬉毛聚生 叢菆蕺說文艸叢生皃或作菆蕺 篵籠篵取魚器
爞火皃 蜙蛸蜙蟲名 潨灇漎說文小水入大水曰潨詩傳水會也或作灇漎 縱鬆高大皃禮爾無縱縱爾
劉昌宗讀 區盛米器 ○洪洚胡公切說文洚水也一曰大也亦姓古作洚文四十五 洚說文水不遵道一曰大水一曰下也

葓葒水艸也或从紅 䓤引水也一曰竹木為東 粠粠說文陳臭米一曰赤米或从共 紅說文帛赤白色亦姓 𨻫
博雅䧆坑也 陙阬從陙山名在益州或作阬 谼大壑 硔礦石隕聲 鴻鳿說文鴻鵠也大曰鴻小曰鴈亦姓古省
䧆說文鳥肥大䧆䧆也 翝飛聲或書作䎕 魟白魟魚名一曰魚肥 虹蝺說文螮蝀也狀似蟲引明堂月令虹始見籀作蝺或書作
䖶 仜說文大腹也一曰㬹仜肥大皃 肛肛門腸端 訌說文讀也引詩蟊賊內訌通作虹 烘說文戰慄也 𧮰吽
吰大聲或作吽吰 颫風聲 鉷㻧鎗弩牙䃔致也 烘灴宇林燎也或从工 玒珙說文玉也或从共 琝
陶器 舼博雅舟也 共共池地名 垬埭也 洪水聲一曰潰洪水沸涌 䞑皮肉腫赤 屸山名 娂妅女字或从
工 憤烘憤懣也 ○烘呼公切說文尞也引詩卬烘于煁文十五 䜫詾大聲或作詾 颫䫺風光色
焢火氣皃 吼哄呵也一曰吼吼人聲一曰鷇語或作哄 䫺顭顭頭悶皃 谾谾豅澗谷空皃 硿石落聲 魟
魚名似鱉 㲁擊空聲 聗耳有聲 動歌聲 ○空枯公切說文竅也一曰虛也文二十一 箜控箜篌樂器師延作蓋
空國之侯所好或从手 䓬艸名 椌博雅椌椌楷橐也 椌器龕謂朴之椌 硿硿青藥名出會稽一曰石聲 控

除也 𣪍擊也或从殳 崆崆巃山高 倥倥侗童蒙也 悾信也一曰愨也 悾衿謂之悾 涳說文直流也一曰涳
濛細雨 鵼鳥名出則為怪 蜷蟲蛝曰蜷 𪔂鼓聲 窾空也莊子導大窾向秀讀 䯨尻骨 ○公台沽紅切說文平
分也从八从厶八猶背也韓非曰背厶為公一曰封爵名古作台文二十六 工彡說文巧飾也象人有規榘古从彡 功紉紅
說文以勞定國也或作紉紅 㓚博雅㓚謂之㓚 攻說文擊也一曰治也 釭軖博雅鐗銀釭也謂車轂中鐵或作軖 玒玜
玉名或从公 碽擊聲 篢笠名 𢡧恨憤皃 疘脫疘下病 蚣蟲名廣雅蜈蚣蝍蛆也 芸艸名 鳿鳥名 䲲
魟鰫鱅魚名似鱉或从工 訌訟言相陷也詩蟊賊內訌鄭康成讀 杠杠里地名 吰衆口 忪急意 ○翁𩓝鳥公
切說文頸毛也或从頁翁一曰老稱又姓文十五 鰯說文魚名 螉說文蟲在牛馬皮者 𩌏吳人謂鞾靿曰𩌏 𣘲木名說文
竹皃 蓊艸名博雅蓊薹也又蓊鬱艸木盛皃 嗡嗡吼牛聲 㺋豬也 鄒邑名 𧝈襍翁衣名 嵡山名 嗡蟲聲 鎓
鍬也 ○嵸五公切崆嵸山高皃文三 腢髃肩前也或从骨 ○𠈢僕蒙切僕僕使也文一 ○豐豊敷馮切說文豆
之豐滿者也一曰鄉飲酒禮有豐侯者一曰大也亦姓古作𡴭文十二 酆說文周文王所都在京兆杜陵西南又姓 灃水名在咸陽 僼閼偓

僼仙人名 𡶼山名 𧯛說文煑麥也鄭衆謂蒸麥曰𧯛或書作豔 寷說文大屋也引易寷其屋 蘴葑方言蘴蕘蕪菁也陳楚之郊謂之蘴或作葑詩采葑采菲徐邈讀 韸鼓聲 靊靁師 ○風飌凬凨方馮切說文八風也風動蟲生故蟲八日而化一曰諷也又姓或从翟古作凬凨文十二 楓㯱說文木也厚葉弱枝善搖一名桑或从林 猦猦母獸名如猨行逢人即叩頭微擊即死得風還活 佩地名 瘋頭病 䫿竹名出南海 颿地名 諷誦也一曰告也 ○馮符風切說文馬行疾也又姓文十六 鄷說文姍姓之國 汎浮也 芃說文艸盛 䑺舟名 渢大聲 丰丰茸艸盛兒 堸蟲室曰堸 䵄梵風行木上曰䵄或作梵 葻艸偃風兒 縫紩衣也 捀或作搒 渢水聲 肌乳也 淜無舟渡曰淜 ○瞢瞢謨中切說文目不明也从苜从旬旬目數搖也或作瞢文十一 夢艸名說文灌渝也 夢說文不明也 壿澤名通作夢 儚儚爾雅儚儚惛也一曰憖也或作懜 寢言寐 鄸邑名在曹 䑃䑃艶醜兒 䉚獸名似豕目出於耳 ○嵩崇思融切說文中岳嵩高山又姓古作崇文十七 崧爾雅山大而高崧郭璞曰今中嶽嵩高山蓋依此名 䳠䳠鷂爵䳠隼屬或从公从松 娀說文帝高辛之妃偰母號也引詩有娀方將又姓 菘蓯蘴菜名或作蓯蘴 硹地名在遼 䒥姓也 蜙蟲名 鬆鬆髮布一曰鬆 蜙蚣蜙蝑蟲名或从公亦書作蝵 䣴酒名 ○充昌嵩切說文長也高也或曰實也備也文七 珫玉名通作充 㤝愴心動也 䵵黃也 𧘂襌衣方言襜褕布而無緣關西謂之𧘂裾 浤流流宗水聲 茺茺蔚艸名益母也 ○終𦃃𠔢𣅽𠕀夂之戎切說文絿絲也一曰盡也又姓古作𦃃𠔢𣅽𠕀隸作夂文二十七 汷洤說文水也一曰水名在襄陽 潨厓也一曰小水入大水亦作洤 螽𧒂蟓䘐說文蝗也或作𧒂蟓䘐 鼨䶱說文豹文鼠也或省 㹣獸名如豹而角 蔠艸名爾雅蔠葵蘩露大莖小葉華紫黃色 柊齊人謂椎為柊楑一曰木名通作終 霟說文小雨也引明堂月令曰霟眾 𪓰鼃名 鼨䶱虎文赤黑或从終 𩿨鳥名 䈺戎人呼藍曰䈺 衆艸名爾雅瀠菅衆郭璞曰葉似韭毛黑布地冬不死又姓春秋傳有衆父 䶱博雅䶱猝竟也通作終 𤝍犬名 ○戎戎而融切說文兵也一曰西夷名一曰大也或作𢦦文十六 㭜木名似櫰 駥馬高八尺也爾雅絕有力駥 狨獸名禺屬其毛柔長可藉通作戎 絨布細者曰絨 搣爾雅相也博推推也 茙茙葵艸名一曰戎菽厚兒通作戎 笼竹筍謂之笼 茸毛茸亂兒 㲝㲝衣厚也或作毧 𣯍毧耎毳細毛古作毧 硔石也 篢竹名頭有文 ○崇嵩鉏弓切說文嵬高也一曰充也聚也終也又姓或書作崈文六 從太高兒欆爾母從從

集韻平聲一　七

爾鄭康成讀 潨水聲 崇字林㞔屬 郏國名通作崇 䳷䳷餩貪食 ○中中中申陟隆切說文和也从口从丨上下通亦姓古作中申籀作中文六 衷說文裏褻衣一曰善也中也 忠說文敬也亦州名 苗說文艸也 ○忡憧敕中切說文憂也引詩憂心忡忡楚辭作憧文七 沖沖瀜水深廣兒 盅器虛曰盅 窜穿也 笷竹名 翀上飛也 ○蟲持中切說文有足謂之蟲李陽冰曰裸毛羽鱗介之總稱亦姓俗作虫非是文十二 爞爞旱熱也或省通作蟲 鼜鼓聲 沖說文涌搖也一曰和也 种雅也亦姓 痋病也 翀上飛通作沖 盅說文器虛也引老子道盅而用之通作沖 茧芔艸名或从中 𢗞憂也 ○隆良中切說文豐大也一曰物之中高也文十六 癃瘁𤸇說文罷病也或作瘁𤸇 窿穹窿天勢通作隆 隆隆豐山形 漋瀧高下水也或作瀧 鼕鼕隆鼓鼓音或作隆鼓 磰磕礧石落聲 𥶼篁也 𩃎豐隆雷師 蠭蠭蟲名或从隆 隆多也 ○融融余中切說文炊氣上出也一曰和也方言宋衛荆吳之閒謂長曰融又姓籀不省文七 彤火氣 瀜沖瀜水深廣兒 彤船中也 肜商又祭名肜者相尋不絕意孫炎說李舟从肉 赨赤蟲 ○雄䧺胡弓切說文鳥父也一曰牡也一曰武稱亦姓或从鳥文八 熊羆能𧲫熊說文獸似豕山居冬蟄亦姓或作羆能𧲫羆 赨赤蟲 ○弓居雄切說文以近窮遠象形古者揮作弓又姓一說角曰弓木曰弧文十三 躳躬說文身也一曰親也或从弓又姓 䢼山名在彭蟲 杛木名 𨈑𥨪恭兒或从穴 宮說文室也一曰五聲之始亦姓 腔腐刑也通作宮 蜳守宮蟲名通作宮 涫縣名在酒泉 𥘮祷博雅祷祩也 营艸名䓖䓖也 ○穹丘弓切說文窮也爾雅穹蒼蒼天郭璞曰天形穹隆然文十五 焪焪曝也燸也或从宮 悺愘𢘧廣雅憂也或作愘𢘧 营䓖鞠說文营䓖香艸司馬相如說从弓或作鞠 碚碚磬石聲 𡸣𡸣崆山形 䠻𨈑博雅䠻䠻謹敬也或作䠻 䈳方言車枸簍宋魏陳楚閒謂之䈳籠 鞠車軾中 ○𧰐火宮切說文極空聲文一 ○穹窮窿渠弓切說文窮也或作窮文九 竆說文夏后時諸侯夷羿國 藭藭䓖艸說文营藭也 䳷䳷謹敬兒或作躳 䁹崆崆山形或从窮 獇獸名似虎 ○䃔於宮切石名文二 悺憂也 ○雝蟲工切雀也文一 ○䱷鯼公切海魚名似鼈文一

二○冬𠔢㚇都宗切說文四時盡也又姓古作㚇𡯂文九 㚵雨兒 苳說文艸也陸詞曰苣苳冬生通作冬 鼕獸如豹有角 鴤鳥名似鳧 㚵女字 ○烔他冬切火盛兒文三 佟博雅怪佟懼也 鵵鳥名 ○彤蚒徒冬切說

集韻平聲一　八

文丹飾也从彡彡其畫也又姓或作蚒文三十三 赨𧹞說文赤色也或从冬 炵火盛皃 爞蟲爾雅爞爞薰也謂旱熱薰炙人
蟲或作𢥞博雅𢥞𢥞憂也 㣚惶也 㣚憣名 疼𦙶博雅痛也或作𦙶 痋說文動病也 庝深屋謂之庝一曰舍
聲 鼕鼕鼜說文鼓聲也或从冬亦作鼜 𣪗說文擊空聲 鉵鑥說文相屬或从蟲 鉖鈞也 𤝚博雅
刺也 𪓈說文龜名 鴤鵻山海經崧果山有鳥名鴤渠狀如山雞黑身赤足可以已腫或从隹 佟姓也 浵汪浵水深一曰水名
𨛦古國名 醔酒醋壞 𪁟黑虎或作𪁟 鼨豹文鼠也 𪏽黑也 ○硿虛冬切硿隆石聲文六 隆
鼕鼕鼕鼕鼓聲或作鼕鼕鼕鼕 ○農𨏾辳農䢉奴冬切說文耕也一曰厚也又姓古
作𦧪𦧪𦧪𦧪𦧪文二十 𩟔饛強食 噥多言不中謂之噥 醲濃博雅露多也或作濃 憹懊憹悵也 儂我也吳語
獶說文犬惡毛 𥂝膿癑說文腫血也或作膿癑 蕽蕽華 䵷病 夒貪獸也一曰母猴 䁸怒目
○騣𩦷鬃蘇宗切騣𩦷或作鬆騣文三 ○宗祖賨切說文尊祖廟也一曰尊也本也亦姓文四 倧上古神人 洚
水不遵道孟子洚水警予 棕木名蜀椶栟也 ○賨悰祖宗切說文南蠻賦也或从巾亦書作賩文十三 悰諒說文樂也一曰
集韻平聲一 九
謀也或作誴 慒說文慮也通作悰 琮說文瑞玉大八寸似車釭 淙說文水聲也 潨水會也 鬃高髻 蜙蜙蝑
蟲名 𡟰嬰嬬方言江湘之間謂之𡟰 孮子孫盛曰孮 婝女字 ○碚乎攻切碚隆石隕文十 嗵歌聲 飇大風謂之
颸 洚水不遵道也 夅服也 降下也 𩑛蠻長頸者 ○攻古宗切治也擊也文三 釭轂鐵一曰鐙也 碽擊聲
○㳅統冬切㳅淙水聲文一 ○碚酷攻切碚隆石聲文一
三 ○鍾諸容切說文酒器也一曰聚也當也又姓文三十三 鐘鏞說文樂鐘也秋分之音物種成古者垂作鐘或从甬通作鍾 橦
木一截也唐武紫方三尺五寸曰一橦 籦籦籠竹名可作笛 䑧舉角也 䈺字林無節簡 苁艸名 炂火也 伀
說文志及眾也 彸征彸彸遽皃 妐公夫之兄爲兄妐一曰關中呼夫之父曰妐或省通作鍾 罿罿捕鳥罬也爾雅罬謂之罿 蹱衝
埋倉蹱蹱行不進皃 憧憧憧往來一曰小兒行或从彳不絕皃 吅衆口皃 忪心動也 惚忪㧐松說文懼也
一曰快或作悚忪 蚣蟲名 螉蝗也或从童 閦門外開 童夫童鄣地通作鐘 鍾鉵量名六斛四斗曰鍾或作
鍾通作鐘 舂荊山別名 潼瀧潼溼皃 鈆鐵也 ○舂書容切說文擣粟也古者雝父初作舂一曰山名曰所入文十 樁衝也

踳博雅踳蹐也 憃憧騃昏也或作憧 蝽蝽蟓蟲名通作春 鶔鶔鳥名布穀也通作舂 騁驚馬 從從容久意
禮待其從容然後盡其聲 傱博雅傱傱罵也 ○衝衝昌容切說文通道也春秋傳及衝以戈擊之一曰突也或从重文十七 罿說文𦊰也
用以捕鳥 憧說文意不定也一曰憧憧往來不絕皃 䡴橦說文陷陣車也或作橦通作衝 艟艨艟戰船所以突敵 潼水名一曰
水壞道 穜種博雅穜䅸穜揄也或从重 衝衝博雅衝刺也或从重 穜種廣雅短矛也或从童 憁崇牙
憃騃昏也 𥨜空也 ○鱅鰫常容切說文魚名一作鰫文十一 穜種博雅穜䅸穜揄或从重 𢊁
器 慵嬾稱不廉 鏞鐘 艟引船沒水中或作艟 甀說文器也一曰瓶也 嫞女字 ○茸如容切說文艸茸茸
皃一曰尨茸亂皃文十八 茸文竹也 䳬𩋖𩋖芳也一曰禾稍 橦木名似橦 䩸蓋飾 縙絲飾 髶說文亂髮
也或从耳 𣯹博雅𣯹毴屬也 襛說文衣厚皃引詩何彼襛矣 穠華多皃 蹱行皃 蟲蟲行皃 搑推擣也一曰收也
𤛖穠屬 醲說文酒也一曰酒重釀者 氄鳥獸細毛也 媶姅媶美皃 ○蜙蚣思恭切說文蜙蝑以股鳴者或省亦書作
蚣文九 淞江名在吳郡 凇字林凍洛也 鬆䰇髼鬆亂或省 傱忪方言傱傱罵也郭璞曰羸小可憎之名一曰嫐
集韻平聲一 十
也或从彳 松木也闕內語 ○樅七恭切木名說文松葉柏身亦姓文二十 𥢖縱移治禾也 鏦錄鏓說文矛也一曰
稍小者或从彖亦作𥢖 瑽瑽瑢佩玉聲 瞛目光 臃肥也 趟急行皃 驄鬆驄騘駿亂或从松从公
𢵮博雅揰也 從從容休燕也 縱遯步緩也或作遜 蓯蓯蓉艸名 蜙螻蟲名 鼨小鼠 㚇女字
○從縱將容切東西曰衡南北曰從或从糸文十七 縱說文絨屬紫章也一曰車馬飾 軗䡮說文車跡也或作䡮
蹤蹤迹也或省 趟急行皃 樅木名一曰叢上牙 熧火出穴中 磫廣雅磫礭礪也一曰石路 鼨鼠名 瘲
說文病也 鬆博雅鬆䰇亂也 瞛目光也 潨水外高者 豵豕生三子 ○松㮤棗祥容切說文木也亦州名古作
窠容或書作㮤文七 訟爭也 淞凍洛也 苁艸名 ○从刅從迦牆容切說文相聽也从二人又姓古作刅隸作
從或作迦文九 豵豕生三子 𪇆𪇆方言桂林之中謂雞曰𪇆𪇆或从鳥亦書作𩿨 訟爭也 蜙蝑蜙蟲名 ○丯丰
丰敷容切說文艸盛丰丰也从生上下達也或作丯文三十五 莑艸始生 夆蜂說文牾也爾雅粤夆掣曳也或作蜂 妦
𡝂方言凡好而輕者趙魏燕代之間曰妦或作𡝂 夆逢說文使也或从逢 鋒鋒說文兵耑也或从夆 桻廣雅末也

𤇊烽說文燧候表也邊有警則舉火顔師古說夜曰逢晝曰燧或省 髼鬔髮亂或从夆 韸韼韸韼鼓聲或从夆
胮肉耑 峯𡶅說文山耑也或作𡶅或書作峰 眫䏺目瞭或从夆 蠭𧓷𧒂蜂說文飛蟲螫人者古
作𧓷或作𧒂蚌通作蜂 蘴葑菜名或作葑 捀說文奉也 犎牛名 詳誶語耑或不省 伻闕仙人名○
封𡉚𡊅方容切說文爵諸侯之土也从之从土从寸守其制度也徐鍇曰各之其土一曰土陪益爲封一曰大也又姓亦州名古作𡉚𡊅文十
崶山名在封州 葑蘴菜名說文須從也或作蘴 𤛎犎牛名領上肉犦胅起如橐駝或从夆 篈竹名 妦女字○
逢符容切說文遇也一曰大也文十四 縫綘摓說文以鍼紩衣也或省亦作摓 韼字林被縫也一曰鼓聲一曰鞴韼艸名
𨬂䂬字林矛有二横曰䂬𨬂或从夆 摓捀捧奉也孫伷曰兩手分而數或省亦作捀通作摓 夆爾雅甹夆掣曳也
蘕蕢山艸通作逢 漨浲水名山海經翼狐山漨水出焉一曰漢漨池在開封縣或从夆○ 夆匹逢切甹夆掣曳也文二○ 蹱
丑凶切𨇶蹱小兒行皃文八 傭𦟛均直也或从肉 𨘢馬不行皃 𤢺土精如豕謂之𤢺 𪏟深亦中黑 媶女字 䗦
巫也○ 重傳容切複也文十三 種穜說文先種後孰也或作穜 緟褈說文增益也一曰厚也或作褈褈 鶇

集韻平聲一 十一

鶇鶇鳥名 鮦魚名 蝩夏蟲 㫰旗杠 隀地名 酮酒欲酢 媑女字○ 龍竜𥪖龒龕
龓力鍾切說文鱗蟲之長春分而登天秋分而潛淵一曰寵也又姓亦州名古作竜𥪖龒龕文二十 驡野馬 蠪博雅蚵蠪蜥蜴也一
曰竹蟲 瓏𤥭說文禱旱玉龍文从玉或从圭 𤮊巫也 躘躘踵行皃 蘢蘢古艸名通作龍 襱博雅䙪襱也一曰
龓竹名 龐䆍郈龐縣在九真或作䆍 巄山峻皃 艭扁舟蓋謂之艭 鸗鳥名 瀧水名○ 醲尼容切說文厚
酒也文十 濃䨶說文露多也引詩零露濃濃或从雨 襛厚也 穠華多皃 欁木名 䙪𩅽多也 𪏮黑甚
𤢿犬多毛 鬞髮亂皃○ 容宂餘封切說文盛也从宀谷徐鍇曰屋與谷皆所以盛受又姓亦州名古作宂通作頌文四十七 頌
額說文皃也籀作額通作容 𢒝重影也一曰形𢒝 𩭹髮長皃一曰飾也 傛漢制傛華婦官名一曰傛傛便習意一曰不安 榕
方言南楚謂搈榕 搈博雅動也 傭說文均直也一曰顧作謂之傭 庸𩁹說文用也从用庚庚更事也引易先庚三日一曰常也愚
也古作𩁹又姓 𩁹說文用也从亯从自自知臭香所食也 鄘說文南夷國一曰紂之畿內地名 鎔說文冶器法也 鏞銿說文
大鐘謂之鏞或从甬 𢧢兵器 槦槦木名材中箭笴一曰兵架謂之槦 榕木名初生如葛藟緣木後乃成樹 䈶䈶筭矢也一曰文竹

蓉芙蓉荷華 溶說文水盛也一曰安流也亦水名 滽水名山海經宜蘇之山滽水出焉 墉𨼆𤖨𩫖說文城垣
也或作𨼆𤖨古作𩫖 嵱山名在容州 𡾰山名在建州 輍䡥車行皃或从容 瑢瑽瑢珮音 㼧𤭁博雅瓶也或作
𤭁 𤢺獑說文猛獸也或从犬 鷛𪆫說文鳥也一曰庸渠即今水雞或从隹 𪃹鷛鷋鳥名 鰫魚名如犛牛音 鰫
說文魚也似鰱而黑 䗤山海經條蟲狀如黃蛇魚翼出入有光 訟諍也 犝牛名領有隆肉 鎔鉤鎔取炭器 嫆女字○
蛩丘恭切說文斤斧穿也文三 𥳰引車 跫行聲○ 恭居容切說文肅也通作龔共或書作恭文十八 龏說文愨也
龔說文給也又州名亦姓 供說文設也一曰供給通作共 共共工官名又地名亦姓 廾𢪶竦手也或作𢪶 𨛜亭名
在宣城 䢼𥈿埤倉䢼暐睢也或从恭 鬞鬆鬆亂 鵬鳥名似雉啼自呼 烘燎也 珙拱大璧也春秋傳與我
其珙璧徐邈讀或作拱 悰𢙢博雅懼也 哄𠹆聲也或从恭○ 匈肖𦙄許容切說文膺也或作肖𦙄文十七 凶
𡆣說文惡也象地穿交陷其中或从乡通作兇 兇恟怮說文擾恐也引春秋傳曹人兇懼或作恟怮 訩訥詾
詩傳訟也一曰盈也一曰衆言或作訥詾 跫𧿮人行声莊子足音跫然或从凶 洶汹水勢或作汹 銎鋾方言矛骹謂之

集韻平聲一 十二

銎一曰斤斧穿或从凶○ 邕邑於容切說文四方有水自邕成池又州名籀作邑文三十五 廱說文天子饗飲辟廱曰辟廱學名通作雝
雝鶅說文雝𪆫也或从鳥 雍和也亦姓通作邕雝 噰嗈爾雅聲也郭璞引詩噰噰和鳴或作嗈通作邕雍 貗貗屬
饔饔熟食也一曰割烹煎和之稱或从雍 灉灉說文河灉水在宋爾雅水自河出爲灉或作灉 壅壅壅塞也或从
雍亦作𡋯 𤮾石次玉一曰玉器或从雍 罋甕陶器或作罋甕 𦅢𦅢𦅢多也 蕹華也
鞲鞰韚或从邕亦作韛 䉛䙪語或从邕 癰臃說文腫也或作臃亦書作癰 擁
遮也或作擁 𡟯女皃 𧒹蟲名蛘也○ 顒魚容切說文大頭也引詩其大有顒一曰顒顒溫皃或作顒文八 蝺蟲名似蟬
禺番禺越地名 喁噞喁魚口上見一曰聲也 鰅說文魚名皮有文出樂浪東暆神爵四年初捕收輸考工周成王時揚州獻鰅一曰鰅鱅狀如
犁牛 遇曲遇地名 媶女字○ 蛩蛬渠容切說文蛩蛩獸也一曰秦謂蟬蛻曰蛩或从邛通作邛文二十九 䮾獸如馬而青一走千里
蛬爾雅蟋蟀蛬 邛說文地名在濟陰一曰水名在蜀一曰病也亦姓 筇竹名通作邛 蒩萁荚實 桊稽也 𨚢說文
樓据木也 栱共爾雅杙大者謂之栱或省 樑艂艭䑼方言南楚江湖凡船小而深者謂之樑或作艂艭䑼 䡣輁軸

士喪遷柩者 䡫龍䡫車引也 𨍭佩 㑜方言㑜艅鷵也 鳿水鳥名 䰂䰂鬆髮亂 跫人行聲 廾竦手也
𢍏舉兩手取曰𢍏 𦥑說文所以枝鬲者从爨省鬲省會意 烘燎也 𥐝硿水石之鳥曰𥐝或从石 粠精米 ○𧖔
匹角切蟲名𧖔雅土蠭文一 ○蓬蒲蒙切關人名蓬蒙羿之弟子文一 ○𧕨鳴龍切羌中牛名李登說文二 𤜱毛之彊曲者李登說
四○江古雙切說文水出蜀湔氐徼外嶓山入海又姓亦州名文十六 茳茳蘺香草通作江 豇豆名 扛說文橫關對舉也
杠說文牀前橫木一曰旌旗竿 矼聚石水中以為步度彴通作杠 瓨說文似罌長頸受十升 玒玜玉名或从公 𧮪
谷名在南郡 釭鐙也一曰轂鐵 舩舡說文擧角也或从工 魟魟鰤水蟲名 肛胮肛腫脹也 笁竹名 ○
腔羫𤝭枯江切骨體曰腔或从羊从犬文十九 䯫髐䯫骨名 𤸪 啌喉𪑬也或从口 控打也 椌說文
柷樂也 跫𨆉地聲 䡫馬行皃 悾信愨皃 谾山谷深皃 崆崆峣山高峻皃 甈㼦甈也或从荒 䏊
說文𢤦悵之象从丹㞢其飾也 舡舽舡舟名 涳說文直流也 矼堅實皃 ○肛瘇虛江切博雅胮肛腫也或作瘇文九
啌咄也一曰嗔語一曰嗽也 舡博雅䑫舡舟也 谾澗谷空皃 䡫䡫擊也或作䡫 矼堅實皃 涳水流直也 ○

夅降胡江切說文服也从夂ㄗ相承不敢竝也或从阜文十六 逄車迹也 䉶笭䉶酒籭也 栙說文栙雙也一曰未張帆皃通
作跭 䟫博雅䟫䟫跭豆 缸瓨說文瓶也或作瓨 夆𤜀犬不服牽也 嶐山名 洚說文水不遵道一曰下也 䲨江鳥
鳥名或作䳕 跭跭𨂙竦立也一曰行不進 𡷦崆𡷦山皃 虹潰也詩實虹小子鄭康成讀 ○胦於江切胦肛不伏文二
𤞹𤞹犬不服也 ○𡸪𡸴吾江切崆𡸪山峻或作𡸴文二 ○胮膖𤸇胖披江切胮肛腫也或作膖𤸇胖文七
䡫𪔨鼓聲或作𪔨 𪐨黑皃 ○邦𨚲𤰈悲江切說文國也一說大曰邦小曰國亦姓古作𨚲𤰈文六 梆木名
垹土精如手謂之垹 𩌄皮𩌄 ○龐皮江切說文高屋也亦姓文七 𪔂䡫鼓聲或作䡫 逄塞也一曰姓也出北
海 胮瘇胮肛腫也或作瘇 舽𦪸船也 ○尨莫江切說文犬之多毛者引詩無使尨也吠一曰雜也文二十二 厖說文
石大皃一曰厚也 駹說文馬面顙皆白 牻說文牛白黑雜毛 蛖蟲名爾雅蛖螻 鸏鳥名茅鴟也似鷹而白或書作䳕
𡹞五𡹞山名在蜀 浝說文水也 䵨方言𪒠䵨私也郭璞曰皆冥闇故為陰私 娏坤倉女神名 𩭤毛蒼也 眬目瞳也
哤說文哤異之言一曰雜語 胧身大也 痝病困一曰病酒 忙怅憆惛也 𠈊𠈊傭不媚 塣說文涂也 𪓊黑白雜色

世周禮龐勒䄏襄續 𦬾艸名 䪝頭皃 鷨鷨鴈 ○雙疎江切說文隹二枚也又持之亦姓文十三 艭艐艭舟名 䉶博雅
䉶䉶謂之䉶一曰酒𥳑 欆㩳欆未張帆或从巾通作雙䉶 𨅫𨆭𨅫竦立也 雙豆名 憹憹也春秋傳駟氏憹 鱨海魚名 瀧水名
在嶺南亦州名 䉶博雅䉶立 𦺜艸名 䉶雨皃 孇女字 ○囪窗窻𥦗四初江切說文在牆曰牖在
屋曰囪或作窻𥦗悤古作四俗作窓非是文十三 𡑅穖不耕而種或作穖 摐博雅撞也 鏦鏦矛 方言矛吳
楚之間謂之鏦或从彖亦作䆫 葱葱靈䡵車名 ○淙鉏江切水聲文六 𩬱𩬱高也或作𨙞 㼦博雅瓶也
長汲謂 䍦欲食也或書作𩜄 漴雨急謂之漴 ○樁株江切杙也文五 𣹟深水立也 𩮱𩮱鬤亂髮 䙊短衣
椿椆不恭謂之椿 ○惷丑江切說文愚也文六 𧢟覩說文視不明也一曰直視或从巷亦書作𧢟 𢖵椆不恭也 𢖵
禾不秀 穜短也 ○幢傳江切釋名幢童也其狀童童然文十二 撞說文孔擣也 橦說文帳極也一曰木名 穜種入也
㫄旗杠 鐘幢食無廉也或从口 䮔䮔䯫骨 觀視不明也 𥕦石皃 𧝓衣也 ○瀧
閭江切奔湍文二 䆍充實皃 ○𧮰𧮰江切耳聲文十二 噥嗔語一曰語不明或从言 矓目不明 憹心亂也

𩮯𩮯𩮯䰃𩮯亂或从毛 醲厚酒也 撞推擣也一曰𥨊也 饟餉饟強食也 鸗鳥名鴻也 涳直流
也亦姓

五○支𢻻章移切說文去竹之枝也从手持半竹一曰分也亦姓古作𢻻文五十四 枝說文木別生條 肢胑躰
𢻱說文體四肢也或作躰肢通作支 㾎傷也 疧疷病也或从氐 紙字林繂絨挽舟繩 繟繒屬 䘸毛衣也一
曰褰裳謂之衹祇 衹秖適也或从禾 禔媞安福也或从女亦作禔 榰說文柱砥古用木今以石引易榰常凶
巵木盔也 梔黃木子可以染爾雅桑辨有葚梔一曰桑半有葚半無名梔 卮說文圜器也一名觛所以節飲食象人卩在其下也 觶
䚠觝鄉飲酒器受三升一說實曰觴虛曰觶或作䚠觝 只專辭也 氏月氏西域國名一曰閼氏匈奴妻名 赦𧹞赦面飾
眡視也 馶說文馬彊也 雄鳷說文鳥也一曰雄度或从鳥漢有鳷鵲觀在雲陽甘泉 鷙土精如鴈一足黃色謂之鷙
㲛博雅㲛毹也 䖩蟲名如蜥蜴食人而善藏 汥說文水都也 郊邑名在義陽 多䅵廣雅多也或从支 軙
軙軝長轂 菧落揄莢也或作落 岐分也 跂踶跂用心力皃崔譔說 枳䟿枳首蛇名蛇有兩首者或作䟿 訳博雅

調也蓋博雅蓋也鮧方言雞陳宋謂之碑鮧豗豕高五尺爲豗吱吱吱聲也軛車器也眵目汁凝也忮害也
○騤騤專垂切馬小皃或作騤文三覞規覞面柔不能仰○齜莊宜切齵病或書作齹文一○施㐌
㐌商支切說文旗皃齊欒施字子旗知施者旗也一曰設也亦姓古作㐌㐌文三十二覞覞覞說文司人也一曰規覞面柔或作覞覞
通作施葹竹名葹卷葹艸名拔心不死通作施纚䌳絁絁說文粗緒也一曰繒屬或作䌳絁絁鍦鉇
䗐葹方言矛吳楚之間謂之鍦或作鉇䗐葹敀攺攽說文敷也或作攺攽通作施鷀鳥名爾雅鷀沈鳥似鴨而小長
尾背有文蝨䖝蟲名說文䖝䗐詹諸也引詩得此䖝䗐言其行䖝䖝蠽說文姑蠽強芊也謂米穀中蠹小黑蟲酏粥清也周禮醫酏蜀昌宗讀
弛施也通作施㳏水名詑多言也或省婎女字也㜰聲也豕豕也疧傷也翅翼也○
釃䍦山宜切以筐漉酒也或作䍦文十九簏簛簁說文竹器也可以取粗去細或作簛簁欐縰䌳毛羽衣皃
或从徙欐捩也一曰木名欐蠷博雅蛦蠷蛦蚰蜒澌水索也一曰澌澌流冰也斯撕廝𪊨析也或从手亦作撕
䍦蓰物數也五倍曰蓰欐祭名欺欬唱聲沙水傍○灕山垂切說文犛也博雅灕謂之鞴文五㒧說文㒧㒧

多態𪇰說文雟飛也鑴小鋸也夊行遲曳夊夊足○眵侈支切說文目傷眥也一曰瞢兜文五𡝩姑𡝩美皃纚
纚博雅細也一曰纚屬或作𦄵鞁鞁飾○吹𣢑昌爲切說文噓也周禮作𣢑文四龡說文龠音律管壎之樂也炊
說文○差𢀩𢀩又宜切參差不齊也古作𢀩籀作𢀩文十五𨿅說文束炭也鹺䶨說文齒參差也或从宜亦書
作𪗊嵯嵯峨山不齊或書作嵳縒說文參縒也謂亂絲皃䟐跌也柴傑柴也池參差也或从人翄翄翪燕飛不至
也通作差筹竹名𦷭沙蓑水名荆浸膳𦜊也○衰初危切減也文四縗說文減也夊說文行遲曳夊夊象人兩
脛有所躧也樣縷也○匙提常支切說文匕也或从木亦書作𠀌文三十四鍉鑰也鶗鵗鶗鴂鶗也亦从氏
提翄提提群飛皃或从羽𩾐鳥鳴隄堤博雅隄封都凡也或从土通作提柢字林碓衡一曰桃也𦳏說文
𦳏艸也芪𧋍說文芪母也一曰知母或作蝭褆媞說文安福也引易褆既平或从女通作提𥙯爾雅福也㮰
愛也一曰恃懈不甚愛事𡟁姼方言南楚謂婦妣曰母姼婦父曰父姼或作姼𪀇毒出蟲尾疷病也眡廣雅視也祇盛皃
亦姓祇病也一曰安也篪爾雅竿謂之篪所以架衣者通作箎𪊨麋牡曰麎岐䓦山名古作䓦徥說文徥徥行皃引爾

雅徥則也䩓紂餘鞙也輢䡵以朱絡轂或从支○垂𡍮是爲切說文遠邊也一曰幾也古作𡍮文二十二陲說文危也
𠂹𥝢說文艸木華葉𠂹古作𥝢倕倕重也黃帝時巧人名或作倕𨿅錘甀廣雅瓶也或作錘甀鬌
䳠鳷也或作鳷篅圌囷也或作圌郵地名在衛䬀風偃物皃棰禾垂皃圌山名在吳郡厜厜㕒
山顛䈿竹名腄臀也娷女字○兒兒如支切說文孺子也一說男曰兒女曰嬰亦姓古作兒文七郳國名齯
老而更生齒緦緦繻繒美皃唲需唲強笑也婼婼羌國名○㱼儒垂切說文瘁也一曰兩足不相及文六攌搙擩也
或从委飋風䬀也𩝐鐫小鐱也或作鐫○斯撕所相支切說文析也引詩斧以斯之或从手古作所一曰此也亦
姓文四十八鐁平木器釋名斤有高下之跡鐁彌而平之䴓博雅磨也通作䃤䃤漢有上林䃤氏館𧆣𧆣字林𧆣破也一
曰瓶也或省亦書作𪊨𢊍衡析薪養馬者或作衡澌說文水索也凘說文流冰也𩆵說文小雨財零也𥨙穴也
㴲說文水出趙國襄國東入湡一曰水厓虒說文委虒虎之有角者一曰虒祁地名在晉虒上地名在長安俗作㡪非是䶵說文鼠也
鶼鵹鶼雅鳥也𧓵蟲名爾雅蜤螽蜙蝑通作斯蟴郭璞曰青州人呼𧒒爲𧓵蟴螔方言守宮在澤者海岱之間謂之螔蝀郭璞曰

似蜥易而大有鱗今通言蛇醫一曰螔蝓蝸牛也鷉鳥名蘄蒴蒴艸名似藚麥或作蒴褫說文奪衣也爾雅褫桃山桃䫻䫻
頭不正一曰好皃㒋慄也謕數諫一曰諫也㾷博雅病也一曰疾㾷痛楚𥚺說文福也𢪌竹枝也𦅜纚繒屬
或作𪗊撕博雅木下支謂之𢪌撕燍煙也蟴艸名生水中華可食𧼜地名在蜀一說抵𧼜擬手期尅也𤗸博雅謂之
㡪作𪐾輪之類太玄作𨎬䉷木薪也𢱦治禾也𧫒聲散也或書作撕𡡾女字𩺘魚名一曰鮹𪙋
埤𪂆短小皃𤚸嘶噎也𢝃𢝃𢝃不憂事○眭宣爲切目深皃亦姓文五眭二埼𦳊莎𣸬莎澤手也或作莎
𨢏日旁氣也○雌𡾰𪃝七支切說文鳥母也一曰牝也古省或从鳥文十胔𦚐人子腸也或作𦚐妛
姕姕婦人不媚皃鈭鈭鉀斧也𣗥托也羊說文羊名號皮可以割泰𧇾木名實如桃而小○貲將支切說文小罰以財自
贖漢律民不繇貲錢二十二通作訾文三十六訾𧬊思也毀也一曰不思稱意也又地名亦姓或作𧬊亦書作訿齌𪗲聲易齎咨涕洟一曰女功
絲枲之事𢂑幣埤倉布名或作幣鈭說文鈭錍斧也頾𩑶𩑶說文口上須也或作𩑶亦省㜽說文婦人小物
也引詩屢舞㜽㜽嫡太白星妻曰女嫡𠤃星名一曰鴟舊頭上角觜也鄑說文宋魯閒地郿鄭谷名在西海亦縣名或作

鄭 鼊蠵 鼊蠵龜屬或作蠵通作嶲 巂 鳥名說文巂巂也通作疵 鮆 魚名 鼊 說文鼠似雞鼠尾通作鼊或書作貲 蚩 蟲似
蟬 㰣欰 嗇頭篇嗄欰也一曰歐也或省 橨橨 橨橨木名實可食或从觜 藖 菜名蕪菁也 疵 甲疵倭人兒 眥
爾雅衣眥謂之襟 𧙃 短也 些 嗜也 餈䭣 嫌食也或作䭣 縒 帛赤色 歂 㰣歂無廉也 𧛘 襡襦 ○
厜㕒 津垂切說文厜㕒山顛或作峷 文十九 觜 說文鴟舊頭上角觜也一曰觜觿也 策 博雅石鍼謂之策一曰鳥喙 嫛 盈姿
纗 維綱中繩 惢 善也一曰心疑也 峻 脧 屄 赤子陰也或从肉从尸 捘 博雅按也 觽 佩角以解結 騰
臎 地黃也 䐢 䐢眭視也 頿 小頭兒或書作頿 騹 馬小行兒 瓗 玉名 蠵 蠵蠵龜屬 ○ 劑 遵爲切爾雅劑
翦齊也周禮質劑謂兩書一札同而別之長曰質短曰劑 文十三 蕊蘂 地蕊英也或作蘂 臎 膸 𦢊 𤎆 膸也或作𦢊𤎆
槜檇 說文以木有所擣引春秋傳越敗吳於檇李或作檇 蠵 鼊 觜 蠵蠵龜屬或作鼊觜 策 石鍼 ○ 疵 才支切說
文病也通作玼 文二十二 玼 玉中石也一曰玉病 骴 髊 鳥獸殘骨或作髊亦書作骴 胔 人子腸 茈 莊 爾雅茈莊鳧茈或
作莊 榐 柂 枇 木名郭璞曰榐屬似豫章或作柂枇通作疵 呰 訾 苛也瑕也或从口 餈 呲 疵 歎食也或

集韻平聲一　十二

作𤺊 嶲 水鳥 批 捽也 㰣 歐也 訾 毀也莊子无訾无訾徐邈讀 𡙅 博雅曝也 庛 耒下歧木也 㜸 媻娑女兒
○ 隨 隨遀追 旬爲切說文从也又國名亦姓古作隨遀追 文十三 隋 順裂肉也隋文帝省隨之辵以爲代號 𧬏 言从
䈕 籠也 瓗 瓗瑶玉名 遺 謙以下人也詩莫肯下遺鄭康成讀 豬 豕牝謂之豬 瓗 珠也蛇銜之以報隨侯楚辭因从王
隨 山也 陏 山兒 ○ 知 𥎿 珍離切說文詞也或曰覺也古作𥎿 文十 鼅 鼄 鼅 說文鼅鼄蟊也或作鼅鼄
䵹 䵹 說文酒也或省 䔺 蘝草 䝷 以財質也 ○ 腄 株垂切說文瘢胝也一曰馬及鳥脛上結骨李舟說 文三 箠
竹節 鼓 鼓不齊 ○ 摛 攡 抽知切說文舒也揚子雲作攡 文二十三 离 萬 山神獸也古作萬 螭 蚿 彲
離 說文若龍而黃北方謂之地螻一說無角螭或作蚿彲离 魑 說文鬼屬 魅 厲鬼名 謧 謻 謀 謀 方言沅澧
之間凡相問而不知荅曰謧或作謻謀謀 黐 䵶 博雅黏也或作䵶 㷰 火炎炎 痴 一曰不廉 䴍 視也賈誼曰䴍九州而相
君 驪 䂂也漢書白日驪先 貙 貙 鷙獸或从豸 樆 布木也 ○ 馳 駞 𩧯 陳知切說文大驅也又姓古作𩧯或
作駞 文三十三 跢 博雅踟蹰跢跦也 趍 說文趍趙久也 𧾷 說文𧾷𧾷輕薄也 峙 踟 踶 說文踶也或作踟踶 偍

伿 僻參差也一曰別植兒 簃 宮室相連謂之簃通作謻 謻 誃 別也或省 齝 齨 齝齨謂之齝或从它 篪 箎 竾
箎 說文管樂也或作竾竾亦作箎 𪘠 咸池黃帝樂名通作池 杝 落也 阤 丘名 𧡋 規𧡋面柔 沱 池 穿地鍾水又姓
亦作池 褫 說文奪衣也 禔 禔禔衣厚兒 虵 毆蛇地名春秋傳盟于毆蛇 移 拚也莊子介者移畫 㢊 縣名在濟南
鉓 飴也 𢺊 𢺊𢺊燕飛兒通作池 她 女字 ○ 錘 重垂切縣也 文三 鍾 說文八銖也博雅鍾謂之權 甀 方言罌其大者
晉之舊都 ○ 離 鸝 鵹 鄰知切說文離黃倉庚也鳴則蠶生或作鸝鵹離一曰別也麗也大琴也亦姓 文六十九 离 說文山神
獸也歐陽喬說离猛獸也 𤎎 帷中之火曰𤎎 蠡 瓠勺也一曰谷蠡匈奴君長號一曰蟲齧木中 麗 𣰀 施也一曰高句麗東夷國名古作𣰀
酈 魯地名 縭 說文綏介履 褵 爾雅婦人之褘也即今香纓通作縭 纚 綾也通作縭 羅 羅 䍦 接䍦白帽也或
作羅䍦通作摛 罹 憂也遭也 離 𢡫 支離多端也一曰思也或作𢡫 謧 謰 詈 說文謧詍多言也一曰弄言或作謰詈
蘺 灑 說文草木相附蘺麗土而生引易百穀草木蘺於地或作灑 𧄍 艸名說文江蘺蘼蕪 籬 杝 欐 藩也或作杝欐 廲
厦也 篱 笓篱竹器 穲 長沙人謂禾二把爲穲 樆 爾雅梨山樆 黐 黏也 醨 說文薄酒也 灕 漓 滲灕流兒一曰

集韻平聲一　十八

水滲入地或省 璃 博雅流璃珠也 𩦃 驢子曰𩦃 鱺 魚鱺陣名通作麗 黧 赤黑色或从來 驪 說文馬深黑色一曰駕二
馬 孋 孋姬晉獻公伐驪戎所獲女又姓通作麗 躧 𨆪 舞履也一曰步也或作𨆪 欐 說文棽欐也木枝條兒 儷 偶也通作離
曬 曬瞜明目者通作離 攡 破木爲攡 攡 摛 張也太玄攡萬類或省 蠨 蠨 蜧蠨蚰蜒 鱺 魚名鮦也 䗽 蜥蜴小龍無
角一曰蟲名 鸝 鸝 鵹鸝鳥名自爲牝牡或作鸝 䶩 鼷䶩小鼠相銜而行 劙 博雅解也 砅 履石渡水也 柂 柯柂酒名
穲 熬米壞也 欐 苗也一曰五穀之列爲欐稭 鄜 鄉名 䤙 以水蠡糟 欐 屋棟也一曰小船 瘰 黧瘦也 覼 察視
也 褵 縩褵惡絮通作縭 廲 廲廔綺窻 羅 帛也 ○ 羸 倫爲切說文瘦也 文七 瘰 病疲也 癳 膝病也 羸
魚名 𦾰 菜名葉似竹生水旁 鼺 鼺鼠別名 婁 埶婁地名在西羌 ○ 縈 汝垂切垂兒 文一 ○ 蕤 壯隨切地黃 文一 ○
訑 許支切笑聲 文一 ○ 觽 語支切骨兒 文二 輗 轅端橫木 ○ 齹 仕知切齒不齊也春秋傳鄭有子齹 文六 𦍪 東炭
齹 鹹也河內語 瘥 齹瘥疫病 娑 娑婆婦人小物 鰦 魚名 ○ 跬 却垂切跛跬用力兒李軌說 文一 ○ 瀡 髓隨切滑
也 文一 ○ 鈹 攀糜切說文大鍼也方言鈹謂之鈹一曰劒如刀裝者 文二十一 鑋 鉏也 披 說文從旁持曰披一曰開也分也 翍

張羽皃或書作翄 㱟攡剖肉也或作攡 歧岥方言南楚之間器破而未離謂之歧或从皮 㓟刀析也 帔方言帬陳魏之
間謂之帔一曰巾也 被廣雅䘿被不帶也 旇說文旌旗旇靡也 䩑畈博雅耕也或从田 秛廣雅稅也 鮍鱍
說文魚名一曰破魚或从披 狓狓猖飛颺也 罷罷辜磔牲以祭 䕯筍虡飾 㚰女字 ○陂波班糜切說文阪也一曰池
也一曰澤障或作波文二十八 羆䍿䎱㔥說文如熊黃白文或省古作䍿䎱 犤䍥爾雅犤牛今犤牛也一曰果下牛或从羆
碑說文豎石徐鍇曰紀功德也釋名被也葬時設施鹿盧以繩被其上引以下棺鄭康成曰宮有碑所以識日景宗廟則麗牲焉其材宮廟以石窆用木
𢐍說文別也 𤳄田也 䕯艸名 𩸁魚也 䴽幽州謂麴曰䴽 錍斧屬說文鈭錍也 𨮴鑼䎱說文耜屬
廣雅耕也或从羆亦作䎱 𨫼鏊坤倉鍤鏊鉏也或作鏊 襬䙓帔方言帬自關而東謂之襬或从罷从皮 詖辨僻之辭
䕯䕯䖇筍虡飾爾雅謂之䕯一曰艸名或作䖇䕯 䈢竹名 ○皮𥫬㿽蒲糜切說文剝取獸革者謂之皮古
作𥫬㿽文十九 疲罷說文勞也或作罷 䕯說文艸也 郫鞞縣名在蜀或作鞞 猈箄闕春秋傳楚有史猈或作
箄 椑博雅木下支謂之椑櫛 犤犤牛 蕃鄱番縣名在魯或作鄱番 陂陂池旁頗皃 㓟刀析也 反

水邪流 頗闕人名春秋傳楚有薳頗 ○糜䊳饡忙皮切說文糁也一說黃帝初教作糜或作䊳饡文二十八 穈
說文穄也或从禾亦書作䵛 醿醾醿酴醿酒名一曰麥酒不去滓而飲或作醿醾 䊳碎糠曰䊳 爢說文爛也廣雅熟皃一曰
壞也或作爢亦書作爢 縻䌕說文牛轡也一曰繫也或作䌕亦書作纚 靡𪈒劘磨分也易吾與爾靡之或从分京房从刀或省通
作靡 蘼艸名爾雅蘼虋冬 䕷說文䕷蕪也 𪊘金飾馬耳謂之𪊘 𪋿𪋿漬米也又卷泠縣名漢書从鹿 攠鍾擊處
摩漢有施摩神荊巫所祠 𢊼𢊼瓖地名在今秦州 鬻說文鍵也通作䴹䴹 䁾美目皃 麼小也 孊散也○
卑賓彌切說文賤也執事也从𠂇甲徐鍇曰右重而左卑故在甲下亦姓文二十九 庳下也一曰鵯牀名 裨䙄說文接益也或从阜
鞞牛鞞蜀縣名 俾安俾縣名在安定郡 錍說文鈭錍也博雅錍謂之銛 椑木名實似柹而青 萆萆薢藥艸一曰蒿類一曰
蓑衣 箄捕魚器 渒水名在弋陽 埤增也 顊說文頭髮半白也 鵯鵯鶋鳥名爾雅鸒斯鵯鶋或从隹 蜱
蠯蜱蛸螳蠰卵或从蚰 綼鄭康成曰飾裳在幅曰綼在下曰緆 紕䋈緣也禮作䋈 䴽博雅䴽麴也 椑博雅木下支謂
之椑櫛 𢐍說文別也 𧣾橫角謂之𧣾 𥎪𥎪𥏙短也 𢃽冕名通作稗 𩸁魚名 郫邑名在晉 諀諀訿好毀譽也

○陴𩏂頻彌切說文城上女垣俾倪也籀作𩏂文二十七 埤說文增也一曰厚也 𩞀說文益也 裨將之偏副一曰冕名亦姓
俗从言非是 郫說文蜀縣也又晉邑亦姓 焷火熟也 脾說文土藏也 䴽方言北燕謂麴曰䴽 𪎊博雅𪎊麧謂之䴽
蜱蠯爾雅蟷蠰其子蜱蛸或从蚰 螷蠯𧓍蚌狹而長者為螷或作蠯𧓍 椑博雅木下支謂之椑櫛 紕飾緣
邊 崥崥崹山皃一曰山足也 綼飾裳在幅曰綼 猈箄闕人名春秋楚有史猈或作箄 庳爾雅鶌鳩鵯其雄鶌其牝庳 卑傎也
陸德明說 𤭁方言甇謂之𤭁 阰山名楚辭朝搴阰之木蘭 𧎢𧎢蠯也 萆艸名 ○彌弥瓕民卑切說文弛
弓也一曰益也終也亦姓或作弥古作瓕張揖說文三十九 镾說文久長也通作彌 罙罙𥥍說文用也引詩罙入其阻一曰
深也冒也或作罙𥥍 𦗔𦗛汙面謂之𦗔或作𦗛 瞇矊眯眇目也或作矊眯 嬭𡚾齊人呼母曰嬭或作𡚾
𨰆鎜青州謂鎌為𨰆或作鎜 𥍂矛屬 𤨑𤪁玉名或作𤪁 𪋿𪋿說文漬米也交趾有卷泠縣或作𪋿 獼
獼猕博雅猱狙獼猴也或作獼猕 鸍鷋離鳥名爾雅鸍沈鳧似鴨而小一曰鷋鸍善食蛇或作鷋離 𡾼嵻山形
或作蘼蓀艸名或作蓀 𧄍𧁐蘼𧂌說文蔾也蔾竹䇷也或作𧁐蘼𧂌 瀰瀰瀰水皃 檷枺

檷枸山名或作柃 迷惑也 ○移秇余支切說文禾相倚移也一曰禾名亦姓或作秇文六十八 弛施改易也或作施
迻拸扡䊆說文遷徙也古作拸或作扡䊆通作移 鉹涼州呼甑為鉹 移說文棠棣也 椸柂木名爾雅
根柂或作柂 匜盥器 椸箷簁提𥳕方言槅前几趙魏之間謂之椸一曰衣架或作箷簁提𥳕 椸袘博雅
袖也或作袘 熪爔熪火不絕皃 簃說文閣邊小屋也通作誃 謻誃門名一曰臺名或省 㴔漇坤倉冰室也或从水
𢈼庵門關謂之𢈼或作庵 𧀼說文艸萎𧀼 移博雅加也 詑訑讓訑詑自得也或作䛭讓訑
㒆不憂其事曰㒆 𢤠㒆愉動皃通作㒆 攡㩌說文人相笑相歋揄或作㩌亦省 酏䤧醨酏飲粥稀
之清也鄭康成說或作䤧醨 𣄄說文𣄎也或書作㰻 𧰲地名在宋 曥說文日行曥曥也樂浪有東曥縣 貏貤豥獸名
似犬赤喙白首見則荒或作貏貤 蛇虵䖒委蛇委曲自得皃或作虵䖒 呲㖢嗛食也或作㖢 螔螔蝓蟲名
回氣謂之乀 乀說文流也 貤移也漢書無所貤流貤應劭讀 鄜地名 匜犄匜單于名 袘衣中謂之袘 𢾛山也
坨地名 閜門也 眡視也 𣲖水文 褫福也 佗它佗佗美也或省 ○訑香支切言多皃文二 㕧

欬歆欲食也○祇示翹移切說文地祇提出萬物者也古作示文四十四祁說文太原縣一曰大也衹聚梁謂之衹枝郊
岐嶅說文周文王所封在右扶風美陽中水鄉或从山因岐山以名或作岐嶅岐一曰旁出道也趍說文緣大木也一曰行皃跂枝
歧說文足多指也或作枝歧伎舒皃詩鹿斯之奔維足伎伎忯說文愛也疧說文病也敊翄弜引彊皃或作敊
弜芗繰鉤也𢻫橫首枝也跂長跂國名其人縣長於身汥水都也一曰分流馶馬彊也鳷雄方言雞陳
楚宋魏之間謂之鷜鳷或从隹翍翄說文翼也一曰翍翍飛皃或从氏亦書作翅鳷鷙似翠赤喙蚑跂說文行也蟲行或作
跂蚔䘀說文畫也或作䘀亦書作蚔軝輊軙說文長轂之軝也以朱約之引詩約軝錯衡或作輊軙芪博雅芪母
艸名粎枝赤米或从支支令支縣名在遼西褫爾雅福也枳𧴗爾雅枳首蛇謂有兩首或作𧴗忮彊也
抵擬手期刻也技不端也○隓匀規切藍蓼秀一曰薷也一曰地毛莎薩也文十六薩隓䧤飛也或作䧤隓蠵
蠵鑴鑴水蟲名涪陵郡出大龜甲可以卜緣中文似瑇瑁一名蠵蠵司馬相如作蠵或从魚从角嫢盈姿一曰秦晉謂細要為嫢
欈埤倉欈木名實可食䝐豬䝐豯小者為䝐子或作豬䝐瞡規瞡面柔畦田有埒堤洙堤郡名○

隓隳墮翾規切說文敗城𨸏曰隓徐鉉曰蓋从二左衆力左之或作隳墮亦書作墮俗作隳非是文二十睢說文仰目也一曰睢盱小
人喜悅皃博雅睢睢盱盱元氣也眭眭盱健也䜄說文相毀也一曰譊也孈愚戇多態也觿說文銳耑可以解結鑴博雅鼎鬵
一曰日旁氣蘳果實見皃一曰黃華也𢡾有二心也隋挼綏祭食也一曰𧸰薦血或作挼綏鰖鱌魚子已生
者纗作纗攜橐也餞鑴小歠也或从嶲鬌髮落也○闚缺規切說文閃也謂傾頭門中視也文二窺說文小視也通
作闚○規槼均窺切說文有法度也一曰正圜之器或从木文十四雉䳱巂子巂鳥名或作䳱巂槻木名可作弓一
曰樊槻木皮水漬和墨書色不脫槻方言梁益間裂帛為衣曰槻𩔾小頭𩔾也或書作㩗鬹說文三足釜也有柄喙嫢細要
也一曰婦人審諦皃瞡瞡瞡自得皃一曰眇視袿衣袿街都邑中道珪玉也○羈羇䩭居宜切說
文馬絡頭也从网从馬馬絆也或从革亦作羈䩭文十九羇踦旅寓也或从足奇倚不耦也或作倚通作觭訶語相戲
畸說文殘田也通作奇殆棄也俗語謂死曰大殆掎偏引也𢽼攲以箸取物或作攲妓妓婁女容觭得也
周禮觭夢剞博雅剞剧刀也𨈷一身也驥良馬○犧虛宜切說文宗廟之牲也文三十八羲說文气也又姓戲

巇嗚戲歎辭或从口歔戲相笑也或作戲通作戲羛後漢有羛陽聚通作羛曦曦爔曦曦日光或省亦
从火𡽳巇巇陒毀也或作巇巇陒通作巇攕㩗博雅擊也或作㩗虛說文古陶器也觤角匕也
巇巇樝蟻犧豕䖘也或作巇巇樝蟻犧䖘瓠瓢也稀勺也或作𤬳巇水名在新豐通作戲
吹欷欯氣逆也嗞嗞歆欲食也豴豷豕屬或从犬虧虛虧古帝號通作犧義臺名在子義臺巇巇
嶬巇巇山險或作嶬巇曦目動也閜閜壚隙也○攲郈奇欹丘奇切說文欹䧕也或作攲郈
奇歌文二十三敧說文持去也崎崎嶇山險觭說文角一俛一仰也齮齒也踦說文一足也廣雅曆也蛷蜘蛛長足
者通作踦殆說文棄也俗語謂死曰大殆䟸字林隻也謂一身徛說文舉脛有渡也䯊說文虎牙也倚憾倚偷意
危隵器名莊子危言日出李軌讀或作隵通作敧聽側耳也𢧐擊也郼地名碕聚石為杓犄牛名
○奇觭畸渠羈切說文異也或作觭畸人姓文二十五鼓蚑蟲名一曰蟲行也郊岐嶅地名或作岐嶅古書
作騎說文跨馬也錡釜屬琦玉名一曰玩也一曰大皃碕埼曲岸或作埼鵸䳅鵸鵌鳥名三首善笑或

从踦一足也弜引彊皃魌䰨童鬼或从支崎崎嶇山險攲枝字林橫首枝也一曰木別生或作枝
鼓骰緣走也或从骨鼓垂也匂劁也○漪於宜切水波爾雅河水清且灡漪文二十一猗犄說文犗犬也或
从敧歖美辭通作猗䫻䫻羨容也一曰肨皃或作䫻禕猗猗美也或作猗禕爾雅美也旖
旗旖施也一曰旖旎盛皃椅說文梓也椅說文木椅梓也賈侍中說椅即椅木可作琴或从椅陭崎說文上黨陭氏
阪或作崎戲通作猗奇身急弱病一曰瘞也犄牛曲也畸倚身倚邂讀書曰倚乃身鵸山海經翼望山有鳥三首六尾善笑名曰鵸鵌
○宜𡧱宐魚羈切說文所安也亦姓又州名隸作宜古作𡧱宐文二十七儀𡺺容也度也亦姓又州名或从立
䮊馬名檥說文榦也一曰立木以表物轙𨏨說文車衡載轡者或作䡾䲑說文鵔䲑秦漢之初侍中所冠鵔䲑鷩也似山雞而小
鄯說文臨淮徐地引春秋傳徐鄯楚嶬巇山峯巇嶬或作巇厓涯水邊也亦作涯崖岸上也羛
善也通作儀鬳儀也周禮鬳酌鄭司農讀䔬度也體骨曰䔬通作儀觤歡角曰觤鱶魚子萓萓蕢艸名也議謀度
崖崎崖石危皃𪗋齒露皃或从宜○爲于嬀切說文母猴也其為禽好爪爪母猴象也下腹為母猴形王育曰爪

象形也古作㸚象兩毋猴相對形爾雅作造爲也亦姓文九 潙水名在新陽 隔鄬阪名在鄭或从邑 鰞魚大者曰鰞 撝
佐也太玄撝藹 棶䅌蓑也或作䅌 ○麾吁爲切說文旌旗所以指麾通作麾撝文十 麾戲旗屬周禮建大麾以田或作戲
撝說文裂也一曰手指也 䳑廣雅醜也一曰謂謂之䳑 鰞魚名 隔鄬說文鄭地阪引春秋傳將會鄭伯于鄬或从邑 韙柔革
平均也 𤝞西荒有獸長短如人著百結敗衣手足虎爪名𤝞鴉出舌文餘食人腦東方朔說 ○匯空爲切水回爲澤也文一 ○虧
虧驅爲切說文氣損也博雅小也或从亏文八 墮墮毀也或从戲通作虧 戲傾側也 韙柔革平均也 䳑醜也一曰
口不正 蔿方言楚鄭謂獪曰蔿 ○媯俱爲切說文虞舜居媯汭因以爲氏亦州名文十 鈠器名 潙水名 鄬說文地名一曰
阪名 佹戲似兒列子佹佹成者 橢載也 䩘䩘廣雅車也或作䩘 隗山名 𩰫釜三足有柄喙 ○逶蟡
㟴佹切說文逶迤衺去兒或从虫爲文十九 委委委行委曲也 䅩女隨人也通作委 蜲水精也形如蛇紆曲長八尺以名呼之可使取魚通作
蟡 颹風緌 倭說文順兒引詩周道倭遲 覣說文好視也一曰恕也 痿痺也 矮說文病也 萎艸木萎死 桵
䅗田器或从耒 䴧䴧鹿鄭康成曰今兖州有鹿䴧一曰鹿之美者 犩犩犄犬屬 䐈字林井無水一曰目無明 諉爾雅諉諈累也
大一禪十 小七禪十五 集韻平聲一 二十三 正
謝嶠讀 荽藤艸通作萎 踒折足也 ○危㞕虞爲切說文在高而懼也古从人在山上文十 峗三峗山名在鳥鼠西或書
作峗通作危 㕒說文㕒巖也 洈水名在南郡 郈邑名 跪屈𨁏也莊子跪坐以進之 恑獨立兒 僞假也 鵟
隉寫不安兒 ○厜才規切爾雅崒者厜㕒郭璞說文三 䔿藍蓼秀曰莎也 㜽細書也 ○趡巨爲切䠆弁木兒文一
○刲紀披切刀取物也文一 ○齹阻宜切齒不齊或書作齜文二
六 ○脂蒸夷切說文戴角者脂無角者膏亦姓文十八 祗衹袛說文敬也古作𥘵袛 泜水名在常山 𣳚水兒一曰
水名 砥磨石也 𡵂山名 衹衹裯單衣 指指柂謂之柱一曰木名 菧𧂐𧃾蕰也或作𧂐𧃾 鮨說文魚胳
醬也出蜀中一曰魚名鮨也 鴲鳥名說文䴓鴲也一曰青雀一曰小鳥未翰者 祁大也一曰藪名爾雅燕有昭余祁 蓍蒿屬 疷積血
膸也 ○隹朱惟切說文鳥之短尾揔名也文十一 鵻鳥名小鳩也一名鵓鴿通作隹 騅說文馬蒼黑雜毛亦姓 䧳麋一歲爲䧳
鼪博雅鼠屬方言新野人謂鼠爲鼪或書作䶆 萑說文艸多兒一曰艸名茺蔚也一曰木名似桂一曰梟未㶑者 椎木名似栗而小或書作𣕱
錐說文銳也 崔高大兒詩南山崔崔 揣治擊也老子揣而銳之吳簡文讀 𠠯小也 ○尸升脂切說文陳也象臥之形一曰主也古者祭

祀立尸以主神亦姓文七 屍說文終主一曰在牀曰屍通作尸 鳲𨾴鳲鳩鳥名布穀也或从隹亦書作鳲 蓍萻說文蒿屬
生千歲三百莖易以爲數天子蓍九尺諸侯七尺大夫五尺士三尺古作䔿 𠰵呻也 ○師𢂇𡴆霜夷切說文二千五百人爲師从帀
从𠂤𠂤四帀衆意也一曰長也範也亦姓古作𢂇𡴆文二十 溮水名 篩竹名神異經曰長百丈南方以爲船 獅褩獅衣破 䓒艸名博物
志生扶海洲上實如大麥一曰自然穀 獅狮犬生二子或省通作師 鰤鰤老魚一說出歷水食之殺人或省 䮮䮮野馬
或 螄蟲名螺也 瑡王名 簁簛竹器可以除麤取細或作簛通作篩 㜽女巫或書作𡟞 𩿨𩾔鳥名或省 ○
衰𡚻雙隹切寢微也古作𡚻文十 榱說文秦名爲屋椽周謂之榱齊魯謂之桷 蓑病減也 𤠗犬名 毸𣯨毸毸
毛長兒一曰狐兒或作毸 纕鷺首垂毛 䳠䳠鷀 夂行遲兒 ○鵻鴟鵄䧳鶅脂切鳥名說文雉也一曰鳶
也或作鴟鵄 胵脈說文鳥胃一曰胵五藏總名博雅百葉謂之膍胵或从氐 𩵖𩶱魚名博雅河魠魠也或从至 諸
訶怒也 𨒅走兒 䐜張目也 蚳䖶蚳獸名山海經鬼麗山有獸狀如狐九尾九首虎爪食人 䁐視也或書作眡 ○推川隹
切順遷也一曰窮詰文五 蓷艸名茺蔚也 誰就也責也 犉牛名 脽尻也 ○誰唯視佳切說文何也或从口文七
大一十八 小七五十 集韻平聲一 二十四 正
讙就也韓詩室人交徧讙我 脽說文尻也一曰地名桐右土汾脽是也 蓶艸器 厜厜㕒山顛 䐶縣名在東萊 ○甤
儒隹切說文艸木實甤甤也文二十二 蕤茬說文艸木花垂兒一曰蕤賓律名或省 緌綏說文系冠纓也一曰垂也一曰注旄於干
首或作綏 桵桵木名說文白桵棫或从委 蓑䔅蕤屬或作蕤 擩挼㨎搵也周禮擩祭以肝肺或作挼㨎
捼挼撋兩手相切摩或作挼撋 浽小雨 䅗𥝩長沙謂禾四把曰䅗或作𥝩 𤸊說文痺也 𨃩
踒跋弩名𨃩跋兩足蹋也張弩必以足因爲弩名或作𨃩 娞女兒 ○私相咨切說文禾也此道名禾主人曰私主人爾雅女子謂姊妹之夫曰私文八
厶說文姦衺也韓非曰倉頡造字自營爲厶通作私 𦬆艸名說文茅秀 𤤭說文石之似玉者 鋖平木器 禗神不安也 屖
獸名 西金方也 ○綏宣隹切說文車中把也亦州名文二十一 娞安也通作綏 雖蛦蟲名說文似蜥蜴而大一曰不定一
曰況辭 荾葰荽芰說文䕭屬可以香口或作葰荾荽 稜禾四把爲稜 睢 濉水名在梁郡受汴入泗或
从水 夊行遲兒 奞說文鳥張毛羽自奮也 隋挼祭食也或作挼 莎挼莎以手切摩也 陖地名 浽㶟
䨑浽微小雨或作㶟䨑 眭姓也 ○郪千咨切縣名在廣漢文十九 趀趑說文蒼卒也或从資 𧼊次欧

迷趑 說文趑趄行不進也或作次跌迷趑 覰 盜視也 屎屓 倉頡篇此也或从資 輂輦 博雅輂也抑車挽輦爲輂
或作輦 恣 恣睢自得皃 䇷 拏也 蠐 蟲名蝎化 妻 齋也 凄 雲興皃 萋 萋萋艸盛皃 ○咨
諮 津私切說文謀事曰咨一曰嗟也或从言文三十七 姕 妓姕女容 資 說文貨也一曰助也取也亦姓 齎 持也戰國策齎盜糧一曰齎咨
歎辭 姿 說文態也 餈 䬼 稻餅或从齊 粢 𪗉 粢 齋 說文稷也或作䶒粢齋 盜 𪗊 說文黍稷在器
以祀者周禮有王齍或作𪗋 薋 蒺藜實 䋈 所緝也 齋 說文緶也謂裳下緝或書作𦆿通作齊 㳄 茨 疢 具茨山名在滎
陽或作茨疢 澬 說文久雨涔資也一曰水名 霣 䨕 說文雨聲或从資 鶿 鳥名雞身鼠毛 穦 說文積禾也引詩穦之秩秩
呰 爾雅此也 次 揟次縣名在武威郡 薋 艸名博雅茈薋也一曰菜生水中 嫧 太白謂之女嫧 蛓 蠀 蟲名蝎化也或作蠀
䶅 鼮鼠名如雞 帋 大布曰帋 𩵚 魚名列刀也 訾 思也 鶿 鳥名山海經女祭山有鶿鳥人面 隮 陞也 ○崔
𡺮 隹 崒 嶉 遵綏切崔嵬高大也或作嶉隹崒嶉文十 讙 就也 檇 以木有所擣 騅 馬駒謂之騅 狋 犬怒
摧 退也易晉如摧如鄭康成讀 ○茨 才資切說文以茅葦蓋屋一曰次也次比艸爲之亦姓文二十八 䓋 說文艸多皃 蠀 齎

集韻平聲一 二十五 郭信

䗪 蠐螬蟲名或作䗪亦書作䗪 餈 餎 粢 粢 䶒 說文稻餅也或作餎粢䶒 穦 博雅積也 垐 堲
說文以土增大道上古从土即虞書龍朕堲讒說殄行堲疾惡也 瓷 𦈲 陶器之緻堅者或从缶 澬 从雨一曰水名 霣 䨕 雨聲
或作䨕亦書作霣 絧 補也 輂 輦 連車或作輦 鮆 魚名鮎也江東語 薺 艸名說文蒺藜也引詩牆有薺通作齊茨 餈
飯也 懠 怒也 齊 等也 次 疢 具次山名或作疢通作茨 ○胝 疷 疧 蹢 張尼切說文睡也一曰繭也或
作疷胝蹢文八 秖 秷 禾始熟曰秖一曰再種或作秷 氐 氐池縣名 諦 不知也 ○追 中葵切說文逐也文四 遣 博雅
雷也 䈞 竹名 嬃 疾悍一曰怒也 ○絺 抽遲切說文細葛也文十一 郗 說文周邑也在河內亦姓 瓻 蓄瓻瓶也一曰盛酒器古
以借書 䈞 竹器 甀 笑皃 脪 脪腨畜水腸 䜣 四陰知伺察也 絺 絺韋田氏名官也 屖 博雅屖遲也 謘 不知
也 姼 女字 ○墀 墀 陳尼切說文涂地也引禮天子赤墀或作墀文四十 坻 汶 漦 坛 泜 說文小渚引詩
宛在水中坻或作汶漦坛泜 泜 水名在常山 泜 說文著止也 阺 秦謂陵阪曰阺 岻 山名在青州 謘 說文語諄謘也
遲 迟 遲 邌 說文徐行也引詩行道遲遲或作迟遲邌古作邌 徲 博雅徲徲往來也一日久也 徥 徥徊裴回

也 菭 水石衣 荎 芪 說文荎藸艸也一曰藸荎木名今刺榆或从氐 莉 姓也 蚔 蟁 蝭 蟲名說文蟻子蚔周禮有
蚔醢或从氏古作蟁 貾 蟲名爾雅貝餘貾黃質白文通作蚳 祁 地名穀執有祁亭 犀 犇也一曰自驕矜皃 驪 驪靬縣名在張掖
蓍 盞 𥂇 說文蒩也或从皿皿器也亦作盞 𧒆 蟲名蛭也逸詩佞人如𧒆 軝 車兩尾 襹 衣也 瑑 圭文 屖
䟡 踞地也或从足 蹃 止不前也 ○椎 柏 傳追切說文擊也齊謂之終葵或作柏通作槌文十五 錘 鬌 說文髮墮也或
作鬌 槌 燒熱曲拄 鎚 金椎一曰權也 錘 說文八銖也 磓 落也 䭔 粉餅也 顀 說文出額也 魋 椎頭髻漢尉佗魋結
甀 瓵 罌也或作瓵 腄 地名 䯪 頸後骨通作椎 ○棃 梨 良脂切說文果名或作梨文四十二 瞀 目閑也
犂 物 手持 藜 蒺藜艸名 黧 麪黏也 秜 說文稻今年落來年自生謂之秜 䊍 黎黏衣敝 犁 𤛓 犂
牛駁文一曰耕也或作犂犂 䅻 穞 種也或作穞 鵹 鶩 鵹 鵹黃鳥名或作鵹鷅 黧 黑而黃 蜊 蛤蜊蟲名海蚌
也 蟍 蠡 蟲名似蜂大腹長角食蛇腦或从黎 鯬 鯠 魚名 刕 姓也蜀刀達之後避難改焉从三刀 鑗 𨥨
黑金也或作𨥨 黎 憖 說文恨也一曰怠也忧也或省 黎 菞 地名穆天子傳讀書於菞丘 鄹 國名 莉 䔧 箕莉織竹爲障

集韻平聲一 十六 王吉

也 麴 麥酒也 剓 直破也 劙 剺 剥也或作劙 嫠 寡婦 䔧 竹名 犛 小畫也 犛 引也 黎
黎 饑也或从米 驪 驪 驪驪獸名似馬或从黎 ○纍 縲 倫追切說文綴得理也一曰大索一曰不以罪死曰纍或作縲文
四十五 絫 十黍爲絫一曰十絲 纝 縲 博雅纝縲絡也或作縲 虆 藟 蘽 虆 蔓也或作藟虆蘽通作纍
藟 虆 盛土籠或作虆 樏 說文木實也 欙 樏 說文山行所乘者引虞書予乘四載山行乘欙一曰前無齒或作樏 灅
說文水出鴈門陰館累頭山東入海一曰治水也 山累 嵔 𡾟 嵔嵬山皃或作嵔𡾟 瓃 瓃玉器或作𤫎 儽
儽 傫 博雅儽儽疲也一曰敗也欺也或作儽傫 嫘 嫘 姓也黃帝娶于西陵氏之女是爲嫘祖嫘祖好遠遊死於道後人祀以爲行神或作
嫘通作累 欙 㒍 累 求子牛一曰犢也或作㒍累 鸓 蠝 鳥名鼠形飛走且乳之鳥或从虫亦書作鸓 勴 推之勉也
耒 田器 矘 瞟 矘 博雅視也或作矘 罍 罍 酒器也古作罍 儡 勞心也 㩮 博雅理也 頦 博雅頦頤
靳也 壘 廣雅重也 磥 東齊謂麂曰磥磑 䐯 脯也 蘽 果實垂皃一曰藉多艸 ○尼 女夷切說文從後近之徐鍇曰妮也
文十八 岷 㞾 山名顏氏禱於㞾丘生孔子或从丘通作尼 怩 忸怩心慙也古書作㞾 呢 貳 呢喃小聲多言也或从貳

跜𨇨跜歔動皃 𩛊餌也 柅絡朼一曰木名實似棃 秜稻再生 蚭蟲名博雅蛐蜒也方言北燕謂之蛐蚭 貎獸名
屔字林南方雉名 旎旖旎柔弱皃 狔猗狔物从風皃 妮女字 𧧺告也 抳研也 ○夷𡰥𡰪延知
切說文平也東方之人也或作𡰥𡰪古書作夸文四十五 侇尸也一曰侇之言移也 銕嵎銕東表之地通作夷𡰥 寅𡩟𡩡
東方之䢒古作𡩟𡩡 𩍶𩍶恭也籀作𩍶 陝博雅陝陝險也 徥說文行平易也 𡰲䠖博雅䠖𡰲踞也或从足
姨說文妻之女弟同出爲姨 恞爾雅悅也 睇眱博雅䁘眱直視一曰小視也南楚謂眄曰眱古作眱 胰胰夾脊肉或作䏩
洟𣳝鼻液或从𦯁 痍說文傷也 彝𢍁𤕾𢑟說文宗廟常器也一曰法也古作𢍁𤕾𢑟 𣖎說文木也
桋木名說文赤楝也引詩隰有杞桋 荑艸名爾雅莁荑蔱薔一名白蒉 蒉艸名莁荑也 銕戟無刃 羡沙羡縣名在江
夏郡 羠騬羊一曰野羊 䳘鵜鶇鳥名飛生也通作夷 鮧鯷鮧魚名一曰鹽藏魚腸宋明帝蜜漬鯷鮧一食數升 蛦蛥蛦蟲名 騠馬名
䨲雷也 咦說文南陽謂大呼曰咦 蟻蟻蝓蟲名蝸也 焈火皃 𦨻船名 猗獸名 鞿韋也 ○惟夷隹切說
文凡思也一曰謀也一曰語辭文十六 維說文車蓋維也一曰網也繫也隅也 唯專辭 旟旌謂之旟 襹衣也 遺𨗏遺

說文亡也一曰贈也餘也亦姓古作𨗏遺 瀢說文水出琅邪箕屋山東入海徐州浸引夏書瀢淄其道 壝壝埒也 矆目疾 蓶菜名
似烏韭而黃 琟說文石之似玉者 蠵𧌇蠵蛇名山海經泰華山有蛇六足四翼見則天下旱 𥻘𧏖夷貨 誰就也 ○帷
匯于龜切說文在旁曰帷一曰圍也所以自圍障古作匯文二 ○咦𥁕夷切博雅笑也一曰呼也一曰南陽謂失笑爲咦文十 咥大笑
忔廣雅喜皃也 腄睢也 吚欥 訑睞𣟐欪欥說文唸吚呻也或作欥訑睞𣟐欪欥 ○倠
呼維切說文仳倠醜面文七 婎𡟘說文姿婎姿也一曰醜也或作𡟘 睢眭說文仰目也一曰睢睢元氣皃或作眭 𣝗𣝗𣝗
呻吟也 奞鳥振羽 ○伊𣬈於夷切說文殷聖人阿衡尹治天下者一曰伊維侯也又姓亦州名古作𣬈文十三 洢水名在河南陸
渾山入河 咿吚喔咿強笑或省 蛜蛜蟲名說文蛜威委黍委黍鼠婦也或从伊 黟黟黟縣名在丹
陽一曰黑木或作黟黟 㰻面不正 嫛𡡾嫛婗小兒 㛄女字 ○狋牛肌切說文犬怒皃一曰犬難附代郡有狋氏縣文二 䜾
大鹿 ○飢饑餞居狋切說文餓也亦姓或从乇从幾文六 肌說文肉也 机木名似榆山海經單狐之山多机木可燒以糞
田 䖂蟲名爾雅蜜䖂䗁䖂通作飢 ○龜𪚦居逵切說文舊也外骨內肉者也天地之性廣肩無雄龜鼈之類以它爲雄一曰畜背隆處

古作𪚦文八 跻脛肉也一曰曲脛 螝蠶蛹也或作蜕 騩馬淺黑色 頄顴骨也 鱖魚名 ○耆𦒻者
渠伊切說文老也一曰至也至於老境一曰𤻎者或省文十九 嗜畏也敬也 覩睹博雅視也或从目 諸怒也廣雅 鰭魚脊上骨
禮着濡魚者夏右鰭 鬐馬項鬣 鮨鮨鮓 鰭鮨鮓屬爾雅魚謂之鮨或从祁从示 稽稽麥下種也或从禾 鍺軸耑鐵
祁說文太原縣一曰盛也亦姓 𣓦𣓦飢伊祁古天子號亦地名或作𣓦飢通作耆 耆毛文會也 ○踶徒祁切蹋也莊
子怒則分背蹄相踶文一 ○𦲷葵渠惟切說文菜也隸作葵文十四 揆博雅揆揆度也一曰度也通作葵 愕方言悖也 膗膗
醜 郯說文河東臨汾地卽漢所祭后土處通作葵 鶪鵼䳸鳥名方言鳩秦漢之間其小者謂之鶪鵼或作鶪䳸 鰇魚名
蝰蟲名 侯左右視謂之侯 筡竹名 猤壯勇皃 ○馗逵𨘥渠龜切說文九達道也似龜背故謂之馗馗高也或
作逵𨘥一曰中馗菌也 夔獸名說文神魖也如龍一足象有角手人面之形一曰夔夔悚懼皃亦州名俗作夒非是 騤說文馬行
威儀引詩四牡騤騤 犪牛名山海經岷山多犪牛 戣鍨兵也說文引禮侍臣執戣立于東垂或从金 𢍲說文持弩拊也 頯
頯頯骨說文權也一曰厚也或作頯 𦡊博雅膗𦡊醜也 睽左右視也 𢈫博雅眷𢈫顧也 䁥說文注目視也 僑方言使也

𨇨𨇨跜動皃 蘷菜名 蹶蹶說文脛肉也一曰曲脛或从癸 芄遠荒也 湀悖也 鄈地名 嶩山名 𡽀關人
𩿅小鳥 ○巋丘追切爾雅山小而衆巋文六 蘬蔡艸名爾雅紅蘢古其大者蘬或作蔡 覺注目視 𨇁使也 蓑
減也 ○紕縒篇夷切繒欲壞也或作縒文十六 譬惜錯繆也或从心通作紕 儩惡者 仳仳惟醜也 敀器破
也 敀敀敀屋欲壞 疕頭瘍 錍鍾形下廣也 謕嗶吡聲或从口 訛博雅具也 埤短皃 吡氣出聲
嗺嗺呪口皃 ○丕平攀悲切說文大也或从十亦姓文二十七 邳說文奚仲之後湯左相仲虺所封國在魯薛縣 伾說文有力
也引詩以車伾伾一曰衆也 碩大面謂之碩 額頯說文短須皃或从丕 髻髫鬍猛獸奮鬣 岯坯䘐
山再成曰岯一曰山一成或作坯䘐 怌恐懼也揚子柔則怌 秠說文一稃二米引詩維秠維秠天賜后稷之嘉穀也 駓騂說文黃馬白毛
之旅 㸤猩子曰㸤或从犬 𩿖鳥名一曰別也 魾魚名說文大鱯也 䲹鳥名 鉟靈姑鉟旗名 旇旗謂
旇 ○秠禾粗曰秠 破耕也 芣艸木花盛皃 抔披也 𠊳字林大也 ○悲逋眉切說文痛也文三 丕大也
斐姓也 ○䪐𣀔頻脂切說文人臍也从囟囟取氣通也一曰明也輔也厚也隸作𣀔或書作𣀔文五十一 𢚩惡也 比和也

一日相次也 琵 批 琵琶巴胡樂胡人馬上所鼓推手前曰批引手後曰把或从手 麮 麬 麮麯也或省 枇 說文枇杷木也
槐 說文相也 笓 篦 罡 取蝦具博雅簎笓謂之笓或作篦罡 梐 木名可為車轂 茈 通作蚍 蚍 說文艸名 說文
萬也 仳 博雅仳催醜也 䠘 䡡 䡥 體柔或作䡡䡥通作毗 貔 豼 狴 說文豹屬出貉國引詩獻其貔皮或省亦
犬从 膍 肶 說文牛百葉也一曰鳥膍胵或从比 鵧 鵧鷎鳥名鳴自呼 魮 鰏 魚名山海經文魮其狀如覆銚鳥首而魚尾是生珠
玉或作 蠶 蚍 螕 蟲名說文蠶蜉大螘也或作蚍蠙 沘 水名出盧江天柱山 阰 隉 山名楚詞朝搴阰之木蘭或作隉
纏 細布 鈚 鎞 錍 犂錧也一曰箭名或作鎞錍 魾 鮍 魚名魴也或作鮍 攙 博雅轉也 幰 帷也 紕
邊飾謂之紕 剕 斫也 砒 石藥 毞 氐罽也通作紕 嬪 女字 秕 粃 穀不成也或从米 蟦 蟲名 庇 地名 ○
邳 貧悲切國名在魯薛縣亦姓文二十五 岯 伾 大岯山名一曰山一成或作伾 坯 坏 瓦未燒或从不 伾 伓 衆也
一曰大力或作伓 額 頯 短須髮皃或省 駓 駱 馬駁色爾雅黃白雜毛駓或从丕 鮬 魚名爾雅鰯鮬鰸鮬旄乾讀 鴀
鳥名山海經鍾山欽䲹化為大鶚狀如鵰音如晨鵠 魾 魚名鱯也 鉟 鉟蠻姑鉟旗名 鴀 鵧鴀小鳥名 豾 貔 狉 貔也方言

集韻　平聲一　二十九

北燕朝鮮謂之貊或作貊狉 駓 馬走也 狉 走皃 嚭 㕨 兎罟也或省 騃 騃 被髮走或从平 ○ 眉 睂
旻悲切說文目上毛也一曰媚也隸作眉通作麋文三十五 嵋 山名在蜀 湄 湑 溦 瀿 說文水艸交為湄或作湑溦瀿
瀿 溦 谷與瀆通也爾雅谷者溦通作湄 猸 獸名 鶥 鶥鵜鳥名通作麋 楣 說文秦名屋櫋聯也齊謂之櫋楚謂之梠 葿
薇 艸名博雅菋葿菁也文內虛或作蘪 葿 竹名江漢間謂之箭竿一尺數節葉大如葦可以衣蓬 薇 蔯 竹名或作𥳑 蘪
水中茭也爾雅蘢薔蘪蘪 䁇 瞴 博雅覗也或从目 黴 𪐴 說文物中久雨青黑一曰敗也或省 麋 說文鹿屬冬至解其角亦
姓 郿 說文右扶風縣 堳 壇 堳 說文右之似玉 墨 墨 墨床默詐皃 蘪 蘪蕪香艸 娓 順也 䧲 䧲
金飾馬耳或作䧲 麋 赤苗曰麋 薇 艸名 麋 蘪 分也或作蘪 ○ 遲 侍夷切闕人名遲任古賢人書遲任有言文一 ○ 洼 鳥雖
切方言洿也文一 ○ 娶 聚惟切細瞽也文一
七 ○ 之 业 真而切說文出也象艸過屮枝莖益大有所之一者地也一曰適也辭也亦姓隸作之古作业文六 芝 說文
神艸也 茎 到也 栺 木名 ○ 菑 甾 莊持切說文不耕田引易不菑畬徐鍇曰从艸巛田田不耕則艸塞之或省俗作葘非是文二十四

椔 載 戭 椔 𦔉 博雅耕也或作載或椔𦔉通作菑 甾 甶 說文東楚名缶曰甾古作甶 菑 山名漢泰山郡
有菑山亦姓 緇 紂 純 說文帛黑也周禮七入為緇或作紂純 輜 說文輜車前衣車後也字林載衣物車前後皆蔽若今庫車
錙 說文六銖也一曰八兩曰錙 椔 爾雅木立死椔通作甾 淄 水名出泰山梁父縣亦州名俗作淄非是 鶅 雝 爾雅雝東
方曰鶅或从隹 鄑 鄉名 錙 鐘名 鶅 手足 鸕黑 鯔 魚名 甾 甾嶷不齊皃 ○ 詩 訨 申之切說文志也一曰承也持
也古作訨說文六 邿 說文附庸國在東平亢父縣邿亭引春秋傳取邿 齝 齝 呞 爾雅牛曰齝吐而噍也或作齝呞 ○ 眹
眹 外基切以目通指也春秋傳眹魯衛之使或从矣文三 䔹 沫也 ○ 蚩 充之切說文蟲也一曰蚩蚩敦厚皃文十八 媸 媸
侮也癡也或作媸通作蚩 嗤 欸 笑也或作欸 𦐇 𦐇羽翼盛也 䛐 告也 呞 齝 齝 食已復出嚼也或作齝齝
瞝 目汁凝 饎 酒食也 祁 祁祁衆多也 絺 細葛也 漦 流涎也 𨼆 地名 䇺 竹名 犍 犍犍犬也 ○
輜 叉緇切耕車文五 颸 颸 博雅風也一曰颸疾也或从甾 齝 齝也 緦 十五升布也 ○ 時 峕 市之切說文四
時也一曰伺也一曰是也古作峕亦姓文十九 塒 說文雞棲垣為塒今案鄉穿墻棲雞通作時 榯 木立皃一曰落榯特門樞 蒔 艸名 鰣

集韻　平聲一　三十

魚名魚之美者或省 鮨 蜀以魚為醬曰鮨 鼭 爾雅鼠名 溡 水名在齊通作時 覗 睹 博雅視也或从目 示
姓也晉有示眛明 諸 博雅愁也 提 未提縣名在犍為 翨 翅 說文飛盛皃或作翄 是 鳴也 稽 種也 ○ 茬
茬 仕之切說文艸皃濟北有茬平縣或从仕文二 ○ 嫠 俟甾切說文順流也一曰水名一曰盡也一曰次流出皃文二 狋 狋𤟠獸角皃一曰不
平 ○ 而 人之切說文頰毛也引周禮作其鱗之而一曰語辭一曰汝也如也文四十 髵 髵髵獸鬣作鬣皃 耏 耐 罪不至髡也或从寸
懇勁曰輕罪不至于髡完其耏髮法度字宜从寸耏一曰姓也 咡 咡 吻也或从耳 誀 誘也 洏 說文洝也一曰漣洏流涕皃 胹
腝 臑 胹 胹 說文爛也方言秦晉之郊謂熟曰胹或作腝臑胹胹 𨒠 摩丸之 陑 隭 地名湯伐桀升陑在河曲
南或作隭 峏 山名 荋 說文艸多葉皃沛城父有楊荋亭 栭 說文屋枅上標引爾雅栭謂之㮧 檽 稬 木名一曰木耳或从耎 𨓈
至也 輀 轜 輭 說文喪車也或作轜輭 軜 車 鳾 雕 鳥名燕也莊子鳥莫智於鷾鳾或从隹 鮞 說文魚子也一
曰魚之美者東海之鮞 濡 水名在河間春秋傳盟于濡上一曰享內和潛 聏 聏 和也調也或作聏 袻 裝也 婼 女字
侕 衆多皃 栭 木名 訒 厚也 仍 因也關中語 芀 艸名 枍 小車 陾 陾陾築牆聲 ○ 思

恖𦥑𢚩新茲切說文容也一曰念也一曰于思多鬚皃古作恖𦥑𢚩文三十 偲愢切切偲偲相切責也或作𢜫 颸風皃
罳罜博雅罘罳謂之屏釋名罘罳在門外罘復罳思也臣將入請事於此復重思之籀作罜 緦𢇍說文十五升布也一曰兩
麻一絲布也古作𢇍 葸竹名有毒傷人即死生海畔有毛 楒相楒木名通作思 禗神不安欲去意 䮞馬名 絲糸
說文蠶所吐也或省 鷥鷺鷥鳥名 司說文臣司事於外者與后相反一曰后道寬惠司家徧急違於君也亦姓 伺候也察也 覗
眮博雅視也一曰竊見或从目 𤟧說文司空也復說獄司空一曰辯獄相察 笥竹器 䚡角中骨曰䚡 𦵡艸名 泀水名
蕬菟蕬藥艸 媤姛女字或从司 ○ 茲丝津之切說文黑也引春秋傳何故使吾水茲一曰蓐也此也亦姓古作丝文二十四
玆黸深黑色 孜說文汲汲也引周書孜孜無怠 孳𡥧說文汲汲生也籀作𡥧 孖一產二子通作孳 芓艸名若也
𣑯搏擅也 仔說文克也一曰仔肩任也 滋滋𪉈說文益也一曰滋水出牛飲山白陘谷東入呼沱一曰蕃也旨也古作滋𪉈
穖禾生皃一曰蒔也 茲說文艸木多益 嵫崦嵫山名日所入處 鼒說文鼎之圜掩上者引詩鼐鼎及鼒通作鎡 鎡鎡錤鉏也
通作 嗞說文嗟也廣雅嗞嗞笑也一曰嗟不止 鰦魚名爾雅鮂黑鰦 耔壅禾根也詩或耘或耔浣重讀通作芓 字養也鄭康
集韻平聲一 三十一 正
或曰小國 𨛹地名或書作蓄 鶿鷀鸕鶿鳥名 ○ 詞詞詳茲切說文意內而言外也古作詞或書作𧥣文十三 辭𨐲
𤔲說文訟也从𤔲𤔲猶理辜也𤔲理也籀从司古作𤔲通作辞 辤辞說文不受也从辛从受受辛宜辤之籀从台俗从舌非是 祠說文
春祭曰祠品物少多文詞也仲春之月祠不用犧牲用圭璧及皮幣 柌枱鈶䥝博雅柄也或作枱鈶䥝 絧博雅補也 ○
慈𢘓牆之切說文愛也亦州名或作𢘓文十五 礠磁石名可以引鍼又州名或省 鶿鷀鸗鳥名說文鸕鶿
也或作鸕鶿 嬨濨愧皃 濨滋水名在定州旱則竭或从玆 玆龜玆西域國名 呲無食也 齒水腸謂之齒
鎡竹名 嬨女字 ○ 𧽈趑趍超之切說文不前也或作趑趍文十一 痴痴癡不達皃 笞抬說文擊也
或从 齝齝㖡說文吐而噍也引爾雅牛曰齝或从司从台 漦博雅漦也一曰龍吐沫 𢹲𢹲里地名在秦 ○ 治
澄之切說文水出東萊曲城陽丘山南入海文十一 亂𣫘𣫘理也或作𣫘𣫘通作治 耛耛除艸 持說文握也 莉姓也
箈菭𦽹魚衣或从急 落菭藩艸名通作治 荎艸名箸也 ○ 漦釐𨤲陵之切說文家福也一曰理也
或作釐文四十三 𢻃坼也 犛氂說文犛牛尾也一曰十毫曰氂 斄𣯛鄉名古省 𣭓綵彊曲毛可以箸起衣或作綵

𪌉𪍓麥也或从麥 𩯂𩯂起皃 來倈至也或作倈 賚賜也 艃博雅艃舟也 嫠說文無夫也
斄孷方言陳楚之間凡人嘼乳而雙產謂之孷孷或省 慭愁憂皃楚潁間語 詈罵也 𤸶病也 𢂋斷繒也
𤛫𢾍說文剝也劃也或从廾 𤛛說文引也 𢾍說文微畫也 犛牛名黑色出西南徼外張揖說 貍狸
貍㹈說文伏獸似貙也或作貍貍貍 𧳋塞也 䕻豆名可食 𨏩臿也司馬法周輦載𨏩 𦬙說文艸也一曰羊蹄 𦽹
竹名出廣州西南 𥭴竹杓 𪌘爾雅䋇也 浬泥浬波斯酋長名 𣚍木名條可為大索 䰠魚名 𣿢䅘
艸名夫蓠也或作䒜 ○ 飴𩚀𩚹飤粭盈之切說文米蘗煎也一曰濡弱者為飴或作饌𩚹飤粭文四十六 匜頤
𦣞說文顄也或作頤𦣞 宧說文養也室之東北隅食所居李巡曰東北陽氣始起育養萬物故曰宧 𦟀豕胛息肉 台說文悅也
一曰我也 眙盱眙地名通作台 怡說文和也亦姓 嬰樂也 貽黑貝也 遺與也通作貽 詒詑說文相欺詒也
一曰遺也或从巳通作貽 异發聲一曰已也舉也 巸㔨𡰥說文廣臣也一曰長也美也或从文古从户 弬弓名 柏𣏴
博雅𢓶謂之𢓶所以抒水或从匜通作枱 洍江水決復入為洍 沶水名 圯說文東楚謂橋為圯 枱鈶䥝耜說文
集韻平聲一 三十二 正
耒耑也或作鈶䥝耜 瓵說文甌瓿謂之瓵 瓯博雅瓵瓯甂也 治水名出鴈門累頭山東至泉州入海 珆說文石之似玉者一
曰五色玉或从台 鮔魚名博雅鮐鱳鮔也背青腹白觸物即怒其肝殺人 姬妃姫衆妾總稱或作妃姫 熙闕人名春秋傳鄭有
公子熙 狶狶韋太史官名李軌說 鮐魚名爾雅鮐背壽也 怠懈也 怟怟怟和適也 ○ 僖虛其切說文樂也亦姓文三十五
嬉博雅戲也通作娭 嬰巸說文說樂也或省 歖歖憘說文卒喜也或从喜从心 欸唉吷說文
欸欸戲笑皃或作唉吷 嘻歎也一曰有所多大之聲周頌有噫嘻 譆痛也 誒唉說文可惡之辭一曰誒然引春秋傳誒誒出出或作
唉 禧釐說文禮吉也一曰福也或作釐 熙㷩說文燥也一曰廣也和也古作𤈦 熹嘻說文炙也一曰熾也或作
瞦亦書作嬉 娭火盛皃 瞦說文目童子精也 娭嫼婦人賤稱或从熙 𢻃說文坼也从攴从厂厂之性坼果熟有味亦
坼故謂之𢻃 訢喜也 喜未嫁有施氏女名通作嬉 昕旦明日將出也 欸呻吟也 𪑢黑也 咦呼也 饎
糦饎酒食曰饎或作糦 豨豕也 ○ 欺倛丘其切說文詐欺也或作倛文十七 諆說文欺也一曰謀也 娸
娸說文人姓一曰醜也漢書娸蔡其姐或作婍 䫏魌說文醜也今逐疫有䫏頭頭方相也或作魌通作魌 𩑔大頭也一曰頭不正

僛顏 說文醉舞皃引詩屢舞僛僛不能自正也或作頗 䶞䶵 博雅齧也或从奇 䳢 廣雅多也 鶀鵋 鳥名今江
東呼鵋鶀爲鶀鵋或作鶀 亟 屢 抾 兩手挹也 ○姬 居之切說文黃帝居姬水以爲姓一曰妾稱文四十三 稘 㫷 朞
稘 㫷 朞 說文復其時也引虞書稘三百有六旬古作𣅿㫷稘㫷或作朞亦書作期 基 亟 說文牆也一曰始也本也
古作 萁 甘 笄 𡖾 㠱 其 匧 㫷 異 說文𣬉也一曰星名亦姓古作甘笄𡖾㠱籀作其
匧或作異 丌 說文下基也薦物之丌象形 其 不其邑名在琅邪亦姓 居 語助通作其 碁 忌也 諆 諅
謀也一曰欺也或从基通作基 萁 藩萁簗也 笸 說文取蟣比也 玡 石之次王者一曰五色石 錤 鎡錤鉏也通作其 䠖 跽也通作
其 藄 萁 綦 艸名博雅綦蕨也或从基从綦 棋 棊 根柢也或从箕 㫷 也 畀 舉出之
踑 跂 跡也古从亓 惎 毒也意也 諅 忌也 祺 禥 禨 吉也籀从基古作禨 ○醫 毉 於其
切說文治病工也殹惡姿也醫之性然得酒而使从酉王育說一曰殹病聲酒所以治病也周禮有醫酒古者巫彭初作醫或从巫俗作毉非是文七 欸 唉
方言欸醫然也或从口 癥 痛劇聲一曰痛也 譩 恚也傷也 噫 億 意 嘻 譆 懿 䜻 㥣

恨聲或作億意嘻譆懿讉古作㥣 医 博雅審也 譩 醫盛開口笑也 㑴 痛聲 ○疑 㱈 魚其切說文惑也从子止匕聲或作
儗文十二 𠤕 㕁 說文未定也或作𠤕亦書作𠤕 嶷 說文九嶷山舜所葬在零陵營道 觺 角利皃楚辭其角觺觺 雉 鳥名
薿 爾雅盛也 礙 礙礙青石 听 听嗞口開皃 菥 艸名一曰艸多皃 僛 僛僛狸聲 ○其 丌 亓
渠之切辭也豈也亦姓古作丌亓文五十七 期 㫷 朞 說文會也一曰限也要也或作㫷朞 基 本也 綦 碁
檱 說文博棊或作棊檱通作棋 旗 說文熊旗五斿以象罰星士卒以爲期引周禮率都建旗亦姓 琪 玉屬爾雅東方之美者有醫無閭之
珣玗琪焉 璂 說文弁飾往往冒玉也或从基 綥 綦 綦 綨 說文帛蒼艾色引詩縞衣綦巾未嫁女所服一曰
不借綥亦姓或作綦綨 古作𥿻或書作綨䊨 粸 麒 餅屬或从麥 萁 騏 䅠 㠱 說文豆莖也或从豆从禾古作𥝩
綦 藄 艸名說文綦月也郭璞曰似蕨可食或作基 蘄 說文艸也江夏有蘄春亭一曰水名亦姓 錤 鎡錤鉏名 淇 淮南
祈雨土偶人曰淇 惎 心有所繫也 淇 說文水出河內共北山東入河一曰出隆慮西山 祺 禥 禨 說文吉也一曰祥也籀从基古作禨
䶞 齗 齧齒也古作齗 畀 舉也 棊 拚棊堅勇也或書作棊 踑 踑跡也 鵸 鯕 魾 䑴 博雅䑴舲舟也

或从基从亓 麒 說文仁獸也麋身牛尾一角通作畁 騏 馸 說文馬青驪文如博棊也古作馸 鶀 䳢 鶀鶀鳥名一曰小鴈或从
隹 蜝 蟲名水蛭也通作基 鯕 魟 說文魚名或从亓 蟚 彭蟚蟲名似蟹而小不可食蔡謨渡江不識啖之幾死歎曰爲勸學所誤
俟 万俟虜姓 勤 老勤老稱也通作期 諆 謀也 濝 水名山海經沮洳之山濝水出焉 棋 木根也 稘 汝南謂犬子爲稘
八 ○微 衞 無非切說文隱行也引春秋傳白公其徒微之亦姓或作衞文十六 敳 說文妙也徐鍇曰从耑省耑物初生之題尚微也通
作 癥 足瘃也通作微 薇 䕨 說文菜也似藿籀省 薇 䕨 說文行也籀省 䥩 鉤也方言自關而西謂之䥩 䰷
𥈰 說文司也或从目 溦 瀓 霺 說文小雨也或作瀓霺 微 賤也或引虞書舜側微 磈 磥磈磨也 ○
霏 䬠 芳微切雰也詩雨雪霏霏或从飛文五十 菲 艸名芴也一曰艸茂皃 馡 廣雅馡馡香也通作非 妃 婓 說文匹也
一曰嘉偶曰妃或作婓 婓 說文往來婓婓皃一曰醜皃列仙傳江婓二女或書作婔 裶 裶裶衣長皃 騑 驂 騑 騑騑馬行不止
皃或从斐亦作匪 眥 說文大目也 蠹 毛紛紛也 䨽 膹 方言䨽䨻乾物也或从賁 ○非 匪微切說文違也从飛下翄取其相
背又姓文二十 誹 謗言也 婓 婓 姓也春秋傳晉有斐豹或作婓 扉 說文戶扇也一曰以木曰扉以葦曰扇 緋 絳色一曰赤練

餥 爾雅餥餱食也方言陳楚之間相謁而食麥饘謂之餥 飛 飛 說文鳥翥古作飛通作蜚 騑 說文驂旁馬 騛 說文
馬逸足也引司馬法騑衞斯輿 䴈 獸名如牛白首一目 䤵 鯡 魚名似鮒出湧水或从非 䨽 紛紛也 裶 長衣皃
毛 細毛爲毛 裴 即裴漢侯國名 馡 香也 蜚 蟲名 ○肥 符非切說文多肉也徐鍇曰肉不可過多故从卪亦姓文十八
腓 說文脛腨也一曰病也 痱 避也幽通賦安慆而不能通作腓 淝 水名出九江山入淮一曰所出同所歸異曰淝泉 裴 棐
即裴漢侯國在魏郡或从木 賁 姓也 蜰 山海經翰次山有鳥狀如梟人面一足名曰橐蜚冬見夏蟄服之不畏雷 蟦 蟲名說文盧蟦也
蟦 虫名出北海水上狀如凝脂一曰永母也蟦螬也 筂 竹名 痱 瘄 風病一曰小腫或从肥 屝 隱也 腓 廣雅離也
斐 婓 婓往來皃 郒 聚名在河東聞喜縣 膹 腫多肴 ○機 居希切說文主發謂之機一曰織具也會也俗作機非是文二
十六 鐖 鉤逆鋩淮南子無鐖之鉤不可以得魚 刉 蟣 氣 斷也封也鄭康成曰刉羽牲曰刉或作蟣氣亦書作氣 禨 祥也通作
畿 鬿 說文鬼俗也淮南傳吳人鬼越人鬿 肌 說文頰肉也 幾 𢆯 說文微也殆也从𢆶从戍戍兵守也𢆶而兵守者危古作𢆯 僟
深練於事曰僟 譏 說文誹也一曰譴也 嘰 說文小食也一曰唏也紂爲象箸而箕子嘰 饑 䬣 飢 說文穀不熟爲饑古作䬣

食也 𧼈 說文走也 璣 說文珠不圜也 磯 博雅磧也一曰感激 孟子是不可磯也 譏 馬絡頭一曰轡在口 蘄 鄿 沛郡有蘄
縣或作鄿 䉡 竹也 蘄 䔇蘄艸名 磑 磯石也 鐖 耕也 ○ 歸 㛴 居韋切說文女嫁也籀省 一曰還也又州名亦姓 文五
騩 山名山海經大騩山在滎陽密縣一曰馬色 蘬 艸名博雅葵也 ⿰亻歸 使也 ○ 希 ⿱爻巾 香依切寡也望也施也亦姓古
作⿱爻巾文 二十六 稀 說文疏也徐鍇从禾爻巾爻者稀疏之義巾象禾之根莖通作希 俙 依俙猶言髣髴也一曰訟也面相是心相非 晞 說文
望也海岱之間謂眄曰晞 欷 唏 說文歔也一曰歔欷懼皃或从口 悕 願也悲也春秋傳在招丘悕矣 ⿺走希 ⿺走夷 ⿺走幾 走皃或从夷从幾
幾 晞 說文乾也一曰明之始升 烯 火色 頎 頎頭動皃 莃 艸名說文兔葵也一曰似荻而小葉狀如藜有毛汋啖之滑 桸 木名
汁可食一曰勺也 鵗 雉 爾雅雉北方曰鵗或从隹 狶 豨 豬也方言南楚謂之豨或从犬 浠 水名 ⿰虫希 蟲名 [illegible]
欲食也 霼 雨止皃 ⿰卩希 骨節間 ⿰女希 女字 ○ 暉 吁韋切說文光也日之光 文二十七 煇 輝 煒 說文光也
火之光或作煇煒 揮 撝 說文奮也一曰竭也或作撝 渾 振去水也通作揮 ⿰軍攵 ⿰軍殳 博雅敎懂乖剌也或从殳 楎
褘 蔽也爾雅衣蔽前謂之褘或作楎 鶤 鷤三尺曰鶤 㣓 徽 說文衺幅也一曰三糾繩也美也古作㣓 微 幑 說文幟也

以絳徽帛著於背引春秋傳揚徽者公徒或作幑通作徽 褘 說文蔽膝也引周禮王后之服褘衣一曰婦人邪交落帶繫於體者 幃 說文囊也
翬 說文大飛也一曰伊雒而南雉五采皆備曰翬引詩如翬斯飛或書作𦑑 貚 山海經獄法山有獸狀如犬而人面是善投見人則笑其名山貚
驒 山海經太行山有獸狀如麢四角馬尾而有距名曰驒 徽 鰴 爾雅魚有力者徽或作鰴 闈 爾雅宮中門謂之闈 緯 大束也
揮 牛名 媈 女字 ○ 衣 於希切說文依也上曰衣下曰裳 本胡曹作衣衣隱也亦姓 文十五 依 說文倚也一曰祿也 肙
說文歸也从反身徐鍇曰古人所謂反身脩道故曰歸 ⿰阝衣 說文酒泉天⿰阝衣阪也漢有大⿰阝衣縣 陭 陭氏縣名在上黨 ⿰女衣 說文女字也
㤝 偯 譩 噫 哀痛聲或作偯譩噫 ⿰木衣 木名可為箭笴一曰箭箙 禕 美也 扆 爾雅牖戶間謂之扆郭璞讀
郼 國名呂氏春秋湯立為天子商不變肆親郼如夏 ⿰氵衣 水名 ○ 威 𢇅 畏 畏 於非切說文姑也引漢律婦告威姑 一曰
有威可畏謂之威古作𢇅畏亦姓 文十一 葳 葳蕤艸木皃 楲 說文楲窬褻器 一曰通陂竇 隇 博雅隇陝險也 㟪 㟪壘山名 媁
美 蝛 蛜蝛蟲名 鰄 魚名 ○ 沂 魚衣切說文水出東海費東西入泗 一曰沂水出泰山蓋青州浸 文九 ⿰氵斤 听
㠑嵬皃或省 ⿱山幾 危也近也 磑 磑石 溰 皚 溰 博雅溰溰霜雪也或从白从水 隑 岸曲皃 ○ 巍 嵬

語韋切說文高也或省 文九 騩 馬黑色 阢 石山戴土 犩 㹎 牛名犪也如牛而大肉數千斤或作㹎 ⿰亻鬼 心勞苦皃 魏
獨立皃莊子魏然而已 㕒 爾雅崋者厜㕒 ○ 祈 祁 渠希切說文求福也或作祁 文三十九 頎 說文頭佳皃一曰長皃 旂
說文旗有衆鈴以令衆也一曰交龍為旂 畿 圻 㙫 說文天子千里地以遠近言之則言畿也一曰限也或作圻㙫 埼 碕 崎
隑 曲岸也或从石从山亦作隑 岓 山旁石曰岓 魕 ⿺鬼幾 鬼俗或从幾 [illegible] 說文數也訖事之樂一曰危也汔也 剴
厚也 𪗉 齒危也 幾 近也一曰邪之沂鄂 𦝡 頰肉謂之𦝡 刉 封也或書作𠛶 俟 万俟虜複姓 蚚 蟲名說文彊也蓋蠅類
蘄 爾雅犬生一子蘄 蟣 蚑 蟲名水蛭也入人肉者或作蚑 璣 珠不圜 肵 敬也鄭康成曰盛心舌之俎 機 嘰
小食也或从口 磯 感激也 蘄 艸名 鐖 䥅 大鐮 禨 說文以血有所刉涂祭也或作禨 僟 說文精謹也引明堂月令
數將僟終 [illegible] 山海經北嚻山有鳥白首鼠足名曰[illegible]一曰星名 芹 菥 水艸或作菥 𧼈 走也 ○ 韋 𡙡 于非切說
文相背也从舛口聲獸皮之韋可以束枉戾相違背故借以為皮韋 亦姓古作𡙡 文二十一 ⿰束韋 ⿰韋束 說文束也徐鍇曰束之象水華實之相累也或从束
⿰韋攵 說文戾也 違 說文離也 幃 囊也一曰單帳 闈 說文宮中之門 囗 說文回也象回帀之形 圍 說文守也 幃 說文

重衣皃引爾雅𧝎𧝎 𧝎 ... 禪韋貴或書作𧞬 葦 艸名爾雅葦醜芀謝嶠讀 韋 說文囊也 鍏 臿也方言宋魏之間謂之鍏 湋 說文回也
一曰水名 潿 說文不流濁也 喡 呼聲 媁 說文不說皃 禕 邪交落帶繫於體謂之禕通作褘 椲 木名 匰 器也 ○
蘬 薉 區韋切說文蘬貴也一曰蘬薉古之大者古作薉 文四 覣 注目視 巋 山皃 ○ 頄 琴威切權骨也 文一 ○ 䑈 [illegible]
切夾脊肉 文一 ○ 𢺍 丘衣切投取也 文一
九 ○ 魚 𩵋 牛居切說文水蟲也象形魚尾與燕尾相似亦姓古作𩵋 文二十二 𩺰 說文二魚也 瀊 漁 𢼄
魰 說文捕魚也篆省或作𢼄敫 齬 齟齬一曰 鋙 鋙 鉏鋙䥥具也一曰𨭛錡或从吾 䲣 驗 驢 馬二
目白曰䲣或作騟騟 吾 吾吾疏遠皃春秋國語暇豫之吾吾 蜍 蟲名似魚也 衙 衙衙行皃 鄅 鄅鄉地名 藷 艸名
東人呼荏為蕍或作蕃 閭 門名 娛 吳人謂女為娛 ○ 於 烏 衣虛切于也居也往也一曰語辭亦姓古作𢄼俗作於非是 文九
鄔 鄔陵縣名在太原 菸 䔡 菸 艸名說文鬱也一曰䔡也 淤 涭 瘀 博雅笑也 瘀 積血 瑀 玉名
○ 虛 𡌆 休居切空也亦姓古作𡌆俗作虛非是 文十二 驉 獹 驉䮰獸名或从犬通作虛 歔 說文欷也 噓 吁

說文吹也一曰出氣急曰吹緩曰噓或作吁 䰲䖅說文秏鬼也或从示 雩雩婁地名 𡼲崎𡼲山峻 磠石皃 ○虛
墟丘於切說文大丘也崐崘丘謂之崐崘虛古者九夫爲井四井爲邑四邑爲丘丘謂之虛或从土文二十一 𡼲崎𡼲山峻或書作㠊 𠙴
笶𦼮芸說文𠙴盧飯器以柳爲之象形或作笶𦼮芸 𢻃說文㪺也 椐椐樻木名可作杖 袪說文衣袂也一曰袪褱也
褱者褺也袪尺二寸引春秋傳𢾴斬其袪一曰舉衣皃 攄博雅擊也 阹說文依山谷爲牛馬之圈 胠博雅脅也一曰旁開爲胠一曰陳右翼曰
胠 魼鱋說文魚也一曰比目或作鱋 袪禳却也 去疾走也 呿口開也 抾方言抾摸去也一曰捧也 𢠞
志怯也 車車也老子有車之用 ○居踞凥斤於切說文蹲也从尸古者居从古徐鍇曰言法古也亦姓或作踞凥 文二十六
凥凥說文処也從尸得几而止引孝經仲尼凥凥謂閒居如此或作凥 䝪䞜博雅賰賣也一曰貯也或作䞜 据說文戟挶
也韓詩曰足爲事曰拮据 椐木名說文樻也 裾說文衣袌也一曰衣後裾 琚璵說文瓊琚引詩報之以瓊琚或作璵 崌山名北江
所出或書作𡸛 車輿輪總稱釋名今者聲如居所以居人也古曰車聲近舍車舍也韋昭曰從漢始有居音 涺淈泦說文水也或从屋从
凥 䕇苴䕇艸名 鶋鶢鶋鳥名通作居 腒說文北方謂鳥腊曰腒引傳曰堯如腊舜如腒 倨傲也春秋傳直而不倨徐邈讀 𨛖

國 蜛鮔蜛蝫蟲名一頭尾有數條在有腳狀如蠶可食或从魚 婮女字 稆蜀人謂黍曰穭稆 ○渠求於切說文水所居
也一曰渠渠勤也一曰州名亦姓文五十三 鐻博雅將鐻帥也通作渠 㶀榘宋魏之間謂杷爲渠或作椈通作渠 豦說文鬭相
丮不解也或从豕虍豕虍之鬭不相捨引司馬相如說豦封豕之屬一曰虎兩足舉 貗獸名 鶏鸈鸈鳥名說文雝𪁺也飛則鳴行則
搖或作鸈 腒膠鳥腊或作膠 䗇蝶蝗蟲名說文䗇蝶也朝生暮死 傢吳人呼彼
𥳑通作渠 蕖芙蕖荷總名通作渠 蘧遽說文蘧麥也亦姓或作遽 蘮說文菽也似蘇 籧說文籧篨粗竹席也一曰籧篨疾不能
俯通作籧 𥴆牛筐 據博雅據㩌也 轎博雅轎輣也 繰繰博雅屢其緣謂之繰一曰絲名或作繰 鐻金銀器名
璩璖璖環屬玖夷貫耳或作璖璩通作鐻 磲磲博雅硨磲石之次玉或省 醵酤合錢飲酒或从巨 𨼆
階 𨛭𨚼聚名或从巨 𧽡犯也一曰小跳 窶空也 巨未央也通作腒 䙌繫也 裾衣後曰裾 懅怯也
璩佩玉名 秬秬黍屬 蚷商蚷蟲名北燕謂之馬蚿 氍氀氍氀毾也或作氍 濾廣雅乾也 麮麥小者麩 蒩
閩人名比齊有宋蘧 嫭婕女字或省 獥犬狙惡也 ○胥新於切說文蟹醢也鄭康成曰青州之蟹胥一曰助也相也皆也待也文十九

疋說文足也 諝慉博雅智也或从心通作胥 湑露皃 揟捉說文取水沮也武威有揟次縣或作捉 楈說文木也
似栟櫚皮可以索一曰犁也 稰禾孑落皃 䈝竹名一曰箕屬 藇姓也 糈糧也 鱮說文魚也 蝑蟲名說文蜙蝑也
偦跳也通作揟 輯相和集也莊子民輯敵不輯 𡟋閒婁媒也 猾猴屬 䤢泲酒具 ○疽千余切說文癰也文二十
八 胆蛆䖪說文蠅乳肉中也或从虫亦作䖪 鴡雎鳥名說文王鴡也其爲鳥摯而有別或从隹 狙猨屬 趄
且跙說文趑趄也或作且跙 葅蒩苞蒩 苴麻之有子者 菹菹蓋艸名 沮止也一曰水名在楚通作雎 瀘水名
在北地入馮翊洛水 岨砠確說文石戴土也引詩陟彼砠矣或作砠確 䴘麀子曰䴘 坥說文益州部謂螾場曰坥 䢸鄉名
在右扶風 𥨍此也 覻覗相伺視也或作覗 組邑名在海中 伹廣雅鈍也一曰拙也 䈌竹名 怚姡也 ○
苴子余切說文履中艸一曰包也亦姓文十四 蒩說文茅藉也引禮封諸侯以土蒩白茅 且說文薦也从几足有二橫一其下地也一曰此
也語辭也 郥說文右扶風鄠鄉 蛆蝍蛆蟲名 沮水名說文出漢中房陵東入江 砠爾雅石戴土爲砠 狙猨屬 租
包也 罝說文兔罟也 揟揟次縣名在武威一曰取魚也 𢈡說文人相依𢈡也 䪴頓也 謯詠也 ○徐祥余切說文安

行也又州名亦姓文十三 徐邪說文緩也亦姓或作邪通作徐 伹說文拙也 蒩蒩蓋菜名似韭 郐地名邾下邑 䋈
說文豕屬 𧰭羜郱羊出皮可冒鼓擊之益急或作羜 余余吾水名在朔方 鉏鉏吾闕人名春秋傳有西鉏吾 蒢艸名
𨌅車軨也 ○蔬山於切凡艸菜可食者通名爲蔬郭璞說通作疏文二十 梳𣑁㯱說文理髮也或作㯱 疋
說文足也上象腓腸下从止弟子職曰問疋何止一曰記也 𤴙䟽疏踈說文通也一曰遠也或作𤴙疏踈亦姓 斯析也詩斧以斯之
閖說文門戶疏窻也通作疏 綀絺屬後漢禰衡著綀巾 䋯䌊也 𨠾麗盪也或作𥙂 蘇木名詩山有扶蘇徐邈讀
毹毹毹毛席也或作毹毹 𥝚博雅𥝚也 ○書書商居切說文箸也一曰如也庶也紀庶物也或作書文二十一
舒豫說文伸也方言東齊之閒凡展物謂之舒一曰叙也散也或作豫舒又姓亦州名 除余四月爲除或省 紓絲
悆忬說文緩也一曰解也或作悆忬通作舒 鄃鄉名在廬江通作舒 蒣艸名博雅蒣蒣鯆魚薺也 書艸名 瑹
荼博雅瑹璑瓌也一曰美玉或省 鵌䳜雓鳥名似鳧或作鷂雓 蒤蒤茶竹萑也 徐徐州地名在齊通作舒 舒
竹名 ○初𡪠楚居切說文始也从刀衣裁衣之始唐武后作𡪠字文三 𡅅呵叱也 ○菹䔩蘁葅菹

蒩苴臻魚切說文酢菜也一曰麋鹿爲菹𧃔菹之稱菜肉通或作葅蘁葅菹蒩苴文十四 蒩茅藉也 齟齒不齊皃 沮
姓也沮誦黃帝時史官通作徂苴 徂廌徂凡春秋傳司馬折俎 柤以木爲闌也 飷饋飷食無味 姐嫂姐女態 ○諸
𢒞專於切說文辯也一曰衆也之也亦姓古作𢒞文十三 藷艸名說文藷蔗也通作諸 藷藷藇艸署預也 櫧橥楮木名
似栟葉冬不落或作𧃘楮 磠博雅礵磠礪也可以攻玉 蠩鯺蝫蝫蠩蟲名一曰蝦蟆或作鯺蝫 瀦水名在恆山 偖
月行也詩日居月偖通作諸 ○鉏鋤助牀魚切說文立薅所用也又姓或作鋤亦省文十 耡耝起民令相佐助也周禮以
興耡利甿或省 豠豕屬或从助 鶵春鋤鳥名鷺也通作鋤 駔闕齊公馬子名 麆麆子也一曰關中謂小兒爲麆子聚義
○蜍蠩常如切𧒇蜍蟲名或从諸文六 稌藷蒢艸署預也或作藷蒢 柔木名似樗 ○如女人余切說
文从隨也一曰而也若也往也然也亦姓古作女文二十 挐說文持也 帤㚢說文巾帤也或省 蒘蒘藘艸名蒨也可以染絳通作茹
挐蘮挐艸名 絮姓也漢有絮舜 茹艸根相牽引皃亦姓 𧜻絮𧜻也 洳水名在南郡 鴽鳥名說文
牟母也或从鳥 貗獸名𧳜赤毛青食虎豹 寱濡假寐安也莊子有濡需者 痴病也 𣏮木名 茹刮取竹皮爲茹 伽

集韻平聲一 三十九

均也 ○豬猪腊張如切說文豕而三毛叢居者或从犬从肉文十 瀦潴水所停曰瀦或作潴 藸博雅杙也𦾝有所
表識 豬豬莖豬艸名或作豬 都明都澤名在青州 㯋木立死 ○攄捈抽居切博雅舒也或作捈通作攎
文 攄攎攄蒲戲也亦姓或作攎 樗𣗳櫖說文木也一曰惡木或从雩从虖 荼艸名爾雅蘭荼中言中空類竹也
九 瑹玉名山海經小華山其陽多㻬琈 ○除陳如切說文殿陛也一曰去也文二十二 宁爾雅門屏之間謂之宁通作著 荼艸名蘭荼
中空 芧艸名可爲繩 儲說文偫也一曰副君也亦姓 躇踷說文峙躇不前也或作𨆮 滁水名一曰州名 涂𣹣
水名在堂邑或从諸 篨說文籧篨也 蒢艸名說文黃蒢職也葉似酸漿華小而白中心黃江東以作葅食 藸艸名說文菫藸也通作著
藸蕠豬萊名葱也 諸儲蒢艸名山海經景山北望少澤多諸藇或作儲蒢 著太歲在戊曰著雍 𤸱瘀廣雅瘀瘀
瘀也或从除 屠休屠匈奴王號祭天以金人者 糈糧也通作儲 ○臚膚敷凌如切說文皮也一曰腹前曰臚籀省或
从皮文 閭說文里門也引周禮五家爲比五比爲閭閭侶也二十五家相羣侶也一曰居也一曰獸名如驢一角岐蹄亦姓 廬說文寄也秋冬
去春夏居一曰粗屋總名又姓亦州名 瓐玉名 慮櫖𣛭木名爾雅諸慮山櫐也郭璞曰謂似葛而麤大江東呼爲藤或作櫖

櫨一曰林慮地名也無慮都凡也 櫚木名博雅栟櫚椶也 簡簡箸竹名 藺菴藺艸名狀如艾蒿近道處處有之 藘茹藘蒨艸
蘆漏蘆藥艸 驢顱也 𢡉憂也 潤漏閭泄海水出外者通作閭 爈山火曰爈 驢𩣧獸名說文似馬長耳或从婁
妻 𩣡𩤉傳也如今驛馬或从旅 蠦諸蠦蟲名通作慮 壚黑土 旅陳也周禮皆旅擯 鸕鳥名爾雅鸕諸雉
𨅎臚傳也一曰上傳語告下爲臚或作臚通作臚 𡽗山名 鑪矛戟受柄處 艫船尾 ○絮袽女居切說文絜
緼也一曰敝絮引易需有衣絮或作袽亦書作絮文十一 帤說文巾帤也一曰幣巾也方言大巾嵩嶽之南陳潁之間謂之帤巾 毠大多毛皃 挐
牽也煩也持也 絮姓也 挐蘮挐艸名似芹可食子大如麥著人衣 撑涂撑把也 茹闕人名春秋傳有苫茹通作挐 絮黏著也史
記絮漆其間 蕠艸名 ○貙敷居切虎之大者文二 ○余予羊諸切說文余語之舒也爾雅余予皆我也亦姓文五十 [illegible]
說文余也 歟欤說文安氣也或作歟 與語辭通作歟 譽稱美也 伃妤說文婦官也漢有倢伃伃美皃或从女
嬩說文女字也 悆樂也 懙悆懙懙行步安舒也或作悆亦書作悆 舁舁說文共舉也或作舁 轝說文對舉也
趣安行也 輿輈說文車輿也一曰始也衆也亦姓或作轝 艅艅艎吳舟名通作餘 旟說文錯革畫鳥其上所以進士衆旟旟衆也引

集韻平聲一 四十 正

周禮州里建旟 礜石藥 餘說文饒也一曰皆也亦姓 畬畭說文三歲治田也引易不菑畬田或作畭亦書作畬 藇香艸爾雅藇蕈芫藇
澦說文水也 璵璠璵魯之寶玉或書作璵 鸒說文馬行徐而疾引詩四牡鸒鸒 麌羬羊大者曰羬麌 𤢖獸名一曰犄猰犬子
徐抶徐獸名山海經餘峩山有獸狀如兔而鳥喙鴟目蛇尾見人則眠 鵌鵸鵌鳥名山海經翼望之山有鳥焉三首六尾而善笑或書作鵌 藇
䈝博雅篨也或作䈝 鸒鸒斯鳥名 雓雓雓也爾雅雓大者蜀蜀子雓 蜍蟲名鼁也方言北燕朝鮮洌水之閒謂之蟾蜍
䱷鱮鯿也詩其魚名 邪虛其邪 荼茅秀周官有掌荼徐邀讀 芧木名橡也莊子狙公賦芧李軌讀 嘆嘘嘆引重者歌
月爲除 譽僕輿也 蜼獸名卬鼻長尾零陵南康人呼曰蜼 碒石名 羭野羊 襖衣寸舉皃 揶胥揶殘餘也

集韻卷之一

集韻卷之二

翰林學士兼侍讀學士玉清昭應宮判官中散大夫尚書左司郎中知制誥判國子監上護軍常山郡開國侯食邑一千七百戶賜紫金魚袋臣丁度等奉

敕脩定

平聲二

虞第十 元俱切 與模通　模第十一 蒙晡切

齊第十二 前西切 獨用　佳第十三 居膎切 與皆通

皆第十四 居諧切　灰第十五 呼回切 與咍通

咍第十六 呼來切　眞第十七 之人切 與諄臻通

諄第十八 朱倫切　臻第十九 緇詵切

文第二十 無分切 與欣通　欣第二十一 許斤切

元第二十二 愚袁切 與䰟痕通　䰟第二十三 胡昆切

痕第二十四 胡恩切　寒第二十五 河干切 與桓通

桓第二十六 胡官切　刪第二十七 師姦切 與山通

山第二十八 師閒切

十〇虞𡗜吴 元俱切說文騶虞也白虎黑文尾長於身仁獸也食自死之肉一曰安也度也助也樂也亦姓古作𡗜吴俗作騶非是文三十二 鸆 鸆鸆鳥名常在澤中象主守之官通作虞 麌 獸名爾雅麌牡麌 䳜雕鸆 鳥名山海經令丘山有鳥狀如梟人面四目有耳名曰鸆見則天下大旱或作雕鸆 禺 說文母猴屬一曰日在巳曰禺中 鄅 地名 禑 福也 愚 說文戇也从心禺禺猴屬獸之愚者 娛 說文樂也 澞 爾雅陵㳂水澞 湡 說文水出趙國襄國之西山東北入湀 堣 說文堣夷在冀州陽谷立春日日值之而出引尚書宅堣夷通作嵎隅 嵎 山名說文封嵎之山在吳楚之間汪芒之國 隅 說文陬也一曰廉也 髃腢 膞前骨謂之髃髃或从肉 齵 齒重生 㷒 煑食也 鍝 鉀鋸也一曰鑢鍝釁夷穿耳物 蝺 蟲名博雅蝺蝺魚伯青蚨也一曰蠍蝺似蟬而長味辛可食 鰅 魚名出樂浪 喁 喁喁魚口出入一曰聲也 㟜 山節也 㾰 博雅疣也 㥚 說文懽也琅邪朱虛有懽亭 䁢 關人名漢有周䁢

鯃 鮈鯃魚名 媀 女字 〇亐于 雲俱切說文於也象氣之舒亐从丂一者其氣平也一曰往也曰也亦姓或省文三十七 迂 遠也曲也避也 迃 憊也 盂盓 說文飯器也方言盂宋楚之閒或謂之盌一曰陣名亦姓或作盓 釪 鐏釪樂器以和鼓通作于 竽䈢 說文管三十六簧也或作䈢 雩䨞 說文夏祭樂于赤帝以祈甘雨或从羽雩羽舞也一曰吁嗟求雨之祭一曰遠為百穀祈雨 玗玙 說文石之似玉者爾雅東方之美者有醫無閭之珣玗琪焉或作玙 醧 宴也一曰能飲者飲不能飲者止 䩒靬 說文輨內環靻也或从于 虶 蟲名方言蚰蜒趙魏之間或謂之蚨虶 𦬫 艸木盛大皃 芋 艸盛皃 䔢 菹䔢菜名似韭出塞下 杅桙 器也春秋傳杅不穿一曰因杅匈奴地名漢有因杅將軍或作桙 邘 國名周武王子所封河內野王縣西北有邘城亦姓或作邪 汙 水名在鄭西南須羽擊秦軍汙水上 𧘝衧 說文諸𧘝也一曰大掖衣或作衧亦書作衧 骬 廣雅髃骬缺盆骨也或作䯓 謣 說文妄言也或从夸 吁 歎也 盱 艸名爾雅盱虺牀 秄 禾不秀 釪 汲器 䍂𥁡 種樓田器或作𥁡 〇訏 匈于切說文詭譌也一曰訏蕃齊楚謂言曰訏一曰大也文五十一 謣 妄言或作謣 吁号 歎也

号 驚鳥也古作号 盱 說文張目也一曰朝鮮謂盧童子曰盱或作盻 昫 說文日出溫也 煦昫 煦嘔笑也或省 𣢾 廣倉欨欨樂通作盱 欨喣 說文吹也一曰笑意一曰欠也或作喣 姁 姁婾美也 頨 頨頨頭[illegible]皃 䁔 張耳有所聞 忓 㤏 說文憂也或从夸通作盱 疗疞 博雅病也或从亐通作盱 冔𦀚 商冠名或从糸 蘆 煦也太玄陽蘆萬物 𥝩 大稃 謂之拹 𩊚 輨內環靻也 扜 指麾也 粵 亭名 醧 宴也 旴晇 日始旦也或作晇 雩 雩婁縣名在廬江 亐 夸 說文艸木華葉也或作夸 虖 虎吼 紆 曲也周禮連行紆行李軌讀 膴 肉大臠 嘔呴 悅言也史記項羽言語嘔嘔或作呴 鮬 魚名 謳 嘔也莊子於謳欲化兒 朐 朐衍戎名在北地 芋 博雅大也 謣 謣與舉重勸力歌也 𦭢 藥艸蛇牀也 煦 方言煦煆熱也 邘 說文周武王子所封在河內野王是也 𦙶 盱眙縣名通作盱 姱夸 美皃或省 蒟 芋也 𨚖 鄉名 〇紆 邕俱切說文詘也一曰縈也亦姓文二十 迂 說文避也 㐌 說文股㐌也李陽冰曰體屈曲 扜 說文指麾也 靬 博雅靬謂之鞶 鞰 字林鞾也胡人謂之鞰 褔 裊頭衣 陓 藪名秦有楊陓在扶風汧縣西 盓 盤盓旋流也 𩂣 霳霯暴雨 蘆 艸名 虶 蚨虶蟲名蚰蜒也 醧 宴也 汚 深也 于 大也禮況于其身 穻 窳也 𥨋

山名謣妄言也鰸魚名謳歌也○區虧于切說文踦區藏匿也一曰夔也屈也一曰玉十曰區亦姓文十八嶇
嶇岴說文敧也一曰嶇嶇不安或作嶇岴䠼跛也驅敺毆說文馬馳也古作敺或作毆俗作駈非是摳褰裳也
軀𩪋說文體也或从骨鰸說文魚名狀如鰕足長寸大如叉股出遼東鮬魚名似鮒子而黑俗呼為婢江東謂之妾魚夸
姱奢也或从女蓲蓲藸華皃嘔嘔夷水名在并州鷗水鳥○拘佝句𢪃恭于切說文止也或作佝
句攣文二十三斪爾雅斪斸謂之定捄說文盛土於梩中一曰擾也引詩捄之陾陾一曰捊也𣂓[illegible][illegible]仇說文讎也或作[illegible]仇
眗朐左右視也或作朐蚼蟲名方言蚍蜉齊魯之閒謂之蚼蟓[illegible]說文目邪也一曰矢長六指跔跔跳躍一曰痛娶一足
曰跿跔俱說文偕也一曰具也駒驕說文馬二歲曰駒或作驕岣岣嶁衡山別名[illegible]說文菜也䃭䃭磲石
鮈鮈鯸魚名痀曲脊救禁也周官有司救鄭司農讀蛷求肌蛷蟲名或曰蒟所以正車輪者玃搏也軥
軛下曲者枸博雅枸簍篸也䝭足寒曲也通作跔袧禰袧絇纑絇絇也區艸木屈生曰區○劬權俱切勤也文
七十[illegible]癯說文少肉也或作臞痀說文曲脊也朐昫說文脯脡也一曰地名亦姓或作昫跔踽拘說文

天寒足跔一曰拘跔不伸或作踽拘躣𧾩說文行皃或从彳趯趵說文走顧皃或从句絇屩恂縃
說文纑繩絇也鄭康成曰絇謂之拘著舄屨頭以為行戒或作屩恂縃衢說文四達謂之衢瞿姓也鑺戵戟屬或从戈
斪斸說文斫也一曰鉏名或作斸礭博雅磲礭也欋鄭魯謂四齒把曰欋軥車軛兩邊叉馬頸者氍毹
氍織毛褥曰氍毹或从與从渠郇說文地名句宛句縣名在濟陰一說宛即古宛濮句即須句縣與其閒因名焉灈說文水出汝南
吳房入瀙鴝鸜鴝鳥名說文鴝鵒也或从瞿古作鴝臞報也瞿眗或从目鴝鳥左足白狗𩿨驅
驈爾雅馬後足皆白驅狗或作驅鸜鴝說文精鴝鼠也鼩鼱說文鼱鼩頭有兩角出遼東或从局亦書作鼩蚼蚼蟲名蚍蜉
也一曰原蠶蠷蠷螋蟲名其踊蠷蚼蘧蘧𧆼艸名爾雅大菊蘧麥或省亦作𧆼蒟蒟蒟艸名爾雅蒟芋熒蕍
作蒟姁姁和好皃鸜魚名鉤鉤盱西南夷國名枸立木也莊子若橛株枸鴝闕人名漢鞠博雅
鞠鞫𩎓也瞿闕人名漢有瞿丘㩴㩴跡枝葉數布皃翑說文羽曲也驅馬行也衢倉也眗眗盱吉西戎男長
號嬰嬰夷歌一曰女字懼小也㰬地名在河南眗左右視蒟艸名實可為醬○敷傅芳無切說文施

也引書用敷遺後人一曰陳也散也或作傅文八十五尃溥說文布也或作溥鋪陳也詩鋪敦淮濆𢿌張也揚也敷
蒪華之通名鋪為華皃謂之藪于寶說或作傅荂華也筟竹青皮莩芣華盛皃或省婄不肖藍
蒿萷華皃或省莩說文艸也一曰葭中白皮麩麱麬說文小麥屑皮也或从甫从孚稃粰秿
桴說文稽也一曰秠一稃二米或作粰秿䄹禾穳也檄檄欂木名葉如椿生吴蜀山谷中子上有鹽如霜桴爾雅棟謂之桴
泭游柎坿說文編木以渡一曰庶人乘泭或作游柎坿通作桴柎扶華萼也或作扶艀船廣雅舟也
一曰艇短而深者或作船孚采附說文卵孚也徐鍇曰鳥之孚卵皆如其期不失信也古作采附孵孵卵化也陸續曰自孵
而穀从卵俘說文軍所獲也引春秋傳以為俘馘一曰取也鵏鵏鳺鳥名鵏鴀也一曰一宿之鳥嫍聠餓死曰嫍或从
耳怤說文思也一曰悅也妋美色髺鬚美髮謂之鬚或作鬚毦鳥解毛曰毦一曰罽也鶇䳕博雅羽也一曰
細毛或从甫罦說文𧜷也𧜷緯者紨緻博雅紨絬紬也一曰大絲曰紨或从敷罦罝罞爾雅罦覆車也今曰翻車
有兩轅中施罥以捕鳥或从包从否鮬鮬魚名似鯔發而細文豧說文豕息也郛垺垺說文郭也或从土古作垺鄜

鄜說文左馮翊縣或作鄜鄜亭名在汝南上蔡痡說文石閒見也莩艸之莩甲通作孚蚹蛇腹下䖤蟲也枹
艸名爾雅揚枹薊騎駙駼也𣪏餑博雅培也瓦木燒者或从孚懯懯懯急速皃鵂鳥名山海經基山有鳥三首三
翼名曰鵂鵂腑界埒也太玄福則有腑璷玗璷玗美玉也或作玗犃牛垂胻謂之犃綒蠢細繒也絬鮮色
數糐粉餌或省嫐嫭婷女字或作嫭婷抲擊也○膚肤風無切皮也美也或作肤文三十二枹
說文擊鼓杖一曰枹罕羌縣名跗趺胕跞足也或作趺胕跞夫說文丈夫也从一大一以象簪也周制以八寸為尺十尺為丈
人長八尺故曰丈夫扶側手曰扶春秋傳扶寸而合通作膚妋貪皃簠簠簋祭器秩稃生袂帙紩說文蠻衣也博雅袂
䘵衣一曰衣前襟或从中从糸鈇說文莝斫刀玞碔砆石次玉山海經會稽山下多砆石通作夫柎有柎闕人名漢柎
柎不柎艸木房為柎一曰華下萼或作柎不柎膚艸名博雅地膚地葵膚通作膚邦說文琅邪縣一名純德鵂
雉鳥名山海經基山有鳥狀如雞三首六足六目三翼名曰鵂鵂或从隹府腫病鳺雉鳺鴀鳥名或从佳鮲說文魚也出
東萊髺美髮騧騂○扶鼓馮無切說文左也一曰相也亦姓古从攴文三十六枎說文扶疏四布一曰木盛皃榑

說文榑桑神木日所出 榑榑 艸木花房或作梆 枹 枹罕地名 符 說文信也漢制以竹長六寸而相合亦姓 苻 艸名爾雅
苻鬼目埜似葛葉員而毛子如耳璫一曰戎姓 芙 芙蕖荷也通作扶 蒊 蒊茈艸名生下田根可食 夫 詄 語端辭或从言
颫 大風也通作扶 滊 水名出桂陽 泭 游 編木以渡或作游通作梆游 坿 樂石白石英也一曰益也 紨 說文布也一曰
粗紬 鳺 鳥名說文鳺鴀鶩也 玸 玉名 鴃 博雅鴃䴈番也 瓿 小甖 蚨 說文青蚨水蟲可還錢 衭 衭襪䘸衣通作夫
𠚒 手行也 鼓 鼓聲也書傳乃鼓鼖譟 罦 罟 覆車罔也或从否 涪 涪陵地名 鴂 鴂鳺鳥名 府 博雅短也
一曰病也 邞 縣名在琅邪 肤 希望也 胕 腫也 媍 女字 ○ 無 无 亡 武 橆 微夫切說文亡
也奇字作无无通於元者王育說天屈西北爲无或作亡武橆 文三十八 毋 說文止之也从女有奸之者亦姓 蕪 說文薉也 菰 木名爾雅蕪荑
榖蘠一曰白蕪 篻 黑竹也 巫 𡕥 𡕥 說文祝也女能事無形以舞降神者象人兩褎舞形古者巫咸初作巫亦姓古作𡕥𡕥
誣 說文加也 譕 誘詞也 憮 憮 㤨也方言楚曰憮㤅鄭璞曰物之行微或从無 憮 空也 惏 爾雅愛也 膴 無骨腊
膴 膴膢微視 璑 說文三采玉 無 冢地 䧢 說文弘農陜東陬也 舞 𦐳 習舞或省 鵡 鵐 雖 鴾鳥名

集韻平聲二　五

鴽也或作鵐雖 蟿 蟱 蟿蟱蟲名或作蟱 堥 瓦器 務 務婁邑名 廡 蕪蘼艸木盛皃 瞀 雊瞀縣名在上谷 芜
艸名 攻 撫也 撫 法也 礁 礁 石也 ○ 須 鬚 詢趨切說文面毛也或从髟徐鉉曰借爲所須之須俗作鬚非是文二十四
頚 頊 𡏳 𡏳 說文待也或省亦作𡏳𡏳 需 說文頚也遇雨不進止頚也引易雲上於天需一曰疑也俗作需非是 需
帖頦𦃴 繻 緰 愉 𦃴 說文繻采色一說帛邊也漢制以爲關門符信春秋傳紀履緰或从俞亦作愉𦃴 鬚 說文女字也引
頭也 楚詞女鬚之嬋媛賈侍中說楚人謂女曰鬚 嬃 闕人名莊鄉子有閭嬃子者 蕦 艸名爾雅臺夫蕦 藨 博雅麋也 嬬 說文弱也一曰
下妻 鑐 鬚 鑐牡也或作鬚 隃 陵名一曰越也 襦 短衣 濡 水名春秋傳盟于濡上 繻 廣雅絆也 蕦 魚筍 ○
趨 𧼳 逡須切說文走也鄭康成曰行而張足曰趨或从足俗作趍非是文六 鯫 淺鯫小人皃 趣 養馬者周禮趣馬一曰嚮也
騶 馳也 取 取慮縣名在臨淮 ○ 諏 諏 遵須切說文聚謀也一曰諮事爲諏或作諏文十三 嘬 嘬嘬不廉也 嗺 高皃
㟣 㟣嵎高厓也一曰山石相向皃或書作㟣 陬 隅也 娵 星名爾雅娵觜之口營室東壁也 掫 擊也 取 取慮縣名 娶
闕人名烏孫王岑娶 緅 青赤色 蟵 㺃蟵蠃也 䠓 足不相過 ○ 輸 舂朱切說文委輸也文九 鄃 說文清河縣 隃 陵名

俞 漢侯國名欒布所封一曰人名莊子俞兒古之識味人 毹 氀 毹 毹毹織毛也或作氀毹 暑 博雅暑謂之㮣栢 楡 門楡
傾 ○ 毹 毹 毹 毹 雙雛切織毛蓐謂之毹者曰毹毹或作毹毹毹文十七 愉 輸 說文正耑裂也或从華 樔
說文車轂中空 蝡 螋 蠷螋多足蟲或作蛟 鏤 錢 鏤剡 蔬 菌名爾雅出隧蘧蔬形似土菌生菰艸中郭璞讀 萸 茱萸椒子聚生
成房 漊 博雅彔也 䉤 說文飯筥也受五升秦謂筥曰䉤 𣰖 毛磔起皃八荒中有毛人如猴毛長毹毹東方朔說 娶 闕人名荀卿子
有閭娶子者 剆 劃也 ○ 樞 舂朱切說文戶樞也文十二 趍 闕人名莊子有南榮趍 䈹 博雅䈹謂之䈹 袾 祋
姝 姝 說文好佳也引詩靜女其姝或作㚛姝 軀 骨名 樞 車轂空謂之樞 蓲 艸名 嘔 怒聲 𧝞 臬頭衣 ○
芻 蒭 窻俞切說文刈艸也象包束艸之形亦姓或从艸俗作𦽂蒭非是文六 犓 說文以芻莖養牛引春秋國語犓豢幾何俗作犓非是
𣙰 廣雅𣙰秦栒也 㗙 吒聲 媰 女字 ○ 朱 鍾輸切說文赤心木松栢屬一曰丹也亦姓文十四 邾 地名漢衡山王吳芮所都
絑 說文純赤也引虞書丹朱如此一曰赤色繒 珠 說文蚌之陰精引春秋國語珠以禦火災 侏 侏儒短人一曰侏古樂人名 袾 博雅
詛 咮 說文鳥口也一曰讋咮多言也 鴸 鳥名似鵝 𤝔 獸名山海經耿山有獸狀如狐而魚翼名曰朱獳通作朱 袾 衣身曰袾

集韻平聲二　六

𤜺 𤜺名 鮢 魚名山海經鮢鮢似鰕無足 株 株儒短柱通作侏 硃 丹砂 ○ 㑳 莊俱切㑳㑳小人皃文五 䅳 博雅䅳穰
謂之 苴 姓也漢有苴氏 𦪎 艄𦪎海船 搊 解也 ○ 殊 慵朱切說文死也漢令蠻夷長有罪當殊之一曰絕也文十四 銖
說文權十分黍之重也一曰十黍爲絫十絫爲銖 几 說文鳥之短羽飛几几然象形 殳 說文以投殊人也禮殳以積竹八觚長丈二尺建於兵車旅賁
以先驅 投 說文軍中士所持殳也引司馬法執羽从投 𣏹 殊騰過水版一曰橫木渡水 洙 說文水出泰山蓋臨樂山北入泗 趎 闕人
名莊子南榮趎 瓶 方言鍪陳魏宋楚之間曰瓶 茱 說文茱萸茱屬 朱 朱提縣名在犍爲 鮢 魚名似鰕無足 株 株槾木名可爲
車軸 陎 陎隃縣名 ○ 雛 鶵 崇芻切說文雞子也一曰生哺鸔鳥子生而能自啄者或作鶵俗作雛非是文九 𥣹 廣雅穆穰謂之𥣹俗
作移 媰 媰婦謂之媰崔子五日惠於媰婦 𤝤 𤝤 牡豕也或作𩣿 騶 𪊩 廏御也一曰騶虞獸名或作𪊩 㑳 傴
非是 小人 ○ 儒 傿 汝朱切說文柔也術士之偁或作傿文三十 濡 㵲 說文水出涿郡故安東入漆涑一曰霑溼也或作㵲 襦
襦 說文短衣也一曰㬲衣方言襦自關而西謂之䙅裯或作襦 繻 帛邊也一曰細密網一曰繻綦羨繒皃 嬬 博雅妻謂之嬬一曰婦人弱
也 懦 愞 說文駑弱者也漢倪寬懦於武或作愞 嚅 吺 咮 囁嚅言也或作吺咮 顬 耳穴動謂之顳顬 臑

胅骨也一曰衣名襦者本亦臑義　醹厚酒　䰭鬼䰭聲不止　麢鹿子曰麢　獳朱獳獸名如狐魚翼　鱬魚名山海經即翼之
澤其中多赤鱬其狀如魚人面食之不疥　赨火色一曰色墮也　燸溫也燒也　蠕蟲行皃　薷木耳　鑐金鐵銷而可流者通作濡
需劅韋柔滑皃或作劅　孺幼弱也蜀也　檽槈梁上短木或作槈　○株追輸切說文木根也文二十　邾
說文江夏縣　誅說文討也一曰責也　㦵博雅殺也一曰戈名　䵈榖名博雅䵈䵈也　跦博雅䠱躅跢跦也一曰鳥跳行皃　袾
衣好也一曰衣身　䵔博雅黐䵔黏也　鼄蛛蟲名說文鼅鼄也或从虫　鴸雉鳥名山海經拒山有鳥狀如鴟而人手或从隹
禂為牲祭求肥充也鄭康成讀　侏大也　騶夷國名通作邾　朝朝䣕縣名　姝好皃　袾詛也　𣏓說文𣏓雙也
絑纁純赤　○貙椿俱切獸名說文貙𤝥似貍者文五　欋欋耙也或从木　趎闕人名莊子有南榮趎　踰跦踰獸走
皃　○廚重株切說文庖屋也一曰廚室一曰斯條國有廚木汁肥可用羨餅文九　躕蹰跦䟫踟躕行不進也一曰志往而行
止或省亦作踥䟫　趎闕人名莊子有南榮趎　裯㡍幬帳或作㡍　幬革也　○慺慺龍珠切悅也一曰慺
慺謹敬皃古作㥪文二十九　瞜眗瞜笑也一曰瞜瞜微視　膢䄛說文楚俗以二月祭飲食也一曰祈榖食新曰離膢一曰臘祭名或从示

集韻平聲二　七

摟曳也聚也一曰挽使申通作婁　婁要牽也一曰愚也亦姓古作要　氀博雅氀𣰽也或書作毽　貗豭豕求子謂之貗
或从邑　鄽說文南陽穰鄉　鷜鸚鳥名爾雅鷜鵝鵞今野鵞或从隹　鱢魚名　蔞䓹說文艸也可以亨魚一曰艸中之翹
翹者或作䓹　鏤屬鏤劍名　漊漊漊雨皃一曰飲酒不醉　牖脒膢過水版　嶁㟺倉山巔也或書作嶁　瘻瘻痀傴脊也
屢數也詩削屢馮馮　劉殺也漢禮立秋有貙劉　貗獸名字林貗子也　樓離樓參差皃通作婁　螻天螻蟲名　廔
慈慮取慮縣名　○俞容朱切說文空中木為舟也一曰然也亦姓文六十九　逾踰趨說文越進也引周書無敢
昏逾或作踰逾　揄行皃　渝說文變汙也一曰渝水在遼西臨俞東出塞一曰本巴國亦州名　溲汙也　愉媮說文薄也引論語私
覿愉愉一曰樂也和也或从女　歈博雅餘也　㬰憂也　腧腧腧媚皃　覦說文欲也　闟闚闟視也　窬說文穿木戶也
一曰空中　㬰髃㬰面衣　牏築牆短版　揄家也方言秦晉之間謂之揄　隃縣名在扶風　鄃地名　嵛嵎嵛次山名在鴈門通
作褕　瑜說文瑾瑜美玉也　瑍美石　䃋礇石名或作礇　貐㺄貐獸名　榆木名說文榆白枌　楰木名說文鼠梓
引詩北山有楰　萸茱萸藥艸　萮荂名或省　蕍藥艸澤舃也　䕛蘬蓲蕍華皃或作蘬通作蕍

𥳓黑竹　踰豆𧄼色曰踰　臾說文束縛捽抴為臾一曰善也一曰須臾不久皃　腴說文腹下肥也　瘐瘉病也或作瘉
揄擨說文引也一曰動也一曰邪揄手相弄或从歈俗作擨非是　歈說文歌也徐鉉曰渝水之人善歌舞漢高祖采其聲後人因加此字
𤞞𢿣犾犾呼犬子或作𢿣亦書作犾　諛說文諂也　褕說文翟羽飾衣一曰直裾謂之襜褕一曰衣美也　騟馬雜色　羭
說文夏羊牡曰羭一曰美也　蝓蛦蟲名說文虒蝓也方言趙魏謂鼅鼄為蠾蝓或作蛦　䞕色墮落通作渝　螸蟲名爾雅蠵醜螸郭璞曰
垂其腴或書作螸　舀抌博雅抒也或作抌　𤭢方言䓛陳魏宋楚之間曰𤭢　愈勝也益也老子動而愈出　梌刺木也
愉綸裂繒曰愉或从糸　艅艅艅舟名　犏黑牛也南齊建武中賜蕭穎胄白犏牛　㢆行圊也　䮙疾也　𢿙投也
喻嘔喻和悅皃一曰嘐喻歌也　貗㺏豕求子或从犬　㝢鄉名在絳　○䨲乃俱切字林兔子也文一
十一　○模㚙膴橅蒙晡切說文法也或从大从無亦作橅撫文二十一　摹撫說文規也謂有所規倣或从無亦書
作摸　謨慕惎譕說文議謀也引虞書咎繇謨古作慕惎譕或書作𪟝　膜胡人拜稱南膜穆天子傳膜拜而受　嫫
娒說文嫫母都醜也或作悔亦書作嫫　幏車衡上衣　𨡊醬醶榆醬　墲規度墓地也方言凡葬無墳謂之墓所以墓謂之墲　膴

集韻平聲二　八

膴骨腊一曰法也　䉑竹黑皮　毋熬餌也禮煎醢加于黍上沃以膏曰淳毋　獏獸名　墓冢也　○𥣣𥞊滂模
切大豆也一曰種也或从甫文二十　鋪說文箸門鋪首也一曰陳也　陠衺也　𢾹㪎䵦屋欲壞　墲規度墓也　誧博雅
諫也一曰大也　痡說文病也引詩我僕痡矣　䮒馬名　䟊趆趙匍也　䠼馬蹀跡　豧豕息也　鵏鳥名鵏也　鯆
鯆魚名博雅鱄鯆鮮鯆也一曰江豚或从甫　抪說文捫持也一曰舒也擊也持也　柨蔽柨木名汁可食　敷陳也　庯石文見皃
娪女字　○逋𨘌奔模切說文亡也籀从捕文二十一　趙趆趙伏也　晡日加申時　餔𩟾哺說文申時食一
曰歠也籀作𩟾或作哺　䋠刈禾不平　庯庯庩屋不平　陠衺也博雅　誧說文大也一曰人相助也諫也　抪展舒也　鵏
鳥名或从隹　䲆魚名江豚也　鯆𩸕魚名尾有毒或从逋　峬峬峭好皃　痡病也　鋪設物之也　蜅端
○蒲蓬逋切說文水艸可以作席一曰地名亦姓文二十　苻氏姓本作蒲至苻堅更改為苻　蒱摴蒱戲也老子入胡作　蒲脯魚也一
曰雉膺肉　𥳓篰蒲𥳓小竹網或作箁　荴扶荴蘆收亂艸或从手　酺脯說文王德布大飲酒也或作脯　匍扶
說文手行也或作扶　蜅蛤也　趙趆趙伏也　艀艄短而深者　抪持也　樸樸剽縣名在武威　簠盛黍稷器周禮祭祀

共蘲鮒小魚名莊子守鮒鯢鵏鳥膺前○蘇孫租切艸名說文桂荏也一曰薪艸曰蘇擊虞曰鳥尾也所謂流蘇者緝鳥尾垂之若

流然亦姓又州名文十三穌說文把取禾若也一曰死而更生曰穌通作蘇俗作甦非是蘇博雅麿蘇庵也酥蘇醂

醲酪屬或作醲醲醂䟽粗也鄭司農曰䟽食菜羹𤻮病也𢹓摸也䵉爛也或作𩺨櫯木名可染

○麤𪋻麈聰徂切說文行超遠也从三鹿篆从土或作麈俗作麄麁皆非是文十粗𤛮大也䟽也物不精也或作𤛮通作麤俗

作𤛮非是䵊博雅皻䵊也趦淺度𪋳說文艸履也怚心不精也史記怚而不信人通作粗駔馬壯○租

宗蘇切說文田賦一曰畜也文八怚劇也趲走也苴蒩鉏茅藉祭也或作蒩鉏湫闕人名春秋傳魯有子服湫

柤柤中地名在淮南○𨑳徂𨗸叢租切說文往也𨑳齊語或从彳籀从虘文十四姐𡛷姉姹

殂說文往死也引虞書放勛乃殂古作𣨛殂殂殂𧇾虎不柔且語辭詩匪我思且豠豕也阼主階祖蒩

菹茹艸名生下田可食或作蒩○都𨛗東徒切說文有先君之舊宗廟曰都引周禮距國五百里爲都一曰揔也大也嘆也美也亦姓古作𨛗文十二

闍堵說文闉闍城門臺也或从土賭賭勝曰賭醏醬也胑肬胑大腹皃一曰推之大者故俗謂伎頭大爲肬胑關中語訛爲肬

集韻平聲二 九

檛𩌏牛牽舟謂之𩌏篰竹名瀦傳水名蒣艸名𩴠山鬼○瑹瑹通都切美玉或作𤩷文十九

瑹玉名山海經小華山其陽多瑹琈或作瑹𩂖山名庩庯庩屋不平稌稻也梌木名說文木出橐山悇憛悇禍福未定

也一曰憂也𧼯𧼯趄伏也𩋛𩋛鞣驟也檚惡木唋吐也嵞𡑞坼也或从阜郐邾下邑𣈤曰陰也

醶醟醶醬也捈博雅引也抒也○辻徒同都切說文步行一曰空也衆也隸也亦姓隸作徒文五十六途𡑞爾雅路旅途也

或作𡑞通作塗涂塗泥也亦姓嵞峹說文會稽山一曰九江當嵞也引虞書予娶嵞山或省亦書作峹涂說文水名出益州牧

䕞南山西北入澠鍍以金飾物通作塗荼𣘻說文苦荼也一曰茅秀郭璞曰荼樹小似梔子冬生葉可煑作羹飲今呼早采者爲荼晚取者爲

茗一名荈𦯬𦯬艸名爾雅𦯬虎杖稌𥡘禾穗曰稌或从𣂁梌𣘻木名楸也或作梌筡𥳑說文折竹

筤也或作𥳑圖圗說文畫計難也一曰謀古作圗俗作啚非是屠說文刳也亦姓瘏說文病也引詩我馬瘏矣𪎭屠

博雅𪎭庵也一曰星平曰屠或省酴說文酒母也醶醬醶醬也駼獸名說文黃牛虎文駼𪂲爾雅鳥鼠同穴其鳥爲𪂲或作

鵌跿跿跔跣也或从徒鷋鳥名爾雅鵌鷋𪂲似烏蒼白色菟𧇍檡兔春秋傳楚人謂虎於

菟一曰菟裘魯邑或作𧇍檡兔𨛦鄌說文郱下邑地魯東有𨛦城或从朩𨜓陼說文馮翊郃陽亭或作陼捈說文臥引也

杜姓也晉有杜蒯劉昌宗讀通作屠余𠍀余山名在匈奴瑹美玉庩庯庩屋不平𩌏𩌏鞣也𧼯𧼯趄伏也

悇苦憂也𣹮山名在南郡𨸘地名𨛦地名諭𧫶諭語不了稌稉稻也今俗尚謂稌糜酒𨤲止也

斁塗也周書斁丹雘𨼏艸名生水中○盧盧龍都切說文飯器也一曰貰酒區亦姓籀作盧俗作盧非是文四十四𧇤

𪐴𪇆𤮏說文𥂥也古作𪐴籀作𨪒亦从瓦鑪爐說文方鑪也一曰火函或从火火所居也壚說文黑剛土也纑

黸弤黑弓春秋傳賜晉侯玈弓矢千或作黸弤通作盧黸說文齊謂黑爲黸鬛說文鬛也顱髗說文頭顱首骨或从骨

矑目童子嚧嚧嚧呼豬聲曰呼嚧笑也攎說文挐持也一曰引也張也斂也𣤜欧𣤜欺也𤸩

瀘病也櫨說文柱上柎引伊尹曰果之美者箕山之東青鳧之所有櫨橘焉夏熟一曰宅櫨木名出弘農山杅黃杅木名可染

纑說文布縷也壚博雅碧壚玉也瀘水名出牂牁一曰州名艫舟名說文舳艫也轤轆轤井上汲水木籚

籚說文積竹矛戟矜也引春秋國語朱儒扶籚一曰筐也大曰籚小曰籃或作𥲳蘆菜名說文蘆菔也一曰葦之未秀者蘆

集韻平聲二 十

蘆蘆蕪艸通作蘆獹博雅韓獹犬屬通作盧鱸魚名蠦蜚蠦蟲名蜚也方言守宮秦晉或謂之蠦蝘鸕水鳥皻博雅皻也

驢鸕鳥名說文鸕鷀也或作鸕𤬤瓠瓜而圓者勴助也來徠也山東語𪕬鼠名○奴伮伖農都

切說文奴婢皆古之辠人引周禮其奴男子入于罪隸女子入于舂藁徐鉉曰又手也持事者也古从人或作伖文十一孥子也通作帑帑說文金帑

所藏也駑駘也砮𥑘說文石可以爲矢鏃引春秋國語肅慎貢楛矢石砮古作𥑘笯籠也努𢱢勠力也或作𢱢○

胡頶㗅洪孤切說文牛顄垂也一曰戈戟內柄也一曰虜總稱一曰何也壽也亦姓或作頶㗅文六十二乎虖說文語之餘也一曰

疑辭𧥬辭古作𡔈壺說文昆吾圜器也象形从大象其蓋也亦姓瓠器也爾雅康瓠謂之甈一曰瓠丘瓠讘並晉地名葫蒜名一曰

葫蘆菰米也𧂐橐大而銳上者爲𧂐通作壺瑚珊瑚似玉而赤色作樹形鍸鈷黍稷器夏曰鍸商曰璉周曰簠簋或作鈷通作瑚

瓳博雅甗瓳也鬍餬說文寄食也或从古亦書作餚𩝙𩝙說文𩜹也或作𩝙通作餬黏𥺷黏𪎊

糊𪎊粘𥻆說文黏也一曰煑米及麪爲鬻或作粘黏𪎊糊𪎊粘𥻆杇鋘釫𢬵泥鏝也塗工之具或作鋘

釫𢬵醐醍醐酥之精酤液或从亥瑚𤸬瑚瘦物在喉中一曰物聲也或作𤸬嘝唔嘝聲也弧說文木弓也一曰往體寡來體

多曰弧 箶箰竹名或作箰 箛簑也 䄬衣褔也或書作褏 湖說文大陂也揚州浸有五湖浸川澤所仰以灌溉也
鰗海魚也似鯿而大鱗肥美多鯁一曰出有時吳人以為珍即今時魚 洆漫洆水皃 狐說文䄈獸也鬼所乘之有三德其色中和小前大後
死則丘首亦姓 𪕲鶘猢說文斬𪕲鼠黑身之青若帶手有長白毛似握版之狀類猿蜼之屬或作鼲猢亦書作貈 鶘鵜鶘鳥名好羣
飛沈水食魚 鶦鸛鶦鳥名似雉青身白頭或从隹 㗅喉咽也太玄鳥喉㗅 𡲈履也 䠒䠒跪夷人屈節禮 蔰艸名
盬器也 𤝔犬聲 鞨鞨箭室通作葫 蝴蝴山名 蝴 媩女字或从手 㝪冠名 環環
帷張○孤攻乎切說文無父也一曰侯王謙稱一曰負也或作㝫文四十八 辜 𦏁 姑說文辜也古作𦏁姑 嫴
說文保任也博雅嫭嫭媯且也 姑說文夫母也爾雅父之姊妹為姑一曰且也 𠬝說文秦以市買多得為𠬝引詩我𠬝酌彼金罍 酤說文一宿
酒也一曰買酒通作沽 沽說文水出漁陽塞外東入海一曰水名在高密 泒說文水起鴈門葰人戍夫山東北入海 觚 觚說文鄉飲
酒之爵也一曰觴受三升者謂之觚或从酉 柧說文棱也一曰柧棱殿堂高廉通作觚 篰博雅笘箍籥也一曰竹簡小兒所書一曰方也
箛說文吹鞭也急就章箛篍起居課後先 箍以篾束物 苽或作苽 苽 菰說文雕苽一名蔣或作菰 菰說文艸多皃江
集韻平聲二　十一
夏平春有菰亭 菰王瓜也或作菰 𦬆大也 胍大腹胍肚也 膊婢倉膊胸大膊也 軲博雅𨌝軲車也一曰山名亦姓
䡍軲交大骨一曰槃結骨皃 呱 嗺說文小兒嗁聲引詩后稷呱矣或从辜 𨥏鑝𨥏矢名通作姑 𣧵巫𣧵祠名在雲
陽越人祀之也一曰嬰兒病鬼為巫𣧵 橭牡橭木名山榆也一曰橭橑木枝四布通作枯 盬陳楚謂盬池為盬 罛 䍛說文魚罟
也引詩施罛濊濊或从瓜 鈲鐵鈲 鴣鵰鴣鳥名出南越其鳴自呼常南飛不北或从隹 蛄蟲名說文螻蛄也 枯茶
瓠瓠譎漢侯國名在河東 估車権也 結結縷艸名 𪔛博雅息也 皐棗皐地名在壽春孟康讀 阺地名 悴
怯也○枯空胡切說文槀也引書惟箘簵枯木名也文十九 姑說文枯也一曰竭也 橭橭枕木四布 刳說文判也 挎
持也易刳木為舟禮挎越內弦 𢘅博雅怯也 挎方言挎摸防也 跍蹲跍皃 弧弓弩滿引弓也 郀郀首地名 軲依軲山名
一曰輅軲車也亦姓 鮬魚名 胯博雅胯髀也 骻博雅跨奎也奎者兩髀間 骷廣雅骷髏朝也 挎木名一曰空也 頜
頷 鄭餅 䭅 餔粰也○呼荒胡切說文外息也一說於呼歎辭亦姓或作戲乎戲通作虖嘑文三
十九 虖 謼說文嘑也或从言 評說文召也通作呼 嘑 嘑說文號也或作雩亦姓 歑說文溫吹也 虍

虖說文虎文也一曰未見皃古作𧆞 虖說文鳥也 𩴾𩴵說文鬼皃或省 膴說文無骨腊也揚雄說鳥腊引周禮有膴判一曰大
也 憮 芋說文覆也一曰大也有也或作芋 侉廣雅往也一曰憂也 葫葷菜名大蒜也 苸艸名 滹 滹
惡 滹 浮滹沱水名或作滹滹惡滹浮通作虖 軤姓 盱 𥌗張目也或作盱 𥈢日始出皃 訏博雅大也
垀垀也 桴木名 憮一曰撫也 憮憮然失意皃 鄠地名 𢟍 憮誕也 嫭婦人美皃 欸喜也○吾
訛胡切說文我自稱也一曰御也一曰捧名亦姓古作吾文三十九 吳 𡗿說文姓也亦郡也一曰吳大言也徐鍇曰大言故矢口以出聲古作
𡗿俗从口从天非是 齬齒不齊 娪婢倉美女也 鋘 鋙鋘鋙山名出金可作刀以切玉或从吾 琝 珸博雅
琨珸石之次玉者或作珸 梧說文梧桐木一曰檓亦姓 箁 篽竹名或省 菩 䔰 萛說文艸也引楚辭有菩蕭艸或作䔰萛
浯說文水出琅邪靈門壺山東北入濰 舠船名 郚說文東海縣故紀侯之邑也 峿 峿峿山皃或从吳 㹳
猉獸名如狳善嗁或从吳 麌獸名牡麈也 鼯 鼯 鼯鼠名狀如小狐似蝙蝠肉翅亦謂之飛生又姓或作鼯鼯 蜈
蜈蜈蚣蟲名或作蜈 鯃 鯃鯃鮈魚名或从吾 魚 䲅魚之大者 𤜵獸名 騦驅騦馬名 禖福也 溪
集韻平聲二　十二
戎人名唐有鐵利蘇鶻渠地蒙 頍大頭也 𩓳 䫜大皃 倍魁倍壯大皃○烏汪胡切說文孝鳥也孔子
曰烏盱呼也取其助氣故以為烏呼古作於䲸絟亦姓文三十四 惡安也通作烏 鴮 鵜鴮鸅鳥名或从隹通作洿 鰞鰞鱡魚名九月
寒鳥入水化為之 蟲鳥蟲名似蠶通作烏 洿 汙說文濁水不流也一曰窳下或从于 杇 圬 釫 槾說文所以塗也
秦謂之杇關東謂之槾或作圬釫槾 𣔽 𣔽柙木名青柹也出長沙 蔦蔦蘆艸名荻也 弙說文滿挽弓有所向也 扜引也 鴮鴮鵲
溫器 瑦石似玉者 䲰 鳴博雅鴮頭御車也 歍 鳴說文心有所惡若吐也一曰口呴也或作鳴 鄔縣名在太原 陓楊陓
秦藪 螐蟲名 弧曲也周禮無弧深杜子春讀 雩地名春秋傳秦人伐吳及雩婁陸德明讀 䲰鳥小名 窏窏㴐甲下也
盌 盌盌盌旋流 剭除田艸刃 趨走輕皃○侉尤孤切怪辭也文一
十二○齊 亝前西切說文禾麥吐穗上平也象形一曰等也中也疾也水旋而深入也一曰國名亦姓或作齊亝俗作齐非是文二十
齎說文肶臍也或書作臍通作齊 齌好也 齌材也 齌說文等也 齌爾雅病也 懠怒也 𪗄鳥聲 齌 蠐蠐
魚名或書作鱭 𪗉魚名出漢水似鯉而小 麡獸名如麋角前俯入林則挂常在平野 鍥 鏤說文利也或从妻 櫅木名白棗

也濟濟濟祭祀容𪗉闕人名列子𪗉僑周穆王車右齎炊餔疾也劑剑前劑也古作剑○西卥卤

卥先齊切說文鳥在巢上象形日在西方而鳥棲故因以爲東西之西亦姓古作卥卤卤文二十七棲栖鳥棲或从妻西通作西屖

遟說文屖遟也或从走粞米碎曰粞撕說文㯕撕也撕提撕也嘶馬嘶澌流冰燍煙燍焦皃𢥠

提𢥠心怯也誓說文悲聲也一曰善也或書作𢥠嘶女皃屖獸名說文南徼外牛一角在鼻一角在頂似豕一曰甄中一曰兵器堅也亦姓

䮞鼠名㔸劃也𤻮澌說文散聲或作澌鄭鄭丘地名在齊瓺瓶瓦破聲或省𤡪婢𤡪短皃

𤸁疾𤸁痛也○妻娄千西切說文婦與夫齊者也从女屮又又持事妻職也古作娄文十六萋說文艸盛皃引詩萋萋

萋淒說文雲雨起也引詩有渰淒淒凄寒凉也霎說文霽謂之霎悽說文痛也𪗉𡟰等也或作婁

緀說文白文皃引詩緀兮斐兮成是貝錦郪地名鶈𪆴博雅鶈鶈怪鳥屬或从隹齌炊餔疾也雌牝也莊子猵狙以爲雌

棲棲棲簡閱車馬皃○齎賫牋西切說文持遺也或作賫文二十八齏說文𪗉也躋隮齊𨹟

𨹎陵嶅說文登也引商書予顛躋或作𨻸𪗉𨹎𨹟陵嶅懠懫懠疑猶猜疑也或从貲齜弱也擠排也擠

說文木也可以爲大車軸一曰白棗齏𩞄韲𪗉說文𪗉也鄭康成曰凡醯醬所和細切爲𪗉一曰擣辛物爲之或作齏韲𪗉通作齊俗作䪡非是

齌炊疾銻鍗利也或从妻麡獸名似麋𥃃受黍稷器周禮𥃃盛王盤劉昌宗讀揝插也𥿣博雅𥿣短也

鑇切也嚌鳥聲○移成嵇切木名唐棣也文一○腰鸌𪇐人移切說文有骨醢也或从雞从禹文三○氐

都黎切戎種一曰宿名俗作𢀱非是文四十一低俛也下也㡳低回疑不即進隄陊堤說文唐也或作岻

嵋山名在青州磾黑石可染繒出琅邪泜水名袛說文袛裯短衣也方言汗襦自關而西謂之袛裯揥捎也觝獸角不正

一曰蝵也紙說文絲縩也或書作𦃇騠駃騠良馬鞮軧說文革履也或从氏䏲脾倉胵䏲胅也腱臀腱強脂也

趆趆𨃯𨃯說文𨃯不能行爲人所引曰𨃯𨃯或从奚奃說文大也亦姓鍉歃器一曰鋒也𠭍到也柢木根

詆呧訶也或作呧𩛙餌也食也緹赤縩羝牴說文牡羊也或从牛騠騠䮶騾屬趧說文趧婁

四夷之舞各自有曲底至也眡視皃頣頭垂下皃嵽嵽狐山名𨸁周也媞女字也砥石也蝭蝭蟧蟬屬○

梯天黎切說文木階也文十九緹赤色踶蹋也匿匾匿薄也𧆨虒臥也一曰虎臥息微或从乚睇視也

崹崥崹山皃謕語相謕誘鶙䱻說文鰟鮷也似兔而小青中瑩刀或从隹𪖆嗁聲一曰小笑烶灼龜木䫍䫍

頭不正𠝈削也腣腣胿不正也䏄脾也鷈鷈胡鳥名㥏惆㥏怍也○題田黎切說文額也一曰署也文一百十一

䚣虒說文顯也或作䚣睼睇迎視也或从弟䁬眱小視也或作眱嗁啼嗁㖒漦

諦說文號也或作嗁嗁𠹤嗁通作謕謕方言謰謱拏也南楚謂之謕詆呧訶也或作呧提說文挈也媞妎

媞媞安也一曰美好或作妎折折折安舒皃禔博雅福也褆說文衣厚褆褆一曰衣好綈說文厚繒也緹赤色綈

緰不解也褫博雅惆褫謂之怍一曰赤紙㣌楚人謂懃曰惆㣌罤兔網通作蹄䈕篔竹名一曰竹器或省蹏

蹄踶說文足也一曰蹋也或从帝从是𨓂𨓂𨓂𨓂行皃或从奚徥說文𢓊也一曰後至趧說文趧婁四夷之舞各自

有曲鞮軧革履或从氏䶥獸角不正䶵臥也醍䣽醍䣽也或从氏銻餌也兗豫謂之餹銻䬾餦餌

寄食隄陊防也或从定崹崥崹山形漸平皃媞女字厗𥓓說文唐厗石也从厂屖省聲或从石𩄨霽雲

謂之霋一曰雨止𥙨褆也㵟㵟米瀾也或从屖題䶴博雅題瓺瓿也或从弟𧇊虒氏館名一曰磃礄怪石梯

桑也今俗呼桑樹小而條長者爲女桑𦫺脩毫獸蕛稊稊𥡊蕛穉稊艸名說文稊英也郭璞曰蕛似

稗布地生或作稊𥡊蕛稊稊蕛羊蕛艸名苐茀茀說文艸也一曰卉木初生葉皃或作茀第惿惿𢥠心怯銻說文鎕銻

謂火齊也銻鐵謂之銻古以爲鐵字褆衣名裲襠也鍗鍗說文器也一曰釜屬或从帝瑅瑅瑭玉名或从弟

鷤鵜鳥名說文鵜鶘汙澤也或从弟䴘鶗鴺鳥名博雅鶗鴂子鳺也或作鶗鴺鴺鴺鴂也通作鶗

騠說文駃騠也孟康曰駃騠馬生七日而超其母鍉歃血器鷉鷈鷉鼬鼠名或从帝踶蹄文蝭蝣

蝣蝭蟧蟲名蟪蛄也或作蝭蟧鮷魚名山海經少室山休水出焉其中多鮷魚一曰魚黑色鮷鯷䱱魚名說文大鮎也或作鮷

鯷是月邊也春秋傳是月者何僅逮是月也蟬黏蟬縣名在樂浪蕛蕛艸名或作蕛蟯蟯蟲名䳒山雞也腣

腣胿腱肤猅犬名遆也䳗䳗鴊鳥名䃙砧也蝭食苗蟲名𦿐䔴艸名萬侯苽其子䔴通作緹虒虒奚縣名

徲徥屖徲休息也或作徥○泥年題切說文水出北地郁郅北蠻中亦姓文十泥屖坒埿塗也或作屖埿通作泥

坭堲說文反頂受水丘或作堲俗作坭非是祢喪禮首服䏧䐪有骨醢或作𪇐䛏呼也○黎𥝢

憐題切說文履黏也作履所用一曰衆也老也或作黎文四十六 黎 犂 𥝦 說文耕也或作犂亦省 鑗 說文金屬一曰剝也 瓈
玻瓈玉名 𨛳 𨞑 說文𨛳諸侯國在上黨東北引商書西伯戡𨛳或作𨞑 邌 說文徐也 黧 𪏮 黑黃也或作𪏮 廲 廲廔綺窻
也 莉 艸名一曰茈莉織荊障 蔾 說文艸也 藜 蒺藜艸名 蠡 蠡 蠡 䗍也一曰蟲齧木中一曰谷蠡匈奴王號或作蠡蠡
鯬 魚名埤倉鯬鯠魟也 鱺 說文魚名通作鯬 驪 馬黑色 麗 高句麗東夷國名 𣝈 木名 𩣡 驪 𩧢 博雅
駣驪馬屬或从黎从犂 縭 說文繫縭也一曰維也 𪆂 𪁪 鵹 鸝 鳥名說文𪆂黃也一曰楚雀其色黎黑而黃或作𪆂鵹鸝
𢢬 𢢬他欺謾語 蟍 蠡 蟍蟍蟲名似蝗大腹長角食蛇腦或作蠡 謧 謧詍多言也一曰弄言 睝 視也 棃 梨 果名
或作梨 蔾 新蔾國名在匈奴北 𢡃 恨也 瓾 小瓶 𪏮 姓也 𥳑 𥰘 竹名或作𥰘 醨 醍醨酒滓一曰酪母 ○
雞 鷄 堅奚切說文知時畜也籀从鳥文二十一 騱 爾雅馬前足皆白 禾 說文禾之曲頭止不能上 𥝐 稽 說文留止也古
作 卟 乩 說文卜以問疑也引書卟疑一曰考也或作乩通作稽 楷 木名如楓 枅 𣗈 說文屋櫨也或从肩 笄 筓 說文
簪也或作筓 𣪠 不名 𥅆 𧿾視也 鑇 博雅鑿也 𧯭 𧯗谿土似蟶而小 䡝 車兩轓 螇 蟲名博雅蛾也一曰螢火

大宋五九 小三六十六

集韻平聲二　十五

嗘 嗘嗘聲也 㜎 女字 ○ 谿 溪 嵠 磎 牽奚切說文山瀆無所通也一曰水注川曰谿或从水从山从石文十七 𦖻
說文𧠍人視也一曰直視或書作𥅆 𥅆 說文𠃢也 鸂 鼷 鸂鶒水鳥或作鼷 繫 縘 說文繫縘也今惡絮或作縘 謑
謑髁不正兒 𪗜 博雅𪗜齧䶗也 螇 蟿 蟲名土螽也或作蟿亦省 䀘 目動也 𣪠 梅也 ○ 醯 䤈 䤈醯
切說文酸也作醯以鬻以酒从鬻酒並省从皿皿器也或作䤈俗作醯非是文十 榽 木名爾雅榽醯細葉似檀俗作榼非是 𪑒 𪑔 黃病色或
从兮 欸 痛聲 㥰 方言㥰怵欺謾也 㦻 㦻憰赤紙 𣢍 歎息 訳 喜笑不止兒 ○ 兮 弦雞切說文語所稽从丂八象气越
兮也文二十五 奚 說文大腹也一曰何也亦姓 腪 腪胵腹大 媄 說文女隸也通作奚 傒 東人名春秋傳齊有高傒 謑 謑髁不正
兒 徯 待也 蹊 徑也或从田 𡦖 獸跡 騱 說文驒騱馬也一曰馬前足皆白曰騱通作奚 豯 說文生三月豚腹豯豯兒
通作豯 貕 貕養澤名在幽州 鼷 說文小鼠也一曰有螫毒者或謂之甘鼠春秋食郊牛角者是 𪓰 說文水蟲也薉貉之民食之 螇
蟲名說文螇鹿蛁蟟也 蒵 艸名爾雅蒵葥蕪 榽 木名爾雅榽醯檣 嵇 山名亦姓 郋 說文汝南邵陵里也 𧕻 爾雅螇螇蟲似
蝗而小 𡖋 𡖋反爻也莊子婦姑勃𡖋 謑 謑詬恥也 貕 獸名東北夷名通作奚 䫣 頭不正 ○ 鷖 煙奚切說文鳧屬引詩鳧鷖在

梁文二十二 鷖 黑色馬 𦐧 𦐧也 繄 說文戟衣也一曰赤黑繒一曰詞也 殹 擊中聲 毉 毉格次衣 譩
方言欸譩然也或作詒 嫛 說文嫛也釋名人始生曰嫛婗嫛是也言是人 𡌦 埃也 𩯆 說文塵髮 黳 𪑾 說文黑木也丹
陽有黳縣或作緊 黳 說文小黑子一曰黑也 硻 瑿 美石黑色或从玉 羠 黑羊一曰羣羊相積 𡟗 嫛婗人 歅 關人
名莊子有九方歅善相馬李軌讀 𤞤 猤 𤞤猤獸名似貍或从犬 𨻏 什也 ○ 倪 研奚切說文俾也俾益也文二十四 伃 伃俾
陽不知兒 齯 說文老人齒通作兒 婗 說文嫛婗也一曰啼聲一曰婦人惡兒或作嫛 䙌 裞 爾雅衣統謂之裞一曰女上服 輗
輗 棿 說文大車轅耑持衡者或作輗棿 鯢 說文剌魚也郭璞曰似鮎四足 霓 說文屈虹青赤或白色陰气也通作蜺 蜺 蟲名說文
寒蜩也一曰似蟬而小青赤 麑 猊 貎 說文狻麑獸也一曰麑鹿子或从犬从豸 鶂 水鳥 䚷 角曲曰䚷一曰䚷是縣名在西河郡
郳 兒 說文齊也引春秋傳齊高厚定郳田亦姓或作兒 䗍 䗍嘶弩楔 敓 戰敝毀也 㾖 㾖癡兒 䍲 羺䍲胡羊 淣
水際 ○ 覞 五圭切視也文一 ○ 圭 珪 涓畦切說文瑞玉也上圜下方公執桓圭九寸侯執信圭伯執躬圭皆七寸子執穀璧男執
蒲璧皆五寸以封諸侯从重土楚爵有執圭一曰六十四黍為圭古作珪文二十八 閨 說文特立之戶上圜下方有似圭 窐 甈 䫜 甈

大宋七十 小余七字

集韻平聲二　十六

瓾空也或作䴻甈 洼 深也亦姓 𠛱 𠛱𢼃裂也 邽 說文隴西上邽也 䆨 谷名在西縣 𢼃 邪兒一曰聲也 䏿 䏿胵大腹
𦓡 說文卅又可以劃麥河內用之一曰耕也 茥 艸名爾雅茥蒛盆也 袿 釋名婦人上服曰袿其下垂者上廣下狹如刀圭 湀 湀闢流川
也 蘳 𦽙 艸名爾雅蘳蘳姑或作𦽙 麠 說文鹿屬 鮭 魚名山海經敦薨之水多赤鮭 聧 𥈐 乖也古作𥈐 䶁 䵻也
明也通作圭 畦 田起堳埒也 挂 別也莊子以挂功名一曰中鉤取物 哇 謳歌也 鑴 鑴也 ○ 睽 傾畦切說文目不相聽也
一曰乖也文十八 聧 方言聾之甚者秦晉之間謂之聧一曰私叶也 奎 說文兩髀之間一曰星名 刲 挂 㓤 說文刺也引易士刲
羊或作挂劃 楏 鋤櫌也 䧱 說文肩擧也一曰肩阜 骻 六畜頭中骨 𨂒 蹞蹏𨂒物兒 畫 蟲名蝿也 𧓍 蝀蝡
也 茥 艸名說文𧯶盆也 藈 𦽙 王瓜或作𦽙 𪖐 𪖐鉤裂也 鑴 鑴也 湀 水通川 ○ 睳 䁤睳切埤倉帣人視
兒一曰健而無德一曰目瞽文四 䳏 鳥飛兒 𥌿 𥉇𥌿面有垢 睢 睢睢元氣兒 ○ 攜 玄圭切說文提也一曰離也亦姓俗
作擕非是文三十八 𢣱 說文有二心也 巂 鷤 鳥名說文周燕也从隹屮象其冠也冏聲一曰蜀王望帝婬其相妻慚亡去為子巂鳥故蜀人聞子
巂鳴皆起云望帝或作鷤 驨 獸名爾雅驨如馬一角通作巂 蠵 𧕄 𩻸 說文大龜也以胃鳴司馬相如作蠳或作𩻸 鑴 說文

黨也一曰日旁氣刺日觿角錐可用解結通作鑴劅博雅削也䰎窒甗瓻甂空也或作窒甗瓻睳矔
說文田五十畝曰畦或作嚾酅說文東海之邑一曰阪險名通作巂蜀嶲毒姓也一曰蜀關梁四公子名或作嶲毒纗
說文維綱中繩或作纗黊說文鮮明黃也眭瞲目惡視或从巂𥅆直視也或書作耕讗自伐也鑴方言
餵也𨘬說文𨘬𨘬也瓗赤玉襹一幅巾梢枍梢燒麥具栘木名棣也㥜心不平鞋系也䙆鑴也
通作鑴轞車輪轉一周爲轞通作巂○烓淵畦切說文行竈也一曰明也或作㷇文六㷇甗空也洼曲也莊子似洼
者窐深也䵷汙也○𨁈䠞邊迷切博雅豍豆豌豆也或作䠞文三十六蓖䔥萞艸名說文蓖也一曰蓖麻
或作蓖萞檘椑櫛小木也一曰木下枝通作椑梐梐說文梐枑也或作梐笓篦箄博雅篝笭謂之笓一曰可以約物或
作箟箄𣖵榍也錍箭鏃𨦚釵也𢤰博雅幓帨幧也一曰車帷綼䋉紕并也事謬纖疏也或作緌紕
諀諀誤也或作諀犤犤犐短也陛狴𤝔陛牢謂之獄或作𤝔陛棲栖也𧣾牛角橫螕
蠡說文齧牛蟲也或作蠡椑椑榼圜器𢗧𢗧意併也或作𢗧媲嬖媲小皃俾使也𩈉齊也貔𤝔狾獸名
大百卅八　小大百卅六　集韻平聲二　十七　邵僊
崥崥𡷾山皃○㩤批篇迷切說文手擊也或作批文十五笓取蝦具枇椑木或書作栥鵧鵧鷑鳥名𠜱𠜾
削也或从𠂤錍鈚釓鎞方言箭鏃廣長而薄鎌謂之錍或作鈚釓鎞砒磇藥石或作磇陛陛牢獄名
𨄍博雅踦也○鼙鞞𪔕駢迷切說文騎鼓也或作鞞𪔕文十九𪕐𪕐也膍肶牛百葉也或作肶
𣠲榾也枇枇杷木名玭淮珠也椑說文圜榼也一曰齊人謂斧柯爲椑笓取蝦器甈說文罌謂之甈崥崥峅
山皃𧇞蛤也周禮䗃醢徐邈讀批擊也助也椑椑櫛木下枝砒藥石颮風也蚍蟲名如虎豆綠色○迷
緜批切說文惑也文二十八媙摵批也或从手蒾蔾蒾艸名葉似榆䆦䋛冞罙宷深入也或作罙宷
䴢麛謂之䴢𨘔𨘔頭垂皃𨘉麋跡一曰麋䴸覭䚐說文病人視也或作䚐𡣗㜷齊人呼母或作
㜷醚醚醵白生醬酢上麛麑麝𪊨說文鹿子也或从兒从弥从巂𪓶𪓷䵠䵦鼂屬如鼂而多膏或
作𪓴獼髮獼髮皃皃䉾竽竹謎詸言惑也或作詸𢘥𢙇心惑也或从迷○隄堤直兮切防也春
秋傳弃諸隄下沈文何讀或从土文二○𥄁扶畦切深目皃文二𡙁傾頭作態也

十三○佳居膎切說文善也文二街說文四通道也○膎戶佳切說文脯也一曰吳人謂腌魚爲膎腸文十一鮭
吳人謂魚菜總稱鞵鞋說文革生鞵也或作鞋㨙挾也扶也禊撣倉衣紬也㥛說文怨恨也榽榽榼
木名邂邂逅解說也嵠溪谷也慀慣慀心不平○謑訏希佳切廣雅笑也或作䜁文四哇諂聲一曰喉咽結塞
皃欸欸欸氣逆○厓崖顔宜佳切說文山邊也戲作崖顔亦書作崕文十八涯漄水畔也或作漄啀
嘊㹳犬欲齧或作嘊㹳𪗉䶞齒齬不齊或作䶞猚說文鳥也一曰睢陽有猚水睚目際一曰擧目𩄛
霖雨也倪涀極際也莊子不知端倪或作涀㛅女媿也㾕癡皃捱拒也○娃於佳切說文圜深目皃一曰吳楚之
間謂好曰娃文十一哇𪛗說文諂聲也或作𪛗𢼋邪皃一曰擊也唲嘔唲小兒言洼窪窐說文深池也一
曰曲也或作漥窪𪐴黶黣黑淺黑徍徍徥邪行皃𠠾逼也○媧𡢪公蛙切說文古之神聖女化萬物者也籀作𡢪文
十一緺說文綬紫青也諣讗情也黠也或作讗歄婠也弱也𦠆手文謂之𦠆騧驧黃馬黑喙或作驧
蝸蟲名蝸也𩌑車上系○咼喎𠯑空媧切說文口戾不正也或作喎𠯑文十三𠌥華㼌竵
大百卅九　小大百四十二　集韻平聲二　十八　邵僊
不正也或作華㼌竵𦺰物不齊也絓博雅紬也䦱𨶗門不正開或作𨶗𡟵𡟵嫔女皃跬半步曰跬○哇
擭媧切喉結塞也莊子言若哇文一○詭𠀤咼切詭情也文一○𥪰火𨰻切說文不正也文四喎口戾皃餜食也
𩺦蚌竈皃○鼃蛙烏媧切蟲名說文蝦蟆也或作蛙亦書作𪓰文九洼窐深也或作窐䵷蟲名說文蠆也
䅅桂耕也或从耒哇淫聲鮭鮭鸛神名○牌蒲街切博雅薄牌籍也文十五簰簰箄大筏
曰簰或从水亦省郫縣名犤牛名𩵹魚名博雅黑鯶謂之鯶𧎾𧐳𧑗蚌狹而長者或作𧐳𧑗𤟭
箄闕人名春秋傳蔑有史箄或作箄䑀牛百葉周禮脾析徐邈讀陴城上墻鵯鵯鶋小鳥名○䁗𧡊
莫佳切說文小視也或作𧡊文六𦇀博雅𦇀謾慧也韇鞼韇履也𢡊慣慀心不平𡣢意熙也○崽所佳切博
雅子也一曰呼彼稱文六諰思意一曰語失籭𥫗具漉鹿也簁竹器䚡角中骨○釵初佳切岐
笄也文十七叉手指相錯差𢀩說文貳也不相值也一曰擇也亦姓籀作𢀩𠝣小稍𣪠埤倉𩎁𣪠𤯝杈枝也
𩔋頡𩔋頭旁𦝂脯脡𧺠起也𤭢博雅𤭢𤭢一曰屑瓦灑器苃艸名艖𦪥舟名或从叉扠𢪖也

敂鱍也砅小石○柴鉏佳切說文小木散材徐鉉曰師行野次豎散木爲區落名曰柴籬亦姓文十三祡禬說文燒柴燓燎
以祭天神引虞書至于岱宗祡古文从隋省通作柴茈葉茈葫藥艸或作葉齜說文齒相齘也一曰開口見齒皃或書作齸
喍喍喍犬鬬皃瘵瘦也柴積也輂𨏥說文連車一曰却車抵堂爲輂一曰塞也或作𨏥眥博雅睚眥裂也
搓蓑斫也春秋國語山不搓蘖○扠搋摅佳切以拳加物或作搋文二跐蹈也○䚷居佳切䚷鱺胡羊文四挸
𢷎也諰埤倉諰諰言不正脫楚人謂乳爲脫乳○擷莊蛙切擊也文一○𦶌灰佳切艸名地黃也文一○踫佳蘗
切蹟踫行緜戾也文二悝悝恂自容入也
十四○皆皆居諧切說文俱詞也或作皆文二十八偕說文彊也引詩偕偕士子階堦說文陛也或从土
瓸牡瓦謂之瓸楷木也孔子冢蓋樹之者䔠艸名爾雅䔠苦芙䔠荄說文艸根也蘻秸禾藁去皮頴或作秸
颽疾風也通作喈湝說文水流湝湝也一曰湝湝寒也引詩風雨湝湝鍇白鐵謂之鍇瑎黑石似玉碏石名腊
說文臞也痎說文二日一發瘧喈說文鳥鳴聲一曰喈喈和聲嚌嚌嚌衆聲鶛𪆂鳥名爾雅鶛鶛其雌鶛或从隹

大十十三 小六六八 集韻平聲二 十九 正

蝔蟲名猥狗也知雨則蹷葉垓壇堂涂鄭康成曰祴君今令騈祴䕸黑竹核木名蠻夷以其皮爲篋婼女字
○揩𢼛丘皆切揩摩𢼛也或作𢼛文五緒說文大絲也湝徘徊行惡糕米別名○俙休皆切說文訟面相
是文二豺獸名○搓挨英皆切推也擊也或作挨文四唉應聲黓深黑色○諧雄皆切說文詥也文十四
龤說文樂和龤也引書八音克龤通作諧骸說文脛骨也瑎說文黑石似玉者䕄艸名如蓍鞵也湝水流皃
騝說文馬和也蝔蟲名將雨輒出淮南呼爲雨母偕偕偕強壯皃稭博雅稭桀番也鍇九江謂鐵爲鍇敱䡏也
碏石名○𩃫宜皆切南陽謂霖曰𩃫文一○𣎵菲乖公懷切說文戾也睽也或作菲乖文九𦍌羊角也
乖說文背呂也象脅肋形瘵疾綵博雅細也菲艸名碌碎也○匯枯懷切水回爲澤文六擟擟
博雅擟抆拭也或省勜勸力皃簁竹箭也闍門邪也○𩶚瘣呼乖切𩶚馬病或作瘣文六儈順也
傀大也莊子達生之情者傀俙訟面相是也豨獸名○嵬烏乖切嵬崴不平也一曰山形文十碨磈壞碨砈
石不平皃或作磈磦瀤溾瀤水不平皃溾溾溰濁也𪗆𪗕𪘀齸䶃或作𪗆䶃洼曲也莊子似洼者○

懷乎乖切說文念思也一曰人情也一曰來也又州名亦姓通作褱文二十一褱𧝨裹說文袖也一曰藏也在衣爲褱在手爲握或作𧝨褱
褢說文曰俠也一曰橐也孃安和也櫰木名葉大色黑者名爲櫰一曰中曲之山有木如棠員葉赤實實大如木瓜食之多力櫆
說文木也淮說文水出南陽平氏桐柏大復山東南入海亦姓瀤說文北方水也齸䶃齸䶃戎狄之鹽或作䶃懷艸名
蘬蟲名蝦蟇也𧕦嵔嵬崴嵬不平或作嶹嵬蒐高竹節犪牛名人目而四角磈石不平也壞
壞隤○崽山皆切子也方言江湘間凡言是子謂之崽自高而侮人也文四揌散失也簁竹器纚纚皃○差
初皆切貳也擇也文四趀趀也輂連車也搓推擊也○齋𪗁齊斎𩐨齋莊皆切說
文戒潔也隸作齋齌古作斎籀作𩐨或作齋文十𪗁笑皃齋博雅好也𪘑齒也𪘀𪗁𪘀不齊○豺犲
牀皆切說文狼屬狗聲或作犲文六麎獸名似鹿而小角長五尺儕說文等輩也引春秋傳吾儕小人輂說文連車也一曰却車抵
堂爲輂豺山名在平林○排蒲皆切說文擠也一曰推也文九俳說文戲也輫方言車箱楚衛之閒謂之輫牌
䈾籍也猈狗屬也啡吹也頨曲頤也猈犬短首謂之猈棑脊也一曰桴也○䨟貍埋謨皆切說文瘞也或

大一十五 小六九十七 集韻平聲二 二十 正

作貍埋文八霾霾說文風雨土也引詩終風且霾或作霾𤎖埋少也䵘慧也𪏮也○𪗁椿皆切博雅𪗁𪘀齒也文三
楷枯木根牲𤝚獸名性忠直○𢴨仲皆切以拳加物文一○𢸜尼皆切博雅揩擟摩也文二𡡉美也
○𩧵幢乖切𩧵騳馬病文二𩠺頷皃○𦠆盧懷切𦠆膗形惡文二𥇐視也○𩔅𩔈蘱皆切大頭文
二○膗𦡊崇懷切𦠆膗形惡或作𦡊文三擺方言捎也○㖷塢皆切噎㖷聲也文二諰呼彼稱○𪇆
四埋切山隊聲文一○𡏏楚懷切茁也文一○㶡所乖切㶡㶡艸木葉衰皃文二毸毛稀垂皃○咪賴諧切啼聲文一
○𨒈變皆切徍𨒈行皃文五𨓆頭垂皃蒠艸木葉垂汰沙汰擇也蒠除艸也○黧力皆切黧黑淺黑文
一○娭直皆切娭媒媚皃文三𢫫撞也㖷笑皃○𤚩都皆切木名文一
十五○灰呼回切說文死火餘𤇆也从火又又手也火既滅可以執持文十六脢夾脊肉易咸其脢王肅讀㔕㧑相擊
也或作撝𧫴謙也豯𤮜豕發土也或作𤮜虺虺瘣虺隤馬病或作虺瘣憪𢞁溲粉
菸艸名咴聲也皓髮皓落也劉昌宗說○恢㷇枯回切說文大也謂志大也或作㷇文十四𢍜說文大也一曰多也

詼識戲趧邪足悝說文啁也引春秋傳有孔悝一曰病也私也顝倉頡篇相抵觸也一曰醜也一曰人頭魁檅
說文羹斗也或从木魁一曰北斗首星塊塩也一曰獨處皃盔器名𥳑箭竹鄃漢文國名蔟廣雅蔟蓬蘽也○隈
阢烏回切說文水曲隩也一曰厓內為阻外為隈或作阢文二十二渨說文沒也溾博雅溾涹濁也一曰回淵椳說文門樞謂之椳
揋掎也崴山曲䚈角曲中畏弓淵也鰃魚名颹低風謂之颹或作䬐煨說文盆中火也一曰煻火
曰煨緭斷色絲兩細中而糾之偎愛也一曰北海之隅有國曰偎人媉女字蒐艸名偎中善崴嵬崴嵬不平
皃或作嵬碨石不平詴呼聲○傀瓌儴傀傀姑回切說文偉也引周禮大傀異或作瓌儴傀傀通作瓌文
二十一瑰瓌璝說文玫瑰一曰圜好一曰瓌瑰石次玉或作瓌璝櫰木名爾雅櫰槐大葉而黑蒐菜名蘬草編文
瘣病也膭肥也槶箘筐也或从竹䐩畜胎也敳闕人名膭敳高陽氏子愧博雅愧愇絲也磈小石
廆山名在中山西𡅖呼也○回囬違韋胡隈切說文轉也一曰邪也一曰回中地名亦姓古作回或作違韋俗作廻非是
文二十七佪徊俳佪不進皃或从彳通作回洄說文溯洄也瑰璝玫瑰火齊珠或从貴烠光也盔

小毆蛕蚘蛔痐說文腹中長蟲或作蚘蛔痐槐木名守宮也亦姓瘣病也一曰腫旁出茴蘹茴艸防風葉也一曰
茴香郲鄉名在睢陽或書作郲駉馬名磈石不平皃蚚強蚚蟲名恛昏亂皃太玄疑恛恛䐚脂䐚腫大皃潰
溢也散也繢采色鮮䕻艸名芋之惡者曰䕻○鮠吾回切魚名鮠之小者文十五䤥醉皃桅舟上帆嵬巍
峞爾雅石戴土謂之崔嵬或作巍峞椳門樞溰博雅溰溰霜雪也磑磨也腢髃肩前也或从骨敳闕人名膭
敳高陽氏子魏魏然獨立皃隗阢高皃或从兀○塠𡐛都回切落也或从誰文四十五𥐥磓以石投下
或从追琟治玉也或从玉搥㨃博雅搥擿也或作㨃雇庳启說文屋從上傾下也或作庳启𠂤
說文小𠂤也象形焆光也堆雁洎垍崔聚土或作雁洎垍崔嶉說文高也敦說文怒也詆也一曰誰何也
盩歃血器鐓說文下垂也一曰千斤椎或書作鐜𡊝坐皃通作敦頧母頧夏冠名通作追𧝆㯕棺覆或从木
詯䜅𧫝讁也或作䜅𧫝䤥酯酯面䤥䯝骨起䭔𩚴𪍿𥻆丸餅也或作𩚴𪍿𥻆𤺊
脽腫也或作𦞂鴭雀屬轛車式下木直立者𡐯攢塗所覆鎚鍛也婎媿女字或从追陮陮隗原阜

高皃𦶍艸盛○𨌰𨋬通回切車盛皃或作𨋬文十四焞焞焞盛也通作啍啍氣出皃一曰啍譯語不正𤌊
𢶏以湯除毛或从推推說文排也一曰進也蓷艸名說文萑也引詩中谷有蓷藬艸名牛蘈也高尺餘方莖葉長銳間有華紫
縹色可以為飲𡲵𡲎方言𡲵粗者謂之𡲵一曰𡲵有頸者或从委妥綏安坐也一曰執器下於心或作綏讉江南呼欺曰讉○
穨徒回切說文禿皃一曰暴風文三十五隤頽頹墤說文下墜也或作頽頹墤通作穨𢉽𢉼屋傾下或
作蹪楚人謂蹪仆為蹪膭膭膭屋壞皃𣖙𣙗棺覆也或从木僓𩣺僓僓馬病俗作𩣺非是𤸰𤹕𤻒
𤹕倉頡篇陰病或作𤹕𤹕𤹕譢說文謉也或作讙謉謉也隤藬牛藬艸名或作蓷僓頂也魋
說文神獸也騩馬白鵻鳥名鵻也憝怨也傀偉也弟弟廧不窮皃一曰逡伏盔器名𩘬風也饋餽饋
餌名屑米和蜜蒸之譈啍譈語不正𩂦雷也𢓊低徊不進皃惟縱弛也○擾優奴回切古之善塗墍者一曰擾
枚拭也或从人捼挼手摩或从妥𨡆字林一𨡆飯幔以巾拭擦𦚵艸木子垂皃○𩆷靁
通作幔文七
畾䨓𩆷𩂩靁雷盧回切說文陰陽薄動靁雨生物者也亦姓籀文靁間有回回靁聲也古作𩇓𩆷靁𩆛𩆷靁文三十六

儡說文相敗也一曰同也櫑罍䍣鑘𦉪說文龜目酒尊刻木作雲雷象象施不窮也或从缶从皿从金籀作𨯳亦
書作𤪠瓃𤫟說文玉器也或作𤫟鐳古鉼也礧擊也石轉實也通作礌甂屋櫨瓦也罍罍網百囊者
或从雷轠轠轤不絕皃勵勉也或書作𠠑攂擂研物也或省畾田間地謂之畾鸓鸓飛生鳥名籀作鸓
儽儽儽敗也一曰嬾也鄙地名檑木名攂推也澑澤名通作雷蠝䨓雷鬼鑸鏁也○𨹏
徂回切隤屋壞也文十六摧擊也推也𩍣𩌏鞶帶或作𩌏毸𣯩毶毸鳳舞皃或从崔嗺𠼸促飲也或从妥
蓑蓷華葉下垂皃或作蓷鬌髮亂垂皃縗編鷺羽為衣鏙器名𩜹飯也綷五色雜熣熣燋煙塵○
崔倉回切齊邑名因封為姓文十五𨻧𤗚陮隤崩也或从片催說文相擣也引詩室人交徧催我一曰促期𢕄行急皃
趡逼也縗衰𧜵說文服衣長六寸博四寸直心或作衰𧜵𧫺就也讁譢也榷木名𨅔䠞𨅔急甚也宋惟幹
說蓑艸木葉蓑皃𡠉女字○嗺祖回切嗟也一曰嗺頹口動皃文十摧爾雅至也方言摧詹楚語脧屡
𧖴赤子陰或从尸从血𡲎𡲵粗屨不借也或作屡挼博雅按也𢬵𣙗木鄐也或作𣙗○摧昨回切說

文擠也一曰捐也折也文十四漼漼漼漼雪霜積聚皃或从夂⿰牛崔牛白色⿰米崔精米崔嶊確說文大高也或
作䍴籀文作䃨慛博雅慛慛悲也欈木名檇以木有所擣也催沮也通作摧⿰言崔就也墔墔堆土聚皃○
桮⿰金否杯盃⿰缶不⿷匚丕⿷匚否晡枚切說文䀀也蓋今飲器或作⿰金否杯盃⿰缶不⿷匚丕⿷匚否文十三⿰片咅⿰片不版也或作
⿰片不鄁地名在鄴縣伾山名棓姓也漢有棓生蘇林讀⿸疒盃弦○胚妚鋪枚切說文婦孕一月也或从女文
二十六衃說文凝血也或書作盃坏說文丘再成者㼟培瓦未燒者或作培通作坏坯伾岯⿰食不
爾雅山一成或作伾岯⿰食不䰨䰨鬚多須皃醅⿰酉不說文醉飽也一曰酒未泲或作⿰酉不痞博雅胻痞創也一曰弱也⿰魚不魚名
一曰魚䱜未成鰽⿰米丕猪粉麪爲劑瓿瓜瓿也抔手掬也婄博雅娸婄醜也一曰婦人皃娝好色垺陶器範一
曰大阫牆也莊子日中穴阫⿰月尃界埒也太玄福則有⿰月尃啡唾聲㕻肉醬未成醬婓人無行○裴蒲枚切說
文長衣皃或書作裵文二十七⿱非邑說文河東聞喜縣亦姓一曰伯益之後封⿱非邑鄉因以爲氏後封解邑乃去邑从衣故今姓作裴俳徘俳徊便旋
也或从彳培說文培敦土田山川也通作陪倍⿰崩阝⿰崩刂說文古扶風鄠鄉又沛城父有郿鄉或作⿰崩刂倗說文輔也亦姓婄婦容

棓姓也漢有棓生掊克也毰⿺毛陪毰毸毛羽皃或从陪⿰片咅博雅版也⿰不頁⿰丕頁⿰否頁說文曲頤也或从丕从否
⿰革非車箱紑衣絜鮮皃倍負河神名一曰倍尾山名或作負阫坏牆也莊子日中穴阫或作坏踣頓仆也
陪說文重土也一曰滿也臣也陫山名⿱艹陪艸名○枚謨杯切說文幹也可爲杖引詩施于條枚一曰枚箇凡也亦姓文三十
梅楳某槑果名說文柟也可食亦姓或作楳某槑亦書作棄莓艸名爾雅葥山莓媒說文謀也謀合二姓
禖說文祭也古者求子祠高禖亦姓腜說文婦始孕腜兆也一曰腜腜肥也脢胲骸膴說文背肉也引易咸其脢一曰
心上口下也或作胲骸膴玫說文火齊玫瑰也一曰石之美者鋂說文大環也一鐶貫二者引詩盧重鋂⿱罒每說文罔也煤炱灰
集屋者⿰土每塺塵也或作塺⿰米每酶酒本白梅或从酉通作媒鶜誘取禽者⿰酉某醢也⿰氵某媒壞也或作媒
⿰魚每魚名⿱山毋每艸盛上出也隸作每瑂玉名⿰豆尾豆其下葉也
十六○咍呼來切說文蚩笑也文八⿰虫欠欸⿰虫欠欸戲笑聲或作欸⿰亥殳毅殴剛卯也⿸疒台病也誒說文可惡之辭
唉歎也欸歖也○開閞丘哀切說文張也一曰姓也亦州名古作閞通作闓俗从幷非是文十二痎瘖疾闓明也

毅毅殴剛卯也侅奇侅非常也⿰多亥博雅多也奒大也烗熾也⿰金亥器名⿰犭開獸名暟照也○該
柯開切說文軍中約也文三十四晐說文兼晐也博雅晐皆咸也通作該賅⿰齒豈⿰牙豈牙謂之⿰齒豈或从牙⿰月豈肥也一曰六畜胎曰⿰月豈
胲骸說文足大指毛也或从骨⿰扌豈觸也餩方言餡謂之餩祴裓說文宗廟奏祴樂或从衣通作陔侅說文
奇侅非常也通作賅賅貨也姟數也十兆曰經十經曰姟垓畡說文兼垓八極地也引國語天子居九垓之田或从田陔說文
階次也一曰隴也郂說文陳留鄉也峐爾雅山無艸木曰峐荄艸根通作核核說文蠻夷以木皮爲篋狀如籢尊⿰糸亥
博雅纆絃束也⿰豈幾沈也危也剴字林鐮也一曰摩切⿰歹豈博雅⿰歹豈瞋胎也一曰殺羊出其胎豥爾雅豕四蹢皆白豥頦博雅醜也
咳音咳漢倉公脈書通作胲痎痞瘖也⿸厂豈方言奇也江南人呼梯爲⿸厂豈毅說文毅改大剛卯也以逐精鬼⿰亥多多也⿰目亥
目大皃奒大也○咳孩⿰孑亥⿰口豈何開切說文小兒笑也古从子或作⿰孑亥⿰口豈文十五⿰臣頁頤頦也通作頦頦說文
醜也⿱馬十馬一歲郂邑名⿰鬼亥魌也一曰麼中塊⿰身豈⿰身豈體長皃⿰扌豈觸也⿺走豈說文留意也一曰將走有意留⿰豸亥
豕白足⿰魚豈魚名博雅鯆䱙雄曰⿰魚豈侅飲食至咽曰侅莊子侅溺於馮氣○哀於開切說文閔也亦姓文九唉說文應也

欸說文訾也一曰然也埃說文塵也焥博雅焥爆燹也一曰熱甚毐⿱士女人無行或作⿱士女誒可惡辭娭婢也
○皚⿱雨豈⿱豈火魚開切說文霜雪之皃也或从雨从火文二十六⿱艹豈乾菜隑博雅隑長也嵦峽嵦山皃⿰身豈軀⿰身豈
身長皃⿰骨豈頰⿰骨豈頭長皃磑博雅鞞也一曰磑磑高皃一曰磨也⿺走豈留意敳說文有所治也一曰隤敳高陽氏子名⿰月豈肥皃
⿰齒豈⿰牙豈說文齧牙也或从牙⿰魚豈鮞⿰魚豈壯蟹⿸疒豈病也⿰歹豈說文殺羊出其胎獃㾖癡也一曰懛獃失志皃或作㾖
豥豕白足⿰豈幾爾雅汔也言相摩近通作剴剴鐖說文大鐮也一曰摩也或作鐖⿰高亥⿰高亥也⿰舟豈船名⿰言豈謹也○
⿰黑臺當來切黳⿰黑臺大黑皃文六⿰麥來⿰麥來也⿰牛臺博雅牛羊無子懛懛獃怳也⿱髟臺⿱髟臺髟毛亂皃⿰田來荒田○胎
湯來切說文婦孕三月也一曰始也或作⿰孕台文二十一台能三台星名或作能俗作⿰台能非是邰斄⿱𠩺臺斄說文炎帝
之後姜姓所封周棄外家國右扶風斄縣是也引詩有邰家室或作斄⿱𠩺臺斄怠懈也鮐魚名紿絲縕⿰虫台蟲名黑貝也珆龍文
之圭曰瓏珆⿰口怠⿰口怠⿰口臺語不正⿱髟台⿱髟台⿱髟奇婦人僞髻嬯儓鈍劣皃或从人駘孤駘鄴地一曰臺駘汾神治水名漢書鴈門
累頭山治水所出東至泉州入海炱煤塵也⿰言臺謏也○臺⿱㞢室⿱士室堂來切說文觀四方而高者亦姓古作⿱㞢室或省俗作臺非是

文二十四 儓方言南楚凡罵庸賤謂之田儓一曰陪儓臣也 嬯說文遲鈍也闒嬯亦如之 駘說文馬銜脫也一曰駑馬也一曰駘蕩曠遠也
擡博雅擡揌動也 鮐說文海魚也 跆躐手而歌曰跆踏跆通作駘 菭苔箈說文水衣或省亦作箈 蛤蟲名字林
黑貝也 薹艸名夫須也一曰芸薹菜名 䈚說文竹萌也 檯木名 炱說文灰炱煤也或書作炲 黸黱黸大黑 駘
鳥名 台台背大老也鄭康成曰大老則背有鮐文通作鮐一曰台谷地名 詒懈倦兒莊子誒詒為病李軌讀 籉笠也可以禦雨 嚐哈嚐
語不正 譺讛也 ○能囊來切爾雅鼈三足一曰獸名亦姓文四 㿃病也一曰憊劣 䰄鬖䰄毛亂兒 熊熱也
○來徠逨趚郎才切說文周所受瑞麥來麰一來二縫象芒朿之形天所來也故為行來之來引詩詒我來麰亦姓古从
彳从辵从走文四十一 𥝩麳𪍿說文齊謂麥曰𥝩或作麳𪍿亦从二來通作麰 𪎊除艸也通作萊 萊說文蔓華也一
曰姓也亦州名 睞舊場也休不耕者通作萊 郲城名在滎陽縣東齊滅之一曰蜀地名亦姓 𥞊庲秾𦂠說文強曲
毛可以箸起衣古省或作秾𦂠 淶說文水起北地廣昌東入河并州浸 崍山名中江所出 𡉏說文𡉏墻壬也或書作𡋟 犛氂
說文西南夷長髦牛也或从毛 騋說文馬七尺為騋八尺為龍引詩騋牝驪牡 𧳟猍獸名方言貔陳楚江淮之間謂之猍或从犬 鯠
鰲鯠魚 鶆鳥名字林鶆鳩鷹也郭璞讀爾雅以為鶆字之誤 棶木名材中車輞通作來 庲博雅舍也一曰長庲齊臺名庲降蜀地名

集韻平聲二　二十五

瘶久疾也 𪐨騋驪大黑 賚與也尚書夢帝賚予良弼徐邈讀或書作睞 斄地名在扶風美陽通作𨛫 睞目偏也
𨻰階也一曰𨻰陞長兒 箂竹名 䅘耕也 婡女字也 唻聲也 𧠎視也 頼頪𩓥頭長兒 勑至也勤也 倈
玄孫之子為倈孫通作來 ○鰓桑才切魚頰中骨文十二 𩭭思鬖多須兒或作思 顋頷也俗从肉非是 毢
毸毢鳥羽張兒或从思通作鰓 𪀗鳥名 䚡說文角中骨 愢意不合也 揌博雅揌動也 粞𥻘
碎米或作𥻘 ○猜倸倉才切說文恨賊也或作倸文七 䞗說文疑之等䞗而去也 偲說文彊力也引詩其人美且偲 𢦏
睬博雅戠睬視也一曰睬也或不省 採擇也 ○哉才將來切說文言之間也一曰始也古作才文二十二 烖灾
災𤆎菑𤋳說文天火曰烖或从宀从手从巛从乃亦作菑𤋳 鼒鼎圜弇上 巛說文害也从一雝川引春秋傳
川雝為澤凶 𢦏說文傷也 栽𢦔載生殖也或作𢦏載 㦲方言鎡也 𢧘國名在陳留郡 溨渽
水名禹貢蒙山谿大渡水東南至南安入溨或作渽 𢧢戴博雅視也或作𢦻 𡿧廣雅𡿧𢦏菜也 ○裁牆來切說文制衣也文十

纔繒色一入一曰暫也 才說文艸木之初生也一曰能也質也通作材 材說文木梃也 財說文人所寶也 䬯說文餘籀也方
言晉之䬯都曰䬯 茡艸名博雅𦻀茡薍也 鼒鼎圜弇上 㳀水名 𢦏壯也 ○犕昌來切牛羊無子文一 ○𦈧鋪來
切好色文四 坏坯伾爾雅山一成曰坯韋昭讀或作坯伾 ○陪蒲來切版也文五 棓姓也 俖不正鄉禮記毋俖立
培封也 倍倍阿神名 ○䓯洑來切艸多兒文六 肧醅䤧有骨醢或作肧䤧 髬須髮多兒 痞疾也 ○
栘迻來切木名橲棣也文一 ○頤𦣞曳來切頷也闕中語或省文二
十七 ○真𥄂之人切說文僊人變形而登天也一曰實也又姓古作𥄂俗作眞非是文三十五 禛說文以真受福 𥑮石不
平兒太玄石𥑮一曰礪也 畛𤰔溝上涂也田界也或从辰俗作畛非是 鬒縝也 𥷑博雅箕𥷑箴也 蕆薪也一曰器名 𦮴
艸名葴葵也一曰黃英實 𧂐說文豕首也 𥗟石也 𪔉樂器爾雅所以鼓敔謂之𪔉 振㮳屋梠也兩楹間謂之振或从臣
𨚓地名 甄博雅甄匋窯也亦姓 磌博雅礥碚磌磌也一曰磌然聲也 鷏鳥名爾雅鷏鷏母似鶉而大黃白雜文 帪方言
飲馬橐燕齊間謂之帪 侲養馬者一曰侲子童男女稱 唇說文驚也或書作唇 謓爾雅敬也 振振挀盛也奮也厚也 殿

集韻平聲二　二十六　正

喜動也擊也 䟴說文動也 稹槙艸木根相迫迮也或从木 袗衣同色儀禮兄弟畢袗玄 滇慎滇陽縣名在汝南漢
永平五年失印更封遂以水為心 縝密緻也 鄄衛地名通作甄 茞說文艸也 駗駗驙馬載重難行兒 媜女字 ○申
𦥔昌升人切說文神也七月陰氣成體自申束从臼自持也吏以晡時聽事申旦政也又姓亦州名古作𦥔昌文二十六 䡔說文引也 身
說文躳也象人之身爾雅我也 娠震說文女妊身動也引春秋傳后緡方娠一曰官婢女隸謂之娠或作震通作身 䰠神名 侁說文神也
又姓 伸信說文屈伸經典作信通作申 呻𠲶說文吟也或从欠从身 胂說文夾脊肉也 眒𥈕
鳥獸驚兒一曰疾也引目也古作𥈕 紳𩋹說文大帶也或从革 神爾雅木自斃神 𥛔䄕博雅𥛔祵也 敒理也治也 訷
說文珅玉名也 忡憂也 妽女字 ○瞋䀼稱人切說文張目也祕書瞋从戌从辰文十 謓嗔𢘑
說文恚也賈侍中說謓笑或从口亦作𢘑 䐜說文起也謂肉脹起 𤸃腹脹病 䡩縝縷也或从糸 ○辰辰丞真切說
文震也三月陽氣動雷電振民農時也物皆生从乙匕象芒達厂聲也辰房星天時也古作辰文二十五 晨晨說文房星為民田時者或省通
作辰 曟說文日月合宿為曟通作辰 晨𣊎說文早昧爽也从臼从辰辰時也辰亦聲丮夕為𡖃臼辰為晨皆同意籀作𣊎通作晨 宸

說文屋宇也賈逵曰室之奧者後人指帝居曰宸 屒 重脣也 臣 恧 說文牽也事君也象屈服之形一曰男子賤稱唐武后作恧 郎
說文地名 鄜 姓也 殿 㱡 喜而動皃一曰擊也或从攴 侲 童男女也 鷐 䳲 說文鷐風也或从隹通作晨 麎
說文牝麋也 桭 栜桭屋端也 𦀱 緻也 茞 說文艸也 莀 艸多皃 慎 獸五歲爲慎鄭衆說 㫳 小旱 ○神
神 禋 乘人切說文天神引出萬物者也古作神禋又姓文六 䰠 說文神也 晨 唇 旦也或作唇 ○人 𠑷 𡈼
而鄰切說文天地之性最貴者也古作𠑷唐武后作𡈼文十一 儿 說文仁人也古文奇字象形引孔子曰在人下故詰屈 杒 字林屋間木 仁
忈 𡰥 說文親也亦姓古作忈𡰥 紉 合繩也 秂 禾欲結者 苂 艸名 ○辛 斯人切說文秋時萬物成而孰金剛味辛
也又辛痛即泣出从一辛辛辠也亦姓文九 新 說文取木也一曰初也亦姓 薪 說文蕘也一曰大木可析曰薪 信 引華也周禮華引而信之
欲其直也劉昌宗讀 呻 吟也 瘁 寒病 伸 長也 婞 女字 莘 細莘藥艸 ○親 寴 寴 亲 嫀 雌人切說文至
也一曰近也古作寴亲或作嫀文七 儭 父母稱通作親 瀙 水名在南陽 櫬 木名玉蒸也 ○津 𣴎 𣶒 𦘍
𨓆 資辛切說文水渡也古作𣴎𣶒𦘍𨓆文十七 𦘕 說文𦘕飾也俗語以書好爲𦘕 盡 說文氣液也从血𦘕聲或書作盡 𧖴 壬盂也
集韻平聲二　二十七
璡 說文石之似玉者 葏 艸茂也 榛 琴瑟聲 溱 桼木汁可以桼 蓁 𦘕 首戴物皃爾雅蓁蓁戴也或作𦘕
璶 玉名或省 濜 潤澤也 ○秦 𥣬 𥤭 慈鄰切說文伯益之後所封國也地宜禾一曰禾名亦州名又姓籀作𥤭
古作𥣬 螓 蟲名似蟬而小 犃 牛名 蓁 艸名 榛 木名 䢅 旦也闕中語 ○繽 紕民切繽紛亂也一曰盛皃文十二
文九 䎙 翸翁飛皃 鷏 鳥名 闠 說文闠也从門 㡦 衣敝皃 䰨 鬼皃 驞 驞駍衆聲 觀 觀𧢻暫見 馪 香氣盛皃
儐 心伏也 磌 碎石聲 𠛃 分也 ○賓 賔 宾 賨 賔 卑民切說文所敬也一曰導也服也古作賔賨
賓賓又姓文二十二 儐 敬也孔穎達曰賓以禮曰儐 顮 頭𩕶也 矉 恨視 觀 觀𧢻暫見 𩴦 說文鬼皃 鑌 利鐵也
檳 檳榔木名無枝實從心生 濵 瀕 濒 𩔰 𨸂 水厓也或从頻古作濒𩔰𨸂 蠙 水𧁮也莊子蠙𧊈之衣 嬪
婦也周禮嬪貢鄭司農讀 鱝 魚名 獱 獺屬似狐青色居水中食魚 𢠳 心伏也 ○頻 顰 瀕 毗賓切說文水厓人
所賓附頻蹙不前而止古作顰或从水一曰頻數也亦姓文二十七 顰 卑 說文涉水顰蹙亦作卑 嚬 姿也 嚬 笑皃 嬪
嫔 姘 嬪 𡣉 說文服也爾雅嬪婦也一曰妻死曰嬪古作嫔姘嬪𡣉 𧮫 說文匹也一曰多言 玭 蠙 說文珠也引宋弘云

淮水中出玭珠玭珠之有聲者夏書从虫賓 蘋 蘋 說文大蓱也或作蘋 櫇 說文木也 顮 方言顮顮憨也 𦄘 𦄘衣也
矉 說文恨張目也引詩國步斯矉 獱 猵 博雅獱也或作猵 𨍏 車也 𩲡 說文鬼皃 臏 刖也 螾 蟲名負盤也
○民 𢒎 𠈓 彌鄰切說文衆萌也古作𢒎𠈓文十 泯 泯泯亂也 怋 怓也 閔 鄉名 䁕 俯視也通作閔 張 𢐀 旗也 𨦈
鐵也 䟭 強也 ○砏 披巾切博雅砏𥗭聲也文三 虨 虎文也 𠛃 分也 ○份 彬 悲巾切說文文質備也引論語文質
份份古从彡林作斌非是文二十 玢 璸 玉文理皃亦从賓 虨 𧆸 虎文或省 瑞 埤倉瑞瑞文采皃 瑉
大目也 攽 別 說文分也引周書乃惟孺子攽亦从刀 邠 豳 𡽽 說文周太王國在右扶風美陽又曰美陽亭即豳也俗以夜
市有豳山或作𡽽𡽽 豩 說文二豕也 汃 說文西極之水也引爾雅西至汃國謂四極 䉂 分气 瑉 石次玉者史記琳瑉琨珸劉伯莊讀
砏 石也 𨐨 駁也 𣘵 木分也 ○貧 穷 皮巾切說文財分少也古作穷文二 ○珉 瑉 碈 碣 玟
𤥓 眉貧切說文石之美者或作瑉碈碣玟𤥓文五十七 岷 崏 嶓 汶 說文山在蜀湔氐西徼外或作崏嶓汶 閺
閩 鄉名或作閺 閩 說文東南越蛇種 旻 閔 說文秋天也引虞書仁閔覆下則稱旻天或作閔通作旼 旼 旼旼和也
集韻平聲二　二十八
旼 睧 昀 視皃或作睧昀 忞 暋 說文彊也引周書在受德忞亦作暋 頣 㱪 䪿 彊頭也或从昏古作䪿
㨉 抿 說文撫也一曰摹也或省 㿻 痕 病也或省 緡 緍 說文釣魚繳也吳人解衣相被謂之緡一曰錢緡一曰國
名或作緍又姓 𨩌 錉 說文業也賈人占𨩌博雅稅也或从民 賯 貥 博雅本也一曰算也稅也或作貥 罠 紙
說文釣也博雅兔罟或从糸 𢼋 皮理也 敃 勉也 蟁 蟁 說文齧也或作蚊 䲄 鴖 鳥名 鶥 說文鳥也山海經其
狀如翠而赤喙可以禦火或作鴖䲄 笢 竹膚也 文 飾也禮大夫以魚須文竹劉昌宗讀 湣 謚也史記齊湣王 暋 悶也
䵚 禾名爾雅䵚赤苗郭璞讀 苠 𦶜 衆多皃太玄人𦶜𦶜而處乎中或从昏 䡇 車䡇也 䟭 踳也 泯 澤名山海經空
桑之山西望泯澤 𡝦 女字 鴖 鳥名鶉子也 ○珍 鉁 知鄰切說文寶也或从金俗作珎非是文六 駗 說文馬載重難
也 鎮 寶器也周禮國之玉鎮一曰壓也 填 說文塞也一曰定也 趁 趁趥行不進皃 ○獜 癡鄰切犬走艸謂之獜獜猭猭犹綠木
皃文十三 䞍 大笑皃 䠳 走皃 𢼄 𢼄猭連延皃 侲 欲仆也 伸 𢼄 抻 搷 申也引突也或作𢼄抻搷
縝 博雅纑也一曰縝紛衆盛 瞋 盛皃 狆 狂也 胂 伸身也 ○陳 敶 地鄰切說文宛丘舜後媯滿之所封一曰布也一曰

堂下徑又姓古作阵文十七 填寘𡐤也或作窴通作陳𡐤 敶敹列也或作敹通作陳 塵塵𡐤𡐤𡐤𡐤
𡐤說文鹿行揚土也或省籀作𨹹古作𡏃𡐤俗作尘非是 𤠣獸名似羊目在耳後 蔯蔯茵蔯或作蔯 趂
跈𨀶也或从足 陻陻陻埻不安定皃○鄰𨻶厸離珍切說文五家爲鄰一曰近也或从㠯古作厸文三十三 瞵瞵
蘢畦曰𤲞或作嶙 嶙嶙峋山厓重深皃 粼磷說文水生厓石閒粼粼也或从石 潾水清皃 璘璘璘文皃 瞵
說文目精也一曰視皃 繗紹也理絲也 轔轔轔車聲 麐麟說文牝麒也陸璣曰麐身牛尾黃色員蹄角端有肉音中鍾
吕行中規矩王者至仁則出或作麐通作麟 驎馬斑文爾雅青驪驎驒通作鄰 䮼馬載重難也 獜獸名山海經几山有獸如彘黃身白
首尾名獜 𨭆說文健也引詩盧獜獜或从金亦書作𨭆 鱗鳹說文魚甲也或从令通作鱗 翷博雅
飛也 𪇴山名 𩶲說文魚也 粦燐鬼火或从火 蘇草名似竹中實通作鄰 蹸蹸蹸行皃 麟說文
大牝鹿也 𠜖削也 瞵闕人名漢有俞閭侯瞵 憐愛也○㡘測倫切布載米文一○𢪛測人切木名文一○䳓
鵕呼鄰切鵕鶉小鳥亦从旬文二○紃尼鄰切說文緷繩也文一
大一二十一 小六七十
集韻平聲二 二十九 正

十八○諄啍忳純𧬈朱倫切說文告曉之孰也一曰懇誠皃或作啍忳純古作𧬈通作訰肫文十三 晫肫鈍目
也或从屯 惇厚也 肫說文面頯也 淳厚𤅼漬也或作厚古作淳 訰心亂皃○萅𦮐萅
春樞倫切說文推也从艸从日艸春時生也一曰蠢也古作萅𦮐萅隸作春亦姓文十 川穿通流水也 踳蹖也 鰆海魚名
㛦女字 㥤理也○㛦式勻切文一○純殊倫切說文絲也引論語今也純儉文三十一 沌𡍧𩌏
粹也古作𡍧通作純 𦃇水葵通作蓴 蓴說文蒲叢也一曰蒲中秀 奄說文大也通作純 醇酏𨡕說文不澆
酒也或作酏古作𨡕 錞金器錞于也圜如碓頭大上小下所以和鼓 淳說文淥也一曰質也亦姓 焞博雅明也一曰灼龜炬 雜
鶉說文䳜屬或从鳥 𦎧𦎧說文孰也一曰鬻也或省 㖘說文小自也 𢙴忳忳說文憂也或作忳忳
肫腊之全者 膞股骨也 屯屯留縣名在上黨 蓴艸名 錞鋁名 紃采文也 鯙魚名 䏝鈍目也
惇厚也 馴順也○脣顧䫃䐉船倫切說文口耑也古从頁或作䐉䐉亦書作脤文二十二 莼牛藿艸名
如寶斷寸寸有節拔之可復 漘㴸說文水厓也引詩寘諸河之漘或省 犉牛行遲也 旬均也 馴順也 㽙墾田皃

循𢔩循逡巡也 楯木名 脣驚也 㫡小阜也 𢄙布載米 醇酒厚也 楯杝也 麕牝麇
紃采也 鶉鵪𪇴 純門名春秋傳有純門○犉㹠純切黃牛黑脣曰犉文六 𩀊鶉鳥名鷦鷯也或从鳥 㨚
拭也 瞤瞤說文目動也或作瞤○荀須倫切說文艸也亦姓文三十 栒說文杝也 槆木名可爲鉏柄 詢謏
咰春秋傳𪾢親爲詢或作咰咰 栒邑名在扶風一日木名 郇驚也 恂悛說文信心也一曰均也慄也或作悛通作詢恂
洵說文渦水中也一曰水名一曰信也擇涕也 㰬飫欲喜皃一曰氣逆也或从气 眴旬目眩也或省 姰狂也 郇
郇說文周武王子所封國在晉地又姓亦作郇 峋嶙峋山形 恂說文鎮弟也 珣說文醫無閭珣玗琪周書所謂夷玉一日
器也 昀畇甽爾雅昀昀田也郭璞曰墾辟皃或作畇甽 𥳇圜案也 旬徧也 絢采成文日絢 鴝鴝鶝鳥名
鷅鷅也 皴足拆曰皴 荀闕人名魏有韓荀○逡遁後七倫切說文復也爾雅退也一曰逡巡行不進亦作遁後文十八
夋說文行夋夋也一曰倨也 竣踆趨說文偓竣也引國語有司已事而竣博雅止也伏也或作踆趨 墫蹲
士舞也墫墫舞皃或从足 僎介僎也 鐫兔狡者鐫 捘擯也 𢮦推也 皴說文細皮起也 悛改也 趍說文行趍趍也
大七二十一 小七二十八
集韻平聲二 三十 正

嶟嶟嶟崚嶟皃 䅟榑桐日捘 𢓜壿喜皃○遵䢷蹤倫切說文循也古作䢷文八 跧蹴也甲也 僎鄉飲禮輔
主人者 嶟山銳也 鷷鷷爾雅雉西方曰鷷或作䳼 恮謹也○旬㡯松倫切說文徧也十日爲旬古作㡯文四十一
巡𨒫說文視行皃或作𨒫古通作徇 趍說文走皃 循說文行順也 恂恂恂善謗也 洵爾雅均也 馴說文
馬順也衛宏通作馴 駗馬逆毛 犉牛行遲皃 駒駒鵕小鳥名 揗博雅順也一曰摩也 緧縫也方言繞緧謂之𦄻郭璞
曰謂衣褶脊 紃絢約說文圜采也一曰絛也儀禮作絢約 恂栒領耑也或从衣 畇畇畕墾田皃或作畇
甽川山下受畱畚田 𡔛𡔛說文三泉也 楯闌檻也 姰博雅狂也 㺯貪也尚書㺯于貨色徐邈讀 訓道也周禮
土訓鄭司農讀 𨕙逡遁縣名在淮南 峋嶙峋深無厓皃 迿先也公羊傳朋友相衛而不相迿 潃流皃史記汗出潃潃
徇侚伨使也一曰徧示或作侚伨 蚼蟲名 鬊亂髮也 眴眴卷縣名在安定郡 槫柳說文大木可爲鉏柄
或作柳 梭木名○鷷從倫切西方雉名文一○屯株倫切說文難也象艸初生屯然而難別易屯剛柔始交而難生一日厚也文八
迍邅也 窀說文葬之厚夕引春秋傳窀穸從先君於地下一說長夜謂之窀穸謂之穸 邨地名 棆木名說文毋杶也 𨘻

不行也㡘說文載米齘也駗馬載重難行也○杶櫄櫄杻楯敕倫切說文木也引夏書杶榦栝柏或从
熏亦作櫄杻楯通作椿文十九椿木名櫄也莊子大椿輴輴楯軥輇說文車約輴也引周禮孤乘夏輴一下棺車或从盾
从木从句从全揗一曰案也鶞鶞鳥名爾雅春鳲鶞鶞或从隹瑃瑃玉名或从春芚无知皃莊子聖人愚芚李軌讀
㡘廣雅齘也䞤走皃橁禹治水所乘者通作輴○䣢重倫切純酒文二㡘齘也○倫龍春切說文輩也一曰道
也又姓文二十六論言有理也綸青絲綬一曰邑名亦姓惀欲知皃一曰思也掄擇也周禮邦工掄材踚博雅遁踚行也
淪說文小波為淪引詩河水清且淪漪一曰沒也侖侖侖說文思也籀作侖陯山阜陷也棆木名似豫章爾雅棆無疵
輪說文有輻曰輪無輻曰輇艌船前桄也篇篇子船具鯩魚名山海經來需之水多鯩魚黑文狀如鮒蜦蜧說文蛇屬
黑色潛於神泉能興風雨或作蜧碖石也菕艸名腀皮也猯獸名崘崑崘山名沦水名崙崘崙山皃
耡耕也○因捆臭伊真切說文就也徐鍇曰能大者衆圍就之一曰仍也又姓或作捆古作臭文四十二姻婣
𪓎說文婚家也女之所因故曰姻或作婣籀作𪓎諲諲敬也或从口歅闕人名秦穆公時有九方歅禋𥜏禋

禋說文潔祀也一曰精意以享為禋籀作𥜏或从因古作𥙋絪烟氤絪縕天地合氣也或作烟氳緸緸寬摇動皃
薽薽藨香艸通作茵裀博雅複裣謂之裀茵鞇茵說文車重席司馬相如說茵从革或作茵通作裀垔
陻堙垔𡏿𡐛說文塞也引尚書鯀垔洪水或作陻堙垔籀作𡏿古作𡐛闉說文城內重門也引詩出其闉闍湮
說文沒也爾雅落也通作洇洇說文水名駰說文馬陰白雜毛黑引詩有駰有騢湮洇寒皃或从因𦍧𦍢黑羊或从
因欭欭歅也磌山名山海經東山之南有磌山梱木名茵竹名稇禾華也壹壹壹不得泄也○
寅夤寅寅寅𡩠翼真切說文髕也正月陽氣動去黃泉欲上出陰尚強象宀不達髕寅於下也古作𡩠寅𡩠𠿎文十一
夤𡩟說文敬惕也引易夕惕若夤籀作𡩟𦝂夾脊肉也通作夤鏔博雅鏔矛戟也螾螾蟲名寒蟹也蔩說文兎瓜
也墳場也○磌下珍切難也文三詢博雅詢詑歎也賢多才也○勻俞倫切說文少也一曰均也文八
畇墾田也馴道也均周也沟水名昀日光也巡行也尚書巡守徐邈讀礿石也○鈞鈞
規倫切說文三十斤也一曰陶旋也古从旬又姓或書作𤿬𤿬文十六均旬勻說文平徧也周禮作旬或作勻通作鈞亦書作𡊅

畇敓墾田也或作畇敓沟水名出沂縣袀戎衣也偏裻謂之袀通作均純鄭司農曰緣也蚼蟲名馬蠓
也姁說文鈞適也男女併也蒟蒟蒻小者蒟䢾走皃妁女始姓也○巾衻居銀切說文佩巾也一曰首飾或从衣文
六衻以巾覆物也觔取也二十救日觔弲消也鄞險也○堇墐墐菫藿渠巾切黏土也
或从土古作墐墐堇文十四攈拭也矜穜說文矛柄也或作矜穜通作權權木名鯩蛉蟲連行紆行者或从虫
新博雅新黏也功土壁也○趣渠人切行皃文一○豪乞鄰切黏也文一○銀魚巾切說文白金也又州名文三十
垠說文石之似玉者浪水名山海經樢過之山浪水出焉鄞說文會稽縣圁縣名在圁水之陰因以為名齗大齦也爾
雅通作沂誾訔說文和悅而諍也一曰語也或从山訔山名言訢鄭康成曰言言和敬皃亦作訢嚚嚚墍
說文語聲也春秋傳口不道忠信之言為嚚古作墍臺狺犷犬吠聲楚辭猛犬狺狺或从斤狠犬鬭聲麐獸名如貉八目
𧇧說文兩虎爭聲蘄說文艸多皃江夏平春有蘄亭櫏木名垠圻墾地垺也岸也或作圻墾通作垠沂齗
沂齒之齗鍔或作沂齗笑露齒憖地名春秋會于厥憖蜠馬蜠蟲名沄沄淪水回旋皃○㘦𡿧

鼘鼘於巾切鼓聲也詩鼘鼘鼓咽咽或作鼘鼘鼘亦書作鼘文九駰馬陰白雜毛黑者壹壹壹不泄鄄縣名在濮陽慇
殷憂也亦省○䞭紆倫切美皃文八頵說文頭頵頵大也壼壹壼不得泄者也潫潫水深廣皃涒
涒鄰水流曲折皃蝹蝹蝹龍皃峮峮嶙山皃駰馬陰白雜毛黑○筠于倫切竹青皮文九蒟蒟藕紹也爾雅蒟菼溳
水名出南陽入夏水囩說文回也一曰意不足縜說文持綱紐也引周禮縜寸隕墜也尹竽尹玉采笉竹可以為席也
貟闕人字春秋傳有子貟○囷區倫切說文廩之圜者圜謂之囷方謂之京文十七菌本草菌桂出交阯貟如竹箘箬
箟竹名或从君从昆蜠蜠貝也爾雅蜠大而險或从貝峮峮峮嶙山相連皃亦从囷或書作峮輑車軸相連曰輑
壼壼爾雅宮中衖謂之壼或作壼𩓰權骨也菌地蕈之小者通作菌碅碅磳石危皃卷晌卷縣名在安定
皸皴也○麇麕麏俱倫切說文麞也或从囷从君亦國名文十四莙艸名爾雅莙牛藻似藻葉大頵頭大皃
沟水名龜手凍坼也莊子不龜手之藥僎輔主人者覠視也䢲走皃纏團束也或作團涒涒鄰水旋
流峮峮嶙山皃○畇舒均切墾田皃文一○蜵一均切蜵蜎蟲名文三淵深皃鼘鼓聲○逡踆

匀壯倫切伏皃或作趂匀文三○㥨巨旬切憂也文二趙獨行皃○天鐵因切顚也至高無上文一○年禰因切穀

一執也○苓戾因切艸名文一○顚典因切頂也文一○田地因切樹穀曰田文一

十九○臻緇詵切說文至也通作蓁溱文十七轃說文大車簀也搸琴瑟聲也聚也亲榛榛說文果實

如小栗引春秋傳女摯不過榛栗或从𣎵亦作榛通作𣝕榛樼說文木也一曰叢也或作𣝕㹅獸名狀如狗有角文身五采司馬彪說

潧說文水出鄭國引詩潧與洧方渙渙兮通作溱淨溱說文水出桂陽臨武入匯浄魯城北門池也瀙字林水名在豫州

鏋小鑿也蓁說文艸盛𧇣死也責求也春秋傳西鄰責言○莘蓁䢾䟺臻切地名又姓或作蓁辥通作

莘文三十四𡟄嫀有𡟄國名或作嫀㜪女字姺說文殷諸侯為亂疑姓也引春秋傳商有姺邳㾕說文寒病也莘

獸名狀如𧴨通作莘侁侁㑞說文行皃或作侁㑞兟說文進也屾說文二山也甡說文衆生竝立之皃引詩甡甡其鹿

毨罽布也𨐨𨐨博雅𨐨𨐨多也或从林通作華𨐨𨐨羽多𦷓艸名詵說文致言也引詩詵詵兮駪

䢾駪說文馬衆多皃驫說文衆盛也引逸周書疑沮燊說文盛皃从焱在木上一曰役也一曰火熾皃榛方言林杠東齊海岱閒謂

之秎籸粉滓也粥凝也或从先𥻿滓䆉說文從上捷也博雅擣掫挦滅也阠陵名鰱鮮魚名長尾皃或省鮮

通作華䅄䅄穀名廣雅䅄䅄也○榛蓁鋤臻切木叢生曰榛或作蓁文八㹯㹯往來皃殷殷殷動而善皃㴈魯北

城門池也帘暮也栈衆盛皃漢書藂棘䅄䅄柛木名○瀙楚莘切水名文一

二十○文無分切說文錯畫也象交文亦姓又州名文三十一迏說文𣀳也一曰青與赤雜古通作文紋文玟瑛

玉文或从攴魰魚名蚊𧌃也駇說文馬赤鬣縞身目若黃金名曰駇吉皇之乘周文王時犬戎獻之引春秋傳文馬百駟畫馬也西伯獻

紂以全其身或書作𩔊馼字林麋上汗一日以手拭物汶水名在魯北颳風皃鳼雯鳥名爾雅鶡子鳺或从隹閿

聞䎽聳說文知聞也古作䎽䎽聳閺說文低目視也弘農湖縣有閺鄉汝南西平有閺亭闅闅東南越名或从蟲

蟁蟁蚊蟁螡說文齧人飛蟲或从昬以昬時出也亦作蟁鴖鴖母鳥名紊亂也尚書有條而不紊徐邈讀

雯雲成章曰雯鴍鳥名山海經玄母之山有青鴍芠艸名妏女字○芬芬敷文切說文艸初生其香分布或从艸亦

姓文三十雰詩傳雰雪皃氛祥氣也通作雰帉說文楚謂大巾曰帉或書作𢄼通作紛翂鳻𪆚翁翂飛也或从鳥亦

作𢄼通作紛梤梤梤毛落也紛說文馬尾韜也一曰衆也亂也砏大聲也訜訜訡語不定棼檒棻

說文香木也或作檒亦省枌說文長衣皃或書作衯闅閿說文鬬連結閿紛相牽也或作閿馚馬行疾皃鳻鳥名爾雅鳻鶞𪁗

鳻鶞份文質備也幩馬纏汗奔隱奔丘高出皃玢玢豳玉文理皃扮并也太玄以扮天十八羒牝羊也

憤心亂紛亂皃通作紛燓火皃○分匪方文切說文別也从八刀刀以分別物也一曰與也周禮作匪文二十四鳻

說文鳥聚皃一曰飛皃扮并也一曰握也衯衣大謂之衯㱵博雅㱵㱵也蜀饙饙餴餴說文滫飯也或从賁

或省弗岎谷名在臨汾玢玉文也坌㙶坌拚𡕧坋埽除也或从糞或作坌拚𡕧

古作坌汾水名在太原毬毛落也㤋中謂之㤋昐日光賁飾也○汾符分切說文水出太原晉陽山西南入河

或曰出汾陽北山冀州浸文七十一枌說文榆也一曰榆之先生葉後生莢者鼢魚名出薉邪頭國鄴瑑曰小鰕𢄼谷名在臨汾

妢妢胡胡子國在楚出棗舒者毧毛毳也鼢蚡鼖鼠名行地中者或从虫从賁鳻鳻鶞鳥名𧀉說文複屋

棟一曰亂也賁大也三足龜也蕡說文雜香艸一曰艸木多實濆說文水厓也引詩敦彼淮濆一說涌為濆大水溢出別為小水之名通作墳

橨木名枰仲也鐼鐵也轒說文淮陽名車穹隆轒一曰轒轀匈奴車博雅以為輣車獖獖羊羵羊土神名燓燓

焚燌燔火灼物也或作燌燔古作燔鼖鞼𪔂鼖說文大鼓謂之鼖鼖八尺而兩面以鼓軍事或作鞼

鞼鼓賁數豶豶也閩中語坋大防也粉也羒牡羊墳隫說文墓也方言冢秦晉之間謂之墳取名於大防亦作隫憤

說文馬纏鑣扇汗也引詩朱幩鑣鑣粉說文豶年也豶豶說文豶豕也或从犬鵓鵬鷬鳥名如鵲三目六足或从隹亦

省橨樸棻香木也或作橨亦省頒盼頒大首皃一曰衆皃或从肉亦作頒鴛鳥聚皃帉大巾亦書作帉

黂細也氛雰氳說文祥氣也或从雨亦作氳黂萉枲實也亦作萉或作黂通作蕡獖拭也鐼

𩖰盆博雅𩖰盆香也或作盆盆芬艸初生香分布蹯獸跡分邑名劉伯莊說岔闕人名春秋傳國獻公之子伯岔

岔丘高起皃莊子隱岔之丘紛紛縕亂皃鄪鄪蒼強也櫕櫕楋樹也蒶蒶蕰積也蟦蟲名蛇毛蟦水母

翂飛皃鼖水名瘄瘄溫憂皃熱病也○雲云王分切說文山川氣也从雨云象雲回轉形古作云通作云

文三十六云言也語辭也亦姓通作員芸䒻說文艸也似目宿从艸云淮南子說芸艸可以死復生或作䒻䔢藝耘

私 說文除苗間穢也或从芸从云亦作秐通作耘 熉 黃皃 妘 㛃 說文祝融之後姓也一曰女字古从鼎 鄖 郧 說文漢南
之國漢中有鄖關亦作郧 溳 說文水出南陽蔡陽東入夏水 澐 說文江水大波謂之澐 䡝 紜 說文物數紛䡝亂也或从糸 愪
說文憂皃一曰動也 耺 耳中聲 眃 䀏 聯視不明皃 沄 說文轉流也 芸 蕓 芸薹胡菜或从員 橒 木名 員
鼎 物數也籀作鼎 訜 訜訙語不定 縜 持綱紐 篔 䉙 篔簹竹名或从雲 囩 回也田十有二頃謂之囩 㖥
博雅吐也 韗 韗 鞁工或从韋 鄆 沁水鄉名 ○ 熅 於云切說文鬱煙也文十七 壺 說文壹壼也从凶从壼不得泄凶也引易
天地壹壼 涒 涒灘水皃 搵 沒也 氳 氤氳氣也 緼 說文紼也一曰亂麻 馧 蒀 芬蒀香也或从香从艸 蕰
積也 蝹 蝹蝹龍皃 輼 轒 說文大車後屬也或从韋 媪 女字 轀 輼轀車匈奴車 瘟 瘟瘟病皃 莙 艸名牛藻也
○ 熏 熏 許云切說文火煙上出也从屮从黑屮黑熏象也隸作熏俗作燻非是文二十二 薰 說文香艸也 纁 纁
纁 說文淺絳也或从熏从衣亦作纁 曛 日入餘光 矄 目暗也 獯 葷 獯鬻匈奴別名或作獯通作葷 醺
說文醉也引詩公尸來燕醺醺 臐 臐羊臐 勳 勛 說文能成王功也古作勛 葷 焄 說文臭菜也或作熏通作焄 壎

欣二十一 文二十 集韻平聲二 三十五 正

焄 香臭之氣也禮焄蒿悽愴 鐼 鐵類 䪜 䪜 鼓鳴謂之䪜 煇 灼也史記斷腕人手足去眼煇之 ○ 君 㕖 𠱄
𠱄 䇹 拘云切說文尊也从尹發號故从口一曰羣下之所歸也古作𠱄𦮒𦮒唐武后作𢘊文十八 宭 羣居也 莙 艸名牛藻也
䇹 竹名 桾 桾櫏木名出交趾 鮶 水蟲名似魚 麇 麏 麕 麞也或从囷亦省 軍 宑 說文圜圍也四千人
為軍从車从包省軍兵車也周制萬二千五百人為軍古作宑 皸 博雅皸皴也 豩 豕也 䋫 弋在繳曰䋫 ○ 羣 羣 䭨
衢云切說文輩也一曰獸三曰羣亦作羣古作𦏻或書作群文十三 君 帬 裠 說文下裳也或从衣亦書作𢃄 裙 鄆 地名 宭 說文羣居
也 峮 峮嶙山皃或書作帬 麏 羣 羣也或从羣 䭨 㩒 說文朋侵也或省 麇 羣也春秋傳求諸侯而麇至 ○
輑 虞云切輑車前橫木也文一 ○ 卷 丘云切縣名在鄭文二 䡝 鼓也 ○ 頵 旁君切古落聲春秋傳聞其頵然文一
二十一 ○ 欣 俽 忻 許斤切說文笑喜也或作俽忻文十五 炘 說文闓也引司馬法善者忻民之善閉民之惡亦州名
訢 說文喜也通作忻 昕 說文旦明日將出也 焮 熱也 劤 多力也 邤 地名一曰鄰也 款 闕人名曹有公子款時
掀 舉出也 盺 視不明皃 訢 大言也 忻 忻忻仁也 妡 女字 ○ 郼 於斤切說文作𨚕之𨚕稱郼引易鄭為之上帝一曰中也

大也眾也亦商別號因以為姓文八 慇 說文痛也 濦 㶏 溵 說文水出潁川陽城少室山東入潁或从隱从邑 蒑 菜名 磤
磤磤聲也 慇 憂也 ○ 斤 釿 舉欣切說文斫木也或从金一曰斤權輕重之數一曰明也文十 筋 笏 腱 腹
肋 說文肉之力也从竹竹物之多筋者又姓古作笏或作腱腹亦者俗作觔非是 筸 竹名通作斤 𥻂 黏也 墐 拭也 觔 靖也 ○
勤 渠巾切說文勞也通作慬文十八 廑 懃 說文少劣之名或从勤 懃 懃懃曲意 慬 慬 憂也或不省
瘽 說文病也 芹 靳 說文楚葵也今水中芹菜亦作靳 蘄 蘄 艸廣雅山蘄當歸 殣 矜 矛柄也或作矝 近 說文菜類
蕎 杋 漢侯國名 堇 䓍 說文黏土也古作𡎍𡐨 嫤 女字 ○ 虓 魚斤切說文虎聲也文二十五 所 說文
二斤也 齗 齦 齗 說文齒本也或从艮从言 垠 圻 墾 說文地垠也一曰岸也或从斤从埶 䜣 䓍 菦
大麃或作狺斦通作沂 芹 艸多皃 麎 獸名 犾 說文兩犬相齧也或書作狄 狠 犬鬭聲 犷 狺 說文犬吠聲或从言
鄞 縣名在會稽 沂 水名 圁 縣名在西河 听 笑皃 沂 沂渝水旋流皃 誾 和悅而諍 齗 齒出皃 釿
平木具 ○ 𣖌 蒲斤切版文一

集韻平聲二 三十六

二十二 ○ 元 愚袁切說文始也首也又姓文三十九 原 縣 原 源 說文水泉本也或从泉亦作原源一曰再也又姓亦州名
邍 說文高平之野人所登通作原 沅 說文水出牂牁故且蘭東北入江 魭 魚名 邧 地名在秦 阮 五阮關名在代 嫄 說文
台國之女周棄母字也 謜 徐語 傆 測量也 䬇 方言餌謂之䬇 騵 山海經乾山有獸狀如牛而三足名曰騵 騵 爾雅騮馬白腹
獂 獸名爾雅獂如羊 豲 獂 博雅豲豕屬或从犬 蒝 說文艸木形一說草葉布曰蒝 芫 藥艸說文魚毒也 杬 木名
生南方皮厚汁赤中藏卵果 鶢 鳥名 榞 木名實如甘蕉皮核皆可食 黿 魭 鼋 黿 說文大鼈也或作魭鼋鼋通作蚖
㟃 崟崵山皃或省作嵃 蝝 蠶 蚕 重蠶或作䗍蚕螈通作原 蚖 螈 說文榮蚖蛇醫以注鳴者亦作螈
傆 㥐也 愿 愿愼也周禮上愿糾暴劉昌宗讀 笎 竹名 黿 鼠名 妧 女字 ○ 袁 于元切說文長衣皃从衣叀省聲又姓文二十
爰 說文引也謂引詞也一曰于也又姓 援 說文引也 媛 嬋媛牽引皃一曰美也 𨒍 說文𨒍田易居也通作爰 園 說文所以樹果
也又姓 垣 𡑃 說文牆也又姓古作𡑃 洹 說文水在齊魯間 溒 水流又姓 轅 說文輈也籀通作爰又姓 榬 䈠
方言榬箕所以絡絲者或从竹又姓漢有榬絡古 楥 木名柳一曰欄也 湲 潺湲水流 蝯 猨 猿 㺜 䖠 說文善援禺屬

或作㺅猨獂犹 㥏方言㥏諒智也 鶢鶢鶋鳥名通作爰 萲爾雅萲忘也萲乾說 嗳方言哀也 䪥面不正一曰顧 㜲

女回名也 囦 褑 褤衣也或从袁 㣪㣪㣪皃行 ○ 㶏 煊 暄許元切說文溫也或作煖暄文四十 吅

讙 喧說文譁也亦作讙喧通作讙 愃快也 䟓說文疾也 明說文明也 諼 諠說文詐也爾雅忘也亦作諠 藼

蘐 萱 萲說文令人忘憂艸引詩安得藼草或从煖从宣从爰通作諼 嗳方言嗳恚也不欲應而強畣一曰恐也 愋

㦥博雅㥏諒詐也一曰恨也或作㦥 暅 暖大目也或从爰 壎 塤 壦 坃說文樂器也以土為之六孔或从員从雚从元

鶢 䳡鶢鶋小鳥名或从隹 翾 翧翾翾飛也 貆 狟貉類或从犬 觛說文揮角皃梁隱縣有觛亭 觛說文角匕也一

曰牛角一類一仰 蠸方言蠀螬自關而東謂之蝖蟄 暅日氣也 旭日始出大昕時徐邈說 咺懼也 暖柔皃莊子有暖姝者

烜光也 萱竹萃也 宣宣室天子居也 媗女字 ○ 鴛於袁切鳥名說文鴛鴦也文三十一 鵷鳳屬莊子南方有鳥名曰

鵷鶵 蜿蜿蜒龍皃亦作蝯 冤說文屈也从兔从冂兔在冂下不得走益屈折也 怨 惌餘也恚也或作惌 宛縣名

在南陽一曰屈艸自覆 眢目無明也 琬石之似玉者 婉 嬽宴婉也或从悉 夗也 䘼方言幡䘼謂之幭郭

㹠曰即悒㹠也 䆇人姓 帵說文幡也 餵 餧博雅貪也或省 鋺 錽鉏頭曲鐵或从宛 鞔 鞔說文量物

之鞔一曰抒若鞔古从革从宛 鞔兵車 莞艸名說文蒜莞也今遠志 惌博雅惌敗也 涴 涴水名山海經英鞮之山涴水出焉或

从从宛 嬽博雅嬽嬽好也 惋歎餘曰惋 㟃山名 綩繙綩亂也 ○ 言 𧥣魚軒切說文直言曰言一曰我也又姓古作𧥣文八

琂說文石之似玉者 訔大篇也 詧艸名亦姓 甗無底甑周禮陶人為甗 巘山形似甗 嫣女字 ○ 嬮

揭丘言切舉也或作揭文六 攐摳衣也 蹇走皃 騫祭也 攓相援也 ○ 軒虛言切說文曲輈藩車也一曰檐宇

之末曰軒取車象又姓文九 韗 鞬 衛車後重曰輊或从革亦作衛通作軒 掀說文舉出也引春秋傳掀公出於淖 蓒蓒芋艸名

生水中通作軒 騫說文飛皃 騫走皃 邧鄉也 ○ 揵 楗居言切揵子擿蒲采名或从木文二十五 靬乾革也一

曰騝靬縣名在張掖 韓 鞬說文所以戢弓矢或从蹇 腱 䐗 筋博雅脊腱肉也一曰筋之大者或作䐗筋 劇 揵

犍 犗犗牛或作揵犗 騝爾雅騝馬黃脊騝 鬻 鬻 鬻 鍵 飦 鍵鬻也或作鬻

衍鍵飦鍵 鞬車革前也 軒闕人名漢有衆利侯伊即軒 睷目數也 攓相援也 犍瓜病 ○ 焉依言切安

集韻平聲二　三十七

一曰鳥黃色出江淮文二 蔫博雅蔫菸蔫也 ○ 犍 腱 筋渠言切字林筋鳴也或作腱筋文十 攑說文相援也

赶說文舉尾走也 楗 犍楗為郡名或作犍 揵舉也 卷曲也 攓摽也 ○ 翻 飜 拚孚袁

切博雅翻翻飛也或从飛亦作拚文二十二 轓群也 旛車平方也 璠璵璠玉名 旛說文幅胡也謂旗幅之下垂者 播堅木不華而實

幡說文書兒拭觚布也一曰幟也 繙繙繙風吹旗也繙紕亂也 旛旛捲帳也 畨數也 轓博雅轓輔箱也 潘說文大波也

鐇博雅推也一曰廣刃斧 潘 瀋米瀾也或作瀋 嬔兔子 嬎 嬔嬎皃 䪛大醜皃 嬔 嬎匹偶 反覆也漢書

繇四平反之 返回行也 扁番也莊子扁然 賁山海經桂林八樹作賁隅 膰 蕃艸名 鱕舟飾也 鱕魚名

嬏女字 嶓聲也 蘩藩蔽也 軬車兩耳出也 犿連犿犬宛轉兒 ○ 藩 樊方煩切說文屏也亦作樊通作蕃文十一

蕃說文艸茂也 藩 蘩 蕃說文大箕也一曰蔽也或从巾亦省 轓車旛也一曰鏟也 鱕南越志鱕魚鼻

有橫骨如鐇海船逢之必斷 犿 犿連犿宛轉兒一曰相從兒或作犿 橎木名也 勫健也 ○ 煩符袁切說文熱頭痛也一曰勞

也文六十三 擷擷擷扱也通作煩 顨 顪說文大醜兒或省 䊩 覶說文覶覶也或省 繁多也 緐 䋣

集韻平聲二　三十八

緐說文馬髦飾也引春秋傳可以稱旌緐乎或作緐綼 繙說文冤也一曰亂也 襎博雅襎裷幭也 袢袢延衣熱詩蒙彼縐絺是

細袢 旛旗旛下垂者 璠說文魯之寶玉孔子曰美哉璵璠遠而視之奐若也近而視之瑟若也一則理勝二則孚勝 礬藥石也有白青

黃黑絳五種 鐇廣刃斧 橎說文木也一曰剛木不華而實 墦博雅墦塚也或書作壁 番 蹞 蹯 㽹 㽹

說文獸足謂之番从釆田象其掌或作蹞蹯古作㽹亦書作𧾩 轓韋裹曰轓 甂博雅甂瓶也 蹯 膰 燔說文宗廟火熟

肉引春秋傳天子有事膰焉以饋同姓諸侯或从肉从示 燔說文爇也 羳說文黃腹羊 繙說文鬩聲 蠜說文自蠜也

蟠蟲名說文鼠婦也 鷭說文鼠也 鷭 雝鷭鴿鳥名似鶂或从隹 蹯生育也或省 笲竹器婦贄棗脩

者 蹯說文小蒜也 播稻名 蕃茂也息也 藩 蘩艸名爾雅薅洗藩生山上葉如韭一曰提母或从播 蘋說文青蘋

似莎者 蘇 繁說文白蒿也或作蘩 楙說文藩也引詩營營青蠅止于楙通作樊 繁 敷泉名在魏郡 瀿楚人謂水暴溢為瀿

樊說文鷙不行也亦國名又姓 駿驟駓馬蹄不行也 鬱說文京兆杜陵鄉或書作鄭通作樊 燓說文燒田也

鱕魚名 嬏女字 嶓聲也 蘩艸名 䪛白冢 幡拭觚布 嬔 嬎偶也 蕡艸木多實 ○ 樠

槾模元切木名一曰木脂出樠樠然或从曼文九 璊赤玉 穈穄疑 𢕟𢕟欲上谷亭名 鄤鄤地 趧行緩也 饅貪食

㨅引也○拳巳袁切力也詩無拳無勇徐邈讀文二 𢍁爾雅革中辨謂之𢍁○圈去爰切屈木也文一○斷止元切斷

首也○犈九元切西犈縣名文一

二十三○寃胡昆切說文陽氣也亦書作䰟文四十六 忶𢠾心悶也或从寃 倱人姓 倇完也 䰟角全也

顐顐顐禿無髮也 䁣視也 腪博雅腪肫餅也 餛餫粗亦作餛餫粗 惃亂也 蜫蟲之總名 蟁

𩮀𩮜方言䵪也一曰麥不破也或从完从昆 𢿨捆手推之也或从囷 渾說文混流聲也一曰洿下亦姓 䫟面急

沄說文轉流也 煇赤也 焜煌也 𡍮說文土也洛陽有大𡍮里或書作壇 琿美玉 棞木名生南海 稛

梱說文梡木未析也或从囷 楎說文六叉犁一曰犁上曲木 輥說文𨍈軸也一曰輷也一曰車相避謂之輥 驒山海經太行山有獸

狀如麢羊四角而距名曰驒 貚山犬也人面而毛 䎽周禮十羽謂之䎽一曰百羽 䶂說文鼠出丁零胡皮可作裘 䩵鞎

車革前也或作䩵 䆅燉䆅欝熱皃 鯤大魚名 昆混闕人名漢有鬱國公孫昆邪或作混 梡博雅梡技也 芸

香草 揮揮掄全而不破 媈女字 蔉蔉蘯草名○昆公渾切說文同也一曰明也後也又姓文四十四 罤𦊐

說文周人謂兄曰罤或作𦊐通作昆 惃博雅惃惛亂也 𣢧 鯤說文昆于不可知也或作鯤 惲褌惃裩

說文幒也或作褌惃裩 崑崐崘山名或書作崐 琨瑻說文石之美者引虞書揚州貢瑤琨或从貫 錕赤金謂之錕鋙 焜

服虔曰明也 䔽蕌蓖說文艸也或从㬅从昆 蚰蜫䗯說文蟲之總名也或作蜫䗯通作昆 鯤

鰥鯤卵爾雅鯤魚子或作鰥鯤卵 騉野馬屬爾雅騉蹄趼善陞甗 篦竹名 猑獸名也大大也 麏麏屬

鶤䳏鳥名說文鶤雞也爾雅雞三尺為鶤一曰陽溝巨鶤古之雞名或从昆 混緄混夷西戎名或作緄通作昆 鼲博雅鼠屬

婫女字 餛餛飩餅也 䃂鍾聲 痻病也 䎽百羽 輥車轂齊等皃 霣䨙齊人謂雷曰霣或作䨙

跟踵也 𣣔閉也○溫烏昆切說文水出犍為涪南入黔水一曰煖也和也又姓亦州名文二十五 𥁕昷說文仁也从皿以食

囚也官溥說 轀說文臥車也一曰後困載喪飾以柳翣遂名喪車 驅驅驒良馬 豱爾雅豕奏者豱謂今豱豬短頭皮理腠蹙 縕

赤黃閒色 韞䪝戎也 𪉉鹽也 榲杉也 媼博雅媪媼病也一曰極也 瘟疫也 鄙鄉名在廣陵縣名在蜀 瓜博雅

瓜屬 蒀蒀藻水艸 鴛鴛鴦匹鳥也沈重說 媪女字 䁣日出而溫 蝹蝹蝹動也 蘊方言饒也 褞褞褐

衣 瑥闕人名晉有翟瑥 榅根也 熅熅燠熅火微也或从恩○昏昬旦呼昆切說文日冥也从日氐省

氐者下也一曰民聲古作旦文二十三 婚𡟼說文婦家也禮娶婦以昏時婚作𡟼 惛怋惛說文怓也或作怋惛

𣢉歒歒不可知也 婚婚䫟說文瞀也一曰未名而死曰婚或作婚䫟 閽說文常以昏閉門隸也 棔合棔木名俗轉為合

歡 殙矜也莊子以黃金注者殙 緍爾雅綸也一曰合也盛也 𥈣悶也莊子𥈣𥈣沈屯 㖧唔唔目所不見 㾦病也 𠊧

闇也太玄闇諸幽𠊧 涽滑涽未定皃 睧眊目暗也亦省○坤巛𡊁枯昆切說文地也易之卦也从土从申土位在

申古作巛與文十四 䫟說文無髮也一曰耳門 髡頭大 髠䯎說文鬎髮或从元 臗髖博雅臗尻也一曰髀上或从骨

豤貇齦䶃齧也減也或作豤貇齦 𣎴刌木枝也○倱吾昆切說文人姓文七 顐顐顐禿也 婫

女字 䁣視也 𩬇剪髮也 𤷍癡也 梱木名爾雅梡梱○垠圻㘾五斤切博雅崖也或从斤古作㘾亦書作

垦文六 浕水名 痕博雅瘢也 鞎車革前飾曰鞎○奔犇𨃰逋昆切說文走也一曰堂上謂之步門外謂之趨中

廷謂之走大路謂之奔古作犇或从足文十四 賁勇而疾走曰虎賁亦姓 鷬山海經太行山有鳥狀如鵲白身赤尾六足名曰鷬鶽 驞

䮳馬走或从奔 錛鐼平木器或从奔 本喻德宣譽日本走 僨僨驕不可禁之勢 黖黑也 渀水急也

蟦蟦也南方人𦉒以着○歕鋪蒐切說文吹氣也文四 噴說文吒也一曰鼓鼻 濆潠水也通作噴 渀水急也○盆

瓫步奔切說文盎也又姓或作瓫文十 峹山形似瓫 菍菍葐艸名 鳻鳻鳩鳥名博雅鶻鵃也或省 湓汾

水名在潯陽一曰水溢也或省 𠯈吐也 衯衣長好皃○門謨奔切說文聞也从二户象形文二十八 捫說文撫持也引詩莫捫

朕舌 虋說文以毳為𦋺色如虋故謂之虋虋禾之赤苗也引詩毳衣如虋 璊玧𤩩說文玉經色也禾之赤苗謂之虋言璊玉色如之或

从允从免 樠說文松心木 穈粥凝 虋亹穈說文赤苗嘉穀也或作虋穈 亹㥃山絕水也

一曰浩亹縣名在金城郡 怋惽怋怋不明也亂也悶也或从昏 䫒顧頤說文繫頭殟也謂頭被繫無知也或从昏亦省

汶汶濛沾辱也一曰受物之汶汶 莔莔冬艸名通作虋 婚昏也 𧻍行遲皃 悗吊服 鶻山海經崇丘山有鳥

狀如鳧一翼一目相得乃飛名曰鶻鶻 瞞瞞然慙皃 㛰矜也莊子以黃金注者㛰 悶悶然不覺皃一曰有頂閒也○孫蘇昆切說文子

之子曰孫又姓文十六 猻 猢猻獸名 搎 搎 捫也或从廾 蓀 蕵 荃 蓀 蓀 說文香艸或从孫亦作荃蓀蓀
飧 餐 說文餔也謂餔時食或作餐通作飧 槂 公槂木名 飱 飱 爾雅須飱蕪郭璞曰似羊蹄葉細或从飧 螑 方言蝌螑
南楚謂之蚰蜒 飧 水沃飯曰飧 ○ 村 麤尊切聚也通作邨文五 邨 說文地名 祁 鄉名 潭 水名 欆 欆欆
鼎欲沸皃 ○ 尊 尊 罇 墫 甑 祖昆切說文酒器也从酋廾以奉之周禮六尊以待祭祀賓客之禮或从寸从缶从土从瓦通作樽尊
一曰高稱文十二 鐏 戈戟底 嶟 山高皃 鷷 西方雉名 繜 說文薉貉中女子無絝以帛為脛空用絮補核名曰繜衣狀如襜褕
踆 蹲也莊子踆於會稽 樽 林木盛皃 瀳 水至也 ○ 存 徂昆切說文恤問也一曰在也文十一 洊 水皃 蹲 踆
俊 說文踞也或作蹲古作俊 鷷 西方雉名 踆 以足逆蹦曰踆 袸 据也 袸 衣帶爾雅衿謂之袸 鄰 洊 郝鄉縣名
在樓鳥或从水 ○ 敦 都昆切說文怒也詆也一曰誰何也文二十五 惇 尊 說文厚也古作尊通作敦 餕 貪食 墩 平地
有墩者 鐓 鐏也通作錞 蘋 蔌 艸名或从敦 蟚 山皃 驐 字林去畜勢也 磐 石可踞者通作敦 甄 陶器似甌
盞 盂也 弴 弤 說文畫弓也或从氐 屯 地名 䵍 衣褶 鶉 鳥名莊子鶉居而鷇食 蜳 蜳蠢氣不安定也

大百[illegible] 小字[illegible] 集韻平聲二 四十一 珠

蟞 蟞蝺蟲名青蚨也 錞 鐓 錞釪如鐘以和鼓或作鐓 犉 牛名 橔 枯也 撉 擊也 ○ 暾 吞 他昆切日
始出皃亦作晥文二十一 憞 敦 憞悗心不明也或省 燉 火色一曰燉煌郡名 啍 哼 嗷 說文口气也引詩大車啍啍隸作哼
或从敦 蟞 蜳 蟞蝺蟲名似蟬而長或省 燉 焞 說文明也引春秋傳焞燿天地一曰灼龜炬隸作焞 黗 黗 黃色或从
屯 黗 博雅黑也 涒 汭 說文食已而復吐之引爾雅太歲在申曰涒灘史作汭 朦 膟 月光也或省 䁗 視不明
炖 風而火盛皃 ○ 屯 徒渾切聚也又姓通作敦也文四十一 軘 說文兵車也 沌 小流皃一曰沌沌愚也 吨 吨吨言不明也
忳 憂也亂也 訰 多言也 黗 黃色 肫 肶肫餌也或从食从麥从米 飩 麩 粔 瓞 瓞瓝瓜屬 坉 艸土
填水曰坉一曰田壟 純 包束也詩白茅純束 邨 地名 窀 壂也大見穴中也 庉 居也 豚 豚 豘 豘 遯
說文小豕也从彖省象形从又持肉以給祀祠或作豚豘豘遯通作肫 屍 脾 臀 臀 說文髀也或作脽臀臀 啍 嗷 口氣
也或从敦 燉 大也一曰燉色 敦 敦煌郡名 殿 撴 臀 說文榜也博雅从手或从臀 焞 灼龜火也 炖 火盛皃
芚 木始生皃揚子春木之芚兮一曰菜名似莧一曰愚芚無知皃 闇 閽門也 霔 大雨皃 颩 風也 遯 逃也 囤 廪也 ○

論 盧昆切說文議也文十一 崘 說文山阜陷也 崘 崑崘山名或書作崙 踚 行皃 掄 說文擇也 輪 舟名 菕 菕蘯
香艸名 惀 說文欲知之皃 侖 昆侖天形 婨 女名 綸 經綸也 ○ 䎡 儒昆切使也文一 ○ 黁 奴昆切香也文二
渜 濡湯也
二十四 ○ 痕 胡恩切說文胝瘢也文九 根 艮 拫 博雅拫攎引也或作𢪃 鞎 說文車革前曰鞎 𥢸 平量
木 肻 𣎴小皃莊子其脰肻肻 跟 𨀁 足後也或从肉 ○ 根 古痕切說文木株也文五 跟 𧿳 說文足踵也或从止
珢 石之似玉者 𠝹 削也 ○ 恩 烏痕切說文惠也文六 㶷 煾 𤒶 說文炮肉以微火溫肉也或作煾𤒶亦書作秋 蒽
艸名出日南 𡟯 女字 ○ 吞 他根切說文咽也亦姓文三 䵔 黃色 𨻍 阮也
二十五 ○ 寒 𡫨 𡫫 河干切說文凍也从人在宀下从茻薦覆之下有仌又姓古作𡫨𡫫文二十八 韓 韓
榦 幹 說文井垣也从韋取其帀也隸省或作榦幹一曰韓國名亦姓 邯 說文趙邯鄲縣 邗 說文國也今屬臨淮一曰本屬吳 汗
可汗戎酋稱 藆 藆 艸名爾雅藆藆郭璞曰今酸漿也 𩦡 馬多皃 頇 顢頇大面皃 𦸗 白𦸗艸名 䪙 𩋨 膜也

大百十七 小字百五十 集韻平聲二 四十二 珠

獸豪也 翰 天雞羽有五色者 鶾 鶾音肥雉名以祀神通作翰 雗 雗 雗鷽鳥名即山鵲知來事者或省 鶾 駿鶾馬名
一曰馬毛長也 豻 犴 胡地野犬或从犬 虷 井中赤蟲 蜭 螒 蟲名蛬蠊蚰蜒也或作螒 馯 東夷別種名亦姓漢
書有馯臂 𡖙 大口也 ○ 頇 虛干切顢頇大面文三 鼾 卧息也吳人謂鼻聲為鼾 嫨 老嫗皃一曰怒也 ○ 看
𩑶 丘寒切說文䁹也从手下目或从𩑶文十 刊 說文剟也 栞 栞 說文槎識也引夏書隨山栞木或从幵 靬 弓衣也乾革也
𦟍 腓𦟍坼也 𣪠 堅也 漧 燥也 頇 頭無髮皃 ○ 干 居寒切說文犯也一曰潤也水涯也扞也亦姓文二十九 戰 博雅
楯戰盾也通作干 𨑒 說文進也一曰遮也 忓 說文極也 奸 姧 說文犯也亦作姧 乾 漧 燥也或从水通作干 肝
說文木藏也 竿 說文竹挺也通作干 杆 僵木也 飦 燥飯 攼 求也得也 玕 𤥇 說文琅玕也引禹貢雝州球琳琅玕古从旱
旱 榦 井上木 盂 博雅盂謂之盤 邗 越之別名通作干 𨛖 說文地名 汗 餘汗縣名在豫章通作干 𦬠 蔽芊艸名
雗 鳱 雗鴅鵲也知來事者或从鳥 旰 日行也晚也 虷 蟲名一曰犯也 矸 石皃甯戚歌曰南山矸 釬 器也一曰急也荀子
有綫而釬 幹 正也 犴 野犴獸名 ○ 安 於寒切說文靜也又州名亦姓文八 侒 說文宴也 鞌 說文馬鞁具或書作鞍 盦

博雅盞盞盂也 郊當陽里名 峖山名 侒股也 鴳鳥聲 ○ 豻犴俄干切胡地野犬或从犬文六 雃鳥名雗鵫也

𡾊山高皃亦姓或書作讕 忓博雅善也一曰秦晉謂好曰忓 犴止牛也 ○ 𦙪相干切脂肪也或作𦢅文十三 跚

散蹣跚行不進皃或作散 珊說文珊瑚色赤生於海或生於山 姍好也一曰誹謗也 𥳔竹器 邖地名 戔狹少意

狦闕漢有單于稽侯狦 𧳧豕名 𪐴黲黵色下 刪削也 ○ 餐湌𩞾千安切說文吞也或从水亦作𩞾俗作湌非是文九 𦪽舟名 鱳𩼁魚名或省 𥴦𥻨竹籤也或从粲 穇白穇稻名 ○ 戔財干切說文賊也引周書戔戔巧言一曰戔戔多也通作殘文十五 殘餘也 𣦼𣦽說文殘穿也亦作𣦽 𧶬害物貪財也 𠡍殺害也故从奴从力 𣦸

𦚢說文禽獸所食餘也或从戔 帴帬也帴也婦人脅衣也 盞博雅盞盞盂也 㦥忮也 𢧵鷙鳥攫急疾皃揚子鷹隼𢧵𢧵

䕭艸名 淺水流皃 戕外殺曰戕 ○ 單多寒切說文大也一曰隻也文十六 襌說文衣不重通作單 殫說文殛盡也通作單 㠆山孤者曰㠆或書作𡼏 丹甘彤說文巴越之赤石也古作甘彤丹亦姓又州名 簞說文笥也漢律令簞小筐也引傳曰簞食壺漿 匰說文宗廟盛主器也引周禮祭祀共匰主 癉勞病也 𨍼轔轤車名 鄲說文邯鄲縣 𦡚胘肶謂之𦡚

集韻平聲二　四十三

彈射也 勯力竭也 苒艸名 ○ 𤄷灘他干切說文水濡而乾也引詩灘其乾矣或从隹文二十一 撣持不堅也

貚獸名貙屬 潬水中沙出通作灘 攤擹手布也或从難亦書作擹 𢮿擊手𢮿婉轉也 歎嘆太息也或从口

嘽說文喘息也一曰喜也引詩嘽嘽駱馬 磾磾誕言不正 譠方言譠謾惑語 嬗緩也 𤵽博雅𤵽痰也 幝敝皃詩檀車幝幝 漢太歲在申曰涒漢通作灘 墠寬也 癉勞病 驒馬青白文曰驒 驙騏驎謂之驙 ○ 壇唐干切說文祭場也文三十 䃫石壇也 檀說文木也亦州名又姓 彈𢏳丸射也一曰糾也或从丸 撣觸也太玄撣擊其名一曰西南夷國名 襢爾雅襢裼肉袒也 繟滯緩也 𤸇疾病 癉風在手足病 僤疾也明也 繵繩也一曰紫色 儃說文何也 但語辭也 胆口脂澤也 唌歎也 誕譂誕語不正 聅軍法以矢貫耳曰聅 驙博雅白馬黑脊驙

驒驒騱青驪馬 蟺鼉水蟲名似蜥蜴或作鼉 鱣魚名 貚說文貙屬 鷤雉子 單闕姓也鄭有樔邑大夫單伯通作檀 灘爾雅太歲在申曰涒灘 憚驚也 𦺇艸名 躝蹣跚也 ○ 闌郎干切說文門遮也一曰晚也希也失也文二十五 𨵵說文妄入宮掖也通作闌 讕譂讕語不正 躝踰也 讕譋說文詆讕也或从間 𡂌方言𡂌哰讓也通作讕 欄閑也通作闌

欗木名桂類 蘭說文香艸也亦州名又姓 韊䪍說文所以盛弩矢人所負也或从革 爛爤光色或从蘭

𦡍脘也 襴襽衣與裳連曰襴或省 斕𢿿斒斕色雜也或作𢿿 瀾漣說文大波爲瀾或从連 灡說文潘也通作瀾 糷糷飯相箸爾雅摶者謂之糷或从蘭 暕陰乾也 ○ 鷬難𪆾𩀨難雖那肝切說文鳥也一曰艱也又姓或从隹古作𩀨𪆾難雖文八 藏艸名 ○ 𥴺子干切姓也文一 ○ 𧒆知干切蟲名从展省

一文

二十六 ○ 桓胡官切說文亭郵表也一說漢法亭部四角建大木貫以方版名曰桓表一曰木名似柳一曰桓桓威也又姓文五十 梡木名可食 瓛說文瓛圭公所執通作桓 捖捖摩工治玉也 完說文全也 丸說文圜傾側而轉者从反仄 [illegible]說文丸之孰也 𤷃博雅𤷃瘤病也一曰𣤩𤷃矢藏 寏院說文周垣也或作院 峘𡵆岏爾雅小山岌大山峘或从丸从完亦書作𡵆岏

洹博雅洹洹流也一曰水名在齊魯間 汍汍瀾泣皃 絙說文緩也 紈說文素也 綄船上候風羽楚謂之五兩 琓補也以黍和灰而鬆也通作丸 芄雚說文芄蘭莞也引詩芄蘭之枝爾雅作雚 莞說文艸也可以作席 䓴艸名說文夫離也郭璞曰今西方人呼蒲爲莞蒲江東謂之苻蘺通作莞

集韻平聲二　四十四

萑艸名似堇葉大 雈萑艸名說文薍也或省 雈說文鴟屬从隹从𦫳有毛角所鳴其民有旤或名木兔 鸛鸛專鳥名 𪆒鳥名鳥喙蛇尾 莧𦡶羦說文山羊細角者或作𦡶羦 貆獂貆說文逸也引周書貆有爪而不敢以撅博雅豕屬一曰邑名在天水或作獂貆 脘博雅胃脯也一曰胃脂 䣔䣔䣔亭名 麆麀三歲也 鵍鵍鳥名 貆說文貒之類 粄粉餌 狟說文犬行也引周書尚狟狟 𪌭女麪也小麥爲之一名麪子 查說文奢查也 皖地名在舒

垣𩫍𡏪墉也古作𩫍或作𡏪 烷火也 萈艸名 ○ 歡懽𩕏嬽呼官切說文喜樂也或从心古作𩕏或作嬽嫨文一十七 囂嚾說文呼也或作嚾 讙說文譁也 酄隨說文魯下邑引春秋傳齊人來歸酄或作隨通作讙 驩說文馬名 鵍說文鵍專畐蹂如鵲短尾射之銜矢射人或从完 鴅鳥名人面鳥喙 鴅鴅吺四凶之一通作驩

貛獾貆貒說文野豕也爾雅貆牡貛亦作貛貆貒通作犿 奆奆方言始也化也或作奆 犿犿連犿

蠸蟲名守瓜也 䑏山海經帶山有獸其狀如馬一角有錯名曰䑏疏 粈白米也 巜濡也 ○ 寬完枯官切說文屋寬大也一曰緩也古作完文四 髖臗說文髀上也或从肉 ○ 官𠂤古丸切說文吏事君也从宀从𠂤𠂤猶眾也古作𠂤文二十五 倌

詩傳主駕人也冠帵說文桊也所以桊髮弁冕之總名也从冂从元冠有法制以寸徐鍇曰取其在首故从元或作帵亦姓觀舊
鑵視也古作鑵鑵悹憂也亦書作悺懽憂無告也棺寀說文關也所以掩尸古作寀俗作埍非是涫說文鬻也酒泉有樂
涫縣莞艸名一曰東莞地名亦姓鵍鸛鵍鳥名雚鸛水鳥也或从鳥雚竹杅毌說文穿物持之也从一橫貫象寶貨之形
貫穿也易貫魚以宮人寵徐邈讀管管人掌館舍之官雚艸名爾雅雚芄蘭徐邈讀䓴蒲類莞艸名琯石似玉
○剜刓烏丸切削也亦省文十四惋裁餘也捥挐捥也或作挐婠說文體德好也眢說文目無明也一曰
廢井埦穴也豋豌說文豆飴也一曰豍豆博雅作豌俒歡也蜿蚃博雅蜿蜿蝹蝹動也亦作蚃睕睕睕深目皃
○岏屼吾官切巑岏山銳皃文二十三忨貪也跀𨁨蹟跀蹲也䯈骯也䬧餌也刓𣙙說文剸也一曰齊也
或作冠园抏圜削也莊子园而幾向方或作抏䖃再蠶也通作螈𧍗兔子也㹕野牛名角可為犂村黿大鼈
貆貉蜀蚖蚖毒蛇螈原蟲名蠑螈析易也或作原通作蚖杬博雅檽也羱豲羱野羊名或从原从元
妧女字芫艸名○潘鋪官切說文淅米汁也一曰水名在河南滎陽又姓文十番番禺縣名在南海䤍醋䤍醋敗甂

集韻平聲二　四十五

甂故瓻也嶓峙居也𤻱病死也拌方言楚人凡揮棄物謂之拌俗作拚非是墦冢也嬏女字也嫲醜也○蟠
逋潘切博雅箺也一曰部也文九般般說文辟也象舟之旋从殳殳所以旋也一曰移也亦數別之名古从攴褩衣表也吳俗語華
藩說文箕屬所以推棄之器也官溥說吕靜作籓又姓審儲物也䈲䈲篾竹名一曰捕魚笱入而不可出半中分也○槃
鎜盤柈蒲官切說文承槃也古从金籒从皿或作柈文四十二般弁卞爾雅樂也或作弁卞通作槃𩦦說文
卧結也瞥說文轉目視也搫說文搫擭不正也一曰除也蹣蹞跘蹣跚跛行皃亦作蹞跘胖大也禮心廣體
胖𡠨博雅𡠨婺往來也一曰奢也𪐴說文黨黵下色瘢說文痍也幋說文覆衣大巾或以為首鞶鞶鞶鞁
說文大帶也引易或錫之鞶帶男子帶鞶婦人帶絲或省槃小囊也𨁶屈足也鞶緐絣馬髦上飾春秋傳緐纓以朝或
作緐絣磐碆大石一曰山石之安者或作碆𦝗大腹䃑溪名一曰以石箸堆繫也番番和縣名在張掖郡蒰蒰蔽
竹箟一曰捕魚笱蒰艸名𤝞𤝞狐犬短尾鴘鳥山海經北囂山有鳥狀如烏人面名曰鴘鶔夜飛晝伏郭璞曰鴘鶔屬螌
負盤臭蟲通作盤蟠大也曲也委也一曰龍未升天謂之蟠鄱趙地名緐亂也寬也瀊水洄也拌弃也彥

大也常也𥈺馬作足橫行曰𥈺易賁如𥈺如董遇說○瞞謨官切說文平目也一曰目不明亦姓文五十一㒼說文平也從廿五行之數
二十分為一辰㒼㒼平也芇說文相當也漫水廣大皃謾說文欺也悗慲惑也或从曼㥰說文忘也一曰㥰兜也
顢顢頇大面𩯁髮美皃鬗說文髮長也襔胡衣也蹣蹣也墁墁土覆或作墁趧行遲也僈
健也鞔說文履空也一曰覆也浼污也孟子汝安能浼我䩊面䩊塗也皮䝋曼曼長也俗作曼非是𢰯欲
上女亭名在稵褊種皃蔓蔓菁艸名蕪菁也䍦爾雅𧏖罟謂之罬樠木名糒粥䊙饅饅飯澤饅
𩞄饅頭餅也或从麥䤍鏝醋鏝醬醋敗或从曼縵數無文也或作數鏝槾墁說文鐵杇也或从木从土
鄤鄤邑名𩃼雨露溱皃獌獌獌獸名似貍或作獌獌蟃蟲名鰻鱗說文魚名或从滿𥥃穴黑
皃閩蠻別種周禮七閩𧖴汗血也𥉌視也娩連也○酸䤹蘇官切說文酢也關東謂酢曰酸籀从畯文九䤊
齒酸也𤹛痛也狻貖麑說文狻麑如虦貓食虎豹者或从豸从鹿䔋艸名𩃳說文小雨也○鑽祖官切說
文所以穿也文八𠠝吳人謂髡髮為𠠝𧶓姓也攢治擇也禮祖奠攢曰攢之通作鑽𨏢轒轒說文車衡三束也曲
轅轢縛直轅㮇轢或作轒轒撮乘載器尸子行險以撮○爨七丸切炊也周禮以火爨鼎水也文五竄入穴也攛擲也

集韻平聲二　四十六

鋑刀也穳通捉矛也○欑徂丸切說文積竹杖也一曰穿也一曰叢木文十六攢積補也穳簒禾聚也亦作簒蔵
栓積木以擴或作欑通作攢𨏢轒轒車衡三束也或作轒轒躦蹲躦跜聚足也或作蹲濽水集皃酇聚居
也百家為酇巑巑岏山皃剸剸髮也僔借也○耑多官切說文物初生之題也上象生形下象其根也文十六端說文直也
一曰正也始也布帛六丈曰端通作耑又姓竱博雅齊也偳閹或曰人名褍說文衣正幅或从端穃禾垂曰穃篅
篅竹名博雅䉐篇桃支也或省𦸗艸名鍴方言鑽謂之鍴剬剸齊也觿說文角觿獸也狀似豕角善為弓出胡休多國
媏女字騙馬名𡸈山名○湍他官切說文疾瀨也文九煓方言赫也一曰火熾盛皃偳閹或曰人名𪑦說文
黃黑色也一說𤍣梁四公子名𪏭黃色或作黶貒猯說文獸也似豕而肥或从犬褍衣寬也○團
專园摶徒官切說文圜也周禮作專莊子作园太玄作摶通作敦文三十四敦揣聚皃或作揣篿䉵說文圜竹
器也或省䵣剸說文截也或从刀䫿摶風也慱爾雅慱慱憂也摶摶團說文圜也謂以手圜之或省亦

从圖 漙霉湹䨵漙漙霉多皃或作霉或並省 欄大木 鄟邑名屬鄟郭 磚有石磚 嫥闕人名鄭嫥娍也
鷒鳥名爾雅鷒鵲鷒如鵲短尾射之銜矢射人 鷻鶉鳥名說文雕也引詩匪鷻匪鳶或省亦書作鷻 糰糰糰粉餌或从
圖从 蓴艸叢生 鱄䲜山海經雞山黑水出焉其中有鱄魚狀如鮒而彘尾音如豚或从虫 槫柩車也 鏄塊鐵 ○
潫灤奴官切水名在遼西肥如南入海陽或作灤文二 ○鸞盧丸切鳥名說文赤神靈之精赤色五彩雞形鳴中五音文二十二
鑾說文人君乘車四馬鑣八鑾鈴象鸞鳥聲和則敬也通作鸞 巒說文山小而銳 灤灤說文漏流也一曰漬也或从欒亦書作灤
孿欒欒說文皃欒也或从欒亦省 欒說文木似欄禮天子樹松諸侯大夫欒吉揚一曰曲枅木一曰鐘兩角爲欒亦姓 臠
攣孿臠體也或作臠通作孌 欒說文欠皃一曰心惑不悟皃 㜻說文曰旦昏時也 㜻目昏也 䜌亂也理也又南䜌縣名在鉅鹿古作
䜌 闒道入宮㜻小臣主挽也 攣駕者 攣聚也擇也 䜌䜌䜌也 圞圞也 孌女字
二十七○刪師姦切說文剟也文八 柵博雅狼也一曰惡健犬 姍闌單于名 潸說文涕流皃引詩潸焉出涕 𠟲
博雅䈀謂之䈀 姍毀也漢書姍笑三代 𨟧地名 𢙢嫉利口也 ○關閞姑還切說文以木橫持門戶也一曰通也亦姓或省俗作

開非是文十三 絴說文織絹从糸貫杼也 瘝病也 擐貫也 喧嘽喧喧和鳴也或从絴通作關 瞯睽視皃 鈜
所以舉鼎也 擱手相關付也太玄擱神明而究基 莞蘺艸名可爲席或从蘺 嬚女字 ○彎關貫鳥關切說
文持弓關矢也左氏傳作關或作貫文十二 灣水曲也 彎削也 滦滦水深廣 欒曲木 圝圝水勢回旋皃 寰
吳王孫彎鬢休子名 蟃蟃曲息皃 䡕大䡕里名在洛陽 嬽女字 ○攆數還切闕門機也文二 栓貫物也 ○還
胡關切說文復也文三十 環璟說文璧也肉好若一謂之環或从㬝又姓 鐶金環也 鍰說文鋝也引虞書罰百鍰一曰金六兩爲鍰
寰寰內天子畿內也 闤市垣也 轘轘轅關名在緱氏縣通作環 䡕大䡕里名在洛陽呂靜說 劗撲劗縣名在武威
澴還水名亦口瀠澴水漩起皃或从還 郇國名周武王子所封又姓 戉說文屋北瓦下一曰維綱也 鬟鬟爲鬟 䍺
禽繞飛也 睘睔大目皃或作睔 糫䴉餅也粔籹吳人謂之膏糫或从麥 環環堵謂面一堵牆也通作環 嬛女字
馬阜說文馬一歲也从馬一絆其足亦書作䮂 䴉䴉山海經句山有獸其狀如羊而無口不可殺名曰䴉或作䴉 園繞也 懁
䮫急也莊子有順懁而達 䴉水鳥名紅白深目目旁毛長亦書作鶏 鑍堅也 ○跧阻頑切伏也文一 ○妴尼還切說文㜻也文一

○姦姧㤇居顏切說文私也一曰僞也或作姧古作㤇文九 葌說文艸出吳林山 蕑蘭也亦姓 菅 葌
說文茅也古作葌亦姓 奸犯淫也 諫諍也 ○馯丘顏切馬青黑色亦姓文四 豻胡地野犬也 鬝寡髮 攑
㩜也 ○顏顏顏牛姦切說文眉目之間也籀作顏或作顔亦姓文六 𣒅木名如檀 豻胡地野犬 嚬嚬嚬爭皃 ○
㾱㾱吾還切痹也或作㾱文三 狠說文犬鬭聲 ○豩呼關切說文二豕也文二 懁性急也 ○班辬逋還
切說文分瑞玉一曰次也別也或作辨亦姓文二十三 辬斑瑞貣說文駁文也或作斑辬古作貣通作般 頒說文大頭也一曰鬢
也引詩有頒其首一曰賜也通作朌 朌頒頒謂之朌 般還也通作班 𩮀鬒髮半白 扳引也春秋傳扳隱而立之 𦨉說文賦事
也 鳻方言鳺秦漢之間其大者謂之鳻鳩 螌說文螌蝥毒蟲也 攽說文分也引周書乃惟孺子攽 瓝瓜瑞 瘢石文 斑
獸名 玢玉文 彬文采明也 虨虨罽也 斑水名出越巂縣 頒班也禮笏大夫以魚須文竹 ○𠦬攀扳
𠦬披攀切說文引也或作攀扳隸作𠦬亦書作撲文九 眅盼說文多白眼也引春秋傳鄭游眅字子明或作盼 盼美目也 眅
爾雅矜磻石聲大也 ○蠻謨還切說文南蠻蛇種亦姓文十六 鸞蠻山海經有鳥如鳧一翼一目相得乃飛名曰鸞或省

𤡬貓貗貓屬似貍或作𤡬 謾博雅謾台慢也 槾稻名 鬘鬟美皃 䡘䡘車輪也 瞞目瞤也
䜌旦日昏也 蔓蔓菁蔬名徐邈說 趱說文行遲也 孌女字 蔓平也 ○趲巨班切行遲也文三
犍牛角曲 犍弓曲皃 ○盼步還切片也文一
二十八○山師閒切說文宣也宣氣散生萬物又姓文五 疝腹痛也 屾說文地名 訕謗也 汕魚撩也
○𥠻棧山切魚龍身滑者或說蛟將鬐人先以𥠻被之鬐死者𥠻著身厚尺許以鐵刮之乃散夏后所藏龍𥠻是也文一 ○犍充山切犬噬也
文一 ○潺鉏山切潺湲流水皃文七 虥獸名爾雅虎竊毛謂之虥貓或書作虦 孱弱也 鏟趙魏謂小鑿爲鏟 鬜
髮禿皃 轏轏也 㻵㻵門聚名在睢陽 ○譠託山切博雅譠謾也文一 ○虦昨閑切說文虎竊毛謂之虦貓文三
孱窄也呻也 㺥㺥門聚名 ○斒𣁽豳逋閑切斒斕色不純也或从并亦作豳文八 斒玢斒玢玉文或从分
彪𧇢說文虎文彪也或从彬省俗作彩非是 鯿魚名 ○斕𣁽離閑切斒斕色不純或从彝文四 瞯視皃 瀾
困濂水皃 ○儃知山切走也文二 譠譠謾欺語 ○獑丈山切獑猢獸走皃文一 ○窀除鰥切犬見穴中皃文一 ○嘫

尼鰥切嚶嚶語聲文二 [illegible] 鳴[illegible]暖也 ○瘝 盧鰥切瘝𤺋膝病文一 ○𤺋 渠鰥切瘝𤺋膝病文一 ○閑 何間切

文闌也一曰止也以木距門一曰法也習也文十九 閒 安也隙也通作閑 憪 憪 說文愉也一曰靜也或作憪 嫺 嫻 說文雅也

或从 瞯 覵 說文戴目也江淮之間謂眄曰瞯又姓或作覸 癇 𤺌 說文病也或从夕 騆 騆 說文馬一目白曰騆二目

白曰魚 鷳 鷴 鳥名說文鴟也一曰白鷴或从閑 蕑 艸名 蛝 爾雅蛝馬蝬一曰蝮蝠也一曰蚍蜉子 𧷹 博雅𧷹𧷹堅也一曰

堊餘艸 橌 木名 慳 老人智也 ○羴 盧閑切羊臭也文一 ○掔 丘閑切說文固也引詩赤舄掔掔文二十 堅 博雅固確

緊怯也 慳 輱 說文車輱鉚也 [illegible] 過也 婜 說文美也 辛 罪也 臤 說文堅也 趚 越趚行皃 顅 說文頭鬢

少髮也一曰長脰皃 覵 覸 說文很視也齊景公之勇臣有成覸者或作覵 鬝 說文鬢禿也 羥 羥 羊名或作羥

牛䩾下骨 [illegible] 見雨而止息曰[illegible] 獌 獸名 蕢 艸名 肩 髆也 ○閒 閒 居閑切說文隙也一曰近也中也亦姓古

作閒文十三 艱 囏 墐 𡎺 說文土難治也或作囏墐古作𡎺 蕑 博雅蘭也又姓 覸 視也 攌 援也

靬 黎靬國名 硍 硍鏗高聲 鉉 所以舉鼎 澗 山夾水曰澗 ○黰 黫 黫 於閑切黑也或作黫黰文九 鄾

赤黑色春秋傳左輸朱𪏏 羥 說文羣羊相羵也一曰黑羊 𢒰 𢒰 牛尾包謂之𢒰或作𢒰 鰥 水名 嘎 嘎然語聲 ○

訮 牛閑切諍語也文十一 齗 𪘏 齗齗爭訟也或作𪘏 獂 獂 犬爭曰獂或从閑通作狠獂 圁 縣名

虤 說文虎怒也 狠 獸名 嚚 語聲 𦎅 𦎅 羊臭或作𦎅 ○潺 湲 胡鰥切潺湲水流皃文二 睆 睆睆

窮覸皃 ○嬽 逶鰥切客媚也文一 ○鰥 鰥 姑頑切說文魚也一曰丈夫六十無妻曰鰥古作鰥文七 鰥 犁鈃也

[illegible] 說文青綸綬也又姓 淪 婠也古有冷淪氏 瘝 病也 矜 丈夫六十無妻曰矜通作鰥鰥 ○辦 蒲閑切瓜中實也沈重

○頑 五鰥切說文𩕐頭也春秋傳心不則德義之經為頑文二 𤺌 痹病

集韻卷之二

集韻卷之三

翰林學士兼龍圖閣學士朝請大夫尚書吏部郎中知制誥判尚書都省上柱國濟陽郡開國侯食邑一千三百戶食實封三百戶賜紫金魚袋臣丁度等奉

敕脩定

平聲三

先第一 蕭前切與僊通　僊第二 相然切

蕭第三 先彫切與宵通　宵第四 思邀切

爻第五 何交切獨用　豪第六 乎刀切獨用

歌第七 居何切與戈通　戈第八 古禾切

麻第九 謨加切獨用　陽第十 余章切與唐通

唐第十一 徒郎切

大一百四字　小四百八十五

一〇先 蕭前切說文前進也一曰始也又姓文八 跣 蹁跣旋行皃一曰舞容 姍姺 姍姍行皃一曰便姍衣婁婁皃或作姺

硃珗 石次玉也或作珗 銑 豕類也 西 金方 〇 千 倉先切說文十百也文十三 仟 千人之長曰仟 阡 路南

北曰阡東西曰陌通作千 阡 三里田爲阡或書作圩 谸 博雅道也一曰山谷谸谸青也 芊 芊芊茂也 杄 木名 汘 說文水也

迁 撫謂之迁一曰伺候也進也表也 忏 方言自關而西秦晉之間呼好爲忏 帑 博雅頭帑幧頭也 盰 盰瞑邊視 奷 女字 〇

箋牋 將先切說文表識書也一曰編也古者書紀其事以竹編次爲之或作牋文三十四 淺 以色飾帛通作牋 帴 小兒藉也

韉韀𦅻 馬被具或从戔从糸 籛 姓也 毴 毨屬 櫼櫼 趙魏之間謂栗之小者曰櫼或作櫼 櫼䥅 香木

名或作䥅 葏 艸皃詩葏葏者莪李舟說 濺瀳 水名一曰水至也或作瀳 濺淺溅 淺淺水疾流皃或作淺溅通作㴉

諓 巧言也一曰淺薄皃 遷 說文自進極也一曰至也 黚戩 黃色或从戩 轃轒 大車簀或作轒 戔 戔戔積皃一曰賊

曰顯見皃 殘 博雅㯬殘跂也 箬籛 竹或作籛 臻 至也 桊榛 木名或作榛 楈 木名 沮 消沮小流 〇

歬翦前 才先切說文不行而進謂之歬或作翦隸作前文十四 媊 說文甘氏星經曰太白上公妻曰女媊居南斗食厲天下祭之曰明

星 蕳 艸名說文王彗也似藜可爲帚 葏 艸茂皃 箬䇡籛 蔽絮簀也或作䇡籛 籛 細削竹也 騚 馬四蹢白謂之

騚 湔 水至也 葥 車葥藥艸 緳 織一番也 〇 邊 卑眠切說文行垂崖也或曰近也方也又姓文三十 籩匾匾

說文竹豆也或从匚籒作匾 邊㴜 水名出番侯山或省 甂 方言自關而西盆盎小者曰甂 萹 萹竹艸名 稨穆稨

積 藊上豆或从扁 牑 說文牀版也 編 說文次簡也字林以繩次物曰編 傷傷 身不正一曰傷也或省 蹁

𨘢 行不正皃或从邊 邉 說文走意 蝙 蟲名說文蝙蝠也 獱猵 獸名說文獺屬或从賓 編 纏謂之編 楄 山海

經堵山有木曰天楄方莖而葵葉 䭏 米餅也 鯿鰯 魚名似魴或从賓 㧿 擊也 扁 扁諸劍名吳王以葬 〇

蹁徧 蒲眠切說文足不正也一曰拖後足馬一曰蹁躚旋行也或作徧文三十一 褊 褊褼衣皃 緶編 說文交枲也一曰緁衣也

或作 萹藊 艸木動皃 傷傷 傷躚舞容或省通作蹁躚 胼跰 胼胝皮堅或作跰通作胼 駢 說文并脅也晉文公駢脅

通作 𪗈 弁齒也 㧿 擊也 玭玭瓊 珠名或作玭瓊 賆 博雅益也 𨛦 縣名在郎邪 輧 婦人車四面屏

瓣 博雅曰瓣瓜屬 栟 栟櫚木名 楄 說文楄部方木也引春秋傳楄部薦榦一曰木名食之不噎 蹁 下也 萍 艸以 軿 車名 者

大一百二十四　小七百四十二

對敵自蔽隱者 㡂 牀版 駢 說文駕二馬也 併 列也 扁 圜皃 絣 絣布 蝙 魚名 諞 說文便巧言也引周書截截善諞言

論語友諞佞 〇 眠瞑 民堅切說文翕目也或作瞑文十九 矈𥉿 說文目旁薄緻宀宀也一曰密也或作𥉿通作𡨂 𡨂 說文

宀宀不見也謂人奧深室 鬗 然也 𡨂 說文𡨂𡨂不見也一曰𡨂𡨂不見省人徐鍇曰室無人也 瞑 意聽也 𩕳 說文𩕳皃一曰燒煙

染看謂之𩕳 瞞 瞞然慙皃 冥 顯冥迷惑也司馬虎說 櫋 說文屋櫋聯也 覭 病視也 懵 忘也 𩓷 邪行 䫏 博雅健䫏

靜也一曰美也 謾 慧黠也 慎 寂也儀禮士喪慎目用緇 𡍯 所以平地 〇 顛 多年切說文頂也亦姓俗作顛非是文二十一 巔

𡶈 山頂也或省 傎𠈍 倒也或省 𨇤 說文跋也 趚 說文走頓也 瘨癲 說文腹脹也一曰狂也或从顛 齻

牙兩畔長者儀禮左右齻 驒 馬𩕳戴星謂之驒通作顛 驒 驒騱馬屬一曰白馬黑毛 靝 雨聲一曰雨甚 滇 說文益州池名 槇 說文

木頂一曰仆木也 顛 塚也 巔𩕢 艸末也或省 顛 高遠也 鷏 鳥名 𪔣 鼅𪓰鼃類似蜘蛛出遼東土人食之 〇 天

兲𠑹 他年切說文顛也至高無上一曰刑名剠鑿其額曰天古作兲唐武后作𠑹文十一 吞 咽也又姓漢有吞景雲 誕 誕譁言不正也

芺 艸名 眹 視也 訞 訶也 沮 消沮小流 黇 黃白色 祆 胡謂神爲祆 〇 田 亭年切說文陳也樹穀曰田象四口

十阡陌之制也又姓文三十七 佃治土也古者一夫一婦佃田百畝一曰古卿車 畋㽝甸𢾾說文平田也引周書畋爾田或从犬
亦作甸𢾾 窴塡鎮說文塞也或从土亦作鎮 闐說文盛皃 輷𨋝輷𨋝車衆聲或从田通作顚闐 鼘鼘鼘鼓聲
磌博雅磌磌礩磌也一曰石落聲 畇地名 田在絳 眗目皃大戴禮人生三月目眗然有所見 嗔說文盛氣也引詩振旅嗔嗔 瞋
聲盈耳也 譂謰譂言不正 搷擊也引也揚也 𨁾躧地聲 鈿鎮金華飾亦作鎮 沺水勢 滇滇污大水皃
貚獸名貙屬 稹槙木根相迫也或从木 顛憂思皃禮色容顛顛 鷏鳥名蚊母也俗說此鳥常吐蚊因以名之 塵久也通作
窴 瘨病也 撣儲名山海經青要之山南望撣儲一曰人名漢匈奴曰逐王先賢撣 驒廣雅驒騱馬屬 𨸏田地名 轉轉喜動皃
瞋眠瞋低目皃 ○秊年秊寧顛切說文穀熟也引春秋傳大有秊或作年唐武后作𠡦亦書作秊文七 郱郱說文
左馮翊谷口鄉或作郱 篺竹名 姩女字 ○蓮靈年切說文芙蕖之實也文十四 憐怜說文哀也或作怜 𪍑𪍑
寒具干寶曰司徒儀吏死祭用𪍑𪍑 贏贏贏陵縣名在交阯或从連 零先零西羌名 瞵怒目皃一曰以目隨 冷𣯌毛長
緫結也周禮羊泠毛而毳𣯌徐邈讀或作𣯌 謰噒謰譂言不正或作噒 嬚女字 苓艸名 ○堅經天切說文剛也一曰固也又

姓文二十五 熞灼鐵淬之 鋻剛鐵也 緊絚緊也或作絚通作堅 𢗳布名出東萊掔縣 掔縣名在東萊 肩
肩說文髆也一曰任也克也或从戶又姓 鈃人名六國時有宋鈃 幵說文平也象二干對構上平也一曰羌名 枅楄屋櫨
也或作楄 鵳雃鵳鵳鳥名鵁也或从隹 鳽鳥名說文鵁鯖也 龘說文龘者臂上龘龘亦書作龘 麉說文鹿之絕有力者亦書
作麉 豣猏豜說文三歲豕肩相及者引詩並驅从兩豣兮或作猏豜 鰹魚名爾雅鰹大鮦 趼久行傷足謂之趼 葥艸名
莪蔓也 顅長脰皃一曰頭少髮皃 ○牽摼擊輕煙切說文引前也亦姓古作摼擊文二十五 汧羌謂之汧一曰平也
縴縴縩惡絮 掔固也擊也牽也 岍開山名在雍州或作開通作汧 汧說文水出扶風汧縣西北入渭爾雅汧出不流謂水泉潛
出自停成汙池一曰水決入澤中者 邢地名在河內周公子所封 雃鳽說文石鳥一名雝𪆌一曰精𪆌引春秋傳秦有士雃或从鳥 麉
鹿之絕有力者亦書作麉 蚈蟲名螢火也 枅屋櫨也 豜豣獸三歲曰豜或作豣 犴犬名 顅長脰皃 牼牛膝
下骨 䈅戶扳謂之䈅䉌 臤堅也 䒓秦䒓藥艸 趼獸跡也 慳怯恨也急也 ○祆馨煙切說文胡神也唐官有祆正一
曰胡謂神為祆關中謂天為祆文三 訮說文諍語訮訮也一曰怒也訶也 仚說文人在山上 ○賢臤贒胡千切說文多才也一曰

善也大也又姓古作臤贒文三十二 嬛娹說文有守也亦省或書作嬛 㤟說文急也河南密縣有㤟亭 𧼧趌說文急走也或
省 伭說文很也一曰亭名在安邑 𠾗難也聲也 誸言急莊子謀稽乎誸一曰堅正 㧥縣名在東萊 弦說文弓弦也从弓象
絲軫之形又姓 絃八音之絲也通作弦 㭹說文布出東萊 𠜨自刎頸謂之𠜨 痃癖病也 舷船邊也 礥𠿜難也
太玄有礥首一曰地險也或作𠿜 胘說文牛百葉也服虔說有角曰胘無角曰肚一曰胃之厚肉為胘 蚿馬蚿蟲名 蜆蚈蟲名爾雅
蜆縊女謂小黑蟲赤頭喜自經死或作蚈 衒箭笴 茲說文艸也 𢎗說文艸木弓盛也 肙嬴小皃一曰直皃莊子其脰肙肙李頤讀
𢏿吳王孫休子字 泫涀流一曰泫氏縣名在上黨 眴大目一曰國名 玹姓也 ○煙烟𤎖𡨏𡇷
因蓮切說文火氣也或从因古作𡨏籀作𡇷文二十六 燕國名 酀說文地名 閼匈奴謂妻曰閼氏 橪𣔻橪支木也一曰橪支
香艸或作𣔻 咽胭嚥腰說文嗌也謂咽喉也或作胭嚥腰 驠馬名爾雅白州驠 湮落也塞也 蔫竹名
禋祀天也詩頌克禋徐邈讀 闉曲也莊子闉跂司馬彪讀 歅闉人名莊子有九方歅 𤞤獸名如牛四角白首 珚玉名山海經傳
山多𤪘玉 蝘蟲名 剾剸也 嬿女字亦書作嬿 𥜅𥜅婦人面飾 ○妍倪堅切說文技也一曰不省錄事也𡡉侵也惠也安也文

十三 研說文礦也 硯闕人名越有計硯通作研 𥕐說文摩也 趼蹄平正也爾雅騉蹄趼通作研 徑急也 瓬豌也 雃
石鳥也 鳽鵁鶄也 𣟒博雅𣟒也 汧淨也 幵平也 麉鹿有力 ○涓圭玄切說文小流也引爾雅汝為涓亦姓文二
十四 䣓說文酒也 蠲蟲名說文馬蠲也引明堂月令腐艸為蠲一曰明也絜也 鵑䳸𪀗鵑鳥名或从隹 菺芫菺芫明
艸名祭以為藉或从玄 稍𪍠𪎀說文麥莖也或作𪍠𪎀 睊睊睊側目相視皃 焆明也 蜎蜎蠕巧蟲 鞙馬鞙
鉉鼏鼎絃也亦作鼏 淵鼓聲詩鼘鼘 狷有所不為也 甂陶器 泫泫氏縣名在上黨 肩尻也 桊
盂屬一曰車環 衒車搖也 艑船前 ○鋗火玄切說文小盆也一曰無足鐺文十二 梋鋗也 圓說文規也 瞏博雅
視也 譞譞多言也或作譞 嬛𡡉貪色或省 駽說文青驪馬引詩駜彼乘駽 弲廣雅弲弦也 悁急也 鞙
馬勒 ○玄𢆯胡涓切說文幽遠也黑而有赤色者為玄象幽而入覆之亦姓古作𢆯文二十六 玆黑也 泫泫水深廣皃一曰水名
縣懸說文繫也或从心 𥌭目瞳子黑 訇𧦝說文漢中西城有訇鄉或作𧦝 胘牛百葉 頊顴後 眩惑也
一曰視不明 眴眴瞑大目 伭伈很也或作伈 弲吳王孫休子字 玹玉色一曰石次玉 駽馬一歲名一曰馬黑色

閔試力士鍾詃急也蚿馬蚿蟲名犳獸名似豹而文少妶女名弦性褊急也獧犬疾躍也儇慧也○
淵𣶒囦𠝏縈玄切說文回水也从水象形左右岸也中象水皃一曰深也古作𣶒囦𠝏文二十六弲弓隈也通作淵痟骨酸
也弲說文角弓也洛陽名弩曰弲剈𠛎剈說文挑取也一曰窐也刓也或从因古作剈鼘鼝淵咽鼘
說文鼓聲也引詩鼘鼘鼓鼘或作鼝淵咽鼘亦書作鼝肙肙說文小蟲也一曰空也隸作肙嬛博雅好也一曰嬛嬛美容遉說文行皃
巂說文鳥孳也蜎蜎蠉井中小蟲也亦姓蝸蜎蝸巧蟲名悁忿也曾連曰棄忿悁之節襉衣曲也棩木曲也
焆火皃娟女字○犳崇玄切獸名似豹而文少文二趧疾走
二○僊仙相然切說文長生僊去作僊通作仙文二十九仙木名出郝連要𡑞外高也或从丁鮮說文
魚名出貉國一曰鳥獸新殺曰鮮又曰善也亦姓鱻說文新魚精也从三魚不變魚鷯鳥名似鸊鷉碧色毨博雅毨毨鬣也躚
蹮蹁蹮猶蹁躚也或省亦作躚䃸擿石廯廩也秈䄯䉳秈方言江南呼粳為秈或作䄯䉳秈苮
艸名如莧鮮戶板謂之簡鮮一曰竹名嶰小山別大山曰嶰通作鮮䉳竹名仚山居長往也邮地名綫縷也㚲

大一二十八　小八十六　集韻平聲三　五　正

女字𪏁瘍也䙴褊䙴衣皃䕭蕃艸木動皃○䙴遷拪㧸親然切說文登也隸作遷古作拪㧸文十八
輿𨘢𡨄卥說文升高也从舁囟聲或从卩隸作䙴古作𦥛䢩邦說文地名或作邦韆鞦韆北方
山戎戲以習輕趫者𣟍櫏杄檻櫏木名子如馬乳或作櫏杄通作遷䈤竹名𤸁痛也㩖揷也○煎子仙
切說文熬也文十𦴣說文艸皃湔說文水出蜀郡綿虒玉壘山東南入江一曰手澣也洒也傍沾也䮁女騎垂皃㷓箸也今俗有𡿖
齍語鬋說文嬚懱也亦書作媊翦淺色周禮翦翳繴纓嫥女媊星名𢕛揃箋識也或从手亦書作揃○次侲
涎湺漾徐連切說文慕欲口液也或作㳄涎湺漾亦書作𣵀文六唌說文語唌嘆也○錢財仙切貨泉也一曰田器亦姓文六
蚿錢蟬蟲名或从錢亦作蟬碊坂也濺泎也○羴羶羶膻尸連切說文羊臭也或作羶羴膻文
十九挻說文長也方言楚部謂取物而逆曰挻一曰揉也梴木長皃詩松桷有梴埏和土也通作挻搧扻也扇搖翣也
煽火盛也脠肉醬者曰脠鯅魚醬𧙖說文車溫也一曰巾也一曰帑褳牛領衣顫鼻徹為顫謂齆於氣臭也䌫博雅
更也𨇨行也㹱獸名似兔𦐼盛也烻光也○燀稱延切炊也文六𤟥犬噬也僤地名在會秦秋傳轉譚子僤

嘽喧緩皃幝車敝皃闡開也明也○饘鬻餰飦健鬻𩞽餰
鬻諸延切說文糜也周謂之饘宋謂之餬或作鬻餰飦健鬻𩞽餰饘鬻文二十八旃旜襢說文旗曲柄也所以旃表士衆
引周禮通帛為旃一曰之也亦姓或作旜㫋栴梅栴檀香木名或作栴氈說文撚毛也鸇鸇䳠鳽䲷
鳥名說文鸇風也籀从廛或从佳古作鳽鵫顫顫方言顩江湘之間謂之顫或从癸鄲地名在衛通作甄鸇鸇鳥山名
弓䤔甄察也勉也○山所旃切土高有石曰山文一○鋋時連切說文小矛也文十五單爾雅太歲在卯曰單閼一曰匈奴酋
長曰單于姓擊䟊氏單于廣大皃言象天單于然禪靜也浮圖說嬋嬋媛美容亦作嬗儃僤態也或从單撣
博雅撣援牽引也蟬蟺說文以旁鳴者方言蜩秦晉謂之蟬或作蟺澶說文澶淵水在宋埏地際也亶亶爰山名
轋轋轋車輞繟繟聯不絕皃○潺鋤連切水流皃一曰水聲文八孱說文迮也一曰呻吟也奧州人謂懦弱曰孱虥虎淺
文鋋小鑿輾車輞㙴廛門聚名在睢陽𣟃棗名䮘𩣡禿○然𤡮如延切說文燒也一曰如也又姓古作𤡮
通作𩟽俗作燃嘫說文語聲也一曰磨蘿虉說文艸也或作虉肰肰說文犬肉也古作肰肰

大一二十三　小七十三　集韻平聲三　六　正

𤢸㹤猓𤢸猿屬色青赤有文䳿鳥名燃姓也著有燃氏繎說文絲勞一曰紅色䕼竹名由吾也䕼野豆鉔
車缸○邅亶儃張連切屯邅難行不進皃或作亶亦从彳文九䞦說文趁也驙說文駗驙也引易乘馬驙如一曰白馬黑脊驙
一曰馬載重難行鱣鱣䲥魚名說文鯉也或从虫从廛澶水靜皃○脠抽延切說文生肉醬也文十六鯅魚醬延
說文安步延延也鋋長引也挻博雅長也一曰造取物梴說文長木也引詩松桷有梴方言碓機自關而東謂之梴獑獑狿獸走皃
鏈磏銅屬一曰升也或从石譂博雅譂謾欺也梴獸名遭相顚行也𧮯𩕾也連心泣皃烻光也㹱
獸名似兔○纏纏纒澄延切說文繞也一曰東也又姓或作纏亦省文二十襢袦襢襌也躔蹍說文踐也或从展
邅轉也廛壥墰厘鄽說文一畝半一家之居一曰屋市物邸舍或从土亦作壥厘鄽闤市門瀍水名出河南北
山入于河澶水名在衛一曰水皃蟺蟲名方言守宮秦晉謂之蟺蟺撣相纏不去也太玄提禍撣撣𦠆沐纏用象別名𤢻犬走
皃埏聚名在桂陽○連璉陵延切說文負連也一曰連屬又姓古作璉文二十四謰嗹說文謰謱也或从口聯
說文連也从耳耳連於頰也从絲絲連不絕也𢹎博雅𢹎飛也漣風行水成文曰漣𢡮說文泣下也引易泣涕𢡮如通作漣健健

生也一曰僊僊不相及 灕山海經灕水出王屋山西北流注于泰澤 鏈磏說文銅屬或从石 槤簳也一曰木名一曰門持關謂之槤
令令居縣名在金城郡 嫝嫝娟眉細長皃 𪘲說文齒見皃 𤢂獑猢獸走皃 鰱說文魚名 梴長皃 䅻黏禾
縺縺縷不解 蜒蟃蜒蟲名 孿攣也 𩞄鏈䭈寒具 ○甄稽延切說文匋也一曰察也免也亦姓文九 蘣艸名豕首也
鄄地名通作甄 𤮱𤮱謂之甎 鸇鷐鸇屬 鸇穆天子傳鸇鳥山名 𤭁廣雅瓴𤭁甎也 覘視皃 栞識也入山刊木以識
道也○嗎嘆虚延切博雅嘆也一曰笑皃一曰嗎嗎喜也或从虔文七 嫣好皃一曰長也 𡯋大皃 仚輕舉也 翾
𩙶翾翾飛也或从飛 ○延夷然切說文長行也一曰陳也及也又姓亦州名文十八 䢭行皃一曰䢭遁 遁相顧視而行也或書作㢟
埏羨登也方也墓道也或作羨 莚艸名一曰莚蔓相連貌 筵說文竹席也引周禮度堂以筵筵一丈 郔說文鄭地 綖
冠上覆通作延 䘸襈衶領上衣一曰車溫 𨥽小矛也 蜒蟲名方言燕北謂易蜥曰祝蜒一曰蜒蜒獸名一曰蜿蜒龍皃 狿獸名
曆也 衍進也周禮望祀望衍鄭氏讀 挻取也周也 𧔮蚰蜒蟲名亦書作𧔮通作蜒 唌唌唌謾急皃 娫女字 ○漹
尤虔切水名文三 𧍷蜵蟲曲息也 焉語助 ○焉於虔切說文焉鳥黃色出於江淮象形凡字朋者羽蟲之長烏者日中之禽舄者知太歲之

集韻平聲三 七

所在燕者請子之候作巢避戊巳所貴者故皆象形焉亦是也一曰何也文九 漹說文水出西河中陽北沙南入河 嫣長皃 閼閼氏匈奴妻號
蔫說文菸也 鄢傿鄢陵縣名在潁川亦姓或从人 𧍷蜵蟲曲息也 㥼㥼憶也 ○愆𢝨諐𨕖
愆丘虔切說文過也或从寒省籀作諐亦作𨗨愆文二十二 䇂說文辠也从干二二古文上字張林說俗作愆非是 褰𧞑𧛾
𧜟說文絝也引春秋傳徵褰與襦或作𧝥𧜨 騫說文馬腹縶也一曰虧也亦姓又邑名 𧼯蹇說文𧼯行𧼯𧼯也或作蹇 𧽸
搴方言取也楚謂之搴一曰縮也拔也或作𢹯 𠿒嗎方言樂也一曰𠿒嗎喜皃或作嗎 攐相援也 攓說文拔衣也通作𢹯
攓攐𣝣木名或作𣝣𣟍 ○乾乹𠃓𨽂渠焉切說文上出也从乙乙物之達也一曰易卦名健也亦姓籀作乹乾
或作𠃓俗作乹非是文十九 筋大腱也 虔說文虎行皃一曰恭也固也殺也 勮負物也 犍犍為郡名屬益州 鰬魚名
似鱓博雅大鰻謂之鰬 𨞰說文河東聞喜聚 騝爾雅駵馬黃脊騝 𥖍𥖍也 榩榩謂之椹一曰構木為𣟍 鍵鑰牡一曰車轄
揵舉也 靬驪靬縣名在張掖郡 𧀠艸名 赶馬走 𠞊削也 ○鞭夊卑連切說文驅也一曰扑也亦曰馬撾古作夊
文四 鯾魚名似魴而大 箯博雅箯輿也 ○篇紕延切說文書也一曰關西謂榜曰篇又姓文十八 諞辯佞之言 偏徧

說文頗也又姓史游章有偏呂張亦作徧 㾫說文半枯也公孫綽有㾫枯之藥以起死者 頨說文頭妍也从頁翩省 媥說文輕皃 扁
扁峙也古作扁 翩說文疾飛也一曰翩翩往來皃 鶣鶣鶣輕皃 萹艸名爾雅竹萹蓄似小藜赤莖節好生道旁可食 猵猵狚
獱類一曰犿類爲牝牡也 甂說文似小瓿大口而卑用食 覑斜視 𠛪削也 㢾弓反張也 編列也 ○便毗連切說文安也
也人有不便更之一曰便便辯也亦姓文十三 平平平辯治也 㖻辯巧言也亦作辯通作便 㛹㛹娟美麗皃 緶博雅緶也
楩木名似豫章 箯說文竹輿也 𧎃蜧𧎃蟲名沙蝨也 鯾說文魚名 豍猪也 𦯬𦯬䕯艸名 蹁行皃 ○
緜綿彌延切說文聯微也一曰纊之別名又姓亦州名或从系文二十三 棉杨楄木名出交阯可為布或作杨楄 矊矊
目矊子黑 宀說文交覆深屋也 𧭈𧩨慧黠也一曰欺也或作𧩨 𠑗𠑗低皃 芇相當也一曰相當 蝒𧏙
蟲名說文馬蜩也或作蝒 蝒說文蛜蛃蟬屬 槾木密皃 緍緡緡蠻小鳥皃或作緍通作緜 𥄫𥄫然猶悵然李頤說 媔
目美皃 𣐼木名有子似栗 䋏細也 𡝥媥女字或省 ○鸇諸延切字林鸇巳仙切鶣屬文二 搴引取也史記搴長茨 ○
宣宣荀緣切說文天子宣室也一曰徧也揚也通也古作宣文二十 揎搝擐手發衣或作揎擐 愃江東呼快為愃

集韻平聲三 八

蝖蟲名 鶕小鳥 䫇𩖘圓面也或作𩖘圓 朘縮也 瑄璧大六寸也通作宣 翧翔也 鍹銚也
𤔔博雅表也一曰手循 亘說文求亘也从二从回象亘回形上下所求物也徐鍇曰回風回轉所以宣陰陽也 剶削也 吅呼聲 媗
女字 ○詮逡緣切說文具也一曰擇言一曰解喻也文二十八 銓硂說文衡也一曰度也或从石 拴揀也通作詮銓 痊病除
也 佺說文偓佺仙人也 跧屈伏也 悛說文止也 駩爾雅白馬黑脣駩 絟說文細布也 筌取魚竹器 譔
說文專教也一曰殊也 謜謹和也 縓絳色也 恮說文謹也 荃艸名說文芥脃也 棪木名如餘甘 繏所以履持也
剶剑削也或从全 峑山頂也 匴方言箄或謂之匴一曰竹器 拴博雅盍也一曰釘也 鐉說文所以鉤門戶樞也一
曰治門戶器 輇車下卑輪謂之輇 竣退也國語已事而竣一曰敀也 睉目不明也 娗女字 ○鐫鋑遵全切說文穿
木鑴也一曰琢石也俗作鎸非是文五 朘縮也 𠝉削也 畯闕人名漢有魯文王畯 ○旋旬宣切說文周旋旌旗之指麾也一曰疾
也文三十四 還𨗨睘復返也或从彳亦作睘通作旋 檈木名說文檈味稔棗 檈說文圜案也一曰以繩轉軸裁木為器
鏇轆轤也 璿璚𤪌叡琁璇瓊𤩙說文美玉也引春秋傳璿弁玉纓古作璚璿作𤪌叡或作琁璇

瓊璿 𦝡旋博雅短也一曰便旋小皃或省 嬛續也一曰輕舉 颴風回也 漩𣹢說文回泉也或不省 蜁蜁
蟲名博雅沙蝨蜁螌也或省 圓圜說文規也或作圜 㔰箕也 嫙睻說文好也或从目 攇引也 鶨鶨目水鳥
通作旋 儇姓也黃帝之後 梋椀謂之梋一曰車環 鏇魚名出梁州 暶明也 ○仝全𠓝從緣切說文完也一
說文純玉曰全亦姓或作全古作𠓝文二十五 䀬目眇視也 牷說文牛純色 泉灥洤說文水原也或作灥洤 蟓貝白
質黃文曰蟓通作泉 蟤蜁蟤蟲名 騡駩白馬黑脣或从全 鰁魚名 還旋復也書還歸在豐徐邈讀或作旋
絟投壺禮二筭為絟 㩬爾雅㩬㩬憂也郭璞讀 恮慬也 㔯箕也 葲羊葲艸名 絟布細者曰絟 䪾圓面
𠤬箕也 姾女字 跧行曲 ○穿穿昌緣切說文通也从牙在穴中或从身文九 川說文貫穿通流水也引虞書濬畎澮
距川言深畎澮之水會為川也 釧車釧也 灥衆流也 竁穿地也周禮甫竁鄭少贛讀 紃字林圜絛也 瑏玉也 耑蠶穿
也 ○專朱遄切說文六寸簿也又姓文二十二 叀𢆸卣說文專小謹也从幺省屮財見也古作𢆸卣通作專 顓說文
頭顓顓謹皃亦姓 嫥𡡉說文壹也一曰女嫥嫥一曰愛皃或省 諯讓也數也 鄟邑名 鷒鷒鷒鳥名 鱄魚之美者亦姓

大一百六 小七百三 集韻平聲三 九 廿明

甎𤭁塼燒墼也或从耑从土 瑼玉名 篿楚人謂折竹卜曰篿一曰竹器 膞鳥胃 湍漙水名出鄖縣或从專
摶剸擅也一曰幷合制領也或作剸通作專 斷斷首也 ○遄淳沿切說文往來數也引易巳事遄往文十六 篅圌
說文判竹圜以盛穀也一曰竹器或作圌 輇輲槫團說文蕃車下庳輪也一說無輻曰輇或从耑亦作槫團 椯椯說文
木也或省亦書作椯 歂說文口氣引也亦姓 諯相讓也 膞磚陶人作器具周禮器中膞或作磚 甎江東呼盆曰甎 叀
小謹也 塼紡錘 ○船食川切說文舟也方言自關而西謂之船又姓或書作舩俗作舡非是文三 膞鳥胃 䏜目動也 ○
㬮曘堧壖而宣切說文城下田也一曰㬮郤也一曰㳂也或作曘堧壖文十九 𧜭襖衣縫襵也一曰緣也或省 撋
擩㨎捼煩撋猶捼莎也或作擩㨎捼 瓀瑌石也或从耎 緛絲難理曰緛勞 蠕蟲行皃 犉㹘
黃牛黑脣曰犉或作㹘 栭博雅柱也 䧿鳥名博雅䧿䧿也 瞤目動 ○栓所員切博雅栓擢釘也文三 䡵治車軸也
櫚豎木栈 ○恮莊緣切曲卷也文六 跧說文蹴也一曰卑也蜷也 䀬目眇視 蟤蜿蟤龍屈皃 佺偓佺仙人名
䅌彊健皃 ○僎珍全切僎儃行不正皃文一 ○䎶火全切角僻仰也文一 ○鐉椿全切所以鉤門戶樞也文四 豩

逯獸走皃或从辵 剶博雅剶也 ○椽重緣切說文榱也文五 傳說文遽也一曰轉也 縳卷也 掾陳掾馳逐也司馬正
說 豩獮豩獸走皃 ○孿戀聯閭負切說文係也或作戀聯文十七 䜌變說文亂也一曰治也一曰不絕也一曰南
䜌縣名屬鉅鹿古作變 𨇾蹁蹮足病 臠癵癵攣病體拘曲也或作攣癵通作攣 蠻蟹蠻蟲名 臠臃臠驢馬
腹腴 臠孌癵說文臞也或作孌癵 虆艸名鳧葵也 臠瘦皃 ○沿余專切說文緣水而下也引春秋傳王沿夏文二十
一 鉛說文青金也 櫞果名似橘出交趾 捐說文棄也 鳶鳶鳶說文鷙鳥也或从弋亦作蔦 鳶鳶尾艸名
夜干也 寽以手循也 蝝蟲名說文復陶也一曰蚍蜉子一曰蝗子 緣因也一曰衣飾 鰱魚名 䬼高也 允允吾縣名在金
城郡 玧玧瑶䜌夷充耳 旋短也 猭猭㺒兔奔 㳂相循也 掾把也 梋車環謂之梋 船舟也 ○
翾䎘隳緣切說文小飛也或作䎘翾文十六 儇說文慧也一曰利也一曰舞皃 譞說文譞慧也 弲角弓也一曰雒陽名弩為
弲 蠉蜎蟲行皃一曰井中小赤蟲或从肙 䟫疾走 嬛說文材緊也引春秋傳嬛嬛在疚一曰便嬛輕麗 䪾頭妍也
𥊬目童子黑 澴澴波涌起皃 懁辯急也 獧疾也 𪚺龍脊堅骨 ○娟縈緣切美皃文十一 嬛便嬛輕麗

大一二十八 小六四十七 集韻平聲三 十 正

悁𢛬說文忿也一曰憂也或从心 㟗山阿 潫潫潫水深也 圓規也 蜎井中蟲名 睊視也 嬽眉皃一曰
好也 蝹蝹蝹龍皃 ○員鼎于權切說文物數也徐鍇曰古以貝為貨故數之櫕从鼎文八 圓圜說文天體也一曰全也或作圜
湲潺湲水流皃 篔篔簹竹名 隕均也 約采成文曰約 ○嬛紆權切說文好也文三 潫潫潫大水 蝹蝹龍皃
○𢤰兔負切恐也文二 謾欺也 ○勬勬拘負切勤力也一曰健皃或作勬文三 𠐿囚也漢書𠐿若囚拘蘇林讀 ○
卷驅圓切縣名在河南一曰冠武文十八 桊拳弩拳或从弓 㩲弓曲也 巻䌟博雅幘也一曰小兒帽或作䌟
棬桊盞圈盞屈木盂也或作桊盞圈盞 鬈長也 鄄鄉名在聞喜縣 拳拳拳奉持皃 埢圜墻也
錈屈鐵 箞揉竹 腃身曲皃 ○權逵員切說文黃華木也一曰反常一曰稱錘又國名亦姓俗从手非是文五十一 拳說文
手也一曰拳拳憂也一曰愛也亦姓 矔目眶 㾌手屈病 惓惓惓謹也 狋獾狋氏縣名屬代郡或从雚 觠顴說文
曲角也一曰羚羊角三帀為觠或从頁 顴䯼輔骨曰顴或从骨 臛博雅臞䐪醜也 趯䟓說文行趯䟓也一曰行曲脊皃或从
卷 踡蹮踡跼不伸也或从雚 婘孉嫺博雅好也或从雚从闗 䝴貛壯狼或从犬 犈爾雅牛黑脚犈

蠸說文蟲也一曰大螫也埢埢垣曲墻也齤䶥說文缺齒也一曰曲齒一曰笑而見齒皃或省卷䍴曲也一曰縣名
或从雚鸛鸛鸛鸛鴰鳥名或作鸛鸛奆覲大視也或作覲盎圈盂也或作圈彉引曲謂之彉
雚萑葦之類初生者皆曰雚蜷蟲名詰屈也爟烽火捲說文氣勢也引國語有捲勇一曰收也治也腃吻也僎偏肩
皃輇量度也莊子輇才諷說鬈說文髮好也引詩其人美且鬈一曰髮曲桊橐有底曰桊巏巏務山名在柏人城東北纗
布名出蜀戾犬皃炱蟲入火皃容深通川也攉爪轉也
三〇蕭先彫切說文艾蒿也一曰蕭也亦國名又姓文二十五簫箾䶲說文參差管樂象鳳之翼或作箾䶲櫹
櫹櫹槮艸木盛皃或从蕭彇彇弓弭頭也或作彇通作蕭撨撨擊也或从蕭瞍目有眹無珠子曰瞍瀟潚
瀟潚風雨暴疾皃一曰水名或作潚䬕颼涼風謂之䬕或作颼艘船名蠨蠨蟲名說文蠨蛸長股者或作蠨慅爾雅慅慅
勞也騷愁也一曰蒲騷地名搜叟搜搜動皃亦省爇火也嫶女名綃綺屬〇貂鼦鼦丁聊切說
文鼠屬大而黃黑出胡丁零國又姓或从鼠亦省文四十七雕鵰說文鷻也籀从鳥又姓鳭鷯鳭鳥名鴻碉雕鳥名

爾雅鵰鷻剖葦謂好剖葦皮食其中蟲或从召从隹蛁蚓說文蟲也一曰蛁蟧小蟬或省敦弴弤畫弓也或从弓亦作弤
刀古者軍有刀斗以銅作鐎受一斗晝炊飲食夕擊行夜亦姓俗作刁非是刐刟㓙博雅斷也或从召从兆琱說文治玉也一
曰石似玉鉊鉊也彫凋說文琢文也或从刀通作雕琱凋說文半傷也苕葦華蔦蒿艸名蔈蔣也其米謂之蔦
蓢或作蔏通作彫鬝留鬝也一曰鬝多䂏博雅短也𤝞犬之短尾者鳭裯䙚說文短衣也引春秋傳有空裯或作
裯衵說文棺中縑裏或書作褁𧳢奝大也多也亦从大䳂說文目孰視也舠𦨖舟名或作𦨖鯛鮉
說文骨耑脆也一曰小魚名或从召婤女名椆椆木名軺博雅枊車也筒山海經中山之東有扶筒山𣯒翤毤毲
羽惡皃或从羽齠毀齒也〇祧禚他彫切說文遷廟也古作禚通作庣文二十七庣不滿也𠛪則也挑說文撓也
一曰摷也引國語郤至挑天𣂷說文斛旁有𣂷一曰利也䄻稻也駣馬三歲曰駣𣂷銚鉤田器或作銚鉤通作𣂷
佻恌窕𨋩說文愉也引詩視民不佻或作恌窕𨋩趒雀行也聎耳病也一曰耳鳴覜見也朓晦而
月見西方蓧蓨艸名爾雅蓧蓨或作蓧蓨說文苗也條枝落也詩蠶月條桑嬥嬥嬥往來皃桃長柄可以持物於器

中者通作桃脩縣名周亞夫所封莜艸田器〇迢遰田聊切說文迢遰也一曰迢迢高皃或从喜文四十八跳
跾說文蹶也一曰躍也或从條趒說文雀行也佻佻詩傳佻佻獨行皃或从彳庣過也嬥好也一曰嬥嬥往來皃
髫髫髫童子垂髮齠毀齒也鬝髮多皃卲卜問也調稠說文和也或从禾毦翤鵰毤
鳥尾翹毛或从羽从鳥鋚鋚一曰鐵也鎥轡首垂銅謂之鎥𥂴說文田器也或从皿條樤說文小枝也一曰木
名或作樤苕說文艸名艻說文葦華也莜艸田器䔢竹名卣𠧙說文艸木實垂卣卣然籀作𠧙岧岧嶤山高
皃或書作岹鯈水蟲名山海經朱塗水中有鯈蟰狀如黃蛇魚翼蜩蛁說文蟬也引詩五月鳴蜩或从舟鰷鯈鮋
白鰷魚名或作鯈鮋鮡魚名似鮎白色挑掮撓挑宛轉也一曰攪也或作掮怊悵也莊子怊乎若嬰兒之失其母郭象讀䄚人
名莊子有䄚巫咸䄚銚長矛也呂氏春秋長銚利兵鋚銚也蓨說文苗也峒山皃婤女字杪枝落也通作條〇
聊膠聊憐蕭切說文耳鳴也又姓或作膠聊文七十八㰠木名膫膋說文牛腸脂也引詩取其血膫或从勞省瞭
目明暸明也髎髖骨名一曰馬髆上骨爲八髎嘹嘹亮鳴也一曰數夜也飉小風也飂飂戾風聲僚賤稱春秋

傳隸臣僚又姓寮同官爲寮通作僚廫寥廫說文空虛也或作寥廫寮說文穿也論語有公伯寮磟說文空谷也一
曰空磟深也嶚嶛廣雅嶚巢高也或作嶛亦書作嶚嵺蹽長也遼勞說文遠也或作勞遼一曰水名在遼陽縣
轑轑陽邑名在楚一曰軸也撩動作擊也撈取也通作撩撩說文理也一曰取物嫽說文女字也一曰相戲憀說文
憀然也憭方言慧或謂之憭料量也春秋傳有料虞君敹說文擇也引周書敹乃甲冑廖闕人名春秋傳有召伯廖亦姓
鐐鏐說文白金也或从翏璙說文玉也繆繆繆絲皃繚纏也謬譑謬言巧言橑椽也簝說文宗廟盛肉竹器
引周禮供盆簝以待事䈁竹名似苦竹而細軟江漢閒謂之苦䈁藔艸稀曰藔漻說文清深也潦山海經潦水出衛皋東一曰潦
也尞燎柴祭天也通作尞尞姓也燎縱火焚也熮說文火皃引逸周書味辛而不熮墚周垣翏高飛也鷯
雡鳥名說文刀鷯剖葦食其中蟲或从隹鷚鸙也獠𧲿㺒爾雅宵田爲獠或从豸亦作獠蟟蟧蟲名
馬蠅也或从勞疒卯疾也癆方言北燕朝鮮之間飲藥而毒謂之癆一曰痛也勠戮㔏并力也古作㔏或作戮膫漢侯
國名在南陽峁山名茆艸名顟高鼻深目皃艌舟名僇且也頓也通作聊瘳病損也樛木名辟

䃶䃣谷空皃 蹓并州謂豆曰蹓 蟉蛐蟉屈皃 憭蓋弓也通作橑 蕘艸器 ○驍堅堯切說文良馬也一曰健也文二十九
梟說文不孝鳥也日至捕梟磔之从鳥首在木上 県說文倒首也賈侍中說此斷首到縣県字通作梟 鄡縣名 噪說文聲噪噪也
蟂鴞獺屬害魚者或作鴞 獥狼子 鷔鳥名鷔鷔也似鳥蒼白色 僥憢儌僞也或从心从敫 澆潒
說文漢也一曰薄也或从梟 敫𢾦擊也或从堯 憿激說文幸也亦作激通作僥徼 邀撽遮也或从手 趬
行輕 釗爾雅勉也一曰弩機 嗷嗷嗷哭聲 㿥博雅腫也 徼說文循也 嬈女字 鐃戟屬 䁱視也 韓韓轎
車亂 ○膮馨幺切說文豕肉羹也一曰香也文十六 鐃分枲一木也 哓譊憢說文懼也引詩唯予音之哓哓或从言从心
瘪膔腫欲潰皃或作膔 㚁博雅大也 翶鴞翶毛羽皃或从鳥 獟獟也漢書誅獟驛 撓撓挑宛轉也
髐髐然髑髏皃 顤顤顤謂之顤 谸谷大皃 䦈門大開皃 ○郻鄡牽幺切說文鉅鹿縣一曰鄡陽縣名或从県亦
姓文十九 趬𧾒說文行輕皃一曰趬舉足也或从 繑說文綹也細也 顤說文大頭也 奝長大皃 敫擊也通作𢾮
墽磽也 窵窵窱空也 髐髐然髑髏皃 撟博雅撟伉健也 敫說文田也 𤈿火行也 蟜引弓 撟舉也

大百七十二 小六八十 集韻平聲三 十三 春

蹻舉足 䃶䃶䃣空谷皃 僬僬僥多智 ○幺伊堯切說文小也象子初成之形文十三 吆吆吆聲也 怮博雅憂也
遙遠皃 䱂魚名博雅鰩䱂鰊 窅戶擾聲也 宎窔聲莊子宎者咬者 聊聊聊耳鳴 蟯蟲名在人腹 豹山海經䑏
山有獸狀如狗而文首名曰豹 皀望遠也 頨頭小皃 紗說文急戾也一曰小意 ○堯兟倪幺切說文高也从垚在兀上
高遠也古作兟文八 嶢說文焦嶢山高皃或書作嶤 垚說文土高也从三土 僥說文南方有焦僥人長三尺短之極 顤高長頭皃
蟯蟲名在人腹 蕘藥艸 ○藨普遼切艸名爾雅藨麃文一 ○轈子幺切蒜虫也文四 幵夘非事之制也
或作夘非 ○嬈褭聊切嬈也一曰心不欲也文一
四 ○宵䨭思邀切說文夜也从宀宀下冥也古作𡨋文三十八 蹜跳蹜動也 消說文盡也 霄䨭䨭說文
雨霓為霄或从雲从气 颵颵颵風聲 捎博雅揣抗捎也 逍說文逍遙猶翱翔也通作消 痟䭪說文酸痟頭痛引周禮春
時有痟首疾或作䭪 綃繆䌥說文生絲也一曰綺屬或作繆䌥 銷說文鑠金也 焇爍也 硝䃤硝藥石 蛸
蟲名說文蟲蛸堂蜋子亦姓 䔕艸根也 哨口不正一曰哨 翛翛翛翛翛羽敝也或作翛翛 鮹魚名 猸狂也

䴛博雅鹽也 𢯷長臂皃一曰纖殺也 梢周禮梢溝謂水漱𧮫之溝鄭衆說 奞張羽皃 䝄山鬼或作𤠼 俏
削俏然反顧說或作削 肖衰微也史記申呂肖矣徐廣說 髾髾髾鳥尾翹毛也 揱擇取也 萷萷蔘艸木茂皃
○䌭胸𦡐銚鍬梟鍫𣜎千遙切爾雅斛謂之䤣或作𦡐𦡐銚鍬臿鍫𣜎亦書作鏊文二十五 𢷾
廣雅陗拂高也 嶕上也 萩藨萑一名萩 幧幓幧帕頭也或作幓幓 紗小意 繰帛如紺色 鍫以鐵鉄衣
通作繰 鷦驍蕉𤍐麻苦雨生壞也或作𦪔蕉䜓 摻持物也 𧛎博雅祅𧛎謂之裌 鄡地名在鄐
㦺色變也莊子愀然變容 ○焦蕉燋兹消切說文火所傷也或省亦作燋又姓文三十 𤏧說文所以然持火也引周禮以
明火𪚰說文灼龜不兆也引春秋龜燋不兆或書作𪚰 髤曾顛毛曰髤 蕉說文生枲也 膲三膲無形之府通作焦
鷦鳶說文鷦鵰桃蟲也或从刀 茮椒㭯木名說文茮茮一曰茱萸子聚生成房皃一曰椒山顛也亦姓 蔍星山無艸為蔍
噍啁噍鳥聲也 鸕收束也 鐎溫器說文鐎斗也通作焦 蟭蟭蟂蟲名蟷蟭也 醮說文面焦枯小也 礁祭也 僬
短人謂之僬僥 嶕山名 湫夫湫地名在吳一曰人名曾有子服湫通作𣿅 萩菽人名菽大夫也或作菽 繑縺布屬或从

大一百三十四 小六七十六 集韻平聲二 十四 春

焦鷦鷦鷯神鳥似鳳 膲木名皮堅黑若鐵生水中 嬈女字 ○樵蕉蕉慈焦切說文散木也或作樵樵文二十九
劁博雅斷也刈也 憔顦嫶癄醮憔悴憂患也或从頁从女从疒亦作醮 撨博雅擇也 䁦瞧䁦瞧
耳鳴或作聴 譙國名一曰樓之別稱亦姓 鄗地名 嶕嶕嶢山峻皃 巢廣雅巢巢高也 鐎溫器形如銚 僬僬僥短人
湫水名在朝那 醮面枯也 蕉說文艸也 燋灼龜木周禮掌共燋契李軌讀 噍聲急也禮其聲噍以殺徐邈讀 蕉艸芥
也一曰芟刈 潐水名山海經常丞之山潐水出焉 軺軺車也 嘈聲也 褿祖也一曰衣齊好 焦焦夷地名 ○
猋卑遙切說文犬走皃文四十二 飆飇颮飄說文扶搖風也或从包从勺亦作飄通作猋 表剽𠟡識也
或作劓劓 標木杪 摽𢿀擊也或从攴 杓說文枓柄也 瘭漂疽病或作漂 膘體壯也 僄或从人
熛說文火飛也 爂也或省 熛封土為識 嘌𡾰山峯出皃或作嘌嘌 𨘋說文輕行也
穮稻田秀出者 藨陵苕之黃華者 藨竹長皃 驫衆馬走也 嘌疾也聲也 旚說文旌旗旚旚飛揚皃 贆貝名
爾雅貝居陸贆 髟說文長髮猋猋也 蔈艸香 𤏺輕脆也 膔脾腫潰也 鑣鏢刀鋒曰鏢或省 瞟惡視皃

灬列火 觻角名 嫖女字 謤言有所止 ○漂潶 紕招切說文浮也一曰水中也或作潶文四十二 擊洋 杓北斗
栖星名 嫖僄 說文輕也或从人 旚旚 說文旌旗旚繇也或从㦸 犥 說文牛黃白色 鏢 說文刀削末銅也 䴩
䴩䴩飛輕皃 飄猋 說文回風也或作猋 僄 博雅急也 謤 言輕 爂㶾熛 火飛也或作爂熛 瞟 方言
曬乾物 飃 飄颻風吹皃 彯 彯彯長組皃一曰彯搖輕便也 敫摽 擊也或从手 趮蹮 說文輕行也或从足 翲
翲翲飛也 瞟覭 明察也或从見 蟲蟲螵 蟲名說文蟲蛸也或作蟲螵 嘌 說文疾也引詩匪車嘌兮隸作嘌 膘
膘脺腫欲潰或从票 㯹 橐張大皃 剽 末也 鬃顠 鬃鬃亂皃或作顠 薸藻 萍蘇或从瓢 嫖 女字
標 木末 嘌 山峯 ○飄飄 毗霄切說文蟲也古作飄文十一 飄 回風曰飄 剽 爾雅鍾其中者謂之剽 薸薸
萍也或从瓢 㯹 說文橐張大皃从橐省匋省 螵 螵蛸蟲名 蛸 或作蛸 鄡 地名 馞 香皃 ○蟲蟲 彌遙
切蟲名或从蚰文十 蛸 蠶初生者 蔈 竹細者杪 杪 細網 鷂 鷂鷂鳥名桃雀也或書作鵗 緢 旄絲也 薸瓢 萍也
江東語或从瓢 㬓 輕脆也 ○鑣觻 悲嬌切說文馬銜也或从角文十二 臕 脂肥皃 儦儦 說文行皃引詩行人儦儦

或从 瀌 說文雨雪瀌瀌 穮穮 說文耕禾間也引春秋傳是穮是衮或从耒 藨蔍 艸名子似覆盆一曰猋藨芀荼別名或从
魚 鱻 津名在匈奴中 麃 麃麃武皃 ○苗 眉鑣切說文艸生於田者一曰夏獵曰苗又姓文七 描 畫也 貓猫 爾雅虎竊
毛謂之虥貓一曰食鼠狸或从犬 緢 說文旄絲也引周書惟緢有稽 魋 蟲鬼 茅 菅也易拔茅連茹鄭康成讀 ○燒 尸昭切說文爇
也文二 穊 禾也 ○招 旨招切蚩也一曰怊悵失意文六 弨弶 說文弓反也引詩彤弓弨兮或作弶 紹 緩也詩匪紹匪遊鄭
康成讀 柖 闕人名莊子有巫咸柖 犓 牛羊不生子也 ○昭炤 之遙切說文日明也董仲舒曰食祝从火亦姓文十六 鵃
鶻鵃鳥名 招 說文樹搖也一曰射的 鉊 說文大鎌也鎌謂之鉊張徹說 招 說文手呼也又姓 駋 馬名 釗 說文刓也周康王名
一曰勉也一曰蛁蟧 盄盄 說文器也或作盄 㼶皽 肉之䐑莫或从亶 詔 言誘也 鍣 博雅鉎也 弨 弛弓
妱 女字 ○韶磬招 時饒切說文虞舜樂也引書簫韶九成鳳皇來儀一曰美也或作磬招文十七 侶卲昭 說文
廟侶穆父為侶南面子為穆北面或作卲昭 苕 艸名 卲 卜問也 靶 擊也从卩 軺 小車也 卲 高也 招 樹皃一曰射的
劭 爾雅勉也 茗芀 艸名詩苕之華徐邈讀 䄻 牀別名通作柖 玿 美玉 ○饒 如招切說文飽也一曰益也多也又州名

亦姓文九 橈 博雅袂橈紉衣 橈艬 方言楫謂之橈或从舟 㰩 牛馴伏 蕘 說文薪也方言蕘蕘薺謂之蕘 蟯 說文腹中
短蟲也 擾 順也 擾 玉名 ○超 癡宵切說文跳也亦姓文八 欿 欿歊氣上烝一曰健皃 怊 字林悵也 帩 帩紗細絲
昭 喉鳴 颮 清風曰颮 條 枝落也詩蠶月條桑沈重讀 鴞 鳥聲 ○𣎴朝 陟遙切說文旦也亦姓隸作朝文三 䩱
姓 ○鼂鼂晁 馳遙切說文匽鼂也楊雄說匽鼂蟲名杜林以為朝旦非是篆从皀或作晁亦姓文十 朝輈 覲君之總稱又
姓古作輈通作晁 淖潮 說文水朝宗于海隸作潮通作朝 挑 獸絕有力 䏚 俎几也 羠 羊未卒歲為羠一曰夷羊百斤為羠
○燎 離昭切火在地曰燎文五 膋 尻骨謂之膋 繚 繞也 摷 擇也 摎 搏也一曰縛殺 ○遙遙隃
踰 餘招切遠也或作遙隃踰文六十七 嫙 說文曲有行皃一曰戲也 傜 使也通作繇 傜 說文喜也自關以西物大小不同謂之傜
繇繇 說文隨從也一曰憂也由也或作繇 颻 風上行風也 歊歊 說文歊歊氣出皃或作歊 窯窰 說文燒瓦竈也或从缶
蘨蘨 說文艸盛皃引夏書厥艸惟繇古作蘨通作繇 鰩 魚名山海經泰器之山灌水出焉是多鰩魚鳥翼蒼文白首赤喙 銚 說文溫器也一
曰田器 姚 說文虞舜居姚虛因以為姓或為姚嬈也史篇以為姚易也 摇 說文動也又姓 䍃謠徭 說文徒歌或作謠徭

軺輶 說文小車也或从䍃 䍃 廣雅瓶也 愮 爾雅愮愮憂無告也一曰亂也通作恌 恌 方言理也謂情理 遙 進也一曰
相隨 陶 陶陶和樂也 䌛瓢 說文瓜也或作瓢 鷂 雉名爾雅江淮而南青質五采皆備成章曰鷂 褕揄 褕翟王后
之服刻畫鷂羽以為飾或作揄 洮 湖名在陽羨西 烑 光也 飶 餌也 瘍 瘥瘍疾名 繇𢐗 說文弓便利也或从二弓 旐
旗旐謂之旐 搖 說文樹動也一曰山名 嗂 說文喜也 䠛 說文跳也方言陳鄭之間曰䠛 瑤 說文玉之美者引詩報之以瓊瑤
姚 蟲名 猺 獸名一曰獿猺狗種 䍃 酒器 嶢 山皃 䈊 爾雅屋上薄謂之䈊 鮡 魚名似鮎白色爾雅鮡大鱯小者鮡 燿
昭也 銚 艸名銚芅羊桃葉似桃子如小麥通作銚 䟫 博雅䟫行也 朓 方言朓說好也 綸 帛也 珧 說文蜃甲也所以飾物引禮佩
刀天子玉琫而珧珌 遙䔄 艸名蒲菜也或省 瞄 美目也 䁏 明也 䕧 支竹名 𤛇 牛名 𩌑匜 蔽也或从
匚 櫾 木名 ○要腰𦝫𡡊 伊消切說文身中也象人要自臼之形或从肉古作𦝫𡡊文十五 邀徼 遮也或从
彳 褄纓 衣襻也或从糸 喓 喓喓蟲聲 葽 說文艸也引詩四月秀葽劉向說此味苦苦葽也 䳺䳺 山海經鹿山有鳥名
曰䳺鶉其名自呼服之不眯或从隹 蟯 青蟯蛇名 蟯 腹中蟲 樮 木名子細實 ○翹 祁堯切說文尾長毛也一曰企也一曰翹翹高

皃或書作䕳文九 荍艸名說文蚍蜉也今荆葵 劭精異意漢書劭農蘇林說 翹艸名連翹 嘺不知意 翻及飛曰翻 䏸

爼几也 招舉也漢書以招人過 剑弩機也一曰逸也勉也 ○鴞于嬌切鳥名說文鴟鴞寧鴂也文三 鄡鄉名在清陽 猇

縣名在濟南 ○媄妖於喬切說文巧也一曰女子笑皃引詩桃之媄媄或省文十三 祅祆說文地反物爲祅祅或省通作妖 枖

枖說文木少盛皃引詩桃之枖枖或从艸 䛌訞語祥一曰巧言或省 夭夭夭和舒皃 娱害物也 鴁鴁鶬鳥名

三首六目六翼六足 餥餳也 䋂紗緺𣷐小皃一曰紉未成而繰 ○嚻囂虛嬌切說文聲也氣出頭上或省文二十 呺諤

号号然虛大皃李軌說或作諤号 枵說文木根也引春秋傳歲在玄枵玄枵虛也 歊歊說文歊歊氣出皃或从喬 𧂇爾雅大磬

謂之警 獢驕犬名說文獢獢也一曰犬短喙者或作驕 獥大黃白色 欶說文艸皃引周禮轂弊不歖 僥也 𩫏說文炊氣

皃 藃艸名說文楚謂之蘺晉謂之藃齊謂之茝 熇燆炎氣也或从喬 膮膮脾腫欲潰 嚣山名 ○蹺趬

蹻𨇤丘祆切舉趾謂之蹺或作趬蹺蹻文十八 趫說文善緣木走之才 憍繑絝細也或从糸 顤大頭也 奞肥也

獢猤也 驕馬壯皃 撟舉也 獟獷也 嘺博雅謙也 喬喬詰意不平 橇鞽橋泥行所乘或作鞽亦

大百卅九 小二百… 集韻平聲三 十七 甚明

从木 ○驕居妖切說文馬高六尺爲驕引詩我馬惟驕一曰野馬文十四 憍逸也矜也通作驕 嬌姓禹娶塗山謂之女嬌 穚

禾秀也一曰茅艸長茂皃通作驕 鷮雉名長尾走且鳴 喬木枝上竦也 蕎藥艸大戟也 嶠山銳而高 簥爾雅大管謂之

簥 撟博雅取也一曰選也舉手也 矯矢躍出也神異經東王公與玉女更投壺千二百矯 轎車名 橋桔槔也 鱎白魚 ○

喬渠嬌切說文高而曲也引詩南有喬木又姓文二十五 僑說文高也 寄博雅客也通作僑 嶠爾雅山銳而高曰嶠或書作𡺝

橋墧說文水梁也一曰圯墧从土亦姓 趫善緣木走 鷮說文走鳴長尾雉也乘輿以爲防釳著馬頭上 𨍏轎大竹輿

嬌女字 蕎藥艸大戟也一曰麥蕎 蟜蟜蟜蟲名一曰有蟜古諸侯 鐈說文似鼎而長足 蹻舉足行高也 翹高飛

盒廣雅盂也 觿角曲 簥大管一曰田器 驕驕闕人名陳有袁驕 憍虛憍高仰也 穚禾既秀曰穚 撟舉手謂之

撟 嘺埤倉不知誰也 𣰼𣰼毷㲣毷也 ○潐蕭嬌切潐潐雨雪盛皃文三 藨麃艸名爾雅藨麃子似覆盆而大可啖或作

麃 ○㲣相妖切㲣毷毷毷也文一

五 ○爻何交切說文交也象易六爻頭交也文三十四 肴餚說文啖也徐鍇曰謂已脩庖之可食也或从食 胶脛骨也

酵酵沽也或作酵 倄說文刺也一曰痛聲 姣婺說文好也或作婺 詨設言不恭謹或从爻 㤓㤓也

恔說文憭也 絞紋蒼黃色或从爻 殽說文相雜錯也 樇木名博雅梔子樇桃也 校楠也 笅笅䈉

說文竹索也一曰簫之小者謂之笅或从爻从殽 崤郩山名在弘農亦从邑通作殽 嗃聲也 淆混淆濁水 洨說文水出常山

石邑井陘東南入于泜郡國有洨縣 獿獿犬吠聲一曰猶也 猇虎聲一曰縣名在濟南 校枋也 䕧博雅䕧茭根也 䕧

荾黃茅也根可治渴或作荾 佼效也像也 𣟵掵也關中呼長杖曰𣟵條 ○交居肴切說文交脛也文三十 𡥈說文放也

謂放效也 佼交也通作交 迩說文會也通作交 詨詨矜誇也 教令也 咬咬咬鳥聲通作膠 鉸刀削也 轂

𦅫囊也或从爻 摎束也 𥳢竹索也 膠說文昵也作之以皮一曰欺也糾也又水名亦姓 艽秦艽藥艸俗作艽非是 鉸

樂器埈類 轇轇轕長遠皃一曰雜亂 漻漻灣水廣皃 郊說文距國百里爲郊 嘐說文誇語也 鵁鶄鳥名說文鵁鶄

也一曰鮫鱸也或从交 茭說文乾芻一曰牛蘄 蛟說文龍之屬也池魚滿三千六百蛟來爲之長能率魚飛置笱水中即蛟去 鮫說文海魚

皮可飾刀 䉰粉餌 挍亂也一曰憤意 洨邑名漢有洨侯 鵁鳥名爾雅鵁頭鵁似凫不能行 骹膝骨也 乂乂乂 ○

大百卅三 集韻平聲三 十八 甚明

敲摮搞丘交切說文橫擿也或作摮搞文二十八 骹骹 跤踍說文脛也或作骹跤踍通作校 窙窙寥空寂

膠顟窅膠面不平或作顟 恷恷伏態 磽磝礉說文磬石也或作磝礉 硣硣磝戍名 鄡山名 㢗

宮室高遠皃 墽墝𡏇嶢說文磽也或作墝墽墝嶢 頝頝頝贅不媌也 儤方言陳宋之間謂盛曰儤 校

几足也儀禮拂几授校 膠博雅擾也一曰膠忤多辭訥澀皃 𩑤擊頭也 嵺山谷深廣皃 ○虓唬猇虛交

切說文虎鳴也或从口从犬文四十二 哮豞說文豕驚聲也或从豕 詨謼呼謞嗃謣嘮吳人

謂叫呼爲詨或作謼呼謞嗃謣嘮 嗃警嗃迅聲 嘐嘐大也孟子其志嘐嘐一曰嗋嘐夸語或从号 烋咻烋烋

自矜氣健皃或从口 磽磽山勢 窙窙氣上蒸或从穴 㾁㾁嗽病 庨庨豁宮室高皃 顤顱顤胡人面 髐

髑髏皃 髇骹髐鳴鏑也或作骹髐通作嗃髐 飍颮颮熱風 炮焇爇也或从高 涍水名在南郡 歊

蕘艸皃或作蕘 鷁鴞鳥名爾雅鴞頭鴞似凫脚近尾或从爻 㺒獢說文犬獿獿咳吠也或作㺒獢 侾侾侾

大皃 婋女字 筊竹名 謷謹也 ○顤於交切大首深目皃文十八 窅深目皃或作窅 眑眑膠面不平

鳺鳺鶆鳥名曲喙 咬哇咬淫聲 呚呚咋天多聲 坳地窊下也 拗戾也 軪車聲一曰軪軋奇皃 梎木柯曰梎
凹窊也 泑水名在長沙 窐窐寥深遠皃 㺒㺒獿犬吠 㘬女名 岰山曲 枴曲木也 ○㸔牛交切不
聽也文十四 謷不肖人也 𢾊磝磽礉墽說文山多小石也或作磝磽礉墽 怓恐怓伏態 𢣊㹚
髝擊也或从手从角 贅頰贅不媚 嶅博雅嶅也 皰皮堅也 ○包班交切說文象人裹妊巳在中象子未成形也元氣起於子子
人所生也男左行三十女右行二十俱立於巳為夫婦裹妊於巳巳為子十月而生男起巳至寅女起巳至申故男年始寅女年始申也一曰本也亦姓文十三
胞生兒裹也 泡㵄泡盛也 勹說文裹也象人曲形有所包裹通作苞 苞說文艸也南陽以為麤屨亦姓 笣竹名出筋浦其筍冬
生 枹木叢生曰枹通作苞 郇說文姓也 峊山名 鮑闕人名楚有申鮑胥通作包 苴天苴地名在益州 皰綠色也
姡好也 ○胞披交切說文兒生裹也文十六 脬說文膀光也通作胞泡 抛摽㪐抱棄也或作摽㪐抱
罞覆車罔也 泡說文水出山陽平樂東北入泗或曰浮漚 㖦言不實而夸 苞艽藥艸或从九 郙地名 㹐盛大
也 䴙䴙䵅禾虛皃 犥牛行足外出也 鮑魚名 ○庖蒲交切說文廚也通作包文三十四 炮炰說文毛炙肉也或作

大二十九 小七丹二 集韻平聲三 十九 春

炰 胞肉吏也 咆嗥䶌說文嗥也或从虎从雹 捊抱引取也或从手从包 䴙耕也 跑蹴也
鉋平木器 鞄柔革工 麭赤黑桼 颮風聲 泡泡泡流也一曰盛也 麃麃說文麤屬或作麃 狍獸名
目在腋 匏匏包苞說文瓠也从包取其可包藏物或从瓜亦作包苞 嶳山名 蒝艸名子似覆盆 骲骨鏃也
鞄革軩一白䡨也 𥬔竹名 刨削也 齙齒露 㖦大言不實 炮炮腫交也或作炮 ○茅謨交切說文菅也一
曰明也亦姓文二十一 媌說文目裹好也方言河濟之間謂好而輕者為媌 緢緢旄曰緢 描打也 罞爾雅麋罟謂之罞 貓
猫食鼠貍也或从犬 犛犛犛髦說文西南夷有長髦牛也或作犛犛髦通作貓 峁山名 渵大水皃 鶜
鳥名鶜鴾也通作茅 蟊蝥蟊蟲名說文盤蝥也或作蝥蟊 蟊蟲名說文蟊蟲也方言蜩蟧謂之蟊蟊 昴昴西方宿也
詩維參與昴徐邈讀古作昴 稍䅸稍禾不實 ○梢箾師交切說文木也或作箾文二十九 艄船尾 捎說文自關而西凡取
物之上者為撟捎 髾鬆髾 鞘䩓博雅鞘謂之䩓或从韋 弰弓末 旓旌旗旒 輎兵車以皮為飾 稍稅也
綃帗維 䂭旌也襆也 稍種也 娋嫈博雅娋孟婟也或从稍 筲箾說文陳留謂飯帚曰箾一曰飯器容五升一曰

宋魏謂箸筩為箾或从肖 颵風聲 䕯說文惡艸皃 鮹海魚名形如鞭旒 蛸蟰蛸蟲名 揱象箾舞者所執司馬正說 揱
莿蓼木枝棟也 縿維舟謂之縿 散擊也 焇乾也 溲水盛皃 㗛吞乾物也 ○譟初交切代人說也文十一 勦
說文勞也引春秋傳安用勦民以力 鈔劋抄摷說文叉取也或作劋抄摷 趮競走 訬說文訬擾也一曰訬獪一曰書也
䰈疾皃楚俗謂鬼剽輕為害者 魦匕角 吵闕人名宋大夫吵 ○聺譟莊交切聺聺聲擾耳或从言文十七 巢
樔䕺撩啓也或作樔䕺 巢巢爾雅大笙謂之巢或从竹 抓博雅搔也 爒爒煭也或从炙 窠鳥穴中也
摷擊也拘也 㺒地名在聊城 鄛鄉名在南陽 劋闕人名周康王劍 啾嘐小兒聲或从愁 ○巢鋤交切說
文鳥在木上曰巢在穴曰窠一曰大笙又國名亦姓文二十 樔說文澤中守艸樓 轈轈說文兵高車加巢以望敵也引春秋傳楚子登轈車
或省通作巢 嵦嶕巢山高皃 窼寥窼深皃 㺒㺒陽地名在聊城 漅湖名 鄛說文南陽棗陽鄉 鄡鳥高巢皃
薻蔈麥艸名 鱳魚子 轈轈束也或从韋 躁行捷也 勦勞也 䰈博雅健也一曰剽輕為害鬼 訬博雅
繪 𥗮附國之民壘石為巢而居曰𥗮也 㜔女字 ○啁陟交切說文啁嘐也文八 嘲謿說文謔也或作謿通作啁 趙趙趙

大二十八 小六八四十五 集韻平聲三 二十 春

跳躍皃 鵃鶻鵃鳥名似山鵲而小 䳟鵰鵃黃鳥 寥寥窼深皃 颵風皃 ○颫丑交切炎風謂之颫文六 犥角匕
也 嘮說文嘮呶讙也 䞥超也 𠋳目不正也 炪爇也 ○顟力交切大首深目文十四 膠馬脊骨一曰髍也 窌
深空皃 寥窐寥深遠皃 僇盛大皃 蹘走也一曰足相交 膠瘦語謂鐵曰膠 摎物相交也 巢國名 嘐山名
㺒㺒獿犬亂吠 廖室中虛皃 澆水洄洑皃 譊多言也 ○挑除交切禾日挑文一 ○鐃尼交切說文小鉦也
軍法卒長執鐃文二十一 呶譊說文讙聲也引詩載號載呶或作譊 撓曲也 譊說文恚呼也一曰譊譊語也 怓說文亂也引詩
以謹惽怓 䰘鬼 巙崒 撓也 拘抓也或从句 向洶硇礹向沙藥石或作洶硇礹 獿犬名
獿說文獿獿也謂犬吠 鷍雞鵃鷍黃鳥聲或从隹 繷博雅紛繷不善也 𦲸蘿菀菜名蕪菁也 颮熱風 ○巢
俎交切爾雅大笙謂之巢孫炎讀文一 ○虓于包切虎聲一曰國名一曰犬聲文二 傄刺也一曰痛謔
六 ○豪豪豪乎刀切說文豕鬣如筆管者橘从豕或省文三十三 毫長銳毛 號皋号唬說文
呼也或作皋号唬 諕譹說文號也或作譹 告勂休謁也漢書告歸之田或从力 嘷獋獆說文咆也譚長說嘷

从犬或从豸 濠水名在鍾離亦州名 壕城下池通作濠 𢹎較多少曰𢹎 鄗說文南陽淯陽鄉 𡾰山名在弘農或
作崤 𣘥椃說文木也或省 𧮫𧮫𧮰深谷皃 顥顥顥大面皃 𠢕健也彊也通作豪 呺颮風聲莊子萬竅怒呺
或从膠 嘐戾也 隞隞壥謂之隞一曰城下道或从豪 殽雜亂也 餚膳羞也 ○蒿呼高切說文蒿也文十四
𧮫𧮫𧮰深谷也 撓擾也 薧薨說文死人里或不省 薅蔟茠𣗋鎒藳說文拔去田艸也籀作蔟
或作茠𣗋鎒𢹎 𩭾鬆皃 嶹山名 𧱓豕名 ○尻𡲵𣫋丘刀切說文脾也或从尾省亦作𣫋文八 𧬒戲言一曰追也
𣐈椃木名或从尻 嶠𡼵山峻也 𩫧骨也 ○高居勞切說文崇也象臺觀高之形又姓亦州名文三十四 皋說文氣皋
白之進也禮祝曰皋登歌曰奏故皋奏皆从夲引周禮詔來鼓皋舞皋告之也一曰局也澤也俗作睪非是 𥓓𥓓硞深皃 咎姓也通作皋 㑃
𢘽局知也或从皋 覩見也 郼鄉名在范陽 嵲𡾏𡾓山名 羔說文羊子也 𦍩闕人名晉靈公夷𦍩 膏說文肥也
餻糕鎬博雅𩜏餻餌也或从米从高 橐韓說文車上大橐引詩載橐弓矢或作韓 犒𩝣也 鼛說文大鼓也引
詩鼛鼓不勝 櫜篙筶方言所以剌船謂之櫜或省亦作筶 槔㭙木名一曰桔槔機器或作㭙 菩艸名實似瓜

草說文葛屬白華 鶮䳗鳥名方言鶮䳗韓魏謂之鶮䳗一曰鳩也或从隹 麏牡麏 橋起勁疾也 顝顝顝面大 告
白槁木名 稁禾名 ○爊爊於刀切爊也或作𤇾文七 鏖說文溫器也一曰金器通作鏖 鏖𢷾盡死殺人曰鏖糟漢
霍去病令短兵鏖皐蘭下或作𢷾 𧃍菜名 㦟㦟𢡢痛聲 ○敖𢾕遨傲牛刀切說文出游也一曰傲也隸作敖或作遨一
傲文四十二 翱說文翱翔也 驐驐駿皃 𢾍說文健也 摮擊也 𩕚𩕚𩕚高也 𩙪風聲 暓日光 𢡚傲傲憂心
也亦書作慠 嗷說文衆口愁也引詩哀鳴嗷嗷亦書作𡃠 謷說文不肖人也一曰哭不止悲聲謷謷 聱不聽也 嫯侮易也
熬𪏅𪏺說文乾煎也或从麥从萬 𡼶山多小石或書作𡹻嶅 磝磝硞 滶說文水出南陽魯陽入城父 鏊釜屬
𦪈𦪆舟棹首謂之𦪈或从木 䮯長皃 鼇海中大鼈 鰲魚名 𩓤 螯𧾖蟹大足者或从虫从足 𢧁
𢧁戟鋒謂之𢧁或省 驁駿馬以壬申日死故乘馬忌此日一曰驁夏詩名 鷔不祥鳥也白身赤口似鴈所集國亡 㹅說文犬如人心可使
者引春秋傳公嗾夫獒 𦺁艸名爾雅𦺁蔜蘋 囂𧷤讀也一曰地名古作𧷤 隞地名通作𣁽囂 𡽫山海經三危之山有獸焉
其狀牛身四角豪毛如被蓑名曰𡽫㹧是食人 璈樂器 ○褒褎𧝎襃博毛切說文衣博裾也一曰𢎥飾又姓或作褒𧝎褎文九

寇吳王孫休名子 報進也 郋地名 葆廣也 報荒也 ○橐普刀切橐張大皃文七 藨艸名 靁雪皃
颮輕風 犥牛黃白色 毰毛起皃一曰𣯫輕也或从巾 ○袍蒲襃切說文襺也引論語衣弊緼袍亦書作袌文六 郋地名
詾詾譁亂語 蚫車軨一曰炙也 𢡀痛甚稱阿𢡀 𪅂鳴也 ○毛𣬛𣯶謨袍切說文眉髮之屬及獸毛也又姓或
作𣬛𣯶文二十五 髦說文髮也爾雅髦士官也 髳𩬣說文髮至眉也引詩紞彼兩髳漢令有𩬣長或省 氂犛𣯲犛牛
尾也或作犛𣯲 旄說文幢也一曰獸名 𣭦車翣以御風塵一曰馬長毛 軞公車也通作旄 芼艸也通作毛 秏𣘻木名
冬桃也或作𣘻通作旄 渵水名 𥞤𨹧務堥丘前高後下或从土从石亦作務通作旄 酕酕醄極醉皃 牦牛名
今所謂偏牛者顏師古說 蛑螃蛑也 秏獨皃漢書靡有孑遺秏矣 𧡇說文擇也 ○騷蘇遭切說文擾也一曰摩馬文三十九
搔𦟝說文括也或从蚤 繅𦄚繰𦆠說文繹繭爲絲或从參从喿从蚤 臊𦟝說文豕膏臭也或从蚤
鱢說文鮏臭也引周禮膳膏鱢 鰠山海經鳥鼠同穴之山有鰠魚其狀如鱣 溞爾雅溞溞淅也 艘䑿𦪇說文船總名或
作䑿 鎝鎝鉾銅器 颾𩙫風聲或从喿 慅說文慅騷也 𦹮艸名 慅懆說文動也一曰起也或作懆

愢愁也通作騷 瘙疥也 騷鬆皃 慅慅慅繰行皃 猺獸名 鄋鄋鄋北方長狄國也在夏爲防風氏
在商爲汪芒氏或作鄋鄋 搜叟搜搜動皃或省 㾜求也博雅 溲便也國語少溲於豕牢 哨方言與魔而西使犬曰哨 槮
𣚢槮木長皃 獿神異經西方深山有人長尺餘袒身捕蝦蟹以食名曰山獿 䐹日色 簅䈘䈘竹聲 ○操𢿜倉刀切說文把
持也或从 郋鄭地名 造進也 幧絡頭也 褿幓說文帗也或从巾 譟聲也 𨍭𨍭既練苽葉著色飾車
文文十二 参宣也莊子以參爲驗 懆愁也 澡澡澡欲沸 ○糟𨡐𨢎醩臧曹切說文酒滓也籒作𨡐或作𨢎醩文十七
者 𣉯日出明 慒慮也 膪脆也 䄚幨博雅䄚帗幨也或从巾 遭說文遇也一曰邐行 𤏬說文焦也 槽
遭果木華實相半也或从遭 傮𧵩說文終也或从歺 𡹻山皃 𡹻嶆山皃 謲詾謲聲亂 ○𨻶曹財勞切說文獄之兩
曹也在廷東从𣗥治事者从日徐鍇曰以言詞治獄也隸作曹又州名亦姓文二十四 嘈廣雅嘈好也 䐣終也 膪脆也一曰嘈鳴 𥅢𥅢曹
耳鳴 嘈廣雅嘈𠯗聲也 禮祭也祐也一曰祭𥘵先 𧝃說文帴也一曰衣失浣 槽說文畜之食器 艚舟也 漕衢邑
名 嶆𡾰嶆山皃 𩫗𩫗𩫗高皃 𨪐剛折謂之𨪐 䒃說文艸也 蠤螬䗙蠤名說文蠤𧍘也或省亦作䗙 䐣

日晚𥳑竹名鏪穿也傮終也愁憂也揚雄有畔牢愁○刀釖都勞切說文兵也或从金文十二魛魚名飲而
不食忉忉忉憂勞也亦書作忍裯說文衣袂衹裯方言汗襦自關而西或謂之衹裯舠𦨖小船也或从周杒木心曰杒一曰
木名𩕮𩕮顛大面惆方言惛江湘謂之昏惆錭鈍也啁啁啁語多○饕饕叨飸飹他刀切說
文貪也一曰貪財為饕或作饕或作叨飸飹文五十慆說文說也一曰慢也一曰慆慆久也謟爾雅疑也詜往來言也一曰小兒語不正
䀺目不明曰䀺一曰目通白㫾晙日色或从夋絛縚說文扁緒也或从舀幍巾帗也韜韜說文劍衣
也一曰寬也或从革綢韜也一曰縷束弢說文弓衣也叟說文滑也引詩叟兮達兮一曰取也一曰戎鼓大首謂之叟夲說文進趣
也从大十猶兼十人也搯掏說文搯也引周書師乃搯搯者拔兵刃以習擊刺詩左旋右搯一曰抒也或作掏挑𢓜佻挑達
相見皃一曰往來皃或从彳从人𥞂稻也翢爾雅纛翳也今羽葆幢瑫美玉一曰玉飾劒䈱飲牛器方言簑趙岱之間謂之䈱
䍮匋與說文古器也䍮或作匋或作與𦨖艄博雅𦨖舠舟也或从舀洮說文水出隴西臨洮東北入河滔說文
水漫漫大皃槄木名爾雅槄山榎牧說文牛徐行也嵧山名鮉魚名蜪螟蜪蝗子挑抭抒物之器或作抭
大八三十　小七二十四　集韻平聲三　二十三　見
騊說文馬行皃聎耳鳴蓨艸名頫盥也夵進也从小从大㚐女字㹝牛羊無子也○匋徒刀切說文瓦
器也古者昆吾作匋通作陶文五十七陶說文再成丘也在濟陰引夏書東至于陶丘陶丘有堯城堯嘗所居故堯號陶唐氏燾溥覆照也洮
盥也一曰淅也淘淘淘水流也濤說文大波也颾颾風也或从舀掏抒也擇也逃䠶說文亡也或作跳俗作迯非是
徇潘徇行皃也儔翳也纛翢翿翳舞者所執幢或作翢翿翳鞀鞉鼗鼛鼓名說文鞀遼也鄭
康成讀鞀如鼓而小持柄搖之旁耳還自擊或作鞉鼗𪔛作磬亦書作鼗鞠鼓木也考工記韗人為皋陶醄酕醄醉皃𩕮𩕮顊大面謟
詾啕說文往來言也一曰小兒未能正言也一曰祝也或作詾啕咷說文楚謂兒泣不止曰噭咷餇餇陰地名在齊䴹
餡餌也或作餡通作餇萄說文艸名桃說文果也又姓檮檮說文斷木也引春秋傳檮杌或从壽䈱桃枝竹名通作桃
綯絞也詩宵爾索綯裪裪禂袖褾也錭鋾說文鈍也或作鋾一曰鋾鐯也騊說文騊駼北野之良馬駣馬四歲謂
之駣艞舟名𪇆鶝河鳥名通作淘禂神也蜪蝗子爾雅蝝蝮蜪幬慢轂革姚闕人名春秋傳周有穎叔姚子通作
挑滔聚也莊子滔乎前而不知所以然慆慆慆久也薵壽方言戴也或省𤜵㹝說文牛羊無子也隸作㹝瘦

疾也聎耳病羅闕人姓春秋傳有羅花○勞𢠸僗郎刀切說文劇也用力者勞古从悉或作僗文四十八譊
嘮聲也尚書大傳譊然作大唐之歌或从口澇潦說文水出扶風鄠北入渭或作潦牢窂臾說文閑養牛馬圈也从牛
从冬省取其四周帀也又姓或从穴古作臾簩簩簩竹名皮利可為刀一曰竹名一枝百葉有毒豋務蹽䒢野豆謂之豋豆
或作䝁䝁簩醪說文汁滓酒也撈沈取曰撈𡾰嶗嶗山皃蟧蟲名小蟬也一曰螺蟧嘮嘮嘈大聲髝髝髞高皃一曰
性髝髞急𢿀𢿀𢿀攪物未精憥苦心也一曰疲病躼躼躼長皃𦗴𦗴嘈耳鳴𥧥𥧥𥧥深也𨨏鐒廣雅鐒鑪銷也
一曰鐒鉾銅器或从勞𥐖磱石器或从牢从勞𤩽玉名嫪嫪婷妒也哰嘐哰謰謱言語不解也橑木名
簝竹器所以受肉膫腸脂浶浶浪擾皃𡾰嶗嶛嶆山險或作嶗佻獨行皃詩佻佻公子沈重讀轑撓也
漢書轑釜摷取也侔僗膠侔麤大皃或从勞𪃑𪃑鷯鳥名錦文癆朝鮮謂中毒曰癆嘐嘐啁語多○夒
獿獶猱蝚奴刀切說文貪獸也一曰母猴似人从頁巳止夊其手足或从憂从夒从柔亦作蝚一曰擾善塗塈者文十九獿
獿獳說文犬惡毛也隸作獿或作獳通作狃峱巎嶩說文山在齊地引詩遭我于峱之間兮或从夒从農𢝱懮
大三二十二　小七十　集韻平聲三　二十四　佺
劣也或从夒瓇玉也𧨜戲也臑羊豕臂也詉嘻也謎也農耕也憹懊憹痛悔
七歌○歌謌䛊可居何切說文詠也或从言从咨古作可文二十一哥說文聲也通作謌柯說文斧柄也又
姓㓅法也戨戓牁博雅戨戓杙或省亦从爿通作柯菏荷𦳝說文菏澤水出山陽胡陵引禹貢浮于淮泗達
于菏或作荷𦳝茄芙蕖莖滒說文多汁也廣雅滒瀶淖也抲撣也鴚鳥名說文鴚鵝也妿姆也歌居結榱謂之合
歌𦵭𦵭母艸名出嶺南舸船名○珂砢丘何切石次玉或从石文五𣧛死皃䯊膝骨也軻車接軸亦
姓○訶虎何切說文大言而怒也文十二𠀀說文反丂也徐鍇曰气已舒呵㰤博雅呵呵啞啞笑也一曰氣出或从欠
𩑶傾頭也𣥍止也𥘮祭也抲說文抲撝也引周書盡執抲荷苛譏察也或作苛呿開口聲妸女字
○阿於何切說文大陵也一曰曲阜一曰比也一曰慢䴩亦姓文十二娿說文陰娿也謂媕娿不決痾疴說文病也引五行傳時即
有口痾或从阿妸婀說文女字也或不省𦄂𥿬博雅𦄂縞練也或省通作阿妿說文女師也杜林說加教於女榱
檹榱樹枝長弱皃鈳錒鈳鏻釜屬或从阿○何寒歌切說文儋也徐鍇曰儋何即負何也亦姓文十一河說文水出敦煌塞外

昆崙山發原注海荷說文荷芙蕖葉菏滒水名或作滒通作荷苛說文小艸也一曰急也蚵蟲名博雅蚵蠪蜥蜴也
訶呵訶訶衆聲或从口魺魚名廣雅魺魫也呵唯呵問也通作何○莪牛河切說文蘿莪蒿屬文二十三䄉
衣盛飾哦吟也䄉也搓也娥說文帝堯之女舜妻娥皇字也秦晉謂好曰姪娥䞤䞤白色䳘䳘名峨屐說文
嵯峨也或作屐亦書作峩鵝䳘鳥名說文䳘鵝也或从隹俄說文行頃也引詩厄弁之俄額博雅表也一曰齊皃蛾蛾
說文䖸䖸化飛蟲或从虫亦書作蛾又姓睋視也涐說文水出蜀汶江徼外東南入江誐說文嘉善也引詩誐以溢我硪說文石巖
也訛動也詩或寢或訛徐邈讀𦩍附船著岸騀博雅騀騀馬屬珴奉珪瑋皃
八○戈古禾切說文平頭戟也文二十六過說文度也亦姓濄渦說文水受淮陽扶溝浪蕩渠東入淮或省亦姓楇
紡車也輠車盛膏器通作楇斠斠說文秦名土釜曰斠或作鬲鍋廣雅鍋鋗鉺釭也鍋鉞鍋鑪溫器或作
錢戟瘑瘑禿也一曰創也春發為燕瘡秋發為瘑或从咼緺綬文鳪鳥名蝸不蝸蟲名蟷蜋也通作過堝甘堝瀝金
器薖艸名蝸蝸牛蟲名者過過咴小兒相應聲過鶌鳥名廣雅鸀鶌工雀也或省𦬾艸名䣊酒之名戈色

集韻平聲三 二十五 佺

蜾蜾蠃蒲盧○科苦禾切說文程也从禾从斗斗者量也文二十一窠說文空也穴中曰窠樹上曰巢薖薖說文艸也又寬大皃
一曰飢意或从竹過美皃稞稞青州謂麥曰稞或作𥞉𦮙艸名海葱也一曰藤類蝌蝌蚪蟲名或書作𧌒餜
麩斗餌也象蟲形或从食蝌牠料䲵博雅䲵鯏牛屬一曰牛無角也或作牠料䲵課也率䅇竹名瘑瘑
首瘍或作瘑髁骨也窠空也通作剜○倭烏禾切女王國名在東海中文十七捼犧小犬或作犧濄渦
水名爾雅過為洵或省亦姓堝地阬也窩穴居也踒足跌也䲴鷙鳥食已吐其皮毛如丸萵萵苣菜名䅎燕人
謂多曰䅎倭媧婑濁也涹也楚人曰涹齊人曰涹亦山名覣視皃萵婆苴宛童草犬別種名喔小兒啼捼手縈
也○和胡戈切說文相磨也又州名亦姓古書作咊文十四龢說文調也一曰小笙十三管也一曰徒吹脉林博雅稽當謂之脉或
从木通作和禾說文嘉穀也二月始生八月而孰得時之中故謂之禾禾木也木王而生金王而死从木从𠂹省𠂹象其穗鉌鉌鑾鈴也通作和
過小兒相應也㳡水深皃茉萪艸名或从和盉說文調味也通作和涾水名嗄啐嗄泣皃姀女字
○吪譌偽吾禾切說文動也引詩尚寐無吪或作譌偽通作訛文十三譌訛說文譌言也引詩民之譌言或作訛通作吪

鈋說文鈋圜也囮䌛說文譯也率鳥者繫生鳥以來之名曰囮或从䌛桅梔木節曰梔或省𩵷鮀魚名或从
厄蔿艸名○波逋禾切說文水涌流也文十六皤博雅白也番皤番番勇也或从人皱皮也紴說文絛屬
一曰錦類陂岥博雅陂陁衺也一曰山陂或作岥嶓嶓冢山名菠菠薐菜名碆石也可為矢鏃潘潘於縣名在臨淮
磻說文以石箸隿繳也通作碆播水名在豫州域𩓐老皃譒敷也○頗頗頗滂禾切說文頭偏也或从叵古
作詖文十四坡岥岥說文阪也或作岥岠皱飛皃陂陂陂陁不平也或从皮鉅鉅鑼銅器玻玻璃玉名
頗水皃袘衣皃跛闕人名楚有薳跛○婆婆蒲波切說文奢也一曰女老稱或从波文十八鄱番說文鄱陽
豫章縣或省皤䪛說文老人白也引易賁如皤如或从頁膰大腹也𦅚緐姓也亦省陂陂陁不平磐
撆斂聚也除也或从繁蕃白蒿也蔢蔢莎䖸皃一曰艸根橎木名䃁石名潘潘番縣名蟠委也○摩
摩眉波切說文研也或作攠文十八磨治石謂之磨礳石磑也劘劘也麽細小曰麽魔鬼也麽女美稱
䃺摩也博雅䃺䃺也䊳食也一曰哺小兒或从靡𪊾說文痛病也謂身支半枯或書作䐲𪒎心病䐲𪒎痲病或从

集韻平聲三 二十六 見

靡散也𡾰山名䃺碎也精也○娑桑何切說文舞也引詩市也婆娑文十八挱挲摩挱也亦省或書作挲通作娑
沙駊䮖駊馬行皃或从沙䂳視之略也鬖鬖垂皃傞傞說文醉舞皃引詩屢舞傞傞或从沙𡭙減也
䵊䵊鞭舞器蓑蓑艸根一曰衣皃桫桫欏木名鈔鎩鈔鑼銅器或从娑犧獻戲酒尊名飾以翡翠
司農說或作獻戲○蹉倉何切說文蹉跎失時也一曰跌也文十二瑳說文玉色鮮白溠水名搓搓挪也脎大腹也
髊治牙骨也通作磋磋博雅磨也傞舞不止也齹齹齒跌也或从差差差㳄也通作溠嵯嵯峨山石皃○
醝才何切白酒通作鹾文二十五鹾說文鹹也河内謂之鹾或書作䴾瘥說文殘薉田也引詩天方薦瘥瘥瘥爾雅瘥病也或
从步通作瘥䴾說文癠麥也一曰擣也睉博雅市睉春合也嵯嵳說文山皃或作嵳亦書作嵳差爾雅差薺實差
皆蜀蘆蘆薺艸名可苴屨鬆鬚多也鑡鹾說文齒差跌皃引春秋傳鄭有子鑡或从差蹉蹚踏也或从蹚
虘說文虎不柔不信也𨛬酇說文沛國縣蕭何初封邑或从贊䐢腹鳴也皴麤體艖艖𦪻舟也或从贊
霊雨聲○莎蓑莏蘇禾切說文艸雨衣秦謂之萆或从艸古作莏文二十二莎艸名說文鎬侯也㯋木名㯋

䈗梭織具所以行緯也或作䈗梭　莏挼莏手相切摩也通作莎沙　㛗女字穆天子傳盛姬之喪叔㛗為主　𤸰疾也　髿
鬖髿鬆美也　唆過唆小兒相應聲　誜俊也動也　㥮㥮題縣名在清河郡　趖說文走意　魦鯊魚名或作鯊　沙
亭名在元城　縗編鷺羽為衣也　㛖女字　䨹小雨　○遳村戈切脆也文四　䇧竹名　脞叢脞細碎也　㛗訬疾
也一曰叔㛗周穆王女字　○侳臧戈切安也文七　䘥脧屡赤子陰也或从尸　挫䅇也莊子挫鍼治繲　睉目小
皃　㛗少皃一曰女字　○矬徂禾切廣雅短也文九　痤說文小腫也一曰族絫　銼說文鍑也　睉說文目小也　㛗
說文訬疾也一曰女字　𣜳梩木名櫨李也一曰車下李或作梩　脞叢脞細碎也　㟇山名　○多𠅁當何切說文重
也从重夕夕者相繹也故為多重夕為多重曰為疊古作𠅁或書作夛文九　䔑㑃姼也或从屮　𦬆南夷名　姼方言南楚謂婦妣曰
母姼婦考曰父姼　𨛄漢侯國名一曰縣名在沛　蹛蹛林匈奴地名　跢攜幼行也　○佗他湯何切彼之偁或从也通作它文十
四　它蛇說文虫也从虫而長象冤曲垂尾形上古艸居患它故相問無它乎或从虫　詑訑說文沇州謂欺曰詑或从也　㸰
粑餌也或从米　拕拖扡說文曳也或作扡亦省　鼧鼠名　痑馬疲病　嘽嘽嘽衆也一曰嘽嘽泣皃　○

大、二十二　小七、二十三　集韻平聲三　二十七　寛

駝駞唐何切橐駝匈奴奇畜或从㐌通作它文五十三　佗說文負何也一曰美也亦姓　馱馬負物　䭾橐囊也一曰馬上連橐
驒說文驒騱野馬也一曰青驪白鱗文如鼉魚　𪗗馬齒長也　狏𤞣獸名或作𤞣　䩸䩷說文馬尾鞑也今之般緧或从
㐌　䡐車疾　羪䍫獸名如羊四耳而九尾　牠觤牛無角者或从角　鼧鼠名　疪痷病也或作痷
鮀鮀魚名說文鮎也或作鮀　鴕駝鳥名似雉或从㐌　鼉蟺鱓說文水蟲似蜥易長大或作蟺鱓　蠡
獸名山海經驕山有神䰠狀人面羊角虎爪出入有光　沱沲說文江別流也出嶓山東別為沱一曰滂沱大雨或作沲　陀岮陁
博雅陂陀袤也或作岮陁　𤭛缶也　迆迤逶迆行見或作迆通作佗他　跎䟩說文蹉跎也或作䟩　拕拖扡
引也或作拖扡　袉裾也　詑訑欺也或作訑　酡𨡆飲而赭色著面或作酡　紽絲數也詩素絲五紽通作它他　匜
與器　池呼池水名通作沱　㐌闕人名後魏桓帝猗㐌　柁木葉落　汏淅也　馳走也　𤿂皮柞　蛇蟲名螻也
○羅良何切說文以絲罟鳥也古者芒氏初作羅一曰帛之美者亦姓文二十　𡾊山名或書作𡾊　𡤻女字　蘿說文莪　𧭈方言
箕陳魏宋楚之間謂之籮一說江南謂筐底方上圜曰籮　儸㑩儸健而不德也　䴹饠餅也或从食　灑水名在長沙羅縣　欏

博雅欏落籬也一曰桫欏木別名　囉歌助聲　邏遮也　鑼鈔鑼銅器　羅遭也　蘆艸名爾雅茇蘆菲　𧞫衣也宋王敬弘婢著
青紋袜襬　攞攎揀也或作攎　剆擊也　鱳魚名一身十首　○那㑚囊何切說文西夷國安定有朝那縣一曰何也一曰
安皃亦姓古作𨚗文二十　𦪇廣雅𦪇䑪多通作那　難𩃏難卻凶惡也周禮方相氏率百隸而時難或作𩃏通作儺　梛木名　儺說文
行有節也引詩佩玉之儺　𩴾說文見鬼驚詞　𩅾𨛪山名或作𨛪　哪哪哪儺人之聲　臡膗雜骨醬也或作膗　𦨮
獸名似牛白尾　𪍳山海經甘棗之山有獸狀如𪊳鼠而文題名曰𪍳食之已癭　挪挼挪也　㩭攤挼挪或作攤　𨁾足跌
娜女字　○垜陊都戈切小堆或从自文七　䄼博雅䄼䄼袖也　埵鑄金具　𡹆小山皃　桗株也　𥞊博雅
積也　○詑訑訑土禾切欺也或从也俗从他文八　涶說文河津也在西河西　誃僻誕也　𧬒諳方言慧也　楕
楚謂之讀或省　隋中高四下也　○牠𧣾徒禾切牛之無角者或作𧣾文十五　㟥山形似碢者　碢碾輪通作碢　楕
圜而長也一曰墮鼓器名　堶䃗砣𤬪𤭌飛甎戲也或作䃗砣𤬪𤭌　𨂿蹉𨂿行踏皃　惰美也　磚圜皃
㛆㛆蜀也　扡撝也　○䲞盧戈切魚名有翼見則大水文三十三　𪋏獸名　驘驘騾說文驢父馬母或从羸亦作騾

大一、三十一　小六、七十五　集韻平聲三　二十八　春

虆蔂𧃂盛土籠或作蔂𧃂　絫十黍為絫　𣡡𣠙木名可為箭笴或作𣠙　𦇎綾紋　鸁須鸁鳥名似鶩鷺也似
鳧而小　蠃螺蠡蝸蚌屬大者如斗出日南漲海中或作螺蠡蝸　𧋰稞穀積也或作稞　𧄣菜名生水中
鑹鏍溫器說文銼鑹也或作鑹鏍　覶說文好視也一曰覶縷委曲也俗从爾非是　媧順也　腡手指文　緺
綏文　摞博雅理也　傫疲勞也　縲大索也　𦌾博雅罟也　蠡蕃夷聚落謂之煩蠡　瘰㾬瘰膚病　○挼挼
捼奴禾切說文推也一曰兩手相切摩也或作挼㨃文五　𡖐說文丸之熟也　𤳬博雅土也一曰城下田　○嗟𨇤遭哥切易
大耊之嗟王肅讀古作𨇤文五　嵯小疫也一曰未婚而夭　𡸩丘名　𧻭搓足擴見　○𧪖千戈切拒譬也文一　○鞾
靴鞾屧屧呼肥切說文鞮屬或作靴鞾屧屧文十　𢪃撝也　吪吹吐氣也或作吹　䀤目動也　譁譊也
○肥於靴切手足曲病文二　𠍺恒𠍺瘕皃　○𩨷丘靴切足病皃文一　○瘸衢靴切手足病文一　○𩧰𩧰靴切驢腸胃
文一　○伽求迦切伽倍國名文三　茄菜名子可食　枷拂也　○脞醋伽切脆也文二　㛗訬疾也　○佉去伽
切人姓一曰神名文五　呿啓口謂之呿　𠊙恒𠍺癡皃　𡛜女字　㰦出气　○𨔛迦居伽切迦互令不得行也或从加文

三迦迦謑譧言
九○麻菻謨加切說文與林同人所治在屋下亦姓或作菻文十五　痳風病　𤸫皃　𩓶緣視　顛　㦄𩓶顝
難語或作䫺㦄　䗫博雅扠也　𪓟𪓟似龜生海邊沙中　蟆蟲名說文蝦蟆也或書作蟇　𪏆鷄名　䃺名　𪏆山名　𪏆縣名
在益州外　𥫽牂州所出　𪎺廣雅稃也　犘牛名出巴中重千斤　○葩苩披巴切說文華也或省文十五　皅說文艸華之白也
帊殘帛　妑女字　䎱飛皃　吧大口皃　鬒鬣皃　鈀博雅鈀鏵鏥也　𩑺面黃　舥浮梁謂之舥　蚆蠃屬
形中央廣兩頭銳　𧣾牛角張　芭關人名漢有侯芭　奄大也　○巴邦加切說文蟲也或曰食象蛇又州名亦姓文十九　蚆
蠃屬爾雅蚆博而頯　豝豝說文牝豕也一曰二歲能相把拏也引詩一發五豝或从犬　芭芭蕉艸名　笆竹之有刺者一曰笮也
䶕猷䶕狀　𨌨說文兵車也一曰鐵也引司馬法晨夜內𨌨車　疤病　𪖧𪖧鼻疾　𪘹齒出也　吧大口皃
𣪢斂也　犤牛角相背謂之犤　𧕢螺屬兩首銳者　𦬸竿也通作芭　妑女名　𨊳兵車也　靶腊蜀　○爬
把蒲巴切擾也又姓或从手文九　杷說文收麥器一曰枇杷果名　琶釋名琵琶樂器胡中馬上所鼓推手曰琵却手曰琶因以爲名　跁

跁跒蹲也　罷止也論語欲罷不能陸德明讀　䰳魚名　𣵽水名　𪀉鳥名　○些思嗟切少也或作𡭊文四　[illegible]
櫨木名也　○嗟嗟咨邪切說文咨也一曰痛惜也或作嗟古作𧫱𧫱亦書作謯文二十　𡷈山名在東海
謯博雅謯謯也　𤺺𡟰病也亦从步通作嗟　𡟰怚驕也或作怚　祖一曰好也　𤱏殘田也　溠
水名　罝罝罝說文兔网也古从糸籀作罝　䔑菹蒩艸名一曰實　苴日獵場　菹澤有艸曰菹孟子驅龍蛇而放之菹
丁公　𨚇姓　嗟女字　○邪徐嗟切說文䔍也謂不正或作衺邪通作斜亦書作衺文十六　𨛜山皃　斜說文杼也　查大皃　査查查
荼䒔葦屬或作䒔　蒫茶葭荼亦作茶古作荼　萊葉　苴在會稽南海　斜水名　𨙡鄉名
獸名　𨛇聲　𨛈直也　○奢奓詩車切說文張也籀作奓文十　諸不𧭈　賖一曰遠也說文貰買也　畬
火種也　𨙸郜說文地名或从舍　緖緖餘殘也徐邈說　鉇方言南楚五湖之間謂之鉇　䝽骨名　○車𨏥
𨊬昌遮切說文輿輪之總名夏后時奚仲所造又姓籀作𨏥古作𨏥文九　蛼蛼螯蟲名如蜆而大通作車　𦱤艸名　䃺博雅磲
石之次王者　𩒫牙車通作車　𡷋山名　哆大皃　○遮庶之奢切說文遏也或省文九　奢博雅父也　㒞㒞儸

健而不德也　諸姓也　闍城臺也詩出其闉闍徐邈讀　嗻羅嗻多言　譇或从言　嫬女字　○闍堵時遮切爾
雅闍謂之臺或从土文十七　蜍余姓也或作佘　鉈𨱂鍦說文短矛也或作𨱂亦作鉇　它蛇虵佗屬
或作茶　茶芀也爾雅蘪蕣茶　邪歸邪星名　斜伊雅斜匈奴單于名　𤜣山海經蛇山有獸如狐白尾名曰𤜣狼　𣻗水名
𨧸兩刃臿　𧩧淺意　○若人奢切蜀地名文三　惹博雅拏也　婼婼羌戎國名　○沙沚砂師加切說
文水散石也从水从少水少沙見楚東有沙水譚長說或从止亦从石沙又姓亦州名文二十一　𤀥沙石地名在樓煩西　鈔鈔鑼器也　粆蔗飴
通作鬖　髿髿髿垂皃　紗絹屬一曰紡纑通作沙　裟毟毛衣謂之裟裟或从毛　𤛓牛名　𩋡𩌔博雅𩋡𩌔
鞞也或不省　挱挓挱開皃　桬桬棠木名　魦鯊說文魚名出樂浪潘國或从沙　莎莎雞蟲名　紗廣雅小也　麨䴽
也　𣘜拘引也　○叉初加切說文手指相錯也又象叉之形文十七　杈說文枝也一曰杈杷農器　差𢀩說文貳也一曰擇也
一曰差不相值也籀作𢀩　扠打也　𢽼博雅𢽼鞴矢藏也　𣫯博雅𣫯謂之𣫯　頝頭旁也　釵婦笄　芆艸名　𪉁
𥕮坼也　訍訏也　𨫾錢名　𦝣脯腊也　㓼割物也　舣艖博雅舟也或从差　○楂植莊加切說文果似棃

而酢或作楂通作柤文二十六　柤說文木閑　抯𢱑說文挹也一曰取物泥中古作𢱑　摣說文叉取也或从手　齇
齇說文齇齇也或从且　皻齇䶥皶鼻上皰或从鼻亦从肉亦作皶　溠水名　𣵽棠木汁　查查下地名亦姓
䃺稙紅稻也　渣水名　謯說文謯娽也　瀘說文水出北地直路西東入洛　蒩菹艸名楚葵也或作菹　戲指按謂之
戲　瘥疾也　𢊁屋隤皃　䄍滓也通作渣　○髽莊華切說文喪結禮女子髽衰不髽魯臧武仲與邾戰于狐鮐魯人迎
喪者髽　檛馬杖　○𣓂樝查鋤加切邪斫木也漢書山不𣓂蘖或作樝查文二十一　柴燔燎祭天也　柴小木
也　𪘯齇齒不正也或省　苴蒫水中浮艸或作蒫　𢉓屋隤皃　𨜪地名　𨅢行失序　鉏鉏牙物傍出也
柤博雅隁也　𪘐開口見齒皃　溠水名在北地　痄痄病甚　楂水中浮木一曰柴門　庩庩㾄不齊　槎衺斫
㜘女名　○爹陟邪切廣雅父也文一　○奓陟加切張也文二十四　挓挓挱開皃　䶕䶕䶕說文䶕
一曰下大者也或說角上張亦从奢从奓　譇䛢說文譇拏羞窮也或作譇　㢉開張屋也　𤷪臕膪博雅痕𤷪癥也或作膪
𡖡說文厚脣皃　𪘹䶥博雅䶥𪗱也　䐅䐅不密也　𦽰𦽰茇亂艸　𩐎黏也　吒咤嗻喧也怒也

或作咤嗄秅數也二秭爲秅一曰麻藅秺縣名在濟陰通作庛㒂奘也潳潳潳沾溼也肐胍肐腹大今謂杖頭大者曰胍肐
○奓邁檛張瓜切說文箠也或作𨖥檛文五撾擊也膼腿也○侘抽加切侘傺失志皃文八咤張口也
痄瘊皃奓厚脣皃譇誜譇誜羞窮或从奓詉博雅拏也侘侘傺定也○秅直加切數也說文二秭爲
秅引周禮二百四十斤爲秉四秉曰筥十筥曰稯十稯曰秅四百秉爲一秅文十八搽衞也庛說文開張屋也濟陰有庛縣梌吳人謂剩木曰
梌瘵癥也塗涂沮洳也一曰飾也或省蹃躇不前鄌亭名在𨻶𡌭垞丘名或作垞荼空荼
不正奈寒奈深皃姼美也荼㮧荼茶也一曰葭荼或从木亦省斜伊穌斜劍數單于名○拏挐女加
切說文牽引也或作拏文二十一詉設譇詉羞窮一曰言不可解或作詉詫博雅詫拏也㤐心亂䕅䕅蕺艸名胯
膆胯不密也𦄢𦄢𦄢黏着絮絮奈口㗊絮袈說文敝衣㡡帊㡡攐也一曰斂也䉜篆籠也或作䉛秅鳥秅西域
國茹關人名昔有大夫茹通作拏詉說文言相說司也摣取也澤潳澤沾溼也唦嘮唦讙也抲𢵓也○
邪耶余遮切說文琅邪郡又曰疑辭或从耳俗从王爲琅琊非是文二十六鄁莁木名皮可爲索或作䕁鎁鋣

鄒說文鏌鋣也或从邪从耶斜梁州谷名南口曰褒北口曰斜㭨山名歋𣢅揶歋𣢅舉手相弄或省亦作揶通作邪
𦴊艸名說文茅也𦴊茅穗也一曰蓄積也荮蒣蒣蒣亦从水䔑節竹名或从耶涂澤涂山名在蜀
奴中餘𩜹餘殘也餘鱟讒茶茶陵縣名在長沙枒椰木名出交趾高數十丈葉在其末或从邪从耶蛇關中謂毒
蟲曰蛇搽抒也通作斜○遐徦何加切爾雅遐遠也或从彳通作瑕文二十八蝦蟲名說文蝦蟆也一曰蝦蟇與水母游
鍜說文錏鍜頸鎧也霞雲日氣相薄通作蝦赮赮赤色瑕說文玉小赤也一曰過也亦姓騢說文馬赤白雜毛謂色似鰕魚
鰕魚名說文鰕也假巳也犌牛有力者䟭說文足所履也顋𢡞傾頭言不正也一曰顝頭難制或从心碬說文
厲石也引春秋傳鄭公孫碬字子石鞎𩊚緞說文履也一曰履根縀帖或从革从糸遐葭爾雅葭華葭遐或省葭
說文叚也从耳下象其足眼目白皃瘕說文女病也椵因械也段姓也春秋傳晉有段嘉通作瑕㥦㥦㪦憨也㪦
咽病嘏咽也○煆虛加切火氣文十九谺岈㵍谺嗨谽谺谷中大空皃或从山亦作㵍㵍嘲嘲
蝦蟲名軀身傴皃呀說文張口皃颬風吹謂之颬瘕疨喉病或从牙鰕魚名歑博雅息也

訶廣雅訶訶笑也嘏咽也太玄爲嘏喍宋惟幹讀閜門閜也㤉㤉㤉無志○齖丘加切大齒也文十跒跒跒
蹲也恗㤉恗恗伏態或从客抲挌扝抲也或作挌扝㚘窊㚘女嫣也欱出氣也加膠加矦也王逸
說○嘉佳居牙切說文美也或作佳亦姓文四十六加說文語相增加也家𡧜家說文居也爾雅牖戶之間謂之
扆其內謂之家古作𡧜家珈說文婦人首飾引詩副笄六珈通作茄麚𦒉袈毛衣謂之毠毟或作袈傢蠻夷稅布跏
屈足坐也痂瘍說文疥也或作瘍瘕病也枷耞說文拂也淮南謂之柍或作耞迦𨑀說文迦互令不得行也或
省茄胡人卷蘆葉吹之也𦵅芙蕖莖也通作葭葭說文葦之未秀者茄說文芙蕖莖一曰地名豭𤜧說文牡豕
也或从犬貑獸如熊黃白文關西呼曰貑羆㹢爾雅牛絕有力欣㹢麚麚說文牡鹿以夏至解角或作麚猳獿也鴐
鴐鵞鳥名廣雅鴐鵞鴈也或作駕鴐亦書作鴚謌誣也架米也䀉米中黑蟲椵因械也通作枷駕關人名左氏傳
有駕鵝䅵䅵支穀名犌石名嘉艸名泇水名瘕腸病蟇蟲名螘蟆蛙類𤥭秅也瑕垂瑕地名○
雅鴉鵶於加切說文楚烏也一名鸒一名卑居秦謂之雅或作鵶鴉文十八烏烏秅西域國名去長安九千九百五十里錏

鐚說文錏鍜頸鎧也或作鐚亞伊優亞者辭未定東方朔說㝞㝞奈不正啞歧道椏方言江東謂樹岐爲杈椏䂒氣逆
丫物之岐頭者磍土不平謂之磍一曰石名到博雅刎也一曰到也猭猭豝赤子啞啞嘔小兒學言俹傲也婭
婭嫁態也○牙𤘅牛加切說文牡齒也象上下相錯之形古作𤘅牙一曰旗名文十九齖齖齵齒不正芽說文萌芽㤉悉㤉
伏態枒說文木也一曰車輞會亦通作牙𢬡挏也拐挃挏不正吾允吾縣名在金城郡邪縣名在馮翊衙彭衙地名
一曰古者軍行有牙尊者所在後人因以所治爲衙又姓狕獸名似貍而長犽吳人謂赤子曰猭犽雅人名尚書有君雅通作牙疨
疨痗病甚笌筍也罞兔罔庌庌庌不齊涯涘也○華蕚胡瓜切說文榮也古作蕚文二十三崋山名通作
華驊騮驊騮馬名或作騧譁嘩讙也或从口鷨鶾山雉名或从隹蛙大蛇名善吠小蛇茉
鋘鏵說文兩刃臿也从木丫象形宋魏曰茉或作鋘鏵划找舟進竿謂之划或从手侉怯也痛也樺木名䅿
禾盛也㦎心侈也撶寬也𪓰蟲名蝦蟇也檠燼也○譁呼瓜切說文讙也文十一華花蘤爾雅
華荂也或从化亦作蘤七變也蛙蟲名蝦蟇也謣譽言也蔿博雅譌也𢪏撝也㼖奢延也吪口開○

誇 夸 枯瓜切說文譀也古作夸通作夸文十八 侉 說文備詞也 夸 奎 說文奢也或作奎 㚏 樂也 姱 奢皃一曰
好也 骻 骻骴體柔通作夸 鮬 魚名 胯 股間 㡁 心自大也 跨 吳人謂大坐曰跨 硣 磐石 髂 髂髑骼上骨
晇 闕人名鄭叔術子晇 㒓 蔾 㒓邪䥑絕之皃或作蔾 婐 女侍也 ○ 瓜 姑華切說文㼌也俗作苽非是文二十三 抓
引也擊也 䟸 踻 足理文或从咼 腡 手指文 瘑 病也 婐 女侍也 歄 弱皃 媧 古之神聖女亦姓 緺 綬青
紫色文 騧 驪 䯄 說文黃馬黑喙籀从兩或作䯄 蝸 蟲名說文蝸蠃也 渦 水名在淮陽 㼌 女名 䫚 短頭也
柧 棱也 䀨 䀨 目也或作䀨 㓉 割也 胍 胍肫腹大 𤓰 㼌邪離絕皃 ○ 窊 窳 溛 烏瓜切說文污
衺下也亦作窳或从水文十八 㚈 說文㚈大也 窐 說文甑空也 㼘 㼘留地名在絳 洼 浧 說文深池也一曰曲也或从巠
窪 說文清水也一曰窊也 鼃 蛙 蟲名說文蝦蟇也或从虫 汙 鑿地也禮有汙尊 㧉 手扭物 哇 淫樂 漥 蹄涔
也 抓 博雅引也 呱 啼兒 䏢 䏢臞腹下肉 ○ 㕸 欲 吾瓜切歍欲弱皃或从瓜文六 䯞 䯞髑骼上骨 譁
譌 方言化也或作譌 㛃 婐也一曰身弱皃 ○ 苛 黑嗟切辨察也鄭康成曰苛其出入文一 ○ 哶 彌嗟切苴哶城名在雲南文一

○ 捼 儒邪切㨎也關中語文一 ○ 搓 租加切折也周禮凡㨎牙內不搓李軌說文一 ○ 䃰 七邪切石也文一 ○ 奆 才邪切大
口皃文一 ○ 儸 利遮切儸𠆳徒而不德文三 囉 囉𡁾多言 臞 臞臞腹下肉
十 ○ 陽 陽 余章切說文高明也又姓古作陽文五十六 昜 說文開也一曰飛揚一曰長也一曰彊者衆皃 暘 湯 說文
日出也引書暘谷 崵 說文崵山在遼西一曰嵎鐵崵谷也一曰首崵山在洛陽 煬 烊 爍金也或作烊 揚 敭 說文
飛舉也又州名古作敭 徉 廣雅徜徉徙倚也 佯 弱也 詳 詐也通作佯 諹 𧩣也讙也 惕 方言婸惕游也 𩎼 多也
𢒉 美善也通作洋 洋 洋洋盛大也 眻 暘 眉間曰眻一曰目美也或作暘通作揚 錫 鍚 說文馬頭飾也引詩鉤膺鏤鍚
一曰鍱車輪鐵或作鍚通作暘 瘍 痒 瘍 傷 說文頭創也一曰創𤻀也或作痒瘍 颺 說文風所飛揚也 瑒 玉名
輰 博雅輰䡵柳車也 楊 說文木也又姓 様 方言櫳䆄謂之様 𥂴 杯也 蓎 艸名 芊 芊莫藥艸 鶍 鸉鷂鶍鳥名舞則
將雨通作羊 鸉 䳁 鳥名爾雅鸉白鷢似鷹尾上白或作䳁 羊 說文祥也从丫象頭角足尾之形孔子曰牛羊之字以形舉也 蛘 蟲名
垟 壝垟土社 𩦧 馬名 鰑 魚名鱨也 禓 說文道上祭 將 雜名周禮伯用將劉昌宗讀 霷 十月為霷通作陽 殤

博雅𥏹傷符篖也 騯 馬䵡 𦼜 艸名 篣 竹名 弶 弓曲也 𢦟 戈也 劷 勸也 䁁 䁁 明也或从祥 昜 炙爍
婸 女字 ○ 芳 敷方切說文香艸也又姓文七 妨 彷 說文害也或作彷 汸 滂 汸 山海經箕尾之山汸水出焉或
从方 雱 霶雱雪皃 ○ 方 汸 放 舫 分房切說文併船也象兩舟或从水亦作放舫方一曰矩也道也類也且也亦姓文二十四
𪕎 地鼠 坊 堃 說文邑里之名或从防 邡 說文什邡廣漢縣 肪 說文肥也 趽 曲脛也 鈁 說文方鍾也博雅鏊
謂之鈁一曰鑊屬 祊 周禮祭四方之名 枋 說文木可作車一說蜀人以木偃魚曰枋 秎 禾名 牥 牛名日行三百里能行流沙中
鴋 雅 鳥名說文鴋澤虞也字林鴋人面鳥身或从隹 蚄 蚄虸蚄蟲名食苗者 防 比也通作方 匚 匸 匚 說文
受物之器古作匸籀作匚 閍 巷門 篣 竹器 ○ 房 符方切說文室在旁也又姓古書作防文十三 防 隄 坊 說文隄也或作
隄坊又地名 汸 水名 仿 彷 仿佯徙倚或从彳通作方 方 方與縣名在山陽郡 鴋 雅 鳥名澤虞也或从隹 魴
鰟 說文赤尾魚或从旁 肪 脂也 ○ 亡 亾 武方切說文逃也一曰無也或作亾文二十一 妄 無也禮妄常以儒相詬病 忘
說文不識也 𦣝 望也 望 在外望其還也 朢 皇 月滿與日相望也或省 邙 洛陽北山名一曰縣名在沛 㟐 山名

朿 說文棟也引爾雅朿廇謂之梁 芒 說文艸耑 秏 秏 稻秄也或从芒 惹 艸名說文杜榮也似茅可為繩一曰惹憂薹也 𧩴
青望也 硭 硭硝藥石山石中採之布於芒上沃以水以盆覆之經宿飛著盆故曰硭硝其布於木皮曰朴硝通作芒 鋩 刃端 罔 汪罔氏長狄之
君 郍 郍名一曰鄉名在藍田 汒 谷名在盩厔 ○ 襄 𧝋 𡨣 思將切說文漢令解衣耕謂之襄一曰除也上也駕也成也
篆作𧝋古作𡨣文二十二 緗 淺黃色 纕 佩帶一曰馬腹帶 瓖 玉名一曰馬帶玦 驤 說文馬之低仰也一曰馬後右足白 儴
爾雅儴因也 儴 儴佯遊遨也一曰行皃 相 說文省視也引易地可觀者莫可觀於木引詩相鼠有皮 相 及也 欀 木名出交趾皮中有物如
米屑之可食 廂 廡也 箱 說文大車牝服一曰竹器 蘘 葙 青蘘藥艸或从相 瀼 水皃通作蘘 湘 說文水出零陵陽海
山北入江 鑲 兵器 𣪠 敍也 蠰 蟷蠰蟲名蛸蛈也 倡 狂也太玄物咸倡倡宋衷讀 ○ 瑲 鏘 鎗 創 千羊
切說文玉聲也引詩鞗革有瑲一曰樂聲或作鏘鎗創文二十五 將 請也 槍 䅚 說文歫也一曰剡木傷盜曰槍或从矛 蹌 𨅍
說文動也一曰舞皃古作𨅍 𨅍 說文行皃引詩管磬𨅍𨅍或書作蹡 謒 語輕也 斨 說文方銎斧也引詩又缺我斨 牄 鶬 說文
鳥獸來食聲也引虞書鳥獸牄牄或从鳥 嶈 山高皃 𤹪 瘡 傷也亦从倉 搶 集也突也莊子搶榆枋 嗆 鳥食也一曰愚皃

篬篟竹名或作篟 𪗱小齒也 䅮額 鶬鳥名 閶門聲 ○將資良切有漸之詞一曰且也大也領也送也文十三
牂牄說文扶也或作牄通作將 䊁柯也或書作將 漿牀漿說文酢漿也古作牀或作漿 蔣艸名說文苽蔣也
螿蟬屬 鱂鱂鰷魚名 蔣席也 牂牂戕牂牁也 䵁亭名 ○詳徐羊切說文審議也文十七 祥說文福也一曰善也
佯弱也 姎女鬼一曰蝗也 庠說文禮官養老夏曰校殷曰庠周曰序 痒瘍也 翔說文回飛也 鵜或从鳥 跭
趨行也通作翔 峷山名 洋說文水出齊臨朐高山東北入鉅定一曰洋洋水盛皃 蘚菜名 鮮多也 禓道上祭也 样槌也
嬙女字 䐆明也 ○牆牆牆墻慈良切說文垣蔽也籀作牆牆或作墻文十六 廧廧廧咨如赤狄別種或
省 檣艢䍴帆柱也或作艢䍴 戕說文槍也春秋傳自外曰戕 嶈說文山峻也 嬙婦官 蘠
薔薔蘼艸名說文薔蘼虋冬也或省 䍧弱也 奘妄強大也 ○商蔏啇商商商尸羊切說
文从外知內也一曰剡也一曰契所封地名亦姓一曰徽音之所生古作商商商籀作商文四十三 賫說文行賈也通作商 鬺鬺
說文觴實曰觴虛曰觶或从酉籀作𥂕 傷說文創也 慯說文痛也憂也通作傷 殤說文不成人也年十九至十六死為上殤十五至十二死為中

大一百廿六 小一百卅 集韻平聲三 三十五 邦信

殤十一至八歲死為下殤 𥏫說文傷也 禓禓強鬼也一曰祭名或作𥚃 場塲暘蝪方言蚍蜉犂鼠之場謂之坻場
一曰浮壤或作場暘蝪 湯湯湯湯水流皃或作湯 蔏鬺鬺說文煮也或作鬺鬺 黫黑也 饟
餳鐋鐋鉉也或作餳鐋鐋 痾痾憂疾或从商 蔏艸名蔏蔞蔞也一曰蔏陸馬尾 鷸鷸鶇鳥名一曰鷸鸛黃
螪蟲名爾雅蟒螪何一曰蜥蜴類 慯惕慯行直疾皃 煬謚也魯有煬公徐邈說 蠰蟲名爾雅蠰齧桑似天牛 踼踼躅動皃
汭水名 滴水名 ○昌昌蚩良切說文美言也一曰日光也引詩東方昌矣又州名亦姓籀作昌文十六 倡娼樂也或从
女 閶閶說文天門也楚人名門曰閶闔或作閶 琩琩玩璽夷充耳 裮帽博雅被裮不帶也或从巾 猖猖狂
菖菖蒲艸名蓀也通作昌 鯧鯧鱴魚名 鶬廣鶬鳳皇屬 稆穅也 淐水名 娼小爚 ○章諸良切說文樂竟為
一章从音从十十數之終也一曰采也亦姓文二十二 暲日光上進皃 彰說文文彰也 嫜偉夫之兄曰兄嫜或从人 遧
遧違迂也 𢓊𢓊偟行不正 慞慞惶懼也 璋說文剡上為圭半圭為璋引禮六幣圭以馬璋以皮璧以帛琮以錦琥以繡璜以黼 墇
障瘴壅也或作障瘴通作鄣 鄣說文紀邑也 鞝馬鞝 漳水名說文濁漳出上黨長子鹿谷山東入清漳清漳出沾山大要谷

北入河南漳出南郡臨沮 蔁說文艸也 樟豫樟木名 麞獐說文麋屬或从犬 𪄉𪄉渠水鳥也 商度也尚書我商賚汝
徐邈讀 蔏蔏薩艸名 ○常裳辰羊切說文下帬也或从衣常一曰天子旗名一曰久也又州名亦姓文十六 嘗甞嘗
說文口之味也一曰試也一曰秋祭名亦姓或作嘗嘗 尚主也漢官也書主大計 徜博雅徜徉戲蕩也 償說文還也 鏛鋿
磨也一曰車輪鐵或从常 鱨魚名說文揚也 鷬鸏鷬鸘鳥名或从隹 𢡱人行五常也通作常 瑺玉名 蔏艸名 ○
穰如陽切說文黍𥡴已治者一曰豐也又姓文二十七 禳說文磔禳祀除癘殃也古者燧人禜子所造 儴因也 鬤鬤髮或
从毛 攘攘襄說文推也古作𢷾襄 孃煩擾也一曰肥大 懹恇懹怯遽也 鑲說文作型中腸也一曰兵器 纕
說文援臂也 勷本中 鄉說文今南陽穰縣是 瀼𩅊瀼瀼露也或作𩅊 蘘博雅蘘荷蘘蒩也 蘘艸名說文蘘荷也一
名蕃蘘蒩 䉴說文𥳑也一曰竹器 獽獸名 蘘艸名可作糜粳 蠰蟲名說文當蠰也 膿秦晉謂肥曰膿 壤
士 驤馬右足白 躟跬躟行遽也 勷勛勷遽皃 ○霜師莊切說文喪也成物者文十一 孀嫠也 驦驌驦
良馬名或从 鷞鸘說文鷫鷞也西方神鳥或从霜 蠰蟲名爾雅蠰齧桑長角體有白點 緗淺黃也 湘水名在零

大一百廿二 小一百卅五 集韻平聲三 三十六 邦信

陵 爽差也明也 驦驌驦馬淺黃色 ○刅創剏刱㓝戧初良切說文傷也从刃从一或作創㓝刱刅古作戧
文十 瘡瘍也 滄寒也 瑲玉聲 愴悲也 ○莊㽵側羊切恭也爾雅六達之道謂之莊亦姓古作㽵俗作荘非是文十
妝妝粧粧說文飾也或作妝粧粧 裝說文裹也 奘妄強犬也 樁木名似豫章其小似桃故生七年乃知 盤
揚州謂杯為盤 ○牀床仕莊切說文安身之坐者或作床文六 𩅰漴𩅰𩅰急雨或作漴 特說文扶也 疒病也 ○
張中良切說文施弓弦也一曰開也亦姓文七 䛫譸䛫誑也通作張 䀡目大也 餦餦餭餳也一曰餅也通作粻 粻糧也
漲水大皃 倀狂也 ○萇抽良切說文艸枝枝相植葉葉相當文四 倀說文狂也一曰仆也一曰倀倀無見皃 瞠直視皃
𪔨鼓聲 ○長長尢兂仲良切說文久遠也古作長尢兂文十八 跟方言北燕之郊謂跳曰跟 腸說文
大小腸也或作脹 場塲暘說文祭神道也一曰田不耕一曰治穀田也或作塲暘 瓺方言朝鮮洌水之間謂甖為瓺 䕋鶇䕋
萇艸名說文萇楚銚弋一曰羊桃又姓 蟐蟲名博雅蟐蠰蚰蜒也 倀狂也 粻糧也 䕋蓫䕋艸名一曰馬尾 悵恨也
○良㠩𨐿𨐿呂張切說文善也一曰甚也亦姓隸作良古作㠩𨐿𨐿文三十五 筤博雅筤謂之笭 量

量說文稱輕重也古作量 糧粮說文穀也或作粮 粱粱說文米名或从禾 梁渿說文水橋也一曰梁棟古
作渿梁又國名亦姓 涼說文薄也亦州名 涼薄寒曰涼 颹颷說文北風謂之颹或从良 諒說文事有不善言諒也引爾雅諒薄
也 賝賦斂也 綡纜也 䣼博雅漿也通作涼 踉跳踉走也 踉跟蹡欲行也 悢悲也 椋木名說文即來也
犅說文犅牛也引春秋傳犅犅 騍山海經大封國有文馬縞身朱鬣名曰吉騍 蜋蟲名爾雅蛣蜣蜋 輬說文卧車也故遂爲喪車
合二名而呼之也 亮諒信也或作諒 稂童粱也 俍良工也 䑕股內謂之䑕 ○孃尼良切說文煩擾也一曰
肥大也文四 䰳本實器 鑲兵 娘女字 ○香香薌虛良切說文芳也一曰穀气也引春秋傳黍稷馨香或省亦作薌文
十 皀穀之馨香也象嘉穀在裹中之形 鄉說文國離邑民所封鄉也嗇夫別治封圻之內六鄉六卿治之又姓 膷牛之羹者 麐獸名
哼愚皃 饗享享也或作享 ○羌羗𦍋墟羊切說文西戎牧羊人也从人南方蠻閩从虫北方狄从犬東方貉从豸西
方羌从羊此六種也西南僰人僬僥从人蓋在坤地頗有順理之性唯東夷从大大人也夷俗仁仁者壽有君子不死之國亦从犬又姓古作羗文七 蜣
蛺蜣蜋蟲名或作蛺 慶亂也通作羌 羌水名 ○疆薑居良切說文禦溼之菜或省文二十二 畕說文比田也從

大二十四 小七五十四 集韻平聲三 三七 正

二田 畺疆畺壃疆說文界也從畕三其界畫也或作疆壃壃疆 姜說文神農居姜水以爲姓 倞強也 僵
說文僵僨也 殭凍死 殭死不朽 礓礫也 橿說文枋也一曰鉏柄 犟說文牛長脊也或从姜 繮韁說文
馬紲也或从革 蠹蠶白死 薑山艸 獷獷獷麞行皃通作彊 ○彊弜渠良切說文弓有力也或作弜一曰勝也亦姓文十二
強彊蟲名說文蚚也籀作彊 弶彊說文迫也古作彊 鱷鯨大魚也或作鯨 蘁蘁艾草名百合也 彊
扶持 漒水名在河南 孆女字或書作嬣 ○央於良切說文中央也一曰久也文二十 姎袂䄃說文咎也或从示古
作䄃 鞅馬頸 鴦鴦龜屬或从黽 鉠魚名 鴦說文鴛鴦也 咉摩聲 鉠鈴聲謂之鉠 泱說文滃也
謂雲氣起皃一曰泱泱水深廣也 秧說文禾若秧穰也一曰蒔謂之秧 霙雲皃 佒身傴謂之佒一曰樂也 胦腜胦腰也 怏
怏然自大之意 狭獸名狢也 紻纓謂之紻 英稻初生未移者 ○王雨方切說文天下所歸往也董仲舒曰古之造文者三畫而連其中
謂之王三者天地人也而參通之者王也孔子曰一貫三爲王又姓文十 虹蟲名方言促織南楚謂之虹蟥 魟魚名鯆也 迋行遽皃 騜
馬黃白色 䍿翿也舞者執以祀星 徃往之也 惶恐也 餭餦餭餳也 徨彷徨往來 ○匡筐匡曲王切說文飤

器笞也或从竹亦省匡一曰正也又地名亦姓文二十四 迋妄也 郷邸說文河東聞喜鄉隸省 蚟大蝦 洭泟說文水出
桂陽縣盧聚山洭浦關爲桂水隸省 恇恇說文怯也隸省 劻㑌劻勷遽也或作㑌 髺鬤髺鬤髮亂 莣方言𧄔也一曰艸名
軭車戾謂之軭 眶𥇡目厓或从頁 框䦪門謂之框 軭纑輪也 閆門周木也 眶腔也 跓趪
距躟行遽或从走 ○狂狂㹴渠王切說文狾犬也一曰蹤也隸作狂古作㹴或書作𤝛 𧿰文十七 桯具 洭水皃 軖
說文方車也一曰一輪車 軖軖說文車戾也或省 鯭大魚或書作鰳 鵟𪇆鳥名鴟屬五色有冠者或从隹通作𨾁 坣
呈艸木妄生古作呈 迋妄也應劭讀漢書迋吾兄也 㑌㑌儴惶遽也 抂抂攘亂皃 框柩也 ○俇俱王切狂也文一
一○卬魚殃切卬卬君德也文一
十一 ○唐啺𡇘鷵徒郎切說文大言也又國名亦姓古作啺𡇘鷵文六十六 餹糖糛餳
方言餳謂之餹或作糖糛餳 搪方言張也 傏搪㨖也通作唐搪 踼說文跌踼也一曰搶也 䠀過也 堂坣臺說文
殿也古作坣 堂陛之殿基謂之堂 鄌鄌說文地名或省 塘偃潴也通作隋 磄磄碭石 溏溏淖也一曰池也

小六十五 集韻平聲三 三十八 廿八

溏旁溏陳相著皃 塘熱灰謂之塘煨 闛說文闛闛盛皃 闛閬高門謂之闛或从良 鎕說文鎕銻火齊 瑭博雅瑭瑭珠
𥕦小餅有耳者曰餹𥕦 蓎艸名爾雅蓎蒙女蘿 篖簹箒竹席直文而粗者 棠木名說文牡曰棠牝曰杜或書作榶 榶木名
棣也通作唐 橖距也 䉎草也 轄轄轄兵車也或从堂亦省 樘車赤色 鶶鶶鳥名爾雅鶶似烏蒼白色或从隹
螗蟲名博雅蛁蟟也 䗂䗂蜋蟲名 蜴蟲名爾雅王蛈蜴形似蠶鼅 隚爾雅廟中路謂之隚通作唐
鰖魚名博雅魠也 鏜錫屬 䲢鰖也 螳螳蜋通作螗 蝪蟲名爾雅王蛈蜴 隚之隚通作唐 鶶騙色 毾牛名或从堂 鼱鼠謂之鼱一曰易腸 鱔
塘蕪菁一名䕋塘 惕方言佚惕緩也 嵣山名 禟祐也 郷國名 粡精米也 溏溪也 膅肥也 颺風皃
穅豕名 糖蜀人謂黍曰糖稻 碭石之有文者一曰山名 塘女字亦从堂 ○當都郎切說文田相值也文十八
儅倘儅不當也 襠裲襠衣名 璫充耳也 鐺說文銀鐺也 簹篔簹竹名 檔木名 譡言也 輔車輔通作
檔 稭稻禾皃 艡艣艡舟也 甗甗瓨 甗中也 蟷蟲名說文蟷蠰不過也或書作蟷 璫耳下垂謂
之瞠或从肉 瓽水也 甗甂屬一曰甂謂之甗 ○湯他郎切說文熱水也又姓文二十三 蕩蕩水名東至內黃澤西山或

从竹通作瑒膛肥皃鏜鐺說文鐘鼓之聲引詩擊鼓其鏜一曰鐵貫物謂之鏜或从當鼞閶韹闛闣
鞺說文鼓聲也引詩擊鼓其鼞或作閶韹闛闣鞺瞠矘直視也或从棠搪揬也趟走皃踼蹚跌踼行不正皃或从
堂盪滌器也螗王蛈螗蟲名薚蓎艸名爾雅蓫薚馬尾一曰蔏陸或省倘止皃莊子倘然止○郎盧當切說
文魯亭也一曰官名亦姓文三十八廊博雅康廊舍也㝗䆡說文康也或从穴閬高門也躴長身也哴號哴啼聲
曰哭哴一曰兒啼不止𥆧目病欴欴貪皃䯖博雅骲䯖骭也踉跟蹡行皃一曰欲行䡙轒䡙兵車艆舟名浪
滄浪水名南入江一曰浪浪流皃㟍峻㟍山名冬至日所入硠說文石聲一曰硠硠堅也琅瑯說文琅玕似珠者一曰琅邪郡古作
瓖俗作瑯非是鋃說文鋃鐺鎖也𥎰說文矛屬莨說文艸也蓈蓢蓈毒蓈艸或从浪筤筤謂之笿一曰籃也蓈
稂說文禾粟之采生而不成者謂之董蓈或从禾桹說文高木也一說桄桹屑之如麪可食羹臛也魯頌楚辭急就篇與房漿糠爲韻
榔賓榔木名鵖鵖鵖鵖也狼說文似犬銳頭白頰高前廣後亦姓駺馬尾白䱢蟹其雄曰䱢鱑蜋蟲名說文堂蜋也一
名蚚父𢉖高也㼽罂名也勆有力也鄓不鄓邑名通作䫇○囊奴當切說文橐也一曰有底曰囊無底曰橐亦

大口卅小口二字 集韻平聲三 三十九 廿安

姓隸作囊文十一蠰蠰蟷蠰蟲名蟷蠰也或从囊欜木名瀼𩅫露盛皃詩零露瀼瀼徐邈讀或从雨瓤瓜瓤
孃煩擾也蘘䕅牂蘘艸名皮可作綆古作䕅○幫幇鞤縍鞤𣪠逋旁切治履邊也或作鞤縍鞤𣪠文
十二㨍拌也並也䣚䚚加杯酒曰䣚或从角彭多皃詩行人彭彭搒掠也㹏並將牛也謗毀也○滂
雱霶霶霶鋪郎切說文沛也或作雱霶霶霶文十三滂滂𤸏凍相著皃磅隕石聲膀脹也榜木名𣁋說文量物
溢也膀肩膀模也旁旁礴混同也䣆鄉名在鰯陽鎊削也○旁旁㫄旁㫄雱蒲光
切說文溥也爾雅二達謂之岐旁隸作旁古作㫄旁籀作旁或作𠫝文三十三房阿房秦宮名傍傍說文近也或从彳㥬㥬惶恐也
彷方彷徉徘徊也或作方髈䯁說文脅也或从骨趽足曲謂之趽𨁀踉蹡欲行皃䣆說文汝南鯛陽亭
磅隕石聲䅭𥻮博雅䅭稰穄也或从米蒡艸名爾雅蒡隱荵似蘇有毛可爲菹篣箕屬騯馬盛皃螃螃蟹
蟹屬玤玤瑭玉名彭壯也一曰彭亨驕滿皃王肅說盳盳洋仰視皃滂水流聲漢書滂濞沆溉郭璞讀𩭾鬅鬆亂也
𣁋量溢者𣁋嫎女字𢐗𢏕弦急也或省○芒茫謨郎切芒芒廣大皃或从水芒又姓文二十八硭𡵆

硭硭碭山名或从山从芒通作芒汒谷名在京兆邙說文河南洛陽北亡山上邑䢴鄉名在藍田杗梁也㡛𢃨𢁺
周禮㡛氏掌湅絲帛或省亦从亡忙心迫也吂問而不荅曰吂朚𣋈博雅遽也或作朚䀮目不明也㬒盳暑熱也或
省𦵽勉也𡪤寱言莽莽蒼艸野之色盳盳洋仰視皃絖絲曼延也𡾊山名恾憂皃甿曠田野
或書作亩𡚽女字○桑桒𣜹蘇郎切說文蠶所食葉木也又姓古作桒桒籀作桑或書作桒文十四喪𠷔𠷔
喪𠷔說文亾也从哭从亾會意隸作喪古作𠷔𠷔𠷔𠷔𠷔騻騻馬色黃尾白或从桑纕纕緗纕淺黃也或
从襄顙額也○倉仺千剛切說文穀藏也倉黄取而藏之故謂之倉又姓奇字作仺文十七㔻說文古器也蒼苍
說文艸色也又姓古作苍蒼竹色滄洤淐凔說文寒也古作洤淐或从仌滄一曰水名亦州名鶬鶬鳥名
說文麋鴰也或从隹牄牛名瑲玉色槍搶搪鋹也䭸食也傖傖囊亂皃○藏匨𠥙慈郎切說
文善也又姓古作匨籀作𠥙通作藏文十二贓受賕曰贓藏艸名似薍戕博雅戕戕杙也牂𦍩羘說文牝羊也或
作牂羘样槌也𥇒明也葬瘞也○藏臧匨𠥙慈郎切說文匿也或作臧古作匨𠥙文八葬瘞也

大二百三十四小六百八十 集韻平聲三 四十 [illegible]

周禮以相葬埋劉昌宗讀鑶鈴聲㶓沒也𡼏山高○鴦於郎切鴛鴦匹鳥文十九𧳜狭江東呼貉爲𧳜貘或
从犬抰打也𪄢龜屬頭冢似鴨佒傴佒體不申皃姎女人自稱咉嚶聲泱泱泱弘大也春秋傳泱泱乎大風一曰水深廣皃
央中央也一曰盡也鞅博雅鞅罔無賴也䱀魚名善醒酒坱塵埃也嫈小心態也胦膀胦臍也殃敗也
鉠鉠鉠鈴聲秧莪也一曰秧穰禾下葉多映映矘目皃○炕虛郎切張也爾雅守宮槐葉晝聶宵炕文七欣欯欣貪皃
躿狼躿南夷國名䵶黑皃伉咉伉很戾䶩臭也𤷂气我○穅康糠粇丘岡切說文穀皮也
古作康或作穅康樂也爾雅道五達爲康又州名亦姓𣢒說文飢虛也通作康㝩㝗說文屋㝩㝗也謂屋
粇文二十七
閌或从穴𨻻穅荒虛也司馬相如作𨻻穅鄭康成作荒漮說文水虛也一曰水名在伊闕甗瓬甗瓬㼷器或从荒通作康𥌭
膆膆目皃躿長身謂之躿躴邟城名在暘翟砊砊磕雷聲蝾蟅蝾蟲名蜻蛉也炕灼也䃉石聲𡾖嵻崀
山名在西羌鄺地名慷忼慷慨歎也或作忼閌門高皃嫝女字○岡居郎切說文山脊也或書作㟠通作阬俗作崗
堽非是文二十九剛㓻說文彊斷也古作但或作㓻鋼堅鐵綱紘說文維紘繩也古作紘䀭說文境也一曰陌也趙魏謂陌

爲吭 堈瓏也 亢頏肮說文人頸也一曰咽也或从頁从肉亢亦星名 掆抗扛舉也或作抗扛 棡橫牆木
芃艸名葉似蒲叢生 犅牨說文特牛也或从亢通作剛 迒獸迹 魧蚢說文大貝也一曰魚膏或作蚢 笐說文
竹列也一曰弦加竹謂之笐 阬地名 伉剛正皃後漢書難經伉伉劉太常 蔨山海經小陘之山有艸名蔨葉如葵赤莖白華如蘡薁
瓬甌鋼博雅缻也一曰大瓮爲瓬或作甌鋼 邟縣名在潁川 ○卬魚剛切說文望欲有所庶及也引詩高山卬止一曰我也
文十 昂日升也一曰明也 䩕說文䩕角鞮屬 駠駠馬怒皃一曰馬白腹謂之駠 柳馬柱 楊斜桷謂之飛楊 茚說文
昌蒲也益州云 仰靈威仰青帝號 岇岇藏山高皃 昻舉目視 ○斻航杭𧗱寒剛切說文方舟也禮天子造
舟諸侯維舟大夫方舟士特舟或从木亦作𧗱通作斻文二十八 抗舉也 邟邑名在餘杭 沆水流皃一曰渡也 行列也左傳
二十五人爲行 胻脛也 桁木在足曰械大械曰桁 𦐄䀪鴴鳥飛上曰𦐄下曰𦐄或作䀪鴴通作頏 吭頏
亢咽也或作頏亢通作肮 迒踈說文獸迹也或作踈 魧魚名博雅魧鰽魠也一曰魚骨 蚢紫蚢海貝一曰蠶名食蒿者
芃艸名爾雅芃東蠡 笐笐篖織竹也 瓬博雅瓶也 肮大腹謂之肮 䵁黃也 忼忼也 妔女字 笐樂器

有紞一曰竹名 ○𣳾汪烏光切說文深廣也一曰池也隸作汪又姓文八 尣尩說文彶曲脛也或作尩 洸水涌也
眐眐眐目欲泣皃 䳁雉名其鳴自呼 𡛷女字 ○巟𣶇呼光切說文水廣也引易包巟用馮河或作𣶇文三十三 荒說文
蕪也一曰艸掩地也一曰遠也亦姓 𥢶𥢁𦳝說文虛無食也一曰果不熟爲𥢁或作𦳝 謊說文夢言也 䀮䀮目不
明也一曰䀮夷國名人能夜市金或作䀮 慌𢞎博雅恾也或作慌 肓說文心上鬲下也引春秋傳病在肓之下 衁說文血也引春
秋傳士刲羊亦無衁也 𢁿㡃博雅巟幪帳也或从巾 𢗰慌恾說文設色之工治絲練者一曰慌隔或从荒从芒 𦁂
𦃂說文絲曼延也或从荒 㬻旱熱也 𩢍駹說文馬奔也或从荒 瓬𤭛器也或从荒 鄺姓也 芒歲在
巳曰大芒駱通作荒 𡧍博雅居也通作荒 翸說文翌也 郲縣名 覤視也 𤠁狼屬 嫬女字 ○骯枯光切博雅骯
骫也文三 硄石聲 瓬瓶𤭦破罌 ○光炗炚𤈦𤇾姑黃切說文明也又州名亦姓古作炗炗𤈦𤇾或書作炛文二十五
洸潢說文水涌光也引詩有洸有潰或作潢 僙侊武也或作侊通作光 侊盛也一曰小皃 胱膀胱身也 橫門名
漢長安北有橫門 桄桄榔木名一曰舟前木也 垙𨹈𤱪陌也或从阜从田 𨏤輄車下橫木或从光通作桄 茪

艸名爾雅蘮蒚莣芜郭璞曰芜明也一曰蔆也 𩦹廣馬回毛在背曰闕𩦹或作廣 珖玉名 𨶃門關也 橫牀下橫木 姯說文
女字 趪走皃 ○黃𡕛胡光切說文地之色又姓亦州名古作𡕛文六十四 癀𤺊疸病也或从皇 皇𦤎說文大也
從自自始也始皇者三皇大君也亦姓古作𦤎 媓南楚謂母曰媓 趪走皃 僙武皃通作趪 遑偟說文急也一曰暇也或从人
徨徬徨彷徉也 惶說文恐也 喤說文小兒聲引詩其泣喤喤 鍠韹說文鐘聲也引詩鐘鼓鍠鍠或从音鍠一曰兵器
瑝說文玉聲也 璜說文半璧也 翌說文樂舞以羽䍿自翳其首以祀星辰也通作皇 簧說文笙中簧也古者女媧作簧 篁
說文竹田也一曰竹名 䅣䊗說文䅣程也穄別名或从米 穔野穀 餭餦餭餌也 煌熿𦿆說文煌煇也或从黃
亦作䵃 䍿𦏭說文華榮也引爾雅䍿華也古作𦏭 㞷𡉏說文艸木妄生也古作㞷 堭壙博雅堂堭壁也或从黃
隍說文城池也有水曰池無水曰隍引易城復于隍 𨛭縣名在會稽 鄺古國名通作黃 潢說文積水也 湟說文水出金城
臨羌塞外東入河 艎𦪇艅艎吳大舟名或从黃通作皇 凰鷬爾雅鶠鳳其雌凰或从鳥通作皇 騜𩦎爾雅馬黃白騜
或从黃 獚𤟤博雅𤟤獚犬屬或从皇通作黃 鱑鰉魚名或从皇 蝗蟲名說文螽也 蟥蟲名說文蟠蟥也 𦞹

𦙶病臞或从允 𪏮卵中黃 䵃𥼶麴塵或从米 𤛥牛名 𩞀饙也 鷬鸝鷬鳥名 撗橫艸名爾雅
傅橫目一名縷艸或从木 崲地名南史始興郡有休崲湖 磺石名 葟博雅葟葟茂也 ○𢓊𧻢于王切行征伀也或从走文二
○瘡磺霜切瘍也文一

集韻卷之三

集韻卷之四

翰林學士兼侍讀學士朝請大夫尚書左司郎中知制誥[illegible]臣丁度等奉

敕脩定

平聲四

庚第十二 居行切與耕清通　耕第十三 古莖切

清第十四 親盈切　青第十五 倉經切獨用

蒸第十六 諸仍切與登通　登第十七 都騰切

尤第十八 于求切與侯幽通　侯第十九 胡溝切

幽第二十 於虯切　侵第二十一 千尋切獨用

覃第二十二 徒南切與談通　談第二十三 徒甘切

鹽第二十四 余廉切與沾嚴通　沾第二十五 他兼切

嚴第二十六 魚杴切　咸第二十七 胡讒切與銜凡通

銜第二十八 乎監切　凡第二十九 符咸切

十二○庚 居行切說文位西方象秋時萬物庚庚有實也一曰道也十日名也亦姓文二十二 賡 續也 更 說文改也一曰歷也償也

秔稉粳 說文稻屬或作稉粳 鬻鬻鬻鬻羹美臐 說文五味盉羹也引詩亦有和羹或作鬻鬻羹羹亦从肉

鶊鵻 鶬鶊鳥名黧黃也或从隹 郠 邑名在琅邪 逦踁 兔逦或从足 莄 艸名 埂 秦晉謂坑為埂 浭 水名出北平

亢 闕人名老耼弟子有亢桑子 狔 狔㹤犬名 郉 縣名在潁川 ○阬坑 丘庚切說文閬也或从土从石文七

砊 石也 硑 硑硠石聲 劥 劥勈有力 妔 美女 亢 跡也 ○亨享亯亯 虛庚切嘉之會也或作享古作亯文九

湏 水名 胻 膨胻腹滿皃 悙 憉悙自矜健皃 𡟰 𡟰𡟰肆也 哼 嚪哼懼怯皃 ○行 何庚切說文人之步趨也文十四

衡奧 說文牛觸橫大木著其角也引詩設其楅衡一曰橫一木為門也一曰平也又姓亦州名古作奧 洐 說文溝水行也 珩 說文佩上玉也所以節行止

羹美臐 肉湆也亦从肉 胻 說文脛耑也 䯒 牛脊後骨 桁 屋橫木一曰葬具 行 方言[illegible]

蘅 杜蘅香艸 鶊 鳥名鶬黃也 衡 角長皃 ○橫衡 胡盲切說文闌木一曰東西曰縱南北曰橫或作衡文二十二

鐄鍠 鐘聲或从皇 煌 火光 橫 字林橫小被也 黌 學舍通作橫 楻 楻㮶秘也 䊣 藤屬可用織

喤 讙也怒也一曰小兒泣聲 諻 方言謤諻音也一曰大聲 瑝 玉聲 蝗 蟲也 甌 小瓦謂之甌 愰 憕愰失志 鐄 大鐘也

艭 大艭也 艭 博雅筏也或从舟 趪 起皃 諻 爾雅諻樂也 稈 䅘稈穊也 颹 暴風 ○諻 呼橫切大聲文八

喤 讙也 揘 擊也 嚝 聲也 謍 謍謍小聲 䳙 博雅䳙飛也 鍠 鼓鐘聲 䫛 颹颹風皃 ○觵觥 姑橫切說文兕牛角可以飲者也其觩觵故謂之觵或从光文十一

侊 說文小皃引春秋國語侊飲不及一餐 [illegible] 同滿也或作[illegible]

胱䐵 膨脝大腹或作䐵 廣 吳王孫休子名 潢趪 武皃或从走 ○彭䃣祊 晡橫切說文門內祭先祖所以彷徨引詩祝祭于祊或作䃣祊通作閍文二十二

閍 宮中門 艕 舟名 縍 結也 彭 聚車聲 騯旁 騯騯馬盛皃或省

榜 說文所以輔弓弩 嗙 說文訶聲嗙喻也司馬相如說淮南宋蔡舞嗙喻也一曰叱也 傍 傍傍然不得已 㔙奤朋 大力也或作奤朋

搒扐 相牽也或作扐 坋 塚口穴 浜 溝納舟者曰浜 㜼姗 㜼姗肨也或作姗 㹒 犬也

○磅磞 披庚切擊石或作磞文二十三 忼 忼慨也一曰志蕩 泙湴滂 水聲或作泙湴 烹亨亯

亨薷 煮也或作亨古作亯亯 捧 打也 鐐 鍊金也 悙 憉悙自矜健皃 澎萍滂 澎濞水皃或作萍滂

怦 博雅急也 枰 木弩 軿 軿車馬聲 弸絣 張弦也或从糸 㧌 擊聲 ○彭 蒲庚切說文鼓聲也一曰水名在衛地一曰國名文二十六

輣轒轅䡟騯傍 車聲也或作轒輣騯傍傍通作彭 騯 說文馬盛也引詩四牡騯騯通作彭 韸

棚 說文兵車也 棚 說文棧也 趽 說文曲脛馬也 鏰 兵器 鬔 鬔鬅亂髮皃 彭 膨脝大腹 憉 憉悙自矜健皃 㴶 縣名在東海一曰水皃

斛 量溢 榜 所以輔弓弩也 搒 笞擊也通作榜 篣 博雅籠也 蒡 艸名爾雅蒡隱葱郭璞說 稖 稖稑穊也

蟚 蟚蜞蟹屬或書作蟛 䭲 䭲䭲芳也 旁 旁勳白萬也兔食之壽八百歲 棚 木密也 嘭 聲也 ○盲瞢

萌瘖 眉耕切說文目無牟子或作瞢萌瞢文十九 甿 說文冥也 䁅 䁅盯直視 鄳 縣名在江夏 鄸 縣名在義昌

蝱虻 說文齧人飛蟲或省 鏰鋂 錡也或省 莔蝱莔莔 艸名說文貝母也或作莔莔通作蝱 茵

箵竹名或作箵 䍷地名在秦 ○ 趙中庚切趟趟跳躍也文五 撐 橕柱也或作橕 飌飌飌暴風 瞠直視 ○
瞠 瞭 盯 憆 聘抽庚切直視也或作瞭盯憆聘文十七 党說文距也 覴 覴正視也一曰深意或作覴
玎跉玎行遲皃 橕 撐 牚 樘說文衺柱也或作撐牚樘 輕小車轅也通作樘 湞水皃 䟓 踜距也
或从○ 棖除庚切說文杖也一曰法也一曰根謂之楔文十八 敹 棖 憕博雅揨也或从長从登 撐 党 蹚
距也或作党蹚 揨博雅揨掄擇也一曰舉也 盯 瞪瞪盯視皃或从登 憕憕觚失志 澄水清定也 棖攤也 騁馬住
皃 倀獨立皃 篻草也 趟趟趟走皃 颵颵颵風聲 ○ 騁 驖尼庚切騁騁亂皃或从囊文十 㲃犬多
毛謂之㲃 毀 毀 殹說文亂也一曰窒毀攉作毀或省 蘳艸也說文蘳可以作麻緶 攘亂皃 擰吳俗作木擰曰
擰頭 病也 ○ 兵 偋 兵晡明切說文械也从廾持斤并力之皃古謂篏籥作兵文三 ○ 平 平蒲兵切說文語平舒
也从亏从八八分也爰禮說亦然古作平文十四 評博雅評訂平也 坪坪平也或書作坓 泙說文谷也一曰水名 枰 枰枰仲
木名一曰博局或作枰 苹 萍說文萍也無根浮水而生者或作苹萍一曰蘋蕭 胓博雅胓胓脇也 蚲蟲名博雅蚲蟹蚌也 呼

集韻平聲四　三

呼呼聲也 抨使也 玶玉名 ○ 明 明眉兵切說文照也从月从囧古作明又姓亦州名文十三 盟 盟 盟 盟說文
引周禮國有疑則盟諸侯再相與會十二歲則盟北面詔天之司慎司命盟殺牲歃血朱盤玉敦以立牛耳或从明从明古作盟 鳴 鳴博雅鳴鳳也
或从明亦書作罵 鳴說文鳥聲也 冥暗也易冥豫鄭康成讀 鄍縣名在義陽 明視瞭也 萌蘙萌艸名 ○
生 生 甠師庚切說文進也象艸木生出土上又姓古作生唐武后作甠文十九 甥說文謂我舅者吾謂之甥亦姓 笙說文十三
簧象鳳之身正月之音物生故謂之笙大者謂之巢小者謂之和古者隨作笙一曰吴人謂簟為笙 鉎鐵衣也 牲說文牛完全 狌
狌狌狌獸名能言者或从生 麎獸名似鹿而小一曰大兔 鼪 鼪江東呼鼬鼠為鼪或从鳥 湦關人名曾桓公滌湦 姓人關
名春秋傳蔡公孫姓 殅死而更生 泩水深廣皃 甡甡甡毛起皃 笙地名在魯 胜鱗肉 ○ 鎗 鏳楚耕切說文鎗
聲也或作鏳錚文七 槍爾雅彗星為欃槍 瑲聲也 鎗釜屬通作鎗 滄 冷寒皃古作冷 ○ 傖鋤庚切吳人罵楚人
曰傖文八 衝 牚獸角長曰衝或作牚 鬇 鬡鬇鬡亂髮或作鬡 鎗鐘聲也 搶搶攘亂皃 嗆嗆嗆恐怯 ○
京居卿切說文人所為絕高丘也一曰大也又姓文十 荊 葝說文楚木也又姓亦州名古作葝 驚說文馬駭也 麠 麖

說文大鹿也牛尾一角或从京 鶁鶁鶄鳥名南方有之 蟼蟲名爾雅蟼蟆蛙類 𢈢廣雅倉也 婛女字 ○ 卿丘京切說文章也六
卿天官冢宰地官司徒春官宗伯夏官司馬秋官司寇冬官司空又姓文三 夘說文事之制也亦姓 慶賀也 ○ 擎 檠渠京切舉也或
从廾亦書作擏文十四 勍說文彊也引春秋傳勍敵之人 黥 剠 劓說文墨刑在面也又姓或作剠古作劓 顈博雅顈頸項也
勥艸名山鳳也 擏 擏說文榜也或从另亦書作擏 檠檠繁柄 鱷 鯨說文海大魚也一說雄曰鯨雌曰鯢常以五月生子
於岸八月導而還海鼓浪成雷噴沫成雨水族畏之或从京 矜戈戟柄 ○ 迎魚京切說文逢也文一 ○ 英於驚切說文艸榮而不實
者一曰黃英一曰知出万人為英又姓亦州名文二十三 柍 楧說文梅也一曰江南橦材其實謂之柍或从英 瑛說文玉光也 颷高風
也 媖女人美稱 蝧蝧蝧蟲名 韺博雅五韺帝嚳樂通作英 郟地名 霙霙雪也通作英 渶水名出青丘 瑛目深也
鶧鸚鶧鳥名通作英 央 怏鮮明皃詩旂旐央央或作怏 泱泱泱雲皃通作英霙 煐關人名南史有張煐 瘓長廊
碤水中石 鍈 鉠鈴聲或省 𤟜獸名 皸青皃 ○ 榮于平切說文桐木也一曰屋相之兩頭起者為榮一曰艸華謂之榮
又姓亦州名文十 嶸 嵘崢嶸山皃或省 瑩玉石似 縈旱也祭水 蠑方言易蜥南楚或謂之蠑螈通作榮 㨎擊也

集韻平聲四　四

螢火蟲名 嫈女字 𦾓小瓜 ○ 兄呼榮切說文長也一說从人口以制下文一 ○ 謍乙榮切謍謍聲也文一 ○
夻口觥切大也文二 磅磅磅石聲
十三 ○ 耕 畊古莖切說文犂也一曰古者井田故从井古作畊文二 ○ 鏗 鏗 鎮丘耕切博雅鏗鏘聲也或
从堅亦作鎮文二十九 摼 揁琴聲論語鏗爾舍瑟而作或作揁通作鏗 摼 挳說文擣頭也或作挳 硁欸也 瞪 睯
瞪矚視不明或从巠 硜谷也 硜 硜硜硜小人皃或作硜 臤說文堅也 鏗 轒說文車堅也或从賓
轒博雅聲也 輷輷轒車聲 牼說文牛膝下骨引春秋傳宋司馬牼字牛 羥說文羊名 鵛 雃鳥名或从隹 硍
硍鐘病聲周禮高聲硍杜子春說或作硍 諲諲諲趣死皃李頤說 娙女身長謂之娙 硎臨硎山名在吳郡吳宮以為門名一曰磨石一曰谷
名 甇不可近也 ○ 娙魚莖切說文長好也文三 俓 佣急也伎也或作佣 ○ 甖 甖 甖於莖切說文缶也或
从瓦亦作甖文三十 罌 甇以羽飾矛或从矛 罃說文備火長頸缾也 罃器也 䙬判木也賈思勰曰山澤林木大者劉殺之
嫈說文小心態也一曰嫈嫈好皃 罃目睜皃 嚶說文鳥鳴聲也 嚶說文通作嚶 嚶呻也 鸚 鸚說文鸚鴞能言

鳥也或从隹鶯鸎說文鳥也引詩有鶯其羽或作鸎櫻櫻桃果名莖姚莖艸名蘡艸名博雅燕薁蘡舌也褮
鬼衣䙬閩采賏說文頸飾也瓔石次玉嫈嫈嫇下俚婦人皃瞾瞾瞸目無光鸚鸚鵡鳥名東夷有之譻
謍怒也或作謍韹鋼器聲○莖何耕切說文枝柱一說艸曰莖竹曰箇木曰枚文九䪫博雅六莖顓頊樂通作莖牼牛膝
下骨誙誙誙趣死皃鈃瓶甄鋞器似鍾頸長或作瓶甄鋞鋞鑠幹○宏宖乎萌切說文屋深響也或从
穴文二十三厷大通也通作宏宖說文屋響也閎說文巷門也又姓紘紭說文冠卷也一曰纓从下而上者或从弘
耾聕博雅聾也一曰耳中聲一曰耾耾大聲或从宏弦彋弸弦弓聲或作彋鋐吰鏗鋐鐘鼓聲或从口硡
䃔博雅硡礚聲也或从宏嶸巆嵤㟗峵說文崝嶸也或作巆嵤㟗峵谹說文谷中響也翃翃翃飛也
或書作翃䖾蟲名竑輷度也周禮竑其輻廣或作輷橐罢罔滿也或作罢浤渹浤浤迸流也或从宏揈
擊也䫺大風也或書作䫺馵馬一歲也一曰縣名熒火光○泓烏宏切說文下深皃一曰水皃文九宖屋響也謍
謍諄小聲閧試力士錘也吼牛聲耾耳中聲弘弓聲汪水皃𥥛幽深皃○訇訇呼宏切說文駭
言聲漢中西城有訇鄉籀不省又姓文三十𩙲䬟風聲或从䬟揈拘撣也或作拘㤯愪惆悵怨皃或作愪

集韻平聲四　五

渹澋水相激聲或作澋鍧鑋鏗鍧鐘鼓聲或作鑋轟輷軥輷說文羣車聲也或作輷軥輷甍
硡磆礐石落聲或从宏从訇从營翃𦒃翃𦑝翃翃飛也或作𦒃翃𦑝薨衆也疾也詩度之薨薨沈重說
閎閎廓深遠也一曰大也謍巆大聲也或作巆耾耳中聲一曰耾耾大聲巆崢巆山深○琤初耕切說文玉聲也
文十錚鏳金聲或从曾噌噌吰聲也掙博雅刺也凈泠皃鏳鏘鏗鏳聲也或作鏘棦木束也
謍呻也○爭𠬝甾莖切說文引也徐鉉曰从爫亅爫二手也而曳之爭之道古作𠬝文十八箏說文鼓弦竹身樂也一說秦人薄義
父子爭瑟而分之因以為名䓫說文艸䓫蘩皃埩耕治也䋫綪說文紆朱縈繩一曰急弦聲或作綪猙獸名似豹一角三尾
䏨足筋䲝魚名博雅竹頭鯖也錚說文金聲也䍴羚羊名䣭國名棦犁上木䡠車聲鮏魚名
𡖅雨而見星諍訟也○崝崢嶒鋤耕切說文嶸也或作崢嶒亦書作崢文十七竲說文北地高樓無屋者淨
說文魯北城門池埩耕治也鬇鬡鬇鬡髮亂或作鬡䓫䓫䕸艸亂䃁破聲𥨍𥨍宏屋大噌噌吰聲也

鯖魚名鏳琤玉聲或从玉𢐈弓弦聲磳硱磳石皃○朾丁中莖切伐木聲或作丁文十三玎玎玲
玉聲𧿹跉𧿹行遲皃𤼷撜張也或作撜䆸䆸宏屋響摘引也僜僜倗不仁憕憕憕失志䬝飋䬝風聲
鬇鬇鬡髮亂猙猙獰犬毛○橙䔲除耕切說文橘屬或从艸文十五朾揨敦揨𣪠說文橦也
或作揨敦毃揬也或作毃穸小突也窨窨窮響也䁝審視皃湞湞陽縣名屬始興郡虰䗴虰蛉屬
𠯫器也○儜尼耕切弱也通作嬣文九譸𤺗譸小聲饓食也薴䔭說文艸亂也杜林說艸䓫藍皃或作薴穃
禾芒曰穃嬣姘嬣女劣皃獰猙獰大毛一曰惡也鑏刃柄○繃綳悲萌切說文束也引墨子曰禹葬會稽桐棺三寸葛以繃
之或作綳文十五絣說文氐人殊縷布也䋊繩以直物通作絣迸博雅迸也一曰行急拼抨伻迸平苹
爾雅使也或作抨伻迸古作平苹𢏗彈也通作拼㛝謹也軯車聲螃蝦蟇類○怦姘披耕切博雅急也一
曰忠謹皃或作姘文二十八姘說文除也漢律齊人予妻婢姦曰姘拼伻迸平苹使也或作伻迸古作平苹通作抨
抨說文撣也閛閛闔扉聲或从并漰漰湃水聲弸弸弦弓聲砰硑匉䃔廣雅砰磅聲也或作
硑匉古作䃔軯騯車馬聲或从馬胓腹脹㸸說文牛駁如星䍈駁羊名一曰使羊也馮馮閎大也下曰虛廓恲

集韻平聲四　六

㤺怳憪也或从朋硼䃱石名或从彭𠢕大也○弸蒲萌切說文弓彊皃一曰滿也揚子弸中彪外文六㥊㥊惆怒皃
淜凍漠水勢相激皃馮馮閎大也棚博雅閣也痭腹滿○甍𣞻甋謨耕切說文屋棟也或从木亦作甋
文十六蕄艸名似蓍可為帚䉚竹也一曰竹筍萌鋂說文艸芽也古作鋂蕄心所在也通作萌俗作蕄非是甿
說文田民也氓說文民也通作萌甿嫇嫈嫇切嫿一曰小人皃矒瞑瞑矒視不明皃或作瞑盟誓約也莊子其留如詛盟
徐邈說鄳縣名在江夏橗木名○宏宖乎萌切屋響也或从穴文三忛協憕失志皃○磷力耕切砰磷峻
皃文四輘輷輘車聲駖馬衆聲玲玎玲玉聲

十四○清親盈切說文朖也澂水之皃文六鯖魚名圊博雅圊廁也請漢有請室請罪室也精木名
靘青女神名○精咨盈切說文擇也文二十六晶晟說文精光也或作晟菁艸名說文韭華也鶄𩀝
鳥名說文鮫鶄也或从隹蜻𧐯蟲名說文蜻蛚也或从精鼱鼩鼱小鼠婧竦立也一曰有才睛目睛聙善聽也

䪲䪲䪲頭不正 氏狋氏縣名在代郡 旌㫌精猜說文游車載旌析羽注旄首所以精進士卒又姓或作㫌精猜
𣶒𣻈水名在南郡或从旌 䔼蘋䔼艸名通作菁 鶄鶄鶄鳥名鵁鶄也 腈肉之粹者 䁐目瞑 菁茷良詩菁菁者
義通作菁 箐簝箐小籠 ○餳徐盈切說文飴和饊者也文一 ○情晴慈盈切說文人之陰氣有欲者或从口文十 殅
晴暒說文雨而夜除星見也或作晴暒 請受言也 睛受賜也 戕殺也 蜻蟲名如蟬而小 餳飴也 ○
鯖觪思營切說文用角低仰便也引詩觲觲角弓或省文七 騂牸牲赤色或从牛 垶埩說文赤剛土也或作埩 煋
博雅赤也 ○并卑盈切說文相從也又州名亦姓文十 栟木名說文栟櫚也 箳箳篂車轓也 屛屛營征伀也 併屋蔽也通
作絣 絣雜也太玄錯絣 箳盛絮籠 姘姦也 竮竹名 鵧鳥名 ○名弥并切說文自命也从口从夕夕者冥也冥不相見
故以口自名又姓文六 洺水名 冥幽也史記冥冥佚事劉伯莊讀 䳟眉閒謂之䳟 眳眳睛不悅皃 粍潰米也 ○聲
殸書盈切說文音也亦姓古作殸文三 䪫無形而響 ○延征徰諸盈切說文正行也或从彳古作徰文二十三 延說文
行也 正歲之首月夏以建寅月為正殷以建丑月為正周以建子月為正 𥿮說文乘輿馬飾也 鉦說文鐃也似鈴柄中上下通 怔

集韻平聲四 七 邵信

射的通作正 征怔方言征伀惶遽或从心 眐眐𥈲獨視也 䘸䘸松小兒衣也 鴊鳥名方言齊魯閒謂題肩為鴊 𦙫
鯖䐢𤍊䭘煑魚煎肉曰䲔或作鯖䐢𤍊䭘 炡炡熻燥也 政賦也周禮聽政役以比居通作征正 証諫也 眐
博雅眐行也 姃女字 ○成㡯時征切說文就也古从午亦姓又州名文十八 郕說文魯孟氏邑 城䫆說文以盛民也籀作䫆
誠說文信也 宬說文屋所容受也 盛說文黍稷在器中以祀者也 晟明也 珹美珠也 𩓓項也 㼩甑也 晟
飯匽也从日 峸山名 䧕地名 荿艸名 筬筬篋織具 娍女名 ○禎知盈切說文祥也文十一 貞鼑上所稱
偵說文卜問也从卜貝以為贄一曰鼎省聲京房所說一曰正也古作鼑或作偵 楨說文剛木也上郡有楨林縣一曰築牆具 湞說文水出南海龍川
西入秦 鄭地名 𨻶說文丘名 賁闕人名後周齊王子賁 揁引也 媜女字 ○檉癡貞切木名說文河柳也文十八
偵博雅偵問也 湞水名 䞓赬䞓縝說文赤色也引詩魴魚䞓尾或作赬頳縝通作䞓 浾泟說文浾棠
棗之汁或从正 町跉町偏行 竀䞓說文正視也从穴中正見也或作䞓 虰蟣屬 朾地名在宋春秋傳會于朾通作檉 蟶
鮮也 郢丘名 醒病酒 逞縱也 ○呈馳貞切說文平也一曰見也文十二 程說文品也十髮為程一程為分十分為寸又姓

醒說文病酒也一曰醉而覺也 珵佩玉也一曰玉大六寸謂之珵 逞行期也通作程 郢地名 筳博雅筳箬箵也一曰竹名可為
笛 裎倮也一曰佩紛謂之裎 脭肉之精者 挰博雅擇也一曰舉也 姃女名 虰蟣屬 ○跉離貞切跉町偏行文五
伶建伶縣名 令使也 聆多聲也 鮏魚蟲連行紆行 ○盈怡成切說文滿器也一曰國名文二十五 楹檶
桯說文柱也引春秋傳丹桓宮楹或从贏从呈 郢姓也 盈肥也 瀛闕人名魯有大夫瀛 𤢹獸名黃狐也 贏說文少省
氏之姓 嬴方言娥嬴好也 瀛海也楚人名澤中曰瀛亦州名 汭水名在沂縣 礝石名 贏說文有餘賈利也或作㑥
籯䈪說文笭也或从盈 攍方言儋齊楚陳宋曰攍或从盈通作贏 逞闕人名晉有欒逞通作盈 籯䈪
莖菊華也或作䔇 縕緹絲綬也或作縕 䳟鳥名白鷺也江東語 ○輕牽盈切說文輕車也古作輕 䡖遲文九 罄
金聲也一曰斷也 𨈦一足行也 窒空也詩瓶之窒矣 罄不可近也 𨟷側器傾酒漿也 巠深谷 ○頸渠成切項也文
四 鯖說文魚名 勁剄艸名爾雅勁山蘄或从刀 ○嬰賏伊盈切說文頸飾也或省一曰女曰嬰男曰兒文十三 瓔
石似玉 纓說文冠系也 攖拈也亂也 瀴瀴滇水絕遠皃 郹地名 蘡艸名蘡薁也 櫻櫻桃果名 鸚鸚鵡也

集韻平聲四 八 邵信

癭頸疾 罌博雅罌謂之缿 櫻牛名 ○營維傾切說文帀居也一曰度也亦姓文十八 瑩石似玉 鎣器也一曰
采鐵 熒小瓜 塋說文墓也 檾木名 𥌤惑也 覺覺然能視也 謍說文小聲也引詩謍謍青蠅 瀠
濴瀠瀠濴水回皃或从縈从熒从滎 榮屋梠之兩頭起者為榮亦姓出自東鄭劉宗 禜說禜祭水旱也 熒火光也 瘔病聲
也 ○䝰購營切貨也文四 騂牲赤色 滎熒水名或作熒 ○傾頃窺營切說文仄也或从阜文六 頃說文
頭不正也 坰遠也詩在坰之野 䫿麻屬也 廎屋側 ○瓊璚瓗琁葵營切說文赤玉也亦从矞从巂或从旋省
文二十五 㷀說文回疾也 憌悁愬憌憂也或作㷀悁惸 趨䞕說文獨行也或从匀 睘說文目驚
視也引詩獨行睘睘 橩博子通作㷀 嬛㛵傑㷀獨也或作嬛㛵傑㷀通作㷀一曰淑嫕也 輦說文車轅
規也一曰一輪車 藑艸名說文茅葍也一曰䔰也 蘷藭艸旋皃或作藭 檾木名 䝰賫貨也或作賫 ○縈
㡆娟營切說文收卷也或从巾文十 藀說文艸旋皃也引詩葛纍藀之 褮說文鬼衣 嫈小心態一曰嫈嫇 謍聲也
𢄐覆也 攖有所覆著也 礯石名 濙濴濙波浪涌起皃 ○泂古營切大泂地名文一 ○頸吉成切項也文二

瀅絕小水也○穲人成切䅸禾黍之餘文一○騂許營切牲赤色文二䝻貨也○䔊仕成切屋欜也文一○聘
匹名切訪也文一
十五○青𡕻岺𡴭倉經切說文東方色也木生火从生丹丹青之信言必然又州名亦姓古作𡕻岺𡴭文十一
䴮䴮艴無色鶄鶄鶄鳥名畜之以厭火綪淺碧色菁華盛皃鯖魚名蜻蜻蛉蟲名蛉蛉也六足四翼圊
廁也○曐星曑○桑經切說文萬物之精上爲列星一曰象形从口古口復注中故與日同或省又姓古作曑唐武后作〇文二十三
稈禾稀也惺惺憽了慧醒醉解也篂博雅䈴篂蔽篅也鉎鍟鐵衣或从星腥豕中肉息胜說文
犬膏臭也一曰不熟猩說文猩猩犬吠聲鮏鯹說文魚臭也或从星狌獸名似人䎘舲名裎燐光箸衣睲目睛照也
𥗨石名蛵蜓蛵蟲名煋火熾也珵玉光○竮傍丁切竛竮行不正也通作俜文十八甹說文亟詞也一曰甹俠也三輔
謂輕財者曰甹俗作甹非是荓荓蜂𡚁曳也通作甹騁肭骨薄水中浮艸𦶏吳人謂𦶏蠶曲爲𦶏俜說文俠也䨩
甹雨皃𢔁竮說文使也或从立姘𡝭也頩博雅艴頩色也艵說文縹色也聠耳閉也㻂言也

箳舟車蓬𣸣水皃𦂝吳人數絮○缾瓶䍈旁經切說文甖也或从瓦从平文二十五軿輧說文輜車
也或从屏屛所以蔽也𦉢䍈說文𦉢也杜林以爲竹筥揚雄以爲蒲器或从并竮竮竛竮行不正或省郱說文地名
在臨朐洴洴澼漂絮聲蓱萍艸名說文苹也或作萍荓艸名說文馬帚也箳竹名一曰笄箬皮鵧鵧鷎鳥名
箳箳篂蔽篅𪕒說文鼩令鼠一曰鼠子蛢蟲名說文蟠蟥也苹蔽也周禮苹車所用對敵自蔽隱之車鉼漢侯國名
駢地名論語駢邑三百帡覆蓋也揚子屋之爲帡幪玶玉名○冥瞑忙經切說文幽也从日六从冖日數十十六日而月始虧
幽也亦姓或从目文二十三瞑翕目也覭說文小見也引爾雅覭髳弗離䫤眉目閒也引詩猗嗟䫤兮慏也熐熐蠶奴聚落
也綼細絲也嫇說文嬰嫇也一曰嫇嫇小人皃一曰嫇奵面平銘名志也或作名溟說文小雨溟溟也鄍說文晉邑
也引春秋傳伐鄍三門蓂蓂莢堯時瑞艸麑𩠊潰米也一曰麑泠縣名在交阯或作麑榠榠樝果名𧳋猽小豚也或
从犬螟說文蟲食穀葉者吏冥冥犯法即生螟禖福也瞑行而上聽也𦕈窨也○丁个當經切說文夏時萬物皆丁實
象形一曰當也又姓古作个文十五釘說文鍊鉼黃金郭璞曰鐪鍺江東呼爲鈴釘一曰鐵鋌玎說文玉聲也引齊太公子伋謚曰玎公䦺

說文補履下也阝丁說文丘名疔病創𧿒行跉𧿒獨行或从彳丂甹丂小用叮叮嚀囑辭通作丁虰
朾蟲名赤蚍蜉也或作朾灯火也奵女名一曰嫇奵面平○聽湯丁切聆也文二十九廳古者治官處謂之聽事後語省
直日聽故加广汀𡈼渟說文平也謂水際平地或从平从亭訂𧥛評議或作𧥛綎絓說文綏也或从呈綎
鞓䩠說文系綬也或作鞓碇硏碑材或省桯說文牀前几一曰碓梢筳笭筳竹器朾地名在宋艼
艸名說文艼熒朐也頲狹頭皃町圢說文田踐處曰町或从土耓耒下木也𠫕甹丁周也骬髆骨長骨
皃筳方言緾筳意也豴豕皃珽大圭長尺二寸耵耵聹耳垢○庭唐丁切說文宮中也文三十八廷說文朝中也
庭亭說文民所安定也亭有樓从高省停止也渟水止曰渟娗嫇博雅娗嫇容也一曰女出病或从亭聤
耳病聤目眵梃縣名在膠東國甹說文定息也綎綬謂之綎瓴瓵霆䨪說文雷餘聲也鈴所以挺出萬物
鼎或从朾橦也葶葶藶藥艸莛莖也壬說文莖也一曰屋梁或作壬莛說文繕絲笎一曰莛人結艸折竹卜曰莛篿
蜓蝘蜓或从庭鼮鼠名文如豹漢武帝時得此鼠終軍知之鯅䱓魚名鮔也或从廷蜓蝏蜓蚞蟲名蝭蛄也

𧍵螸中息也榳榳楗長木楟木名梨也㾐廣雅重也蝏蟲名蚔蝏水訂評議也崨山名在白登
閮門中也邒亭名汀水平定止也○靈靈霝霛靇郎丁切說文靈巫以玉事神一曰善
也又姓亦州名或从巫古作霝霝非是文一百六十五𩃬靈神名或从霝零說文雨零也引詩霝雨其濛通作零零
零霝𤫊說文餘雨也又姓或作霛亦从泠古作𤫊龗龗說文龍也古作龗魌山神
人面獸身或作靇亦書作靇昤曨昤曨日光或从霝昤月光泠說文水出丹陽宛陵西北入江又姓伶說文弄也益州
有建伶縣通作泠亦姓姈女字𡝩說文女字也竛㑻跉竛竮行皃或从彳从足呤嘌倉呤吟語也詅衙也魿
鬼也泠吳人謂冰一曰泠澤聆說文聽也鈴說文令丁也玲說文玉聲醽醽醁酃湘東美酒或不省亦作醁酃通作酃
酃說文長沙縣亦清河縣齡古者謂年齡齡亦齡也通作聆狑犬聲鄰縣名颵寒風䉁稜艸莖疎也或从零
拎攞懸捻物也或从霝令使也囹說文獄名䡼說文面瘦淺䡼頲也疹疲病岭山深也或書作
岺嶺阪名通作𡾊鐳鈴說文瓦器也或从令亦書作鐳瓴甗甕說文甓也似瓶或作甗甕㯪

說文楯間子也或从零通作靈 櫺方言屋梠謂之櫺 柃說文木也 ⿰舟霝⿰舟靈舲⿰舟零舟也一曰舟有窻者或从靈从令从零
軨⿰車霝說文車轖間橫木或从霝司馬相如說 苓⿱艹領艸名說文卷耳也一曰茯苓藥艸或从領 蘦艸名說文大苦也
蕶艸蓤落也通作苓 笭⿱竹軨說文車笭一曰笭籝也或从軨 ⿱竹令⿱竹靈竹名一曰竹器或从靈 麢⿸鹿零⿸鹿靈
⿰羊霝羚說文大羊而細角或从零亦作麢⿸鹿零羚 駖⿰馬霝駖䡼車騎聲 ⿰毛令毛結不理通作泠 ⿰鼠令博雅⿰鼠令⿰鼠令鼠屬 狑⿰犭霝
⿰犭靈良犬也秦有狑或作⿰犭靈⿰犭霝 鴒⿰霝鳥鶺鴒鳥名或从靈通作令 ⿰霝鳥⿰霝隹鳥名鴒小者⿰霝鳥或从隹 翎說文羽也 魿說文蟲連
行紟行者一曰魚名 ⿰虫霝說文蜓蛉桑蟲也通作蛉 蛉蟲名說文蜻蛉也一曰桑根 紷緋絮一曰絲細涑為紷布細涑為繐 ⿰鹵令鹽也 ⿰鹵虎
獸名似虎而小出南海 怜⿰忄靈心了也或从靈 ⿰瓜令小瓜出南海 ⿰牛霝⿰牛令牛名或作牸 ⿰令丁撞也 ⿱霝刀⿰零刂⿰令刂
刀剖物或作⿰零刂刢 ⿰食令方言餅謂之⿰食令 ⿰食零食飽也 呤耳聲 砱⿰石霝⿰石零石也或从靈从零 ⿸广霝⿸广零巖穴或从
谷 坽峻岸 ⿰火霝⿰火零火光也或从零 ⿱艹霝⿱艹靈艸名旱荷也一曰蘦似蓮或省 ⿰虫霝蟲名丹良也 ⿰糸零綵也 秢禾始
熟日秢 ⿵門令⿵門霝門上窻謂之閝或从霝 罖罜罖网也 ⿰犭粦犬健 ⿸广令屋宇通皃 ⿰霝攴擊也 ⿰氵零水名 ⿱四口衆聲也从

大一三十七 小六八十 集韻平聲四 十一 春

四口 ⿰車霝⿰車霝軨廄名 ⿰骨零⿰骨令骿骬骨皃或省 ⿺走霝犬走逐皃 涔水名楚辭望涔陽兮而極浦 ⿰氵霝⿰氵靈水曲或从靈 ⿰髟霝
⿰髟零髮踈也或从令 ⿰白靈⿰白霝⿰白零皊白色或从霝从零从令 ⿰目霝⿰目零目光或从零 ⿰衣霝⿰衣零衿衣光
也或从零从令 ⿰豕零⿰豕令豬苓藥名或从令 ⿱霝龜黃⿱霝龜龜名 ⿰艹霝艸名蔓生 ⿱穴霝穴也 ⿱霝頁天靈人頂骨可為藥 ⿸虍霝
⿰爿零⿰爿令牀笫或从零从令 ⿰阝霝陵也 ⿰言霝⿱霝音音也或省 ⿰米霝⿰米零米餌或从零 ○寧囊丁切說文願
詞也又州名文十六 寍說文安也从宀心在皿上皿人之飲食器所以安人通作寧 ⿱寍日告也 聹耵聹耳垢也一曰耳聒 ⿰寧阝⿰寍阝鄉名
在馮明谷口或作⿰寍阝 ⿰寧鳥⿰寧隹鳥名爾雅鴽子⿰寧鳥或从隹 嚀叮嚀囑辭通作寧 ⿱寧䖵⿰虫寧說文蟲也一曰蠓蛙或作⿰虫寧 佞諂也
莊子佞人之心郭象讀 窫昊天謂之窫 濘汀濘小水 嬣女字 ⿱穴弄顙也 ○經⿰糸坙坙堅靈切說文織也一
曰常也又國名亦姓古作經坙文十二 巠說文水脈也一曰水冥巠也 涇說文水出安定涇陽幵頭山東南入渭雝州之川也 鵛⿰巠隹
鳥名爾雅鸌鵛鶵或从隹 徑行過也 剄說文刑也 桱說文桱桯也東方謂之蕩 ⿱艹經藤類江淮人經絲用之 ⿰巠阝鄉名在密縣
○馨醯經切說文香之遠聞者文六 ⿰殸只說文聲也 蛵蟲名爾雅虰蛵負勞即蜻蛉也 虖虗池水名 洞滄也 ⿱口亐定息

○形乎經切說文象形也文二十七 ⿰井刂⿰圭刂說文罰辠也从井刀引易井法也古作⿰圭刂通作刑 刑說文剄也 硎砥石 型說文
鑄器之法也一說以土為法曰型以金為法曰範以木為法曰模 鋞說文溫器也圜而直上 鉶⿰金形說文器也㕥禮盛和羹器或从形通作鈃
⿰缶井瓶⿰巠瓦⿰缶开說文似鍾而頸長一曰酒器或作⿰井瓦⿰巠瓦⿰缶开 陘說文山絕坎也亦姓 郉鄉名在高密 邢說文周公子所
封地近河內懷 蛵蟲名說文丁蛵負勞也 娙⿰女刑好也或从刑 桯方言榻前几江沔之間曰桯 ⿱𤇾瓜小瓜 ⿰山巠說文谷也
⿰山刑山名 ⿰骨巠骨也 坙地名在趙通作陘 ⿰糸巠直也 侀成也 ○熒玄扃切說文屋下燈燭之光文十八 螢⿰虫熒
火蟲或从熒 褮爾雅袊謂之褮一曰鬼衣 ⿱艹熒艸名 滎說文絕小水 ⿱𤇾目說文惑也 ⿱𤇾瓜說文小瓜也 ⿱𤇾山⿰山營
岭嵤山深皃或从營 嫈好也一曰態也 鎣博雅磨也一曰器也 ⿰貝熒貨也 泂洞澤地名通作熒 謍小聲 濴濙回波曰濴
濚濙小水皃 營辯解也莊子口將營之 ○扃扄閍涓熒切說文外閉之關也一曰鼎扃古作扃或作閍文十七 冂同
坰說文邑外謂之郊郊外謂之野野外謂之林林外謂之冂象遠界也古从口象國邑或从土 駉說文牧馬苑也引詩在駉之野 駫說文馬盛肥引詩四
牡駫 ⿰鼠冋博雅⿰鼠冋鼠 絅說文急引也 瀅水名在襄陽 熲光也 鉉舉鼎也 褧襌也 泂大泂地名一曰水皃 耿

大二十九 小七二十七 集韻平聲四 十二 春

明白也楚辭吾所陳之耿著 ⿰木冋木名 ○娙五刑切廣雅好也文一 ○菁子丁切韭華也一曰茅有毛刺曰菁茅文二 青青青
茂盛也通作菁 ○嫈於丁切博雅好也文四 啨啨唅小語 鯖魚名青色有枕骨 ⿱𤇾金器名 ○瀅鳥熒切水皃文四
⿱𤇾言小聲 ⿱宀目深目皃 嫈好也 ○坰欽熒切林野之外地文五 ⿰石冋石聲 絅急引也 冂遠也 洞大洞地名
○更古青切歷也文一 ○⿱癶殳子坰切不借之粗者曰⿱癶殳文一 ○桯餘經切博雅桯㮇俎几也文一 ○謦苦丁切不可近也文三
窒空也 罄側器傾酒將盡也 ○嫈火螢切女人潔清皃文一
十六 ○蒸⿱艹丞諸仍切說文折麻中榦也或省文十二 烝說文火氣上行也一曰君也進也衆也淫上也 ⿰言烝諸仍語頻
脀⿰月烝以牲實鼎或作⿰月烝 蓋博雅蓋謂之藍 篜竹矩一日竹名皮有文 ⿰烝攴擊也 承丞承陽縣名在長沙或作丞
抍取也拔也 ○承⿱丞廾⿱丞手承辰陵切說文奉也受也又姓或作⿱丞廾⿱丞手承文十四 ⿱丞山丞說文翊也从廾从卩从山
山高奉承之義隸省 ⿱丞月說文騃也 ⿱登車⿸广⿱登車說文輅車後登也或从广 洆博雅潛洆没也 ⿰丞阝成地名或省 ⿰亻敄理也
抍上舉也 ○繩神陵切說文索也文二十一 譝譽也通作繩 憴爾雅憴憴戒也 乘椉⿱乘几說文覆也从入

桀桀黠也軍法曰乘一曰四矢曰乘亦姓或作椉𠓷 䡩輮 車一乘也 騬䮨 說文犗馬也或从乘 澠 水名 渿
淩 淩滕臺波一曰水不流也一曰水名或从棄 塍膡睖塍塖 說文稻中畦也或作膡睖塍塖 鱦 江東謂魚子未成者曰鱦
崚 亭名在吳 䱰 姓也 ○升 書蒸切說文十龠也一曰布以八十縷為升一曰進也成也文十二 昇陞 日之外也又州名或作陞
陞阩𨀛 登也或省亦从足通作升 勝𦨻 說文任也从舟亦姓古作𦨻 抍撜 上舉也或从登 𪏮縢 麻屬
登車也 ○稱 蚩承切說文銓也从禾爯聲春分而禾生日夏至晷景可度禾有秒秋分而秒定律數十二秒而當
一分十二分為銖故諸程品皆从禾又姓俗作秤非是文七 爯 說文并舉也 偁 說文揚也 𥡵 巨稱藥艸 秤 耒也 偁倦
愚皃 𡡉 女字 ○仍 如蒸切說文因也文十九 扔㭁戎 說文因也一曰引也或作㭁亦省 訒䚮 說文厚也或从仍
礽 福也通作仍 陾 說文築牆聲引詩捄之陾陾 艿芿 說文艸也一曰陳草相因艿或作芿 杒 說文木也 珥 說文割牲以釁也周
禮珥于社稷 耳 昆孫之子為耳孫通作仍 卤𠧟 說文驚聲也古作卤通作迺 迈 及也往也 陑 地名 坔 王器 [illegible]
禾名 ○仌冰 悲陵切說文凍也象水凝之形或从水亦書作冫文六 弸 弓強皃 掤 說文所以覆矢也引詩抑釋掤忌通作冰 淜
無舟渡也 輣 車輣 ○淜 披冰切淜湃水聲文七 砅砰 水激山也或作砰 脉 腹脹皃 馮 靈也春秋傳震電馮怒徐邈說

大一百十　小七百六十　集韻平聲四　十三

[illegible] 水皃 堋 削牆土隕聲 ○凭 皮冰切說文依几也引周書凭玉几或書作凴文八 憑倗 依也厚也滿也或作倗通作馮
[illegible] 水皃 淜 說文無舟渡河也通作馮 𧃰 蕪𧃰艸木盛 馮 說文馬行疾也一曰乘也 弸 據也 ○繒綷 慈陵
切說文帛也籀从宰省楊雄以為漢律祠宗廟丹書告文十六 鄫 說文姒姓國在東海 罾 置魚筍中也或書作罾 驓蹭 爾雅馬四骹皆
白驓或从足 䮨 犗馬 橧豶 爾雅豕所寢橧或从豕 磳 高皃 竲 汙濡 嶒 崚嶒山皃 甑 炊器 噌 [illegible]噌空罾意
𤛓 牛名 僧 僧倰不穿也 ○徵𢾾數𡈼 知陵切說文从微省壬為徵行於微而聞達者即徵之一曰成也明也亦姓古作數
數壬文七 𢔩 古國名 癥 足瘡一曰腹病 扛 旌旗杠 ○僜 丑升切僜僜病行皃文六 庱 亭名在吳興 棱 吳人
謂酢䌗為棱 睖 睖瞪直視皃 [illegible] 蛉屬 給 綵勞也 ○澂澂澄 持陵切說文清也或作澂亦从登文十一 懲
說文忞也通作徵 瞪 直視 憕 說文平也謂心平 承 漢縣名在東海一曰楚言春秋傳蔡昭侯將如吳諸大夫恐其又遷也承 橙
橘屬 徵 縣名在同州 給 絲勞也 膡 美目皃 ○夌 閭承切說文越也从夊从㚇㚇高也一曰夌徲文三十四 陵 䬞

說文大阜古作𨻰 淩 說文水在臨淮又姓 𠗲凌 說文仌出也引詩納于勝陰或从夌 倰𠡷𡕩 倰尚也或从力亦作𡕩
㥄 憐也怖也 掕 說文去也 掕 止馬也 裬 馬帶 輘 車轢 菱 竹名 䬞䮚 馬食粟曰䬞或从馬
稜稜 馬稜豬名或从禾 𡝩 𡝩𩲨鬼出也一曰病皃 裬 博雅祭也一曰福也 綾 說文東齊謂布帛之細者曰綾 崚 崚嶒
山皃或書作菱 蔆遴蓤薐 說文芰也楚謂之芰秦謂之薢茩或从遴司馬相如說或作蔆薐 睖 睖瞪直視 鯪 鯪鯉
魚名一曰獸名一曰石鯪藥名 庱 亭名在吳 䃜 石皃 倰 姓也 棱 柧也 婈 女名 ○蠅蠅 余陵切說
文營營青蠅蟲之大腹者或从女文三 儆 理也 ○膺𦟘 於陵切說文胷也或从骨文十一 應 說文當也亦姓 䧹
鷹 說文鳥也从隹瘖省聲徐鍇曰鷹隨人指蹤故从人或作鷹 𦟘 或作膺 蠅 蟲名寒蜩也 譍 噟
荅言也或作譍 䧹 關人名漢有䧹 ○冰凝冰 魚陵切說文水堅也一曰成也从疑古从仌文四 𦟀 肥也 ○興 虛陵
切說文起也从舁从同同力也又州名文四 嬹 悅也一曰女名 鄸 地名 䔲 䔲蕼菜名一曰苦薹 ○硱 欺矜切硱磳石皃文一
磳 七冰切硱磳石皃文一 ○兢兢 居陵切說文競也从二兄二兄競意一曰敬也古作兢文十一 矜 說文矛柄也一曰憐也莊也

大一百卄五　集韻平聲四　十四

齡 爾雅䲴齡鹹苦也 [illegible] 博雅[illegible]行大也 𩲨 䰱𩲨鬼出 狑 獸名 夌𣦧 骨朽之餘或作夌亦書作𣦧 伶 大也慎也
通作矜 𥟖 寡也通作矜 ○儚 七冰切爾雅儚儚惛也文一 ○䲴 即淩切爾雅鷆鷆謂之鶵文一 ○熊 矣兢切獸名文一
一 ○耾 筠冰切耾耾聲也文一 ○繩 息凌切繒也文一 ○殑 巨興切殑殑欲死皃文四 殑 殑殑堅彊皃 𧀠𦿫
艸名根可緣器或从金 ○殑 色矜切殑殑欲死皃文二 𣛪 艸木盛皃
十七 ○登𤼷蹬僜 都騰切說文上車也从𣥠豆象登車形籒从収或从足从人登一曰姓也亦州名文二十四 鐙
燈 說文錠也徐鉉曰錠中置燭故謂之鐙或从火 璒 說文石之似玉者 𢍋𤼷 說文禮器也从廾持肉在豆上或作登鐙通作鐙
毛 毲毲氈也 簦 說文笠蓋也 鬔 鬅鬔毛不理皃 䔲 菍䔲艸名 𥩟 嶝立皃 鄧 鳥名鵭鄧也 澄 小水相益
祭食謂之鐙 𩞄 鼓聲 𤸼 病也 嬁 姜女 覴 久視 墱 墱嶝築牆皃通作登 磴 益石也 ○鼟
鼟 他登切鼓聲也或作鼟文九 膯 吳人謂飽曰膯 澄 小水相益也 磴 益石也 𨍭 仲長也 䮴 馬傷穀病 鼟 鼟
長也 鼟 ○騰 徒登切說文傳也一曰騰犗馬也俗作騰非是文二十五 𧾥 䟸騰行皃 滕 說文水超涌也又國名亦姓或書作滕

膯說文迻書也𦡾美目也一曰大視㥅憎㥅迷亂儯僜倰儯長也或作僜𤸫癃痛病或从滕縢
縢䌰或作縢䌰說文緘也幐說文囊也藤苰藤艸名胡麻也一曰藟也𪊺鷌說文黑虎也或省螣蟘
說文神蛇也一曰蝗也或作螣䲍鰧魚名山海經來需之水多鰧魚其狀如鱖或作䲍黱黑皃籐竹器䲢䲢瞢目暗
鼜鼓聲○棱楞盧登切說文柧也或作楞俗作稜非是文十五輘輘輷車聲倰博雅長也䬋䬋䬋大風祾
博雅祭也踜蹬也一曰踜蹬行皃䮚骨高皃崚崚嶒山皃薐菠薐菜名掕博雅止也𢥧方言𢥧憮哀也餕馬食
穀病䃭石皃蔆竹名○能䏻耐奴登切說文熊屬足似鹿能獸堅中故稱賢能而彊壯稱賢傑也或作䏻耐文六
𤅢水名𩬜鬅𩬜毛不整而安也易宜建侯而不寧鄭氏讀○崩㠑𡶱悲朋切說文山壞也古从自或作㠑亦書作崩
文八傰向黨也痭女病血不止𣂼斮也朋斫也鵬鳥名○漰披朋切水激有聲也文三堋振動也
弸弸彋弓聲○朋䳢蒲登切輩也說文爲古鳳字鳳飛群鳥從以萬數故以爲朋黨字隷作朋文十鵬鳥也莊子北溟之鯤化而
爲鵬說文亦以爲古鳳字隷从朋倗說文輔也鬅鬅鬙亂堋射埒掤博雅𠠵也輣兵車也蹦走也傰姓也蒯瀵

大一百二十八 小六百九十五 集韻平聲四 十五 張文

有南山盜傰宋○瞢矒彌登切目不明也或作矒文十九夢爾雅夢夢亂也儚懜懵𢣐爾雅儚儚
惛也或作懜懵儚顭甿田民野萌䕓爾雅萌萌在也或作䕓俗作萠非是蕄勉也鯍鱛魚名說文鯍也或从瞢艷
艷艷神亂也䒐博雅蘐也鄸邑名在曹嫫嫫嫫晦皃瞢瞢瞢日無光○僧思登切浮屠道人文三鬙鬅鬙
髮長䰒䰒䰒神亂○增咨騰切說文益也文十九譄說文加也曾則也又姓憎說文惡也罾說文魚网也矰
戩說文雉䠶矢也或从弋䙢說文置魚箅中也或書作𦋟䎖博雅翻翥飛也一曰舉也澶水名橧增聚薪以居
也夏則居橧巢或作橧磳磳磳石皃䰝艸名博雅莨䰝也繒帛也噌𠺃噌空意璔玉皃嬒女字層重屋
○層祖棱切說文重屋也通作曾文十四繒帛也禬楚人謂禱曰禬曾說文詞之舒也𣆛瞢𣆛日不明䁬瞢䁬
目不明嶒崚嶒山皃驓爾雅馬四骹皆白者橧𧳬博雅圂也或从豕䆸竆高謂之䆸竲篓竲笠也譄
加言贈肥也○𦞖揯恒居曾切說文引急也或省文七緪縆說文大索也一曰急也或省亘剖也鮔魚名說文
鮔也恒弦也詩如月之恒亦通作緪○恒亙㮓胡登切國諱說文常也从心从舟在二之閒上下心以舟施當也引詩如月之恒一

曰山名古作𡶇亙文七峘爾雅小山岌大山峘佷佷山縣名在武陵姮女字揯揯艸○薨呼弘切說文公侯猝也一
曰壞聲文八儚顭說文惛也或从頁䫀颹大風也或从厷㵇水聲薨䒕博雅薨薨飛也或作䒕通作薨○
厷厶肱姑弘切說文臂上也古作厶徐鍇曰象人曲肱而爲之乃得其實不爾即多相亂或作肱文五軚䡏車軾中靶或从革
○彭七曾切毛張皃文二鬇度也○弘胡肱切說文弓聲也一曰大也文四輷車軾中靶苰苰藤艸名胡麻也
閎門也○鞃鞃軚䡏苦弘切說文車軾也引詩鞹鞃淺幭或作鞃䡏軚文六䒕苰藤艸名䆪室響○
泓乙肱切下深皃文一○鞥一憎切馬轡也文一○𠔺劥肯登切傰𠔺彊大皃或从力文二
十八○尤𡯁于求切說文異也徐鍇曰乙欲出而見閡見閡則顯其尤異也一曰甚也過也又姓古作𡯁文二十𣏞木名脄
縣名在東萊或作脄肬疣默說文贅也或作疣默忧不動也郵邮說文境上行書舍从邑垂垂邊也一曰事
之過者爲郵亦姓一訧說文罪也引周書報以庶訧通作尤蚘蚩蚘古諸侯號通作尤鄤芄艸名或作芄
駀馬名㹨豕名妭女字䢟經過也沋說文水名○休庥茠虛尤切說文息止也从人依木或从广从艸文二十三

大一百二十六 小七百 集韻平聲四 十六 常□

咻喣痛念聲或作煦通作休䑋脙膌瘠也胃閒謂之䑋或作脙膌䱈䲞䱱說文䱈也一曰赤多黑少之色或从
休亦省貅貅猇獸名或省亦从犬鵂說文馬名鵂鵂鳥名博雅怪鴟也或作舊㾋㾋息下病烋水皃
烋美也和也善也通作休𩑶廢也姝女字㶬吳俗謂灰爲㶬○丘𡋝丘𠀉袪尤切說文土之高也非人所
爲也从北从一一地也人居在丘南故从北中邦之居在崐崘東南一曰四方高中央下爲丘一曰空也又姓古作𡋝或作丘𠀉亦書作坵文十八區區域也邱
邱說文地名或作邸䰯博雅迫也蓲說文艸名蚯蚯蚓蟲名龜龜茲西域國名㤹惆戾也或作惆𧇴揉屈
也驅疾馳也坵聲也沍水也姓女字○惆尼猷切戾也文五𣪘揉屈也愵愁也嚘嚘呪小兒聲
疒小痛○鳩䧱居尤切鳥名說文鶻鵃也文二十一勼九㧱救說文聚也或作九㧱古作救通作鳩艽繆
藥艸或作繆捄盛土䕒中丩相糾繚也朸絕力也茾艸相糾疒疒痛肉起一曰腹中急璆玉名摎說文
縛殺也丩大牡謂之丩𨌋車長軨也劉劉流回轉皃䓛竹名朻樛曲木或作樛○求渠尤切索
也亦姓文六十六㝗搜室也裘說文皮衣也一曰象形與衰同意亦姓俅頯說文冠飾皃引詩弁服俅俅或从頁絿

紈說文急也引詩不競不絿或从九 执执执縶持也一曰不固 仇執說文讎也一曰仇匹也亦姓或作執通作逑 惄
怵怨也或作怵亦書作悇 叴說文高气也臨淮有厹猶縣一曰三隅矛或書作叴 訄說文迫也一曰安也謀也或書作訄 逑說文聚斂
也引虞書旁逑孱功 赳趜足不伸也或作趜 踈蹋也 毬⿰求皮丸蹴或从皮 脙胳說文齊人謂臞脙也或从咎
捄長皃詩有捄棘心 觩觓𧣳角皃或作觓觩 肍說文孰肉醬也 頄頯面顴也或作頯 鼽歔說
病寒鼻窒也或作歔 莍爾雅終也 釚釓鈨弩機謂之釚或从斗从仇 銶鑿屬通作釚 球璆說文玉聲也一曰美
玉或从翏 賕說文以財物枉法相謝也一曰戴質也 郝說文地名一曰鄉名在陳留 𨙶䣇鈨亭名在上黨 梵亭名在新市一曰荆也
馗鳩爾雅中馗菌也或作鳩 艽說文遠荒也引詩至于艽野一曰獸蓐 芁芁蕢艸名 莍說文茮樧實裏如表者
梂說文櫟實也一曰鑿首 朹木名爾雅朹繫梅 峵山名 浗水名 犰犰狳獸名鳥喙鵄目蛇尾 𧕳蛷說文多足
蟲也或从虫 笑小籠 窾深也 𤞣廣雅㹃猉也 逑建止也 詠止也 庥偏厦也 𢦏矛飾 颫小風 盚
姓也 姝女字 氿水厓也 捄盛土蔂中 ○牛魚尤切說文大牲也牛件也件事理也又姓文三 芊艸名一曰䒤蘨艸 汼

水 ○㥑懮於求切說文愁也或作懮通作憂文二十五 優說文饒也一曰倡也又姓 憂㥑說文和之行也引詩
布政憂憂 瀀說文澤多也引詩既瀀既渥 麀䴦爾雅牝麀也或从幽 櫌耰說文摩田器引論語櫌而不輟
或从亻 𨞰說文鄾國地也引春秋傳鄧南鄙鄾人攻之 怮怮怮憂也一曰含怒 嚘說文語未定皃通作敷 獶犬名 蓃
名 纋弁中央一曰纋 妋鼻目間有恨也一曰貪皃 燠奥燠休痛念聲或作奥 蚴蚴蚴龍皃 呦鹿鳴 𢆶微也
𢽾歐𢽾氣也一曰气逆老子終日號而不𢽾 夏地名 鷗鳥名水鴞也山海經玄股國人衣魚食鷗 ○由夷周切因也用也又姓文八十六
甹柚說文木生條也从弓由聲引商書若顚木之有甹枿古文言由枿徐鍇曰說文無由字今書由作甹枿蓋古文省弓而後人因之从弓上象枝條華
函之形或作柚 繇徒歌一曰從也或書作㗏 䍃說文瓦器也 冘冘豫不定通作猶 抌舀㕟揄杼曰也或作舀
歈擨歈舉手相弄 逌道說文艸也或从首 卣鹵說文氣行皃古作鹵 揂捲也 卣脩中尊也或
作脩 覦深視 莤瑞艸爾雅莤芝謝嶠讀 𧡮說文下視深也 鋚鎏玉名山海經平丘有遺玉或从鹵 遊游旒
汓說文旌旗之旒也或省亦作旇古作汙 逰遊行也或从子从斿通作游 䌛說文行䌛徑也 繇爾雅迪繇道也一曰

喜也 猶猶獸名說文玃屬一曰隴西謂犬子爲猶一曰似麂居山中聞人聲豫登木無人乃下世謂不決曰猶豫或从豸一曰猶若也可止之辭也
猷道也謀也通作猶 悠說文憂也一曰遠也 攸汥浟泅說文行水也徐鍇曰攴入水所杖也又姓秦刻石嶧山文作汥
或作攸古作泅 逌所也通作攸 滺浟流皃詩淇水滺滺或作浟通作悠 油說文水出武陵孱陵西東南入江一曰膏也一曰油油和
謹皃 柚柚梧竹名一曰橙屬 秞禾盛曰秞一曰物初生皃 𦯓䓊說文水邊艸也一曰臭艸或作䓊 莤水艸名爾雅莤蔓于 蕕
艸 櫾說文崐崘山河隅之長木也 楢說文柔木也工官以爲耎輪 槱𥛱燎柴也或作𥛱 輶說文輕車也引詩輶車鑾鑣
瘉病也 偤博雅侍也 圝囮捕鳥媒也或作圝 庮庮蒼頡謂之庮一曰久屋朽木也或从卣 䣇郇亭名
在馮翊高陵縣或作郇 鮋鰇小魚或从攸 鵃鵃夷鳥名 蝣蜉蟲名爾雅蜉蝣渠略也或从秉 颼颻風聲 蚰
蚰蜒蟲名 琇美玉 蝤蟰蝤蠃也 儵疾皃莊子儵而往李軌讀 鯈白魚也 苗爾雅莤蓨謂之苗 岫爾雅山有穴爲岫
俞然也 獢縣名在齊南 攸山海經硾山有獸狀如馬而羊目四角名曰攸攸 妯女字 莸艸名 舫舟行也 泈
治帛也 蝤蝤蠐水蟲 怞憂皃 貐䲥鳥飛皃 ○逌彌攸切足踵也文一 ○輈轎張流切說文轅也籀从𨏖

文二十二 趎趎趍行不進也 疇疇眼目動皃 咮鳥喙 啁啁噍鸞雀聲 怞憂也 調朝也詩惄如調飢 譸
嚋讉說文詶也引周書無或譸張爲幻或作嚋古作讉 盩說文引擊也扶風有盩厔縣一說山曲曰盩水曲曰厔俗作盩非是 䑼
射鳥矢或書作𥏌 侜說文有廱蔽也引詩誰侜子美 跦跳行皃春秋傳鸚鵒跦跦 倜侏偶倡或作侏 啄也太玄物咸犨之 鵃鳥名
說文鶝鵃也 騆騆駿馬名 譸多言也 燽熚也 璹美玉 ○擂抽摉丑鳩切說文引也或从由从秀文二十 紬
引絲緒也 妯動也悼也 婤女字 脩𦡝說文眣也或从丩 瞲睭眣失意視也古作睭眣 瘳足病 瘳說文
疾瘉也 廖闕人名春秋周有瑕廖 揄垂手行也 儵山海經彭水多儵魚其狀如雞三尾六足四首 譸譸讀不決 悠犬走
篘竹相合也 惆說文失意也 ○儔𠍫陳留切說文翳也一曰侶也或从朋古作𠍫文六十五 怞恸動也憂也
或从壽 膅䠻躊躇廣雅躊躇猶豫也或从𠷎 幬惆說文襌帳也或作幬惆通作裯 裯襌被也 紬
說文大絲繒也 綢繆說文繆也或作緢 紬䌷祝也或从留 妯動也 疇𤰈𠷎疇說文耕治之田也从田象耕屈之形
或省亦作疇 𠷎疇嚋譸說文詶也引虞書帝曰𠷎咨或作疇嚋譸 𠷎說文誰也通作疇𠷎 稠說文多也 𦺇

蔦艸名博雅蕎藷蔥也或从蜀 菗蓾艸名博雅菗蓾也榆也或从榴 籌說文壺矢也 篙篙說文篙箸
或作篙通作籌 檮剛木也或書作𣘻 椆木名寒而不凋 聚姓也 鬗鬝說文髮多也或从周 燾燾覆照也或書作燽
鸕颾風也或从𠭥 鷻鷴𠭥南方雉名或从𠭥亦作𠭥 鯈說文魚名一曰魚子或書作鮴 鮋魚名 鯈魚之大者
鄹蜀江原地 搊抽引也或作抽 盩諸盩周先公名 敦覆也禮毋敦一几劉昌宗說 婤女字春秋傳衛襄公嬖人婤姶
趎關人名莊子有南榮趎 擣聚也史記上有擣箸 𧮢谷名 嬦女字 䊭厚也 殸殼槃擊物 濤
潮也 𤼍心慘 酬報也易是故可與酬酢徐邈讀 儔關人名春秋傳有伯儔 ○留力求切說文止也又地名亦姓文八十七 遛逗遛
不進通作留 鎦劉說文殺也或作劉又姓亦邑名 閵說文經繆殺也 摎𢯰束也捋也亦姓或从劉 勠勠并力也古
作勠 僇穆也且也 懰懰懰慄憂皃一曰怨也或从留 瘤腦說文腫也或从肉 鏐鉚說文弩眉也一曰黃金之美者
或从羽 翏翏翏飛皃 瑬說文垂玉也冕飾通作旒 旒斿游統充旌旗之旒周禮天子十二旒至地諸侯九旒至軫大
夫七旒至轂士五旒至肩或作斿游統充 瑠琉瑠璃珠也或作琉 珋說文石之有光璧珋也出西胡中 麍泉也 瑠博雅號且

校一、二十一 十、二十三

瑠且也 旒桂衣之飾 餾飯饋熟為餾 畱說文燒種也漢律曰畱田茠艸 𥻅博雅糈𥻅饊也 硫磂硫黃藥石或作磂通
作流 簫篠竹名或作篠 嵧峋嵧山皃 榴石榴果名 橊扶橊藤緣木而生其味辛可食 劉鎦說文竹聲也或
作劉 䓾艸名劉弋也或作劉 蓾香艸一曰蓾藥艸 㳅流汓說文水行也或作流汓 瀏𣿟水清皃或从翏
飂飀𩙫說文高風也或从留从劉通作翏 膢立秋祭名通作劉 鷚鳥名爾雅鷚天鸙大如鷃色似鶉 騮駵說文赤馬
黑毛尾也或作駵 䶉鼬說文竹鼠也如犬或从留 鶹說文鳥少美長醜為鶹離 鶖水鳥 鶹鳥名博雅鶹鷅飛鸓 綹綺屬
鰡魚名或从留 蓅菜名 蜏蝣蜉蝣蟲名朝生暮死 翏翏翏手足凍皃 稆禾名一曰禾盛皃 蚸蟲名
似蜥而小十二足 蟉蟲名說文蟉螑也 溜水名出鬱林 觩觓角皃 蔞蔞蒿所以正車輪者 聊木名爾雅枓者聊
犂犂然栗然也 廖關人名春秋傳有𤪬廖 鷚鷚鵡鴹也 鎏美金謂之鎏 𣘻木名 慐安意 𤜕
執獨狗名言善執留禽獸 罶捕鳥獸具 昴星名詩維參與昴 熮火皃 繆枲十絜也 嬼女字 嫪美也 ○脩思留
切說文脯也一曰長也又姓文二十一 修脩說文飾也古省或通作脩 羞膳饈䐹說文進獻也一曰致滋味為羞或从肉从食亦作䐹

羞一曰恥也 餐饈廣雅饋謂之饈或从修 滫溲說文久泔也一曰溲也或作溲 鎀博雅鎀銴也 楢木名 䅎
禾名或不省 輶輶輕載麥三箱車河南謂之或說載喪車非是 脩說鱐也 鱐魚腊也 嫪女名 颼風也 𦒠
毦毟羽悴皃 ○秋雌由切說文禾穀孰也籀作𪛁一曰秋秋馬騰驤也所謂秋駕以善馭不更逸也又姓古作龝𪛁文三十六 緧
緌鞦說文馬紂也或从秋从㚢亦作鞦鞦 趥𨀞說文行皃或从足 篍吹筩 楸𣝣木名說文
梓也或作楸通作秋 萩艸名說文蕭也 鶖鶖鳥名說文禿鶖也或从秋 鷲鶖鷲雛 湫㵞集也春秋傳㵞閼湫底徐邈說一曰
泚水 鰌鰍魚名說文鰌也或从秋 鰌魚名博雅鰌鰌鰍也山海經蒼體之水多鰌魚狀如鱣大首食之不疣 䚵收繳具 鼀
鼁夫鼁蟲名詹諸也或作鼁鼀 脙腦股脛閒或从酋 䗟蝵蟗蟲名爾雅次蟗鼅鼄或从秋亦作䗟
酋長也 愁變色皃 取取慮縣名在臨淮 楢木名山海經岷山多楢柳中車材 𡣶女字 遒白也 ○遒將由切說
文束也引詩百祿是遒一曰聚也或書作揫文三十 楢愁說文聚也或作愁 䤛酒官 遒迺縣名在涿郡或作迺 鷦
束杲 䪐䪐說文收束也或从要通作揫 鬏髮接鬏也 噍燕雀聲禮啁噍之頃通作啾 瞅𦗥耳鳴或作𦗥

校一、二十六 七、二十七

啾說文小兒聲也或書作啾 雛方言雞雛徐魯之間謂之雛子 貅犬名 湫水名在周地一曰安定朝那有湫泉或書作湫 楢柔木
一曰木堅 蝤蝤蠐大蠶一曰蟲名木蝎也 鰌鳥化為魚者頭有骨毛 䅛禾生皃 酋終也 醜酒滓也鄭司農曰稍
醲清 焦鐎鍫从金 愀慮也 蟭蟲名蟭蟟螵蛸也 竂𥦗窌穴中鼠聲 煍火皃 趥𨃸行 ○囚
徐由切說文繫也文二十 慒悃爾雅慮也或作悃 㥿嬒終也或从步 汓泅游泅說文浮行水上也古或以汓為
沒或作泅游泅 鮂魚名烏賊也 酋酋縣名在臨淮 䓺爾雅䓺芝瑞艸也一歲三華 遒遒遒縣名在淮南 鰌鰌
魚名似鯽而大鱗肥美多鯁或作鰌 酋方言熟曰酋 烟殘也 𦻃滓也 艸名生水田子可食 迺拘留也 ○酋
字秋切說文繹酒也禮有大酋掌酒官也或作醔文三十一 湭𪉷水名在雍州或作𪉷 滷博雅潪滷液也一曰 懰博雅鰌鈕
惡也一曰微也或从猷 逎遒說文迫也或从酋 瞅耳鳴謂之瞅 𦩟說文雒射收繳具 崷崷崪山皃 緧馬紂
愀變色皃 煪燥也或書作煍 禉祭天燎柴 鰌魚名 蝤䗯蟲名說文蝤蠐也或从曹 揫䪐爾雅揫聚也
一曰細也或作䴷 猶良犬也 鷦束杲也 鬏髮接髮也 楢木名 𢢧嶆終也或作嶆 漎腹中有水氣

鰌鱔魚名或从曹 啾小聲 揫揫聚也 ○收扌尸周切說文捕也一曰夏冠名古作扌文六 攸縣名在長
沙 收目瞅收斂容視皃 犨牛名 莪艸名荆葵也紫色 ○犨犨蚩周切說文牛息聲一曰牛名又姓亦地名或不省文四
趎闕人名莊子有南榮趎 𤛓畜無子謂之𤛓 ○周周之由切說文密也又地名亦姓古作周文二十八 𠣘說文帀徧也通作周
俗作週非是 賙振贍也 州𠔂𠛎說文水中可居曰州周遶其旁从重川昔堯遭洪水民居水中高土故曰九州引詩在河之州一曰州疇
也各疇其土而生之古作𠔂𠛎又姓 洲渚也通作州 舟說文船也古者共鼓貨狄刳木爲舟剡木爲楫以濟不通 輈說文轅也一曰
低也 䊕粥䊕粉餌也 婤說文女字也春秋傳嬖人婤始 喌喌喌喌呼雞聲或省 鄅國名黃帝後所封 鯛魚名山海經英鞮之
山涿水出焉是多鯛魚 琱玉也 翢弱羽也 碉石也 淍水名一曰水匝 倜倜儻行皃 椆說文木也 烐火行 [illegible]
艸名 蒏艸名似葵五色 敱禦也 脽皃也 洀水文也 ○讎𠷎周恖時流切說文猶譍也一曰仇也古作𠷎周恖文二十四
𨡚醻酬說文主人進客也或从壽从州 詶𠷎說文譸也或作𠷎 𣪻𣪘說文縣物毄擊或从
壽 𣪻𣪘魗說文棄也周書以爲討又引詩無我𣪘兮或从壽亦作魗 𨞪說文蜀江原地 𠷎耕田器名 鮋魚名 [illegible]

集韻平聲四 二十一 正

𠷎地名 雔雄名 雔說文雙鳥也 州木名 𠷎詞也 疇𠷎耕治之田象形或省 ○柔而由切說文木曲直也一曰安也文
三十四 媃女名 揉以手挻也 鍒鑐說文鐵之耎也或作鑐 瓇瑈說文玉也或从柔 蹂踐也詩或蕬或蹂
腬說文嘉善肉也一曰盛也 脜頄說文面和也或从頁 鞣𦍩說文耎也謂柔革或从羊 畂說文和田也一曰鄭
地名 葇蕬香葇菜名或作蕬 騥爾雅馬青驪繁鬣曰騥 鶔鳥名爾雅鶔鶔鷗鶔射之術矢射人 𩭤馬繁鬣一曰黃駿
蝚蟲名說文蛭蝚至掌也 𨛫𨜳鄉名或作𨜳 輮車輞也 濡韖柔忍也或作韖 猱夒𤣤猱彌猴
類或作夒通作蝚 僥僬僥國名 渘水名 雓鳥名亦姓 堥丘名前高後下 粈食也 鰇魚名 [illegible]心安也 ○
搜捜䅳踈鳩切說文衆意也一曰求也引詩束矢其搜或作捜古作䅳文三十九 廋廣雅匿也一說索室曰廋 蒐艸名說文茅蒐
茹藘人血所生可以染絳一曰春獵曰蒐 蓃艸名爾雅藪蓃蔞 鄋鄋說文北方長狄國也在夏爲防風氏在殷爲汪芒氏引春秋傳鄋瞞
侵𥂕或作鄋 𧽝趍𧽝不進 醙醩白酒也一曰黍酒古作醩 䐹鱐說文乾魚尾䐹䐹也周禮有腒鱐或从魚 餿𩜹
飯壞也或作餿 叟叜滖叟叟淅米聲古作叜或作滖通作溲 鎪鏤也一曰馬耳也 颼颾博雅颼飀風也或作颾 𣰗

𣰗𣰗毛織有文者 犙犙牛三歲也或从參 𤝞獸名 獀說文南越名犬獿獀一曰春獵 螋蟲名博雅蛷螋蠷螋蛷也
䱸闕人名韓擀有䱸申差 滫淅米汁 傁闕人名春秋傳齊有公孫傁 蓃蓃菜椒子聚生成房皃 瘦瘠也太玄山殺瘦
騪騶騪馬名 溲㳶溺謂之溲或作㳶 蒐竹名 [illegible]刈也 [illegible]木名似白楊 橚木長皃 ○搊初尤切博
雅搊拘也俗作掫非是文十 篍廣雅篗謂之篍 掫手取物也 篘篘篗醔漉取酒也或作篘篗醔 [illegible]濾取
粉也 謅謅謏私語 犓牛皁繫繩具 ○鄒甾尤切說文魯縣古邾國帝顓頊之後所封一說魯穆公改邾作鄒又姓文三十四
郰鄹說文魯下邑孔子之鄉或作鄹 陬隅也一曰魯國 齱說文齵也 齺說文齒搚也一曰馬口中橛也 [illegible]
獸足 緅色也周禮粲羽五入爲緅 縐細絺也 𦪒船名艇謂之𦪒 菆說文麻蒸也一曰蓐也一曰餘也一曰矢之善者通
作箃 箃竹黃也 棷說文木薪也 棸木名亦姓 掫持也 棷艸木聚生 𪎌𪎊說文麻藍也或从芻 騶
說文廐御也亦姓 愁愀愁皃或省 媰說文婦人妊身也引周書至于媰婦 𥳞取魚器 謅小言私授謂之謅 [illegible]嬰兒
鄉也 𤦨玉文 娵女名 [illegible]禾穗也 槭木名可作大車輮 啁啁哳鳥聲 𩋷皺革文蹙也或作皺

集韻平聲四 二十二

芻艸名 ○愁鋤尤切說文憂也或書作𢝊文二 𣽈說文腹中有水氣也 ○不鴀方鳩切鳥名夫不隹也或从鳥不一曰姓
也鄙也文十三 哹吹聲 紑衣絜鮮皃 㲉未燒瓦器也 垺大也盛也 否見也 捊掊引取也古作掊 胞
胎衣也 衃凝血 箁竹有文者 𣲾流也 ○浮房尤切說文氾也亦姓文五十三 雺雺雺雨雪皃通作浮 涪說文水出
廣漢剛邑道徼外南入漢 [illegible]山名 桴說文楝名 泭編木以渡通作桴 艀舟短小者 䍖小缶也 枹艸名爾雅楊枹
薊也 稃穀皮也 莩艸名 棓把也鹽官入水取鹽謂之棓通作桴 箁竹有文者 芣說文華盛一曰芣苢 菩
竹名 䓏姓也 棓大杖也 𧺆行皃 粰博雅粰糠饊也一曰餈也 烰說文烝也引詩烝之烰烰 𤈦火熇 哹吹聲 錇
錇鉘鏂大釘或作鋢 琈美玉名 䍖廣雅䍖多也 罦罦說文覆車也引詩雉離于罦或从孚 罘說文
兔罟也一曰罘罳闕前飾或省 蚨水蟲名 鴀鵐雉博雅鵐鴀也或从浮从隹 𩵢魚名 蜉螶蟲名說文蠶蠹也或
从孚 娐女字 孚妴玉釆也或作𤥁通作琈 包包來邑名在紀國通作浮 培闕人名魯有申培公 衃艸名爾雅莪蚍衃多
華少葉通作蚍 酈鄜鄉名在右扶風在沛城父或作鄜 桴擊鼓杖通作桴枹 罘霧也 裒裒聚也或作裒

梵木得風也 諏謀也 捊抱引取也或从包 ○颮風披尤切風吹物皃文十四 秠禾一稃二米 肧衃肧胎未成
物之始或从血 㼊坏瓦器未燒或作坏 紑說文白鮮衣皃引詩素衣其紑 醅醉飽也 癄寐聲 朴夷姓也魏有巴
夷王朴胡 砰破聲 覫視也 覫竹名 呼喉中聲
十九○矦侯㑧胡溝切說文春饗所䠶矦也从人从厂象張布矢在其下天子䠶熊虎豹服猛也諸矦䠶熊豕虎大夫䠶麋麋
惑也士䠶鹿豕爲田除害也其祝曰毋若不寧矦不朝于王所故伉而䠶汝也一曰推也維也古作矦或从巾文四十二 猴獸名說文夒也 翭䳧
說文羽本也一曰羽初生皃或从鳥 鍭說文矢金鏃翦羽謂之鍭 銗頸鉗也博雅鉗鍜謂之鏂銗 䙈䙈褕短衫 骺䯱骨端謂之
骺骺或从侯 瘊疣病 𩓣𩓣頨揚言也一曰健皃 𣢾歈欲氣出皃 喉脵說文咽也或从肉 餱糇說文乾食也引周書
峙乃餱糇或从米 睺半盲也一曰深目 鄇地名在晉 𧮫䜭谷名在城皐或从矦 𣗋猴桃果名 葔艸名蓲葔莎通作矦
緱刀劒首飾 篌箜篌樂器或說空國之矦所好故謂之空矦通作侯 䳧鳥名出崑崙 鯸魚名 𧍮說文蟲名方言守宮東齊海岱之閒
謂之螔蝣 逅覯邂逅解說皃或作覯 𤬦𤬩王瓜也或从矦 𡹈山名 猴矛蜀 𡝗女字 𥿉皮也 颶風皃
大二十六 小七二十

㤞𥙿怒皃 𥙿祭未福也 怡和解皃 郈鄉名在東平 ○謳烏侯切說文齊歌也文三十七 嘔喜也一曰博雅嘔嘔
小兒語一曰嘔夷川名 歐姓也一曰歐刀 醧私燕飲也 䫖頭頸面折 慪悋也 漚水泡也 區量名四豆爲區又姓 甌說文小盆
也又姓 塸沙聚 瞘瞜目深也或作瞜 䉱竹器吳人以息小兒 蓲吳人謂育蠶竹器曰蓲 膒久脂也一曰以脂漬皮
䙔襹裻衣謂之䙔一曰繡帛頭衣或从歐 鏂門鋪謂之鏂銗 剾博雅剾剜也 櫙樞蓲木名爾雅櫙荎今刺榆也或作
樞 驅鳥名說文水鴞也 䵲地名 紆陽紆山名 優嚘伊優亞者辭未定東方朔說或从口 㸸特牛也 歐足歐謂之
勴 嫗地也 𡟻屈芀以安皃 𢉺閭𢉺夷人屋 歐歐歈傴組也 鰸水蟲似蝦無足 傴下皃 傴𥨍深 悥愁也 嬲
巴人歌 ○齵魚侯切說文齒不正也文四 吽𤘽吽牙者兩犬爭東方朔說 髃肩頭也 嵎𡼏嵎山皃 ○彄殼墟侯切說
文弓弩耑弦所居也或作殼文二十五 摳挎說文繑也一曰摳衣外堂或作挎 袧辟兩側空中央曰袧儀禮喪服裳幅三袧 剾鏂
斷錢剅剾也或作鏂斷錢剅 韝捍臂也 怐慪射決也或从區 滱水名在常山 㺃多也 𪇾鳥哺
眗瞘瞘𡍲倉目深皃或作瞘瞘 䳧斗挹也 緱緱氏地名 㲄地名春秋傳盟于㲄蛇 嫗闔人名陳有夏嫗夫通作彄

𩰠博雅𩰠䋿綿也 䘩病脉徐氏說按之即無舉之來至傍實中空者曰䘩 ○齁呼侯切齁齁鼻息文五 䳧鳥名 𦁆屆芽
以安 睺方言半目爲睺 吘喉中聲 ○鉤鞲居侯切說文曲也一說鉤縣物者亦鉤屬或作鞲文四十四 䀄畦田也 句
區說文曲也又姓或作區 𢿡枸木曲枝曰𢿡一曰木名或省 拘拘摟聚也 狗多也 𠛎說文鎌也 斪斪斸鉏屬
軥車名夏曰軥車通作鉤 䑦䑦博雅䑦艫舟也或从冓 冓數名十秭曰冓一曰邑名漢有鄭冓侯 溝說文水瀆廣四尺深
四尺 袧養衰幅辟兩側也 鉤鉤飽牛 韝說文射臂決 𢃎𢃎單衣或从巾 緱說文刀劍緱也又姓亦地名 䦻
善唱聲亂一曰大聲 篝𥫱說文答也可熏衣宋楚謂竹篝牆以居也一曰蜀人負物籠上大下小而長謂之篝答或作𥫱 䓊竹名博雅䓊䈱
𥫱𥫱也 瓡字林瓡𤬦王瓜也 𪓰𪓰鼊水蟲名似龜皮有文 鴝鴝鵒鳥名鴝鵒也 購贖取也史記購吳王千金 彄嫗
闔人名春秋傳陳有夏嫗夫或作嫗 呴呴𠹌單于名史記呴犂湖 𨶒說文鬭取也 蚼蚼犬獸名如犬食人 泃水聲 𦑈足曲也
耩耕也 𥕞𥕞碻堅也 搆牽也 苟苟吻艸名 𩓫夜也 蒟蒟芙艸名 㲄張弓也 ○掊抱
抔蒲侯切說文引取也或从包从不文二十 䏂豕肉醬 餢餢飳食日 錇瓿說文小缶也或从瓦 䓯說文艸著也 棓
大二十四 小七二十六

博雅䥶棓耕也 棓高下有絕加板曰棓公羊傳踊于棓而窺客一曰木名似樹生枝交如罔 垺大也盛也 踣僵也 涪浯涪水泡 鬐
䫀說文䫀皃或作䫀 捊說文把也今鹽官入水取鹽爲捊 裒㚷臼爾雅聚也或作㚷臼俗作裒非是 錇鉻錇鉤名
○謀𢘅䜼𢘅𧩔䛧迷浮切說文慮難曰謀亦姓或作𢘅䜼𢘅𧩔䛧亦書作㖼文六十二 侔𥝝也 𨾨
䰬䰬說文至眉也或省亦作䰬 眸博雅目珠子謂之眸通作牟 侔件說文齊等也或省 桙桙器名或省
牟說文牛鳴也从牛象其聲氣从口出一曰取也大也又姓 劺敄北燕之外相勉努力謂之劺一曰彊也或作敄 堥堆隴也
洠𥧄隌洠𥧄也 雺霿蒙爾雅天氣下地不應曰雺或作霿蒙 𩇧𩇧醔醶也 𧮫𩆘說文來𧮫𩆘也
鍪鞪鍪首鎧通作牟鍪 鞪縛也 繆枲麻也 鶜鳥名爾雅鶜天鸙大如鷃或書作鷚 鴾鴾鳥名 鉾說文鍫屬或書作鍫
或作鍪 䏬脊也 矛𢦖鉾說文酋矛也建於兵車長二丈象形或从戈从金 鍪鍪鍪也 𨪛說文鍑屬
蛑蟱蝤蛑蟹屬或作蟱 蝥盤蝥毒蟲 蟊蝥䖥蟊䖥說文蟲食艸根者从蟲象其形吏抵冒取
民財則生或从敄亦作蟊古作𧕊通作蛑 毋𡚬母腸珍也 㚷目不明皃一曰貿戎戎別種 務務婁邑名 督𥆝視 蟱蟱

蚰蟣蟲名蟣蛷也或从敄　瞴說文瞴婁微視也　毋毋頭夏后冠名　䅲車衡上衣謂之䅲　茥艸名　婺女皃　鍪鍪鍪豆䅢

褱褸長衣籀作䙤　閧閧也　○涑潄先侯切說文𣹳也一說以手曰涑以足曰𣹳或作潄一曰涑水名在河東文二十二

鏉鎪鏤也或从叟　鞻鞻治革也或从敷　颼颼颼風聲　鬉鬉鬉鬉亂或从㚇　撨推也擇也　嗾

嗖嗾使犬聲或从速从造　漱凍冷也一曰冰氣或作凍　㛜女字　搜摉求也莊子搜於國中李軌說或作搜

擻捒擻取也或省　獀南越謂犬為獀獀　𢾅攴也　○譟千侯切博雅就也文一　○緅鯫將侯切帛未漬

也或从耶　緅帛青赤色　諏諏咨事為諏或作諏　陬隅說文阪隅也或作隅　掫趣說文夜戒守有所擊

引春秋傳賓將掫或作趣　鯫小魚也　棷一曰木薪　粗也　菆䕩也儀禮御以蒲菆　䏜脯也　剽斷也

○䋷剽祖侯切字林細斷也或作剽文四　鯫魚名　漕水運也　○兜當侯切說文兜鍪首鎧也文二十四　吺

㖩說文讘吺多言也或作㖩　侸侸佔侸極疲一曰僂侸下垂或作侸　䁣䁣䁣說文目蔽垢也或作䁣䁣　鬬鬬鬬亂

剅剅䡨小穿也一曰剅剅也或作剅䡨　郖郖說文恒農縣庾地或作郖　兜說文兜馬甲也　鬭交争　䛠

大三十二　小六八十　集韻平聲四　二十五　某米

䩄紡䩄結縷也　䡨木名　䋽批也　䳆䳆鳥名人面鳥喙有翼不能飛　頭頭頭面折　兜兜蠶面折　窬窬竇下　歈歈斷

○偷偷他侯切苟且也或从心文八　鍮鍮石名似金或从豆　鯩魚名　媮黠也說文巧　緰布名　揄

垂也莊子揄袂　○頭徒侯切說文首也文二十五　投投說文擿也亦姓古作投　揄也引　㪍擊也說文繇

酘酒再釀　剅傳雅剅也　㓱陶瓷　㪍傳　牏牏牏一曰近身衣或从巾　牏說文築牆短版也　窬

行圜多囊函也通作牏　窬穿也　瀹瞀瀹瞀名　緰說文緰貲布也　逗射也　歈歌也　㔀說文甌器也　䅲

說文䫂鶔或書作鶔　鶔鳥名似鳧　逾車米數名　㪍㪍㪍地或作㪍　蓲艸名　○婁婁

郎侯切說文空也从毋中女空之意也一曰宿名又姓籀作㜢古作㜢文四十八　樓䐂說文重屋也又姓古作䐂　廔說文屋麗廔

也一曰種也　鄡鄡名南陽鄡縣　䍡名在交阯　塿說文塵土也一曰部塿小阜通作婁　漊水名出武陵鐔中　嶁山顛

也　謱說文連謱也謂不絕皃　僂僂傴下垂　髏顱說文髑髏也或从頁　瞜覼瞜睺偏盲一曰細視或作覼　慺慺慺

謹敬皃一曰勤也　謱嘍說文謰謱也或从口一曰謹也　褸縷博雅衽謂之褸南楚凡人貧衣破謂之褸裂或作縷　慺方言飽馬橐自關

而西謂之慺慺　韝韉氏掌夷樂官名　膢褸漢以立秋祭獸因以出獵還祭宗廟名貙膢或从示　軁軁傴也　摟說文曳聚也

也　剅小穿也　艛舟也　簍說文竹籠也　䉤種具　瓟瓟鉤瓟王瓜或从艸亦作茵　䔍䔍土　蔞

蔞　鷜鳥名野鵝也　䝏求子豕通作婁　鏤山海經崑崙之山有獸狀如羊名曰土鏤　鱋說文魚名一名鯉一名鰅　蝼蟲名說文

螻蛄也一曰螯天螻　牢剈約握之中央以安手也儀禮士喪握手用玄牢　窶窶貧窶猶杯摟也或从穴　驤馬類一曰大騾　嫯

女字　罽麗罽罔也　○獳奴侯切胡羊謂之獳文十一　䔍艸名　䝏南越謂犬為獲獲　貒兔江東呼兔子為貒或

作兔亦書作䝏　皲華　㹘犬皃　獳怒犬皃或作獳　䰭鬼鬼聲　譨譨讓多言也　䬆麖也　○捊普溝切掬也文九

紑衣鮮潔皃　吥吸也　䫏須短白皃　浮漂也　呼吹也　鮃鯆鮃魚名　婄不肖皃　娝女

二十　○幽於虯切說文隱也又州名亦姓文十四　幺說文微也　呦嚘說文鹿鳴聲或从欠　怮說文憂皃一曰含怒

不　鰤魚名　蚴方言蠀螬之小者燕趙之間謂之蚴蜕　麀麀說文牝鹿也或从幽　泑泑澤在崑崙下一名蒲昌海去玉門關三

百里　蚴蟲名說文蚴蟉也　黝黑色　颵風聲　溧深也　○聱倪虯切廣雅不入人語也文四　驁駿馬　洴之狀

大一百二十八　小六百六十四　集韻平聲四　二十六　侯珠

或作洴　通作聱　警不肖也　○犙山幽切三歲牛文一　○䮷必幽切博雅䮷馬走也文五　瀌水聲　髟髮垂皃　彪虎

虎文　颮颮風也　○颮香幽切風也文六　膮字林豕羹也　休美也通作烋　䮷博雅䮷馬走也　烋微　貅

獸也　○秋子幽切禾生也或从幽文三　雂雞名　○颵步幽切風也文一　○區羌幽切域也文三　鷚天鷚

鳥名江東語　惆狡　○瀌平幽切瀌瀌雨雪皃文三　淲水流也　烰火氣也　○樛居虬切說文下曲曰樛通作朻文二十

朻說文高木也　摎束也或从丩一曰姓也漢有摎氏　丩說文相糾繚也一曰瓜瓠結丩起　𠜈或作𠜈　虯龍類

茻說文艸之相丩者　疝腹中急病　璆美玉　繆糾細也或作糾　赳赳輕勁皃或从走　切大刀　𩰿

觩角曲皃或从求　䦆關取也　朻收瞅視皃　艽秦艽藥艸　○虯渠幽切說文龍子有角者或作虯文十九　朻

木下曲　觓觩䚭說文角皃引詩兕觵其觩或作觩䚭通作觩　捄長皃　璆球美玉名出崐崘或从求　鷚鳥名似鵝

蟉蟉蟉也　𨧿弩機　䜲流也　縲繞也　銶鑿屬　絿急也一曰糾也　穋禾類管子其種穋䅶　鏐美金

莍菉樧實　梂實　○鏐力幽切黃金美者一曰弩眉文二　蟉幽蟉蟲名　○彪悲幽切說文虎文也文四　髟

𩦧垂皃 驂 說文衆馬也 鮥 魚名博雅鮥鮥鯏也 ○淲滮 皮虬切說文水流皃引詩滮池北流或作滮文四
颩 風皃 瀌 雨雪盛皃詩雨雪瀌瀌徐邈讀 ○繆 士幽切說文枲之十絜也一曰綢繆束也文五 𠙶 細也 䋧 縛也
鷚 鳥名爾雅鷚天鸙 樛 木名
二十一 ○侵 千尋切說文漸進也从人又持帚若埽之進又手也一曰五穀不升謂之大侵俗作侵非是文十八 駸駸 字林
馬行疾也或从侵 浸湊湊 浸淫漸漬或作浸湊 𧯔 幽豆也博雅䜶謂之𧯔一曰野豆 䅬 鋟 錐也或从金 綅
絳綫也 梫 木名爾雅梫木桂 浸 吟也 誛 私語 僭 侵也詩以籥不僭 祲 祲祥地名春秋盟于祲祥 鈙 鈙也 䮾
日地光 埐 地名 ○心 思林切說文人心土藏在身之中象形博士說以爲火藏文六 沁 水名 蕊 螟食苗心死也 軓 車鉤心制軸者通作
芯 艸名 杺 木名其心黃一曰車鉤心木 ○祲 咨林切說文精氣感祥引春秋傳見赤黑之祲文二十三 駸 說文馬行疾也引詩
載驟駸駸 綅 說文綫綫也引詩貝冑朱綅 䅬 雉也 𧟣 說文𧟣𧟣意 礸 石 璔 石似玉 鬵 鬵 高鼎謂之鬵或从夐
寖 水名 埐 說文地也 梫 木桂 梣 說文青皮木或从寖省 雥 鷦 漢中呼鷦爲鸐 鸐或从鳥 鬵

大百三十八字 小字百八十字 集韻平聲四 二十七 侯珠

山高 䲙 魚名一說南方謂蒸曰䲙 𢾛 羊𢾛 膶 烹也 礛 𣞥 楔也或从木 僭 侵也詩以籥不僭 ○尋
尋 徐心切說文繹理也从工口又寸工口亂也又寸分理之彡聲度人之兩臂爲尋或省又姓文三十四 縛 續也 襑 衣博大也 㝷
取也 䮶 古姓 鐔 說文劍鼻也亦姓 鬵 鼎大上小下籀作鬵 潯 水名出巴郡 潯 潯 潭 說文
也或作 㻸 地名 𨺅 小阜也在三輔 鄩 說文周邑也又姓 枔 木葉 燂 火熱物或作㷋 錟
桪 木名一說以爲炭棟生鐵一烹乃熟 撢 探也 鱏 魚名 涔 漬也 鱘 魚名 蕈 菌也 蕁 艸名海藻也 等
竹名長千丈可爲大舟 犉 牛名 𩧋 長也馬𩧋日蹏𩧋枝 蟫 蟫蟫物動皃 橝 竿 𤩽 石似玉 㜮 女名 ○
𩰲 鬵 才淫切說文大釜也一曰鼎大上小下若甑曰鬵籀作鬻文二十一 鮗 鮗 博雅鮗鰲也一說大魚曰鰲小魚曰鮗或作鮗 鬵
山高也 梣 橬 㯲 𣗲 青皮木名一曰江南樊雞木也其皮入水綠色可解膠益墨或作橬梣𣗲 灊 水名出巴郡宕渠 埐
地名 䤐 鈂 博雅耕也一曰臿屬或从金 醰 博雅醰醰也 岑 岑崟高皃一曰岸也 璔 石似玉 埁 土也 桪 木葉
䲙 魚名 涔 漬也潛也 礸 石門 ○深 㴱 式針切說文水出桂陽南平西入營道一曰遠也又州名古作㴱文五 突 說文

深也一曰竈突 蔘 說文蒲蒻之類 琛 爾雅寶也郭璞讀 ○覘 充針切內視也文一 ○斟 諸深切說文勺也又姓文十三
鍼 鐵 針 說文所以縫也或从箴从十通作箴 斟 斟鄩古國名在河南爲後也通作斟 箴 說文綴衣箴一曰誡也一曰竹名又姓
瑊 石似玉 葴 艸名說文馬藍也 鷺 鳥名說文鷺鷺也通作箴 鱵 魚名 黬 皆而有黑 䥠 刺也禮記其刑罪則纖剸
瀐 水艸名酸漿也 ○諶 時任切說文誠諦也引詩天難諶斯文十三 訦 說文燕代東齊謂信曰訦 忱 愖 說文誠也引詩天命匪忱
或从甚 煁 說文烓也 瘎 疣 方言秦晉之間謂病曰瘎或从冘 湛 水名在襄城春秋傳戰于湛阪 鱏 魚名 醰 說文麴熟
㼑 鈂 臿屬或从金 𣟭 積柴水中以取魚 ○壬 如林切說文位北方也陰極陽生故易曰龍戰于野戰者接也象人裏妊之形一曰佞也文十
五 任 說文保也又姓 妊 姙 孕也或作姙亦書作姓 誑 信也諗也一曰唯聲謂之誑 恁 博雅思也 銋 鈓 字林濡也博雅
羞也 紝 絍 機縷也或从任亦書作絍 䳉 鵀 戴勝也或从隹 䛘 念也 鄩 地名 至 貪也 ○森 疎簪切說
文木多皃文二十三 槮 蔘 說文木長皃引詩槮差荇菜或作蔘 曑 參 曑 說文商星也或省古作曑 篸 說文差也一曰
竹長皃 嫪 婪也 傪 好皃 傪 衆也 蓡 葠 說文人蓡藥艸出上黨或作葠通作蔘參 穇 綝 幓 襂纚衣裳毛羽垂皃

小字三百 集韻平聲四 二十八 什崇

或作綝襂 鄩 地名 𣚍 木枝枒 嵾 滲 漉也 穇 犬容頭進皃 摻 林離摻攙也 罧 說文積柴水中以聚魚也 突
深也一說俗謂深黑爲窨突一曰竈突也 鬖 毛皃 毿 禾長皃 ○篸 初簪切簪差山不齊皃或書作嵾文十三 篸 篸差竹皃
棎 木名桂類葉似枇杷而大白華 穇 穇 禾短日穇或省 槮 木長皃或从篸 駿 馬行疾也 僭 侵越也詩以籥不僭
攙 天攙星名 鬖 鬖亂皃 參 簪 參差不齊古作簮 ○兂 簪 𥳹 笒 篸 縭岑切說文首笄也或作
簪 鐕蠶簪 古作簮文九 璔 說文石之似玉也 𨄈 疾也通作簪 鬵 釜屬 鐕 可以綴箸物者通作簪 ○岑 鋤簪切說文山小而高又
姓文二十 涔 說文漬也一曰涔陽渚在郢中 梣 博雅梣也 橬 楷 青皮木或作楷通作梣 笒 竹名 嶜 嶜崟高銳皃或書作𡾕
霽 博雅霽霽霖也一曰雨聲 汵 池也 頷 横頷俯首 火 之深也 霽 說文入山 霖 說文霖雨也南陽謂霖霖 稽 禾苗將秀
曰 鈐 鯦 博雅鯦黧鰲也 鱏 說文 鬵 釜屬一曰疾也 踜 跉蹟 涔 水也通作涔汵 罙 名 灊 水名 璔 石似玉 ○
碪 砧 知林切擣繒石或从占文十 鉆 鬼谷篇有飛鉆涅鉆 椹 枮 鍖 斫木櫍也或作枮鍖 𡍩 移皃 揕 刺也
一曰斫木聲 戡 擊也 坫 横塗謂之坫 ○琛 賝 癡林切爾雅寶也或从貝文十 棽 說文木枝條棽儷也 覘 說文私出頭視也

闖馬出門皃一曰出頭皃 踸踸踔無常也 郴說文桂陽縣亦州名 綝說文止也一曰善也 舦說文船行也 諃善言○
沈湛持林切說文陵上滈水也一曰濁黕也一曰溺也或作湛俗作沉非是文十三 霃說文久陰也通作沈 鈂𨥁說文臿屬或从梟
𥫻竹名 䒞𦲰說文艸也生山上葉如韭或从沈 𤭛方言甖其小者謂之𤭛 犹吳牛謂之犹通作沈 魫魚子也 枕繫牛
杙也 醓熟麴○ 林犂針切說文平土有叢木曰林又姓文二十一 箖箖箊竹名 臨𦣼說文臨監也一說以尊適卑曰臨亦姓古作𦣼
琳玪說文美玉也古作玪 霖說文雨三日以往 淋𤃛說文以水沃也或作𤃛 瀶淋溓說文谷也一曰寒也
一曰瀶瀶雨也或省 罧積柴水中聚魚也 痳說文疝病也 䫐顄顄頗首 岑岑嵾山高皃 碄碄碄深皃
㝝室深也 惏懍惏慄寒也 𢣉𢣉縿羽毛皃 𡾊山名○ 𧦝尼心切喉聲謂之𧦝一曰誑也文七 紝絍繡織也或作
絍繡 軠紡車 鵀鳥名博雅戴鵀戴勝也 恁思也弱也信也○ 淫夷針切說文侵淫隨理也古通作㸒文二十七 㸒說文近求
也从爪壬壬徵幸也 霪湛久雨爲霪或作湛通作淫 婬說文私逸也通作淫 冘佔說文冘冘行皃一曰冘豫未定或作佔 醓
說文孰鬵也 痙疾也 鐔博雅劍珥謂之鐔 撢探也 鄿地名 篂竹名 秂㸒方言明也或作㸒 鷣

大二十三 小三十六 集韻平聲四 二九 廿葉

𩀞江南呼鷂爲𩀞或从隹 鱏說文魚名引傳曰伯牙鼓琴鱏魚出聽 蟫說文白魚也 潯潭淳漸也 潭水名在武陵 突
究穿也或作究 逕過也 桱通水具 綎夊緩皃 䒖艸名○ 愔伊淫切愔愔安和皃文四 窨地室 聲
聲和靖也 暗暗㬅豆名○ 音於金切說文聲也生於心有節於外謂之音宮商角徵羽聲金石絲竹匏土革木音也从言含一文十九 陰
說文闇也水之南山之北隸作陰亦姓 霠霒雲𩃎說文雲覆日又姓或作霠雲古作𠆶𠆶 瘖說文不能
言也 瘖博雅瘂謂之瘖 喑說文宋齊謂兒泣不止曰喑 䤃小聲 蔭艸本蔭也 愔安和皃春秋傳祈招之愔愔徐邈讀 闇
默也何休曰高宗涼闇 隌隱闇也 醅醅聲 吽牛鳴 窨窨突黑也○ 吟䪩訡𠵦魚音切說文呻也或从音
从言亦作欽文二十二 唫巖芩菜名似蒜生水中古作䕲芩 魿魚名似鼈 霠霖雨也 㐺說文衆立也从三人
厱說文崟也一曰地名 碞山石皃一曰磛也 唫說文口急也 嶔兩山相向 玪玉名 崟碒巖嵒
岑嵉岒說文山之岑崟也或从石亦作巖嵒岑崟嵒岑或書作崯岒○ 歆虛金切說文神食氣也文五 廞說文陳輿服於庭也
嬜貪愛也 㪁火盛皃 嶔嶔巇山險皃通作廞○ 欽欽祛音切說文欠皃一曰敬也古作欽文十一 衾說文大被也或書作

衾 嶔𡾋山高險也公羊傳殽之嶔巖或作𡾋通作崟 菳菳莶艸名 顉頷曲頤也或作頷 唫口急也 厱崟也
廞傳重服以送死也○ 今居吟切說文是時也文十五 金金說文五色金也黃爲之長久薶不生衣百鍊不輕从革不違西方之行生於土从土左右注象金在土中形又姓亦州名古作金 黅博雅黃也 紟衿絵說文衣系也或作衿籀从金 裣
襟裣說文交衽也或作襟裣 禁勝也 𨇾坐也 𩍩艱也 菳菳蘮艸名 㦗懜也○ 琴
珡𤨔渠金切說文禁也神農所作洞越練朱五絃周加二絃亦姓古作珡𤨔文四十七 䩮說文鞎也 耹說文地名引春秋國
語曰回祿信於耹遂 黔歛也灼龜首仰足黔 捦㩒擒拎說文急持衣衿也或从禽从今通作禽 䥺鈙說文
持也或从金 𣪠禁也 紟絵衿衣系也或作絵衿 庈闕人名春秋傳魯有費庈父 𡍒坅說文石地也或从今
黔黑色春秋傳邑中之黔又地名亦姓 菳說文黃菳也通作芩 黚黔黬黃黑色或从禽从箴 芩說文艸也引詩食野
之芩 伶伶倫古樂人 怜怜惧健了皃 䓷艸名生水中根可緣器 稖禾欲秀 檎林檎果名
禽禽說文走獸總名一說二足而羽謂之禽古作𠫓 鳹鴒雂鳹嗉鳥或从金从隹 鉆飛鉆鬼谷篇名 邻亭名在重

大二十七 小六十四

安 凜凜𠗦凚寒也或从廩从禽从禁 齡苦也 蠄蟲名 黔地名在江南通作黔 岑岑崟險也

集韻平聲四 三十 廿葉

澿水名○ 舚天心切吐舌皃文一
二十二○ 覃覃𠧢𠧣𡏸徒南切說文長味也引詩實覃實訏或省古作𠧢𠧣𡏸文四十三
鄿說文國也齊桓公之所滅通作譚 譚大也又姓 潭說文水出武陵鐔成玉山東入鬱林一說楚人名深曰潭亦州名 橝說文屋梠
前也一曰蠶槌一曰木名灰可染 蟫衣書中白魚 䞶䞶趥走皃 燂說文火熱也 鐔劍旁鼻曰鐔 醰醰譚香氣
䊤糜和也 㽑博雅甛也㽑甘也 酓酒味苦也 醰䤝厚味或作䤝 驔馬豪骭曰驔 曇雲布
謂之曇 壜甗罈壇甗屬或作甗罈壇 蕁𦼬艸名說文芜藩也或从爻 憛憂意 藫苔也爾雅藫石衣
𪔛𪔛𪔛鼓聲 婪貪也愛也 覘內視 瞫視也 歁博雅歁盛也 眈視近志遠 沈沈沈深邃皃通作湛 蕈艸名
生淮南平澤可作鹽 腩腫也 嘾貪也 潯傍深也 鴆鳥名 嫥女字○ 貪他含切說文欲物也文八 探撢
說文遠取之也或作撢 𣢦欿飲說文欲得也或作欿飲 湳水也一曰沒也 僋僋傪癡謂之○ 耽都含切說文耳大垂也引詩士

之耽兮俗作酖非是文十五 酖說文樂酒也 媅妉湛愖說文樂也或从冘亦作湛愖 𡖋博雅多也 眈說文視近
而志遠引易虎視眈眈 覞說文內視也 甔𤭛罌也容一石或从冘 戡戡戡室宇深邃皃 䚷䫲頰也一曰舉首 沈沈涇也
𠲎聲也○婪惏盧含切說文貪也杜林說卜者黨相詐驗為婪或作惏亦書作𢙢文十二 啉聒也一說飲畢曰啉或書作𢙢 霖
𩆟久雨或从淋 燣熱也爛也色焦也 顲顲顲俯首皃 嵐山氣一曰岢嵐山名在太原又州名 葻說文艸得風皃 㑣
㑣儖驚䫄皃郭璞說 𨇀急行也 𩗴翔風也○南䍧那含切說文艸木至南方有枝任也古作䍧文二十 男說文丈夫也从田从力言
用力於田也古書作畂 枏柟木名爾雅梅枏或从南 𢵧廣雅持也 𪚮𪛐龜甲邊也或从甲 䔜艸名 諵聒語
詌諵喃博雅詌諵語也或作諵喃 聃那冄國名或作那冄 䕼艸名博雅䕼蘆葱䕼也 晴國名唐天寶中封其
王為懷寧王 莮萓莮艸名 弇姓也○毿毿毛長也文九 鬖鬖髿垂皃 毵毵䅛垂皃 襂衣垂皃
犙說文三歲牛 糝糝糝和也 黲黲厭也或省 謲謲譂怒語○參三叄倉含切謀度也間廁也或
作三古作叁又姓文十二 嵾山皃 𧬙說文相怒使也 驂說文駕三馬也 趍趍趁走也 傪說文好皃 嫪婪也 鄝地名

在鄭 犙牛名 摻摻摻捫也○朁𧖽篸祖含切博雅篸謂之鐕或从蠶从參文十一 鐕說文可以綴著物者一曰
釘也一曰綴衣通作撍 撍疾也 𦟜𦟜膳亨也一曰脣病 䁮埽藏肉一曰獸名似羊 蹔博雅止也 彁弓弦謂之彁 鄿亭名
在貝丘 嬜女字○蠶徂含切說文任絲也俗作蚕非是文七 撏方言衞魯揚徐荊衡之郊謂取曰撏 䣜亭名在 𠜾
播馬也 蹔博雅止也 䍥羊臭謂之䍥 嬜女字○峆呼含切大谷也文二十二 谽谺谽呀谷空皃或省 𨡋酣
面赭色或从酉 酓酒味苦也或書作酓 䭈馠博雅䭈馠香也或作馠 欱歆敆合笑也或省亦从咸 唅博雅唅也
𤺺寢寢不䘳衣或省 蜬水蟲名爾雅蜬鸁小者蟦 㘅唅吼也 䘶赤色 䎐小鳥飛皃 恰䠹蹥也 譀變也
歁欲也一說歁戚乞曰歁 領醜皃○龕枯含切說文龍皃博雅龕龕受盛也文十七 堪說文地突也一曰任也又姓 嵁山穴
間 戡說文刺也一曰勝也 撳柱也 𢻦𢻦敓不齊 瞰博雅視也 顑醜皃 嵁嵁巖不平 戡歁說文殺也引商
書西伯既戡黎或从今古通作戡 磡和也 欿貪惏也 坩瓦器 㦟鳥名 勘能也 歁意不滿○弇
姑南切說文蓋也古作弇文二十一 𪔊監持意 淦涻浛水入舟謂之淦一曰水名或从今从含 颴颱風或从含 剖

吳人刘不具 䳚鴿鳥名或作鴿 嵅嵅嵅山名也 颸風皃 紟絲縷 𨒪徍行不進 肣肥牛脯 犙牛三
嵅 諴嗤也 礛以石蓋也 磡和也 碒器斂口者○含胡南切說文嗛也文四十八 圅說文舌也象形舌體弓弓通作肣
函椷容也或作椷 肣𦚬肥牛脯或从含 𤮝檎說文治橐幹或作檎 頷說文頤也通作函
頷頜面黃也或作頷 㮀䄎博雅䄎䄆袖也或从圅 霒𩂔說文久雨也或作霒 涵涵淊說文水澤
多也引詩僭始既涵或从函从今 浛涇淹淊淦𣵀方言沈也或作涇淹淊淦𣵀 涵說文寒也 䤸博雅
鋡甲介鎧也通作函 鋡方言龕受謂受曰鋡博雅鋡鐵謂之鋡 㔾艸木之華未發 莟菡蕊芩莟蕳竹實中或作菡蕊芩
康木垂華實皃 梒梒桃果名櫻桃也通作含 䶃𪕮說文鼠屬或从含 蜬蠃之小者 琀飯玉 唅唅明 鋡䠅䶃
鈫也 馠馠馠香也 碒碒礂小鬴也 嵅嵅嵅山名也 晗欲明也 𠥓受物器 㮀水具 姶女字 䳚鳥名○
諳䛊諵烏含切說文悉也一曰諷也或作諭亦从弇文四十二 韽鶕鵮鵪鶬雛鳥名說文雛屬或从
鳥亦作鴿鶕鵮雛 媕媕女有心媕媕也或从奄 𠏎敢也 暗啼泣無聲謂之暗一曰大呼 韽說文下徹聲 䵘䅖

博雅䅖穇香也或从禾 盦覆蓋也 腤腌亨也或从弇 鞥䩎𩋙 惀俺博雅惀俺懦也或从衣 鑰溫器
庵菴圜屋曰庵或从艸 闇陰洽衰廬也禮高宗諒闇三年不言或作陰 㜝貪也愛也 菴野艸 埯小坑 菴
𦲭菴蕳艸名或作𦲭 痷痷痿泛意也 韽聲小也 醅醉謂之醅 磬聲和也 媕女志不靜 盦器斂口 掩
掩木名或省 譫諳譫何語不決或作諳通作譫○𧪚儑吾含切不慧也或作儑文八 諴嗤也 䶬嵁䶬嵁也
嵁嶇山皃 㗆䆳寱聲列子眠中㗆呼或作䆳 巖山崖也○沈長含切沈沈宮室深邃皃文一○䫲常含切頟顩俯首皃
文一○緂充含切衣解色文一
二十三○談徒甘切說文語也亦姓文二十三 郯說文東海縣帝少昊之後所封亦姓 惔說文憂也引詩憂心如惔
倓𠛗說文安也或从刂 憺恬也 痰病液也 餤進也 淡澹水皃或作澹 炎小熱也 錟說文長矛
也 𩧼馬銜也所以擐馬一曰飼䒈 炎美辯也莊子大言炎炎 菼菼蘆瓜葅 窞盛窞淡薄也 頰面長 䫲
寐不解衣 儋姓也通作澹 啖啗啖少味 醰酒醋薄也 燅爁也 媣女字○甛他甘切舔甛吐舌皃文十七 耼

耼說文耳曼也或从甘俗作䎃非是 坍汫水壞岸也或作泙 浳澸浳㵂峻波皃或作瀬 䆲淡𪉖䆲薄而大也 緂說文
衣白鮮也 蕁艸名葱也 錟鈂錟矛也 䏙膚肉壞 䆲瓜菹 倓㑿安也或从剡 惔憂也 拼說文并持
也 ○儋擔都甘切說文何也或从手文十二 噡噡噡頌語 聸說文垂耳也南方聸耳國通作儋 甔罃也方言齊東北海
岱之間謂之甔通作儋 聃耼耳曼也或从甘 襜澹𨇨胡名史記李牧破殺匈奴滅襜襤或作澹𨇨 繿緌也 襜
蘫䕲艸名 ○藍盧甘切說文染青艸也亦姓文二十五 𤅽說文瓜菹也一曰水清 籃𥂴說文大篝也古作𥂴 爁嚂
貪懢嗜也或从口 儖儖儳皃惡 監䖔面皃 鬛長也 擥取也 爁火延皃 襤繿衣名說文裯謂
之襤或从糸 艦說文楚謂無緣衣 𥫱藍籃𥫱薄也 瑊王名 𨚗邑名在鄣 劖聚也 厱礛磛說文
厲諸治玉石或作磛亦省 鸍郭公也 𪇆鸍鶴鳥名 襤襜襤𥛚胡別名 艦艦艦艦身長皃 嚂女名 ○三弎蘇甘切說文天
地人之道也从三古作弎文七 參三也 參博雅參 㣊彡衣破或从三 鬖鬖鬖鬆毛垂皃 毶毶毿垂也 ○慙財甘切說
文媿也或書作慚文十 𢶍說文暫也或書作𢶍 暫須臾也 蹔往也 䁪監䁪面長皃 鏨鑒也 鸉䳴鳥名

博雅鸍鶴鸍也或从隹 嬜女名 䰢䰢身長 ○蚶䲺呼甘切蚶屬魁陸也橫縱其理五味自充炮則羞或从魚文八 [illegible]戲乞
也通作欿 婪貪也 憨𢡟愚也或作𢡟坎 欿欲也博雅 ○坩瓬枯甘切土器也或从瓦文二 ○甘說文
𠙴㽕沽三切說文美也从口含一一道也古作㽕文十八 麿說文和也从甘从麻麻調也 柑心伏也通作甘 泔粓說文
周謂潘曰泔或从米 甘餌餟也 柑果名似橘 疳病也 笘竹名 㚲老女稱 𡟱嬕也 [illegible]山名 甘說文甘艸也
𣅵南方山有𣅵𤚭林東方朔說通作甘 蚶蜬蠃之小者或作蚶 ○玵五甘切美王也文四 䨢霜也 鉗刃也 䧲閹人
名春秋傳有公子苦雉 ○酣甘佄胡甘切說文酒樂也或省亦作佄文十四 磿和也 邯邯鄲縣名亦姓 䣻歁
方言㴑或也沅澧之間凡言或如此者曰㴑如是一曰㴑湖不定也或作歁 黏姑𤊻火上行或作姑𤊻 𪊨獸名爾雅𪊨白虎 䱷
蚶蛤也或从虫 蘫蘫蘫葉上蟲 ○䪞作三切面長皃文一 ○姏謨甘切老女自稱文二 䎃耳垂 ○緂充甘切女
衣文 ○䈇七甘切竹篋文一 ○佔與甘切徐行也文一 ○黯鄔甘切深隱也文二 喑喑啖少味 ○聃乃甘切閼人名
古有祝聃文三 諵多言 㛨入取也 ○䟫市甘切馬具文一 ○蚺汝甘切大蛇名出嶺表文六 詀詌邯縣名 䛸

相謂食 須䫨須也 䏙䶌龜甲邊或从黽
二十四 ○鹽䀋墭余廉切說文鹹也古者宿沙初作煮海鹽或省亦从土俗作塩非是文三十四 𩞀
進也 檐櫩欗簷𤗊𠂊說文㩥也或从閻从闌亦作簷𤗊𠂊 櫩木名麏可作香 閻說文閻謂之摘摘廟門也
通作檐 䦲續也 閻壛說文里中門也亦姓或从土 憛惶遽也 佔徐行也 阽說文壁危也 爓說文火門也
潤瀸說文海岱之間謂相汙為瀸一曰水進或作灊 襜衣蔽也 𤺊劌也 簷博雅傷竹病不可析莨 鵳博雅鵳離
怪鳥 覃剡也詩以我覃耜徐邈說 讇過恭也禮立讇客辨卑毋讇 䫡面長也 痁方言病也 棪木名 𡯁味甘 櫩
禾也 嬐女字 燫燫爁火不絕皃 ○懕猒厭於鹽切說文安也引詩懕懕夜飲或作猒厭文十二 猒飫饜
說文飽也或从肖亦作饜 𡢁說文好也 俺俺傄多意氣皃 媕博雅美也一曰含怒皃 稖稖稖苗齊等也 餤進也 憛
博雅悇憛懷憂也 ●銛銛思廉切說文鍤屬一曰利也或作銛文三十六 纖孅不實 韱䪜艸名說文山韭也或
作韱 纖說文細也通作孅 𦆭縿繢名白經黑緯一曰綫也或作縿 嬐說文敏疾也一曰莊敬皃 孅說文兑細也 攕

小儒 摻攕摻摻女好手皃或作攕 譣說文問也引周書勿以譣人 憸說文憸詖也憸利於上佞人也通作憸 懯懯
說文疾利口也引商書相時憸民或作懯 彡䰩飾謂之彡 鬖鬖也 暹日光外也 䨮䨮微雨或省 枮說文木也 瀸
艸名百足也 蠘盡也 瀸爾雅泉一見一否為瀸 㶒木名似松可為船及作柱埋之不腐郭璞說 釤刃名 獫獸名 蠘
粉餌 䉷毛也 膁腫也 攕抑也 韤 縿縿旌旗末也或作縿 ○籤攕千廉切說文驗也一曰銳也貫也或
作攕十七 簽博雅簽籤也 僉說文皆也引虞書僉曰伯夷 憸博雅彊也一曰詖也 鋟鑯刻也春秋傳鋟其板或作
鑯 槧削牘也 臉臉埤倉脏也或从鐵 劊切也 憸憸也 鹼鹽在水曰鹼 孅巧佞也史記孅趨而言 懺
摽識也 鐱𤰅也 譣議也 ○㦰將廉切說文絕也一曰田器文二十五 懺䲯說文微盡也引春秋傳齊人懺于遂古作䲯
鑯說文鐵器也一曰鑴也 鋟尖博雅銳也或作尖 瀸說文引爾雅泉一見一否為瀸一曰洽也 漸流入也 灊灊
說文小雨也或从水 嚵嚵不廉 懺攕說文拭也或从手 攕楔也 熸說文吳楚謂火滅為熸 蔪薪薪麥秀 䤘
艸名百足也 湛漬也禮湛饎必絜通作漸 霯𩅦說文微雨也或从鐵 纖刺也 韯艸名山韭也 鋟鋟鑴

錐也或作𨧫鑯○燅𨦟㶊爓𦠆燖燂煔徐廉切說文於湯中爚肉或作𨦟㶊爓𦠆燖燂煔文十六
攕𢸂撏摘也或从艸从爭亦書作㩮櫼木名細葉䕭博雅幨巾也閻鬼閻地名在頴川㶡方言㶡也
蕣菜名生山中○潛𣼮慈鹽切說文涉水也一曰藏也一曰漢水爲潛亦姓或作𣼮通作涔文二十二灊縣名在廬江通作灊
灊說文水出巴郡宕渠西南入江𦼫替於替縣名在丹陽䔳鬵爾雅鬵謂之鬵古从弜箈說文薉䒹也䐶閉目內思
也燂博雅爔也一曰炙爛㸂火滅蟖蟖𧌐蟲名一曰蟖胡似蝬膪𦟛肉也燖爓煔沈肉於湯也或作爓煔
涔橬博雅濅涔𣼮也或作橬通作潛蕣艸名五原之韭曰蕣撍揣也䃢羊腊鬵替䒹山皃○纖師炎切纖
纙毛衣皃文八攕㩮說文好手皃或作㩮幓縿䌟旗正幅爲幓或从糸亦作䌟䘋微雨沾𡻄波皃○苫
詩廉切說文蓋也亦姓文六笘說文折竹箠也頴川人名小兒所書寫爲笘痁說文有熱瘧引春秋傳齊侯疥遂痁枯木名姾姾
喜蔆說文喪藉也通作苫○襜譫袡袩處占切說文衣蔽前一曰禪襦謂之襜或从韋亦作袡袩文二十五幨
裧𢤦幨車幨山東謂之常幃一曰䡲容或作裧幨裧祜佔衣動皃或作祜佔通作襜緂說文白鮮衣皃姑

小弱也一曰姑婖姑姜喜沾佔苫音𡣜不和或作怗苫亦書作怗俗作惉非是痁痕說文皮剝也或作痕
沾沾沾自整頓也黏黏䵏多也𨅬𨆊馬急行詀多言苫小兒書簡一曰折竹箠譫譫䜣吐舌皃○詹之廉
切說文多言也一曰至也亦姓俗作詹非是文十六瞻說文臨視也占說文視兆問也亦姓沾沾沾輕薄也产仰也一曰屋梠秦謂
之櫓齊謂之产蛅蟲名說文蛅斯墨也蟾蟲名爾雅䵹𪓰蟾諸似蝦蟆居陸地𡾯𡾯山峯也劖削點點鬫人名魯有曾點齊有𪐴
點讝疾而寐語也䀡目垂也蘫木名山海經爾谷之山多蘫棘鸇鳥名山海經女祭山有鸇其色青黃譫噡
多言或从口○棎棪時占切果名似柰而酢或从突文八撏探取也或作探蟾蟾諸蟲名櫼積柴水中取魚也
談言不實讇寐也○顩𩑉頫𩑛𪊿如占切說文頰須也或从彡亦作頫𩑛𪊿文二十三冄䎋冄冄毛皃
古作呥呥呥自安皃一曰噍皃㚲㚲長皃一曰吐舌𦐛說文𦐛𦐛多語也樂浪有𦐛邯縣拵持也博雅㚲弱長皃
疳之疳皮剝謂䄠袡博雅襜袡蔽𨟊也一曰衣下襈或从糸柟木名說文梅也䶌𣰲說文龜甲邊也天子巨䶌尺有
二寸諸侯尺大夫八寸士六寸或从甲蚺說文大虵可食蛅蛅蟖蟲名通作蚺䣸遲行也𨴦多也𩝃楚謂相謁食麥

爲䩞○霑知廉切說文雨𩆵也通作沾文四鉆鬼谷篇有飛鉆湿闇感衮說沾水名黏黃色○覘佔沾
䀡䀡廉切闚也或作佔沾䀡文十二髻博雅髻也忝心懸樂音不和或書作怗鉆說文鐵銸也一曰膏車鐵鉆𠝷說文𢭏馬
也銽銛也婬說文婬也一曰婬姜喜笑皃𠛗刻物使薄也閃小開門以候望也○𡗜丼廉切說文小熱也引詩憂心𡗜𡗜文四
䛸言利美也𪏮黇黃色或从炎○廉薕㾾𢉡離鹽切說文仄也一曰自檢也又姓亦州名古作薕㾾𢉡文四
十七䆂𥢆𥢆艸不實或从廉𤷃癯疾𧝐𧞁說文帷也或从廉帘酒家幟䡲𨏾車輞𥥆匳
匳奩籢說文鏡籢也或作匳匳奩籢覝說文察視也鎌說文鍥也一曰廉潔也鐮鐮說文鍥也或从廉
𤒻燫說文火煣車輞絕也引周禮煣牙外不嫌一曰火不絕皃或作燫裣裣襜衣垂皃㰈𧨏𢸂𢸂擊鼓謂之𢸂或从壴
从手磏說文礪石一曰赤色嬚女字䨨說文久雨也賺賺博雅賣也或省薟白薟艸蘞蘞艸名似栝樓一
曰萋溓說文薄水也一曰中絕小水獫爾雅犬長喙蠊說文海蟲也長寸而白可食一曰虵名斂斂盂地名螊
蜚蠊蟲名𤓰博雅水芝瓜也輕小能飛𤓰其子謂之𤓰簾說文堂簾也蘞艸名說文薟也一曰三𩧉蘝味酸可食一曰蘆也鬑說文馬𩧉也

一曰臁脛長皃也纎縿也𠜾輕刺也謙謙讙言不正槏蔵艸木𧿒皃○黏粘溓尼占切說文相
箸也或从米亦作溓文九鮎方言陳楚之外相謂而飡曰鮎䩞青䩞蘩艸也節也華作說鮎魚名黏黏禾也黏心有所箸袡
蔽○炎于廉切說文火光上也文三惔憂也詩如惔如焚鶏廣雅鶏鶏怪鳥屬○淹衣廉切說文水出越嶲徼外東入若
水一曰漬也留也文十九醃博雅醃藍葅也腌漬肉也醃小聲也㤿愛也嬐女皃閹說文豎也宮中奄閽閉門者䗂
殷邑名崦嵫崦山名山海經鳥鼠同穴山西南曰崦嵫或从弇从龠也𦰡奄萓蘭艸名古作𦰡厭𡪢意詩厭
浥行露也弇弇中隘道確石名譩譩消克當也一曰笭也䅖䅖禾苗美也○憸丘廉切憸倚意不安皃文九
鋡曲頭鑿嶔𡿄嵰山高峻皃或从广亦作嵰顩顩顩醜皃秋檶泄水器或从㿻㿻吳人謂盛衣櫝曰㿻
○黚紀炎切水名南至㯃邑入江在犍爲文二𨑖𨑖𨑖行不正○齞牛廉切齒差也文九嗛鰜嗛喁魚口動皃或从魚
磏山名𦟛美也頹頹顩醜皃嶮嶮嵰山皃巖𡾫巖也嶫山皃○鍼巨鹽切鍼也文一○箝
箝其淹切說文籋也或作箝文三十三拑𢻰說文脅持也或从攴拎博雅㚲拎𤔒職業也鈐𩊜也鉗鉆說文以鐵

有所劾東也或作鉆 鈐說文鈐鏞大犂也一曰類梠 聆地名國語回祿信於聆隧 鍼葴闕人名春秋傳秦有鍼虎或作葴
忴䋼布帛名或作䋼 忴忴惧心急也 黔說文黎也秦謂民為黔首謂黑色也周謂之黎民引易為黔喙 伶伶侏古樂人
黚說文淺黃黑也 羬麙羊六尺為羬或从鹿 芩艸名 岒山名 蚙蝦蟹距也 雂鴒說文鳥也春秋傳有
公子苦雂或从鳥 衿紟衣系也或作紟 軡軡中地名通作黔 柑以木銜馬口也春秋傳柑馬而秣之 鬝去髮著鉗之刑
玪玉名 砛石地 䅁禾名 ○砭砨悲廉切說文以石刺病也或作砨文三 楓木名似白楊 ○狎䈴蒲瞻
切闕人名楚有史狎或作䈴文四 溫方言枯也 杴木名 ○㚊火占切說文㚊妗也一曰喜笑皃文十 㾾瘷物毒喉中病或从兼
薟辛味一曰薟稀藥艸 馦嗛香也或省 䵁黃色 欦㰹貪欲或从咸 緘口閉也
二十五 ○沾他兼切說文水出壺關東入淇一曰沾益也文十一 添益也通作沾䩞 黇說文白黃色也 䋾罽也
酟和也 譫䜛䜛詽吐舌皃或作䜛 詀方言謰謱拏也南楚謂之詀謕 呫嘗也 㛸女字 苫青苫藥艸 ○䯾
丁兼切髮䯾髮踈文十二 敁玷敁敪以手稱物或作玷 佔佔侸下垂也一曰窺覘 詀詀謕巧言 袩衣衽也方言褙謂之袩
大一マ二十六 小六マ九十三

集韻平聲四 三十七 仝

𢂁䘼領耑或从衣 聑說文小垂耳也 貼窺視也一曰目垂皃 䶂䶂䶂鼻垂 䩞䩞䣼面醜 ○甜䑙徒兼切說
文美也从甘从舌舌知甘者或从食文八 恬說文安也 湉湉湉安流皃 菾菜名治病熱 萜藥艸 胋胋肥也或作胋
○鬑勒兼切說文鬋也一曰長皃一曰鬑鬑垂文十二 䅐禾黍疎皃 稴說文稻不黏者 熑火不絕也 燫或从廉 聺說
聺聑耳垂 䶢䶠鼻垂 𪙭小也 濂溓中絕小水或省 磏磏礪石 蒹艸木疎皃 ○鮎奴兼切魚名說文䱁也文三
䬯說文相謁食麥也 拈說文㧗也 ○馦䭑馨香也或省文九 痁蓋瘍也 妗說文㚊妗也一
曰喜笑皃 薟辛毒之味 䵁說文赤黃也一曰輕易人䵁姁也 緘口閉也 欦博雅欦欲也 瘷喉病 ○謙嗛
苦兼切說文敬也或从口文七 慊意不足 㦏艱苦艱也 䌠䌠一曰口閉 熑持意堅固謂之熑熑燥䋼 㦓戈屬 ○兼
堅嫌切說文并也从又持秝兼持二禾秝持一禾亦姓古从二秉文十二 縑說文并絲繒也 鶼鳥名比翼也 稴䅐稻不黏者
一曰青稻白米或从米 蒹說文藋之未秀者 䍐絲網曰䍐 鰜說文魚也 𨗨𨗨佖行不正 搛夾持也 瘷喉病 ○
嫌賢兼切說文不平於心也文六 慊兼說文疑也或省通作嫌 稴䅐稻名或从米 鰜魚名 ○涅其兼切鬼

谷篇有飛鉆涅闍劉昌宗說文一 ○鬖斯兼切鬖垂皃文二 擟拈擟手稱物
二十六 ○嚴嚴魚杴切說文教命急也古作嚴亦姓文十一 䕾艸名 䉷厂說文雖射所蔽者也或省
巖厰嵒巖險也或省 𠗿𠗿凝寒也 孍女字 嵒巗嵒山皃 薟字林水中野韭 ○𩌁虛嚴切博雅披也文十二
杴𣝊欦鍫屬或作𣝊欦 𥡋禾傷肥 㾾瘷味毒喉中或从兼 蘞艸味辛毒 𤌙字林𤌙熸熱也 薟
稀薟艸名一曰天名精 㾾庩擪也或从欠 ○欦丘嚴切說文含笑也一曰多智也文七 䤛鑿屬刃曲 㘝山穴間
嵁嵁巖不平 欦欲也 庈擪也 壧地穴 ○醃於嚴切漬肉也文四 腌漬肉也 剦刑也 淹久也 ○
黔其嚴切黃黑色易艮為黔喙文三 鉗鐵束 鈙鈙敲不齊 ○黚居嚴切黃黑色文一 ○产之嚴切仰也一曰屋梠文一
○𧩚直嚴切言美利也文一 ○氾扶嚴切水名文一
二十七 ○咸胡讒切說文皆也悉也从口从戌戌悉也亦姓文二十四 諴說文和也引周書不能諴于小民 鹹說文銜也
北方味也俗从酉非是 函椷鋡匱也杯也或作椷鋡一曰木名亦姓 嵅山名在肴陵 䡡車聲 麙羬說
大マ二十一 小マ五百

集韻平聲四 三十八 仝

山羊而大者細角或从羊 䮗驪縣名通作咸 鰜鰔魚名或从咸 蠊蝛海蟲或作蝛 稴䅐稻不黏者或从米
涵同也詩僭始既涵鄭康成讀 葴艸名爾雅葴馬藍今冬藍也 瑊瑊玏石次玉者 翻䎗翻飛也 椷趙魏謂枓曰椷
鼛䶠口持不齧 ○㰹欦虛咸切含笑也或从今文十一 妗女輕薄皃通作欦 䤈䤈䣻小頭 醶鹵味
蝛蠊蛤屬或从兼 喊呵也 谽䜦谽䜦谷空皃或作谽 麙羊絕有力 ○鵮敜㪁丘咸切鳥啄物
也或作㪁 歁意不滿 嵁嵌嵁不平 㟏山穴間 顑頭顑長也 䡡車聲 𦟄牛馬肋後胯前 𩔁𩔁顩醜皃
○緘居咸切說文束篋也文十八 𦃢喊說文監持意口閉也或从口 玪瑊說文玪瑊石之次玉者或从咸 椷說
文篋也一曰栝也 䊞塗也 𪘐鹹齒也 𨗨說文不正也 黬黬說文雖皙而黑古人名黬字皙一曰釜底黑或作黬 咸棺旁所以
繫紼者齊人謂棺束為咸緘禮大夫室以咸通作緘 䶠䶠鹹也 黬說文黃黑也 䡡車聲 蒹藋未秀者 葴艸名藍屬 鰔
魚名 ○㹽於咸切說文竇中犬聲文四 淊沒也 黯深黑色 揞方言㩕藏也荊楚曰揞 ○嵒魚咸切說文山巖也文十三
𧩙諴戲言一曰和也或作諴 喦說文多言也引周書畏于民喦孔安國曰僭也取參差不齊之意 顩說文頭頰長也 𪘨齒高

皃䯸䯸骨高皃𪑑黑色虥雄虎絕有力者虥麙羱羊其大者𪊨麙或作麙㺂羊牝謂之㺂䶠齒差也

○攕摻揱掔師咸切說文好手皃引詩攕攕女手或作摻揱掔文十七攙芟也禮有攙而播櫼木名𩅰𩆵

霻細雨謂之𩅰或作𩆵霻三毵毛長皃髟毵髟毵鬖垂㺑犬容頭進也釤闕人名晉有沙釤擭國帥釤加䁮彡

暫見也或省嗲哈嗲物在口中轞車聲櫼木名○讒鋤咸切說文譖也文二十五儳說文儳互不齊也嚵說文

小喙也一曰喙也纔說文帛雀頭色一曰微黑色如紺纔淺也饞貪食也䶣齹齒高巉鼻高也攙刺也䮪馬䮪也

鏨鑿鄽說文宋地也瀺瀺灂水落皃毚㲋說文狡兔也兔之駿者或从犬䨼小雨獑𧓍獑猢獸名

似猿或从虫𪕨博雅鼠名腰黑黲謬也鑱鑱鑱鈂進皃𦽴麥秀也儳吝也𣣧笑也𩬷𩬷身長劗

劖也○詀知咸切南楚謂讒譟曰詀諵文六䴦䴦黔小頭站䞁坐立不動皃或从走𪘲齚也鵮鳥啄物○諵

喃娚尼咸切詀諵語聲或作喃東晳作娚文四涂水濁○𧁾工咸切博雅藏也文一○黔才咸切魚名文一○

㔵弋咸切徐行也文一○㺜甚咸切不安也文一○𤆼壯咸切銳也文二劖剃也

小六百四十 大三百十二 集韻平聲四 三九 廿七

二十八○銜行乎監切說文馬勒口中从金从行銜行馬者也或省文十一𧥿誕也調也甌瓦㼧瓦也

䗃蟲名食瓜者嗛咁說文口有所銜也或作咁葴艸名嵌嵌嵒深谷䶪黔小頭濫濆水沾物○監

䁪𧫕居銜切說文臨下也古从言或作䁪文十䁪說文視也通作監鑑鑑諸可以取明水於月或書作鑒𥃩牒切也

礷礛礷𥗼礪也或作䃹璼玉名𧃖大𧃖○嵌嵰𡼭嵚厱丘銜切嵌巖山險或从兼亦作嵚厱文七

𪙼齱齱骨高皃㾾山穴間蘞艸名蘞𧄍○巖𡾊險魚銜切說文岸也一曰險也或省亦作險文九𪙼說文

齒差𪙼𪙼𪙼齒高礹說文石山也嚴巗說文呻也或从巖巉巖穴也○衫師銜切小襦通作衫文二十四

縿幓䊰襂㦖說文旌旗之斿也一曰正幅或作幓䊰襂䊰通作縿衫䊅毿馬鬣垂皃或作毿彡說文毛飾

畫文也髟髟髟長鬣櫼䊃杉說文木也或省亦作杉芟蔪說文刈艸也或作蔪纔帛青色穇穇穇禾穗

不實也犙牛三歲名霻𩆵細雨謂之霻或从戠剶刈也漢有剶胡子𥝩禾肥曰𥝩槮森槮木長皃獑犬容

頭進也○攙初銜切爾雅彗星爲欃槍通作攙文十攙博雅銳也一曰刺也毚兔名或省辰星別䫲頭皃𪙼

鼠名黑耳白腰者嚵讒言也勬抄也𪏀少也纔帛紺色○嶄嶃巉鋤銜切巉巖高也或作嶃嶄亦

書作嶄文十五磛說文礹石也或書作嶄鑱鋑說文銳也一曰犁鐵或从岑劖說文斷也一曰剽也劍也艬博雅𦩯艬舟也

欃㲻爾雅彗星爲欃槍一曰木名或省𨻰地名㹽犬聲蠶蠏醜面長皃儳儳互不齊○獑

在銜切獸名獑猢類猿而白腰以前黑文三澿水也縿帛雀頭色○𨁲皮咸切涉也或書作𨃢文二湴行潦中也㴸

徒涉○䁯力銜切䁯顋頭皃文三𪙼𪙼少也䶢𩑶長皃○𩔪而銜切頰須也莊子黑色而頰文三冄

毛長皃古作𣎵○㺌側銜切流皃楚辭滲㺌兮文三巉鼻高皃𩥇避也○讝女監切病人自語也文一

二十九○凡符咸切說文最括也从二二偶也从了了古及字亦姓文十七伣博雅伣輕也盜盜𥂁𪿾

博雅杯也或作溢𥂁亦省帆颿舟上幔所以汎風或作颿通作颿䑺梵博雅䑺謂之帆或作梵汜水名一曰地名在鄭亦姓柉

木名皮可爲索渢渢渢中庸之聲颿馭說文馬疾步也或从凡邔地名𣏌木名俗呼此木皮曰木桴○芝甫凡切說

文艸浮水中皃文八盌盍也風風也帆楓从風木名或汜水名訟急言也𣴟深也○顩頷顑

大八十七 小三百四十 集韻平聲四 四十 王

顩丘凡切頷頤顩皃或作頷顑顑顩文十欽欽也䤹鑑屬曲刃鈙鈙敔不齊𥁾庂櫃也或从欠欱多智也含笑也

○炎于凡切炎光上也文二○𤥐士凡切玉名文一

集韻卷之四

集韻卷之五

翰林學士兼侍讀學士……丁度等奉

敕修定

上聲上

董第一 覩動切獨用　腫第二 主勇切獨用

講第三 古項切獨用　紙第四 掌氏切與旨止通

旨第五 軫視切　止第六 諸市切

尾第七 武斐切獨用　語第八 偶舉切獨用

噳第九 五矩切與姥通　姥第十 滿補切

薺第十一 在禮切獨用　蟹第十二 下買切與駭通

集韻上聲五　一

駭第十三 下楷切　賄第十四 虎猥切與海通

海第十五 許亥切　軫第十六 止忍切與準通

準第十七 主尹切　吻第十八 武粉切與隱通

隱第十九 倚謹切　阮第二十 五遠切與混很通

混第二十一 戶袞切　很第二十二 下懇切

旱第二十三 下罕切與緩通　緩第二十四 戶管切

潸第二十五 數版切與產通　產第二十六 所簡切

一　○董 覩動切艸名說文鼎董也杜林曰藕根文十八 董 正也督也通作董 蝀 螮蝀虹也 懂 懵懂心亂 董董 竹器一曰竹名或从重亦姓 鼞 鼞鼞鼓聲 [氵董] 水聲 動 振動拜也以兩手相擊而拜一曰今倭人拜以兩手相擊蓋古之遺法 橦 木名 湩 水濁 [石冬] 石墜聲 [口東] 言多 [扌東] 擊也 膧 肥也 嬞 女字 犝 牛名 墥 墷墥封垤也 ○侗 吐孔切侗胴直皃文十七 侗 儱侗直行 [身同] 𨈚[身同]身不端 [同攴] [同頁] 說文直項或从頁亦書作𡇤 挏 進前也引也 裥 衣短袖

桶 說文木方受六升 [麥同] 餅屬 曈 曈曨欲曙 恫 痛也 硧 磨也 [同攴] 擊也 槦 鴻槦木名可為矢 [宀董] 窒寵闇也 㛚 女字 墥 墷墥封垤 ○動 迵 𢓜 勭 杜孔切說文作也一曰躁也古从辵从彳或作勭文二十一 胴 吳楚謂瞋目自顧視曰胴 詷 詷詷急也一曰共也 挏 說文擁引也漢有挏馬官作馬酒 桐 赤色 酮 酒酢壞 洞 洞洞孝敬心至也 硐 磨也 [同攴] 項直皃或書作𡇤 沖 涌也 桶 廣雅桶櫝箸筩也一曰方斛謂之桶 筩 甬 𥱧笴或作甬 桐 水名莊子自投桐水 胴 侗胴直皃也一曰食腸 衕 通穴也 嗵 大歌謂之嗵 峒 同山穴 ○籠 魯孔切竹器文十四 攏 持也掠也一曰揔攏籌也 儱 儱侗未成器 儱 儱悷很也 龓 乘馬也一曰牽也一曰兼有 櫳 櫝 椁之兩股曰櫳或从賣 曨 曈曨欲曙 巃 巃嵷山孤皃 竉 孔竉穴也 蘢 蘢茸聚皃 朧 肥皃 [身龍] [身龍]躺身不端 儱 儱侗直行 ○鸗 盧動切鳥名小鳧也文一 ○琫 鞛 鞛 琣 補孔切說文佩刀下飾天子以玉諸侯以金或作鞛䩬琣一曰皮履文十八 玤 琣 說文石之次玉者以為系或作琣 紺 䙜 䙜 說文枲履也一曰小兒皮履或作䋽䙜亦書作綍 蜂 蟲亂飛皃 俸 倂俸小兒一曰密不見

集韻二　二

埲 說文大埃也 菶 說文艸盛 葑 艸名爾雅葑蓯 埲 塵也 𩿧 鳥亂飛皃 𩓠 耳本 [缶奉] 瓜多實皃詩瓜瓞[缶奉][缶奉]通作菶 ○蠓 毋揔切蟲名說文蠛蠓也文十七 鸏 水鳥名 矇 瞢矇日未明 曚 物上白醭 顭 顭頭頭昏 䑃 豐也大也 矇 瞢矇目不明 䙩 絲亂也 懵 懜 懞 廣雅闇也一曰心亂或从夢从蒙 幪 茂盛皃詩麻麥幪幪 濛 微雨一曰濛鴻大水一曰小濡 蒙 飛揚皃 䳟 鳥名鴆也 䑃 博雅腫也 庬 庬頊未分之象通作濛 ○𢾁 捅 捎動切擊也引也或从手文九 駷 搇 搖馬銜走或作摗 鏓 刀通竹節中一曰大鑿平木者 𥲅 𥳅 方言箸筩自關而西謂之桶𥳅或作䈡 樬 木名 摠 推也 ○總 揔 緫 揔 㧾 祖動切說文聚束也一曰皆也或从手古作總揔㧾俗作捴非是文二十八 縱 趨事皃禮喪事欲其縱縱爾 從 高大皃禮爾無從從爾鄭康成讀 騘 騣 馬鬣一曰騣角或作鬉通作總 傯 倥傯也一曰倥傯事多 䁓 相竊視南楚謂之䁓 窻 屋階中會也 傱 眾立也一曰兩屋合 𨎥 𨎀 車輪方言關西謂之𨎥或作𨎀 熜 說文然麻蒸也 稯 稯 禾聚束也或作䅟 𢹶 鳥飛竦翼上下也 蓯 艸名爾雅須葑蓯一曰華蓯艸皃 猣 犬生三子 𩮀 艸名爾雅素華軌𩨸 嵷 巃嵷山孤皃 䡯 蒼色飾車 𡸫 九嵏山名在雍州 繱 博雅繫繱絹也 璁 美石 憁 倥憁不得志 ○

嗊虎孔切囉嗊歌也文十三 晎晎晎日欲明 朧朧朧月不明 懵憤心恍惚曰懵憤或省 𩔦𩔦𩔦頭昏 𢻫擊也
澒汞說文丹砂所化爲水銀也或作汞 渢水風也 䫺肥皃 𥇍𥇍瞢目不明 鴻澒濛鴻大水通作澒 ○孔
孔苦動切說文通也从乚从子乚請子之候鳥也乚至而得子嘉美之也古人名嘉字子孔一曰甚也亦姓古作𠃨文五 空竅也通作孔 倥
倥傯事多一曰苦也 悾悾惚不得志 ○澒汞戶孔切水銀也或作汞文十二 烘烘烘火皃 頊頭直也 鴻濛鴻大水
通作澒 𩿨鴻𩿨鳥肥大也或从鳥 𠳹𠳹𠳹聲也 𦗊𦗊𦗊耳中鳴 蚤蟲名 䫹風皃 銾鍾聲 ○蓊
鄔孔切蓊𧄔艸木盛皃一曰艸名可染黃文二十 翁翁翁葱白色 篛竹皃 𩃏𩃏雲皃 滃說文雲氣起也一曰大水皃 蓊
蟲名 瞈瞈曚日未明 聬聬聦耳聾 䪷方言南楚凡大而多謂之䪷 𦑝䫺𦑝扤屈強皃或从頁 𥨪室中闇 塕
塵 𡾋𡾋然煙皃也 䐥䐥肥皃或从翁 𣯻𣯻香也或从臭 嗡闇聲 𡾋山皃 ○𡼗才總切𡼗嵸山高峻
皃文一 ○䓯菶蒲蠓切䓯菶艸亂皃或作菶文十一 唪大聲 埲埲塺塵起 綘綘埲煙塵雜起皃 䴂香氣盛也
熢熢㶻火氣 漨漨渤水積皃 䳯鳥亂飛皃 𧒀蟲亂飛皃 䬦風起皃 ○湡吾蓊切水名在襄國文一

集韻 三

二 ○腫主勇切說文癰也文八 穜種埶也或从重 嗹不能言也一曰嗹喀欲吐 踵說文追也一曰往來皃
歱說文跟也一曰迹也通作踵 種說文相迹也 董蓳蓳駭短也通作種 ○䭅 鶵蠢勇切䭅飛皃一曰雀也或从鳥文四
嗹急喘也一曰嗹喀欲吐 衝衝㳽相入皃張揖說 ○瘇尰𤺿𤹛䠷豎勇切說文脛氣足腫引詩既微且瘇或
作瘇𤺿𤹛䠷文七 歱跟也 嗹嗹喀欲吐 ○宂乳勇切說文散也从宀人在屋下無田事引周書宮中之宂食俗作宂非是文三十四
坈地名 茸竹頭有文 𦯋艸生皃 𦥸不肖也一曰㒐𦥸劣也通作茸 𨘐𨘐𨘐猥雜皃一曰不肖 搑說文推擣也
𨋩𨋩軵說文反推車令有所付也一曰輕車或从茸从宂通作𢭺 搑相扶也 沆沆沆水皃 𩥉𩥉𩥉
毴毹說文毛盛也引虞書鳥獸毴毛或作毹毴毴 𤕾𤕾說文羽獵韋絝引虞書鳥獸𤕾毛或作𤕾 𣰆𣰆𣰆衆多也
迒蹋行也或作蹋 㧦吳牛名 蚛小蟲行 𪕬說文鼠屬 䅶禾使也 緝傳雅索也 䡐秬黍
坈地名 偆衆也 𦯋葉𦯋艸亂皃 㦳戟屬 ○竦悚㩳𢸡筍勇切說文敬也从立从束自申束也一曰上
也或从手古作𢸡文二十二 愯𢥠悚說文懼也引春秋傳駟氏愯或作𢥠悚通作聳 慫說文驚也 聳說文生而聾曰聳一

曰高也 從從從從疾皃或从人 㩳摟執也推也或省 縱總𦃃髮前絆謂之縱或作總亦書作縱 䙕禪衣
嵷𡾋嵷山峯皃 駷搖馬銜走也 蓯衝蓯相入皃 洶洶溶水皃 愡愡楚人謂恇曰愡或作愡 ○松
愡𢢝㤝𢡖取勇切慞懼也一曰帙也或作愡𢢝㤝𢡖文六 嗹嗹喀欲吐 ○㚇足勇切慞雅㚇襮禪衣文四
慫從縱方言慫涌勸也或作從縱 ○捧拜奉撫勇切掬也或作拜奉文七 奉死燧熬麥也周禮其
實麷蕡徐邈讀 溶水也 倭倂倭小皃 ○㟅𡸣泛路方勇切說文反覆也或作㟅泛路文七 𩐴𩐴所以
枝鬲者或作鑋 塗塗也 ○奉捧𡖦父勇切說文承也或作捧古作𡖦一曰祿也文四 唪口高皃一曰大笑 ○冢
塚展勇切說文高墳也或从土冢一曰大也文五 㙠家偃水也 湩水濁 𡶴山名 ○寵丑勇切說文尊居也一曰愛也文三
𧽍𧽍𧽍小行 埇埇塎不寧 ○重㮔柱勇切厚也善也愼也古作㮔文九 憧說文遲也 𨻾䆚 桐說文綞踵
也方言𡡉齊魯之間謂之𡡉或从壽从同 鮦說文魚名一曰鱧也 憧廣雅憧謂之㦾 媑女字 ○隴魯勇切說文天水大坂也因以爲州
名文五 壠龍說文丘壠也一曰田埒或省亦書作壟通作隴 𨁂行正也 迶說文塗也 ○甬尹竦切說文艸木華甬甬然也

集韻上 四

周禮鍾柄上謂之甬一曰甬東地名在越文三十四 埇地名在淮泗一曰道上加土通作甬 勈戫恿說文气也一曰健也或从戈从心亦
書作勇 悀恿㦷心喜也一曰凡以器盛而滿謂之悀或从勇从容 踊踴說文跳也一曰刖足者屨或从勇 𧾷說文
喪辟踊通作踊 嗹嗹喀欲吐或从甬 𨒫容臾勸也方言南楚凡已不欲喜怒而旁人說者謂之𨒫臾或作容臾 搈
說文動搈也 俗說文不安也 俑說文痛也一曰偶人 衜道也 涌湧說文滕也一曰水名在楚國或作湧 溶說文水盛
也 塎埇塎不寧 㟅𡸣嵷山峯皃 蛹說文繭蟲也 筩箭室 桶斛也通作甬 硧磨石 餶餇食吃或省
㛚女垂帶飾皃 鰫魚名 ○洶許拱切說文涌也一曰洶涌水聲文七 訩兇恟衆言 說文擾恐也引春秋傳曹人兇懼或作恟
昫㫬煦日出溫也司馬法鼓旦明五通爲發昫或作昫煦 ○恐志恐丘勇切說文懼也古从工或作恐文七
蕵艸名廣雅蕵華蘭蕵也 拲兩手同械 跫行聲也 栱穫 ○拱共古勇切說文斂手也或省文二十九 拲
栞說文兩手同械也引周禮上皋桎拲而桎或作𢷏 廾𠬞說文竦手也楊雄說廾从兩手 巩𢀜𢀩說文𢀜也或从手亦
作𢀩 㤨說文戰慄也 珙玐璧也或作玐通作拱 鞏說文以韋束也引易鞏用黃牛之革一曰固也亦縣名又姓 鬨所以枝鬲

者一曰春器亦姓　鞏車輞一曰轢也　輁輁軸喪遷柩之具　拱栱大者曰拱　䂬說文水邊石也引春秋傳闕䂬之甲　硥
䍃瓶也或从缶　蛬蛬蟲名博雅蛬起織或作蛬　鮏魚名博雅䱋也　醶鹹菹　獚傭平縣名在漁陽服虔說　鴍馬名
青毛善走日千里　舼舟名　孑子孑井中小蟲　蛩蟲名百足也　○栞巨勇切樸也文三　洪凝也　鞏曲轅一日車輞　○
擁擁搑𢶢委勇切說文抱也或作擁搑𢶢亦書作擁𢶢文十八　臃臃腫肉起　灉水聚　雍睦也　壅拈也　廱
邕堨塞也或作廱邕通作雝　壅甕蟲名廣雅蠮也一曰蜂也或作甕　雝氣咽塞　翁蔥白色　甕瓮類　甕吳王
孫休子字　饔食饎也　靀雲氣　○湩覩鵧切乳汁一曰水濁文三　硦石墜聲　揰擊也　○䁘乃湩切博雅䁘多
也文四　縟博雅紛縟不善也　癑說文痛也　獴犬多毛　○鵯母湩切鳥名似鷹而白或書作䳺文二　胧豐大也
三　○講古項切說文和解也一曰謀也習也文九　港水分流也　溝或作溝　傋佬傋不媚皃　耩耩耕也或从
禾　虹螮蝀也鄭司農曰白虹彌天或書作蛋　顜覯明也和也直也史記顜若畫一或从見通作講　○傋虎項切佬傋不媚文七
慃慃𢡏很戾　㧋扛山東謂擔荷曰㧋或作扛通作傋　䏶肥皃　頏邪視　懭勨頃多力　○愩愩䇨

大一百六五　六百八十六　集韻二　五　昇信

鄔項切慃𢡏很戾或从人从乙文六　䅬色深惡皃　勨勨傾多力　䵸䵸䙗多也　○項戶講切說文頭後也亦姓文六　銗說文受錢
器也古以瓦今以竹　一曰銗如瓶可受投書　䊏艸名似葵　頏勨頏多力　澒汞水銀或作汞　○䜤䩬補講切小兒皮
屨一曰枲屨或从皮亦書作䩬文三　頏耳本也　○棓梆棒柈部項切說文梲也謂木杖或作梆亦从奉从丰文十七
拌打也　稖稖䅬　玤玤說文石之次玉者以爲系璧或作玤　厐周地名通作玤　蚌蜯鮮硥蛖
說文蜃屬一曰美珠或作蜯鮮硥蛖　𢒉𢒉𢒉很戾或从丰　硥石皃　○傋毋項切佬傋不媚文七　硥石皃　鴾
𨾴鶶鴾鳥名似鷹而白或从隹　朧朦豐肉或作朦　厖豐也厚也詩爲下國駿厖徐邈讀　○𢷾撞匿講切撞也刺
也或作䵸撞文四　䵸多也　饢河朔謂強食不已曰饢　○控克講切打也文三　崆山皃　㱿堅固也　○㩣普講
切擊也　○雙雙講切博雅雙也一曰欲也悚也文三　𢹼執也　㦼齊立皃　○㦼初講切衆齊也文二　𥲆帆張也
四　○紙帋掌氏切說文絮一苫也釋名紙砥也平滑如砥一說古以搗絮蔡倫後以敝罔樹膚爲之一曰姓也或从巾文二十九　砥
平石也　坻隴阪也　坻泜說文箸也或从水　汦水名山海經拘扶之山汦水出焉　只𠙴說文語已詞或作𠙴　𠯊

𨈡𨈚說文中婦人手長八寸謂之咫周尺也或作𨈡𨈚　抧說文開也　抵抵觝扺說文側擊也或作抵觝扺
枳說文木似橘一曰枳首蛇名一曰縣名在巴　軹說文車輪小穿也一曰地名通作枳　恀恀爾雅恀怙恃也或从氏　駅駅騟
鳥名赤足善衛樊　積說文多小意而止也一曰木枝曲　氏姓也　祇觶也易無祇悔馬融讀　疻說文毆傷也　訳廣雅調也
䔫䔫蕕艸名小萍也　蟲蟲名毒蟲　○弛弛虒賞是切說文弓解也一曰捨也或作弛虒文十八　豕豕說文
彘也竭其尾故謂之豕象毛足而後有尾古作豕　阤壞也　施捨也改易也通作弛　鉹鉹爾雅鬵鉹也或作鉹　侈大也一曰鐘形
中央約　豨豨韋氏古帝王號李軌說通作豕　胣胣刲腸也莊子萇弘胣或作胣　廖廖闕人名莊子有謂廖或从广
疼衆皃一曰自放縱　㒸豕屬　㤸不憂事也　○侈奓侈敞尒切說文掩脅也一曰奢也大也或作奓古作侈文二十四
㶴有大度也　庈庈說文廣也引春秋國語俠溝而庈我或省　哆衆意春秋傳於是哆然外齊侯也一曰張口一曰大皃　誃
誃說文離別也周景王作洛陽誃臺或作誃　垑說文恃也謂恃土地　恀恃事曰恀　濨沾濨音不和　姼說文美女也一曰姑姼輕
薄　姼妻母曰姼通作姼　鉹鉹說文曲鉹也一曰鬵鼎一曰小刀或从氏　烙說文盛火也　胗肉物肥美也　袳

大一百二十　集韻十聲二　六　昇信

移𧝂說文衣張也引春秋傳公會齊侯于袳或作移𧝂亦書作袲　豕豕屬　𧈬𧈬虎不齊也　疧毆傷　○是昰
上紙切說文直也亦姓古作昰文十九　諟惿說文理也一曰正也審也或从心　氏阺說文巴蜀山名岸脅之旁箸欲落墮者曰氏引
楊雄賦響若氏隤或作阺氏一曰姓氏也姓王者所賜氏以王父字爲之　跃說文躗也一曰積聚　徥行也　媞說文諦也一曰妍黠也一曰江淮之
閒謂母曰媞　姼美女一曰南楚謂妻母曰姼　恀恀恃事曰恀或从氏　禔美衣服皃　鯷魚名重千斤　𤝹狼屬似狐
白色尾長見則有兵　踶牛展足謂之踶　彃彈也　䊙黏也　崼山也　○舓舐䑛𦧧甚尒切說文以舌取食也
或从也从氏从是文五　秳犬以舌取物　○尒忍氏切說文詞之必然也通作尒亦書作尓文八　爾爾說文麗爾猶靡麗也一曰汝也
从冂从㸚介聲或省　邇迩迩說文近也古作迩或作迩　薾說文華盛引詩彼薾維何　嬭姊謂之嬭　○躧韃
所綺切說文舞履也或从革从徙文二十二　韃說文鞮屬謂革履也　屣屣不躡跟也　灑汛也落也爾雅大瑟謂之灑言琴瑟多變
聲流離布出如灑也　簁簏說文簁箄竹器也或作簏　纚縰斯說文冠織也謂以縚帛韜髮或作縰斯　矖䙬
䙬視也或作䙬䙬　蓰蓰物數也五倍曰蓰孟子或相倍蓰或相什百　擺折也莊子攦工倕之指徐邈讀　釃說文下酒也一曰醇也

䚕分也 𣿫潤也 𦋺𦋺也 襹襹褷析皃 𦈯毛垂皃 ○批阻氏切說文捽也文五 跐蹈也 𧘤捽也
𩫖𥈲磨麥也或从臼 ○揣𢾅揣楚委切說文量也度高曰揣一曰捶之或从攴古作𢯩文七 蜹蟲動皃 椯
捶也 鬌鬌也 𩯘髮好皃 𢽝膚如粟 ○捶棰主橤切說文以杖擊也或从木文十四 箠箠說文擊馬也一曰策也或
从竹 𡿑 𩢄小卮或从專 騅騨說文馬小皃籀从來或書作𩧐 䅭舂也 𨒃炝小皃 沝說文二水也
鍾鍛也 諈諈諉煩重皃 揣治也 ○䓔埀是捶切木名周禮有䓔氏共荆䓔以爲龜或作埀文八 㥨不悅皃
壝土埒 箠馬策 鍾鍛也 捶以杖擊也 種博雅積也 ○蘂橤乳捶切說文垂也或从木文九 蘂蘂
艸木華蘂或作蘂通作橤 𧅸艸秀不實 蕊艸木叢生皃一曰香艸根似茅蜀人所謂葅香 𠜶柔弱也 惢竹葉再生曰惢 樬木名
○㞾𢓜徙𠬞䢥想氏切說文遷也或从彳亦作徙古作𠬞䢥文十五 壐璽說文王者印也所以主土籀从玉
䫕䫕氏館名 佌𠈘佌說文小皃引詩佌佌彼有屋或作𠈘佌 𤨹弛弓 蓰艸名 杫榹木名可以爲罳或不
省 ○此淺氏切說文止也从止从匕匕相比次也文十七 佌𠈘𠈘小也詩佌佌彼有屋或作𠈘佌 跐履也或書作𧿫

大百三十 小七百八十五 集韻上聲三 七 春

𧼮說文淺渡也 泚水清也 柴直大也或書作𣓖 𪀖鳥名或書作鷙 𩦰馬名 𢂑說文巾也一曰布名 玼
𪗘玉色鮮絜也或从白 𡛟𡛟也一曰婦人皃 茈茈虒不齊也通作佌 坻阪也 鮆魚名 ○紫蔣氏切說文帛青赤色亦
姕文二十 茈說文茈艸也一曰藘類一曰藐蕦 訾䜺說文不思稱意也引詩翕翕訿訿或从疒亦書作訿 呰說文苛也一曰此也
呰說文窳也一曰短也 批說文捽也 跐行皃一曰足蹂也 泚泚水名在長沙或作泚 鮆山海經汾水多鮆魚狀如鯈而
赤鱗 疵毀也通作訾 佌爾雅佌佌小也 妣姐母也或作姐 餈㓭食也管子餈食則不肥 𩨂鳥骨一曰骨有肉謂之𩨂
或書作𣕴 枇木名 䇲竹名 祡衣縫 ○𩪠髓𩪠𨺚𩪠選委切說文骨中脂也或作𩪠髓𨺚髓文十六
瀡齊人謂滑曰瀡 𩜢𩝒𩞁豆屑和飴也或作𩝒𩞁 靃靃靡弱皃一曰靃靃細皃 蘼艸木花𣪏皃 巂巂
越巂郡名或作巂 膌博雅𦞯也 𤢲𤢲特豚或不省 ○觜㗋嘴㭰祖委切鴟舊頭上角觜一曰觜觿星名或
作㗋嘴㭰文五 𣐈說文識也一曰石鍼謂之𣐈一曰𤷍也 ○惢聚㮚切說文心疑也从三心文三 𢤲獸名雖猲也 𥝬禾積也
○擨展豸切博雅剃也一曰至也文五 𧝏衸𧝏衣 黐黐黠艸曺勢崔子王說 譈言也 瘚下痛 ○𧝎丑豸切牽

衣也文九 𠝧剝也 𧣋說文角傾也 𢯹扡𢳆析也或作扡移 弛落也 𣍢胣𦝦剝腸曰胣莊子萇弘胣徐邈讀
或作肔 ○豸𧈫丈介切說文獸長脊行豸豸然欲有所司殺形一曰有足謂之蟲無足謂之豸或从虫文二十六 𦳊艸名萬也 𧆸委虒
獸名似虎而角出廣陽 廌解廌獸名通作豸 傂佌傂參差皃通作虒 扡析也 𧣋觹角不端或从豸 褫奪衣也易終朝三褫
之 褆衣厚皃 徥行街衢謂之徥 䊓黏也 阤陁陊說文小崩也一曰崖際或作陁陊 踶跂用力皃
杝說文落也一曰析薪 鳩解也春秋傳庶有豸乎徐邈讀通作豸 蠆毒也郭象曰無蠆介於胸中 簃連閣也 締結也𦃇
氣繚轉而自締 傂地名 蚔蟲名蚑也 坻秦人謂阪曰坻 豸矛屬 ○邐輦介切說文行邐邐也一曰邐迤旁行連延也文九
𠛱𠛱𡿓丘名 𡿓說文二爻也 𢕺病瘠黑也 欐欐攡倚支柱也一曰重累 跂躧跂用力皃 離離跂攘臂皃 纚
連 攦折也 ○柅乃倚切說文木也實如梨一曰椅柅木弱皃文十二 伲𠏁你汝也或作𠏁你 檷䥸絡絲趺一
曰所以制動或作䥸通作柅 䄒椅䄒衣好皃 旎旖旎旌旗从風皃 狔猗狔弱皃 𪐓䵒𪐓香也 呢聲也 抳止也 ○
酏演爾切說文黍酒也一曰甜也賈侍中說酏爲䵂清文二十三 匜器也說文似羹魁柄中有道可以注水 迆迤說文衺行也引夏書

大百三十一 小七百三十 集韻上聲五 八 朱春

東迆北會于匯一曰靡也 謻𧩦自得之語或从匜 𡸣𡸣𡸣丘名 袘衣緣也 肔胣剝腸也或作胣 𢤱說文怟𢤱
不安事也 搋移扡析也或作移扡 𨿽下𨿽縣名在江夏 也詞也斯也 佡小皃 爻布明皃 嫷嫷嫷多態
移木名唐棣也 褫福也 陁阤邪皃或作阤 ○企𨀕跂遣尒切舉踵也或作𨀕跂文九 抧開也
觖怨望也 迖博雅避也 忮害也健也 逗曲行也 吱行喘謂之吱 ○枳頸尒切枳椇木名白石李也一曰枳首蛇
名文四 稜多小意而止也 沢水名 鴃䳢鵝鳥名似鳥赤足 ○菣尹捶切艸名方言芡北燕謂之菣文十七 蓨蓨艸名
說文藍蓼秀一曰𦴭也或作蘼 𦶞芰說文艸之皇榮也一曰艸木華初生者爲𦶞或从蔿省 𤢲𤢲𤢲𩩊說文獸也一曰
俗呼小豬爲𤢲子或省亦作𤢲𩩊 㿛膌說文創裂也一曰疾㿛或作膌 嬀怒也 嬀𡡉愚戇多態 揣揣博雅揣也又曰摺也
或作𤢲 貐𧴬貐獸名類貙虎爪食人 餚豆屑和飴也 ○趌跬頃頍窺𩑛犬𥷊切說文半步也司馬
法凡人一舉足曰跬跬三尺也兩舉足曰步步六尺也或作跬頃頍窺𩑛文十三 蛙奎蹞蹞開足皃或省 頍說文舉頭也引詩有頍者弁
𢼋卷愤也結項中隅爲四綴所以固冠者儀禮緇布冠缺項通作頍 烓行竈 炷火貌 抧開也 ○䊻許倚切臥息聲一曰去滓

文三攕博雅擊也嚱氣聲一曰多言○綺去倚切說文繒也亦姓文十三婍博雅好也通作倚倚憾倚儉意䞨
趌行皃或从奇㝡病痘也觭牛角謂之觭一曰角一俯一仰碕石皃齮齧也徛博雅樺穚謂之徛僑蹇也
崎山形一曰崎錡不安皃敧敧敧多少不齊皃○掎舉綺切說文偏引也文十五僑蹇也一曰一足行踦博雅脛也
何休說開一扇闔一扇一人在外一人在內曰踦門敧去也一曰不平觭藥也剞剞說文剞剧曲刀也或作剞庋庪
掎攱閣藏食物也或作庪掎攱觭得也周禮觭夢輢車輪小穿也椅博雅樺穚謂之椅枳枳椇木名一曰白石李○
技巨綺切說文巧也通作伎文十四妓㚤說文婦人小物也或从多徛舉脛渡也伎說文與也引詩籟人伎忒錡釜也
方言江淮陳楚之間謂之錡倚立也易參天兩地而倚數王肅讀踦足脛也鬾鬼服䯆小骨䝮貝名崎嶇崎山皃
攲鈘三足鍑或从金○倚隱綺切說文依也或作奇通作猗文十九猗犗犬一曰猗狔弱皃掎檹椅狔木弱
皃一曰木名或从猗旖旑旖旎旗從風皃或省輢說文車旁也踦立倚也春秋傳踦閭而語漪犄博雅猗也或作
猗倚蹇也陭隑也䈜博雅簃符箸也庪庋藏也𩡖香也椅椅柅衣皃擿掎掎匜不正

也或省○螘蟻蟻蛾𧎉語綺切蟲名說文蚍蜉也或作蠭蟻蛾𧎉文二十四齮𪗨說文齧也或从義亦姓
錡說文鉏𨪐也江淮之間謂釜曰錡一曰鑿屬敧鈘說文三足鍑也一曰滫米器或从金轙钀說文車衡載轡者或从金艤
南方人謂整舟向岸曰艤通作檥檥幹也一曰木名羛儀叟義山高皃或作儀亦書作峩礒硪石皃或省羛羛陽鄉名
在嶬嶬婍嶬好皃踦觸也莊子膝之所踦綺閩人名莊子有士成綺䉝竹器𨟃鄭地名○顗五委切說文顗閑也一曰靜也
文十三姽博雅好也硊磈磈硊石也或从鬼䳃䧦鳥名鴝鵼也即今布穀或从隹頠弁皃瓦屋甍也莊子車瓦結
繩危說文仰也从人在厂上一曰屋梠秦謂之桷齊謂之产峗峻峗山皃䳃鵼鵼鳥甘好皃跬開足行皃洈水名在南郡○委
鄢毀切說文委隨也一曰棄也任也安也文十五㖗委聲也骫說文骨耑骫㚩也一曰骫骳屈曲也䴧說文鷙鳥食已吐其皮毛如丸
萎羊相積也蝼蟲名桑負也通作委崣崣巍山高皃萎萎蘂艸名爾雅熒委萎葉似竹表白裏青可啖或作萎綏
多磈碨䃳磈硊石皃或作碨䃳捼捫也峞山皃○蔿羽委切說文艸也亦姓文十五皛白也䔑華榮遶說文
艸也引春秋傳楚大夫蔿子馮𡨗說文屋皃亦姓閫閾說文闢門也引春秋國語闢門而與之言亦姓或从毀鄬地名隔阪名

在鄭地豯豕名傷動搖也瘺說文口咼也䉉竹皮癄病也一曰瘻裂𢴬裂也嫣愚也○毀毀
說文虎委切說文缺也一曰壞也古从壬文二十毀毇說文米一斛舂爲八斗一曰鱧也或作毇詆譭誹也或作譭譭通作毀䁻說文
惡也一曰女字或書作嫛毇說文傷擊也或書作𢴪燬火也或作焜燬烜取火官名周禮司烜氏掌以夫遂取明火於日
檓木名爾雅檓大椒今椒樹叢生實大者名爲檓𩿧鳥食已吐毛如丸礄敗也列子事之破礄𣫜𣫜穀舂謂之毇或作
蘂亦省蘳艸名𧫍遷廟也通作毀○佹苦委切博雅勝也一曰跂也或从委亦作姽𪆂文十二蝇
蟹䠞說文拜也隗陸郇山名頠面頰也一曰厚也爾雅貝蛇博而頯魏細也秦晉之間凡細而有容謂之魏奎奎蹞開足行皃
辭䌛說垝陒毀垣也或从阜○詭詑譌古委切說文責也一曰詐也或从鬼从爲文三十三傀恑怪異也姽
說說文閑體行姽姽也恑說文變也一曰恑也庪庋閣藏食物或作庋祪祈祭山名或作祈通作庪庋窛也通
祪說文祔祪祖也一曰毀廟主桅依也或从支垝毀撤也垝陒說文毀垣也引詩乘彼垝垣或从阜
郇山海經崯山東有陸郇山通作陒窛穴也鉈說文函屬一曰瑩鐵桅說文黃木可染者蚦矛短洈說文水出南郡

高城洈山東入䌛觤羝說文羊角不齊也或从羊鵲鵷鵲鳥名子規也蛫說文蟹也一曰六足者一曰鼠負也一曰猿類一曰獸
名似蟲蟡涸水之精曰蟡𧉼善藥火䞈痿極也跪趍蹑跪也或从走鞼鞭也○跪趍巨委切說文拜也或从走
四峗硊山皃或从石○俾補弭切說文益也一曰俾門侍人文十六俾卑使也或作卑通作俾捭博雅擠客也
捭挾持也髀踔䏶說文股也或从足从肉崥山足也一曰兩石間鞞刀削方言自關而西謂之鞞箄說文
簁箄也博雅箄簍籠也方言篰簍箄析也䅐說文黍屬萆萆艸名爾雅萆鼠莞可以爲席或作萆匾匾䮷也辟肱也○諀
吡普弭切博雅諀訾毀也或作吡文十六頖傾頭也䡊角傾也庀山摧也庀庇治也具也比或作比
疕說文頭瘍也一曰痂也仳別也詩有女仳離訿訛言具也或省𢻃爾雅撫敉撫也孫炎讀𨂼形下大也
蚍芘艸名爾雅芘蚍衃或作芘○婢部弭切說文女之卑者也文七庳說文中伏舍一曰屋庳通作埤𨁈卑形下大也
或作卑通作庳㪗㪗跛用力皃埤田百畝謂之埤髀股也通作踔○弭綿婢切說文弓無緣可以解轡紛者古从兒通
作彌文二十五渳說文飲也周禮大渳謂浴尸也洱水名入洛通作沔瀰濔洋沔水盛皃或作瀰洋沔敉

倸㥽說文撫也引周書亦未克敉公功一曰愛也安也或从人从心㑥𢞀也闟褊狹也一曰智少力劣而爭䍐冒也芈
咩說文羊鳴也亦姓或作哶𥀶孰寐也蝆蟲名爾雅蛣蟩強蝆今米穀中小黑蟲一曰蝆蛘螗蜋也葞爾雅葞春艸彌
辟止也周禮彌災兵或作𢷾通作弭髀股也彌絡絲具瞇眇目也弜弛弓○彼補靡切說文往有所加也一曰
對此之稱文八㴽說文裂也彼埤倉邪也柀木名說文檆也一曰折也罷儸遣有罪也或从人罷亦姓貏貏豸漸平皃
紴錦屬○破普靡切析也文七披裂也䕉艸名紴錦屬柀木名被被黏也頗組頗人名春秋傳楚有
薳頗○被部靡切寢衣一曰及也亦姓文八䍸艸名罷弱也易或鼓或罷徐邈讀一曰散也春秋傳布路而罷一曰遣有罪貏貏豸
漸平埤下濕也春秋國語松柏不生埤破折也骳骳曲也庳舍下也○靡母被切說文披靡也一曰靡曼美也一曰
無也文十五𡾰山名𨆌𧬢𧮗行皃或作𧬢通作靡𥸭碎也嬭女字漢許皇后姊嬭𩣡說文乘輿金馬耳也
𥀶孰寐也或作𥀶骳曲也蘼艸名爾雅蘼蘼冬通作蘼㸏散也易吾與爾㸏之徐邈讀瀰水流皃旖
旎旌旗皃○犤𤛫直婢切牸牛也或从豕文三䅏小積也○萎䔢女委切艸名爾雅熒委萎或作䔢文二○

大四十八 小六百八十 集韻上聲五 十一 寬

𩶉自爾切刀魚也文一
五○旨舌𦣳𦣻𠮛百軫視切說文美也古作舌𦣳𦣻𠮛或作百文十九恉說文意也通作旨
指脂說文手指也或从肉祁地名詣說文訐也厎砥說文柔石也或作砥厎一曰定也耆致也通作厎
莪茋莪薪艸名萍也或省栺木名氐氐道地名在廣漢䩠蓋杠絲也○矢笶夭夰矧視切說
文弓弩矢也从入象鏑栝羽之形古者夷牟初作矢或从竹古作夭夰矢一曰陳也文十一䓃說文菜也菌戻屎屎屘
說文糞也从艸胃省或作戻屎屎屘通作矢䂖石聲○視眂眡䀣善旨切瞻也比也或作眂眡古作䀣文五鉃
箭鏃○水數軌切說文準也比方之行象衆水並流中有微陽之氣也文四箂竹名沝沝沮短皃準平也一曰車轅脊不停水○
沮汝水切沝沮短皃文一○死苨𠒁想姊切說文澌也人所離也古作苨𠒁文三○姊蔣兕切說文女兄也文四
秭說文五稯爲秭一曰數億至萬曰秭第牀也方言陳楚謂之第市止也○兕𠒋𤉡兕雉序姊切獸
名說文如野牛而青象形與禽离頭同一說雌犀也古作兕𤉡或作兕雉文十羠羊也說文騬羠豨豕也薙艾艸芖莫艸名

蕮也或从矢○趡取水切說文動也引春秋傳盟于趡趡地名文二踓狂走一曰蹵也○濢祖誄切說文小溼也文九臎博雅臎臎
骨也一曰肥竇謂之臎嘴鳥喙一曰鳥聲璻玉色朘𦟛赤子陰也或从肉嶉崔山皃或省嶊山曲也○
嶵粗誄切嶵嶉山皃文一○黹絺希展几切說文箴縷所紩衣或作絺希文十五襦䋟黹說文紩衣
也或作夂說文从後至也象人兩脛後有致之者𧷠財物相當也𨬖鑽也鈢𣪠說文刺也㮹礙也䳤雉名通作希
𪐷黹艸書勢㮛木枝軝大車後至○穊蠶櫸几切移蠶也或从蠶文二○雉𩁁鳩鵗
直几切鳥名說文有十四種盧諸雉喬雉鳪雉鷩雉秩秩海雉翟山雉翰雉卓雉伊洛而南曰翬江淮而南曰搖南方曰𠷎東方曰甾北方曰稀西方曰蹲古从弟或作鴙䳌
雉一曰陳也理也文十一滍泜說文水出南陽魯陽堯山東北入汝或作泜𨻘山名鞊具薙芟也埃垁城三堵也
太玄閑黃垁或作垁通作雉○履𡳐䪥顕頣𨙨兩几切說文足所依也或作𡳐古作顕頣𨙨文六○
柅女履切說文木也實如梨一曰止車輪木文七檷鑈絡絲柎或从金通作柅詎呢言以示人或从口抳博雅止也
一曰手指物尿說文篗柄也通作柅○壘魯水切說文軍壁也亦姓文四十四垒說文垒墼也厽說文絫坺土爲牆壁象形

大四十 小七百四十 集韻上聲五 十二 世安

絫累說文增也絫十黍之重也或作累礧𡼥壘嵔𡾋碨礧山皃或作壘嵔𡾋通作壘藟虆
說文艸也引詩莫莫葛藟一曰秬鬯或作虆蘽欙櫐說文木名爾雅山櫐似葛虎櫐有毛刺或省籀作𣡡藟山海經畾山其上有
玉膘皮起也欙山行所乘一曰盤礧器名一曰木實灅溳灅水波涌起皃漯灅濼水名出鴈門或作灅濼
雷推石下也壘壘空小穴一曰小封也畾田間謂之畾轠轠轤車讄𧬄讄說文禱也累功德以求福引論語讄
曰禱尔于上下神祇或作𧬄讄通作誄誄說文謚也耒田器鸓蝠猵鼺鸓說文鼠形飛走且乳之鳥也一曰以
其髯飛或作蠝䴎或作䴎亦書作鸓猚蜼獸名似猴卬鼻長尾或从虫儽姓也春秋傳𧄔之無儽氏纍縲法也一曰
网人心李舟說或从糸𡓥魁壘家之樂○唯愈水切說文諾也文十九鷕雉鳴𪃦愚而多態蜼獸名爾雅蜼卬鼻而長尾
踓趡走皃或从走壝埒也遺遺遺魚行相隨皃一曰魚戲謂之遺一曰水流皃一曰膏液鮪𩼾𩽂魚始
生者或作𩼾蓶說文菜也一曰似馬韭而黃洧沇溶水流澗谷中𢶒擿博雅棄也或作擿𤸊創裂一曰病也
抗揣也動也遺饋也𧐬蟲名似蜥易有文○瞶虎癸切恚視也文二婎姿婎自縱皃○癸𨾊頸誄切說文冬

時水土平可揆度也一曰北方之日古作癸文三　湀水通流　○揆巨癸切說文葵也一曰度也文六　楑說文木也一曰度也　㥟

㥟㥟竦悸也　嫢好也小也一曰秦人謂細而有容曰嫢　湀說文湀辟深水處也　𥎢擴悍　○歖歖隱几切歖致驢鳴或

省文二　○唏許几切博雅笑也一曰哀而不泣文五　𩏂息也一曰臥息聲　𩏂涕也　䥈擊也　譆語也　○几舉履切說

文踞几也象形周禮五几玉几雕几彤几鬆几素几文十　机說文木也　邔說文地名　屼說文山名一曰女　㞙

赤鳥或作尼通作几　麂麂二歲曰麂　麡麂說文大麋也狗足或从几　犱獸名兔喙而蛇尾　○跽𨇐巨几切說文長

跪也或作𨇐文七　郋山名　𢁃跽說文長跽也或从足亦書作𨇐　邔邑名在河南　舁舉也　○洧羽軌切說文水出潁

川陽城山東南入潁文五　鮪魚名說文鮥也引周禮春獻王鮪一曰水名在鞏縣西北臨河有周武山武王伐紂使膠革禦之鮪水上蓋其處也相傳山下有穴通

江穴有黃魚春則赴龍門故曰鮪岫今爲河所侵不知穴之所在　痏說文疻痏也　蒴黃色　侑祐也　○巋苦軌切山小而衆曰巋一

曰高峻皃文六　蘬艸名爾雅紅蘬古其大者蘬　樻椐樻木名　頯大朴皃莊子而顙頯　峞峞巍山皃　䫥覘視皃　○軌

衜边矩鮪切說文車徹也或作衜边文十九　簋　匭　杭說文黍稷方器也古作匭杭通作匭　匦匣也　晷說文日景

集韻上聲上　十三

也　宄𡨚𡧄說文姦也外爲盜內爲宄古作𡧄𡨚　𡱒竦身也　厬㶁𣶒氿說文仄出泉也或作㶁𣶒沆

氿說文水厓枯土也引爾雅水醮曰氿　𦬶香艸　䪿贏屬中央廣而兩耑銳者　○鄙補美切說文五鄼爲鄙文十三　啚啚

說文嗇也古作啚通作鄙　娝姓　肥薄也列子口所偏肥通作鄙　痞痞腸中結病或作痞　仳離也　秕粃穀不

成者或从米　沘水名在壽春　䮕獸趨行皃　否惡也　○嚭嚭普鄙切說文大也引春秋傳吳有太宰嚭或从丕文十六

秠秠黑黍也爾雅秠一稃二米或从否　疕創也　䶌壞也　㪗㪗方言南楚謂器破而未離曰㪗或从皮　岯伾

山名或从人　仳說文別也引詩有女仳離　庀比庀具也或作比庀　訛訿言具也或省　○否部鄙切塞也文

十八　痞說文痛也　仳離也　㪗齊楚謂壘曰㪗　帔幣裂也　圮酵說文毀也引虞書方命圮族或作酵　嶏說文崩也

貔獸名貔也方言北燕朝鮮之間謂之貔　芆艸木枯落　殍殁餓死或作殁　岯駓坯伾山一成曰岯或

作駓坯伾　瓶瓶也　駓騷駛獸行也　○美母鄙切說文甘也从羊从大羊在六畜主給膳也美與善同意文九　媺善也通作美

媄說文色好也　渼水名在京兆一曰水波　羙艸名　𤚩獸名似牛　獷執寐也　眯物入目病　敏疾也　○

匕補履切說文相與比敘也匕亦所以用比取飯一名柶文二十四　比炶並也古作炶　帔說文㡀裂也　妣处說文

殁母也籒省　𥙊礼說文以豚祠司命引漢律祠𥙊司命或省　枇朼所以載牲體或省通作匕　秕粃秕說文不成粟也或从

米亦省　𨠗酏酒名或省　沘水名在廬江灊縣　疕說文瘍也一曰頭瘍也　髀䠋說文股也或从足　㴢水以

漱物　魮魚名尾有毒　紕說文氐人綱也　芘艸名　牝獸雌者牝　○牝並履切畜母文三　蚍小蛤　豼獸名似豕

○柹側几切削木餘也詩傳許許柹皃文二　緇黑色　○𨿅丑水切山皃文一　○𡵂藝誰切山皃文一　○𨛜巨軌

切山名文一　○沝之誄切闔人謂水曰沝文一

六　○止諸市切說文下基也象艸木出有址故以爲足一曰已也文十五　趾足也　阯址說文基也或从土　沚

洔說文小渚曰沚引詩于沼于沚或从寺　畤說文天地五帝所基址祭地右扶風有五畤好畤鄜畤皆黃帝時祭一曰秦文公立也　杫板施

於礎上柱下者　芷香艸　茝艸名麋蕪也　祉福也　砋擣繒石太玄軗于砋石一曰礪石　𥬇竹名　訨許也　𣳚水名

一曰原名霸陵在其上　○齒𠚒𦥒昌止切說文口斷骨也一曰年也列也古作𠚒𦥒文六　𦺋馬蘬艸名　䋻績苧一

集韻上聲上　十四　正

䋻謂之䋻　茝艸名　○始乱乱𢀭首止切說文女之初也古作乱乱𢀭文五　䓁艸名　○市上止切說文買賣所之也

文九　恃㤥說文賴也或从市　畤田際也一曰平時地名　洔縣名　洔潪水中小渚也一曰水暫益未滅曰洔或从時

鉓釰名　笫竹名出南方荒中長百丈圍三丈　○耳忍止切說文主聽也一曰語已詞文八　洱山海經水名在罷谷山　緝

緝緝戀戚皃通作耳　駬騄駬馬名　珥耳璫　𪕞鼠屬一說鼠形如獸　餌米餅　栮木葜　○滓壯仕切說文澱也文十一

笫說文牀簀也　𩚑胏胏說文食所遺也引易噬乾𩚑楊雄說𩚑从𠂔或作胏胏　疿說文瘢也　茡芓

說文䔳葉也或作茅　扯戟撮也　丕上也　○剚𠛎剸測紀切博雅剸也或作𠛎剸文六　𢿙歜歜斷也

或作㪲㪲　○史爽士切說文記事者也亦姓文八　㹷𤜓獸名似犬或从豕　使㕜說文令也古作㕜　洓水名在河

南　駛疾也　䛈香之美者謂之䛈　○士上史切說文事也數始於一終於十从一从十孔子曰推十合一爲士亦姓文六　仕說文

學也　柹說文赤實果俗作柹非是　戺爾雅落時謂之戺一曰砌也或書作𡰥　鄘鄉名在密縣通作士　事從所務也　○俟牀史

切說文大也引詩伾伾俟俟文十四　竢䇃迏俟庢𡰥迏說文待也引詩不竢不來或作𥓱迏俟庢𡰥迏

𡰴通作俟 騃獸行皃 𡰴履也方言西南梁益之間謂之𡰴 涘說文水厓也引周書王出涘 𤘘牛一歲謂之𤘘 𥗼石墮聲
○枲𦬰想止切說文麻也籀作𦬰文十五 𦳊葈胡葸艸名枲耳也或作葈 葸博雅慎也一曰質愨皃 𥱭竹名
一枝百葉有毒如菫 𥴧竹簔 崽子也 諰說文思之意也一曰直言 愢謙也 𠪚說文石利也 𢓍偲不安也或
从竹人 笥竹器 鄎漢侯國名 ○子𡥉𢀩祖似切說文十一月陽氣動萬物滋入以為偁象形古作𡥉𢀩文十七 仔仔肩
克也 虸虸蚄蟲名害稼 秄耔芓說文壅禾本或从耒从艸 梓榟木名說文楸也或从宰 杍治木器曰杍通作梓
呼呼呼鳥聲 𠂔說文止也从𣎵盛而一橫止之也 𨸝地名 釨鋅剛也或作鋅 𡥈縣名在犍為一曰𡥈陽 ○
佀似以㠯象齒切說文象也或作似亦省古作㠯文三十四 巳說文巳也四月陽氣巳出陰氣巳藏萬物見成文章故巳為蛇
象形 祀𥘹禩祠𥜤說文祭無巳也或从異从司古作𥜤 姒妃爾雅娣婦謂長婦為姒婦亦姓古作妃
枱梩耜耛杞𣐈田器說文臿也一曰徙土輂齊人語或作梩耜耛杞𣐈 鈶矛屬 鋁鈀博雅鋁鈶
鈹也或作鈀 攺毅攺大剛卯也 佁至也呂氏春秋佁儗之儀高誘讀 汜說文水別復入水也一曰汜窮瀆也引詩江有汜 洍

集韻上聲上 十五 廿安

𣲩說文水也引詩江有洍或从以 𪊨鹿二歲名 邔國名 𤬪甈𤬪甄也 枱辝耒耑或作辝通作鈶 圯東楚謂橋曰圯
苢苡薏苢艸名一說禹母吞薏苢而生禹故以為姓或作苡 ○徵展里切宮音所生也亦姓文六 𧂇艸名紫芺也 𣯛獸毛
多曰𣯛 𢿱鬾也 𡈼證也 𢸿刺也 ○恥誀丑里切說文辱也或作誀文四 祉說文福也 𧊒蟲伸行或書作蚩
○峙偫文里切爾雅供峙具也或作偫文十九 跱峙跱躇行不進也或作峙 𧵤䝭蓄財也或作䝭 恃心不
明 庤畤說文儲置屋下也或从田 植持也 待說文待也 洔說文水暫益且止未減也 痔說文後病也 秲穧名
塒鑿垣棲雞也 滍水名出魯山 騃獸行皃 畤祭處 嵵山獨立皃通作峙 ○里兩耳切說文居也文十五
理說文治玉也一曰正也文也 𨛫𨸹說文南陽西鄂亭或从自 俚說文聊也一曰南夷種名 娌妯娌娣姒婦也
悝憂也 𤷒爾雅病也 裏說文衣內也 艃艥艃舟名 李說文果也亦姓古書作杍 鯉𩸽魚名說文鱣也或从裏
梩臿也一曰耜也 𦔹地名 ○㠯以養里切說文用也从反巳賈侍中說巳意巳實也象形或作以文十四 巳止也 佁
癡也 攺毅攺大剛卯也 苢苡艸名說文芣苢一名馬舄其實如李令人宜子周書所說或从以 𠪚石利也 笖箭也 𤝖

𤄰?

獠姓 汜洍水決復入或作洍 𠬧張羅皃 𡰴踞也 ○矣羽已切說文語已詞也文八 唉譍聲 𦬺艸名萬世
俟大也 偯哭餘聲 𢘅說文痛聲 欸說文欸欸嚶鳴 騃獸行皃通作俟 ○喜歖憘許已切說文樂也或从欠
从心文九 訢喜也 唏一曰笑聲方言痛也 蟢蟢子蟲名蠨蛸也 𪖐臥息 暿盛皃一曰熱也 嬉末嬉夏桀妃字 ○
起𨑡口已切說文能立也亦姓古从辵文十六 屺峐說文山無草木也引詩陟彼屺兮或作峐亦書作𡵄 𡼃山高皃 玘
說文玉也 𨙸縣名在南郡 杞梩木名說文枸杞也一曰國名亦姓或作梩 芑說文白苗嘉穀 已姓也 𦶜藥艸可治金瘍
𥞏禾名管子其種穋𥞏 笆箄也 㠱古國名衛宏說與杞同 䓫艸名馬喫之則駠通作芑 ○己𢀒苟起切說文中宮也
象萬物辟藏詘形也古作𢀒文八 邔說文南陽縣 紀說文絲別也又國名亦姓 妀說文女字也 𠯆言也 改更也
𢁉徼也身所承也 ○擬儗譺疑偶起切說文度也或从心从言亦作疑文十三 儗說文僭也一曰相疑 薿
𥢣說文茂也引詩黍稷薿薿或从禾 孴𣊻孖說文盛皃一曰若存籀作𣊻或作孖 㘈聲也 𧭑博雅調也一曰詒也或書
作譺 騃馬行皃 ○譩隱已切恨辭文五 醫醷臆和醴酏為飲也或作醷臆 噫歎聲 ○芑巨巳切白苗也

集韻上聲上 十六 廿安

詩維𡖓維也徐邈讀文二 忌戒也 ○你乃里切汝也文一 ○弟蕩以切次也悌也文一 ○禮隣以切體也履也文二
醴濁酒 ○體天以切四支也文三 涕目汁 緹赤色 ○啓詰以切開也文一 ○薺淺以切艸名文一 ○
𤃩鋪市切水聲繁也文一
七 ○𡰯尾𡲴武斐切說文微也从到毛在尸後古人或飾系尾西南夷亦然又姓或作𡰯古作𡲴文十八 浘浘潤海洩一曰水流
皃一曰泉底 娓說文順也一曰美也 䞔赤色 䒾艸名 𩜄食餘 𩗪𩗪𩗪風偃物 亹斖亹亹勉也或从文通作娓
虋艸名一曰赤粱 𡳞𥟊廣雅饡也或作𥟊亦書作𥟊 㞙山名 𥱋竹名 𥑢砥礪磨也 梶樹杪 ○斐妃尾
切說文分別文也引易君子豹變其文斐也文十五 䨽說文別也一曰鳥名似梟 悱𢡱心欲也或从匪 朏說文月未盛之明引周書丙午
朏古作胐 菲艸名說文芴也一曰薄也 騑馬名 俷背也史記燕策曰無俷德 悲博雅悵也 蕜方言悴也 誹非
說文謗也或省 痱鬼痛病 䅏禾穗皃 棐柴林地名 ○匪䋔府尾切說文器似竹篋引逸周書實玄黃于匪或作䋔通作篚
匪一曰非也文十九 篚說文車笭也 棐說文輔也 榧木名有實出東陽諸郡 餥說文餱也陳楚之間相謁食麥飯曰餥 蜰

蟲名爾雅蜚蠦蜰 棐方言猝也 𧕛蜚蟲名負蠜也或从虫 𡍶塺也 斐文章皃 𦓱說文兩壁耕也一曰覆耕種也
誹謗也 跳刖也 𩀧鳥名山梟也 䆅稻名也 𢡂賤事也 悱心欲也 ○膹父尾切腫也文十 穳稻紫
䒈不黏者 𦩌艩舟邊也或作艩 蟦蠐螬也 陫陋也或从匪 鯡小丁也 𡍶塵也 俷薄也 ○豨
豨許豈切說文豕走豨豨古有封豨脩虵之害或作狶文七 唏說文笑也一曰哀痛不泣曰唏 譆諦諦語也 俙僾俙仿佛也 𪖐
盻息 霼雲皃 ○豈去幾切說文還師振旅樂也一曰欲也登也非也文二 萱說文菜之美者雲夢之萱 ○蟣蟣蟻
舉豈切說文蝨之子一曰齊謂蛭曰蟣或作蟣蟻文九 幾且數 𢀽古作幾 機說文禾機也 𩲡南方之鬼曰𩲡一說吳人曰鬼越人
曰𩲡 鐖血祭謂之鐖 𨢿酒浮也 ○扆隱豈切說文戶牖之間謂之扆通作依文十一 依譬喻也 扆扆廣雅
㕈隱翳也或作㕈 㤝偯說文痛聲也引孝經哭不偯或作㤝 僾僾俙仿佛也 㠆歸也从反身 𩃷𩃪雲皃 𨽿陵名
硙石聲 ○顗語豈切說文謹莊皃文三 螘蟻蟲名蚍蜉也或作蟻 ○䠏羽鬼切說文是也引春秋傳犯五不䠏籀通作韙文
三十 愇恨也 偉𡗿說文奇也一曰美也或作𡗿 煒說文盛赤也引詩彤管有煒 暐光盛皃 韡韡說文

集韻上二　十七

盛也引詩韡不韡韡或从革 韋說文木也可屈爲杅者 葦艸名說文大葭也通作葦 瑋廣雅瑰瑋琦瓌也一曰美玉 鍏臿也
媁美姿皃 褘重衣皃 緯束也 颹大風謂之颹 偉行皃 𢫦違追也 嘒呼聲 崴嵔畏山皃
或作崴亦省或書作崴 篚也 渨渨溾水波涌起皃 𩎖韡韡羊相逐皃一曰羝也 䰎鬼也 𤸎弱病 犩牛名 嵬
嵬山險也或作巍 碨磈石皃或从鬼 ○虫詡鬼切蟲屬說文一名蝮博三寸首大如擘指象其臥形物之微細或羽或毛或介或鱗
以虫爲象通作虺文十四 虺蟲名說文虺以注鳴引詩胡爲虺蜥 𤳳藟𡆰闒人名仲𤳳湯左相或作藟𡆰通作虺 𩅹雷聲
焜燬說文火也引詩王室如燬引春秋傳衛侯燬一曰楚人曰焜或作燬 娓美也 齂臥息 卉說文艸之總名 𧊲獸名
𣲧𣳁水流皃或从丹 ○鬼矩偉切說文人所歸爲鬼从人由象鬼頭鬼陰氣賊害从厶或从示鬼一曰遠也慧也文四 愧
博雅幒幃絲也 磈石皃 ○嶉子尾切山曲也文二 嗺鳥喙 ○隹諸鬼切山皃莊子山林之畏隹李軌讀文一 ○恢苦虺
切大也一曰恢詭譎怪文一 ○壘良斐切山皃文一 ○儡魚鬼切儡然意不安定皃文五 捤懸也 嵬巋山高皃或作𡾉
䃬石皃 ○壝欲鬼切起土爲埒也文一

八○語偶舉切說文論也古作𧥢文二十三 䶌說文齒不相值也 圄說文守之也 圉說文囹圉所以拘罪人一
曰圉垂也一曰圉人掌馬者亦姓通作圉 禦說文祀也 篽籞敘篽蘌說文禁苑也引春秋傳澤之自篽或作籞敘篽蘌
敔梧說文禁也一曰樂器控楬也形如木虎或作梧 𨧸𨭈鋙說文鉏鋙也一曰白鋙謂之鋙或不省亦从吾 峿岨峿山皃
𨴹小門 衙說文行皃一曰縣名在馮翊亦姓 衛䘗止也或作禦通作御 𡹢山名也 藇翳也 ○許喜語切說文聽
也亦姓文六 鄦䣘說文炎帝太嶽之後甫侯所封在潁川或作䣘通作許 滸水涯 𡵗山名 蘛虎蘛艸續斷也 ○
去弆口舉切徹也或作弆文十 紶繼也 麮麥䴷 痃病也 胠腋下 鼁蛙蟲名爾雅鼁鼀蟾諸一曰去父或作
蚨 詓聲也 紶緒也 ○舉擧苟許切說文對舉也亦姓或作擧俗作㩀非是文十八 𢍂支鬲也 弆去藏也
或作去 趄行皃 莒艸名說文齊謂芋爲莒一曰國名亦姓 筥說文筲也 篆說文飤牛筐也方曰筐圜曰篆俗作籧非是 柜
柜柳木名 櫸木名 拒捍也 郘亭名在長沙 椐木名樻節可爲杖 昷吳王孫休子字 齟齟腫也 舁
共舉也古从奴 ○巨渠 𢀖 曰許切說文規巨也从工象手持之或从木矢矢者其中正也古作𢀖巨一曰大也文四十三 拒

集韻上二　十八

捍也違也通作距 𩰪秬說文黑黍一稃二米以釀也或作秬 柜說文木也 距說文雞距也 䑲艍或作䑲艍 岠
說文止也一曰搶也超也 虡虞鐻鑢𧇣簴說文鐘鼓之柎也飾爲猛獸从虍異象其下足或省亦作鐻鑢虡簴 鉅
說文大剛也一曰弓名 詎渠說文詎猶豈也或作渠 𪘏齗不固曰𪘏 駏𤝞駏驉獸名或作𤝞通作岠 粔𪍎蜜餌
也吳謂之膂環或从麥 苣炬笸說文束葦燒或从火从竹一曰苣藤艸名 𧅑𧄙蕡䕦艸名或作𧄙 䀠明也
怇慢也 𦉸魚罟 鴡鳥名 萬所以正輪者周禮萬之以眡其匡也 蚷商蚷蟲名 澽博雅暴也 䣰合資而飲謂之䣰
㺅孤也 洰水中物裸曰洰 䗞獸名蠼也 蘧艸名 豦封豕 ○扵歐許切廣雅扵柏擊也文六 歔旟
胥骨或省亦書作𦜆 雨水从雲下也 𣨛姑也 唹笑也 ○胥偦寫與切什長也有才知者或从人文二十 諝㥠
說文知也或从心 𡲈履屬 稰說文祭具也 稰熟穫曰稰 糈𥟵說文糧也或从𠔉 醑醹酒 湑說文莤酒
也一曰浚也一曰露皃引詩有酒湑我 𡽈山名 𧶘財卜問爲𧶘 𤶷痛病 楈木名 蝑蚣蝑蟲名 𪕊鼠名 疋足也
𨍹車下 𪗶齒酸也 ○𤿎此與切皺皵也文三 且多皃一曰恭慎詩籩豆有且 𠥮籩也 ○苴子與切履中艸一曰

艸浮水中文六 苴相依也 咀吹咀謂商量斟酌之一曰含味 磍硨磍也 疽瘦疽痒病 蒩茅藉祭也通作苴 ○敘
象呂切說文次弟也通作序文二十六 序 阡 圩說文東西牆也或作阡圩 緒說文絲耑也 屐說文履屬或从攴
抒挹也 芧 柔木名栩也或作柔 藇 醑美也詩與酒有藇或作醑 漵 澳水名或从與 嶼山在水中 鱮
魣說文魚名或作魣 麌獸名 獮矛屬 沮敗也 蝑蟲名爾雅蝑蝑螽蜙蝑郭璞讀 垿博雅互坫謂之垿 仔方言
豐人䙧謂之仔 汙灊也 豣山海經豣山有堪豣之魚狀如豕而彘尾一曰魚子 杼姓也 ○咀在呂切說文含味也文十 沮
止也壞也一曰水名出其後 怚驕也 趄邪進也 祖說文事好也一曰祖厲縣名 跙跙跙行不進 蛆蟲名方言春黍謂之
蛆蝑 齟嚼也 苴相依也 珇玉文 ○所 戶爽阻切說文伐木聲也引詩伐木所所一曰處也亦姓古作戶文十一 齭
齭齒傷醋或从胥 疋足也 盨檐盨負戴器 糈博雅糧也俗作糈非是 𧵍 賥說文齎財卜問為𧵍或从胥 數
目物也 蔬粒也 ○阻壯所切說文險也 岨 岨也或从山文九 詛呪也 俎 柤 俎說文禮俎也从半肉在且上或从木
从爿 齟齟齬齒不正 跙馬傷足病 沮止也一曰沮陽縣名在上谷 ○楚創所切說文叢木一名荊也一曰國名亦姓文十

大十九 小六十九 集韻上 上九 正

𪓰說文合五采鮮色引詩衣裳𪓰𪓰 䘸美兒 齭 齼說文齒傷酢也或从楚 礎楹石 憷 瘥痛也或从疒
濋水名 隚阪也 ○齟 齬狀所切齟齬齒不相值或从虘文六 岨山 峎岨峿山形 鉏 鋤鉏鋙相距兒或从助 跙
跙跙行不進 ○暑賞呂切說文熱也文七 鼠說文穴蟲之總名 黍說文禾屬而黏者以大暑而種故謂之黍孔子曰黍可為酒禾入水
也 𧒂 螷蟲名博雅蝑蟒蟋蟀一曰𧒂蟀或从鼠亦書作𧒂 癙憂病通作鼠 𤺓瘏疾 ○鬻 煮 鬻 䰞 鬻
掌與切說文亯也或从火从水在其中亦省文九 渚說文水出常山中丘逢山東入湡 陼爾雅小洲曰陼通作渚 䗪惡蟲名 庶
驅除毒蟲之言周禮有庶氏 羜五月生羔 ○杵敞呂切說文舂杵也文三 処 處說文止也得几而止或从虍 ○墅
野上與切田廬也或省文八 野黑也 紓緩也 杼 芧木名栩也或作芧亦書作柔 抒說文挹也一曰除也 杼抒物
器之 ○汝忍與切說文水名出弘農盧氏還歸山東入淮文八 女爾也通作汝 𥨎楚人謂寐曰𥨎 𥽧 𥻂黏也 籹
粲蠒餌或作粲 肗魚敗曰餒肉敗曰肗 茹飤也貪也一曰菜茹 ○貯 䝪 著展呂切積也或作䝪著通作褚文二十一
褚囊也 衿敝衣 帍 帾囊褚衣或从著 䍆 䍺說文幠也所以載盛米从宁从甾甾缶也或从缶 眝說文長眙也一

曰張目 忬 詝博雅智也或从言 楮 柠木名穀也或作柠 蛀蟲名 宁門屏間曰宁 柱支也 紵縈之
粗者史記用紵絮斮陳 炷熏也 柔木名栩也或書作杼 坾積塵也 ○楮 柠丑呂切說文穀也或从宁文四 褚說文
卒也一曰製衣亦姓 栩木名柞也 ○宁丈呂切說文辨積物也文二十四 䀬 宝說文器也或省 佇 竚久立或作竚
躇 躊躊躇進退兒或从止 眝張目也 坾塵積 芧 苧說文艸也可以為繩或从宁 紵 縩說文縈屬
細者為絟粗者為紵或从者省 泞瀅也 抒挹也除也 柔木名說文栩也通作杼 杼 䇡說文機之持緯者或从竹 羜說文
五月生羔也 佇智也 予關夏帝名通作杼 著門屏間也通作宁 竚進兒 柠木名梧桐也 ○呂 膂兩舉切說
文脊骨也昔太嶽為禹心呂之臣封呂侯或从肉旅一曰呂陰律亦姓文二十六 旅 魯 衣說文軍之五百人為旅亦姓古作魯衣 祣
祣祭名或作祣 侶儷也 儢 慮儢儢不欲為也或从女 启關人名晉有大夫启 怊慢也 郘亭名 𤷔病
絽廣雅紩也 梠說文楣也 櫖 梠木名中藩或省 穭 稆禾自生或从呂通作旅 筥 䈮 篖
飯器或作筥篖 姒 娽醜兒或作娽 膂細切肉也 ○女 兒碾與切說文婦人也象形王育說古作兒文五 籹

大二十 小七十一 集韻上 二十 仝

粔籹餌也或从如 䊕黏也 ○與 与 舁 與演女切說文黨與也古作舁䢍文二十 与說文賜予也一勺為与通作與予
予說文推予也象相予之形 仔 伃大也安也或从与 屐履也 趣說文安行也 歟歎也 惥 忌說文趣步
惥惥或作忌亦書作懙 懙女字 醹美也通作藇 𦡆 蕍苗盛也或从艸 野郊外曰野 輿關人名春秋傳楚有關輿罷
懙謹也倚也 䐈肥也
九 ○𤜕 麌 麌五矩切說文麋鹿羣口相聚兒引詩麀鹿𤜕𤜕或作麌麌文八 俁 偊說文大也引詩碩人俁俁或作偊
鯃魚名 噳欲笑兒 喁噞喁魚口聚兒 ○傴 㾢 瘟委羽切說文僂也或作㾢瘟文十 噢痛聲噢咻 迂
曲兒 鰸魚名 嫗以氣曰煦以體曰嫗 僂手病春秋傳曹公子手僂 褸編枲衣 竘健也匠也 ○詡火羽切說文大
言也一曰徧也和也文二十 㖃 𠷎商冠名或作𠷎 昫日出溫也 欨 呴 呴吹也或作呴亦省 咻 休噢咻
痛聲 煦烝也一曰溫潤 姁說文嫗也一曰佚樂謂之姁 膴博雅脯也一曰膴肉大臠 祤祋祤縣名在馮翊 㫬博雅雛也
一曰縣名在安邑 珝玉名 栩木名說文柔也其皁一曰樣 訏訏訏大也 憮媚也好也孟康說一曰傲也 蝺蜂房也太玄蠮其蝺

一曰蟲飛 憮覆也○𤘍齲顆羽切說文齒蠹也或从齒文九 踽說文疏行皃引詩獨行踽踽 𧼮跔行皃或作跔
竘說文健也一曰匠也逸周書有竘匠 曲曲遇地名 䶙說文齰腫也 噢噢咻痛聲○矩榘果羽切法也或作榘文二
十七 聥博雅驚也一曰張耳有所聞 瞗䁣驚視皃或作䁣 踽獨行也 𩑶目衰也 翑鳥曲翑○㮂說文積㮂
也一曰木名徐鍇曰椇枳不伸之意 楀木名 椇枳椇木名一曰俎足曲而下 枸說文木也可爲醬出蜀一曰枸木飴善醲酒
蒟說文果也一曰蒟蒻似芋可食 萬艸也亦姓漢有萬章 㟤㟤嶁山名 鄅國名在瑯邪 拒方陳也史記攻其前拒裴駰說
豴爾雅豕後足皆白豴通作翑 㨾㨾欄水名東南至邯鄲入白渠 𢮁禑姓也詩㨾維師氏或从示通作萬 竘健也 柜
山海經方山有青樹名曰柜格之松 齲齲齒蠹病 鱮魚名 篤篤簍輗車輞則也 苟艸名○窶郡羽切說文無禮居也一曰貧
窶文七 痀痀僂身曲病 簍篤簍輗車輞則也 貗獸名爾雅貗子貗 蔞蔞艸名一曰木耳或省 檳檳盨負戴器
○羽王矩切說文鳥長毛也一說北方之音文二十七 禹命禽說文蟲也从厹象形古作命禽一曰夏王之號亦姓 偊偊偊
行皃 頨說文頭妍也 聥說文張耳有所聞也 雨𠕲𠔃𠕳說文水從雲下也一象天冂象雲水霝其間也古作𠕲𠔃𠕳

𩂜說文雨皃方語也 宇寓序庽說文屋邊也引易上棟下宇籀从禹或並从广 鄅說文妘姓之國引春秋傳鄅人籍稻
𨙸說文南陽舞陰亭 栩柎栩縣名在馮翊 瑀說文石之似玉者 栩木名柞也一曰栩陽地名 楀說文木也 萬說文
艸也亦姓 芋芋尹楚官名 迂遠也春秋傳不迂其文 𩃀說文水音也通作羽 䒚艸名○撫斐父切說文安也一
曰循也或作迂文二十一 柎樂器也實以糠一曰編柎棺中方木 䳷鳥名 㕮㕮咀嚼也 拊說文揗也 攽說文撫也 弣弓把
中也通作柎柎 婄物敗生白也 紑𦄢說文治敝絮也或从撫省 俌說文輔也 剖判也 䟡踇健也或作踇
鬴鬡髮好也或作鬗 𠜰剸䓛艸名魚薺也 尃本也拂也 鼓軍鼓聲喧也 嘸不精明也○甫父匪父切
說文男子美稱也从父用或作父 甫一曰大也始也亦國名文三十二 府說文文書藏也一曰聚也公卿牧守稱府道德之所聚幣藏稱府財物之所聚亦姓
頫俛俯說文低頭也太史卜書頫仰也如此揚雄曰人面頫或作俛俯 㾈說文俛病也一曰短也 俌輔也 腑人之六腑
通作 脯說文乾肉也 黼黼說文白與黑相次文或作黼 簠𥫱匚說文黍稷圜器也古作𥫱匚 斧
府 鈇說文斫也或作鈇 𩲡北斗星名 蚥蟲名食瓜者通作父 蚥去蚥蟲名蟾諸也 蜅蟹屬也 鯆大魚 硧硧碴

碴也 郙說文汝南上蔡亭 莆艸名說文萯莆也 㕮哺㕮咀嚼也或从甫 𩨦博雅骨也 𩣿𩢔牡馬也
捬怤捬也思也○父𠬪奉甫切說文矩也家長率教者古作𠬪文三十二 㕮㕮咀嚼也 輔頼輔
酺說文人頰車也或作䩉輔酺亦姓 鬴䤐釜釜說文鍑屬或作䤐釜隸省 滏水名在鄴 腐㣁說文爛也
或从火 痡痛博雅病也或从甫 䈏䈏博雅䈏𥟬也或从尃 鴸鳥名負鴸鸔屬 蚁蟲名爾雅不蜩王蚁一曰去蚁
蟾諸 駁牡馬 蚥瓜中小蟲也通作父 俌補助也古作俌通作輔 蜅蟹也 鳪鳻鴀鳥名越父也或作鳻鴀
婄物敗生白曰婄 𩭴說文髮謂之𩭴 峬山名 鬴鬴也○武罔甫切說文楚莊王曰夫武定功戢兵故止戈爲武文四十七 䟼
𨕥博雅跡也或作迕 舞儛㽘說文樂也用足相背或从人古作㽘 侮仵侮侮
娒務說文傷也一曰慢也古作侮仵侮悔或作娒務 嫵娬說文媚也或从武 憮失意皃 憮說文愛也韓鄭曰憮一曰
不動一曰傲也 𢝴說文撫也一曰愛也 瞴微視 膴美也詩周原膴膴 廡㡍庑說文堂下周屋籀从舞或作庑 䍢
蕪說文豐也从林奭或說規模字从大冊數之積也林者木之多也冊與庶同意引商書庶艸繁蕪或作蕪通作廡 𦉶䍢說文㒇中网也或从

無 𦊓雉网 舞舟謂之舞 墲墓域也 㺲彊也 潕㵲說文水出南陽舞陰東入潁或从舞 碔珷砆碔砆
石似玉或作珷碔 甒㼘甒方言罌周魏之閒謂之甒或从廡武 陚平原 鵡鳥名說文鸚鵡也或从武亦省 毋
嘸嘸然陽應也 譕詩詞 匲刀室 㼘瓦器○縷縷弒取切說文絆前兩足也漢令蠻夷卒有縷或省文六 數
數數猶汲汲也 縷縷方言所以縣㡚東齊海岱之間謂之縷或省 盨說文槖盨負戴器也○取此主切說文捕取也周禮獲者取左耳引
司馬法載獻聝聝者耳也文二 娶取婦也○聚在庾切會也文三 郰亭名在新豐 鄹民所聚居○數爽主切說文計
也文五 籔藪聘禮十六斗曰籔或从艸 䝘羽曲 盨槖盨負戴器通作籔藪○主炷腫庾切說文鐙中火主也或作
炷主一曰君也掌也文十 宔砫祏說文宗廟宔祏或从石从示 枓斗說文勺也或省 麈說文麋屬 哇呼雞聲
罜說文罜麗魚罟也○豎豎僕上主切說文豎立也籀从殳或从人俗作竪非是文九 裋襡方言襜褕自關而西
其短者謂之裋褕或从豎 樹扶樹也 尌侸說文立也或作侸 壴陳樂立而上見○㺃獀撰禹切牝豕或省文二
○乳縈主切說文人及鳥生子曰乳獸曰產从孚从乙乙者玄鳥也明堂月令玄鳥至之日祠于高禖以請子故乳从乙請子必以乙至之日者乙春分來秋

分去開生之候鳥帝少昊司分之官也文四 擩 說文染也周禮六曰擩祭 醹乳 說文酒厚也引詩酒醴惟醹或作乳 ○ 黗
冢庾切說文有所絕止而識之也亦姓或作黗文六 拄 掌也通作柱 柱 艸名爾雅柱夫搖車 哇 口不正 壴 陳樂立而上見 ○
柱 重主切說文楹也文八 笙樦 樂也所以調絃或从木 崶 山名 蠅 鳥蠅龜名 跓 停足 駐肚 身直皃或
从肉 ○ 縷 朧主切說文綫也文十九 褸 說文衽也 僂軁 說文尪也周公韈僂或言背僂亦从身 慺 姓也 謱 謰謱委曲
也 婁 卷婁猶拘攣也一曰空也 陵 贏陵縣名 嶁 岣嶁衡山也或書作嶁 漊 說文雨漊漊也一曰汝南謂飲酒習之不醉爲漊
簍 博雅篝也一曰竹籠 蔞 艸名一曰萬蔞正輪者 蘡 艸名爾雅蔽蘡蘡今之蘩蘡一曰雞腸 茜 艸名香菽也 鸛 鸛鸛鳥名郭公
也 藪 寠藪帶器 寠 寠兩皃 覰 視也 嫂 婦無廉也 ○ 庾斎匬 勇主切說文水漕倉也一曰倉無屋者亦姓或作斎
匬文二十五 斢斔匬 說文量也引周禮桼三斢或作斔匬 㪉 剌也 愈 勝也通作俞 瘉瘐 說文病瘳也或作瘐
通作愈 瘐 漢律囚以飢寒而死曰瘐 㥚 懼也 㼙 說文本不勝末微弱也 窳窪 說文污窬也朔方有窳渾縣或作窪 萸
萸 薛萸艸名或从臾通作庾 楰 木名鼠梓也 貐 獸名說文貗貐似貙虎爪食人迅走 俞 俞俞和恭也 踰 越也史記無以
踰人司馬正說通作斎 籅 玄竹也 腴 腹下肥 蕳 蕳芘木耳 窳 嬾也史記呰窳偷生 ○ 㯲 尼主切木名可染文三

擩 拄也 醹 酒厚
十○ 姥 滿補切女老稱亦姓文十六 姆㚲 女師也或省 馬 馬也 媽 博雅母也一曰牝馬 慔 愛也或書作基
罞 罔也 峔 山名在丹陽 茻 宿艸 莽 犬逐兔艸中 㦟 𢤼惆心惑 謗 讒謗言不足 鏻 鈷鏻溫器 牡 畜雄曰牡
瞴 微視 憮 失意皃 ○ 普普 頗五切說文日無色也亦姓隸作普文七 溥 說文大也通作普 誧 人相助也一曰謀也
浦 說文瀕也 焴 火皃 潽 水也 ○ 補 補 彼五切說文完衣也一曰數也十兆曰經十經曰垓十垓曰補或作
補黼 古作補文十三 譜諩 說文籍錄也或省 圃甫囿 說文種菜曰圃或省亦作囿 黼 白黑文也詩玄衮及黼徐邈讀
埔 閩人名街有石埔 焴 火皃 鯆 魚名 ○ 簿 伴姥切籍也笏也文十 薄 蔮薄艸也 部 分也總也 蔀 蔀蔀艸名
一曰郭 箁 竹器 溥 塗也 鞲鞴 鞲鞴車茵或从韋亦作鞴 蒲 州名生水中 ○ 蘆 州五切艸名可
作履一曰艸死曰蘆文六 䖑皻 博雅皺皻也或省 麤 艸履 鏳 博雅鉛謂之鏳 縒 縒色鮮皃 ○ 祖祖 揔古

切說文始廟也亦姓古作祖文十 珇 說文琮玉之緣一曰美也 靻 馬靻也 組 說文綬屬其小者以爲冕纓 蒩 說文菜也 苴
蒩 藉也或作蒩 伹 淺也 作 造也 ○ 粗麆麤 坐五切說文疏也或作麆麤通作觕文九 蘆 艸名可爲履
駔 會也一曰駿馬名 伹 廣雅鈍也 觕 牛角直皃 麆 大也通作驵麆 瞗 閉目思也 ○ 睹覩 董五切說文見也古
从見文十八 睹 闕仇睹梁公子名 睹 說文旦明也 賭賭 博雅取財或从度 肚 胃也 堵韣
堵 說文垣也五版爲一堵籀从𩫖或作韣堵亦姓 居 美石 楮 木名 楮 桑皮也 帾 博雅幡也 杜 姓也楚有杜敖劉伯莊讀
瑧 玉名 者 語辭 ○ 土 統五切說文地之吐生物者也二象地之下地之中物出形也文六 靯 鞴靯也一曰車中薦 吐 說文寫也
坧 鄉名 稌 沛國呼稻爲稌 茎 艸名爾雅茎夫王生海邊似莞蘭越人以爲席 ○ 杜 動五切說文甘棠也亦姓文十六 稌 說文
稻也引周禮牛宜稌 莊 莊街香艸 土 桑根也方言東齊謂根曰土通作杜 敊 宇林桑皮也 肚 胃也 髖 顱髖也 靯 鞴靯也一曰車
中薦 敷剫 說文閉也或从刀古作剫 唐 含也 塿 塞也 垷 博雅垷甕也 鳩 鳩鶴鳥名通作杜 苼 艸名
夫王 也 ○ 魯歨 籠五切說文鈍詞也引論語參也魯一曰國名亦姓古作歨文三十一 虜擄 說文獲也或从手 櫓 博雅
強也一曰動擼 擄憛 懞心惑或从虜 譖 謰譖言不定 鹵滷壚澛 說文西方鹹地也象鹽形安定有鹵縣東

方謂之㡿西方謂之鹵或从水从土亦作澛 驢 驢驥也 鹵 伏地 嚕 嚧嚕吳俗呼豬聲 虜廬 說文廡也或作廬 磠
砂也 櫓樐樐 說文大盾也或从鹵从虜 桴 木名可染 艣 所以進船也通作櫓 鑥鹵 說文煎膠器一曰刀柄或
作鑥 蓾蓾 說文艸也可以束或从鹵 鱸 說文魚名出樂浪潘國 簷 竹名 嚕 語也 豆 豆名 ○ 怒 暖五切恚也文
六 努 說文弓有臂者引周禮四弩夾弩庾弩唐弩大弩 砮 石可以爲矢鏃 努 方言勉也 弩 子也 蛩 水蛩蟲名 ○ 虎
虎虤 火五切說文山獸之君亦姓古作虤文十六 琥 說文發兵瑞玉爲虎文引春秋傳賜子家雙琥一曰禮西方之王 蠨 蟲名善捕蠅
許滸滬 說文水厓也或作滸滬 滬戽 舟中渫水器或作戽 鄦鄦 說文地名或作鄦 䖌 豆
似狸而大 許 許許柿皃 篪 竹名高百丈 雩 北方謂雨曰雩呂静說 ○ 苦 孔五切艸名說文大苦苓也一曰急也文三
箬 竹名或省 ○ 古㐁 果五切說文故也从十口識前言者也古作㐁文三十六 詁 說文訓故言也引詩詁訓 鼓 說文
擊鼓也 鼓鼙鼛鼙 說文郭也春分之音萬物郭皮甲而出故謂之鼓从壴支象其手擊之也古作鼛从𪔐从革 暮 說文目但

有朕也 股胋骰 說文髀也或从古从骨 沽苦 略也或作苦通作盬 夃 秦以市買多得為夃 賈賣 說文
賈市也一曰坐賣售或从古 盬 說文河東鹽池袤五十一里廣七里周百十六里 盬𥁕 說文器也或作𥁕 蠱 說文腹中蟲也引春
秋傳皿蟲為蠱晦淫之所生也梟桀死之鬼亦為蠱从蟲从皿皿物之用也 罟 說文网也 鈷 鈷鉧溫器 牯 牛名 羖羖 說文夏羊
牡曰羖或从古 蠱 水蠱蟲名 兜兜 說文廱蔽也从人象左右皆蔽形或作兜 嶭 山名 㭒 㭒斗射鼠器 顧 視也書我不顧
行避徐趨讀 鼓 艸名爾雅莊一曰蘢鼓 䈗 簸也 估 市稅 酤 一宿酒 ○戸戽 後五切說文護也半門曰戸一曰止
也古从木文四十一 怙怐 說文恃也或作怐 祜 說文福也 昈 方言致昈文也一曰赤文 婟 好也 嫭 說文嫪也貪也
酤 一宿酒 扈卮巵 說文夏后同姓所封戰於甘者在鄠有扈谷甘亭亦姓古作卮或作巵 扈 扈扈不順理 滬 玄滬
水名 洿 水深謂之洿 鄠 說文右扶風縣名 岵 說文山有艸木也引詩陟彼岵兮 扈 山卑而大曰扈通作扈 居 說文
美石也 塢隖 拚也或从阜 帍 方言帍㡍謂之帗巾 滬戽 杼水器或作戽 簄 取魚竹网通作滬 芐
芐 艸名說文地黃也引禮鈃毛牛藿羊芐豕薇是或作芐 楛 說文木也引詩榛楛濟濟 雇鶚鳸 說文九雇農桑候鳥扈民不婬

者也春雇頒盾夏雇竊玄秋雇竊藍冬雇竊黃棘雇竊丹行雇唶唶宵雇嘖嘖桑雇竊脂老雇鷃也或从雩从鳥亦書作鳸䳸 枯 竹名通作楛 羽 緩也
周禮弓而羽䋼末應將發 虖 關人名莊子有子桑虖 姱 性不端良謂之婟姱 熩 光也 琥 玉也 樝 藉書具一曰取魚具 下
茶 茅莠 楛 木名 ○隖塢碣埡 於五切說文小障也一曰庳城也或从土从石亦作埡文十五 嵨 山名
鄔 說文太原縣一曰周地名 瑦 說文石之似玉者 溩 水名一曰水大皃 鴮頸 首巾謂之鴮頸或作頸 𧩰𧬄 說文
相毀也一曰畏惡或从惡 趀 說文走輕也 鰞 博雅鰞頭枷車也一曰車首 𤸶 疾也 ○五㐅乂 阮古切說文五行也从二
陰陽在天地閒交午也古作㐅乂文十 伍 說文相參伍也亦姓 仵 偶也或亦姓 逜迕 過也或作迕 午 說文牾也五月陰气
午逆陽冒地而出 旿 明也 玝 關人名後蜀有李玝

十一 ○薺 在禮切艸名文十三 鮆鱭 說文飲而不食刀魚也或从齊 呰 短也弱也 霽濟 雨止也洪
範曰雨曰霽或作濟 齊 齊齊恭慤皃 罽 博雅瀊也 𤸰癠 方言江湘閒凡物生而不長大曰𤸰一曰病也隸作癠 璾 玉病
謂之齌 穧 穫也 䰖 髮小而高為䰖 ○洒洗 小禮切說文滌也古為灑埽字或作洗文三 姺 古國名 ○泚 此禮切說
文清也文八 玼 說文玉色鮮也引詩新臺有玼 縒紕 帛文或从此 淒 雲雨起皃 皉 白也 批 捽擊也 萋 艸盛
皃一曰恭順皃 ○濟泲 子禮切說文水出常山房子贊皇山東入泜一曰齊也一曰州名亦姓古作泲文十三 泲 說文沇也東入于海
醑 莤酒也通作泲 癠 短皃一曰生而不長 批 博雅捽也 𨄌 走皃 杫 木名 𢀲 制也 秭 禾五稯 齍 爾雅
雨霽謂之霽 訾 博雅訾訾也 擠 排也 ○米 母禮切說文粟實也象禾實之形文十二 蘼 蘼蕪艸名 眯 說文艸入目中也或
書作 粎𥹫 說文𥹫文如聚細米也古作粎 寐𡫞 說文寐而未厭或作𡫞 洣 水名在茶陵 敉 米半壞 䊳
魚名一曰魚子 瀰濔 濔濔水流皃或从彌 ○頩 普米切說文傾首也文九 俾睥 俾倪邪視或从目 敉 押 說文
致也或从手 庀庇 具也周禮庀其委積或作庇 𢙐 慎也 𢮦 擗擗皃 ○陛 陛 部禮切說文升高階也或从土文十
四 梐 梐枑行馬也 髀𩨂骳髀肶 股也或作髀𩨂髀肶 倠 倠儀行張足 螕 字林小蛤也 萆
茳屬 狴 狴犴獄名 坒 相連也 𤙶 馬行 ○邸𨚍 典禮切說文屬國舍也或作𨚍亦姓文三十二 氐 說文至也
从氏下著一一地也一曰星名 疷 病也 奃 大也 底 說文山居也一曰下也 柢 說文木根也 堤 說文滯也 䀿 不聽也一

曰耳 詆呧 說文苛也或从口 袛 袛裯短衣 抵𢪼 說文擠也或作𢪼 牴觝 說文觸也或从角 𢻑
博雅隱也 軝軧 說文大車後也或从底 𦨣 𦨣䑛舟名 弤 弓名 蒧 艸名爾雅茋蒧茋 提 絕也一曰史記以冒絮提文帝
䓍該讀 砥 厲石之尤細者 趆 說文趆趑也 迡 說文怒不進也 阺坻 說文秦謂陵阪曰阺或从土 𤜳 犬名 骶 臀也
䍕 罘也 扺 擿也 ○體軆 土禮切說文總十二屬也或从身俗作躰非是文十三 涕 說文泣也 洟 鼻液也 徥 止也
緹衹 說文帛丹黃色或作衹 醍 酒赤色 䞶 博雅䞶梏杖也 㨑鞮 去滓也或从皐 軆 軟謂之軆 䔑 孩也
○弟丰 待禮切男子後生為弟古作丰文十四 娣 說文女弟也 媞 媞媞無媚一曰諦也 悌 易也 䑯 船名 遞
遆 更易也或从弟 題鍉 甗也方言陳魏宋楚謂之題或从金 涕 泣也 怟 怟怟愛也郭璞說 䞶 杖也 𧾷 輕也 ○
禮礼𥘵 里弟切說文履也所以事神致福也亦姓古作礼𥘵文二十八 豊 說文行禮之器从豆象形 醴 說文酒一宿孰 澧
說文水出南陽雉衡山東入汝亦姓一曰州名 蠡蠡𧒒 說文蟲齧木中也或省古作𧒒 𨢮䤚 𨡫酪滓或省 𩁹 說文
數也 劙𠜯 剝也 盠 博雅瓢也一曰蠡箪也或从皿 欐艬 說文江中大船名或作艬通作欐艫 䈝 竹名 鱧

鱺魚名說文鱺也或从麗 麗彭麗澤名通作蠡 鱻魚名說文鮦也 蠡亦艸 禮貳屬餘謂之禮 欚也 欐梁也
視也 箣箣芿纖荆 履践也易履霜堅冰鄭康成讀 ○禰祢乃禮切說文親廟也亦姓或作祢文二十八 嬭廣雅嬭母也
騄騄說文騄皃讀若江南謂酣母爲騄或作騄 檷鑈鈮說文絡絲檷或从金亦作鈮通作抳 鞴鞸垂也通作鞴 抳
博雅 蘦泥露濃謂之泥或省止也 瀰水流也 柅木名實如棃 抳地名在衛 苨艸名薺苨 薾華茂曰薾
尼爾雅定也 懦心弱也 闒閮說文智少力劣也或作閮 昵近也通作尼 瀰爾說文滿也一曰瀰瀰衆也或省
輗韉輗也或作韉 彌地名 穪穪也 ○啓遣禮切說文教也引論語不憤不啓文十六 启說文開也通作啓
晵說文雨而晝晵姓也亦姓 闓開門也通作啓 [illegible][illegible]開衣也或作[illegible] 叶卜問也 䭫稽說文下首也或作稽
肾肥腸 棨戟說文傳信也一說形如戟有幡書之吏執爲信或作戟 綮說文徽幟也一曰徽幟信也有齒一曰肉結處也
鑙方言鑙鑙堅也 輆軧說文礙也一曰至也或从启 ○僁傒蹊溪僁戶禮切說文待也或作傒蹊蹊
傒文十八 謑譓說文恥也或从奊一曰謑詬小人怒 睽目動 匸說文衺傒有所俠藏也从乚上有一覆之 浘水名出高陵

集韻上聲五　二十七　正

篕艘所以安船或从舟 掟揭也 薿詃誡言也譬也 褻開衣也 膐肥腸 輘至也礙也 ○
垷吾禮切垷城上垣文十一 覡戟陂擊聲 掜擬也一曰不從 倪睨俾倪視皃或从目 晲日映一曰明也 視
衣飾 覤說文角覤曲也西河有覤氏縣 謑恥也 盻盻盻勤苦不休息皃一曰恨視 娒娛娒無媚一曰疑不決 㜸夢魘 ○
吪香禮切然也文三 嬉婉也 訡博雅譽也 ○坄卜礼切坤垷城上垣文二 戰戰敗擊聲 ○灑時禮切洒也文一
○鷖鶇古礼切鳥名皃也或从蕈文三 膂肥腸 ○萓隼覤切香艸名似蘭齊謂之萓楚謂之蘺文一
十二 ○蟹下買切蟲名說文有二敖八足旁行非蛇鱓之穴無所庇通作蠏文十八 邂迦邂逅解說皃或作迦 薢艸名
說文薢若也 解曉也散也亦姓 獬獬觟獬豸獸名或作獬觟 澥說文勃澥海之別也一曰澥谷也 嶰山澗 廨
說文水衡官谷也一曰小溪 蠏廣雅蟹謂之蠏 鮭魚名鮦也 蟹地名 蘚竹名 蘚才也 懈松檞 觟角皐 ○
解舉蟹切說文判也以刀判牛角一曰解廌獸名文六 薢薢若艸名 檞松檞也 獬儙鵂獬豪強皃或从人 嶰嶰谷名 ○
芍口嘝切夬也文三 毄意難也 觶勸觶疲也 ○矮䶩躷倚蟹切矬也或作䶩躷文五 [illegible]笑聲

啇倚坐 ○丫古買切羊角文七 枴柺杖或作枴亦書作柺 觟角皐 掛別也 箉罫博局方目也或作罫
○扮虎買切亂也文一 ○擺補買切開也或書作擺文五 捭說文兩手擊也 鵯鵯鵊小鳥名 䃿博雅裂也
鑼鐵杖 ○罷部買切說文遣有辠也从网能言有賢能而入网而貫遣之引周禮議能之辟一曰止也文十四 䍀羅犤蟹短皃或作
犤說文短脛狗 鑼鐵杖 猈裂也 㦵疲也 劚劚劚疲也一曰惡怒 䩑關人名楚有史䩑 灑水名
擺撥也 捭兩手擊也 蘢艸名 犤牛短足 ○買毋蟹切說文市也从网貝引孟子登壟斷而网市利文六 嘪嘪嘪羊鳴
蕒蕒藚艸名 湏說文水出豫章艾縣西入湘 鷶䴍鳥名博雅鷶鶙子鳩也或从隹 ○矖所蟹切視也文十二 灑
洒洒也或作洒洒 躧徐行也 韈韉韉履也或作韉亦省 纚縰斯韜髮也或作縰斯
籭簁也 ○簩杜買切取魚竹器文二 杕杕也 ○獬廌都買切豪強皃後魏時語莫獬獬或从人文二 ○廌
觟觧豸犬蟹切說文解廌獸也似山牛一角古者決訟令觸不直象形从豸省或作觟觧豸通作豸文十 豸無足 豸豸矛也
扡析也 杝析木也 駘駘駿馬不進 佁佁儗癡皃 ○拏柱買切撞物也文一 ○嬭姼圉女蟹切博

集韻上聲五　二十八　世安

雅母也或作姼古作圝文四 㾨博雅病也 ○扠仄蟹切擊也文四 跐蹋也 蚩蟲名 秕禾也 ○胯枯買切腰肥皃
文六 鞨韐帶具或从革 㤭小衫曰恎 恎心悅也 跨蹤跨行皃 ○覸五買切博雅視也文一 ○搌
初買切指取物也一曰揥也文一 ○女奴解切楚人謂女曰女文二 㾨病也 ○嶵楚解切山名文一 ○嵗烏買切嵗嵬山
谷不平皃文一 ○㟴戶買切嵗嵬山谷不平皃文二 夥多也 ○忙怦買切裂也文一
十三 ○駭下楷切說文驚也文七 絃絓也絲也 侅奇侅非常也 駴疾雷擊鼓曰駴 㱾爾雅豕四蹢皆白㱾
楷杷木也或作杷 ○鍇口駭切說文九江謂鐵曰鍇文八 楷㨔說文木也孔子冢蓋樹之者一曰模法也古作㨔
緒大絲 腊瘦謂之腊 雉猎䛳桂林謂人短爲䶜雉或作猎䛳 ○挨倚駭切說文擊背也文二 唉飽聲謂之唉一
曰應聲 ○騃語駭切說文馬行仡仡也文四 㾀病也癡也 娾喜也 覭視也 ○攋洛駭切把攋弄文三 懶攋
懶懶衣破 ○鈮知駭切缺也文一 ○懈𢞠縠師駭切懶懶衣破或从衣从糸文四 擏擺擏抖擻也 ○
篾蕒從駭切竹器或从買文三 徥博雅行也一曰細而有容 ○鍇古駭切堅也文一 ○徥直駭切行也文二

柖扺也〇䍣蒲楷切短也文一
十四〇賄賟虎猥切說文財也或从每文十八 烠火色 悔恨也或書作𢙣 唉哀也 脄脂䐈大腫
㵅爛也 潣湏水皃或从頁 𤈦方言火也 倠佪佌倠醜皃或从自 蛕土蟲名 痗病也 蘔說文
青黃色也 輠車轉也 溾溾涹織濁 謉嘻謉讙言〇頾苦猥切說文頭不正也文十五 頠大頭也 傀傀儡木偶戲
䫥䫥䫥多皃 磈磈峞磥磥磈山皃或作磈峞磥 崛崛然獨立皃 魁魁瘣木枝節盤結也 塊大塊天地
閒也 輠車轉也 䉛𥫺竹高節或省 匯匯儥長大皃〇瘣戶賄切說文病也引詩譬彼瘣木一曰腫旁出也文二十九
俙痛聲 媿媿㛉不知皃 讃中止也 䉛𥫺竹高節或省 溾溾涹穢濁 檅木名似槐 匯說文器也
一曰回也夏書東匯澤爲彭蠡 匯貿物儥 廆庳也 僓僓儥長大皃 潰決溢也 螝蟲名說文蛹也 𨊻車轉
也或作輠 回繞也春秋傳右回梅山徐邈讀 塊大塊天地閒也 蘔黃也 蒐蒐艸名懷羊也或省 詯呼也 䫥多也
䣀䣀鄭墝埆也 顡顡顡頭皃 鮥魚名叔鮪也 繢畫也 憒亂也 殨膿決也〇猥鄔賄切說文犬吠聲一曰

并雜文二十 䚍說文角曲中也 偎偎𠏛行病 㛱㛱㛱弱也 腲腲脮肥也 婐婐婑妍也 鍡說文鍡鑸不平也 嵔
畏嵔壘山名或省亦書作嵔 碨䃬𥗍石皃或从委从威 溾渨博雅穢也或作渨 椳門樞 㾯痿
㾯瘇風病或从委 饖嘔而吐也 萎萎腇耎弱也 䣀䣀鄭墝埆也〇頠五賄切頭閑習也文九 顡戰顡愚皃 隗
說文隗隗亦姓 嵬嵬山皃或从鬼 頾廣雅大皃一曰頭不正 磈硊衆石皃或省 廆闕人名晉有慕容廆〇
琲部浼切珠五百枚也亦書作琲文九 俷佌倠面醜一曰離也 蓓蓓蕾始華也 痱𤺇說文風病也或从肥 倍反也
𢹂手起物 蓓黃蓓艸名 僃姓也漢有僃宗〇浼潣母罪切說文汙也引詩河水浼浼孟子汝安能浼我或作潣文十一
燜熟謂之燜 䖸碎其也 每毐說文艸盛上出也一曰雖也隸作每 痗病也 梅梅伯紂諸侯號 挴慙也 穤
博雅敗也一曰禾傷雨 苺艸名說文馬苺也〇漼濢取猥切說文深也引詩有漼者淵或从萃文十六 漼說文新也 洒
高峻皃詩新臺有洒 璀說文璀璨玉光也 皠白也 鏙鏙甲謂之鏙錯一曰文采皃 磪絲大皃 崔動皃一曰速皃 𥻆
𥻆稻赤米曰𥻆或作𥻆 滜泚滜清也通作滜 摧山皃 𩭐𩬊毛髮皃或从毛 擇擇摸也〇槯祖猥切木蘊積文十

萎詐也挫也 佳嶊嶵山皃莊子山林之畏隹或作嶊嶵 嗺口醜也 洅雷震謂之洅 䐈面頯 捘推也
𢊁𢊁嶏垂皃〇辠粗賄切說文犯法也从自言辠人蹙鼻苦辛之憂也秦以辠似皇字改爲罪文五 罪說文捕魚竹网 㠑嶵
說文山皃或从罪 擢拉也〇腇餒猥切腇䐈大腫文九 陮說文陮隗高也 𩫖埻說文磊埻重聚也隸作埻 㨃排也
䑕陊鄉木寶垂皃 啍譊言 頧頭不正皃 埈堅土〇骽腿吐猥切股也或作腿文十二 妥爾雅止也一曰安也
𠋑弱也 腇腇脮肥也 𨃩重𨃩踒疾 聉聉顡愚皃 㛱媿㛱弱也 𨓰𨓰偎行病 僓說文嫺也一曰長皃 崣崣巍山巔
山高皃 㾽瘣㾽風病〇琣普罪切闕人名唐有滕王琣文五 俖不可也 啡唾聲 朏月未明也 昢日未明皃〇
錞𨭐杜罪切矛戟平底或从敦文十四 䉝簪竹名 憝恨也 隊羣也 隧徑也春秋傳當陳隧者徐邈讀
遺潰遺沱水汎沙動皃或从隤 崔高皃 陮𨸼陮隗高也或作𨸼 鐨博雅鍊鐨鈌鋗也 𥪵重也
蓷艸也〇磊磥礧魯猥切說文衆石也或从累亦作礧文四十 㿔瘰瘰病或从累 奞大也 礧
𥖁礧壘大石皃或作磥礧壘 蘽磈嵬說文𡾯也或作蘽𡾯崽亦書作嵔 儡儽

儽說文垂皃一曰懶解或作儽儡 鑸說文鍡鑸也 櫑櫑具劒上鹿盧飾 陫說文磊也 郲鄓郲墝埆 郲
洡縣名在桂陽或作淶 頛頭不正 𦢊腲䐈腫皃 𤬁𤬁𤫧瓜中 𤼊小腫 蕾蓓蕾始華也 耒田器 壘
櫐累嵔壘山名或作纍亦省 𡾽𡾽空小穴也一曰小封 灅漯水名漢書在北平南至無終東入海或省 儡儽
䌲傀儡木偶戲或作儽儡 瘣魁瘣木枝節盤結也〇餧餒弩罪切說文飢也或作餒文十五 鯘鮾腇魚敗
也或作鯘腇通作餒 婑婐婐婑妍也或从委 㛱偎㛱弱也 浽涹博雅濁也或作涹 颯風動謂之颯 腇萎腇
耎弱也 𤬁𤬁𤫧瓜中也 甀重垂也 𨓰偎𨓰行病〇陒俞罪切高危也一曰地名文一〇累路罪切畏累山名文四
類偏頗也春秋傳刑之頗類徐邈讀 罍塌罍不平皃 𤻆魁瘣木枝節盤結皃〇顡沽罪切類高皃文四 乖背呂也
腲腫大也 憒博雅亂也〇㤳必每切博雅勞也文一〇崔息罪切動皃速皃文一〇俙於罪切痛聲文一
𩮋陟賄切假髻文一
十五〇海許亥切說文天池也以納百川者或書作𣴴文八 烸燥也 醢𥂴𥃝說文肉醬也籀作𥂴或作𥃝

榼醯盇酒器或作醯盇○愷豈凱可亥切說文樂也或省亦作凱文十五颽曰風通作凱塏說文高燥也暟明也方言嵦山皃博雅欲也闓一曰開也鎧說文甲也膭肥也愒貪也輆博雅輆軩不平也一曰礙也肯肎字林著骨肉也或作肎嘅歎也○改已亥切說文更也从巳从攴李陽冰曰巳有過攴之即改文十攺說文毅攺大剛卯以逐鬼魁从辰巳之巳忋恃也頦博雅醜也頤頦下曰頤胲臘或作胲臘絠彈彄也一曰釋繩佁癡也輆輆軩不平○亥豕豖古下改切說文荄也十月微陽起接盛陰从二二古文上字一人男一人女也从乚象裹子咳咳之形引春秋傳亥有二首六身古作豕豖文十四劾籀囚也侅奇侅非常賅或从貝核動也𥩲減也豎孩神人也通作亥輆輆軩不平也閡藏塞也頦頷也忋恃也毅毅攺大剛卯漢法以正月卯日作佩之除厲鬼或用金玉或桃銘曰正月剛卯絯絲也○欸唉倚亥切譍也或作唉文十六屄藏也娭戲也婍娭也挨博雅擊也絠說文彈彄也一曰冠卷毒人無行也䨸雲藏皃駭疾擊鼓也周禮李軌讀僾仿佛也腴胼肥也或作胼鮯魚名叔鮯也輿而也攺毅攺大剛卯焥爛也○啡普亥切唾謂之啡文四佸倗不可也或作倗朏說文月未盛之明从月出引周書丙

集韻 二十一 正

午朏○倍簿亥切說文反也文八菩蓸說文艸也或作蓸蓓蓓蕾艸名蓓蓓蕾始華也培重也十二子乃今培風痱說文風病也備姓也漢有備宗○穤母亥切禾傷雨曰穤文四挴貪也莓艸名實如桑椹輆輆軩不平○采採此宰切說文捋取也或从手文十四綵繒也郲地名彩文色也通作采婇女字也寀爾雅寀寮官也一曰同地䰂爲髮鬅謂之䰂㾘病也埰冢也博雅悇說文姦也一曰恨也䐆大腹也棌木也漢書唐虞棌椽謂就也○宰宷宷子亥切說文辠人在屋下執事者从宀从辛辛辠也賈公彥曰宰者調和膳羞之名一曰官稱古作宷宷文十二榖殺也通作宰婎滅也莘菜名崽湘沅呼子曰崽載年也縡事也通作載聹說文益梁之州謂聾爲聹秦晉聽而不聞聞而不達謂之聹騂馬雜驄色寀耳也○在盡亥切居也存也察也文一○莒昌亥切艸名說文蘽也文一○佁夷在切說文癡皃文一○疠汝亥切病也文一○待竢蕩亥切俟也或从立文二十迨隶隸逮及也或作隶隸逮紿說文危也一曰近也駘疲也一曰駘蕩散也佁癡皃癔病也靆靉靆雲盛皃怠說文慢也詒江南呼欺曰詒通作紿給緫說文絲勞即紿一曰纏也或从怠軩博雅輆軩不平也嗿言不正箈箬竹萌或作箬

悌易也○悟布亥切恃也文一○等打亥切齊也文一○嚺坦亥切言𠌫也文五懛吳人謂逆剡木曰懛𢡺箈竹萌或作箬騃疲也○鈉鑐里亥切連鉤釣曰鈉或从禮文四唻囉唻歡聲也𥓕磨也○弓乃廼𠄎𠧟鹵曩亥切說文曳詞之難也象气之出難一曰汝也或作乃廼古作𠄎𠧟鹵文十三暜埃暜日無光疠博雅病也鼐鼎大者䐈肥也轅轅也𦽜艸名○諰息改切語也文三葸竹名葸懼也論語慎而無禮則葸一○騃五亥切癡也文四顗爾雅顗靜也隑長也倚也敱改理也

十六○軫轃止忍切說文車後橫木亦姓或作轃俗作軫非是文三十九診䀦說文視也或作䀦弫弓強也胗疹說文脣瘍也籀作疹聄聑告也或引禮聄于鬼神亦作聑通作吟眕說文目有所恨而止一曰安重也姫慎也沴沴涊澀相著也抮了戾也敐敐敐喜而動皃一曰擊也㐱說文新生羽而飛也鬒說文稠髮也引詩鬒髮如雲或作鬒黰黑謂之黰賑眕說文富也或作眕䡵語辭一曰是也莊子奚來爲軫夫砛以石致川之磨也瘮病也趁走謂之趁眕明也駗馬載重難行也䡩笑皃裖說文玄服或从辰紾說文轉也縝鎭縝

集韻 二十二 正

縝也或从人臬亦作縝畛畛說文井田間陌也古作畛稹說文穜概也引周書𩑺說文顏色㐱𩑺慎事也一曰鬱也振禪也禮振絺綌通作袗縝稹木理堅密也一曰木稠相迫○矤矧敂訠矢忍切說文況也詞也从矢取詞之所之如矢也或作矧敂訠文十一弞長也弞哂吲說文笑不壞顏曰弞或作哂吲瞚說文舉目視人皃䈖竹名䱍魚名○腎是忍切說文水藏也文十二裖脤脹說文社肉盛以蜃故謂之裖天子所以親遺同姓引春秋傳石尚來歸裖或作脤脹蜃𧓍𧓕䗺爾雅蜃小者珧牝曰蜃蛤也說文雉入海化爲蜃或从䖵从黽屒重脣㰮說文指而笑也鈏錫也○忍爾軫切說文能也文六涊水名涊沴涊澀相著認訒鈍也難也荵說文荵冬艸肕朐肕縣名○𦙶羊忍切纖也文一

十七○準䊕主尹切說文平也或作䊕俗作准非是文十一埻說文射臬也肫頰也純緣也淳敦純布帛幅廣也或作敦純通作純諄諄方言宋魯凡相惡謂之諄蜳蝉蜳蟲行或作蝉○蠢截䤓尺尹切說文蟲動也引周書我有蠢于西或作截䤓文二十惷𢾺說文亂也引春秋傳王室曰惷惷焉一曰厚也或从攴鬊鬊亂

偆說文富也一曰喜樂皃 賰肥也 胸朐胸䏰縣名在漢中或从匀俗作朐非是 騴駿也 春作也出也周禮春以
功 睶大目也 嗜吹也 踳舛僢蝽雜也或作舛僢蝽 萶艸名 ○盾豎尹切所以扞身蔽目者通作楯文
大 吮欶也 楯說文闌檻也 揗摩也 陏階也 輴車轉者 ○蝡蠕蠢乳尹切蝡蟲動皃或作蠕亦
从蚰 毴氄說文毛盛也引虞書鳥獸毴髦或作氄 愞劣弱皃 嚅吮也 韏縢韋絝或作縢 ○笋此忍
切筌也文二 簭竹小 ○榼子忍切盂也文四 盡極也 盡任也 濜濜水液皃 杓絲杭 ○盡在忍切說文器中空
也一曰悉也文四 濜水急流皃 藎艸名 嬧女字 ○筍筭簨篿聳尹切說文竹胎也或作筭簨古作篿文十九
簨簴筍栒所以縣鍾磬橫曰簨植曰簴或作簴栒 榫剡木相入 笋艸木華初生者為笋 㚼悗說文驚亂
也或从心 鵻隼鶽鳥名說文祝鳩也或作隼一曰鶽子亦作鶽 錞金之萌生曰錞 諄謀也 僎愞僎劣弱皃 恂
嚴慄 ○鱒阻引切角齊謂之鱒文五 毴毛鬃齊皃 桼木叢齊曰桼 笫簀也周禮袵席牀笫徐邈讀 濜濜漸水流皃
○齓楚引切博雅毀齒謂之齓文一 ○濜鉏引切濱濜水液皃文一 ○牝匕婢忍切說文畜母也引易畜牝牛吉古作匕文九

集韻五 三十三

猵獺屬 贕臏說文鄰耑也一曰刖也或从肉 扁鶣扁鶣古之良醫或作鶣 蜃蛤也 蠙蠙珠名書淮夷蠙珠劉昌宗
讀一曰水苦也莊子蟲蟆之衣李軌讀 ○泯彌盡切水皃一曰盡也文十六 脗脗合皃 脗波際皃 鞔車伏莬 皮民細理也 惛
昏意莊子惛然若亡而存 緡合也莊子丘陵艸木之緡郭象讀 刡削也 眠視也 繩繩繩無涯際皃一曰運動不絕意 勔 黽
僶爾雅勉也或作黽僶 澠澠池水名 跜獸蹄甲也 笢說文竹膚也 瞑注意而聽謂之瞑 ○愍慜䁕
䵢美隕切說文痛也古作慜䁕或作䵢亦書作䁕文三十一 憨聰也 閔說文弔者在門也 憫憂也或書作悶 敏勄說文疾也
一曰足大指名古从力 燘豕名 敃說文冒也引周書敃不畏 㨉撫也摹也 敃敂忞說文彊也或作敃忞 潣說文
水流浼浼皃 湣暋謚也史記齊有湣王或作暋 黽冈密也 轗輷說文車伏兔下革也从㬵古昏字或从昏 簢
簢䈼艸名爾雅簢篠中中空類竹或作䈼䈼 蠁山牛名 鰵海魚名 沔水名 澠洛尸也周禮大澠杜子春讀 蠠
爾雅蠠没勉也 鷩鳥名鴳也 癟病也 ○辰㬳引切說文伏皃一曰屋宇一曰重唇文二 眕視有所恨而止 ○䟴丑忍切笑
皃文九 趁跈走也或从夂 蟁蟁蟳蟲行一曰不安定意 賑富也 齔毀齒也 疢病也 駗馬載重難也

抻手伸物 ○紖緣丈忍切說文牛系也或作緣文十一 杒栚木名灰可以涤或从朕 肕博雅瘢也一曰遴也
眒怒目謂之眒一曰目睛 眹目兆也 朕華制也周禮函人為甲眡其朕鄭司農說 紖引軸也 診視也 榐木名 ○
嶙里忍切嶙嶙山峻皃文十九 粼隱粼川形 轔轔車聲 燐鬼火 疄高壠謂之疄 僯慙恥也通作疄 𢴬扶也
挺 橉木皮曰橉一曰砌也閾也 驎隱驎馬色駁也一曰白馬黑脣 瞵視不明 蹸說文轢也一曰行皃 璘玉皃 磷
磷石皃或从粦 䔲艸名 鬊少髮皃或書作鬚 獜博雅健也 䦧燭息火存謂之䦧 粼憂也 ○稐稐
稛縷尹切禾束曰稐或从耒从囷文八 惀思求曉知謂之惀 淪沒也尚書商其淪喪徐邈讀 埨崘壟土或从田 蜦
蜦蛇行皃 ○緊紾頸忍切說文纏絲急也或作紾文九 橪木名 胗瘨䐜疹脣瘍或作瘨䐜疹 迸
菜名似蒿 娶女字 ○螼遣忍切說文螾也文四 臤皮厚也 趣說文行皃 繾繾綣縛也 ○引扚以忍
切說文開弓也一曰導也古从手文二十 廴說文長行也从彳引之 衍申布也 嗔博雅笑也 演水名 弞笑不壞顏曰弞
胂當脊肉 軸擊小鼓以引樂 縯引也 戭長戈 釼爾雅錫謂之釼 靷鞍說文引軸也籀作鞍 濥濥濥水脈

集韻五 三十四

行地中 螾蚓螾蟲名說文側行者或从引亦作螾 紖牛系也 笂竹名 ○𧄌才尹切博雅𧄌蝉也文一
○尹甯笋庾準切說文治也从又握事者也古作甯笋文十六 允說文信也 㽙說文進也引易㽙外大吉 頵說文面目
不正皃 玧瑱也 阭說文高也一曰石也 蚘蟲名 鈗說文侍臣所執兵也引周書一人冕執鈗 駞爾雅馬逆毛居駞 狁
玁狁匈奴別號 楯盾干也或省 蝡蝡蟳不安定意 沇水名 ○齓創允切毀齒也文一 ○鍞擬引切說文劃斷也
䶵博雅笑也一曰齒齊文七 齗犾犬爭謂之犾齗或从犬 碒大脣也 笉笑謂之笉通作听 听大口謂之听 ○
磒羽敏切說文落也引春秋傳隕石于宋五通作隕文十三 隕抎說文從高下也引易有隕自天或作抎 殞殁也 霣䨓
說文雨也齊謂靁為霣一曰雲轉起也古作䨓 涢涢濜水波皃 愪憂也 䫻頵䫻面不平正也 笉笑也 顚說文面色顚顚皃
縜持綱紐說文絞也謂茅根一曰藕梢 瘨病也 ○稛團麇苦磒切博雅束也或作團麇文四 僒偪也 ○窘
巨隕切說文迫也文二十 囷廩也 僒偪偪也或省 稛輪稛束也 咽欲吐皃 惲重厚也 䐃獸脂聚皃一曰
腸中脂 珚博雅珚碧齊也一曰玉名 莙艸名說文牛藻也似藻葉大 菌䔲艸名說文地蕈一曰菌桂一曰鹿藿亦姓或作䔲

麵餅麴 蜠貝屬爾雅蜠大而險 鵘雞無尾 頵頭皃 卷朐卷縣名在安定郡 箘簬箟箸說文箘簬也一曰博
棊古作箕或作箸 ○輑牛尹切說文車前橫木文六 䡅輪䡅束也 珚珚砡齊也 攟束也 䨚雨也 喗口大齒醜皃
○䐇𤸫興腎切熱氣箸膚也或作𤸫文二 ○駗知忍切馬重也文一 ○螼丘忍切蚓也文三 𧼐行皃 蚕蠶也
○臏適忍切剸也文二 腁臏肉 ○砏匹忍切石也文二 覴覴覴暫也 ○𧖂𧗊姜愍切蠢也或作𧗊文四
蠢蠢蝡蟲名 巾飾也 ○賰偆式允切賰富也或从人文三 䐇脾䐇肥皃 ○囟思忍切小兒頭會也文二 𦙍
爾雅繼也 ○楯辭允切干也文一 ○蹲柱允切蹥蹲不安定意文四 𡑲耕壠也 隊道旁短垣 瑑璧上成文曰瑑 ○
蹲趨允切蹲循幾意文一 ○楯敕準切桊也司馬彪說文三 𡑔陳蹲不安定意 偆當也
十八○吻肳唇呅武粉切說文口邊也或作肳唇呅通作脗文十九 脗聚筋也 腏脗合無波際皃
伆離也 抆拭也一曰拒 㨉也或从昏 刎歾斷也或作歾 忞博雅忞忞亂也或書作忟 勿覆也 𦭝鉤𦭝艸名
䓴芴手猶笛皃 鄖鄉名在廣漢 汶潣水名或从敃 湣水絕皃 ○忿撫吻切說文悁也文二 魵魚名

鼢也 ○粉府吻切說文傅面者也文六 𢡲說文以囊盛穀大滿而裂也 黺說文衮衣山龍華蟲黺畫粉也衛宏說通作粉 扮
㧱握也動也或从忿 蕡艸名 ○憤𢡲馮父吻切說文懣也或从奮亦作馮文三十 忿賁怒也或作賁
濆涌也 膹說文䐹也 扮說文握也一曰動也并也 奔隱奔丘高起皃 坋說文塵也一曰大防也 麩分也 墳土膏肥也
㿎病悶也 轒轒輼大車 橨博雅橨棘榯也 𤖘牀版 鼢𪕿蚡說文地行鼠伯勞所作也一曰偃鼠或从賁从虫
獖博雅狂也獖犬屬 羵土之怪 魵魚名爾雅魵鰕出穢邪頭國 鱝鰫魚名大鮋也形圓有毒或从忿 棼闕人名楚有伯
棼 昐昐泉地名在魯通作賁 賁蕡茂木蘩茂皃孫炎說 憤憤穀蘩滿或从賁 粉穳粉穫也
十九○隱倚謹切說文蔽也一曰安也亦姓文二十四 㥯說文所依據也从𠬪工 㥯憖憂病也哀也或作㥯
乚說文匿也象迟曲隱蔽形 慇痛也通作隱 癮𤸷小起皃或不省 𦁼博雅紩也一曰縫衣相合 嶾𡼽
嶾嶙山高皃或从隱亦書作嶾 濦㶏說文水出潁川陽城少室山東入潁或从隱 磤䃸雷聲詩殷其靁或从石 轞𨏔
車聲或从殷通作𨋢 霠𩃯雲皃 檼櫽棟也或从隱 蘟蘟蕙菜名似蕨 蒽蒽蓳艸名 𡴑婦也 讔讔度語

○𧒄蚓許謹切蟲名蚯蚓也吳楚呼爲寒蚓或作蚓文六 䐅痛剸肉反出也或作㾞 仂多力也 炘博雅爇也 ○
赾口謹切說文行難也文六 齦齦斷齒皃 蠸蚓也 听笑皃 齗口上肉也 圻界也 ○謹几隱切說文慎也文
二十三 慬慤也憂也 赾行難也 菫蒧艸名爾雅謂之藋苦今菫葵也一曰黃土古作蒧 菫說文艸也根如
薺葉如細柳蒸食之甘 斳博雅斳菻黏也 巹說文謹身有所承也 撞拭也 斳肋也 嫤好皃 巹說文蠡也一曰
瓢也或作巹 菦芹菜名類蒿或省 筀竹名 槿木名蕣也 㹀博雅柔也謂牛柔馴 廑闕人名衛有治廑 漌清也
縺織紋緻密 瑾美玉 ○齔初堇切說文毀齒也男八月生齒八歲而齔女七月生齒七歲而齔文一 ○近芹巨謹切迫也古作
芹文三 瘽病也 ○听語近切說文笑皃文三 齗口上肉 𪗨笑也 ○抎羽粉切說文有所失也引春秋傳抎子辱矣文
十一 䫠急也 縜持綱紐 瘨病也 嗊廣雅吐也 殞殂也 熉黃皃 憒憂也 磒落石 枃絲緒
迂走皃 ○擸舉蘊切博雅取也文二 庫儲積 ○惲委隕切說文重厚也文十八 薀蘊菀

說文積也引春秋傳蘊利生孽或作薀蒀亦省 壼壺壼不泄皃 褞衣也 韞藏也 縕枲也紼也 韗韗鞍 䁲畾也
醖釀也 搵博雅抆也 愠心所蘊積也 腪腪䐈肥也 榅木盛皃一曰積也 媪女字 蝹蝹蜦蛇行皃 ○齳
齳牛吻切說文無齒也或作𪘂文九 夽說文大也 䞫趣走皃或从囷 喗說文大口也或从君 輑車前橫木
珚珚砡齊也 ○趣丘粉切說文走意文六 䊴粥稠皃 稛𪍿束也或从麇 卷縣名在鄭 麇羣也春秋傳求
諸侯而麇至
二十○阮五遠切說文代郡五阮關也亦姓文九 沅水名在牂牁 邧說文鄭邑也 𩀨小弱皃 眎視也
䫞面不正 𨘎樂名 願面短皃 𧽊走皃 ○宛委遠切說文屈艸自覆也古作惌文三十四 夗說文轉臥也
𡞿說文婉也 婉說文順也引春秋傳太子佐婉 院垣也 晼目開皃一曰嬿媚 倇方言歡也 䛄慰也從也 踠
屈也廷跌也 䘼襪也一曰袖耑屈 鞔韈量物之鞔或从宛 𩊟𩊠方言自關而東履其㢊者謂之鞔或作䩩 䑱
䑱說文舟也或作舥 琬說文圭有琬者 畹𤰷說文田三十畝也或作畮 苑說文所以養禽獸也 菀艸名說文茈菀出漢中房
陵亦姓 涴涴演水皃 蜿蟺蜿蟮蚯蚓也或作蟺 㟜山名 䳃鳥名關山海經女和月母之國有人名曰䳃 䩩面柔也韓詩青楊䩩

兮通作婉 晼 景映也 眅 指目也 菀 竹器 綩 綩 冠糸也一曰纁色衣一曰冈也或省 婏 人兒 䙀 襎䙀幞帊

○遠 遺 𢕫 雨阮切說文遼也古作遺𢕫文七 顊 說文面不正也 蓬 莬 蓬蒬藥艸或作莬 畬 磬也

大也 ○喧 煖 火遠切說文朝鮮謂兒泣不止曰喧一曰懼也或从爰文二十 愃 說文寬嫺心腹皃引詩赫兮愃兮 査 奢也大也

諼 萲 詐也或作萲 暖 說文大目也 䀭 夒 說文大視也或作夒 晅 暅 晅 日氣也或作晅 烜

光明也 煖 溫也 暖 柔婉皃莊子有暖姝者 諠 忘也漢書諠已而遺形通作諼 菌 艸名山海經孟子之山多菌蒲 夐 營求

也 嫄 女字也 緩 寬綽也 ○𡕪 九遠切屈也文三 𩜵 祭也 卷 𩟰卷不舒也 ○綣 苦遠切繾綣不相離散也文十四

稚 禾相近謂之稚 蘿 萑葦之類初生者皆名蘿郭璞說 𥝩 襁謂之𥝩 𢓒 徐行也 𥳝 𥝩 粽 說文粉也一曰

饙稚摶也或从季亦作捲 圈 圈豚行不舉足皃一曰轉也 拳 拳拳奉持皃 卷 區也禮一卷石之多范宣讀 捲 摶也 䝴

弓 弓曲謂之䝴或作弓 ○巻 窘遠切豆屬文十四 箘 竹名 菌 艸名蕈也巴蜀語 䕑 艸名鹿豆也葉似大豆根黃而香郭璞

說 圈 畜閑也亦姓 陎 聚名在河東 卷 捲 斂也或从手 䪻 屈也 䌸 束也 鬈 鬈曲皃 錈 屈金也吕氏春

秋柔則錈堅則折 麵 餅屬也 䙀 襁也 ○㦥 許偃切張繒車上為㦥或从軒省文十一 軒 車軒 攇 摲 博雅摲擬也

一曰手約物或作摲 蝘 蚓 寒蝘蟲名蚯蚓也或作蚓 㦥 恨也 𤹀 寒病 𧬈 很戾也 𧾍 走皃 ○湕 紀偃切水名出

南郡文二十 犍 獸名似牛 揵 舉也難也 𡱗 爾雅徒鼓磬謂之𡱗一曰女字 筭 竹名 㔟 難也 謇 𧬈 謇 方言

吃也或作護 㯴 𡾟 𡾟嵃山阿也 䠿 弓強也 蹇 說文跛也 鍵 門牡也周禮管鍵鄭司農讀 揵 馬行不利也考工記終日馳騁

左不揵杜子春讀 腱 大筋 褰 字林袴也 建 搉 覆也漢書居高屋之建瓴水或作搉 鰎 魚名 犍 博雅犍䂓矛也 ○

言 去偃切言言脣急皃文三 偄 健偄相從也 嗟 喉嗟癡皃 ○言 語偃切言言脣急皃文十 齞 齗 齞齗露皃或作齗

巘 山形似甗或書作巘 甗 甑也 甗 博雅甗也 遈 方言行也 岏 岏峨嵃山皃 广 崖 仡也或从言 ○寋

巨偃切徒鼓磬文十二 腱 大筋 鍵 說文鉉也一曰車轄 楗 閵 拒門木或从門 𡾟 𡾟 嵃嵃山皃或从蹇 僊 𠊱

倨也一曰偃僊不從或从蹇 揵 舉也 鑳 籥牡也通作鍵 蹇 跛也 ○匽 隱憶切說文匽也文二十七 偃 說文僵也

亦姓 㫃 㫃 說文旌旗之游㫃蹇之皃从屮曲而下垂㫃相出入也古人名㫃字子游古作㫃 匽 山形皃 匽 物相當也 隁 阪也

堰 壅水也通作偃 郾 縣名在潁川 鄢 傿 地名在鄭或作傿 𧻚 走皃 嫣 長皃 㥯 㥯偏性狹 褗 說文褗領

也 鶠 䳺 說文鳥也其雌皇或从隹 鼴 鼹 鼠名或从匽通作偃 鰋 鰋 魚名說文鮀也或从匽 蝘 蠱 蟲名

蜩蟧也一曰蝘蜓守宮或从虫 稪 鍶 戟三刃者謂之稪或从金 軀 偃也 䁙 視也 ○𩕬 翻阮切醜皃文四 𩕬 䚄 觀䚄暫見

畚 不釋米釀也 鴘 鷹二歲色 ○反 反 仮 甫遠切反說文覆也古作反或作仮文十四 返 彶 行還也或从彳

阪 坂 岅 說文坡者曰阪一曰澤障一曰山脅也或从土从山 轓 車蔽 軓 說文車耳反出也 橎 木名不華而實 犿

連狘相從皃 訮 權言合道 㲉 牡瓦 ○畚 橎 父遠切車上篷或作橎文八 飯 餅 飰 食也或从弁从卞

笲 竹器所以盛棗脩 鴘 鷹二歲色 頯 無髮也 ○晚 武遠切說文莫也文二十 輓 挽 說文引之也或从手 鮸

魚名 梚 木名 娩 生子免娩也 娩 婉娩容順 脕 色美澤 脕 愉也一曰 㬊 博雅離也謂皮脫離 蔸 闕人名莊子有蕣閭菟通

作莬 饅 博雅食也 輓 履空曰輓 免 黙也 勉 勖也 俛 頫 俯也或作頫 冕 冠有延前俯也 絻 服也 稅

禾名 菟 艸名 ○塡 徒偃切塡塡質重皃一曰詳徐皃文一 ○痕 芳反切方言惡也文一 ○㖶 丑幰切㖶嗟癡皃文一

○健 力偃切健偄相从也文一 ○冕 忙晚切冠有延前俯也文一

二十一 ○混 渾 戶袞切說文豐流也一曰雜流或作渾文四十 倱 倱伅不慧也通作渾 鯇 鯶 魚名似鱓

而大或作鯶 緷 束羽也爾雅百羽謂之緷 䓪 莌 艸名爾雅䓪芺蘺或省 稛 束也 𪍿 全麥𪍿 焜 爗 說文煜也

或从軍 㯻 說文橐也 梶 束木也揚雄曰梶申椒與菌桂 輥 車缸 溷 濁也亂也 諢 謀也 沄 水流皃 娓 女字

輥 車轂齊等皃 很 不聽行也行難也 頵 䫰頵面急一曰面首俱圓謂之頵 睔 眼 目大皃或从昆 䚠 角圓皃一曰獸

角謂之䚠 醰 醶相沃謂之醰 𩔝 說文大皁也 掍 博雅同也 暉 大出月也一曰暉暉視皃 硍 鍾病聲周禮高聲硍 𩋊 車革

前 顐 頎高也 緄 緄夷西戎名通作混 捆 博雅拑也 䮒 圓長皃 昆 闕人名漢有公孫昆邪 梡 稇 說文梡木

薪也或作稇 晼 地名在舒 眃 眩眃疾皃 ○惛 虎本切惛懣不憭也文三 䫒 黑也 緄 結也 ○梱 閫 朱

苦本切說文門橛也或作閫朱文二十五 壼 壸 說文宮中道也从口象宮垣道上之形引詩室家之壼古作壸 捆 梱 𡇰 圛

說文絭束也或从衣亦作圐圌一曰致也 緷 大束也 悃 說文愊也 捆 齊等也孟子捆屨織席 䋵 織也 齫 齫 齒起

皃一曰齧也或作齫 硱 碖硱石落皃 䠅 說文瘃足也一曰跛也 頵 無髮也通作頵 頵 頿高也 蓘 艸名似蓍食之不夭
豤 齦 豕齧物也或从齒 詪 詪詪很皃 墾 耕也 懇 誠也 ○衮 卷 古本切說文天子享先王卷龍繡於下幅一龍
蟠阿上鄉或作卷文三十六 睔 說文目大也春秋傳有鄭伯睔 緄 說文織帶也 輥 說文轂齊等皃引周禮望其輪欲其輥 緷 束也
百羽為緷 蔉 壅也 惃 ⿰忄衮 博雅惃⿰忄衮亂也或从衮 丨 說文上下通也引而上行讀若囟引而下行讀若退 滚 混
渾 大水流皃或作混渾 ⿰言衮 語不明 碮 鍾病聲謂鍾高則聲上藏衮然旋如衮 輥 轉 錕 車釭齊燕海岱之間謂之錕
掍 䐊 說文同也或从同 鯀 說文魚也 骸 鮌 鯀 闕人名禹父也或作鮌亦作鯀通作鯀骸 鯶 魚名似鱒 橐
大束 緄 鸞鴨矢也 䅇 耕也 憶 憶憶慧也 頷 頓 頓高也或从艮 蓖 艸名蘑也 骪 骨細 捆 拊也 楎 六尺
靲也一曰韓鞮 旙 旗名 𠃌 鉤逆 ○穏 鄔本切蹂穀聚也文八 熅 熅炳熱也 㥯 蹾 安也或从足通作穩俗作埀非
是 緼 赤黃色禮士緼韍 顐 顐顐面急 噻 嚄嚄小口 慍 慍惀煩憒 ○本 畚 補衮切說文木下曰本古作畚文六
畚 畚 說文𤰞屬蒲器也所以盛種或作畚 笨 說文竹裹也 苯 苯䔿艸叢生 ○翉 普本切鳥飛上起文二 㖮 噴也

○䝯 部本切廣雅犬屬一曰守犬文十四 渀 泉湧皃 笨 竹裏一曰不精也 㮥 栟 䆉也或作栟 穦 穲穦穀未穫皃
体 性不惠也 体 僮劣也 畚 輪 車蓬也或作輽 麇 牡 墳 起土也 𪎊 麻蒸也 鉢 粗食 ○蔥
蕄 懑 鞔 毋本切煩也或省亦作懑鞔文八 潣 水盈皃 悗 廢忘也莊子悗乎忘其言一曰無匹皃 瞞 瞻也 悶
悶然混然也 ○損 扺 鎖本切說文滅也古作扺文九 䐊 䐊 說文切熟肉內於血中和也或作䐊 瘁 痒寒也 䐊
目病 跣 裸足行也 硫 石次玉者 姺 國名 ○忖 寸 取本切度也或省文五 刌 忖 博雅斷也或作扝 譐
聚語 ○鄭 祖本切說文減也文八 撙 挫也禮恭敬撙節 噂 譐 說文聚語也引詩噂沓背憎或从言 僔 博雅僔僔眾也
蕁 莽蕁艸叢生 蹲 雉名 嶟 山高皃 ○鱒 粗本切說文赤目魚文十 蓴 說文叢艸也 穧 蒪 禾穧也或
作 噂 㖔 大口也或作㖔 洊 再也易水洊至 蹲 聚也春秋傳蹲甲而射之徐邈讀 壿 說文舞也从士引詩壿壿舞我 僔
說文聚也引詩僔沓背憎 ○黗 吐衮切說文黃濁黑文九 畽 黵 怨畽行無廉隅或从黑 漸 澳漘水濁 膇 烹肉也 吨
吨吨言不了 鈍 方言鈍重也 懟 懟懨不明 詇 詇詪很皃 ○笔 囤 篅 杜本切說文篅也或作囤篅笔一曰篪也文三

十四 盾 闕人名春秋傳晉有趙盾 沌 水不通一曰混沌元氣未判 純 束也 炖 火盛皃 庉 說文樓牆也一曰室中藏 坉
塞也 伅 敦 俱伅不慧或作敦 揗 推也 遯 遁 遂 蹐 遷也逃也或从盾从豕亦作蹐 腞 腯 豚
行曳踵或作腯豚 僓 儳去也 潡 大水 𢄔 大斷 芚 聚也 忳 愚也 ○惀 魯本切惃幢無廉隅文六 惀 廣雅
思也一曰欲知皃 稐 束也 碖 碖硱石落皃 睔 目大也 淪 混淪水流轉皃 ○炳 努本切博雅熅炳也文三 惌
澳漘濁也 漥 水也 ○限 魚懇切限切急意文三 眼 出大皃周禮望其轂欲其眼也鄭康成讀 峎 山名 ○范 治本切死知皃
莊子聖人愚芚郭象讀文一
二十二 ○很 下懇切說文不聽从也一曰行難也一曰盭也文五 詪 說文眼戾也 拫 牽也 蓘 艸名似蓍食之
不夭 䡵 車革前也 ○穩 安很切艸名文一 ○懇 口很切誠也文八 詪 眼戾也 碮 石皃 墾 耕也 頎 至也
一曰㮮隱 齦 說文齧也 豤 狠 說文齧也謂豕齧物或从犬 ○頣 領 舉很切說文頰後也或作領文三 詪 博雅詪詪
語 ○領 其懇切頰高也文一 ○洒 蘇很切驚皃莊子洒然異之文一

二十三 ○旱 下罕切不雨也文十三 峀 山名在南鄭 皔 博雅白也 䓍 艸名 䚊 大言也多言也
悍 性急也通作旱 垾 小堤 䵎 勤也 睅 睔 大目或作睔 䁍 目 覞 大視也 趕 偏立 ○罕 許旱
切說文网也一曰希也亦姓文十六 蔊 菲 菜名味辛或作蔊 厂 厈 山石之厓巖人可居籀从干 暵 熯 焊 乾也
或作暵熯焊 暵 耕也或从耒 鸛 艸名 灘 灘 水濡而乾也或从鳥 軒 闕人姓鄭有軒虎 浫 水名 鶾 鳥名
○侃 可旱切說文剛直也从㐰㐰古信字从川取其不舍晝夜引論語子路侃侃如也文三 衎 說文行喜皃 鶾 鶾鶾鳥名似雞五色晝夜
鳴 ○笴 稈 秆 竿 古旱切字林箭笴也或作稈秆亦省文二十一 稈 秆 䅒 𥢱 說文禾莖也引春秋傳或
投秉稈或作秆䅒𥢱 芉 艸名一曰蓋苡子 衦 靬 摩展衣也或作𥿓 擀 扞 以手伸物或省 旰 目多白也一曰張目
仟 長也 䵫 䵫 䵫 說文面黑气也或作黚䵫 𣟹 桿 柄也或从竿 矸 䃭磹也
二十四 ○緩 鬆 戶管切舒也或从素文三十一 緩 徼緩徐行 捖 摩也擊也 鵨 赤色一曰濁也 澣
澣 浣 濯衣垢也或作澣浣 綄 博雅纏也一曰船上候風羽 峘 山多 晏 明也 睆 大目皆也 覞 大視也 梡

棵斷木也一曰木名一曰薪蒸束或作棵䁪睕䁪小有財篗博雅籯篗簸也䓞莞艸名芙蘺也或省鰀鯇
鯶魚名或作鯇鰀㟦山名睆縣名在廬江輠回也禮叔孫武叔見輪人以杖關轂而輠輪者輐圜也形栽之所用漶
漫漶難測也䴷全麥䴷蘐蘿也甇瓦器大口豢食犬豕曰豢○盌㼝埦椀鄔管切說文小盂也
或作㼝埦椀文十一捥取也睕睕䁪小有財宛關人名春秋傳使宛來歸祊婉順也詩燕婉之求徐邈讀䁔捾目睆
睕小嫵媚或从宛○款欵苦緩切說文意有所欲也或从柰俗作欵非是文十七𢷇也窾空也䥶燒鐵也
𧛞襱也棵梡欵斷木也或从完从款䲌魚名𢕓𢕓𢖚徐行顆𦽦艸名爾雅菟奚顆凍或作款稭
禾病捖擊也𣸣水名緩舒也○管琯古緩切說文如篪六孔十二月之音物開地牙故謂之管或从玉古者琯以玉舜之時西
王母來獻其白琯前零陵文學姓奚於冷道舜祠下得笙玉琯夫以玉作音故神人以和鳳皇來儀也管一曰姓也通作筦文二十蜿蟲名筦說文筟也
輨𨋳說文轂端沓也或作𨋳錧田器博雅錬鐕錧也𩌢說文車鞁具館客舍也俗作舘非是裷博雅綣其裷謂之襱
盥灌澡手也一曰灌祭也或作灌悹悹悹無依也一曰憂也或書作悺痯爾雅痯痯病也浣濯也史記身自浣滌劉伯莊讀逭

集韻上聲五　四十一

爾雅逃也脘肒說文胃府也一曰即胃脯漢殖貨傳濁氏以胃脯連騎或省脘胃腑閞所以出鍵也通作管○滿母伴切說
文盈溢也亦姓文十一懣懑煩也或省𥶇𥸯博雅𥶇篗部也或从滿鏋金精謂之鏋浼汙也靦塗面也
曼曼遝不分別皃㒼平也五行數廿爲一辰有兩㒼平故从廿从兩𧖴以血塗也○坢普伴切平坦也一曰發地文四𧻚走皃
𡙛面大也拌捐弃也○粄粹𩛼補滿切屑米餅也或从半从食文九瓪牝瓦眅大也綆車輪韋也
般漢縣名在今齊州地一曰面平皃跘交足坐𩫽臥髻○伴部滿切說文大皃一曰侶也文八㚘說文並行也
鉡鋬也竝並同竝縣名在牂牁或作竝拌博雅拌捐弃也昄爾雅大也秚物之相和通作伴○㪔散
蘇旱切雜肉也隸作散文十四𣀔麻分也通作散𢿏飛也繖𢄼傘𠍈說文蓋也或从巾亦作傘𠍈𥴌博雅篙𥴌桃枝
竹也饊糤說文熬稻粻餭也或从米𥳠竹器鏾弩機緩謂之鏾𦽿艸名○鬢子罕切髮好也一曰光澤皃文四
趲逼使走也穳稱也攢折也○瓚在坦切宗廟祼器一說三玉二石曰瓚四玉一石曰琟玉石相半曰瓚諸侯用之文四欑
營欑祭處趲逼使走囋嘲也○算選撰損管切說文數也或作選撰文七匴說文淥米藪也篹籑

篹屬一曰竹木素器或作𥳩通作匴䈴博雅䈴謂之䈴○纂𥿆纗祖管切說文似組而赤一曰集也或作纂纗文十九纘
車衡三束纘餐說文繼也古作餐穳廣雅鋋也欑矛戟柄一曰欑祭祀之所儹說文最也一說聚而計事曰最䝬
篹說文竹器也或作籑鄼說文百家爲酇酇聚也一曰縣名在南陽燇焌灼龜也或作焌僔衆也鐏戈柄下銅趲
逼使走也穳䆓禾積也或作䆓○鄹郰緒纂切亭名在新豐或省文五選算筭數也或作算筭○亶
單黨旱切說文多穀也一曰誠也厚也或作單俗作亶非是文二十二癉癉風病或从單鴠鶡鴠鳥名閳也奓奓嘽
撣也疸黃病也笪担博雅擊也亦姓或从手皻面瘡病也䑥博雅䑥危也狚獸名獺亶也嬗也燀
厚燠也呂氏春秋衣不燀熱亶偏舍謂之亶繟緩也通作嬗𠟉割也繵束也史記繵緣中經維絡僤速也動也憚
怛勞也或作怛○坦壇儻旱切平也明也或作壇文十三閳闢也儃儃儃舒閒皃僤速也動也靼𩏂
柔革或作𩏂胆明也璮玉名也䩢面平也嘽嘽嘽聲舒緩也𣁄㪔數無文嬗緩也婢也○但袒
襢亶蕩旱切說裼也或作袒檀亦省文二十三膻胆說文肉膻也引詩膻裼暴虎或省儃何也僤速也誕

集韻上聲五　四十二

這唌說文詞誕也或省亦从口誕一曰大也觛說文小觶也䁴聽也繵禪也一曰大帶謂之繵憻憻悅喪之輕服
䮼馬帶也潬江東呼水中沙堆爲潬今河陽縣南有中潬城蜑蜒蜑屬或从虫憚勞也難也撣說文提持也
嬗緩也婢也柦木器如撒無足○嬾懶悚㦨孏孄魯旱切說文懈也怠也一曰臥或从心亦作悚㦨孄
文十五糷𥽕粸飯相箸也或从蘭从柬灡潘也讕譋囒詆讕誣言也或作譋囒攋方言壞也
襰惰於祭也○䖦士嬾切爾雅虎竊毛謂之䖦貓蓰乾讀文一○攤乃坦切按也文二㦟以巾拭墀也○短𢫸
覩緩切說文有所長短以矢爲正或从手文九裋布襦斷𠛮剬㫁截也古作𠛮剬㫁俗作斷非是𢸥博雅轉也一曰轉籑
也䝼睆䝼小富○疃畽墥暖躖土緩切說文禽獸所踐處引詩町疃鹿場或作畽墥暖躖文九𧬈詖讕言惑
𢥗𢥗心惛瘓癱瘓病皃𩋛履後帖○斷𣃔𣂔剸杜管切絕也古作斷𣃔剸文八䠪說文踐處也
𩎑緞鍛履後帖或从糸从革○㲜千短切說文精纂也文二𣯊重祭也○卵魯管切說文凡物無乳者卵生象形
文二惌行無廉隅謂之嚾惌○偄阿侃切偄偄不懼也文一○輐五管切輐斷刑截所用也一曰圜皃文二䚟䚟斷無圭角皃○

煗㬉暖䎡乃管切說文溫也或作㬉暖䎡文十一 餪博雅餪餪饋也一曰女嫁後三日餉食爲餪女 渜湄
說文湯也或作湄 稬稻也 稬短襦也 堧垣外餘地 臑體㬉也○豢胡滿切養也莊子民食芻豢文二 輐
圜皃○湲火管切弄水也文二 癏痛也
二十五○潸數版切涙下皃文二 𩅿雨皃○棧楚綰切說文𨎼也文二 齴齴齗齒不正皃○酢
阻版切酢䣛老也一曰色慙文三 拃撲也 𢧵迅飛皃○蝬仕版切蟲名爾雅蜆馬蝬一曰蟬大黑者謂之蝬文三 虥虎竊毛謂
之虥猫 齴齗齴齒不正皃○撰雛綰切持也具也或作𡨥文五 饌具食也或作𩝴 籑竹器禮食於籑飫遵讀
○赧䞣戁乃版切說文面慙赤也周失天下於赧王或从皮亦作𧹞文八 䣛酢䣛色慙或作䣛 戁說文敬也
㬮說文溫溼也 蝂蝂蟬屬○㬮奴版切㬮㬮溫溼皃文一○僩下赧切說文武皃引詩瑟兮僩兮一曰寬大皃文七 憪愉也
撊忿皃春秋傳撊然授兵登陴 橺大木 捍止也 𤞣猛也 𦶜以飾縣鍾鼓也○齗雅版切說文齗一齒見皃或
从干文三 𡸪山皃○睅戶版切說文大目也或从完文十九 鯇說文魚名 晥明皃或从日 鋎刃也

上聲五　四十三

莧莞皖莧爾笑皃或作莞皖 綄衣䙛 䴷黃蒸麴子一曰全麥爲麴或从完 峞山名 悍急也 攌
木柵也史記攌若囚拘劉伯莊讀 睅日出皃 脘肉也 捍捍撻搖動 浣水名在江夏○綰鄔版切說文惡也一曰絳也絹
也擊也文五 揎取也 䩡曲面謂之䩡 悺人名漢有左悺 䁊目○版補綰切說文判也或从木文八
蝂蝜蝂蟲名或書作蝜通作版 舨艬舨舟也 㱨說文敗也一曰北瓦 鈑爾雅餅金謂之鈑 胖夾脊肉一曰半體也周禮膴胖
杜子春讀 昄說文大也○眅普版切多白眼也文二 昄大也○阪部版切坡也或从土从𠂤文八 返
𢓊說文還也引商書祖伊返或从彳 㼙大也 反難也詩威儀反反沈重讀 魬魚名○㬮母版切說文目䀏也一曰目美皃
文六 娩慢也 𦱩菜名 矕矕然慙皃 昄多白眼也 䕕艸名
二十六○產所簡切說文生也文十二 䁢大篇通作產 摌捍摌手精擇物也 㹌說文畜牲也 嵼
嵼嵼山曲皃 汕魚遊水也 滻說文水出京兆藍田谷入灞一曰出涕皃 𥰗竹器 驏馬名 㦃木名 䤴礸栗也 㦃
全德也○剗楚限切平也翦也韓詩剗勿敗文十三 鏟說文鏶也一曰平鐵 弗器 燔肉 羼說文羊相厠也从羴在尸下尸屋也

一曰相出前也 㦃全德也 𩨚驏字林礸栗也或作驏 𦟛皮也 棧說文𨎼也 𧾷麥也 蹍徒騎也 剷剗也
戔傷也○㦃揣綰切全德也文二 䤴礸栗○醆阻限切盎齊也禮醴醆在戶文十一 琖䥇盞湔
錢王爵也夏曰琖殷曰斝周曰爵或从角从皿亦作湔錢 𥂝木名 棧爾雅鍾小者謂之棧東晉元興中剡縣民井中得一鍾長三寸口徑四寸
銘曰棧一曰淺也 㟞嶘巉嶮山峻皃或作嶘 戔傷也○棧仕限切說文棚也竹木之車曰棧亦姓文十八 碊博雅攻也
一曰蜀道 輚轏臥車也一曰兵車或作轏通作棧 䑡腹大皃 㹽犬食曰㹽 嶘㟞說文尤高也或省亦書作㟞
鰧鯵魚名或从孨 孱博雅惡也一曰孱陵縣名在武陵 羼羴羊屋也或从羊 僝具也 剗博雅攻也
虥虥貓獸名 齴齒跌皃 蝬馬蝬蟲名○限下簡切說文阻也文八 硍石聲 𥈥說文大目也一曰晚𥈥目視皃
掔牛不從牽謂之掔 閬閑也或作㢓 㬮通作限 骭脛中也○齦起限切博雅齧也或从牙文二 狠
○簡賈限切說文牒也一曰略也閱也誠也亦姓文十三 撊說文大木皃 澗𣸉漸也 僩說文武皃爾雅瑟兮僩兮或作撊
襇襉帬幅相攝也或省 柬揀說文分別簡之也从束八八分別也或从手通作簡 暕明也 𥳑存也 𥶐說文

上聲五　四十四

視也 閒地名春秋傳大蒐于昌閒○眼目語限切說文目也古作目文六 巘𨎼巘高峻皃 𡸪峨𡸪山皃 跈跡也
嘐小笑皃○盼匹限切動目也一曰美目皃文一○晚武簡切說文晚暮目視皃或書作䀐文一○版板蒲限切籍
也古从木文三 阪阪泉地名○軋簡眼切車輾文二 寬寬赧進也

集韻卷之五

集韻卷之六

翰林學士兼侍讀學士太中大夫尚書左司郎中知制誥史館修撰判館事上柱國濟陽郡開國侯食邑一千三百戶賜紫金魚袋臣丁度等奉

敕脩定

上聲下

銑第二十七 蘇典切與獮通　獮第二十八 息淺切

筱第二十九 先了切與小通　小第三十 思兆切

巧第三十一 苦絞切獨用　晧第三十二 下老切獨用

哿第三十三 賈我切與果通　果第三十四 古火切

馬第三十五 母下切獨用　養第三十六 以兩切與蕩通

蕩第三十七 待朗切　梗第三十八 古杏切與耿靜通

大三千三五小一百七十五　集韻上聲六　一　錢良

耿第三十九 古幸切　靜第四十 疾郢切

迥第四十一 戶茗切獨用　拯第四十二 蒸之上聲與等通

等第四十三 得肯切　有第四十四 云九切與厚黝通

厚第四十五 很口切　黝第四十六 於糾切

寑第四十七 七稔切獨用　感第四十八 古禫切與敢通

敢第四十九 古覽切　琰第五十 以冉切與忝儼通

忝第五十一 他點切　儼第五十二 魚檢切

豏第五十三 下斬切與檻范通　檻第五十四 戶黤切

范第五十五 父鋄切

二十七 ○銑 蘇典切說文金之澤者一曰小鑿一曰鐘兩角謂之銑文十九 洗 說文洒足也一曰絜也通作洒 烍 燒也

拺 拺挑手捻物 筅筅 飯帚或从先 跣 說文足親地也 毨㲃 理也說文仲秋鳥獸毛盛可選取以爲器用或作㲃 姺 國名或从邑 𨛜 桄 木名爾雅桄大棗出河東猗氏縣子如雞卵 茪 艸名 銑 魚名 洒 肅恭皃禮一爵而色洒如 箲 竹器博雅箒謂之箲 鍌 闕人名唐有竇維鍌 燹 野火 鑴 小缶 ○扁 補典切說文署也从戶冊戶冊者署門戶之文也一曰不圓皃亦姓文十六 匾 器之薄者一曰匾㮰 編 絞也 緶褊 褰衣或从扁 萹蓄 艸名說文萹茿也或作藊 稨䅵𥢧 㼐 瓦名或作𤗸 惼 惼愜性狹 碥 乘石皃通作扁 糄 燒稻取米曰糄 扁卑 扁虒薄皃或从卑 ○覑 匹典切視皃文二 萹 萹茿艸名 ○辮 婢典切說文交也文十六 辨 旋流 鯿蕍 博雅緶謂之編一曰襞底或从萹 艑 艑艖舟也 編 組也 鰛 鯿鰛鹽也 癟 風病 𩩻 骨生 扁鶣 姓也古有扁鵲或作鶣 毼 毼毹毛不理 鍽 小缶 一曰紡鍾 緶 博也 㡦 貧也 胼 脉隱起如瓣繩 ○丏 弥殄切說文不見也象壅蔽之形文十 眄 目偏合也一曰邪視 䁧 博雅撰培封塗也 聮 目童子黑 瞑 目旁薄緻宀宀也 芇 相當也 苪 艸名 淠 澳淠水皃 眠 楚謂欺爲眠娗一曰偭劣 𢹂 飾也 ○忏 七典切怒也文一 ○典 多殄切說文五帝之書也从冊在丌上尊閣之也莊都說典大冊也一曰常也古从竹文

九 敟 說文主也通作典 蕇 艸名說文亭歷也 琠 說文玉也 𩑡 頰後 錪 釜也 婰 女名 黗 黑也 ○腆 𩚮䩞 他典切說文設膳腆腆多也或作𩚮䩞或書作䩞文三十六 娗 欺慢也一曰偭劣 𧐖 蝘𧐖蟲名青蚨也 餂 貪也 奵 嫇奵好皃 紾 垂絕皃 䏎 䏎華藥艸 捵 手伸物也 䟕 當也 㙉 明也 琠瑱瓑 玉也或从真从殿 錪 說文朝鮮謂釜曰錪一曰重也 靦䩄𩈹 說文面見也引詩有靦面目或作䩄𩈹 㥏㥏 說文青徐謂慙曰㥏 或作腆 䟶𨅣 行皃或从亶 唺 吐也 㼵 病也 淟 博雅淟涊垢濁也 倎 厚也 㙉 或从土通作腆 町 圢畽𡏀 町畽鹿跡一曰𤲞田人衆皃或作圢畽𡏀 蚕 蟲名螾也 忝 忝讕言不定 悿 悿憪心或 ○紾 𩑶㐱 徒典切說文盡也或作𩑶古作㐱文十五 餮飻 貪食爲餮或省 蜓蝒 蟲名說文蝘蜓也一曰蜓蚞蟬類或从殄 𤝞 𤝞獿劣皃 跈 止也 典 頗典堅刃皃一曰車轅束 紾 角理猶也周禮老牛之角紾而昔一曰垂絕皃 沴 陵亂也莊子陰陽之氣有沴徐邈說 瘨 病也詩瘨我以旱 抮 借也 娗 眠娗不開通皃 ○撚捵 乃殄切說文執也一曰蹂也或从典文八 蹨跈 趁 蹈也逐也或作跈趁 涊 淟涊垢濁 捻 廣雅借也 䤵 靦䤵少色 ○檽 子殄切博雅𥂭檽盂也文一 ○顯𢇍

呼典切說文頭明飾也一曰著也光也亦姓古作㬎文十四 韅韅說文箸腋鞥也一曰在背曰韅或从顯 蜆𧕿小蛤或从顯
[?]鑯削也或从金 𢲵攇僣也或作攇 憲典盛皃詩憲憲令德 晛日見也 灦灦湙水皃 憪意難也
○𥨉牽典切不動也文七 貇齧也 醫齒齹齒露皃 𦁛緊博雅䋮也或作緊 豎蟲名蟹蟺也 𧱊說文牛很
不从牽也一曰大皃○𦽞襺絸吉典切說文蠶衣也从糸从虫芇聲或作𦽞古作絸俗作𦇍非是文二十五 𦽞艸名紫茥也
涀小溝 䳍鷤䳍鳥名子䳍也 襺說文袍衣也以絮曰襺以縕曰袍 挸攤博雅拭也或作攤 𪐊黑皴也 趼
[?]胝也一曰足指約中斷傷爲趼或作[?] [?][?][?][?]說文小束也或作[?][?][?][?] 垷塗也 筧
梘通水器或从木 豣獸名爾雅麠絕有力者 顋頰後 𧁌艸名蕁也 欄棧也 硯石濡 ○𡸶峴胡典切一曰山
名一曰山小而險一曰嶺上平或作峴文二十一 垷說文塗也 憪憪憪意難也 俔譬喩也一曰磬也 誢諍語 哯吘
說文不歐而吐或从开 㫮日氣一曰明皃 睍說文出目也一曰好視 筧竹名 臔博雅臔肥也一曰肉急 𪐊黑皴也
縓綴也 蜆蟲名說文縊女也 鋧銑鋧小鑿也 䁂限也 㛇細要也 現石之次王者 礥堅也 娊女字

○蝘𧕅於殄切蟲名說文在壁曰蝘蜓在艸曰蜥易或从䖵文十五 躽曲身也 歐大呼用力也 䁙𥇜說文目相
戲也引詩䁙婉之求一曰仰視或作𥇜 嬿嬿婉安順皃 醼合飲也 宴燕爾雅宴宴居息也或作燕 [?]闕人名春秋傳有敬
仲曾孫[?] 𢡲恨偏性狹 [?]行跡 晏安也 偃仰也 ○齞研峴切說文張口齒皃文一 ○犬苦泫切說文狗之有縣蹏
者也象形孔子曰視犬之字如畫狗也文二 畎畎戎西戎之種通作犬 ○旋信犬切鍾縣謂之旋李軌說文一 ○蜎於泫切井中小
蟲文 [?]飫也 ○𡿨𤰝𤱓古泫切說文水小流也周禮匠人爲溝洫耜廣五寸二耜爲耦一耦之伐廣尺深尺謂之𡿨倍𡿨謂之遂
倍遂曰溝倍溝曰洫倍洫曰巜古从田川篆从田犬聲六畎爲一畝文十六 汱水落皃 狷獧有所不爲也或作獧 埍說文徒隸所居一曰
女牢一曰亭部 詃誘也詐也 罥䍯絹羂挂也或作䍯絹羂 擐繫也 琄玉皃 𣸧淖耕也 呟聲也
○泫胡犬切說文湝流也上黨有泫氏縣文二十八 汱水落皃 鉉說文舉鼎也易謂之鉉禮謂之鼏 琄珮玉皃通作鞙 [?]
說文試力士錘也 罥絹挂也或作絹 鞙鞙大車縛軛靼也或从玄 䩚鞙䩃車弓也或从革从肙 繯
說文絡也 埍徒隸所居一曰女牢一曰亭部 [?]博雅坑也 矎說文盧童子也 [?]馬一歲 [?]償也 旬目搖 炫說文

爛爓也 昀畇田平均也或作畇 [?]虎怒皃 [?]說文分別也从虤對爭貝也一曰獸名出西海大秦國似狗多力獷惡 [?]
爾雅馬青驪者 [?]玉聲 [?]露皃 [?]水流皃
二十八 ○獮㺌省𤣻息淺切說文秋田也或作㺌省𤣻文二十五 禰䙹說文宗廟之田也或
作䙹 尟鮮尠鱻仙說文是少也尟俱存也从是少賈侍中說或作鮮尠鱻仙 燹爓野火或作爓 檽木名
癬博雅[?]瘡也 癬㿅說文乾瘍也或作㿅 蘚垣衣一曰白艸名 䉳博雅䉳蘚䉳也 蚜蚰蠲也 嶼小山別大山曰
巘通作鮮 [?]水也 [?]慚也 𤣻王名 [?]女字 ○淺濺此演切說文不深也或作濺文五 跣足親地也書若跣弗
視地徐邈說 刋斷也刋肺脊以祭徐邈說 諓言淺也 ○𦑻翦子淺切說文羽生也一曰矢羽古作翦文二十七 前
齊說文齊斷也或作齊俗作剪非是 揃㨵說文搣也二曰擇也或从翦 戩衼說文滅也引詩實始戩商爾雅福也
或作衼 錢說文銚也古田器引詩庤乃錢鎛 瑐玉名 鬋剃髮 諓諓諓淺薄皃一曰巧言也一曰善也 媊明星也一曰說太白妻
曰女媊 [?]說文女鬢垂皃 帴帬也狹也 譾語頰 萷艸名王萯也 箭竹名 籛姓也一曰竹名

戔少意 湔水名在蜀郡 譾俴淺也史記能薄而材譾或作俴 戩博雅戩武也 煎滅也 孨謹也 ○
縒似淺切博雅縒緩也文一 ○踐跈在演切說文履也一曰列也或作跈文十三 俴衞說文迹也或从行 㣤說文
水阜 俴說文淺也 餞送去食也 諓說文善言也一曰謹也一曰淺薄皃 殘廣雅殘蚌也 錢田器 帴戔
狹也周禮革白急者先裂則是以博爲帴或省 淺滅也書𤅊淺納日馬融讀通作餞 ○選撰須兗切說文遣也从辵巽巽遣之一曰擇也或从手
文十 巽躍䍝說文网也引逸周書不卵不躁以成鳥獸䍝者䍝獸足也故或从足亦作䍝 籑竹名 算數也 譔字林
一羊未晬 覨見也 僎具也 䫄選具也 ○臇爤子兗切說文脽也或作爤文十一 𤏸火皃 剬斷齊也
鐫博雅鑿也 [?]說文蟲食也 雋肥也 僝孱具也或省 䍀華聚皃 剸截也 ○雋粗兗切說
文肥肉也从弓所以射隹長沙有下雋縣亦姓文十一 抁揣也 吮䏛說文欶也或从舌 𤻵廣雅𤻵殘蚌也 𦺜蔨蕪菜名
嶲鄽地名在齊或从邑 愽爾雅愽愽憂也郭璞讀 阭高也一曰地名 𧕋蟲食劓也 ○[?]矢善切意膸也
一曰意急而懼一曰懸也文三 㜣恣也亦姓 𥌝視面色變也 ○闡齒善切說文開也引易闡幽文十六 幝說文車弊

皃引詩檀車幝幝 綫說文偏緩也 繟說文帶緩也 嘽單聲緩也或省 譂安言 燀說文炊也引春秋傳

燀之以薪 䵐廣雅䵐黃也 灡水名爾雅汶為灡 僤墠地名在魯或作墠通作闡 嘽寬也老子嘽然而善謀河上公讀通作繟

鐥博雅䥇謂之鐥 憚慢傷也 𪎹寬大也 ○膳盲善切耳門也文二十七 䁴䁟說文視而止也或从善

顫說文倨視人也 嫸說文好枝格人語也一曰靳也 戰戰戰武也 鏟劃說文伐擊也或从刀 剸博雅剸攻㓨也 軆

儃倮也或从人 顫首動皃 皽博雅皽皮寬也 䆄束也 樿說文木也可以為櫛杓 橏木名一曰木瘤也

燀炊也 饘衡糜也或作衡 襢露也 戩爾雅福也 醰酒苦謂之醰 酢括也 撣排急也 僐作姿

也 戔賊也周書戔戔巧言也 𢹂引也 ○譱𧬮善嬗上演切說文吉也或省隸作善亦作嬗文二十五 膳說文

具食也 譱僐說文作姿也或作僐 單單父縣名亦姓 墠壇說文野土也一曰除地祭處或作壇 墡磰白土也或

从石 鄯鄯善西胡國名 䴻麰䴻脊新麥為餌 鱓鱣䱇說文魚名皮可為鼓一曰蛇鱓黃質黑文或作鱣䱇 紾牛角理觕

潬澶沇潬水相薄也或作澶 僤行動皃漢書象輿婉僤顏師古說 蟺蟮蟲名說文蝘蟺也或作蟮蟺一曰土蠭 樿

木名山海經風雨之山其木多楸樿白理中櫛 鱔魚名 ○蹨忍善切踐也文十二 㞙燸㮕說文柔皮也或作燸㮕 燃

㦓說文意𦟝也一曰意急而懼或从心 戁懼也 熯說文乾皃引詩我孔熯矣 𡟫敬也通作戁 橪木名說文酸小棗一曰染也

齗廣雅笑也 嫸姿也亦姓 ○舛𨇝尺兖切說文對卧也从夕牛相背揚雄說舛从足春一曰錯亂文十 喘歂說文疾息

也或从欠 荈茶晚取者名荈 笲竹以貫物 揣敥博雅度也或从支 蝡螺蝡動蟲一曰無足蟲 腨腓也 ○膞

主兖切說文切肉也文十二 䵎剬說文截也或作剬 剸說文斷齊也 竱說文等也春秋國語竱本肈末 孨說文謹也从三

子一曰孤孨 𨶜說文開閉門利也一曰縷十紘 囦四刑固出 巵𠨚說文小巵也或从專 鱄說文魚也 轉

無窮也太玄輇轉其道王涯說 ○腨𨈆豎兖切說文腓腸也或作𨈆文十九 踹足踵也 膞𦞤切肉也或省 歂口氣引也

䏝說文上小巵有耳蓋者 鄟䢩地名屬魯或从𨸏 鱄魚名 輲輇槫團載柩車也或作輇槫團

蒪艸名無魚也凡水有此艸則無魚 溥雱露皃或从雨 剬斷齊也 吮舐也 ○耎乳兖切說文稍前大也文

三十八 輭軟需濡柔也或从耎从欠亦作需濡通作耎 甍萸䩛媆㲃𢈤說文

柔韋也从北从皮省从夐省徐鉉曰北者反覆柔治之也夐營也或作甍䩛古作㞙䪿作兗陊 腝足疾 媆說文好皃 愞懦偄

𢠸選愞劣弱也或作懦偄𢠸 緛褑說文衣戚也或从衣 䠆小有財 畽城下田 碝礝瑌說文石次玉者

或作糯瑌 楆木名棗也似柿而小 萸檽說文木耳也一曰蕣茈或作檽 蝡蠕說文動也一曰狄號或作蠕 㞋博雅

弱也 𦯬艸名藍也 䉌竹名 剸剶剝也或作剶 𩠏䙇羽獵韋絝或作䙇 渜湯也 ○棧士免切棚

也文七 俴淺也 孱孱陵縣名在武陵 齴齒不正 轏車名 蝬蟲名 虥獸名虎文 ○撰巽雛免

切持也或省文十七 譔籑述也或作撰 籑通作撰 僎說文具也通作撰 頭選具也 㔶齊也从二巳 巽蹮周也

或从足 鱌魚名無骨 饕饌具食也或作䉵 僎見也或省 鱄大魚也詩鱄魴鱮沈重讀 蓴艸名 䍁

衣緣 ○巽式撰切罔也文五 䍁未晬羊 撰懦撰弱也 匴筭也一曰盛米籔一曰竹器或作匴 ○褊俾緬切說

文衣小也文七 辯辡說文憂也一曰急也或作辡 諞巧言 緶輪革也 扁搏也 惼急也 ○楩婢善切木名文九

辡博雅憂也一曰急也 㙋說文搏也 諞巧言 扁姓也古有扁鵲 牑畜母也 轞車也 艑舟名 鶣底 ○

緬緬彌兖切說文微絲也或作緬文二十二 𩍐靦說文勒靻也或作靦 愐慕謂之愐 愐㤣說文勉也一曰想也

勔僶爾雅勔勉也或作僶通作黽 偭鄉也一曰偭焉不顧皃 湎酾酾說文沈於酒也引周書罔敢湎于酒或作酾酾

沔說文沔水出武都沮縣東狼谷東南入江一曰入夏水一曰流滿皃 丏說文不見也象壅蔽之形 㴐說文驚也一曰止也 澠黽

澠池縣名或作黽通作沔 渳浴尸也周禮大渳李軌讀 媔姡也 姄矜也莊子以黃金注者殙 眠眠娗不開通皃 ○辮平免切別

也文六 辯說文治也从言在辡之間 辡罪人相訟也 𥳑博雅𥳑篋籠籬也一曰竹篚 諞巧言 辡博雅憂也 ○辡

辯邦免切說文辠人相與訟也或从言文九 瞏說文兒初生瞥者 覵視皃 鴘鷹隼二歲色赤亦姓 辨別也周禮辨方正位劉昌

宗讀 濺水皃 采辨別也一曰獸懸蹄 篇古書竹簡也 ○鴘披免切鷹隼二歲色赤文一 ○免美辨切釋也上也亦姓文

十五 娩娩娩順也 挽生子免娩也 勉說文強也 俛俯也 冕絻悗說文大夫以上冠也邃延垂瑬紞纊古者黃帝

初作冕或从糸从巾 鮸說文魚名出薉邪頭國 葂菟闕人名莊子有蔣閭葂或作菟 𢧵廣雅黃也 挽引也 浼潣

浼浼水皃或作潣 ○㞡展知輦切說文轉也一曰誠也舒也省視也隸省文十四 蹍蹑也 襄襢丹縠衣或作襢 琠

說文極巧視之也輾卧而不周曰輾通作展搌博雅搌攁展極也一曰縛束也皽皮也㛪㛪姡好皃蟨蟨說文蟲也
或省紾轉也樶木名○蒧毋展切說文敕也引春秋傳以蒧陳事一曰去貨文十六蟨說文蟲曳行也僸人形長皃延
遳安步也或作遳鏟博雅鏟杼長也搌搌攁展極也䁰笑皃轖收絲器一曰驂具㫃說文旌旗杠皃犍牛緩
謂之壥寘寘䄷笛聲緩也䄷長也䄷味樶攁樶樹長皃梴木長皃○䞁邅𨇜丈善切移行也一曰
循也或作邅𨇜文四紾轉也○輦力展切說文輓車也从扶在車前引之文十六謰謰謱語亂也摙負擔也僆爾雅雞未成者一曰
江東人謂畜雙產曰僆蓮蓮芍縣名在馮翊槤璉說文瑚槤也或从玉通作璉鄻說文周邑也燫小然謂之燫
連難也易往蹇來連𤄷水名山海經王屋之山𤄷水出焉即濟水䙪䙪禾也漣水也𢜩留意膦膦臉無力𨍱
𪍿𪍿劣皃○㞡尼展切弱也一曰又也文十二輾輾說文轢也或从展碾碾磨也或从㞡趁跈
蹍跟踐也或作跈蹍跟䄷寘䄷笛聲緩也䡀魯邑㯙轢物器○轉陟兗切輾轉反側也文四槫丸槫篿也
竱廣雅齊也嫥女名○篆柱兗切說文引書也文十二瑑瑑圭璧上起兆或从篆摶百羽為摶縳縳

說文白鮮色也或省隊博雅院也一曰道邊庫垣墂耕土卷沌水名在江夏豚篆也莊子豚楯之上司馬彪說鱄魚名鮑也
戭闕人名擣戭古才子○臠脟力轉切說文臠也一曰切肉臠也或作膞文八覶視皃嫡孌孌說文順也引詩
婉兮孌兮或作孌孌亦書作𦽖蘗蘗艸名鳧葵也或从藥○遣去演切說文縱也文九𨑢𨑢說文𨑢商小塊也隸省
繾繾綣不相離也饘饘博雅饘𩝼擣也一曰粘也一曰乾餌或省蕑蕑蘚籍也譴小息也壇土壇也○演
以淺切說文長流也一曰水名文十五衍說文水朝宗于海也一曰廣也達也樂也散也通作演縯長也戭說文長槍也引春秋傳有擣戭
衍舒布也勔緜緜也勉也嗔笑也黃艸名爾雅黃菟瓜衍蟲名蚰蜒也延綖冕上覆或作綖䛘
䜩諓善言也蜓蚰蜒虫形蚰蟲行皃衍木名○蠉馨兖切說文蟲行也文七趲走意暖兒初生瞥者蜎
蝝井中小蟲或作蝝縯綴也闒開閉利也○蜎蠉下兖切井中小蟲或作蠉文三繯維也一曰旗紉一曰䍯耳○
㕣㕣以轉切說文山間陷泥地从口从水敗皃讀若沇州之沇九州之渥地也故以沇名焉古作㕣文二十沇沿流
說文水出河東垣王屋山東為泲古作沿或从兗阭阮高也一曰地名或作阮抁捖動也拂也或从兗綩紭也莬

艸名雀弁也騀馬逆毛兗州名通作沇蜎蜎井中小蟲或作蜎訡笑皃一曰善言繯維也吮嗍也
𠕋謹也飈小風○蜎葵兗切井中蟲名說文肙也文二䡕說文大車縛軛靼○蹇九件切說文跛也亦姓文三十
二謇謇寋讓護博雅吃也或作謇謇讓護謇一曰難也寋爾雅徒鼓磬謂之寋攐攓搴
說文拔取也南楚語引楚詞朝搴阰之木蘭或从蹇亦作搴俗作攐非是僊傿偃僊傲慢也或作僊擖攓攐展極也縴縮也
襪褰絝也或省蹇弓彊巘巘嵯山皃蹇蹇艸名蔚也或从蹇鱶魚名囝閩人呼兒曰囝鍵
籥牡也蹇說文走皃鄽地名闕有鄽鄭蓬竹名揵舉也犍難也犍矛屬騫鶱也㔙力也樌
樌攐樹長皃○鍵鑳巨展切籥牡也或作鑳文六楗闑距門木或从門件說文分也从人从牛牛大物故可分巘
巘嵯山皃○䜩起輦切縮也文一○㫃於蹇切旌旗皃文四趨走意嫣長皃鼴鼠名○齞齴語蹇切博
雅笑也或作齴文十三巘山形似甑嵃巘嵃山峻皃甗甗甑也遪行也嬽嬽博雅嬽嫙齊也一曰好也或省
瓛玉甗也讞評獄也齞齗齒露也或从开瓜㼎瓢也○卷古轉切說文鄰曲也文十菤葹艸名爾雅

菤耳苓耳形似鼠耳叢生如盤或作蕃鞶屈也一曰革中辨謂之鞶帣斂衣也菤聚名在安邑捲斂也通作卷埢
埢土睠爾雅羊角三睠羷卷豆屬○圈巨卷切說文養畜之閑文七蔨艸名爾雅蔨鹿藿蜎井中小蟲箘
箘竹名或从圈菌艸名蕈也倦怠也○欄來圈切木名文一○剹測展切刈也文一○蠼茲撰切蜷
蠼蟲不申皃文一○蕒詳兖切艸名爾雅蕭蕒茅蕒蕭一種華有赤者為蕒郭璞說文三鄟地名膞短也一曰㬋膞小皃○
篇匹善切艸名爾雅竹篇蓄文一○羨延善切溢也文一○㜸女軟切小有財文一○宛烏勉切闕人名鄭有大夫宛文
二夗方言夗專也○豚較轉切篆也莊子豚楯之上文二蜳蜳蟲不定意徐邈說
二十九○筱篠先了切說文箭屬小竹也或作篠文十礵黑砥石也山海經京山有玄礵謏謏
說文小也誘也引禮足以謏聞或作謏鰷鯈鰷魚名或从了亦作鰷磭小石也撨打也○湫子了切說文湫隘下也引春
秋傳晏子之宅湫隘一曰水名在周地安定朝那有湫泉文十二湫腹中有水氣潐水名在廬江勦勞也藮艸名山薺也
𤋮燥也杪相高也一曰忽高邥地名在曾稀燥頭也一曰凶首飾愀變色也憔拭也剿絕也○鳥

丁了切說文長尾禽總名也象形鳥之足似匕故从匕文十八 ⿰巾勺 ⿰巾勺繑繒頭也 ⿰忄勺 憂也 蔦樢 艸名說文寄生也引詩蔦與女蘿或
从木 ⿰舟鳥 ⿰舟鳥舡長皃 扚 說文疾擊也 ⿰衤鳥 短衣 ⿰禾勺 說文禾危穗也 乚 𢆶 懸也方言趙魏之間曰乚或从幺
窵 窵窅深皃 隝 嶋 水中可居曰隝或从山 佻 遠也 釕 鏃釕也 ⿰石鳥 ⿰石翏⿰石鳥懸石皃 伄 伄儅不常 ○
朓 土了切說文晦而月見西方謂之朓文八 趒 躍也 眺 覜 遠視或从見 窱 廣雅窈窱深也 ⿰身兆 身長皃 窕
爾雅肆也謂輕疾放肆 ⿰石鳥 ⿰石翏⿰石鳥懸石皃 ○ 窕 徒了切說文深肆極也一曰閑也文二十三 ⿰爿兆 牀版也 絩 繒長皃 ⿰田兆
田界一曰⿰田兆田中穴 ⿰彳翟 行皃 誂 ⿰口窕 說文相呼誘也一曰戲也或作⿰口窕 ⿰亻翟 獨立也 挑 博雅疾也一曰弄也 掉 搖動也
嬥 說文直好皃一曰嬈也一曰巴歌 䂃 硑 磽䂃石名或从兆 佻 獨行皃詩佻佻公子一曰偷也 趙 ⿰扌周 刺也詩其鎛斯趙
趙或作⿰扌周 ⿰矢兆 矢也 跳 挑戰也 兆 數也十億曰兆 踔 路遠也 敦 擈也 朓 月側也 垗 埒也 ○ 了 朗鳥
切說文尥也从子無臂形一曰慧也訖也決也文二十九 ⿰石蓼 ⿰石翏⿰石鳥石垂皃 ⿰馬尞 博雅驕⿰馬尞長也 繚 繆 說文纏也或作繆 袑
方言小袴謂之袑衦 瞭 目明也周官有眡瞭 憭 說文慧也一曰快也 僚 嫽 說文好皃一曰戲也或作嫽 ⿰舟了 ⿰舟了船長皃

大字百五十小七百十字　集韻上聲六　九　長洲

璙 玉名 ⿰酉尞 ⿰酉尞面白也 撩 按也取也 釕 鞕鈌謂之釕 燋 拭也 燎 㶞 轑 說文放火也或作㶞轑
爒 爑 炙也或从巢 潦 漻 漻洌水清或省 鄝 鄡 說文地名或作鄡通作蓼 蓼 說文辛菜薔虞也 蟉
蟉蚪曲皃 ⿰魚了 魚名 ⿰土尞 長垣 ○ 褭 乃了切說文以組帶馬也一曰騕褭馬名或書作褭文十五 㒟 嬝 美也或从女
⿰山褭 ⿰山幼⿰山褭山皃 嫋 說文姌也 ⿰馬幼 ⿰馬幼騕長而不勁 嬲 嫐 戲相擾也或省 嬈 說文苛也一曰擾戲弄也一曰嬥也 ⿰石褭
山田謂之⿰石褭一曰磽石 ⿰扌褭 擿也 ⿰禾褭 衡不舉也 ⿰木褭 木長弱皃 茱 茆茱艸長皃 ⿰阝褭 偃低 ○ 皛 胡了切說文顯也从
三白文十一 芍 葯 蓧 艸名說文鳧茈也或从勺从敫 ⿰氵皛 泧⿰氵皛水遠也一曰⿰氵皛溔水深白皃 幼 相詐惑也或書作幻 鷕
雉鳴也 髎 水臁也 的 菂 蓮子也或从艸 蘥 艸名 ○ 杳 伊鳥切說文冥也从日在木下文三十二 眑 幽靜也一曰視皃
窅 說文深目也从穴中目 窈 ⿱穴叫 說文深遠也或作⿱穴叫 偠 ⿰女要 偠傑美皃或从女 ⿰女幼 嬈 女从幼从堯 騕 駃
騕褭古之良馬或作駃騕 要 ⿰要力 ⿰幼力駃長而不勁 葽 艸名爾雅葽繞蕀蒬今遠志也 ⿰方要 ⿰方攸 說文旗屬一曰旗皃或从攸 鴢
鳥名爾雅鴢頭鵁似鳧脚近尾略不能行或書作⿰幼鳥 窅 窔 窔 突 說文戶樞聲也室之東南隅或作窔窔突 皀 說文望遠

合也从日匕匕合也徐鍇曰匕相近也 窅 說文冥也 ⿵門要 ⿵門要也 ⿰目要 ⿰目䍃 ⿰目要眇遠視或作⿰目䍃 苭 苭茱艸長皃 鷕 雉鳴 宎
窔聲莊子宎者咬者 覞 深視皃 湇 湇溟深不測 岆 山名 ○ 磽 倪了切山田曰磽文一 ○ 趙 起了切刺也詩其鎛
斯趙流重讀文一 ○ 曉 馨鳥切說文明也文四 鐃 說文鐵文也 皢 說文日之白也 膮 豕肉羹 ○ ⿰石兆 磽
輕皎切山田也或从堯文四 ⿰高敫 高也 憿 幸也 ○ 皎 晈 吉了切說文月之白也引詩月出皎兮或从日文二十六 皦 說文玉石之白也
⿰白敫 白也 璬 說文玉佩也 鐃 鐵文也 䘨 校衬小袴 憿 繳 行縢謂之憿或从糸 恔 說文憭也 譑 說文糾也 ⿱敫手 持也
⿵門敫 博雅絞也一曰經繆殺也 ⿰月刂 重瞼也 撟 撓曲也 敫 光景流也 僥 僥倖求利不止皃 絞 縛也 ⿰目敫 ⿰目梟
明也一曰清別皃或作⿰目梟 憿 憿憭以誠告也一曰幸也 徼 邀也史記徼一時權徐廣說 朻 木也爾雅朻者聊 ⿱敫鳥 鳥名似鳥蒼白
效 方言效娃明也 芍 艸名鳧茈也
三十 ○ 小 思兆切說文物之微也从八丨見而分之文四 ⿱艹小 蔈苶艸名遠志也 魦 魚名 ⿰木小 說文相高也謂木生相高 ○
悄 ⿰忄小 七小切說文憂也引詩憂心悄悄或从小文八 愀 容色變也 ⿰彳肖 行皃 繰 說文帛如紺色一曰深繒 釥 好也方言

大二一千八十六八　集韻上聲六　十　長沙　陳庚

青徐謂之釥一曰微也 ⿰米肖 粉也 ⿰木小 小木高也 ○ 剿 劋 子小切說文絕也引周書天用剿絕其命或作劋文二十二 勦
說文勞也引春秋傳安用勦民 ⿰忄焦 ⿰衣焦 式也或从衣 摷 ⿰扌巢 說文拘擊也或作⿰扌巢 ⿰骨肖 膘 脅骨或作膘 ⿱艹秋
萩 闕人名楚有大夫萩或作萩 愀 色變皃或書作愁 ⿰氵羅 潐 說文釂酒也一曰浚也盡也或作潐 ⿰木小 木高
⿰耳喿 耳鳴 湫 隘下也一曰地名在楚一曰水名在安定 ⿰少阝 邑名在魯 漅 湖名 釥 利也 僬 僬眇鷦鷯 ⿰氵愁 腰中水氣
○ 少 始紹切說文不多也文三 ⿰少阝 說文地名 ⿱艹少 艸也 ○ 麵 麨 糗 齒紹切糗也或从少亦作糗文七 楢
赤木名 弨 弓反曲也 昭 以目玩人謂之昭 鈔 取也 ○ ⿰氵樵 樵小切盪也文一 ○ 沼 止少切說文池水文五 炤
光也 菬 艸名仙菬也 昭 明也詩其音昭昭 ⿱竹洛 竹名 ○ 紹 綤 市沼切說文繼也一曰紹緊糾也亦姓古作綤文九 佋
介行也 袑 說文絝上也一曰絝襠也一曰衣襟 ⿰召見 見也召也 袑 闕人名莊子有巫咸袑 柖 博雅牀謂之柖 卲 說文卜問
也 ⿱臣土 耕休田一曰瓜膝 ○ 擾 擾 鐃 爾紹切說文煩也一曰順也或作擾鐃文十六 獿 犬驚也 橈 曲木 嬈
亂也 繞 說文纏也亦姓 遶 字林圍也 犪 說文牛柔謹也 ⿰足擾 ⿰足擾⿰足襄足動 褭 騕褭良馬 ⿰扌柔 撓 屈也或作撓

繚關人名莊子有黃繚豯獸名如豺猴健捕鼠隢地名○狢巨小切博雅狢犺健也文二蟜蟜蟜曲皃○嶠
丑小切山皃文三超輕走皃趫或从喬○趙直紹切說文趨趙也一曰國名亦姓文二十二肁說文始開也亦姓肇
諆也始也肇說文擊也通作肇晁晁陽縣名在東陽𠧞兆兆說文灼龜坼也从卜兆象形一說十億曰兆古省或作兆
𤖢桃朓博雅版也或作桃朓垗晀說文畔也爲四時界祭其中引周禮垗五帝於四郊或从田通作兆旐說文龜蛇
四游以象營室游游而長引周禮縣鄙建旐駣駣騑馬屬一曰馬三歲䍦說文羊未卒歲一曰羠羊百斤爲䍦狣狗也爾雅絕有力狣
鮡說文魚名大鮎也掤𧼗刺也詩其鎛斯掤或作𧼗通作趙洮水名在淮南絩說文綺絲之數也漢律曰綺絲數謂之絩
布謂之總緵組謂之首○溔以紹切浩溔大水皃文二十三葯葯茉艸長皃舀抌𦦔𦥷說文抒臼也引詩或簸或舀或作抌𦥷
作抌䀚韶髐骹脅骨或从号嶢山皃蕘艸皃䁁美目一曰眇䁁視皃橈木長皃鷕說文雌雉鳴也引詩有鷕雉鳴
或書作䲃闄廣雅遮也䧞艸名鸛韭也歊歒出气也或作歒偠要偠紹舒緩皃或作要䙅旌旗皃兆
淋板媱女字嶤山名○夭於兆切說文屈也从大象形一說歠韤爲夭文十三紗紗緲理絲末成約急緎也岆山名枖

集韻上聲六 十三 長沙吴正

木名妖少殁也丿古夭伕尪弱謂之伕一曰伕僑不伸麇獸名爾雅麋其子麇芺艸名爾雅鉤芺大如拇指中空初生可食
一曰芙蓟味苦江東食以下氣闄隱也窈窈謂舒姿也栱艸少長也一曰木華葉茂葯艸皃○矯舉夭切說文揉箭箝也
一曰妄也文二十二撟說文舉手也一曰擅也正曲也通作矯敿𢿧說文繫連也引周書敿乃干或从攴嬌說文竦身也
嬌女字憍小人得志也譑糾也一曰多言蹻爾雅蹻蹻憍也䀩眣也一曰目重瞼鱎角高皃太玄鱎其角蟜
說文蟲名一曰夭蟜野人身虎文亦國名又姓鱎白魚糾窈糾舒皃撟撓木使曲橋闕人名秦有盛橋驕憍驕不可
禁之勢蕎艸名喬喬詰意不平僑伏僑不伸鐈温器似鼎高足鄡國名○蹻巨夭切蹻蹻長也文十
丩相糾也糾窈糾舒皃茾艸相糾皃麋牝麋也狢獪也趫趫走荍艸名爾雅荍蚍衃撟夭撟頻伸
皃爾雅人曰撟欿博雅吐也○褾𧘂裱俾小切袖端或从少从表文十三蔈說文苕之黃華一曰木也標木末
也莊子上如標枝嶫山顛覭說文目有察省皃也剽末也擌落也比史擌其門閭蔈艸名狢獪也表
襮外也一曰上衣或从麃○䀩吉小切目重瞼文一○縹匹沼切說文帛青白色也文十八標說文木杪末也顠

驃騷亂皃或从髟瞟𥇈說文瞭也一曰日小皃或从剽覭目有察省見也慓說文疾也膘說文牛脅後髀前合革肉也
醥酒清謂之醥蔈苕華一曰草盛皃篻竹名實中者犥牛白黃謂之犥擌落也潚水皃𪇗鳥色變
麃麋屬漂浮也○摽擙婢小切說文擊也一曰絜鬭牡也古作擙文十二蔈芆𠬢莩落也或作
芆芆芓通作摽慓下急也顠驃驃白皃或作驃膘脅前也鰾魚膠標木名○眇弭沼切說文一目小也文
十六吵雉鳴訬高也撓也渺渺溔水皃淼大水藐遠也春秋傳藐諸孤䒒艸細莖者篎說文小管謂之篎
秒標說文禾芒也或作標杪說文木標末也䳎鳥名說文雀鷦也一曰桃雀即巧婦或書作鷦紗𠋇微也或作𠋇
仯憔仯驚悚皃一曰小皃妙嫽妙女皃○表䙳襮𢊲彼小切說文上衣也从衣从毛古者衣裘以毛爲表一曰識也
明也古作表襮廣文十裱方言帊裱謂之被巾褾袖耑藨艸名子似覆盆婊女字蔈艸名諘讚也○
𪇗麃滂表切鳥毛變色或作麃文四藨艸名子似覆盆犥牛白著色○𠬢被表切說文物落上下相付也通作莩文十
七殍𦯶芆莩餓死曰殍或作𦯶芆莩藨苞苞艸名說文鹿藿也一曰蔽屬或作藨苞鱴

集韻上聲六 十二 其良

犥毛羽朱色不澤也周禮鳥犥色而沙鳴貍或从牛摽落也詩摽有梅徐邈讀麃牡鹿浞水皃歊歐吐也狢
獪也鐈獸名似狐善睡撟析縛也○槁袪嬌切枯也莊子槁項黃馘文四喬喬詰意不平鱎角皃鱎白魚
○䩌魚小切折皐也文三獟獸名一曰趙魏謂牛馬騰躍曰獟鱎白魚
三十一○巧㓖苦絞切說文技也古作㓖文六𪁭鷦鷯鳥名巧婦也丂地名頝薄媚㚢
女字○絞吉巧切說文縊也一曰縛也亦姓又國名文三十狡說文少狗也匈奴地有狡犬巨口而黑身一曰獪也疾也晈瞲晈邪視
攪捁說文亂也引詩祇攪我心或作捁筊竹索鉸交刃刀也䀊𤢨䀊說文器也一曰撓使濁或从犬亦省
姣佼妖㚣好也亦姓或从人亦作妖古作㚣烄說文交灼木然也敫𤍽說文交灼木也或作𤍽卉
㽱說文腹中急也或作㽱狡亂也一曰憒意咬聲也莊子宊者咬者膠膠膠和也校疾也周禮擊兵細則校一曰柴
也恔慧也獿擾也摎摎蓼捜索也篍筍也𣪊藕根也江東謂之𣪊一說弓角接曰𣪊𢱢接物也一曰戾
也灚撓水聲○拗摎於絞切拉也或作摎文十二鴢鳥名爾雅鴢頭鵁似鳧足近尾略不能行㤊譏上也

𩈰𩈰𩈰切面曲　窅覞𠮬曉𦝫深目也或作見𠮬曉𦝫　𤠊獸名　𡤊𡤊𤠊不順○齩𪘲
嚙咬五巧切說文齧骨也或从堯亦作嚙咬文六　骲骨鏃也　磽石皃○𩑿士絞切黠也文二　𠌻長皃○
𤗚漅下巧切水聲或作漅文二十三　𢱧擾也　𩩘脛下也　𧅔苂芠博雅𧅔芠根也或作苂苂　佼
說文潲交也　漻博雅清也一曰水中絕一曰潭也　㭓几足　𨏥𨐂𤬪器名或作𨐂𤬪　𢸎攪亂也或从覺　㤊
慧也　䉰䉰筍也或作䉰　轇車多轇轕　𧜃𧜃衫小袴　齩齧骨　効事露也　狡犬吠通作猚○飽
𩜵餐餃博巧切說文猒也或从𠏊从卯从缶文五　怉悖也○鮑部巧切說文饐魚也亦姓文七　骲骨鏃　𩣺
廣雅鞄𩊝𩏂柔革工或从韋从陶　䩈名○卯非莫飽切說文冒也二月萬物冒地而出象開門之形故二月為天門古作非文十
泖水名　媌婳博雅好也或作婳　昴𣆳說文白虎宿星古作𣆳　茆艸名鳧葵也
聊眑聊邪視　緢旄絲○稍山巧切漸也文十五　䈾䈾根細者　魦魦䰿長皃　數捎擊也或作消
潲博雅潲灑也　𥝥𥝥種也　捜撹捜亂也　𥞊梢說文長木皃或作梢　䕊長姊謂之䕊　𧣾牛角開皃

集韻上聲六　十一

䈰竹枝長　䔆艸長皃　䰯毛髮長○䰜𩱷𩰴𤎖炒焣楚絞切說文熬也或作𩱷𩰴
𤎖炒焣亦書作䁭文十三　抄掠也　謅訬弄言一曰聲也或从少　𩈰䩶面曲　㥟心迫也　吵聲也　仯小也○
爪側絞切說文丮也覆手曰爪象形文十四　叉蚤搔說文手足甲也或作蚤搔通作爪　瑵玏說文車蓋玉瑵或从爪
笊笊籬竹器　𣲰菜名生水中　抓搔也　摷廣雅長皃　𧁊藻水艸或作藻　獠狐西南夷種或从爪
○嗃哮孝狡切大呼或从孝文二○𤢪𤢶𤢋竹狡切戎夷別名或从豸从巢文三○橈女巧切曲木也文七
撓摎說文擾也一曰抓也或作撓　𤜨方言猥也　𤢻犬驚吠皃　毴毴毴𣭢毴毛深亂者　𦝅𦝅膠雜亂皃
三十二○晧下老切說文日出皃文四十　翯高素羽　杲日在木上　昦昊說文春為昦天元气昦昦
或从天　淏清皃　皞說文皞旰也亦姓　顥皓皜皡暠𣋀說文白皃引楚詞天白顥顥南山四顥白首人也或
作皓皜皡暠𣋀　浩澔說文澆也引虞書洪水浩浩或从皓　灝說文豆汁也一曰灝溔曠也　鎬說文溫器也武王所都在長安西上林苑中
滈說文久雨也一曰水名在鄗　鄗隔邑名在常山或从𨸏　槁木名　鄡鄵邑名在南陽或从臯　䮭𪋺

𪋺說文土墼也或不省亦作墼　鰝魚名爾雅鰝大鰕　蒿艸名爾雅蒿侯莎　暭明也老子其上不暭　灝博雅灝灝大也
𥡴網飾謂之𥡴一曰禾名　𡶼懼山皃　𥎁矛屬　夰放也　𡵆山名　姤女字　唬虎聲　䃤石似
[illegible]玉地名○好𡚽㚵許晧切說文美也古作𡚽㚵文四　旭字林日始出也一曰明也○考苦浩切說文老也一曰成也文六
姓古通作攷　攷說文攷也　丂說文气欲舒出丂上礙於一也文十九　顥顥頊大頭　祰禱說文告祭也或从高　槀說文木枯
也或書作　薧乾也　拷掠也　筹𣘯筹筆竹木為器或从木通作栲　栲栲木名說文山樗也或从考　洘水乾
作槁　燺熇燺也或省　撟以火曲物也周禮撟幹欲孰於火而無贏劉昌宗說　鎬博雅脂鎬曝也　𤭛器也○杲古老切說文明
也文二十七　暠明白皃　夰說文放也从大而八分也　臭說文大白澤也　顥廣大皃　縞說文鮮色也一曰細繒　稾
說文稾秵而止也从稽省耳侍中說稽稾稿三字皆禾名　稾藁槀蒿說文稈也或作藁槀蒿　槁槁瘠疾病　㮧
說文木也　𥕮女𥕮石名熱𥕮也　晧皓皓絜白也　浩以水沸酒曰浩亦姓　櫜弢也周禮犬䩵尾櫜劉昌宗讀　䄉博雅謝也
槀藥艸槀本　鰝魚名大鰕也　笴槁弓幹或作槁　晧光也　澔澔溔大水皃　灝豆汁　鶪鷂鶪鳥名鴞類

集韻上聲六　十四

栲木名似樗○媼烏浩切說文女老偁也文十九　夭少長曰夭　燠甚熱也　襖袍也　䟞䟞䟞長也　䯠𦡊
胥骨或作𦡊　懊恨也或从夭　䳟鴹雉說文鳥也或省亦从隹　芺說文艸也味苦江南食以下气　䴏
獸名爾雅䴏麋其子䴏　𩦈馬名　鄡邑名　帙帙帙巾也　篼具　移𧓮　蝹蟲名形若羊若豕在地中食死人腦殺之以栢東
覆首乃死隩倉人曾得之○𩖁五老切大頭也　𩑶蔓文二○寶珤寚保補抱切說文珍也古作寚珤保
亦書作寚文二十六　葆說文艸盛皃一曰大也棒上苗也鼓上飾也　𠤏說文相次也　鴇鵂鴇鴇雉說文鳥也肉出尺胾
或作鵂鴇鴇亦書作鴇　宗𡪏說文藏也引周書陳宗赤刀或作𡪏　堡隄也障也或書作堢　保呆呆保
保呆說文養也一曰任也守也亦姓古作𤓽𤓾𠈃隸作保呆　𠐦和𩔖物者　緥褓說文小兒衣也或从衣　䙅
矢羽一曰羽五色　駂馬名烏驄也或書作䮫　𩫥𩫜鬒也一曰髮未長或从咅○寶抱薄晧切說文褱也或作抱文五
怉懷也　勹說文覆也　𣅌白寬也○務武道切艸名說文卷耳也一曰㭫也一曰毒艸通作葆文十二　老旄
老稱古作旄　𢫀持也　冃說文重覆也　冒說文低目視也引周書武王惟冒　茆蓩艸叢生也或从敄

媢夫妒婦 芼以菜和羹 揪木名冬桃也 苺艸名馬母也 ○㛮嫂蘇老切說文兄妻也或从叟俗从更非是
文八 燥乾也俗作懆非是 埽掃說文弃也或从手 蕿蕿說文艸也或作蕿 糔溲也 ○艸草
屮采早切說文百艸也从二屮或作草屮文八 騲牝馬 嘷嘷嘐寂靜也 慅說文愁不安也引詩念子懆懆 愺
慅愺心亂 慅爾雅慅慅勞也一曰愁也 ○𣅌早子晧切說文晨也从日在甲上隸作早通作蚤文十九 𧖸蚤
𧊲蚤說文齧人跳蟲或从虫亦作蚤 璪澡說文玉飾如水藻之文引虞書璪火黺米或从水 璅說文石之似玉
者 繅文采也通作繅藻 繰博雅繰謂之縑一曰紺色 棗木名說文羊棗也亦姓 薻藻藻說文水艸也引
詩于以采藻或从澡从繰 鱢魚名鮏也 轈車飾有華藻也杜子春說 剿方言僧也秦晉間曰剿 鄵邑名在鄢陽
○皁在早切黑色一曰馬閑一曰賤人文十一 梍木名莢實者 草草草說文草斗櫟實也隸作草草通作皁
造造艁𨒥趮作也或从艸古作艁𨒥趮 淖水名 ○倒覩老切仆也文三十 擣擣擣
擣說文手推也一曰築也或作擣擣擣 禱禂𥜒䄌說文告事求福也古作禂籀作𥜒或作䄌 島鳴

嶹隝島說文海中往往有山可依止曰島或从𨸏亦作嶹隝亦書作𡸇古作鳥 檮斷木 禂騶騳說文禱牲
馬祭也引詩既禡既禂或作騶騳 𤸫𤸱病也古从鳥 壔墝說文保也一曰高土或从壽 𡖅壽𤲪
𣊭博雅春也或从屬亦作疇 碼礇碼石皃 𣀔懸擊物 懤憂也 𥨤窟竅深皃 𦶟艸名 ○討
土晧切說文治也一曰求也殺也文五 套長大也 稻木名山楸也 稻關西呼蜀黍曰稻黍 稻秔也關西語 ○道
衜衟杜晧切說文所行道也一達謂之道古作衜衟文二十三 導瑞禾一莖六穗一曰治粟 稻說文稌也亦姓 駣馬二歲名
䠷䠷駣長也 洮水名在江淮間 纛纛纛翿翳也舞者所執或作纛翿古作䬈 髟兆鬌長 纙色在
青黃間曰纙 肁始開也 肇擊也 肈謀也始也 䍜羊未成曰䍜 鮡魚名小鱯也 絩五色綫 狣犬絕
有力者 導說也通作道 敦覆也禮每敦一几 ○老魯晧切說文考也七十曰老从人毛匕言須髮變白也亦姓文二十二
撩取也 嘐嘷嘐寂靜 㾇瘍㾇疥疾 恅懆恅心亂 轑說文蓋弓也一曰輻也 橑說文椽也 藔潦
說文乾梅之屬引周禮饋食之籩其實乾橑後漢長沙王始煑艸為橑或从潦 栳笔栲栳柳器或从竹也 䕳博雅䕳黃也 簝

受肉龍 潦說文雨水大皃 咾聲也 澇水名在扶風 蓼穋蓼搜索也 橑木名 獠獠僚獠
西南夷謂之獠或从犬从人亦作獠一曰土人自謂獠獠别種 ○㚃腦𦡽𠚋䐉乃老切說文頭髓也从匕匕相匕著也巛
象髮囟象㚃形或作腦𦡽𠚋䐉文三十三 䠷䠷䠷長皃 嫍惱惱𡢁嫍懹說文有所恨也今汝南人有所恨曰惱或
作惱惱𡢁嫍懹 碯瑙䃉瑙博雅碼碯石次玉也或作瑙䃉瑙 獿貓貀獶獸名雌雄也或作貓貀獶
謟讇語相傳也或作讇 𤸫瘙瘴病也或作瘙瘴 燥熜燥熬皃或作熜燥 㑿姓也 嫐嬈也
䮃褭䮃馬名 擾煩也 鬗髮皃 ○䐿麃滮保切毛羽不澤也或作麃通作犥文四 犥牛白著色 𢾯擊虛聲
三十三 ○哿賈我切說文可也引詩哿矣富人文十 舸大船也方言南楚江湖謂之舸 笴箭幹 䈀笴
笱蒩或作笴 魺鮓也南越曰魺 菏荷荷澤名或作菏荷 戓繫舟杙 ○可口我切說文肎也文六 岢
岢嵐山名 軻說文接軸車也一曰轗軻失志 坷坎坷不平一曰亭名在寧陵 閜門傾也 䚘訢訶掣也 ○欱嗬
許我切大笑或作嗬文五 頙傾頭視也 砢𣪠擊也或作砢 ○荷何𢫭抲下可切博雅儋也或作何抲亦省文

八 哥慢聲 苛急也 砢磊砢山皃 笴箭幹 ○閜閜倚可切說文門傾也或省文十二 旑旑旎旗皃
袲袲袲衣皃 錒鈳錒也 椏檹椏樹衰 檹檹檹木盛皃 掗掗掗搖也 猗阿柔皃詩猗儺其枝或作阿 娿
妸娿婀弱態或省或書作妸又姓 ○我𢦐語可切說文施身自謂也一曰我頃頓也亦姓古作𢦐文十一 涐水名在蜀 俄
䫏行頃也或从頁 哦誐吟也或从言 䄉差也 硪峨砐硪山高皃或从山 騀說文馬搖頭也 ○ナ左
子我切說文ナ手也象形或从工亦姓文八 𨑌𨑌佐行不正 㚥她姐博雅她媎母也或作她姐 佐助也 𨸹丘名 ○
嚲嚲典可切垂下皃一曰厚也廣也古作嚲文十 𩏍說文富𩏍𩏍皃 𩕾醜皃 哆說文張口也 𨇀𨇀𨇀小皃行態
𦙶肉物肥美 姼博雅妻父謂之父姼妻母謂之母姼 痑勞也怒也 袳衣弱皃一曰被也 ○袉他可切長皃文四 拸
加也 訑言不正也一曰欺罔自誇皃 柁木堅皃 ○拕拖扡佗待可切引也或作拖扡佗文二十七 袉說文
裾也引論語朝服袉紳通作拖 爹說文爹奢父也 阤陀陊博雅壞也或从它从多 沱沲𣳦淹水皃或从
陀从陁亦作淹 柁柂舵䑨枤正船木或作柂舵䑨枤 炨灺燭餘或从也 詑訑誃欺罔也或

作訑謻之詑　酡將醉謂之酡　頙傾頭視也　𥨎加也　抲擔也○砢礲郎可切衆石皃說文磊砢也或从羅文十八　𣔭𣔭𣔭木茂皃　䂅𠛳𠛳說文柯擊也或作𠛳𠛳　𢹿𢹿裂衰也　斲曳斲也　㦬懀也　攞揀也　攞裂也　㗾哆𡂼　𢹿垂皃　孋䣉懛孋懘也或从面　邏遮也　㰁聲也　磊礲磊砢山皃　㧛㧛搖也　曬曬曬日無光○娜乃可切婀娜美皃文十二　那何也　𠍷行有節也　㮜旖㮜旌旗皃或作旎　㛂𢥞博雅㛂懈也或作㦬𢥞　𧝓𧝓𧝓衣皃　𧝓𧝓木茂或作𧝓通作𠍷　𩌗𩌗𩌗也○縒想可切𦂳鮮絜謂之縒文六　𡟺女皃　𧜽衣長皃　鬌鬌鬌美也　䏦駊䏦也　瑳明也○瑳玼此我切玉色或作玼文十　𥔱𥔱石地名　鬌說文鬌好也　㷢㷢㷢蘇皃　䣘山䣘䣘粟名　縒采色鮮曰縒　𧝓衣長也　䏦駊䏦也　磋邪皃　三十四○果菓古火切說文木實也从木象果形在木之上或作菓文十九　盝盤也　淉說文水也　惈惈敢勇也通作果　裹說文纏也　輠輠車脂器曰輠或从金　鍋鍋刈鉤方言陳楚謂之鍋或省　剿划劃也或从戈　猓猓然獸名似猴通作果　蠃蜾蝸蟲名說文蠃蒲盧細要土蜂也天地之性細要純雄無子引詩螟蛉有子蜾蠃負之或从果亦作蝸　蠃蠃蘭車名喪服所乘　粿米餅也○顆苦果切說文小頭也文八　堁堀堁塵起皃　棵

䴹組名或从丬　敤說文研治也舜女弟名敤首一曰擊也　𩩍髁髀骨或从骨　果飽皃莊子腹猶果然○火𤆄虎果切說文燬也南方之行炎而上象形古作𤆄或書作灬文三　邩地名○禍𥛱𡇼戶果切說文害也神不福也古作𥛱通作𡇼文十一　𩾀驚詞也　過說文𡚶語而過謂之過　夥錁說文齊謂多爲夥或从果　輠𨌴𨌴過筩也車盛膏器或作輠𨌴過○婐𡛥鄔果切說文婐也一日女侍曰婐孟軻曰舜爲天子二女婐或作𡛥　倭倭墮髻皃　緌博雅緌緌緌也　䯴䯴䯴美　碨碨硊石皃　㮃㮃柂也　䂄明也○婐五果切說文婐也一日弱也好也文六　危說文科危木節也賈侍中說以爲危裹也一日危蓋　硊碨硊石皃　頠靜也　㧡摘也　䲘魚名○跛補火切說文行不正也一日足排之文八　䞟說文蹇也　䵷鼈蛂蟲名蟾蜍也或从虫　駊駊䯋馬行皃　播揚也　簸說文揚米去糠也　龜䵷屬○頗普火切不正也文八　叵說文不可也从反可　駊駓馬行皃說文駊䯋也　𣳩水皃　巔巔峩山皃　叵聲也　䶫䶫䶫小高皃　𪎸田也○爸部可切爸爹父也文一○䃷磨

𢙎𤄷𤄷𤄷𤄷懡懘也或作𥗻𥗻𥗻　𡉊𡉊曬日無光　𡎞細土　没不知而問曰𢒀　䯋𤸇漏病　𧫍行皃○貨損果切說文貝聲也文二十二　鎖鐄鋃鐺也或作鐄　𩔨華鎖也　硝礫小石或作磔　𢷾𢷾擊也一曰動也　惢心疑也　鄭亭名在河南　𤅂灢說文水也或作灢　𥕘人縣名在上黨　𥵯博雅䈾𥵯席也一曰竹名一曰箄也　𩐳𩐳說文小麥屑之覈也或作𩐳　䲘魚名或作鰶　脞叢脞小也　𩔃說文𧖴也　𠞿切也一說斫直圍曰𠞿　瑣璅說文玉聲也或作璅○脞取果切小也一曰切肉爲脞文三　𥔱𥔱石地名　磋碎石○𡋯坐粗果切止也或作坐文五　侳安也　𡷡山名　睉目小○朶朵𣑥都果切說文樹木垂朶朶也或作朵亦从艸文三十二　𧝓衣長一曰衣正幅　揣說文量也一曰揣度也一曰㧢　𥔶動也易觀我朶頤京房讀　婇一曰女字　縟說文量也　綞冕前垂也　縍字林綞子綫也　硾石皃　𢶁揣○揲搖也一說度高曰揣或从朶　𡉩小崖也　埵說文堂塾也　鞢履緣謂之鞢　𥝧說文禾垂皃　雲䬢䬢剸餘髮族也　鬌或从朶　捶敤𢿯捶物輕重也或作敤　𥝜博雅𥝜袖也　橢科橢木首杌也宋惟幹說

𡏅說文堅土也　𨖷大衣也　崜𡶇山皃或从朶　𨃹行皃　鍺車轄頭　𣔳木聚生皃　𧀬竹名○妥綏𡥈吐火切安也或作綏𡥈文二十二　媠婿好也或作嫷　隋埋祭餘也　鰖魚子已生者　𡹥隓山長皃或作隓隓　鬌嬰皃前髮謂之鬌　𣔳木圜而長曰𣔳一曰車中器通作隋　鵎鳥名　䏑牲肉謂之䏑　𥝧禾穗也　𨃹行皃　𢷾𢷾揲也　㵳水名也　隓墮也　憜不敬也　𩩍𩩍䯋小高皃　䯝倭䯝髻皃○憜杜果切說文不敬也引春秋傳執玉憜或省古作媠𡙹文二十八　隋說文裂肉也　嫷說文南楚之外謂好曰嫷　陊隓墮說文落也或作隓墮亦書作墮　埵𡎞堂塾一曰射堋或从𠂤　種禾積也　篅笛篅竹名實中　㼠𤮐甌也　𣔳𣔳𣔳器也　鞢履緣　鰖說文魚子已生者鰖省　𩫨剸餘髮　隓說文山皃　𨁝說文鈴鍺也　隓隓隓墮者　揣也　𥳘𥳘箂竹名生南陽漢時獻爲馬策　𧳅𧳅豕　埵堅土　𢮁卯𡐤起土爲埒○𧅣裸𧢦倮臝魯果切說文袒也或从果从身从人从𦞈文二十三　卯凡物無乳者卯生　臝蟲名說文蜾臝也　𤺋𤺋病　𧕝𧕝𧕝𤹊𤹊皮肥也一曰疥病或作𤺋𤹊　稞穀無皮　蓏　𠑺

蠃說文在木曰果在地曰蓏一說有核果無核蓏一說有殼果無殼蓏或作㒧蠃 果龜名前弇果 蠃說文畜産疫病也 蠃
鳥名博雅果蠃桑飛 瘰說文瘰中病也 蠃說文獸名象形也 麱麵也 欙木名實有皮無殼 蜾蟲名虒蝓也通作蠃 ○
婐婧努果切婐妮好皃或作婧文三 捰趙魏之閒謂摘爲捰捝 ○坷苦我切埳坷地不平文一 ○齹齹才可
切齒不齊也或从佐文二
三十五 ○馬𩠐影母下切說文怒也武也象馬頭髦尾四足之形古作𩠐影亦姓文十 碼瑪碼碯石之
次玉或从玉 罵詈也 鄢郁鄢縣名 㠩穴名在燕野 鰢魚名 䳈鳥名 ○乜母野切虜姓文二 咩羊鳴 ○
把捕下切說文握也文三 䶕說文擊也 笆竹名有刺 ○跁部下切跁踦不前文五 諀說文短人立諀諀皃 笆
竹名有刺 蚆蟲名小蛤也 罷止也 ○寫洗野切說文置物也文九 瀉去水也一曰鑑形 㩉博雅案謂之㩉 鎢
鎢金也 𩣡獸名 譌言以寫志 舍方言發抭舍車也 㒂灰也 蔦澤蔦藥艸 ○且丒丑淺野切說
文薦也一曰㬪詞古作且丒文五 跙蹴跙足利 担取也 ○姐毑她媎子野切說文蜀謂母曰姐淮南謂之社古作毑

大字十六小字六十五 集韻上聲六 十九 吳良

或作她媎文六 担博雅取也 飷食無味 ○她似也切說文蜀夷也文二 担取也 ○姐慈野切弥姐羌族名文二 担取也
○捨舍始野切說文釋也或省文七 䬩餘鎗飫也 餘或从舍 騇牝馬 庴小室 赦放四一曰置也 ○䩷
齒者切寬大也文十一 哆侈大皃或作侈 撦裂也 撦擊也 䶐䶐醜惡也或省 渚嗜渚不絜也
俗語 奓張也 遮距也漢令遮張百人 ○者止野切說文別事詞也从白聲𠂹古旅字文六 赭說文赤土也 堵縣名亦姓
撦擊也 褚衣赤也方言卒謂之褚 騇馬名 ○社祉常者切說文地主也引春秋傳共工之子句龍爲社神一曰周
禮二十五家爲社各樹其土所宜之木亦姓古作祉文三 ○惹爾者切說文亂也或書作惹文六 若艸乾也一曰若綏垂皃一曰
今人謂弱爲若亦姓 喏應聲或作詺呩 踷蹴踷距地用力也 ○灑所下切落也汧也文一 ○䔂鮺
鮺側下切說文藏魚也南方謂之䰼北方謂之鮺或作鮓鮺文十七 羐博雅縣也一曰束炭 庌屋也 厏厏厊不相合
痄痄瘡創不合也一曰病甚 詐譇詐謔言戾或从虘 槎衺斫也 苴茬土苴和糞艸也一曰糟粕或作茬
䈊炭籠長沙語 艖小舟 飷食無味 諎誇言 ○槎柞㩉仕下切說文衺斫也引春秋傳山不槎或作柞

劉文十 奓奓奓自大 厏屋也 痄痄瘡創不合 䋏紬縩皃 羐束炭也 厏厏厊不相合 詐詐謔
言 ○葰數瓦切葰人縣名在上黨文五 謏強語 傻傻俏不仁一曰輕慧皃 酸頦面醜或从頁 ○硰楚瓦切石
𥕢雌黃也一曰小石皃文三 嗖惡言 溲泥也 ○䐤展賈切䐤牛角上張皃文五 苴土苴糟粕也一曰不真物 䋏䋏紮絲紮
相著 倚偶倚 踷行皃 䠞衺行皃 ○姹丑下切說文少女也或作姹文三 土土苴不真物 ○𦬫呂下切
䕠不中皃一曰蘆 菹甘泥不熟文二 砢磊砢石皃 ○䋏女下切䋏紮絲紮相著皃文七 砎磣砎石垂皃 膀膸也 餘
䐁䐁肥肥皃 䋏紮䋏䋏粘也或作紮 ○縿竹下切䋏紮絲紮相著也或从奢文七 䋏䋏䋏粘也
踞踞踏行跨皃 磣磣砎石垂皃 蘬藸蘿不中皃 膽腴肉 ○粿丑寡切穀名可食一曰粲文一 ○野
野埜埜以者切說文郊外也或从土古作埜埜文十一 也芒說文女陰也一曰語助或作芒 冶說文銷也一曰女態
虵虵蛇氏虜姓也 蠱腹病一曰媚也 㙂泥淖也或从邪 ○丅下亥雅切說文底也指事或作下文六 夏
夏夏說文中國之人也从夊从頁从臼臼兩手夊兩足一曰大也亦國名古作夏𠍴作夏 廈大屋 ○閜許下切說文大開也

大字三小七百五十 集韻上聲六 二十 陳廣

文 嘲閜博雅笑也 啁或作閜 西覆也 㖯方言熱也 土土苴糟魄也 ○跒宅下切跒跒行不進文一 ○跒口下
切跒跒行不進文三 價偃價大皃 𪘏齬䶝也 ○賈舉下切姓也一曰國名文十六 斝說文玉爵也夏曰琖商曰斝周曰爵
一說斝受六升 叚叚說文借也或作叚譚長說如此通作假 假說文非真也一曰大也亦姓 假蝦說文至也或作
蝦 䫗遠也 嘏說文大遠也 㛢博雅好也 瘕腹中久病 檟榎木名說文楸也引春秋傳樹六檟於蒲圃或作榎通作夏檟一
曰苦茶 椵說文木可作牀几 夏陽夏縣名 鰕魚名爾雅鰝大鰕 瑕巳也詩烈假不瑕鄭康成讀 ○㩉烏瓦
切吴俗謂手把物曰㩉文四 踤䠞跨行不正 𦞕色敗 䐁䐁肥肥皃 ○啞瘂倚下切瘖也或作瘂瘖文
七 婭婭姹作姿 豝鼓豝鳴也 掗掗搖搖也 踁行不正皃 ○雅鴉語下切鳥名說文楚烏也一名鷽一名卑
居秦謂之雅或从鳥 疋說文古詩大雅一曰正也文九 疋疋字通作雅 盉博雅杯也 厊厏厊不相合 房說文廡也引周禮夏房馬
房痄房病甚 牙車罔 訝詐訝言戾 ○踝户瓦切說文足踝也文二十三 䫂說文擊踝也或作䫂 䫂
𩘣覺大口曰𩘣或省 倮內袒也 屦履也方言西南梁益之閒謂之屦一說青絲頭履或作屦 輠車轂轉皃

一曰車膏器稞粿說文穀之善者一曰無皮穀或从米䴵麴也蘳說文黃華也觟說文牝牂羊生角者也鯉

魚名說文鱧也跨髀間髁說文髁不正皃一曰謹刻䯊藥艸名生山谷中益氣延年蘳蘳黃也騍地名

譌囃疾言皃或从口鮭楚冠名○髁髈苦瓦切髀骨也或从夸文十五跨踤跨行不進皃卄井

說文跨步也或作𠦑夸夸奢自大銙䠷錁帶具或作䠷錁悇袔小衫曰悇或作袔頢醜皃咵言戾也

悇心怯也撾橫撾杖○寡古瓦切說文少也从宀从頒頒分賦也故爲少文十二㑇㑇傷行皃𥨪博局方目也篙

䇦篙牧䌾具觚觚觰牛角上張皃跒跒䟓行跨皃冎另剮說文剮人肉置其骨也象形頭隆骨或作另剮丫

說文羊角也象形柔枴老人杖也或作枴亦書作柺○瓦五寡切說文土器已燒之總名象形文五邸地名在衛瓬

博雅鼓鞢謂之瓬䠟䠟䐢財也或从危○哆丁寫切魚口張皃文一○跕力者切身不就皃文二㸬他他心不欲

○土片賈切土苴不真物一曰糟魄文一○笶初雅切竹名文一

三十六○養敉以兩切說文供養也一曰育也亦姓古作敉文十五懩心所欲也勨說文緐緩也一曰勨也勉

也痒癢膚欲搔也或作癢瀁漾潒滉瀁水皃或从羕从象蛘蠰蟓蟲名說文搔蛘也一曰北燕人謂蚍

蜉曰蛘或从養从象膰膰膰欲吐勷勷動也攁發動也○象爲似兩切說文長鼻牙南越大獸三季一乳象耳牙四足之

形一曰罔象水神一曰南蠻號古作爲文十六像說文象也通作象勨勉也勨動也橡說文飾也一曰未笄冠者首服潒

漭潒水皃樣橡說文栩實也或作橡蟓蟓山名蟓蟲名食桑葉作繭者鱌魚名白鮮也蔘艸名鐌鐌鼻

器鉏一曰錦名逯行也鷚鳥名𥴰剖竹未去節○奬將子兩切勸也助也或作將文九㢉說文㢉大厲之也

蔣艸名說文苽蔣也一曰國名亦姓䈙說文剖竹未去節謂之䈙一曰籲也席也䈙槳槳䊒䊒方言所以隱櫂謂之

槳一說前推曰槳却曳曰櫂或作槳䊒䊒亦書作䊒○兩里養切說文再也引易參天兩地通作兩文十五兩說文二十四銖爲一

兩从一从兩平分㒳說文二入也㒳字从此緉說文履兩枚也一曰緉緳絞也蒳艸名脼說文膎肉也一曰多味倆伎倆

功也勈勈勥力拒也一曰體急皃裲衣名博雅裲襠謂之袹腹裲松液蜽魎良閬說文蛧蜽也或作魎良閬通

作裲飾也春秋傳兩御下倆馬○鞅倚兩切說文頸靼也文十九抰說文以車鞅擊也怏不服懟也眏無貲也

諛說文早知也一曰問也鞅鞅博雅滿也一曰飽也或作鞅秧秧穰禾密皃柍屋中央一曰架屋一曰木名梅也

胦脖胦臍也炴火光映恨視紻說文纓卷也岟山足也一曰山名䬬䬬牟獸跳踏自撲也一曰䬬𩣻馬皃

炴气流皃坱擊也佒傴佒不能俯皃一曰宇分歸一曰之佒陸德明說瓷盆也○強彊巨兩切勉也或从畺

文十五𧨷詞不屈也𠞐𠞐迫也或从畺畺鉛屬𪓕鬼名弜說文彊也从二弓彊彊仆也詰

五競言也境擊也滰說文浚乾漬米也引孟子夫子去齊滰淅而行疆堅土也周禮疆壏用蕡蔃艸名似葴人食其根𨯳

硬食○仰卬語兩切說文舉也或省文五鞅轡也方言東北朝鮮冽水之間謂之鞅角茚苙艸名昌蒲也或作苙○

甐䙢㼰兩切說文瑳垢瓦石或从相文十二摤磢磨滌也或作磢漺淨也顙醜也搶突也㑙惡也

剩膾皮傷也或作膾愴愴怳失意瀼冷皃○想寫兩切說文冀思也文四鮝鱶魚腊或从養

欀木名皮中有米可爲餌○掌止兩切說文手中也文九爪說文亦丮也从反爪抓批擊也仉仉仉督也

梁四公子名或从爪一說从几者誤黨姓也䉶竹名䔥艸名攩推也○爽奭䒚所兩切說文明也一

曰差也或作奭古作䒚文十七騻驦騻良馬䉶竹皃慡性明也漺浮也塽地高明𣃈䀡䀡

半瓦也或作䀡纕博雅緉纕絞也纕繡一曰履底繩欀木名一曰木茂皃蘔艸名鷞鷞鳩鳥名鷹也

通作爽䀡醜也欀禾皃○敞齒兩切說文平治高土可以遠望也一曰開也露也文十三惝惝怳驚皃或省

爽鶩鶩羽或从鳥廠屋無壁也堂蹋也峙也倘倘然止皃儻倜儻也鸘鳥名山海經基山有

之如雞三首六足鄣地名儆寬也踃踃也○響䜑鄉嚮響許兩切說文聲也古作䜑鄕或

从口从言文十五嚮兩階間謂之嚮鄉說文不久也引春秋傳鄉役之三月亯享亭說文獻也从高省曰象進孰物形引

孝經祭則鬼亯之一曰當也隸作享古作亭饗說文鄉人飲酒也蠁蚼說文知聲蟲也司馬相如作蚼一曰䖿蟲名闀門嚮

也向鬫人字春秋傳晉有叔向○繈舉兩切說文觕纇也文九鏹以繈貫錢襁強襁說文負兒衣或省亦作襁

膙筋強也勥勈勥力拒也絚鬫人名鄭伯絚憼敬也○丈文雉兩切說文十尺也从又持十隸作丈文六

杖說文持也仗刀戟揔名一曰憑也疢病也扙傷也○䈙在兩切剖竹未去節文二𧺅行皃○䄯兩丑

切通也明也文二鋹利也○壤𡏻汝兩切說文柔土也古作𡏻文十九䑋說文益州鄙言人盛諱其肥謂之䑋穰豐也
纕絲𦃇也鬤鬤亂皃攘擾也孃煩也躟儴躟躟疾行或从彳𥗼雌黃之惡者禳祭名蠰
蠰谿蟲名土蠭也蘘說文衰也一曰葲也蘔艸名博雅茱蘇也一曰葅也爙火也𢐐弓曲瀼瀼水淤也或
从土○賞始兩切說文賜有功也一曰玩也文八饟餳說文晝食也或从傷省曏少時謂之曏償報也莊子
丗俗之償饟餉𩟊周人謂饋曰饟或从向从敞○仿俩髣𩭾㧍撫兩切說文相似也籀从丙或作髣
髣㧍文十一眆眪微見也或作眪紡說文網絲也鶭鴋鳥名爾雅鶭澤虞或省㕫如聞也○网罔
網𠕈罔𡧦𦊷𦉶文紡切說文庖犧所結繩以漁或作罔網𠕈籒作网古作𡧦𦊷𦉶一曰無也俗作冈非是文二十一
𦭝艸名𧫾誷誣也或作誷惘惘憮失志蛧蝄魍方說文蛧蜽山川之精物淮南王說蛧蜽狀如三歲小
兒赤黑色赤目長耳美髮引國語木石之怪夔蛧蜽或作蝄魍方輞棢車輞或从木𦕈耳疾也𦽌衆艸也𣸏
水名在蜀○昉昞甫兩切明也古作昞文十放倣方㑂效也或从人亦作方㑂鶭鴋鳥名說文澤虞

集韻上聲六　二十三　吳良

也或从紡旊說文周家搏埴之功也鬞鬞鬤亂○𣏌枉嫗往切說文衺曲也隸作枉文九𢿱說文放也洼
汪𣹒㞷陶縣名在鴈門或省亦从枉𥉷背也𣢞使也𣣊曲侵也○徃往迬羽兩切說文之也或
省古作迬文六暀光美也皇皇皇祭祀之儀𣳄往也楊雄弔屈原作此以其去水中故从水○忹誑往切說文狂之皃
文三謊夢言也𩌦黃鞔蟲名○搶摤此兩切突也或从爽文六槍逆剌也牄傷也𡒯基也𥲯竹名
○長镸仧展兩切孟也進也古作長仧文五漲涱大水也或从張○丄上二是掌切說文高
也此古文指事也一曰外也或作上古作二文三○臩俱往切說文驚走也一曰往來皃引周書伯臩文七迋逛欺也或从狂
俇𢓜遠行也或从彳儣儣負戴器也獷犬獷獷不可附一曰縣名在漁陽○𢓜求往切惶遽也文四𥇧
背也迋欺也誆誑也○恇丘往切懼也文一○硄丘仰切石名也
三十七○蕩𣿅待朗切說文水出河內蕩陰東入黃澤一曰大也放也亦姓或从楊文二十七盪說文滌器也
勨博雅動也潒瀁說文水潒瀁也或作瀁像愓婸傷說文放也或作愓婸傷碭說文文石也

崵崵山名或从湯通作碭嵣嵣𡶀山皃璗說文金之美者與玉同色禮佩刀諸侯璗琫而璆珌通作瑒簜說文大竹
也引夏書瑶琨筱簜簜可爲幹筱可爲矢𥴦說文大竹筩也一曰盛酒竹器駫光皃也暘春潒蕩博雅潒潒動也
或从虫𧞦襐博雅飾也或作襐簜竹名逿過也婸婺也戲也瑒大圭尺二寸○黨底朗切說
文不鮮也文十四讜譡善言也或作譡灙漭灙水皃攩說文朋羣也通作黨𨞺𨟖說文地名周禮五百家也或作
鄭古書作鄧通作黨欓木名越椒也通作黨党党項虜名𦾰艸名𡶀博雅𡶀坑覧也儻助也一曰倜儻卓異皃𥢷
頓欓黃穀名蕩簡易也○曭坦朗切日無光也文二十一灙瀁灙水皃矘說文目無睛直視也䁑矘
白色或从黨爣爣㶁火皃帑金幣所藏也儻倜儻卓異皃偒真也一曰長皃𢥺𢥺慌失意𦣊月不明
𥳑大竹筩楊大木蕩平易也詩魯道有蕩徐邈讀倘止皃一曰自失皃莊子倘然止李軌說惝儻惝然惘也
或作儻黨奥也漢書黨可徼幸通作儻攩攩挸擊也踼申足伏卧欓木筩○朖朗朤里黨切說
文明也亦姓或从日古作朤亦書作朗文二十一悢懭悢意不得皃誏言之明也𥆫眼目明或从良硠博雅硠硠堅也

集韻上聲六　二十四　長沙吳泉

一曰石聲㝗㝗宸屋虛崀㟍崀山虛俍僙俍不平㮾榔木名或作榔狼狼抗獸名似猴烺爣烺火皃
筤說文籃也桹桹㮧衣敝㝗㝗宸空也閬爣閬寬明皃浪孟浪較略之言徐邈說埌壙埌原野逈皃○
曩乃朗切說文曏也文五灢泱灢水濁瀼灢水流皃或从曩𣰶𣰶𣰶𣰶毛深亂皃○榜牓補朗
切木片也或从片文十髈髈𩯭鬆亂𣯷𣰻博雅𣯷𣯷鬣也一說邪文曰𣯷或从旁騯騯騯馬皃螃蟲名陸居蝦蟆也
傍左右也䒍蒡牛蒡艸名或省○髈普朗切膀肉也文三𦐒𦐒艴色晴也覫視物皃○莽
毋朗切說文南昌謂犬善逐菟艸中爲莽文二十茻說文衆艸也从四屮𩄷𩄷霘雲色漭潣漭沆水大皃或作潣嵷
嵣嵷山皃或从芒䁳䁳瞞不明也𥉭無一目曰𥉭鋩鈷鋩温器𣯷𣯷毛布蟒大蛇𪏦𪏦色晴𨎉
吳王孫休子名孟孟浪無趣舍之謂向秀說汒忽遽皃莊子汒若於夫子之所言宆宆宸空也䯷骯髒體胖也𦬸
竹多其節稠𪂊鷒鵵鳥名○顙寫朗切說文額也文十一䫙𪔪鼓柷或从壴𩦼騯騋馬皃嗓喉也磉
柱下石鎟鈴聲𧞲裿襙衣敝搡塡也𤹚馬病𨏟車輞○蒼采朗切莽蒼寒狀一曰近郊之色文一

○駔子朗切說文牡馬也一曰馬蹲駔也一曰市會文五 驡驡騜良馬 髒骯髒體胖 〓大也通作髒 臧善也○
奘在朗切說文妄𢡊大也从大文四 〓鈴聲 奘駔說文奘大也从大或作駔 ○沆中朗切說文莽沆大水也一曰大澤
皃一曰沆瀣露气文十四 骯骯髒體胖 䒊莽䒊直項皃 蚢魧海貝也或从魚 迒獸迒一曰道也 伉閬人名
䟘伸足也 行行行剛皃 忼慷忼慷慨也 吭頏咽也或从頁 翃翃翃飛皃 ○汻
許朗切姓也文三 酐苦酒名 町鹵地 ○忼慷口朗切慨也或从康文十一 骯骯髒體胖 〓車軌也
㝩㝩㝩大室 慷大意 嵻嵻崀山虛 伉閬人名 嗛嗛咳聲也 㝩㝩㝩空也 吭頏咽也或从頁
○䟘舉朗切博雅竟也一曰趙魏謂陌爲䟘文十一 䒊說文直項莽䒊皃从亢从夋夋倨也 〓醠鹽澤或从酉 犺犺狼
獸名 䟘伸足也一曰擊踝 亢頏咽也或从頁 頏蜀 沆漭沆水大皃 魧海貝也 宊廣也 ○坱倚朗
切塵也文十七 泱滃泱水皃 怏氣 岟山形皃 霙白雲皃 映映瞈不明 眏目不明 英竹名一曰竹無色 醠
䣳濁酒或作醠通作盎 盎盆也或作𥂢 姎女人自偁我也 胦脝胦腫也 咉咉咽悲也 駚駚鷬馬皃

軮軮軋遠 相映皃 ○駠〓駠語朗切馬驚謂之駠或作〓駠文四 軮軮軮車名一曰竹輿 ○晄爣爣
𤏰煌戶廣切說文明也或作爌𤏰煌文十九 銧鬬人名 櫎橫說文所以几器一曰所以帷屏風之屬一曰兵欄或省
幌帷也 榥書牀 〓博雅擊也一曰推行 滉瀇瀁洸水深廣皃或作瀇瀁洸瀁一曰滌紙也 愰愰懩
心不定 鍠鍾聲 茣艸名 晄目大皃 ○慌㤺怳恍芒荒虎晃切昏也或作㤺怳恍芒荒文十九
謊博雅怒也一曰夢言 晃目不明 晄睛晄目疾 朚朚朚月不明 爣寬明皃 萛艸名 宊廣也 鍠
鍾聲 𣉨𣉨旱熱也或省 慷大意 汻姓 喤喤呷衆也 ○慷苦晃切大意文八 懭懭悢意不得也 軖
車名 懬懬悢不平 爌爌爌明皃或作爌爌 壙空也一曰壙埌原野迥皃 ○廣古晃切說文殿之大屋一曰闊也文八
劆解也 鄺姓也出廬江 慷大意 鷬鷬鷎鳳類 晄光皃或作䨔 𧭝張大皃 ○湟鄔晃切大水一
曰水名在譙郡文三 瀇水深廣皃 潢池不流

三十八 ○梗古杏切說文山枌榆有束莢可爲蕪荑也一曰略也荒也文十九 哽說文語爲舌所介也 鯁說文魚骨

也 骾腰說文食骨留咽中也或从肉 綆絙說文汲井綆也或从亢 㾘病也 埂說文秦謂阬爲埂一曰堤
封謂之埂 莄艸 㾘恨也 峺硬礙也或从石 郠說文琅邪莒邑引春秋傳取郠 挭挭攪也或作挭
哽日光 䨣雲皃 蝢蟲名 ○杏下梗切說文果也文七 莕荇莕艸名說文萎餘也或作荇莕 㮝
很也 䯒脛也 鋞溫器 ○𠀚胡猛切金玉未成器也文三 澋泂澋水回旋皃 撔擴也 ○〓苦礦切驚而舉目視
一曰好皃文三 䆪空也 〓明也 ○礦磺鑛𨥥砍𠀚古猛切說文銅鐵樸石也或作磺鑛𨥥砍𠀚文十二
懭悍也 穬說文芒粟也一曰稻未舂 麷䵃麥也或从黃通作穬 獷說文犬獷獷不可附也漁陽有獷平縣 〓明也
○〓鳥猛切說文惑也文六 瀯水淨皃 〓明也 犻犬聲 泂泂澋水回旋皃 犻犢也一曰牛鳴○
〓於杏切吳人謂瞋曰〓文二 哽咽聲 ○猛母梗切說文健犬也文八 䁅䁅瞢有餘視一曰恚皃 艋舴艋小舟
蜢𧒀蚱蜢蝗類或作𧒀 皿器也 盂博雅盂寵窐也 鯭胡鯭蝦蟆屬通作蜢 ○鯖白猛切蟲名文六
〓〓蝆蚌說文蚌也脩爲蜃圜爲蠣或从蚌亦作蜯蚌或書作蚄 蚄博雅白魚也 ○打都令切擊也文一

○炳百猛切明也文四 併詐偽 浜浦名 邴邑名 ○冷魯打切說文寒也亦姓文二 睘睘罜罔也○
盯張梗切盯直視文五 紅絲繩緊 〓勇悍曰〓海岱之人謂 掟張也 灯皮膚急皃 ○瑒丈梗切玉
名長尺二寸祭宗廟有瓚文五 挺直也 瞠直視皃 𨓚廣雅盡也 町町除地爲墠也 ○檸擎梗切木名皮可爲藥文一
○丙補永切說文位南方萬物成炳然陰气初起陽气將虧从一入冂一者陽也文十七 炳昞說文明也或从日亦書作昺 怲說文
憂也引詩憂心怲怲 蛃蟲名蟫也 邴說文宋下邑又姓 鈵蚌也 秉說文禾束也从又持禾或曰粟十六斛爲秉亦姓
抦柄棅持也或作柄棅通作秉 苪艸名 窉病爾雅三月爲窉一曰穴也或作病 眪目明也 鈵
博雅闕人名宋固也 陃有鮑陃 ○皿眉永切說文飯食之用器也象形文六 盌說文北方謂地空因以爲土穴爲盌戶 鼆
鼆汗馬名 盟盟信也坎用牲加書或作盟 鄳縣名 ○眚省省所景切說文視也从眉省从屮徐鉉曰屮通識也一
曰簡也古作𡕥隷作省文二十一 眚說文目病生翳也一曰過也 瘄䯷瘦謂之瘄或从骨 䗍說文減也 䯧
博雅執瓶也 渻湝爾雅水出其前渻丘一曰水名一曰少減亦姓或作湝 楷說文木參交以支炊籅者也 蛸蟲也

生育也周時四乳生八子陸德明說 㗂慎言也 𥨍闇㮚署或从門通作省 䓗艸名 箵竹名 䠓長皃
偗直皃 𨛘地名 ○景影於境切物之陰影也葛洪始作影或書作㬻文十三 璟境玉光也或从竟 䭘
䭊鏡餌也飽也或从英从竟 擏博雅擊也 炴火光 㢳廡也 覭視皃 剠削也刺也 颺風高皃
○景舉影切說文光也又姓文十一 璥說文玉也 竟境界也或作境 儆憼說文戒也引春秋傳儆宮或作
憼 警說文戒也謂言戒 憼說文憼也 檠所以正弓漢蘇武能檠弓弩或書作檠 蟼蛙屬 頸警枕 擏除也
○永𣱵于憬切說文長也象水巠理之長引詩江之永矣古作𣱵文三 栐木名 ○憬俱永切說文覺寤也引詩憬彼
淮夷一曰遠行皃文十六 璟玉光 烱炎蓺也 暻明也 冏說文窻牖麗廔闓明象形 囧竹名 臩臩火名
一曰日光古作臩 臩驚走也 炅耿光也或作耿 䁝關人名周有伯䁝通作冏臩臩 獷惡皃 泂澋水迴
皃或从景 䈏竹名 ○澋呼猛切水皃文一 ○憬孔永切遠行皃詩憬彼淮夷沇重讀文一 ○令盧景切官署之長文一
○伉苦杏切健力也何休曰辯護伉健者為里正文五 摼擊也 硻剛也 鏗車聲 揁琴聲 ○苀況永

大三毛小六又盂 集韻上聲六 二十七 廣

切艸名文二 泂滄也 ○𦝝側杏切足跟筋也文一 ○瀙差梗切楚人謂冷曰瀙文一 ○誈虎梗切瞋語文一
三十九 ○耿古幸切說文耳箸頰也从耳烓省杜林說光也从光聖省文五 聎憂也 䠉博雅芊其莖謂之䠉
瞖瞖瞖有餘視 邢地名通作耿 ○幸𡴘下耿切說文吉而免凶也从屰从夭夭死之事故死謂之不幸隸作幸文
七 倖婞徼倖也一曰親也或从女通作幸 瓶博雅瓶瓶也 悻悻悻很怒也 詳言很也 ○黽黿
毋耿切蟲名說文鼃黽也从它象形黽頭與它頭同籀作𪓛文六 鄳蟲名博雅𪓛也一曰句鄳𪓛邑名 鄳說文江夏縣 𩶠魚名 䁅黽盯直視
○皏普幸切博雅白也文三 頩色也 絣氐人布名 ○並竝蒲幸切說文併也或省文六 併博雅安也 絣
鮩魚名或从并 蛢木蟲名似蛤 ○迸𨔒必幸切行急也文四 絣急緬也一曰布名一曰無文綺 絣急也
四十 ○靜疾郢切說文審也一曰謀也文十九 竫說文亭安也 靖說文立竫也一曰細皃又姓 婧竦立皃一
曰有才也 姘博雅絜也一曰靜也 彭𠑋說文清飾也古作𠑋 睜睛字林眳睜不悅視也或从青 阱穽
陷也或从穴从水 猙獸名飛狐也一說章義山有獸如赤豹一角音若擊石名曰猙 竫竫竹名或从竫 靚

召也一曰女容徐靚 清潔也 埩說文治也 頩頩頩好皃 ○省𡠉箵息井切察也審也古作㫝箵文十一 惺
惺悟也或从星 眚過也 楷俎几也 渻說文少減也一曰水出丘前謂之渻丘一曰水名亦姓 箵笭箵也 睲
視也 篁箄篁車蔽藩 ○請七靜切說文謁也文三 睛眳睛不悅皃 蜻蟲名蟬屬 ○井丼子郢切說
文八家一井象構韓形·罋之象古者伯益初作井或省文三 邢邢陘趙魏地山險名 ○整之郢切說文齊也文一 ○徎丈井切徑
也文五 涅涅通也流也或省 裎深衣 涇寒也 ○逞呈丑郢切說文通也楚謂疾行為逞引春秋傳何所不逞一曰快
也或作呈文十四 徎說文徑行也 騁騁說文直馳也古作騁 裎說文袒也方言襌衣趙魏之間無裒者謂之裎 侹役也
悜憂也 涅塗泥也 鞓說文鞁具也 睈睈睈照視也 壬善也 樗木名似柿 睛眳睛不悅皃 ○領
里郢切說文項也文八 嶺阪也或从自 柃木名 衿方言袒飾謂之直衿謂婦人初嫁上服一曰繞衿謂之帬江東通言下裳曰衿
䕲艸名 軨車有和鈴也 徎徑也 ○頸經郢切說文頭莖也文二 烴烴𤑳焦皃 ○痙巨井切說文彊急也文二 巠
博雅寒也 ○廮於郢切說文安止也鉅鹿有廮陶縣文八 郻說文地名 巊巊嵤山皃 癭𤸃䁆說文頸瘤也或从肉

大三毛小六又盂 集韻上聲大 二十八 陳廣

从頁 䫶怒氣也 炴火光 ○䪫渠頌切博雅怒也文一 ○郢郢以井切說文故楚都在南郡江陵北十里或省文五 楟
說文褰也似柿 浧泥淖 浧說文清水也一曰窊也 ○穎庾頃切說文水出穎川陽城乾山東入淮豫州浸文五 穎木名一曰鎌柄一曰
刀環一曰警枕 穎說文禾末也引詩禾穎穟穟 䅽深池也 窒清水一曰窊也 ○穎騂穎切足几也文二 䪫竟也
○頃䫆犬頴切田百畝也亦从田文十一 蘔蔺艸名說文枲屬引詩衣錦蘔衣或作蔺 㯳博雅竟也
高廎說文小堂也或作廎 烓博雅明也一曰小竈 傾俄傾少選也通作頃 㥠庼也 ○餅𩚽必郢切說文麪餈也
或从麥文十六 鉼金鉼一曰鏽也 併并合和也或省 屏說文屏蔽也 屏㡞說文蔽也一曰覆也或从巾屏一曰廁也
箄箄篁車蔽藩 綆輪箄也 辟除也莊子至信辟金 鮩鮩齒 併併偉窋皃 跰並足立皃 玤玉名 鮩
鬐也 ○眳毋井切眳睛不悅文三 慏慏怪意不盡一曰憂也 溟溟冷寒皃 ○頸九領切項也文一 ○聖
知領切日出皃文一 ○侊呼請切博雅狂也文一 ○馷如穎切馬行疾皃文一
四十一 ○迥户茗切說文遠也文十四 洞泂說文滄也或从冫 炯光也 熒熒 遖艸名或省

亦从迥 絅禪也 琄佩玉皃爾雅琄琄刺桑食也郭璞讀 皛博雅白也 冂同空也或作同 𣐈桐杯林也或省
○詗火迥切知處告言也文四 洞比燕謂禁曰洞 熲火光 鶊鵳鶊鳥名似鶩色蒼 ○褧顈犬迥切說文檾也引
詩衣錦褧衣示反古或作顈文十 苘莔蕒枲屬或作莔蕒 冋空也 絅䌹褌也或从帛通作褧 耿耿耿小明
也 扃扃扃明察也 ○熲耿迥切說文火光也文十七 炅香說文見也或作香 鎣治器从金爲之 炯耿
說文光也或作耿 泂洞寒也謂之泂或从水 餇飽也 䁍目驚也 蟈蟲名似蛙 畎田畝也書作畎 綡絲枲劉昌宗讀
扃扃扃明察也 憬覺悟也 頿足几也一曰傾也 䀮大目也 皛明也 ○濙瀅滎瀅烏迥
切洴濙小水皃或从瑩亦作濴瀅文七 䇟說文深池也 熒瑩德熒疑惑也或从玉 ○婞悻倖下頂切說文很也引
楚詞鯀婞直或作悻倖文十七 悻說文恨也 脛胻也 婞小皃 緈說文直也 涬溟涬自然氣也 涬涬冷寒也 鋞溫器
鯹魚名 睅瞑目皃 鈃字林似小鐘而長頸 瓨博雅瓨甈瓶也 郅地名在趙 剄斷首也 誙誙誙趣死皃 ○
謦棄挺切說文欬也文十三 漀說文側出泉也 䞓一足行也 綮結處也莊子肯綮 汫汫濙小水皃 熒火乾出也

大日卅十小大夕九十　集韻上聲六　二十九　剡忠

涇泉也 磬擊石聲 罄盡也 高廎小堂也或作廎 窒空也 涇寒也 ○剄古頂切斷首也文四 烴
焦臭 巠㢴水脈也或作㢴 ○巊烟頂切巊㓼山高皃文三 瀴瀴涬水皃 𩲃巫厭 ○䁐研領切直視也文三 嬜
婞嬜小皃 烴焦臭也 ○鞞補鼎切說文刀室也文一 ○頩䒒普迥切美皃楚辭玉色頩以脕顏一曰斂容或从色文二 ○竝
竝部迥切說文併也隸作並文六 併並立也 鮩白魚 螕蜩蠯屬或作蜩 ○茗㮷母迥切茶晚取者或作㮷
十七 媜媜奵自持皃一曰面平皃 瞑瞑眸目不明 姳好也 酩佲偠酩酊醉甚或作佲偠通作茗 溟溟凍皃
溟溟涬水皃 慏意不盡也 眳日暗也 眳目小也一曰眳睛不悅也 嶺嶺嶸山高皃 冥暗也詩維塵冥冥 萛
萛莢瑞草 䨝青黑皃 ○醒銑挺切醉病也文五 惺悟也 箵笭箵車笭也 嘶焦也 篁笭篁車蔽箵 ○頂
頂顛䪭都挺切說文顛也或作𩕄亦从鼎从定文二十四 奵嫇奵自持一曰面平 耵耵聹耳垢 鼎鼑說文三足
兩耳和五味之寶器也昔禹收九牧之金鑄鼎荊山之下入山林川澤螭魅蝄蜽莫能逢之以協承天休易卦巽木於下者爲鼎象析木以炊也古作鼑 薡
薡董艸名似蒲而細 酊仃酩酊醉甚或作仃 濎頂濎濘水皃或作頂 艼艸名 葶葶藶艸名能毒魚出熊耳山

靪博雅補也一曰補覆 屢博雅重也一曰併也展也 㭋朾廣雅揩也或从丁 釘鍊餅金 町田畝謂之町 嵿山名
㙗㙗壇蟻封 打擊也 ○壬他頂切說文善也從人士士事也一曰象物出地挺生也文二十六 珽珵說文大圭長二尺抒上終葵首
或作珵 侱侱徑也或作侱 脡脯朐也 𪊲鹿走皃 侹說文長皃一曰著地一曰代也勇也 頲頲說文狹頭
頲也或省 町圢㙗說文田踐處曰町或从土亦作㙗 𤰝田器也 艼艸名爾雅蕎艼熒 蜓蟲也 罜罜罣小網
閮門上關 挺直也 鋌廣雅鐵鏷鋌也 葶葶藶毒艸也 竽竹函 鮏全魚腊 霆迅雷 濎濎滎水皃
寍空也 ○挺待鼎切說文拔也一曰直也一曰縣名在歷東文二十三 艇小船 鋌說文銅鐵樸也 梃說文一枚也一曰木名
娗說文女出病也博雅娗娗容也方言嬈娗優也 霆爾雅疾雷爲霆霓 莛艸莖 挺梃稻㔲皃或从定 涏洴涏小水
一曰波直皃 蜓蟲名爾雅蜓蚞螇螰一名蝭蛄 誔博雅誔也一曰欺慢 訂說文平議也 脡腨朐也 筳屋梁也通作莛
侹徑侹直也 靪博雅補也 逘博雅盡也 町鉤町縣名 汀汀濘泥淖也 閮門外啓謂之閮 烶火皃 㫌日出
也 ○䈂町鼎切䈂箵籯也通作笭文八 䍅䍅罜小網 泠冷水皃 泠涬泠寒也 鄍郠縣名在長沙或从零 笭

大十四小六十七　集韻上聲六　三十　陳庚

笭箵也 怜慘也 ○頸顈乃挺切頂顈也或从寧文十 聹耵聹耳垢 濘水皃湖謂之濘濘一曰淖也 蠔䗿
蟲名似蛙或从寍 檸木名 葶䔴艸名博雅䔴蔓莛蘇也一曰葶藶毒艸 鑏吳俗謂刀柄入處爲鑏 䈂箵䈂籯也
○汫徂醒切汫濙水皃文一 ○婧績領切女有才也文一 ○鶊呼頂切鶊鶊水鳥文一
四十二 ○拯抍承撜拯丞舊說無切語音蒸之上聲說文上舉也引易拯馬壯古或作承撜拯丞文九
氶軺車後登也或書作𨊧 烝氣上達皃 𤻮骨蒸病也 丞縣名 ○憕尺拯切憕憕愚皃文一 ○庱丑拯切亭名在
吳文四 崚踜止也或从足 㥄㥄懔愚皃 ○殑其拯切殑殑欲死皃文二 洗浣洗寒皃 ○殑色拯切殑殑欲死皃
文二 洗浣洗寒皃 ○憑皮殑切憑也文一 ○耳仍拯切耳也關中河東語文一 ○𪗌稱拯切齒也河東語文一 ○澄
直拯切水清不流文一
四十三 ○等得肯切說文齊簡也从竹从寺寺官曹之等平也文二 䔲白也 ○倗㑂普等切博雅不也从
朋聲一曰从勿从人文四 鄁䣙國名穆天子傳西征至于鄁人或作䣙一曰縣名在扶風鄉名在鄠 ○肎肯冐苦等切說

文骨間肉肎肎箸也从肉从冎省一曰骨無肉也或作肯古作肎文三 ○能 奴等切夷人語多也文四 䏻蜰 蜂類或从虫 㖏 多言
也 ○倰 朗等切倰䠠長皃文一 ○䠠 他等切倰䠠長皃文一 ○䁬 子等切水田文一 ○蹬 徒等切蹬蹬行皃文一
○䏊 步等切山名文一 ○䔲 忙肯切目不明文三 懵 惛也 儚 懵儚凝也 ○宣 孤等切懵宣凝也文二
緪 急也一曰大索

四十四

○有ナ 云九切說文不宜有也引春秋傳曰有蝕之一曰質也古作ナ又姓文十九 右 左右手也 佑 佐佑助也 友 𠂇睝 說文同志為友从二又相交友也古作𠂇睝 囿 苑也 盍盍 器也或从右 侑 勸也 㮋 木名 食之不妬 䳑 鳥名似雉 黝 黑色博雅黝堊塗也 着 艸名 疚 顫疚頭搖皃 蘾 艸名从茁四禾 䆓 兼有也 鮪 魚名 似鱣長鼻

○朽 㱙 許九切說文腐也或从木文六 疛 病也 殠 臭也 䬲 乾飯屑也 扐 扚扐力也 ○糗 𥻆 去久切說文𥹀米麥也或作𥻆又姓文六 饈 食物爛也 犪 牛無子 㩆 搔揭手舉 醜 面醜 ○九 已有切說文陽之變也象其屈曲究盡之形文九 久 說文从後灸之象人兩脛後有距也引周禮以諸牆以觀其橈 玖 說文石之次玉黑者引詩貽我佩玖 灸 灼也

妐 說文女字也 㚲 姓也 韭韮 說文菜名一種而久者故謂之韭象形在一之上一地也或从艸 䤅 長也通作久 ○臼 巨九切說文舂也古者掘地為臼其後穿木石象形中米也文二十二 舅 說文母之兄弟為舅妻之父為外舅或書作舅 齨 說文老人齒如臼也一曰馬八歲齒臼也 𦤎 說文舂糗也 䓘 字林艸名 咎 說文災也从人从各各者相違也 倃諮 說文毀也或从言 惥 說文怨仇也 栲 木名 𣢕 鼽鼻也 瘬 病也 鶪䳕 鳥名百舌也一曰鳥鷃鳥也或从隹亦書作鵙 麔 說文麋牝也 𦳢 艸名爾雅菌蘾蘾其實揹 鮥 魚名說文當互也 駒 馬八歲謂之駒通作齨 苕 艸名 鮰 魚名 柩匶 棺也籀作匶

○懮 於九切舒遲皃詩曰舒懮受兮文十五 𩵣 魚名 䎐 䎐䎐輭也 㓜 㓜㓜欲死 呦 呦恤欲乾或从日 𩈷 𩈷醜面醜 噢 痛聲 欿 歐也一曰蹙鼻 㮑 舂糗也 鰋 魚名 坳 邑名 黝 博雅黝堊塗也一曰黑色 颮 颮颹風謂之颮颹 𥜏 福也 ○酉丣 以九切說文就也八月黍成可為酎酒象古文酉之形古文酉从卯卯為春門萬物已出酉為秋門萬物已入一閉門象也文三十六 牖 說文穿壁以木為交窗也譚長以為甫上日也非户也牖所以見日 羑 說文進善也文王拘羑里在蕩陰 䛻誘 說文相訹呼也或作誘䛻 卣 脩 中尊也文說脩 歈 說文吉意也或省 槱 楢 積木燎之

也或作槍栖通作猶 庮 說文久屋朽木引周禮牛夜鳴則庮謂臭如朽木 𡧩 貧病也 輶 輕車也 琇 珛 玉名或从莠 璗 遺玉也 𦲽 艸臭 莠 說文禾粟下生艸 蓨 苕 艸名或作苕 蜏 蟲名朝生暮死 攸 懸危皃春秋傳湫乎攸乎 一曰所也徐邈讀 翛 疾皃莊子翛然而往 媨 醜也 湵 水名 䣻 收弋繳具 楢 木名 囿 也 戭 鳥媽長盾 盍 小甌 煪 火也

○缶缻 俯九切說文瓦器所以盛酒漿秦人鼓之以節謌象形或从瓦文二十 炰缹 火熟之也或作炰亦書作炰 否 說文不也一曰口不許也又國名通作不 不 說文鳥飛上翔不下來也从一一猶天也象形 𠚐 說文刀握也一曰以刀撅取物 鴀 鳥名鴀鵂也 皓 白也 痞 病也 培 博雅敗也 妚 媍 好皃或作媍一曰女儀也 芣 [illegible] 艸名芣苢也或作䍿 秠 字林黑黍一稃二米 婄 廣雅醜也 蝜 [illegible] 名 郈 地名 蓓 艸木華葉舒布皃 ○紑 缶不切衣絜鮮也文一 ○婦 扶缶切說文服也从女持帚灑埽也文二十二 負 說文恃也从人守貝有所恃也一曰受貸不償一曰荷也通作偩 偩 依也禮樂偩天地之情 𠂤阜𠂤 說文大陸山無石者象形或作𠂤阜古作𠂤 阜 說文兩𠂤之閒也从二𠂤隸作阝 騿 馬盛也一曰益也或作騿 烰 熾盛也 鶝 鶝雀鵲也通作負 蝜 蟲名爾雅𧐨𧌑蠜或从䖵通作阜

䗖 蝜䗖蟲名或从帚 萯 艸名說文王萯也 苦 艸名 服 牝服車箱也 草 草鬱香艸 瓬 瓦器 ○滫 息有切溲也或作䊧文八 醙 酒白謂之醙 繡 絆前兩足亦从酉 餿 饋飯也 謏誘 博雅誘也或作詸 ○酒 子酉切說文就也所以就人性之善惡一曰造也吉凶所造也古者儀狄作酒醪禹嘗之而美遂疏儀狄杜康作秫酒或書作酉酋文二 愁 愁然變色皃 ○湫 在九切隘下也一曰著也春秋傳墊隘湫底服虔讀文四 愀 變色皃 遒 近也 媨 博雅好也 ○首𩠐首 始九切說文頭也古文作𩠐巛象髮謂之鬊鬊即巛也或作首文十 手𠂿 說文拳也象形古作𠂿 守寽 說文守官也从宀从寸寺府之事者从寸寸法度也或作寽 艏 舟也 䭫 產而不髗謂之䭫或曰人初產子 狩 冬獵也 ○帚箒 止酉切說文糞也从又持巾埽內古者少康初作箕帚秫酒少康杜康也葬長垣或从竹文七 鯞 爾雅鯫鯞小魚也 睭 明也或作睭 掫 執也

䴯 獸名 ○醜䰩魗䰩 齒九切說文可惡也或作醜古作䰩又姓文六 醜 瑞艸菝藉也 敺 棄也計也 ○受𠬪 是酉切說文相付也一曰承也从𠬪舟省古作𠬪文十五 授 予也 綬 說文韍維也 壽𡔛 說文久也又姓古作𡔛 鄯 濤 水名在蜀或从水 鄋 鄉名或作鄉 㥍 闕人名漢有武安侯㥍 淩 水皃 檮 棺也

稸夂糸 璹玉名○厹𨀛忍九切說文獸足蹂地也象形九聲引爾雅狐貍貛貉醜其足蹞其跡厹篆从足柔文十九 蝚說文
復 煣揉楺說文屈申木也或作揉楺 輮說文車軔也 洅說文水吏也一曰溫也 莱蕠菜名似蘇或从楺
鞣柔皮也 腬頫面色和柔皃或从頁 𥠖鞣也 狃犬狎也一曰習也 杻木名意也 粈籾雜飯也或
作粈 䊐也 ○溲溲䆷所九切說文浸䆷也或作溲古作䆷文十一 趍走皃 颼颾風皃 餿饋也
醙白酒也 獀春獵名國語獀於農隙 廋廀隱也或从穴 蓃白蓃 ○𪎭𪏴楚九切東也或从芻文四
謅謅謅衆聲 掫傳雅柎掫柴也 ○掫趣側九切夜戒守有所擊也或作趣文六 擲搊持也或从州 𢮋艸木
子聚 鯫蟲名 ○𢺅士九切聚也文三 鯫魚名 聚姓也 ○肘𦙶陟柳切說文臂節也从肉从寸寸手寸口也或
作𦙶通作 疛𤸫𤸫𤸫說文小腹病或从肘从壽从肉 扭手轉也一曰按也 蚼海蟲名似人肘形 ○
丑敕九切說文紐也十二月萬物動用事象手之形時加丑亦舉手時也文七 杽杻 鈕鈕說文械也或从丑亦作鈕鈕 狃
說文疜䆷之實名也 𤰮聲也 ○紂𩌏文九切說文馬緧也或从革紂一曰商辛別號文九 絧鯛鯛陽縣蜀汝南 菷艸芭

大ヲ、ニ十ニ、ホ十ナ共　集韻上聲六　三十三　劉忠

物也或从壽 籌竹易根而死 𦞣姓 膟膟後曰膟一曰小腹病 懤愁毒也 ○柳𣐈力九切說文小楊也一曰
聚也一曰柳谷日入㔸隸省文三十二 罶罶𦊱說文曲梁寡婦之笱魚所留也或省亦作𦊱 珋石也 茆艸名說文鳧葵
也引詩言采其茆 劉竹名 懰媹劉好也或作媹劉通作懰 綹說文緯十縷為綹一曰絲十為綸綸倍為綹 熮火皃一曰
灼 鉚美金 瀏說文流清皃引詩瀏其清矣 飀飅颸風謂之飀或从劉 飀竹鼠 蟉蟉蟉龍皃 蓼剣蓼相引
皃 留昴星別名 蔞僂轆轤喪車飾也或作僂轆轤通作柳 嬼婪婦也 劉艸名葦也 𠛐劉也 泖
水皃 蓙蓨蓙艸名 鉚鉚也 㧌扚也 ○紐女九切說文系也一曰結而可解文三十 沑溼也 忸慚也 鈕 玨
說文印鼻也或从玉亦姓 肘肉也 說文食黏也 杻柔也 杻習 狃說文犬性驕也 邳地名 說文 蓌
䔟爾雅菌底蘺其實蓌或从䏔从紐 粈餅說文雜飯也或从食 粈禾粟弱者 杻木名爾雅杻檍似橡細葉材中車輞
厹𨀛獸跡或作𨀛 輮車軔也 揉橈之 𦠐說文刺也 閫門關也 汹水名在汝南 妞姓也高辛有之
㛸㛸欲乾 歾歾欲死 䋴𥿢䋴䋴殢也 衵衣衩也 ○忸怩女九切小怒也或从香文六 紑不鮮衣也

秠字林黑黍一稃二米 欨唾聲一曰唾而不受 霁霧也 ○齅牛久切齒差也文一 ○柚羊受切枳屬文一
四十五 ○厚垕𠪋𡋵很口切說文山陵之厚也从𠂆从𣆪𠂆又姓隸作厚古作垕𡋵文十四 㫗
說文厚也从反亯徐鍇曰亯者進上也以進上之具反之於下則厚也 后說文繼體君也象人之形施令以告四方故𠂆之从一口發號者君后也又姓
茩艸名說文薢茩也 姤遇也 後逡說文遲也从彳幺夊者後也徐鍇曰幺猶躡躓之也亦姓古从辵 郈說文東平無鹽鄉又
姓 呴欲吐也一曰怒聲 詬詢謑詬恥也或作詢 ○呴响吽吼許后切說文厚怒聲或作响吽吼文十一 𤙉
垢郭璞曰青州呼犢為𤙉或从后 蚼蛞蟲名蜉蝣也或从后 呴風聲莊子萬竅怒呴徐邈讀 詢方言治也謂治作也 犼
北方獸名似犬食人 ○口去厚切說文人所以言食也象形又姓文十一 訂叩說文扣也如求婦先訂𡜅之一曰訂𡜅笑也或作叩 扣
說文牽馬也 𢻶擊也通作扣 叩說文京兆藍田鄉 釦說文金飾器口 扣牛名或从后 竘博雅治也一曰巧也健也
劬勒勒用力皃 ○耇耈舉后切說文老人面凍黎若垢或不省文二十一 苟薢苟艸名 詬詢厚也或作詢
敂扣也 玽說文石之次玉者 岣岣嶁山顛一曰岣嶁衡山名 垢坸說文濁也一曰塵也或作坸 苟蓇說文艸也

大ヲサ八七ヤ五十　集韻上聲六　三十四　長沙李

一曰且也或作蒟又姓 鉤鯷鉤魚名 笱罶說文曲竹捕魚笱也或作罶 狗說文孔子曰狗叩也叩气吠以守 豿熊虎子也
漢律捕虎購錢三其豿半之是也通作狗 栒枸木名博雅枸乳苦杞也或作枸 蚼說文北方有蚼犬食人 㺃青州呼犢子曰㺃 ○
毆毆敺於口切說文捶毄物也或从殳从手文十六 歐嘔唥欨鮥欱說文吐也或作嘔唥欨鮥欱
樞博雅榕榀次衣也一曰編枲頭衣 堰沙堆 㠊山名在陽羨 㼴𤬝牛名或作𤬝 甌西甌駱越別種 鰸飽也
○偶語口切說文桐人也一曰儷也通作耦文十二 耦說文耒廣五寸為伐二伐為耦 𩩲腢說文肩前也或从肉 甌博雅缶也
㛹女字 藕蕅蕅說文芙蕖根或从耦从偶 嵎于嵎聲相和也 湡水名在襄國 ○掊捬彼口切說
文衣上支也或作捬文四 棓擊也 掊捬擊也 ○剖普后切說文判也文十五 婄婄姍婦人肥皃一曰不肖 䯽髮短皃
剖菩艸名或省 蔀暗也小也一曰星名 鴝䧣雀名或从隹 咅相與語唾而不受 棓何休曰凡無高下有絕加
蹦板曰棓齊人語 篰篰篗也一曰竹牘或作篰 醅醉飽也 蒒華葉布也 掊擊也 ○部薄口切說文天水狄部一曰統
也界也又姓文十八 培㟝坿附博雅培塿冢也或作㟝坿附 䐶豕肉醬 麰𪍾餢麰鮭餅也或从食 瓿

說文瓿也 錇 廣雅瓶也 䒢 艸名廣雅䕫䒢魚薺也一曰術家推閏法爲䒢首 篰 簵 說文篰蔞也或作簵 犃 廣雅犌犃特也
一曰牛短首謂之犃 婄 女字 㔜 㔜劶用力 䈊 竹篻也 䳇 鴝䳇鳥名 ○母 莫後切說文牧也从女象褱子形一曰象乳子也文
三十七 拇 腜 說文將指也或从肉 踇 足將指 踇 行皃 晦 畞 說文六尺爲步步百爲畮或作畞畒 畆
說文艸也 某 槑 說文酸果也古作槑 厶 且字也通作某 鴟 雊 鸚鴟能言鳥也或从隹 牡 駂 說文畜父也或从馬
𤞞 颫𤞞獸名 艸 衆艸也 莽 南昌謂犬善逐菟艸中爲莽 姆 女師也 坶 地名在朝歌 煤 燮也 砪 雲母藥石
某 艸名 䍁 罞 罶 罔也或从毋 牳 牛名 豰 豕名 戊 中宮也 茂 美也 瞀 瓦器 𦓌
六月艸 莪 艸聚生皃 發 麥也 痗 病也 牟 中牟地名 ○叜 𡦮 傻 叟 傁 蘇后切說文老也或作𡦹
傁叟傁叜文三十 瞍 䏂 說文無目也或作䏂 䐹 膄 字林腸也或作瞍 嗾 噈 嗾 使犬聲或作噈 謏 誘辭
廋 隱也 擻 抖擻舉索物也 𢮦 車轂中曰𢮦通作藪 藪 𢮦 𢐊 說文大澤也九州之藪楊州具區荆州雲夢豫州甫田青州孟
諸沇州大野雝州弦圃幽州奚養冀州楊紆并州昭餘祁是也或作㮴亦从叟 籔 䉤 箱 說文炊䉤也或从𥳑亦作箱 䉥

集韻上聲六 三十五

駷 搖馬銜走或从叜 搜 搜搜勤皃通作叟 𦽰 爾雅蒹謂之藪 㝗 廋 陋也或从叟 陵 院也 𥕢 石也 ○
趣 趨 此苟切促也周禮有趣馬官或作趨文九 取 獲也 掫 廣雅柴也 鯫 小魚也 采 捋取也 掫 擊也 娵
美女 𠜱 析薪也 ○𧺆 走 子口切說文趨也从夭止者屈也隸省文二 ○鯫 仕垢切說文白魚也一曰小也文五 棷 柴也
豵 豵 小牲豕名或省 齱 䶂 鯫齒 齱齵不正 ○斗 當口切說文十升也象形有柄俗作㪷非是文九 枓 枓抖一曰勺也
抖 抖擻舉索物也 阧 陡 峻立也或从走 襡 衣 蚪 山名 𧊋 蚪 科蚪蟲名通作斗 ○妵 他口
切說文女字也文十七 黈 黃色通作斟 紏 絲黃色 黈 廣雅好也 黈 奪取物 斢 字林斢黈 鈄 姓也 敨 展也 䵵
𪍑 飳 𪍑飳餅屬或作飳 䳇 鴩 說文鳥也似凫黑色或从隹 狂 犬名黃身黑首 鮭 鮭 說文魚名或从主
訃 誘也 諳 言急也 ○鋀 鋀 豋 徒口切說文酒器也从金豋象器形或从豆亦省文九 揄 引也 襡 博雅袖也
一曰短衣 蕍 艸名一曰編艸坐具 𪃚 水鳥名 𨦻 說文受錢器也古以瓦今以竹 鈄 姓也 ○塿 𤬏 郎口切培塿小阜或
省文十六 嘍 山巔也 𨺉 羸𨺉縣名在蒼梧郡 甊 博雅瓿甊瓶也 𩟧 𩟷 饌餅也司徒儀吏死祭用𩟷𩟷三十干寶說 漊

溝也 謱 嘍 方言謰謱拏也或从口 耬 𦓳 耕畦謂之耬或从耒 簍 竹器 𡟐 多也 𥗽 石也 蔞 艸名 𦺭
字林𣁱𣁲奪取物 ○彀 𣪍 縠 穀 𣪂 乳 㖅 乃后切乳子也或作穀穀𣪂乳㖅文十二 𣪏 虎乳也通作穀
穀 浂 說文水也一曰酒也 陾 衆也 檽 欂檽木名可染紫 㜃 婄㜃女肥皃 ○鯫 才垢切小也亦姓文一 ○齺
初口切樂音美也文一
四十六 ○黝 幽 於糾切說文微青黑色或作幽文十八 怮 怮怮憂也 欸 說文皐也 𣣋 𣢾
愁也 𥈠 静也或省 㟊 山曲皃 泑 說文澤在昆侖下山海經有泑山蓐收居之 㓜 㓜炠欲乾 颵 颵颵風聲 鰗 說文魚名
蚴 蚴 蟲名博雅蚴蜕土蜂一曰蚴蟉龍皃或从幽 呦 鹿鳴 拗 抑也 黝 黑田壞也 蟉 蟉虯盤曲皃 ○糾 糺 吉酉
切說文繩三合也或作糺文七 赳 說文輕勁有才力也 朻 木也爾雅朻者聊 䦊 鬮取也 㜇 竦身也 觓 角皃春秋傳㞙觓角
○虯 蟉 渠糾切龍皃或从翏文二 ○𡣎 苦糾切竦身也文一
四十七 ○寑 𡪢 寑 寢 寢 七稔切說文卧也籀作𡪢古作寑寢文二十 寑 視皃 沁

集韻上聲六 三十六

水名 浸 浸浸寒皃 𡫼 寢 說文病卧也或作𥪒 鋟 爪刻也公羊傳鋟其板 醋 甘也一曰歃酒 蓡 蓡 說文蓡也或省
梫 梫 木名說文桂也或省 梫 妖氣 寢 𩒳 醜陋也或从貝 𩕟 懦劣也通作頹 ○罧 槮 斯荏切積柴水中以
取魚或作槮文四 𢗑 博雅𢗑㦣也 沁 水名 ○醋 子朕切說文歃酒也文九 䐶 博雅美也一日味小甘也通作䐶 䐶 脣病
㵒 濅 浸也漸也或作濅 𤸃 痛疾 䆮 地名孫叔敖邑 鋟 博雅錐也 顉 顉顉頭長 ○蕈 慈荏切說文桑葽也文一
○宷 審 式荏切說文悉也知宷諦也或作審亦姓文二十九 諗 說文深諫也引春秋傳辛伯諗周桓公 瞫 覾 說文深視也一
曰下視一曰竊見亦姓或从見 眹 視也 犹 牛名 嬸 貪頑也一曰志下 淰 魚駭皃一曰濁也 鯰 魚名一曰大魚爲蕭小魚爲鯰
魫 魚子 蕈 桑䓴 檣 棯 木名或从念 嵾 山名 沈 邥 國名亦姓或从邑 槮 罧 積柴水中以取魚或
作罧 䏡 孰也 蕃 艸名 瀋 瀋水流漂疾 訦 燕代謂信曰訦 覃 稆利皃 涁 淰 㵻水動皃 椹 桑子 畣
侵火也 魫 大魚 嬸 俗謂叔母曰嬸 ○瀋 沈 昌枕切說文汁也引春秋傳猶拾瀋或作沈文四 瞫 闕人名春秋晉有狼
瞫 䫰 弱也 ○枕 章荏切說文卧所薦首者文四 煩 說文項枕也 䪴 頭俯皃一曰頭銳而長也 䰼 魚首骨 ○甚

𠥫𠔉食荏切說文尤安樂也从甘甘匹耦一曰過也古作𠥫𠔉文十甚䢆椹說文桑實也或从桑从木訦信也抌方言推也魿魚名鈂魚子○飪餁𩚵䏕𤆯腍忍甚切說文大孰也或作餁𩚵䏕𤆯古作腍通作餁文二十稔說文穀孰也引春秋傳鮮不五稔恁說文下齎也徐鍇曰心所齎卑下也一曰思也或書作恁衽說文衣衽也袵單席通作衽荏艸名說文桂荏蘇集說文弱皃或書作㒁棯𦺀木名爾雅還味棯棗或从艸羊說文撖也从干入二爲羊言稍甚也任佞也姙說文孕也秹禾弱也潭水動皃腍飫也○瘁所錦切寒病文七㴨澿澿滲寒皃或从罧瘮駭恐皃槮積柴水中以取魚顲䫆顲懦弱皃沁水名出上黨○墋堪楚錦切土也一曰不清澄或从甚文十一磣物雜沙也醦醋也跉博雅跉踔行皃瘮駭恐皃謲陰言譖之也慘毒也駸馬聚皃𩛩食有沙蕈覆也○顠顩士瘁切醜皃或作顩文五魿𩵞小魚蕃也或从岑岑山崖○稟筆錦切說文賜穀也文三癛疾也𦾷艸名藤也○品丕錦切說文衆庶也又姓文一○𢼄涉甚切說文下擊上也一曰禁也文十黮博雅黮黕私也一曰深黑抌戡說文深擊也一說楚謂搏曰抌或作戡黕汙也戡湛刺也或从手磡用石揉也𠠾用力也眈出頭視皃○踸跉趻丑甚切說文踸踔行無常皃或作跉趻文十顩顲顩懦劣皃㪩闖馬出門皃鍖鍖鉦聲不進皃嵁山高皃湛湛潭水皃眈出頭視也通作闖○朕䑣直稔切我也古作䑣文十一㴨水流皃黱黑色䲢魚名似鰕螣龍類能興雲霧栚椕說文槌之横也關西謂之㮳或作椕伔本青齊曰沈橝屋梠前也黮汙也一曰䵲黮果實壞皃○㐭亩䆞廩稟力錦切說文穀所振入宗廟粢盛倉黃㐭而取之故謂之㐭从入回象屋形中有戶牖古作亩䆞或作廩稟文十九㨆方言殺也一曰自關而西謂打爲㨆懍㐼懼皃或作㐼古通作㐭䆞菻蘽說文蒿屬或从稟檁屋上横木凜凜說文寒也或从稟顲作色謂之顲一曰顲顲不飽一曰瘠也𨛫說文地名癛寒病㶒說文侵火也箖博雅䍛也澟凜清也○拰尼凜切搦也一曰拰搦調弓皃文三鈓鍖鉦聲不進皃或省○潭潭湛以荏切蕁潭水動也或作潭湛文五栶鄉名在濟北㷈火盛也○廞義錦切興也喪禮有廞車服或从今文三凚寒皃○坅丘甚切坑也文九趛𧼮低首疾趨謂之趛或从今頷顉頤曲上曰頷或从金顩顉顩醜皃或从金昑明也捦持物○錦居飲切說文襄邑織文文二𥗁石名

○噤渠飲切寒閉口也文九唫說文口急也顩廣雅怒也一曰顉顩懦劣凚寒皃𢿝關人名漢有劉𢿝𦺵艸名㦗勤也𦆂絭中小繭蕈菌生木上○㱃飲𣤎𩚣㒲涂𩚣於錦切說文歠也或从食古作𣤎𩚣㒲涂𩚣文十一𤃵水大至也暗暗醷聚氣皃李軌說黔黔黰果實壞皃歛山岑皃○魿牛錦切薿也文十一僸嬐仰頭也或作𡢸趛說文低頭疾行也廞岑崖岸也莊子未離於岑廞大屋顩顉醜皃嶜嶔嶜山皃坅坑也吟噤吟頷頤皃○嶜集荏切嶜嵒山皃文一○呫當審切嘗也文一○𩓿側踸切頭俯皃文一

四十八

○感古禫切說文動人心也文十九𠥵𥶮箱類或作贑碱以石蓋也一曰石篋灨贑水名出南康或作灨贛䃭蓋也灨豆瀋也喊鳥聲鹹醎鹹味或从酉醰說文酒味淫也贛說文艸也一曰蕫菸通作贑䈞竹名鱤鰔魚名鱡也一曰黃顙或省𤟅犬名鱤魚名○顑虎感切說文飯不飽面黃起行也文七喊博雅可也㰹气盛皃䎦飛皃㙳土起𣝗木裂𧾘走皃○坎埳𡎿苦感切說文陷也或作埳𡎿文十九竷說文繇也舞也樂有章从章从夅从夊引詩竷竷舞我一曰擊也通作坎錎連鐶也欿說文食不滿也惂說文憂困也轗䡖轗軻車行不平也一曰不得志或从感欿欿然不自滿足意一曰欲得也壈坎壈不平顑顑首動也或省虦魁屬澉濁也臽小阱㰩陂岸竷扻擊也或作扻○頷戶感切說文面黃也文三十四頷啗䑖說文顧也或作啗䑖顄頤也㜝含怒也嵅山皃揻撼說文搖也或从感𢄀巾㩜耳也或从衣肣牛腹也淊說文泥水淊淊也一曰䉀䉀湯憾恨也感或省𤈦灼爛涵水澤多也𣐗說文木垂華實从木㔾𢎘𠮚說文嘾也艸木之華未發函然象形或从口菡說文菡萏也通作欿欿𩚣欲得也或作飲莟䕞開華也或作蕸髧髮短皃蜬蟲名說文毛蠹也噉聲圅肣口上曰臄口下曰圅或从肉壏壏坷不平邯邯淡豐盛意顏師古說泔滿也漢書秬鬯泔淡一曰泔淡水皃虥虎聲○晻腤暗鄔感切說文不明也或作腤暗文三十一黔說文果實黔黯黑也盦覆蓋也黤黯深黑色或从音𤃩說文水大至也腤腤腩調飪也罯說文覆也揞博雅藏也唵博雅唅唵也一曰手進食晻𦓤䅖種田也或从耒从禾㛪蹇也韽鐘病聲周禮微聲韽戚衮讀闇隱晦皃禮記君子之道闇然而日章厭沈溺意莊子其厭也如緘喑喑醷聚氣皃黬釜底黑也淰濁也䕼

䭊䭊香也 蘫 緐茂也 醅 醅醦𩑦容 霮 雲氣盛也 嬒 含怒也 埯 阬也 揜掩 覆取也或从奄 窨 室也○
顉頷頜 五感切說文低頭也引春秋傳迎于門頷之而已或作頜頜文八 嬒 說文含怒也一曰難知也引詩碩大且嬒 嵁
礛 嶃嵒山形或从石 儑 癡也 嘁 可也 ○ 糂䊋糝餘 桑感切說文以米和羹也一曰粒也籀从朁古从參或作
餘文十五 嘇 啗嘇物在口中也 傪𢓭 䫩傪動也或从彳 粽 蜜漬瓜實曰粽 㨛 揻㨛搖也 槮 聚柴木水中魚寒入其裏
因以簿圍捕之 䫩 䫩頷首動皃 參 雜也儀禮有參侯 ⿰目參 視也 傪 儳傪無儀 澂 水皃 ○ 慘 七感切說文毒也文十四
憯䃪 說文痛也一曰憯也或从疒 噆 銜也莊子蚊䖟噆膚 朁 說文曾也引詩朁不畏明通作憯朁 黲 說文淺青黑也一曰敗也
傪 好皃 嫪嬸 說文婪也或作嬸 懆 說文愁不申也通作慘 醦 醦醦𩑦容 參 參譚衆多皃 縿 淺紺繒也 䫩 䫩䫩
搖頭 ○ 寁 子感切說文居之速也文十 昝 姓也出蜀郡 撍揝 毛動也或从昝 簪寁 速也易朋盍簪王肅讀或作寁
埁 坎也 噆 銜也 潸 地濕也 噆 噆噆味也 ○ 歜歜 徂感切昌蒲葅也或从艸文九 䢧 剌也 𨁈𨆹 引張
弦也或从寒 鐕 也 慚 綴物 頷慚望也 鰺鯵 博雅鰲也或省 ○ 黕 都感切說文滓垢也文二十一 眈 虎視

抌敁 剌也擊也或从攴 衴 衣緣也 紞 說文冕冠塞耳者 ⿰多冘 多也 瓭 博雅瓶也一曰瓦屬 丼 投物井中聲又姓
𣪇 博雅禁也 㴐 水淫 ⿰口冘 鳥聲 ⿱艹冘 艸名知母也 馾 馬名 髡 髮垂皃 䉞篔 竹名或作篔 顉 顉
醜也 䈞醓檶 篋類或作醓檶 ○ 襑 他感切說文衣博大文十三 肬 說文肉汁滓也 醓盜醯醔
說文血醢也禮有醓醢以牛脯粱麴鹽酒也或作盜醓醔 㥏 㥏忒心不寧 譚 譚試言不定 嗿 說文聲也引詩有嗿其饁 黮 說文桑葚
之黑也 䟢 䟢踔行進退也 僋 無撿也 圅 吐舌皃一曰竹皮 ○ 禫 徒感切除服祭名文三十二 髧𠆳 髧垂皃詩
髧彼兩髦或从人 譚 大也亦姓 贉 市先入直也 䊤 說文糜和也 醰 厚味也 嘾 說文含深也 覘眈 徐視謂之
觀或作眈 偡 聲也 窞 說文坎中小坎也引易入于坎窞一曰旁入也 突 竈突也 黮 廣雅黑也 霮䨴黮
霮䨴䨵雲或省亦作黮 菡萏萏欿 說文芙蓉華未發爲菡萏已發爲芙蓉或作菡萏欿 檶 木名 湛 水名周禮其浸潁湛
李軌讀 鐔 劍口也 欿 博雅欿盛也 䆲 曲內也太玄窞推欿窞 磹 舂也 嘾 嘾嘾厚皃 撢 指也 嬗
女名 憾 不安也 蕈 桑葚 ○ 壈壈 盧感切坎壈不平一曰失志也或作壏通作㯿文十九 㶣 焦黃色 顲 說文

面顑顲皃 轗 輡轗車不進 澰 清也漬也 漤 汁也 淋 字林藏梨汁也 醂 藏柹也一曰桃葅 ⿰扌林 方言殺也一曰打也 懍 不謹
㯿 坎壈困極或作㯿 婪 好皃 醶 酢醬 ⿱秝夂⿱秝心 悲愁皃一說林木君子所感故宋玉曰入林悲心或从心 婪惏 不謹
也一曰卜人詐告吉凶也或作惏 䆷 王肅曰坎底也 ○ 湳 乃感切說文西河美稷保東北水文十四 腩醓䐑 腌也或从酉亦
作䐑 揇 搦也 䎃 博雅䎃羽也 揇 掾也 萳 艸長弱皃 䈒 竹弱皃 淰 博雅濁也 喃 諳喃讇也 䑖 夷名唐有
喃國 罱 取魚具 𩓑 醬也 ○ 縿幓 所感切旗旌正幅或以巾文四 潣 潣瀶水漂疾皃 雺 小雨也 ○ 㜝 莫坎
切首飾文一 ○ 𦐗 如坎切鳥翼下細毛文一
四十九 ○ 敢敢𣪘敢 古覽切說文進也从受古聲古作敢殷隸作敢文八 橄 橄欖果名 澉 澉澹
味淡 笚 竹大 䃸 䃸峹摸末賦大食國酋長名 ○ 喊嚂 虎覽切聲也或从監文九 壏 堅土也或作壏亦書作壏
𢾩㪁 溪谷皃或作㪁 闞 聲大皃从鬥 㺖 犬聲 㢛 山險 ○ 澉 胡敢切澹澉洒滌也文一 ○ 㢛 口敢切險也文
四 𧇹 齔虎屬 鹹 鹹酸苦味 饑 飢也 ○ 黲 鳥敢切博雅忘也文一 ○ 㜝 毋敢切鄉名在河東文二 䥲 吳人謂哺子曰

餡 ○ 䬻 子敢切澉䬻無味也文三 暫 繒末也 簪 醬也 ○ 槧 在敢切斷木爲槧文七 鏨 博雅鑱謂之鏨或書作𨨏
嵌𡿕 山皃或作𡿕 𠠆 縮朒皃太玄賁𠠆跙 暫鸐 鳥名鸛也 擊 擊也 ○ 厰 五敢切山石皃文二 㑇 仰首皃一曰好
皃 ○ 濫 賞敢切水皃一曰果勇也文二 擲 芟也 ○ 膽 覩敢切說文連肝之府文八 礛 石礛礛藥石 黵 說文大污也
䳮𩿍 鳥名羽青黃色或从隹 嘾 蔪 艸名 甔 䍅屬 ○ 菼菼 吐敢切說文雚之初生一曰薍一曰
騅或作菼文十一 緂綾繳 說文帛騅色引詩毳衣如緂或作綾繳 毯 毳衣謂罽之族 黵 魚罔也
倓 安也荀子倓然見管仲之能 㢛 山險 ○ 啖啗噉餤嚪 杜覽切說文噍啖也或作啗噉餤嚪文二十
澹 水皃 醰 醰也 淡 說文薄味也 憺惔 說文安也或从炎 䆱 竹名 窞 寗窞之突 談 舌出也
賧 蠻夷贖罪貨通作倓 餤 無味也 濫 竹聲 倓㑒 博雅靜也或从劍 萏菼 艸名爾雅蔪也或从剡 ○
覽 魯敢切說文觀也文姓文十 擥攬擥 說文撮持也或从覽从監 欖 橄欖果名或从窞 爁 火焚也
灠濫 漬果也一曰染也或作濫 醂 泛齊行酒也

五十○琰以冄切說文璧上起美色一曰圭之銳上者文二十五　剡掞說文銳利也或从手　琰蹥琰疾行也
焰說文火光也　餤說文火行微餤餤也　灩淊淡瀲灩水滿皃或从臽亦作淡　潤博雅沔也　繝方言未續也
睒暫視皃　㷔㷔關謂之㷔㷔㐮　睒味甘也　棪木名說文遫其也子似柰赤而可食　檆廣雅篕檆謂之遂篠通作掞　稵
覃利耜也或作覃　焱火華也　閻地名春秋傳戰于鬼閻　鋟利刃也史記鋟戈在後　㶍方言秦晉續折木謂之㶍　忝
本廣末狹謂之忝　猍山海經女和月母之比有國曰猍氏　痰傷也　○燄習琰切火行微也文四　剡利也　棪木名膠可和香
爲蘇合　銛臿屬　○脥謙琰切腹下也文三　惔恨也　唊猴頰藏食曰唊　○黶黷於琰切說文中黑也或作黷文十五
黶面黑子一曰酺也　壓塞也　魘夢驚也　擪持也　擫懷也通作厭　穲禾稻不實也　酓說文酒味苦也　媕
女有心媕媕也　檿說文山桑也引詩其檿其柘通作酓或書作壓　瘱瘍疵也　厴蟹腹下甲　厭開藏也一曰厭次地名　黬志也
湛○湛牒琰切博雅湛湛露也文一　○纖纖琰切撿細也文二　冄羌姓漢有西羌冄姐　○醶七漸切博雅酢也文六　塹
坑也　憸㦓詖也一曰憸㦓多意也或作㦓　䝨市先入直若今賸鋪　遷遷遷欲近皃　○鏨饏子冉切食也一曰

饏儳味醶或从漸文六　黲色弱也　黵笑皃　恢恢恢恨也　○漸疾染切說文水名出丹陽黟南蠻中東入海一曰漬也文
十八　槧說文牘樸也　趣走進也或書作趣　螹蟲名說文螹離也一曰魚名　鏨博雅鑴謂之鏨　錟長矛　燄火行微也
磛磛礹石皃　嚵小食　蔪藂說文艸相蔪苞引書艸木蔪苞或从槧　醶說文闕一曰醬也一曰醶儳味醶　剡鋭上也
鏩鏩鋭進皃　䴘麥秀皃　擊取也　摲除也　嶃嶃巖山高皃或書作嶄　○閃失冉切說文闚頭門中也从人在門
中文十六　潣潣流皃或作潣　睒睫說文暫視也或作睫通作睒　覢說文暫見也引公羊傳覢然公子陽生　䛳誘言
夾說文盗竊褱物也从亦有所持俗謂蔽人俾夾是也　𢲼疾動皃　陝說文弘農陝也古虢國王季之子所封也　婡說文不媚前却陝陝
也　𢻻𢻻𢻻舉手皃　睒睒睒目皃　淰淰淰躍踊逸也或作淰　貟狄姓　○颭職琰切風動物也文四　䟴前趨
皃　戭戭戭舉手皃　拈拈也　○剡時染切縣名在會稽文三　䉷竹名　黮黑甚也　○冄冄而琰切說文毛
冄冄也象形或作冉又姓文十五　姌㚩說文姌弱長皃或作㚩　䎡羽皃　染說文以繒染爲色又姓　㲯濡也　媣
媣說文諟也一曰媞也或省　儳說文闕一曰饏儳味醶一曰醬也　䤌鐵也　呥噍皃　苒艸盛皃一曰姓　苒柔木　𥬙竹弱

枏木名梅也　○㨻山儉切博雅次也文一　○讇諂丑琰切說文諛也或省文四　覘視也　婄陵女志前却　○
斂力冄切說文收也文十三　䭠廉食　撿說文拱也　䌈方言所以縣櫺關西謂之䌈一曰索也　嬚女字　瀲瀲灩
水溢皃或省　隒里也爾雅重甗隒　溓廣雅漬也一曰冰其薄者溓　蘞蘞艸名說文白蘞也或从斂　獫犬長喙者　𪉸
字林角三觜爲𧤣　○險嶮虛檢切說文阻難也或从山文十　譣憸廣雅詖也或从心　𧤣爾雅羊角三觜𧤣　姎
性不端良謂之姎嬐　韽胡被謂之韽　玁周謂北夷曰玁狁通作獫　獫說文長喙犬一曰黑犬黃頭　㯬㯬槏䕭也　○顩顩
顩丘檢切顩頰頤面不平也或作顩頩文十一　𪕋鼠屬說文鼢也　嵰山高皃　歉意不足也　隒厓也　閹門屋　鎌食未
歛笑也　笑竹小　○撿居奄切說文書署也一曰俗謂檢尾今世書實簽下或作岐文九　撿儉束也或作儉　瞼
頰也　瞼眼瞼也　險字林山形似重甑　黚黔黑也或作黔　贛贛榆縣名在東海　○儉險㑒巨險
切說文約也或作僉古作㑒文四　芡說文雞頭也　○奄衣檢切說文覆也大有餘也一曰欠也同也从大从申申展也亦姓文三十七　弇
弇寮說文蓋也古作弇寮　掩說文斂也小上曰掩一曰撫也止也　揜說文自關以東謂取曰揜一曰覆也　罨覆車罔　䑴

旌旗皃　罯罘也所以罔魚　裺說文褗謂之裺　𢊍屋檐㢋也　閹閹閹宮中守門者通作奄　媕說文女有心媕媕也　郔
說文周公所誅郔國在魯　俺俺博雅愛也或作俺　晻日無光也　渰𩂋說文雲雨皃或作𩂋　崦山巖也　黭果實
黑壞也　媕謎拏也　崦嵫山名日所入或从弇　淹水涯也一曰漬絲出緒也　掩博雅掩擔也　殗瘞也　䛕䛕
香氣通作唵　菴菴䕩木茂皃　埯土覆謂之埯　𩒏美也　黤黑青也　䟁跛也或从足　裺襛也　裺
禾不實　𥣍稚也　○嚵士冉切博雅嚵也文二　瀺瀺灂魚鳥沈浮皃　○醶酢初斂切酢皃或作醦文三　黲
○黵止染切黑污也文三　𢿫𢿫𢿫舉手皃　趨趨趨疾趨
五十一○忝他點切說文辱也古作忝文十三　㮇鄉名在濟北蛇丘　餂取也孟子是以言餂之
銛博雅銛謂之銛一曰取也　䑙火光　栝木杖也一曰炊竈木或作栝　忝弱也　嬗婦人細長皃　嫊女字
郱亭名在京兆　㐁無光也　○點多忝切說文小黑也文八　者廣雅老也一說老人面如黑點　玷玉瑕　䩇器缺　刮
刀缺一曰斫也　蒧闕人名夫子弟子曾蒧通作點　怗博雅靜也一曰服也　姑女字　○簟徒點切竹席文八　𥳑瀲水滿

也扂非戶牡或作非橝屋梠驔說文驪馬黃脊也䆲䆲穇穀名蕈桑䓴○稴盧忝切稻不黏也文
四濂恬靜皃一曰小水瓠廣雅瓜其子謂之瓠溓薄冰○淰乃玷切說文濁也文九嬋說文下志貪頑也阱
亭名在鄭姌纖細也黚黚黗艸書勢箈竹弱皃涽消也舑劣也痁病也○鼸下忝切鼠名文三
嗛鳥獸頰貯食獫犬吠也○歉鐮苦簟切食不飽也一曰不足皃或作鐮通作嗛文六慊恨也一曰不滿也一曰憾也
嗛鳥獸頰貯食膁馬腹旁謙安靜皃禮記此之謂自謙○嬐兼忝切竦身皃文二鐮博雅所也○憯此忝切痛
也文一○僭子忝切差也文一○濂變玷切濂溓輕薄皃文二帴帬幅也○忝㚲美忝切腦蓋也或作㚲文二
五十二○儼嚴曮㘙魚檢切說文昂頭一曰好皃一曰恭也或作嚴㘙古作嚴文二十一顩說文
曮日䢛謂之曮嬐含怒也嬐敬疾也姏婦人齊整皃通作嬐广說文因广為屋象對刺高屋之形嵰說文
崖嶮高峻皃伣偄儉伈癡也或作偄礹巉礹山石皃噞說文噞喁魚口上見也鰜魚名厃峻也巘
好皃㒑危也顩顩頤面不平○貶䝨辨悲檢切說文損也或作䝨辨文六𢁶說文傾覆也从寸曰之寸人
手也从巢省杜林說以為貶損之貶窆病也窆葬下棺也○払章貶切服也文一○欦口广切笑也文二顩頗顩醜也

○埯倚广切土覆也文一○險希埯切峻也文一
五十三○豏下斬切豆半生也文十䘏博雅塗也減耗也禮以減為文㦷博雅健也獫說文大吠
不止也一喊𡁈怒聲或省轞車聲甗乾瓦屋也艦船名○鹼火斬切笑也文三喊聲也誠
廣雅謦也○槏㡘㯹口減切說文戶也一曰牖邊柱謂之槏或作㡘㯹文十三橄橄欖果名顩醜皃㦰不意
安也或歉不飽也䁍博雅陷也㩊拄也危也篏竹名嵰山皃轞車聲○減咸古斬切說文損
也或作咸又姓一曰減水名出番縣山文十一㨔箴也篏箴竹名或省鹼鹻鰎鹹也或从兼亦作䶢㳣艸名寒蕣
也鰔魚名䶢博雅塗也○黯乙減切說文深黑也文十一闇隱暗也禮君子之道闇然日章𪏮弃也黶
闞人名晉有欒黶或作厭黬直聚氣也醃醃䣼醶容黲青黑皃黬忘也㺂小犬吠也黯黯黮果實黑壞○摻
所斬切博雅取也一曰執也文十一𣀔博雅次也一曰取也摲芟也禮有摲而播醦酢也㺑說文犬容頭進也一曰賊也

鬖鬖亂髮長也噆㗆噆物在口中蔘葦初生者也毿擊也險艱難也㯺芟艸木也○䫲楚減切䫲顩以豬膽屑擦
芥醃鹽為之文二醶說文酢也○斬阻減切說文截也从車从斤斬法車裂也文二𣃓刈也○瀺士減切瀺灂水聲文十
嶃巉嶃高峻皃或从毚亦作嶃劖斷也嚵小歠也儳不齊也壏名也摲除也斬取也○
𩐿丑減切癡也文三䟕踸䟕踸行不進皃或作踸○湛㴸丈減切說文沒也一曰湛水豫州浸又姓古作㴸文五
偡齊進謂之偡一曰偡偡齊整也㽎方言病也黮黯黮果實黑皃○臉兩減切臉䏲羹屬文三㵝味薄也醶醶
酢味○囡女減切縮取物也文六㭲木名菌艸名罔罾魚網或从衜淰水無波也○鮎竹減切鹹也文
一○㔋五減切面長皃文一
五十四○檻戶黤切說文櫳也一曰圈文二十艦戰船四方施板以禦矢狀如牢檻犬獍謂之檻轞車聲
通作䡊轞載囚車通作檻㯺姓也出河內濫㶕爾雅濫泉正出郭璞曰正出涌出也或作㶕通作檻𤮒陶器壏
𨻼堅土也或作𨻼艦博雅䑢艦鐘也或作𨻼𪚱刺也瀸懸水皃𩥇馬走皃㜮健也㗡㗡噆物在

口中莟荇水艸或作荇○闞虎檻切虎聲文三㺂說文小犬吠南陽新亭有㺂鄉𡮫闞皃○淰奴檻切水
無波也○黤倚檻切說文青黑也文二黬說文黬者忘而息也○醶楚檻切博雅酢也文一○摲山檻切取也文二
㺑艦㺑犬聲○嵁仕檻切高皃文二㺑犬齧皃○摻素檻切方言細也文一
五十五○范父鋄切說文艸也又姓文八蠭蟲名博雅蠭也通作范笵說文法也从竹竹簡書也古法有竹
刑通作軓軋說文車軾前也引周禮立當前軓或作軋範說文範軷也一曰模也犯㲯說文侵也古作㲯○
𨈴丑犯切癡也文二𨅝踍足望也○㺑胡犯切盂也文一○釩峯范切器也文二跁㺑也○𦞠補范切
東謂膿爲貶損也𠬨博雅弃也○錽鋄亡范切馬首飾或从之文五㚲說文齒蓋也象皮包覆齒下有兩臂而夂
在下黶闇行也鉞刃也○凵口犯切說文張口也象形文二扣取也○冂五犯切凵冂張口文一○拑扱范切持也文一

集韻卷之六

集韻卷之七

[illegible]丁度等奉

敕修定

去聲上

一○送遜倯 蘇弄切說文遣也古作遜籀作倯文五 鬆 鬆鬆鬆鬆亂皃 凇 凍凇冰堅 ○謥 千弄切謥詷言
遜文四 愡 愡恫不得志一曰心急一曰無知皃 㧬 㧬𢷾也 葱 竹名 ○糉粽 作弄切角黍也或作粽文十五 傯揔
倥傯苦也一曰困皃或从手 瞛 瞛視也一曰瞛瞛視皃 緵罬緫 爾雅緵罟謂之九罭一曰百囊罟或作罬緫 㚇鬷 鳥斂
足也或从羽 鯼 魚名石首也 鞻 鞍鞻馬鬣 騣 馬遬也 驄 釜屬一曰漢侯國名 豵 牡豕也 㚇 勸勵 ○凍 多貢切說文仌
也文十四 涷 爾雅暴雨謂之涷 湩 說文乳汁也 棟 說文極也爾雅棟謂之桴 戇倲 愩戇愚皃或作倲 蝀 艸名 甐
博雅甐瓶𤭛也 鬆 鬆鬆鬆亂皃 䍶 獸名如羊一角一目 蝀 說文螮蝀也 䁓 視皃 娻 女字 崠 山脊 ○痛 他貢
切說文病也亦姓文三 蘳 好也 㝗 穴也 ○洞 徒弄切說文疾流也一曰通也文二十一 峒 山㟅嵸不齊也一曰山穴通作洞
衕 說文通街也 迵 說文迵迭也一曰過也 眮 說文吳楚謂瞋目顧視曰眮 㖯 大歌聲也 䪊韻 鐘聲或从通
詷 謥詷急言一曰同也 慟 說文大哭也 憧 憧憧意不定 胴 大腸 筒 說文通簫也 絧 鴻絧深遠一曰相連次皃
硐 栿也 駧 說文馳駧去也 侗 誠愨皃郭象曰侗然而來 姛 項姛 恫 愡恫不得志 烔 火皃 洞 冷也 ○弄

挵 盧貢切說文玩也或从手文二十 㤝㑝 㤝戇愚也或从人 哢 鳥聲也 裶 衣一襲 𢈢 厦也屏也 鄏 邑名
梇 說文木也益州有梇棟縣在魯 㦡 㦡悷性恨 礲 石㧬 礱 小磨 𥥫峅硦垹 穴也或从山从石从土
攏 擁也周禮攏鐸鄭司農讀 㳥 水名 瀧 瀧涷瀝也 㛞 女字 ○齈 奴凍切鼻病多涕文四 濃 凍濃寒皃 癑
說文痛也一曰瘡潰 鬞 鬞鬞鬆亂 ○唝哄 胡貢切衆聲或作哄文十六 訌 讀也 烘 火皃一曰火乾物 港 港洞水皃
閧 鬨聲孟子鄒與魯閧从門 㗢 廣雅歌也一曰大聲 宎 宎宎空皃 戇 愚也 蕻䔰 茂也或作䔰 澒汞 水銀
也或作汞 洚 洪水也 䚗 虹洞相連也 鴻 鴻絧深遠一曰相連次皃 ○控 苦貢切說文引也引詩控于大邦文十二 鞚 馬勒
倥 倥傯困也 崆 崆峒山深皃 悾 博雅誠也 空 窮也缺也 𨻝 穿垣謂之𨻝 涳 水直流皃 絟 絲䋎 硿 石實
皃莊子德厚信矼 控䏺 羊腊亦从肉 ○貢 古送切說文獻功也又姓文二十二 贛贑 說文賜也籀作贑 湏
灨 水名出豫章或作贛通作灨 匵檟 說文小桮也或作檟 贛 說文艸也一曰薏苡 竷𡑏 地名或作𡑏 [illegible]
鳥食 𥫱 說文杯笿也一曰籠著籠 虹 字林螮蝀也一曰縣名在沛郡或書作虹 𤛚 飛至也 愩 心動也一曰自高 陎 從陎

山名在雲南 攻戰伐也 戇戇愚也 嫃女字 蕢艸木子聚生 夅差也 洚水皃 ○瓮甕甕鳥貢切說
文罋也亦从雍通作甕文八 甕甕說文汲缾也或作甕 齆齆埋倉鼻病也 齆鼻臭气 翁頸毛 𨛱縣𨛱山名在晉陽郭璞說
○幪幪蒙弄切蓋衣也或从蒙文十三 濛微雨也 霿霧說文天气下地不應曰霿或作霧 濛塗也 艨
艨艟戰船 懞心暗 騥騥驢子或从蒙 鏒廣雅鏒鏒鏒也一曰鏒刃 霥霧聲 矇矇瞍視皃 ○夢莫鳳切說
文不明也一曰艸中曰夢通作瞢文十三 寢瞢說文寐而有覺也或作𢛁通作夢 瞢目不明也 鄸邑名在曹 錽鏒刃 蒙
趯極行也一曰疲也 鸏鳥名 懞中也 鏝博雅鏝也 霿霧天氣下地不應或作霧 夢夢楚謂艸澤曰夢通作夢瞢 ○
賵鳳撫鳳切贈死之物古作鳳文三 麷麷熬麥也 ○諷風方鳳切說文誦也一曰諫剌或作風文二 ○鳳朋
鵬馮貢切說文神鳥也引天老曰鳳五色備舉出於東方君子之國見則天下大安寧古作朋象形鳳飛羣鳥從以萬數故亦以為朋黨字或作鵬文三 ○
趟千仲切行皃文一 ○銃充仲切斧穿也文三 梳木槿也 筅竹尖 ○衆𥃩眾之仲切說文多也从
依目衆意又姓古作𥃩眾文五 螽𧖅方言𧖅蛄謂之𧖅蛉 霠小雨 ○剬仕仲切𧖅屬文一 ○戇贛呼貢切㤥愚也或

大二十四 小五十九十二 集韻去聲七 三 正

省文八 烘火气乾物 穠吳俗謂艸木萌曰穠 篊竹器所以乾物者 瞶瞢瞶不明 嗊羅貢歌也 嵸嵸峒山谷深皃
○𪗋麤粗送切𪗋𪗋不迎自來也文五 𥢶廉東一曰積禾 𩮾聚也 檒江東謂艸木叢生 䕺艸雜也 ○中陟仲切當
也文三 衷折衷平也 妕女字 ○仲中直衆切說文中也或省文九 𦨣中𦨣也 衶通作仲 蟲螆蟲食物也亦作
蚛 苄艸卉叢生 鵆鳥名博雅鵆鵆飛鵆也 神神鳥 蝩名 ○趙踨香仲切說文行也一曰聞覺臭或从足文三 嗅
鼻審气也 ○焪去仲切火乾物文八 瞎日乾物 諺多言 滒水急皃 傗小兒一曰寒皃一曰屈也 擤揉也 躬
曲躬也一曰使役 㖌曲鞠訊也通作誇 ○㗂丑衆切直皃文一 ○𦶚蓬菩貢切艸木盛皃或作蓬文二
二 ○宋蘇綜切說文居也一曰木者所以成室以居人也一曰地名商後微子所封亦姓文三 謥謥詷言遽 茱艸名 ○綜子宋
切說文機縷也文四 𥟬系 碂碎也 琮半璧也禮君享用璧夫人用琮天地配合之象 ○統他綜切說文紀也一曰攝理文二
䡘博雅黃也 ○𥗩魯宋切䃧𥗩石落聲文二 鼕鼓聲 ○硿胡宋切䃧𥗩石落聲文一 嗵廣雅歌也一曰大聲 ○湩
冬宋切乳汁文一 ○霧雺莫宋切天气下地不應或作雺文二 ○𤺚奴宋切病也文一

三 ○用𤰃余頌切說文可施行也从卜从中衛宏說古作𤰃文六 𪖰用也鼻知臭香所食也 盅甂大罌或作
甂 甬艸名 ○俸奉房用切秩祿也或作奉文八 縫衣會也周官有縫人 捀奉也一曰分而數也 㦀款書也
要𩏴灼龜也 髳坼 夆牾也 ○葑芳用切菰根也江東有葑田文四 封㞽爵土也書往即乃封徐邈讀古作㞽
湗深泥 ○縱從緃足用切說文緩也一曰舍也或省古作緃文五 瘲瘛瘲風病 縦綫屬 ○頌額似用
切說文皃也一曰告成功之詩或作額文八 誦說文諷也 從同宗也 訟谽吅說文爭也一曰謌訟古作谽吅 ○
從㧐才用切說文隨行也或作㧐文二 ○種𥝟朱用切說文埶也或从重文六 踵偅蹱踵不能行皃或从人
甄甕屬 鍾字林酒器也一曰樂器 ○鞧鞋𩋾𦄂而用切鞌毳飾一曰罽也或作鞋𩋾𦄂 鱅鮐魚 ○
湩𪏻穜竹用切乳汁也或从乳亦省文六 埬池塘塍埂也 諥言相觸 惷愚也 ○𨈘良用切財貧也文七
贛丑用切愚也或作戇亦省文五 蹱偅蹱蹱不能行皃或从人 ○㧐我用切推也文四 宂餘也 㪌散也 𧙈衣
𨅌𪑊𨅌𨅌不能行皃一曰不強舉或从人 襱襱緟衣寬皃 𤻤𤻤𤻤病也 瀧博雅瀧塗也 𩦴重騎 ○惷𢥞

大一百一 小六百二十六 集韻去聲七 四 春

𪆨鷚飛皃 ○重𡑭𡐨儲用切說文厚也一曰再也古作𡑭𡐨文七 緟𧞱緟縷也或从衣 𨈛娠也 偅
遲也 ○恐忎欺用切疑也古作忎文四 𢗼艸名博雅𢗼茴蘭茹 㑋遲也 ○供共居用切設也或省文五 䢼
𧓊蛬蟲名蜙蜙也 拱撿手也 ○共𦬓渠用切說文同也古作𦬓文二 ○雍邕於用切地名又姓古作邕文十二
灉灉滜爾雅水自河出為灉或作灉滜 壅壟塞也一曰加土封也或作壟 甕甕也 鞭䪢鞴勒或从邕
𦅮維繼襛物或从邕 ○揰昌用切推擊也文五 㯲木梳也 𧼮𧼮趣行 䑧艟艨戰船 衝要也 ○艨
杜用切艨艟舟也文一
四 ○絳紅古巷切說文大赤也或从工絳一曰地名文十一 降夅說文下也古作夅 洚水不遵道也孟子洚水警予
栙艸名爾雅困桉栙 秤禾垂 虹螮蝀也一曰縣名 䍆博雅䍆差也 恈根也 洪水名 ○鄉巷衖
䢽閧胡降切說文里中道也或作䢽閧巷又姓文十二 𨛜郶說文鄰道也隸作郶 閧鬨說文鬭也引孟子鄒與魯閧
閧或从巷 𥫍搥衣架也一曰竹列 降星名爾雅降婁奎婁也 港水皃 ○胮匹降切脹臭皃文五 烽火聲 鞛鼓聲

䣶面腫 哰聲文 ○ 𡐐壥楚降切不耕而種謂之𡐐或从土文二 ○ 淙潀仕巷切水聲或作潀文四 㶇水所衝也通作淙 䨚雨皃 ○ 惷丑巷切惷戇愚也文一 ○ 戇贛惷𢢔陟降切說文愚也或省亦作惷文五 驄騃驄 騃亂皃 傱立皃 ○ 慧赫巷切慧憧志氣㥶突文一 ○ 驤尼降切驤驤騃亂皃文二 饟食無廉 ○ 淙湖降切水出皃

文五 簇篠以竹木剌物也或从木 雙相偶也 𣫍捍船木 ○ 朁覯覿丑降切直視也或作覯覿亦書作瞸 文五 惷愚皃 瞳未有知皃莊子瞳焉如新生之犢 ○ 轞丈降切衝城車也一曰陷陣車文八 艟短船名 幢后妃之帷曰幢 憧憃意不定也一曰戇愚皃亦作憃 撞撞擊也 惷覺視不明也 覿覿覿直視 ○ 贛呼降切賜也文一

五 ○ 寘支義切止也置也廢也文十四 忮伎說文很也一曰懻忮強害也或从人 伿惰也 詃不知也 敍博雅多也 觶觗觝說文饗飲酒角也引禮一人洗舉觶觶受四升或从辰从氏 鳷鳥聲 示置也禮示諸掌乎通作寘 支方言南楚謂謰謱曰支註 𨚦有大度也 嵮山名 ○ 翅翄施智切說文翼也一曰過多也或从氏文十九 翨鳥之彊羽猛者或書作𦐧 䳑鳥名 啻說文語時不啻也一曰諟也餘也 施惠也與也 㐌古作㐌 𢄙博雅𢄙謂之幧帕 鍦鉈江淮南楚

集韻去聲七　五　全

之間謂矛爲鍦或作鉈 鶍蠱也 胣博雅胣俎几也 駊馬彊也 螷爾雅𧐖螷蛘今米中小黑蟲 弛改易也通作施 𢹈木名 揓摕把也或作摕 𡖾有大度也 ○ 𡖾謻充豉切說文有大度也一曰慶也或从言文五 鉹𩱾鼎也 侈字林汏也 傢開衣也 ○ 鼓豉䜴是義切說文配鹽幽尗也或从豆亦作䜴文十一 𥺶廣雅黏也 𢐁青州謂彈曰𢐁

鯷魚名鮎也 抴牽也 䞄物重數 易傷輕也或从人 醍字林醍面皃 ○ 惴之瑞切說文憂懼也引詩惴惴其慄文七 睡 𥉩抍擊也或作𥉩 誰爾雅誰諉累也 揣治擊也 錘鍛也 醩病也 ○ 吹尺僞切噓也文六 蝫歛說文蝫龠音律管壎之樂也或省通作吹 炊㸑也 出出也詩杲出日 炊炊累動外也 ○ 瑞樹僞切說文以玉爲信也徐鍇曰从耑諦也又姓文十 倕黃帝時有工倕 睡說文坐寐 䅜黍稷先以胃垸之也 䳠鶵鳥名說文雛也一曰雅鳥或从鳥 𥝩小積也 垂將及也 腄縣名在東萊 娷女字亦姓 ○ 䰉而睡切內也一曰人心𢗺諄言而語謂之䰉𢗺文六 抐內也 汭小水入大水也 內入也 諉諈諉重皃 㥲弓曲謂之㥲一曰張弩 ○ 𪓾𪓾所寄切𩌦屬或从屣文九 屣𨇅履不躡跟也一曰徐行不履或作𨇅 灑洒說文汛也或作洒 曬說文暴也 纚纚纚羽衣皃毛 𨣿

以漉酒 ○ 裝爭義切衣不伸謂之裝文三 𦱳皮不展也 笫牀笫謂之笫 ○ 賜錫斯義切說文予也又姓或作錫文十三 澌說文水索也 𣶒澌水門一說傳水曰𣶒南史有石𣶒 𣩵死也通作澌 𣔣楖楈方言俎机西南蜀漢之郊曰𣔣或从徙亦作楈 𦺐說文艸也 菥艸名 斯儩盡也詩王赫斯怒鄭康成說或作儩 屣履不著跟曰屣 ○ 刺七賜切說文君殺大夫曰刺刺直傷也俗作刾非是文二十二 朿說文木芒也 莿茦說文茦也一曰艸芒也或省 諫說文數諫也一曰書也通作刺

誠謀也 𧢼說文親覷觀也 康博雅舍也 庛相依也 瘶風瘶膚疾 庛𢉖㡳周禮耒庛長尺有一寸鄭康成曰耒下前曲接耜者或作𢉖㡳 朿楷屬 載蚝螆蛪蛓說文毛蟲也或作蚝螆蛪蛓 𧏿蟲名 𦕂博雅𧐣蠜𧐣也 聽不相當 㢀屖㢀屖足前却也 ○ 積子智切聚也周禮遺人掌邦之委積以待施惠或書作𥡴文十 蓛艸名一曰艸積 積䅧積禾也或从齊 𦍀𤭝積也一曰械𣘚菊也或作𤭝 𥡴說文𥢈也 𩶵刀魚也 欪歐也 呰嗟也 眥目匝 ○ 漬涑疾智切說文漚也古作涑文十六 𥢈積羊疫通作漬 骴胔骴殨說文鳥獸殘骨曰骴骴可惡也引明堂月令掩骼薶骴或从肉亦作髊殨或書作胔 𣢁說文歐也 𦍀𡊮說文積也引詩助我舉柴一曰械𣘚菊也或作柴

集韻去聲七　六　佺

䱥刀魚也 眥說文目匡也或書作眦 穧穫禾也 𦍧博雅曝也 懠怒也 ○ 䪹思累切滑也文九 髓𩪸骨脂也或省 𥟨𥢷禾四把也一曰小積或作𥢷 隋墮綏挼尸所祭肝脊黍稷之屬或作墮綏挼 ○ 智𥎿知知義切說文識詞也一曰知也或作𥎿知文五 𪓲𪓕𪓲網蟲 潪水名 ○ 詈力智切說文罵也从网从言网罪人文十四 離去也 䕻博雅䕻䕻䕻也 砅履石渡水 荔艸名似蒲而小根可作刷一曰荔支果名 珕蜃屬士佩刀珕 䴡博雅䴡也一曰瘦黑 麗美也莊子麗譙之間 䕸艸附地生 䙰觀䁻視也或作䁻 隸附也 欐木名 ○ 諈竹恚切說文諈諉累也郭璞曰以事相屬又姓或从女文五 娷 𩞀飢也 𦇓絃中絕 𨬧權也一曰側意 ○ 縋繀馳僞切說文以繩有所縣也引春秋傳夜縋納師或从耒文十五 槌縣蠶曲杙說文關東謂之槌關西謂之㭢 錘博雅錘謂之權一曰八銖也通作鎚

硾倕鎮也一曰揣量物重也呂氏春秋硾之以石或作倕 甀𤬪瓻說文小口罌也或作𤬪甀 膇𦢊足腫也春秋傳重膇之疾或作𤸦 腄縣名在東萊 垂鄉名在蘄縣 娷女字 鎚銅半熟 ○ 累絫力僞切事相緣及也或作絫文九 厽垒絫坺土爲牆壁也或从土 嫘嫘嫘祖黃帝妃西陵氏女或从累通作累 㼍廣雅甈也 儽病困謂之儽 瓃玉器

一曰○諈女恚切說文累也文八錗說文側意也⿰弓委𢐿弢⿰弓委張弓皃或从垂稇內也倕倭思也或从

委娷女字○偒易以豉切說文輕也一曰交易或省文十五敡說文侮也通作易伿說文惰也䞶誃說文

重次第物也或作𦁏䍪面衣也廣雅䍪䍪謂之幧帞移遺也羨也大也施及也進也袘衪緆裳下緣也鄭康成曰袘之

言褫以繼綵㡀象陽氣下施或作褫緆褫褫方言榻前几趙魏謂之褫或从爿婸芟夷艸木曰婸○帝丁易切諦也文二疐

蹥○企跂跂去智切說文舉踵也古从足或作跂文十二跂垂足也一曰跂望𨒌避也岐伎說文頃也

从匕匕頭頃也引詩跂彼織女或作伎通作跂蚑蟲行皃𢻫吱行喘息或从口䞘博雅䞘䞘行也一曰緣木行𨑹曲行也

○馶居企切馬彊也文九鳷雉鳥名或从隹䚌博雅視也一曰瞡皃𦐊翅說文鳥之彊羽猛者周官𦐊氏攻猛鳥或

作翅亦書作𢻫繄小頭忮很戾䝿多小意而止○縊於賜切說文經也引春秋傳夷姜縊文八𥁞物潤死螠蟲名

縊女病也㾨病也謚諡行之迹也或省賹博雅益也㩥俯手拜也○恚於避切說文恨也文六娃行蠹

睳睢目小怒皃或省𡝦說文不說也𢖩恚聲○瓗弋睡切玉名文八纗博雅纗紳𦆝帶也一曰維綱中繩一曰弦中絕

大百卅 小七百卌 集韻去聲七 七 鄧書

賢益也𪀈鳥名小鳩也諉累也錗懸也𧫌婬諸女官一曰恨言𦃇垂也○𡡽呼恚切恚態一曰好皃一曰

過也文七毀壞也麾以旌旗示之曰麾隋隓墮綏挼尸祭黍稷肝脊也或作墮綏挼○觖窺睡切望也文二

闚小視○䙆規恚切埤倉眇視皃文三規規規驚視自失皃李軌說瞡博雅姆也○戲香義切說文三軍之偏也一曰兵也

文四撠擊也𤎖燒也戲戲戲聲也○掎卿義切偏引也文四輢車旁倚也徛傍也○寄居義切說

文託也文七徛徛爾雅石杠謂之徛郭璞曰聚石水中以為步渡彴一曰舉脛有所渡或从奇䭲隻也莊子䭲偶不仵䟚分牲謂之

踦一曰職也攲戴也危倚也○芰蘎奇寄切說文蔆也杜林說从多古作蘎文十二汥水戾一曰水都騎

乘馬也又姓輢車傍兵所持兒𧵊貝名一曰器用𢪃積也一曰撫頗魌說文鬼服也一曰小兒魌引韓詩傳鄭交甫逢二女魌服

陭阪名在上黨忮害也詩不忮不求韋昭讀詖謀也○倚於義切因也加也文七輢車傍陭阪名在上黨

猗相附著也詩兩驂不猗踦足也一曰立倚也椅木名檹樕屬旖旌旗皃○義宜寄切說文已之威儀也墨翟書通作羛

通作誼羛說文魏郡有羛陽鄉本內黃北二十里議說文語也一曰謀也誼誼說文人所宜也古作諠䜧

䣡字林䣡面皃𩣢周穆王駿馬名嬟女字議正也○爲于僞切助也文二隝坂名在鄭○萎餧

於僞切說文食牛也或从食文九委委積牢米薪芻之總名㨥益州人取鹿殺而埋地中令臭乃出食之名鹿㨥鄭康成說⿰弓委弢張弓

皃痿痹濕病浽水所聚也一曰漚也㮃說文羊相積也骫骫骳屈曲○䴍磨寄切麋也文一○僞危睡

切說文詐也文一○騩居僞切說文資也一曰古貨字或从危文十五垝坫也可以庋物一曰毀垣也𢼸䞝疲極也或

作𢻫𢻫庋庪搴起物也或作庪㡯𡨥庪毀也或作庪通作垝𥒐石垝江名在竟陵西䞈傒也嬀

𧥶方言婚䢸慢也一曰健狡也或从人技祭山名通作庪庋○𩠐丘僞切廣雅傷也文一○譬僻匹智切說文諭也

也或作辟文四澼水中擊絮也𧦧射鳥具○臂卑義切說文手上也文五澼水中擊絮也擘𢩓而得車曰擘𩍓博雅䩠䪐也

辟藣摩也○避毗義切說文回也或省古从彳文四辟比次也親也○帔被𧝓被義切說文䘦也

裷謂帬帔或作被襬文九㓟剥也𣬸迻予也一曰駿馳次第也被禾祖破壞也披散也𣩥車駕具○賁

彼義切說文飾也文十四佊衺也論語子西佊哉怶心怶懆也通作詖詖說文辯論也陂阪也𣭕傾也易無平不陂通作詖

大百十三 小五百實 集韻去聲七 八 鄧書

跛偏任也立毋跛𧷯說文迻予也一曰益也披抵行夾引棺者髲𩬊髮也謂被髮飾䯐廣雅䯐鬁也波循水

行也漢書傍南山北波河䍣帬也𩊗馬飾○𩬊平義切說文髲也文十三被說文寢衣長一身有半一曰加也紴叢

皃一曰䮾屬鞁說文車駕具弢弢徐鍇弓也一曰箭以張弩一曰弓曲也骳骫骳屈曲旇旌旗皃披散也𤿚羽也

裴衣不帶通作被掌積也汥水戾庋不展也○䧗匈恚切毀諺也文一○餯祱式瑞切小祭也或从示文

二○毀况僞切亂也文三𨽻爾雅息也麾招也春秋傳周麾而呼○䱐鱭才豉切字林刀魚也或作鱭文二○

靡縻誠切偃也曳也散也文一

六○至𡉓脂利切說文鳥飛从高下至地也从一猶地也不上去而至下來也古作𡉓文二十五摯說文握持也又國名亦姓𡠋

贄質說文至也引周書大命不贄一曰虞書贄贄亦作贄贄通作摯㡶博雅幣巾也鞊鞊說文蓋杠絲也徐鍇曰繇其繫系也或从至

至𣦵懫忿戾也周書有夏氏之民叨懫亦作懥古作䡹懥怒也𨰉說文羊箠耑有鐵一曰田器礩柱下石

鷙說文擊殺鳥也鴲雀鴲鷙一曰鳥名䲙魚名山海經崌山之江多鰲魚織織文也輊車重也䞃博雅前輊

蘏也 侄堅固也依也 咥切齧也 恉意也 氏緒也史記莊子著書十餘萬言大氐率寓言也 ○痓充至切博雅恐也一曰風病文三 恎恢恎惡性也恎恗憧遽也 懘音敝不和 ○戾矢利切似鈹皃文三 詄忘也誤也 眣使也 ○嗜 鰭 醋 賭 咶 耆時利切欲也說文嗜欲喜之也或从食从酉从肉亦作咶耆文十一 視 眎 睹 眡說文瞻也古作眎睹眡 眂說文眂皃 ○示 兀神至切說文天垂象見吉凶所以示人也从二古文上字三垂日月星也觀乎天文以察時變示神事也古作兀文十一 謚 諡說文行之迹也或省 溢愼也詩假以溢我徐邈讀 寘置也周禮寘之圜土 沶沶鄉縣名 勩 勚 肄爾雅勞也或作勩肄 隶方言餘也秦晉之間曰隶 ○二 弍而至切說文地之數也从偶古作弍文七 貳 貮說文副益也一曰疑也或从人 㣈飾也 𢦘相當也 樲木名說文酸棗也 ○出尺類切自內而外也文二 絀祟也 ○疢式類切腫病文四 𥦗 邃深也或作邃 㡱屋深也 ○數楚類切粟文文一 ○帥 帨所類切佩巾也或作帨文五 率捕鳥畢也 膟血祭肉也一曰師祭 衛將也通作帥率 ○四 亖 咒息利切說文陰數也象四分之形籀作亖古作咒文二十三 肆 肄 肆說文極陳也一曰遂也故也又姓或作肄肆 𦇻 綿說文希屬引虞書𦇻類于上帝古作綿

牭 𤚐說文四歲牛一曰叚也籀从貳 駟說文一乘也 囟 胴 脺頭會也或作胴脺 泗說文受泲水東入淮又州名 柶說文禮有柶柶匕也 蕼艸名說文赤蕼也一曰芮也葷也 𡐉埋搰坎 𣣯博雅病也 貄 律獸名爾雅貄脩毫或从犬 𤞟禮也 丨上下通也 ○次 𠕀 𡿪七四切說文不前不精也古作𠕀𡿪文十七 佽說文便利也引詩決拾既佽一曰遞也助也通作次 髤說文用梳比也一曰婦人首服通作次 髹 䰍 𣟩 漆以桼塗器或作䰍𣟩漆 絘說文績所緝也一曰絘布稅布也 𣧑死而復生為𣧑 鶿鳥名人面如象 鴜 雌鳥名或从隹 蠀蟲名似䵷黽 𨋖以縣飾車也 趑趑趄行不行 ○恣 資資四切說文縱也秦刻石文作資文九 𦃰理絲也 𣧑說文戰見血曰傷亂或為惛死而復生為𣧑 咨歎聲一曰齎咨 佽便利也 次捸次地名 鶿鳥名 姿媚也 ○自 自 白疾二切說文鼻也象鼻形古作自自白一曰從也已也文九 嫉 𡜟妬也或作𡜟 食糧也 懠怒也 穧穫也 絘緝也 ○邃 隧雖遂切說文深遠也或作隧文二十一 㥞 𢣷說文深也一曰衛也或作𢣷 粹說文不雜也 繀卷絲為緯也 睟顏面潤澤也一曰臨也 晬視正皃一曰潤澤皃 誶說文讓也引國語誶申胥 譢 訊告也問也或作訊通作誶

祟 𥛱說文神禍也籀作𥛱 篲艸名 𣀀楚人謂卜問吉凶曰𣀀 彗 篲竹帚也或从竹彗一曰星名 讆說文相毀也 轊車軸謂之轊 瘁風病也 賥貨也 ○翠七醉切說文青羽雀也出鬱林文六 臎肥也臀也 䭬馬卒 濢下溼也一曰物之小霑溼 萃萃蔡衣聲 綷綷縩紈素聲 ○醉將遂切說文醉卒也各卒其度量不至於亂也一曰潰也文五 檇 雋地名春秋傳越敗吳於檇李或作雋 𢧵 檇以木有所擣 ○豙徐醉切說文从意也通作遂文四十六 遂 述 適說文亡也一曰因也達也古作述遺 燧取火也論語鑽燧改火或書作𤌋 鐆 鑒說文陽燧也取火之鏡也或作鑒 隧 𨻶說文塞上亭守㷮火者古作𤏳通作燧 隧 隊 墜墓道也或省亦从土古作𨹹 襚 𧜗說文衣死人也引春秋傳楚使公親襚或作𧜗 旞 旝說文導車所以載全羽以為允允進也或从遺 璲佩玉也詩鞙鞙佩璲 繸 綫爾雅綬也所以連繫瑞玉者或省亦从革 韢 𩏫囊組也一曰盛虎頭囊或从彗 轊轊車也 蓫艸名似蒲 檖說文羅也引詩隰有樹檖或从遂 䅎 穟 䆲穟也或作䅎 篲 彗埽竹也或从竹 穟 穗 𥝧說文禾采之皃引詩禾穎穟穟或省亦作𥝧 采 穗 䅎說文禾成秀也人所以收从爪禾或从惠古作䅎通作穟 遂 淥田間小溝也或作淥通作遂 遺餽也周禮遺人徐邈讀 悴廣雅困悴也 嬘女字亦省 術六鄉之外地一曰道也通作遂 䅜禾四把 ○萃秦醉切說文艸皃一曰聚也文十一 崪博雅待也一曰止也 椊 𣘢木朽或从華 顇說文顦顇也 悴說文憂也 瘁病也 踤集也太玄鷩踤于林 誶告也 𢞍雌貂者 稡稻黏 ○地 墬 埊 坔徒二切說文元气初分輕清陽為天重濁陰為地萬物所列也籀作墬或作埊唐武后作坔文九 禘 締結也 棣棠棣木名 髢 鬄髮也 ○致陟利切說文詣送也文三十七 質 劕物相贅也或作劕 疐 蹎 嚏 疐 擿說文礙不行也从叀引而止之也叀者如叀馬之鼻或从足亦作嚏 躓說文跲也引詩載躓其尾 速前頓也 蹞 蹬臥也或作蹬 鷙 鷲說文馬重皃或作鷙 驇博雅驎駤止也一曰馬高大 咥止也易咥惕中吉馬融讀 輊 輊 輖 轊 轒說文抵也或作輊轒輖轊通作摯 擲說文劃也一曰割之財至也一曰摶也 𢡺止也忿也 膣 腟肥也或省 懥 懫恨也 澂 淫溼也或省 䞇賑也貝也 𢐗博雅彄謂之彈 𢜝施也 鼓說文艸大也 摯廣雅解也 底致也史記震澤底定 徵會也 𡿓方言短也 擠棄也 ○屎 屎 棅丑二切簸柄也或作屎棅亦書作柅文二十一 毅 剫攀折曰𣪡或从支 謻 詉 四 沅 澧

之間凡相問而不知荅曰誺或作詢縩結固也諫言緩皃悷惰也謚咥笑也或从口呬黙知也墍
懫𨀤說文忿戾也从至至而復遜遜遁也引周書有夏氏之民叨懫或作懫古作𨀤跮乍前却也一曰忿戾鷙鷙曼馬距抳遲頓皃
一曰馬旁出魅殃魑魅也山海經剛山多神魅或作殃丨上下通也上小下大中十等字从此○緻直利切說文密也文三十一
緻𦄰紩也或从遲亦通作緻閮太玄首名陰氣閉陽緻密也王涯說穉稺稚𥢧穉說文幼禾也或不省
亦作稚穉稺𢮃穉蒲采名通作稚治亂理也古作亂遲待也誺語謘也𠎝字林會也擳說文
當也𨪆𩍓𧤂字林刺履底也或从革从角𩹑魚名懥怒皃沶沶鄉縣名𢴨刺也𨿅野雞也
滍水名䔌幼竹穉禾稠𨍸以木柜輪也墆墊也眙驚視皃𢧿持物使相當也○利𠇍力至
切說文銛也从刀和然後利易利者義之和州名亦姓古作𥝢文十九𢥞說文楚潁之間謂憂曰𢥞痢下病𨽸莅蒞
位說文臨也或作莅蒞位涖泣也一曰涖涖下瀨水聲浰疾流也覼來視也颲暴風也唎聲也䔉竹名
沴祅气悷懍悷悲也蠡蟲名𠈵怒也戾乖也罪也○膩女利切說文上肥也或从疑文十一𦡫暱

集韻去聲七　十一　安

目深皃𨣿𨡛字林重釀也或作𨡛𢄍字林飾也懫快性也旘旌旗旗皃䚦視也佴佽也疑也𡰪
嚜杘欺也○轛樻追萃切說文車橫軨也引周禮參分軹圍去一以為轛圍一曰車或从木文九追逐也周禮比其追胥鄭司農讀
逮蹛遾遰足不前也或从足亦作遾遰𨕚𢧡路也古作𢧡○墜隊䃍礈隧
餯直類切爾雅落也或作隊礈䃍隧隊文九墜吳俗斲木為軸以申物懟譈說文怨也或从言○類力遂切說文種類相
似唯犬為甚一曰善也古通作𩔛亦姓文十纇說文以事類祭天神䐙血祭肉也淚目液也俗作淚非是𨽸䇐臨也或作莅
䕭艸名率計數之名耒耜柄莊子耒耨之所刺𪐺黑色○𦘔肄肆肄羊至切說文習也籀作𦘔或作
肄肆文二十四𢑱𢑴說文𤉯也或作𢑴𢑲豕本也𢑷𢑸律爾雅貍子𢑷或作𦙥𢑭𢑬
𧰨河内名豕也古作𢑱勩勞也詩莫知我勩𢈈廉也廙恭也一曰行屋下聲貤物重有次謂之貤懥怒皃
紲褻也𧓃米穀中蟲𧂐赤𧂐草名餼主也謚行之迹○𢍕弃奔棄遊𢍕詰利切說
文捐也从廾从推華棄之从㐬㐬逆子也古作弃𢍕遊𢍕文十鍣博雅鍣多也𡰥說文尻也一曰歆坐皃𧒾爾雅𧒾蟲蠚也𧒾名

似蜥蜴細長䰡備也○遺遺以醉切贈也或作𧸍文十二𢡱忘也𥊏目疾瀢瀢清漢侯國名一曰藥草名
壝埒也蜼獸名如母猴卬鼻而長尾𧕮𧕮肥𧕮神蛇二身同首六足而四羽見則不雨䗅蜟名蝆也篲帚也莊子操拔
彗徐邈讀疫字林病流行也膭肉病○睢香萃切恣睢暴戾一曰自得皃文三䁤恚視也婎醜也○侐佪火季
切靜也或作侐文三呬爾雅息也施乾讀○悸𢙬其季切說文心動也或作𢙬文十二𤸙說文气不定也𩓡大口睽
睽雎張目皃𠊈說文㑹左右兩視𪗃熟寐也癸武猛也𧢇䁱視也亦作䁱跻足也𥞎武玄之曰
木下垂皃○季居悸切說文少稱也又姓文六洊水名䳶鳥名𤪾玉名𩑶頭小皃頦弁小皃○𪖐虛器切鼻
息也文十九呬嚊說文東夷謂息曰呬引詩犬夷呬矣亦从鼻吚𦣖呻也或作𦣖屓卧息也眉𪖐
𡐡眉壯大皃亦作𩕟霼說文見雨而止息豷豷闕人名寒浞之子或从犬咥唏笑也或作唏忥博雅忥忥喜也
欷悲也譆語聲也覬幸也𣩰疾也趡走也○器罌去冀切說文皿也象器之口犬所以守之又姓或作罌文五
𤸎病也欳唐言欷言笑也一曰俗謂欷為欷蘽氣也○冀𦒬几利切說文北方州也一曰欲也又姓或省文十八覬

集韻去聲七　十二　桂明

幾𣢟說文欲舍也或作幾𣢟𧄄草名㦖彊直皃䛳言無次也穊稘穖說文稠也或省亦从幾
驥說文千里馬也孫陽所相者天水有驥縣通作驥洎灌釜也旣艸多皃䛠評也稧禾長穗既已也𩤉豈冀及
也○臮𦤎巨至切說文衆詞與也引虞書臮咎繇古作𦤎文十七暨說文頰見也一曰與也洎說文灌釜也一曰及也
璣珠不圜者洎說文水也垍說文堅土也塈說文仰涂也或書作塈蔇至也𥂹器名一曰居𥂹歌名似蛸䗁
杙也鵋鳥名鱀鯚魚名鱁也大腹喙小銳而長齒羅生上下相銜或从无𧖵以血涂祭也禨祅祥𩟐小食
○懿𢡆懿歖乙冀切說文專久而美也又姓或不省古作懿歖文十六𢽳方言貪也荆湘人貪而不施曰𢽳𢽳
博雅黑色撎揖俯手拜也或作撎欭說文嚘也饐說文飯傷溼也或作𩞥饐㙠陰𡒚鷧
鳥名說文鷧也或書作鷾𥐢陰而風曰𥐢噎痛聲○劓劓魚器切說文刖鼻也引易天且劓或从鼻文三𦢦鼻聰肉○
位于累切說文列中庭之左右謂之位文二壝壝埒也○豷𧳰許利切說文豕息也引春秋傳生敖及豷或从犬文五燹
火屓卧息也唏痛聲○罻於位切說文捕鳥罔也文一○喟嘳㱆丘媿切說文大息也或从貴亦作㱆文十

五鬢說文屈髮也襀細纈也鞼韋也䰎馬纓䐣說文郄脛間骨也一說以郄至地腃筋節急也輩里名
在洛陽樻木名靈壽也蕢地名春秋傳伐鄫晝取蕢歸獨皃莊子歸然而有餘蹟博雅賣也粊細米○媿
愧謉聭基位切說文慙也或从心从言从恥省文十聵瞶視皃或作覽餽說文吳人謂祭曰餽騩說文馬淺黑色
蜆蠶蛹繢繪也○匱鐀櫃求位切說文匣也或作鐀櫃匱一曰乏也文二十四簣簣土籠也或省
樻木名說文椐樻節可作杖蕢臾蕢說文艸器也古象形引論語荷臾而過孔氏之門或作蕢壝土䪒韇
韇說文韋繡也或从韋亦作韇鞼馬纓也通作韇繢繢織餘也或从貴蕢艸名饋歸餽說文餉也或作
歸古作餽通作餽餽吳人謂祭曰餽戣鍨字林兵也或从金闠市門○畀㪗畁必至切說文相付與之約
在閣上也或作㪗古作畁文三十比說文密也二人為从反从為比仳俾及也或作俾庇芘說文蔭也或作芘痹
疕濕病也或作疵祉肶祠也或作肶彈射也紕飾也理也痺足气不至病蓖艸名爾雅蓖鼠莞可為席
蔽敝芾小皃詩蔽芾甘棠徐邈讀鷩雉名雉也萆萆也䀣暫見也淠水名在弋陽稗縣名在琅邪

集韻去聲七　十三

䟆盡也一曰召使疾行也箄落也趩蹕彃止行也或从足从彳妣毋名蚍蚍虾艸名似葵紫色○
屁屁宊糞䊵匹寐切字林下出氣也或作屁宊糞䊵文十三歧器破也鯶魚名博雅黑鯶謂之鯶媲
字林配也膞方言盛也謂肥壯箄說文蔽也所以蔽甑底顊頭首傾也濞滮法敗皃甚別也一曰鸎鳥名○鼻
自毗至切說文引氣自畁也古作自文二十九鼻顛大初生子一曰首子亦从頁膞肥壯皃痹說文足氣不至也
禪幝也一曰無祠之袴或為禪比俾近也或作俾坒說文地相次坒也祉祀司命謂之祉枇笓櫛屬一曰次也
或作芘芘艸也蹕止行也周禮凡邦之事蹕徐邈讀庳卑有庳國名象所封或作卑通作鼻紕爾雅飾也坒配合
也太玄陰陽坒參蚍蜂也駜馬肥謂之駜鞑車革曰鞑妼女多容止也咇咇咇哀鳴柲戟擊也列子攩
柲挨抭佖威儀也痹病也或从畁萆艸名○寐蜜二切說文臥也文七媢夫妬婦也癑
眯博雅厭也或作眯睸目合㥯早气嘿墨嘿墨欺也○祕兵媚切說文神也又州名亦姓文二十九秘毖密也
說文愼也引周書毋毖于卹閟說文閉門也引春秋傳閟門而與之言鞑弓繩也泌說文俠流也柴地名䀣說文直視

也一曰自愧恨曰恥䛩逸子也瘀病也妜女名邲說文宰之也鄪鄪費䣖邑名在魯或省亦作費䣖
棐柴粊說文惡米也引周書有粊誓或从比亦作粊皕二百也䭲鞑說文馬䭲也引詩六轡如絲或作鞑柲
鉍說文橨也或从金芘庇覆也或作庇濞鬫人名史記鄭悼公濞恥方言慙趙魏之間謂之恥驥鬒多鬢○
濞匹備切說文水暴至聲文八淠水出汝南弋陽垂山東入淮嚊喘息也膞肥壯也㴔泋水名亦从平
夔氣滿也濞濞漓法敗皃○葡蒲平祕切說文具也隸作葡通作備文二十七奰說文滿也贔
鼻贔也一曰雌雕為鼻備俻說文慎也古作俻奰奰說文壯大也从三大三目二目為䁅三目為奰益大也一曰迫也引詩不醉而
怒謂之奰奰或省澳水皃勸博雅執也一曰壯也或省膞肥壯犕說文乾也謂乾糒僃火乾犕木名蜀中
有之七八月吐穗穗如鹽粉著狀可以作羹犕牑也模也一曰牀橫梳彇以絲被弓也紩茯韛鞴說文車鞴也或
作茯犕說文引易犕牛乘馬一曰牛八歲謂之犕甚鳥名濞水聲犕極也庳下舍也○媚明祕切說文說也
十九郿縣名在右扶風睸目合皃鬽魅彖录袜說文老精物也从鬼彡彡鬼毛或作魅鬽作彖亦作录袜

集韻去聲七　十四

娓博雅順也嘿墨嘿墨欺也媢博雅焙謂之媢一曰旱熱篃竹名一尺數節葉大如扇篃博雅箭篃箘也一曰竹名長節
深根荀冬生蝞蟲名如蝦寄龜殼中食之益顏也穈散種也糒糒䅳糜博雅饙也或从禾从食亦作糜○
出敕類切自中而外也文一○繫吉棄切聯也文三係縛也繼續也○系兮肄切著也文一○
四四許四切息也文三呬呻也咥笑也○甾子鼻切剖裂也周禮居幹之道甾栗不迤沈重讀文一
七○志㞢職吏切說文意也古作㞢文二十誌識說文記誌也或作識銡銘也織絓紩
織文也或作絓紩痣䏄黑子也或从肉娡有莘氏之女鯀娶之䓁遠志藥艸幟幟旗也或从志通作織䇫竹名
覘審視也忯忘也沚小渚翨翻羽盛皃或从志○試式式吏切說文用也引虞書明試以功或省文十四
弒殺煞弑殺也自外曰弑內曰弑或作殺弑幟織旗也或作織識志記也或作志戠黏土
室居也㦖無悃誠皃始始也禮嬋始鳴○熾戴熾昌志切說文盛也古作戴熾文二十二熾織
熾恞志旗也或作織熾恞亦作志哆聲也埴戠戠黏土也或作戠亦省饎饎餓餓

糦喜𩛿說文酒食也一說炊黍稷曰饎或作䊨䭃饎𩜁 㑥耕發地也詩俶載南畝鄭康成讀 偫衆盛也 識記也
○侍時吏切說文承也文十 蒔秲時蒔𦺇說文更別種或作秲時蒔𦺇 植樹立也史記方正側植劉伯莊
讀 寺閽寺人奄官或从門 侍仗也 ○𩱽粥餌餗仍吏切說文粉餅也或作粥餌餗文二十一 ⿰酉耳
酘酒也一曰次釀 佴說文佽也一曰貳也 ⿰女耳䫏也 珥說文瑱也 眲凡人相輕侮以為無知謂之眲一曰耳目不相信
咡口旁曰咡 ⿰虫耳釣魚食也 誀誘也 ⿰月耳腱也 衈殺牲血祭名 䎹神聽告饗謂之䎹 刵說文斷耳也
毦博雅㲨毦罽也一曰績羽為衣一曰兜鍪上飾 洱水名在西域 髶去髮飾 ⿰彐耳春祭以除病 ⿰日耳聽音也 ○胾
側吏切說文大臠也文十六 剚鎒插刀也或从金亦書作𨋺 輜車輞入牙曰輜 ⿰月甾肥皃 鶅雉名東方曰鶅 椔木立死也
菑傳事植物地中謂之菑或作傳事 扻治鬒也莊子齒髮而扻 緇黑色也 𣔳木名 甾田一歲曰甾 𧨟
言入 栜概皃 ○駛疏吏切馬行疾也文十二 使將命者 𧧢志也 𩟊說文列也 窭穴也 洓水名
在河南 𧲞𩣥江東呼貉為𧲞或作𩣥 瑟樂器 鬂鬚多須皃 𨻶阜也 ○廁初吏切說文清

也一曰閒也文二 菑植物地中 ○事叓仕吏切說文職也古作叓文五 𩞬飾也 饌嗜食也 殖植也 ○
笥相吏切說文飯及衣之器也文七 思慮也 𤠚獄官也 伺覗候也或从見 𠋢無㥄識皃一曰細碎
司主也 ○𧈪七吏切毛蟲文一 ○寺閑祥吏切說文廷也有法度者也或从門文九 嗣孠台說文諸侯
嗣國也亦姓古作孠台 飤飼食飴說文糧也或从司亦作食飴 ○字孶疾置切說文乳也从子在宀下一曰文也
古作孶文十 孳孶𢀸乳化曰孳古作孶籀作𢀸 孖雙生子也一曰蕃長也 牸牛牝也 孛孛說文奶母也或作孛
誋誋也 ○子將吏切𢧢也禮記子庶民也徐邈讀文三 耔擁禾根也俗謂禾復生曰耔 仔克也 ○置𦊅罝竹吏
切說文赦也一曰立也古作𦊅罝文六 彊彈也 植寘也書植璧秉圭鄭康成讀 德禮立容德蓋如有所置物於前也徐邈說 ○眙丑吏切說
文直視也文八 佁佁儗不前也 𡐒忿戾也或作𡐒 魅𩲅說文厲鬼也或作魅 憠愁皃 諫不知也 ○
值直直吏切說文措也或作直文八 植種也 櫍也一曰將吏春秋傳宋城華元為植 揰投也 置樹也周禮凡試廬事置而摋之
𨀖立也 遲待也 櫂户旁木通作植 ○吏良志切說文治人者也徐鍇曰吏之治人心主於一故从一文七 孷雙生子也

𢜯憂也 淩水名 裏衣內也 俚博雅聊也一曰下俚一曰勤也 㥆憂也 ○異𢍃羊吏切說文分也从廾从畀畀
予也古作𢍃文十 异說文舉也引虞書岳曰异哉 巳卒事之辭一曰去也 食人名漢有酈食其 廙恭也 㵝水名
在河南密縣大騩山南 萁艸名說文芓也一曰連翹 詒貽遺也亦作貽 ○𢗗許異切𢗗也文一 ○憙喜
憘許記切說文說也亦省或作憘文八 嬉美姿也 譆噫笑也或从憙 㰻聲也 誒謀也 ○亟去吏切說文敏
疾也从人从口从又从二二天地也徐鍇曰承天之時因地之利口謀之手執之時不可失疾也文七 娸結多也或从吉 唭唭𠻜無聞見皃
一曰給也 倛倛儗不前 盬鼠名似鼴而赤 岇山高皃 ○記居吏切說文疏也文十 迈說文古之遒人以木鐸記詩言
从辵从丌 忌諅已其語已詞詩叔善射忌或作諅已其 萁艸名 近已也辭也詩往近王舅 娸多也 㠱
山高皃 ○忌渠記切說文憎惡也亦姓古作諅文二十三 惎竹名 𦽅艸名 惎諅忎說文毒也引周書來
就惎惎一曰教也意也或作惎古作忎亦書作惎 畀說文舉也引春秋傳晉人或以廣墜楚人畀之黃顥說廣車陷楚人為舉之 惎謀說文
忌也引周書上不惎于凶德或从惎 誋說文誡也一曰告也 惎祺𧾻繫也巾也或作棋 娸怒也 諅博雅𦈢鈇也一曰

綦綨總跌足纏縛之物 邔縣名在南郡 㠱鳥名鵋 惎食也 惎心敬也 綦履飾或書作綨 綦子
○意於記切說文从心察言而知意也又姓文十一 鷾鸍鷾鸍鳥名或从隹 嬑女字 檍木名可為弓榦者 噫譩
痛聲或从言 薏蓄薏苡艸也一曰蓮的中或作薏 誒可惡聲 𦵏艸名連翹也 ○鱀魚記切博雅鱀也文
七 儗倛儗不前也 㘈嘆疑無聞見也一曰給也一曰笑皃 譺博雅調也一曰誰也 豙豕怒毛豎一曰殘艾也
髮博雅紕也 忍怒也一曰从刀心害意 ○𢊲伊志切俯手拜也文一
八 ○未無沸切說文味也六月滋味也五行木老於未象木重枝葉也文十四 味說文滋味也 𠲯說文茥 顪面俯
前也 蘴艸垂皃 䪎𩑹餽博雅鐘也或作𩑹亦書作𩑹 沬水名 鮇魚名山海經諸鉤山多鮇魚或作鮇
峚山名 郝地名 𣏰木名 ○費芳未切說文散財用也文十九 佛仿佛見不審也通作髴 髴髟髴亂皃 䯻說文
鬒也一曰忿見也 黺𩅦雲布皃或省 昲日光皃一曰乾也 𤏷涫也 𩟊食失氣者 𤋮火皃 櫎木名
𧼮走皃 怫忿皃莊子怫然作色 攢擊也 昲目不明或書作費 紼緼也 𨚖邑名在魯 巎壞聲 芾

小也○沸𣸣䨽方未切湁也或从䨽文三十六誹謗也炥火皃一曰熱氣疿熱瘍也𧬊多言祓𧙹
祓䘶蠻夷衣也一曰蔽鄰或作紼𧝓䘶𦐊博雅耦𦐊耕也鯡魚子一曰海魚名跸𧿳行疾皃或作𨁎芾
芾小皃詩蔽芾甘棠或作蔏亦姓𩿝鳥名或書作鵝拂𢱦拂𢱦彷彿形似也或作髴通作髴濆泉涌出也䬠爾雅食也
蚾甲蟲也爾雅蚾蟥蛢朩孛艸木盛朩朩然或作孛㰷削矢令漸細𩭷𩭤𩭷駊亂也𢿱𢿱蔽膝𡚃羌人謂婦
曰𡚃𢯎覆手也𢊱姓也甶鬼頭紼大索袚衣袖誖𢡖惑悖也或作𢡖猶作或○扉父沸切說
文履也或通作菲文四十九𣞻說文木也跸剕𨇜說文跀也或从刀亦作𨇜𡗝大也屝𢂿陫說文隱也
或从巾从阜濆𣽂渭水溢皃痱腓𤸿爾雅病也或作腓𤸿𥉸目不明也或書作䀈費姓也𣛕𢱦楚謂
搏擊曰𢱦或省𪟝武猛皃一曰迫也怫怫𢡗心不安悲悵也翡𦑃說文赤羽雀也出鬱林一說雄曰翡雌曰翠𦡆狒
𥜽𥝀𥜿𥞠說文周成王時州靡國獻𥜽人身反踵自笑笑則上脣掩其目食人北方謂之土螻爾雅𥜽𥜽如人被髮一名梟陽从厹象形或
作狒𥝀𥞠蟦𧒋蟲名方言蟦蠐謂之蟦或从費𧕎𧕎蠐神蛇也𧓢蜚說文臭蟲負蠜也或从䖵通作蜚𧓢𧔡
大三十三 小十六十九 集韻去聲七 十七 正
說文塵也或从火𥢔穖說文稻紫莖不黏或作穖𦬹𦽌蕡說文枲實也或作𧃷亦書作蕡菲菜名䒈
囊耕也𠈪背也史記燕王策曰無𠈪德𣉊乾也列子肴未𣉊𩦔駿也𤻓𤻓疿熱悶一曰臃盛皃𧑌蟦蟲獸名
如牛白首蛇尾行水則竭行艸則枯見則大疫或作𧓢𧕎獸名𧕎也𧕎上系氣也○欷許既切泣餘聲文三十三唏說文大笑也引
詩唏其笑矣唏唏也𧩒𧩒語氣䊠餼餼說文饋客芻米也引春秋傳齊人來氣諸侯或从既亦作餼旣𢢅牛𢢅牲
謂之𢢅一曰牛餉𨭃說文怒戰也引春秋傳諸侯敵王所𨭃通作愾愾說文大息也引詩愾我寤歎𩜐飽也忥說文𤸰皃一曰靜也
息也一曰怒氣喜也𢡝𢡘忌也亦省通作墍亦書作慨墍𡋯仰塗也古作𡋯豷豕息也𩥓馬走皃𧁈藿艸
燒之曰𤒅𤒅𤐎𤒅雲皃黖不明皃蝍蟿蟲名或从既𩟃居𩟃獸名𤻒痛也𠒽怒也瀱水也摡
抏博雅取也一曰拭也或作扢𦳝至也一曰地名在魯槩平木兒核動搖皃○气氣炁丘既切說文雲气也
象形一曰息也或作氣炁文十盵姓也𪓡居𪓡獸名似蝟毛赤乞與也或通作气𣆅暟日氣也古作旣欯气也通作氣
汽水气也○旣居氣切說文小食也引論語不使勝食既一曰已也盡也或通作溉文十九稩說文𥝢也旡兂說文歙食

氣不得息曰旡从反欠古作兂𧢓福祥也暨諸暨縣名在越亦姓㾙𤵸癡也或作𤵸𣯴稠也漑灌也
蔇說文艸多皃𧨊不便言也一曰幸也肌體也汽相摩近也鱀魚名胎生鼻長文稩禾長生也𩞏饋食
𪗪器名𪏱茅蒐染韋○𧢓其既切福祥也文十醆沐酒也禮既沐飲酒禮有進醆通作機璣𤨝珠不圓者或作
𤨝䤒近也塈及也刉𠛂也𣓌錯也𩶨魚名鼻在額𪓡居𪓡獸名似蝟毛赤○衣於既切服之也文五
䬣貪也𪏱博雅黑也𩃄𩃄雲皃𨏥車傍○毅魚既切說文妄怒也一曰有決也文十三䝟豙
說文豕怒毛豎一曰殘艾或作豙忍說文怒也𥳑䔇竹名或从毅𩕁頭不聰也藙𧄉𧄉說文煎茱萸引
漢律會稽獻藙一斗或作𧄉𧄉䝟恐也或書作𧴖劓割也尚書我乃劓殄滅之徐邈讀𧆛虎皃○胃𦚔胃䏶
于貴切說文穀府也从𡇒从肉象形亦作胃䏶文二十九謂報也𢡣博雅𢡣慨也一曰心不安皃媦說文楚人謂女弟曰媦引公羊傳楚
王之妻媦緭說文繒也緯說文織橫絲也亦姓蝟蟲名颹風也啡小兒啼聲熭火光渭說文水出隴西首陽
渭首亭南谷東入河杜林說夏書以爲出鳥鼠山雝州浸也䁤運舟也鮹魚名如蛇文𦡜皮也䦊彙蝟
大一二十 小六十三 集韻去聲七 十八 正
𧳔𢔈說文蟲似豪豬者隷作彙或作蝟𧳔猬彙一曰類也圍繞也𣡧彙蔁說文艸木𣡧孛之皃或作彙蔁蔁
織艸也莊子葦蔁而食偉大也𢯥博雅動也一曰擔也𧷤獸名似鼠○諱許貴切說文認也文七卉艸之總名
𠮨吐聲沬灌沬水皃𩔾爾雅息也孫炎讀𤸃疾也𡛷女名○𣪍𣪍丘畏切米一斛舂爲八斗或不省文七
𩔾多得也𧡨溢覘繢𦁬細也或作𦁬𩯨髮亂○𧷭貴𡭝歸謂切說文物不賤也亦姓隷作貴古作𡭝
尚文𥌡極視一曰目無精也𩠅使也餽饋餉也或从食𥙺毀廟之神謂之𥙺○尉尉紆胃切說文从
上案下也从𡰥又持火以尉申繒也一曰候也又姓隷作尉文十七慰說文安也一曰恚怒也畏𤰞威說文惡也鬼頭而虎爪可畏也
古作𤰞或作𢷈𢷈以手布物也褽說文𧞤也一曰𥂰也罻說文捕鳥網也㷉牛名爾雅牛黑耳㷉或書作犚𩺓
魚名𧑦𧑦飛蟲或从虫蔚說文牡蒿也一曰艸木盛皃藯莣藯艸名益母也通作蔚瑋瑰瑋珍琦也𩃵
雲起皃○魏巍虞貴切地名春秋傳魏大名也一曰象魏闕名篆作巍文七𧕔𧕔再蠶也䕒艸木𣐽更生也
𩡪𩡪阿𩡪藥名通作魏𧕔𧕔獸名如牛而大肉數千斤或作𩡪○𥦛巨畏切困也仍也文四𩎟馬繮

鶪廣雅羖羊犗曰鶪 豦極也 ○倪五未切顧視也鄭康成曰龜左倪靁文一 ○猵鋪畏切猵狚獸名似猿狗頭文
三 懅攎用力極也或从手
九 ○御馭御御牛據切說文使馬也徐鍇曰御解車馬也或彳或御皆御者之職古作馭䘚御御一曰侍也進也又姓文十一
敔漁捕魚也或从水 禦衙止也或作衙 語說也 御鄉名 迓迎也書迓衛鄭康成讀 飫饑也 ○
䬸飫饇𩛥秩依據切說文燕食也引詩飲酒之飫或作饇䬸古作秩文十七 餇說文飽也民祭祝曰厭餇 醧
說文私燕飲也 歛承樽器如案無足禮有歛禁 𤸕𤻷說文楚人謂瘀曰𤸕或作𤻷 掀擊也 瘀說文積血也 菸蔫菸
𣸭淤㙊說文澱滓濁泥也或从土通作閼 鄔縣名在太原 閼閼與容暇皃 ○嘘許御切吹也文一 ○去丘據切說
文人相違也文十 䒧艸名 鶋鳥名 敂呿張口皃或作呿 胠脅也 㞢閉也 䞘說文麥甘鬻也 鼁鼁䵶名爾雅
䵶䵷似蝦蟆居陸地 袪袂末也 ○據居御切說文杖持也亦姓俗作㨿非是文二十二 倨裾說文不遜也亦作裾 踞說文
蹲也 䛯言有則也 鋸說文槍唐也通作鐻 鐻器名似鐘 腒鳥腊也 𧵈貿錢也 据拮据手病 澽𣺁
大二十九 小六 今三 集韻去聲七 十九 春
乾也或作𦠸 椐字林木名靈壽也 艍䑕獸名角似雞或作䑕 鮔魚名 豦獴獸名爾雅豦迅頭大如狗似獼猴黃
黑色多髯鬣好奮迅其頭郭璞說或从犬 居居居懷惡不相親比皃一曰處也 舉稱引也禮其任舉有如此者徐邈讀 蹻手據地一曰倨蹻猶
勮作 豦鬭人名齊有梁丘豦通作據 ○遽其據切說文傳也一曰窘也懼也文十一 懅懼也 勮說文務也 醵酤
合錢飲酒曰醵或从巨 壉地名 濾乾也 詎渠字林未知詞也或作渠 蘧據蘧蘧然有形皃莊子覺則蘧蘧然或作𨗳 ○
絮息據切說文敝緜也一曰冒絮頭上巾也文二 楈木爲耒柄 ○覷䁦七慮切伺視也或从目文十一 坥蟥場也 胆
蛆蠅乳肉中也或作胆 蜡周官蜡氏掌除骴 耝𠛪耕而土起謂之耝或从刀 狙說文玃屬一曰狙犬也暫齧人者一曰犬不齧
人也 嫭博雅妬也 屨履屬行前卻也 ○怚㤰將豫切說文驕也或作㤰文九 𡞲姐說文嬌也或作姐 沮水名
出漢中房陵東入江 洳沮洳漸濕也一曰澤名通作沮 苴艸也 葅菹澤生艸曰葅或作菹 ○跦紪所據切博雅絛跦也
或作紪文五 梀㯭也 蔬菜也 疋足也 ○𧼯倉據切心利也 𧼯不滑也 楚木名 碿石不
滑者 ○詛𧫶禮𧫷作莊助切說文詶也或作詛𧫶古作禮作文十 䟐蹷阻行不正也一曰馬蹄痛病

或作𪢭阻 俎禮器 狙猿類莊子狙公賦芧 ○助牀據切說文左也文六 耡鉏莇說文商人七十而耡耡助耤稅也引周
禮以興耡利甿或作鉏莇 𪍯𪍯爾雅𪍯子𪍯或从助 ○恕𢘆商署切說文仁也古作𢘆文十二 庶㢌㢌
說文屋下衆也古作㢌㢌 潕水名 蕪萁屬 譕蕪其也通作庶 樜木名 癄病也 鏣器名 嫬女字 ○𧇊昌據
切所也俗作處非是文一 ○翥䴾章恕切說文飛舉也或从飛文十四 䈾箸籬屬 蠚𧓍毒蟲 庶除毒蟲物也周禮有
庶氏掌除毒蠱 鷓鷓鷓博雅鷓鷓也亦作鷓鷓 樜木名 𡻚山名 䗪大豕食也 斵斫也 嗻語不要也
蹠跳也 ○署常恕切說文有所网屬徐鍇曰署置之言羅絡之若罘网也文九 杼泄水槽也 曙睹旦也或省 藷
藷薯藷與署預也或作藷薯 濐溝也 𡢜女字 ○茹如倨切說文飤馬也文六 如似也左氏傳不如從長陸德明
讀 洳澤說文漸溼也或作洳 痂痂癖不達也 恕度也 ○箸著𡿧陟慮切明也立也或从艸古作𡿧文四
齒吳俗謂盛物於器曰齒 ○絮楮御切調也禮無絮羹文四 悇㦗憂也或从慮 癖痂癖不達也 ○箸
筯櫡遲據切說文飯攲也或作筯櫡文十 莇艸名茅芑也 竚織所以持緯者 癖字林瘧也 除去也詩日月其除
大二十五 小五十五 集韻去聲七 二十 春
宁門屏間也 䠧躇䠧躇不進皃 屐履也 ○慮良據切說文謀思也文二十二 勴勴勴說文助也或从慮从
盧 爈燒也南史山澤爈爈 鑢鋁鐧說文錯銅鐵也或从呂从閭 𧭬詐也 𡾊山名在河內 慮侵也 濾
洗也澄也 𦪷舟中簀也 櫖諸櫖木名一曰山櫐也 罶閭也 驢傳謂之驢 蠦諸蠦蟲名通作慮 勴疾也 鸕字林
鳥名 録寬省也太玄踹于狴獄三歲見録王涯說通作慮 𥓓石名 ○女尼據切以女妻人也書女于時文五 茹艸相連 絮
姓也漢有絮舜 𤃬溼也 挐拘挐不展 ○姐祥豫切嫧也文一 ○豫豫舒余羊茹切說文象之大者賈侍中
說不害於物一曰逸也敘也亦姓古作𨛭或作舒余文三十二 預忬先也安也或从心通作豫 悆說文忘也嚋也引周書有疾不悆悆喜也
歟歎也 譽說文稱也 與及也 輿轝舁車也或作轝 䝑食輿也 𡐯高平陸也 礜說文毒石也 澦
潒灩澦水名或从豫 𢓊𢓊也 蕷蕷藷蕷艸名或作蕷 䅔禾䅔謂之稌一曰穤稌黍穣莠皃 鸒馬行也
舉羊也 𪊑獸名說文似麋而大 鸒𪁞鳥名說文卑居也或从隹亦書作鸒 悇博雅悇憛懷憂也 櫲櫝櫝章
木名或从預 畬治田也或書作畭 鐭鈕謂之鐭或書作鑒 豫貒豫矛屬

十○遇元具切說文逢也文十二寓庽說文寄也或从广通作偶媀女妬男曰媀𤸇疣也禺說文母猴屬頭似鬼𧳜獸名䳜鳥名狀如鼠𪋂獸名通作寓楀偶豫人或作偶虞度也○嫗威遇切說文母也文六

蓲艸名莖也饇飽也燠噢燠休痛念聲或作噢嘔和悅皃漢書嘔喻受之應劭讀○煦吁句切說文烝也一曰赤皃一曰溫潤文十四昫朐說文日出溫也北地有朐衍縣或作朐酌酗說文醉醟也或作酗姁嫗也呴欨休咻氣以溫之也或作欨休咻𧐖蚼蟲名幺蠶也或作蚼䨞雨皃北方語䢿無牽也○驅區遇切馬馳也俗作駈非是文七姁嫗也一曰河南謂婦𤛓牛名歐疾行也𧐖幺蠶夸奢也謣歌也○屨俱遇切說文履也一曰鞮屬文二十三鞻四夷舞者所屝也絇繾繩句詞絕也怐恐也痀佝病僂或从人躣行也

䀠𡗗說文左右視也或从大𥄎說文舉目驚𥄎然也瞿說文鷹隼之視也一曰心驚皃邭地名鱹說文魚名蒟枸果名出蜀或作枸駒駒麗國名懼無守皃顏師古說雊雊瞀縣名在上谷泃水名在北地笱織具一曰竹名拘拘擎不展𣘻𣘻木名○懼瞿愳愳衢遇切說文恐也或省古作愳愳文十臞瘦也

具說文共置也从貝省古以貝爲貨亦姓垻垻塘也𩛠寒𩛠餅屬𣊫姓也漢有𣊫丘颶越人謂具四方之風曰颶○芋王遇切艸名說文大葉實根駭人故謂之芋也文十三吁䃖聲一曰驚辭羽鳥翅雨自上而下曰雨𩂣水音也通作羽䨞博雅虧也一曰雨皃杅官名漢有因杅將軍翑箭羽䫢轉也𧐖幺蠶聥張耳有所聞雩求雨祭一曰吳人謂虹曰雩𦏺繒羽也雩祭所執○裕俞戍切說文衣物饒也引易有孚裕無咎一曰寬也古書作衮文十七諭喻說文告也一曰曉也亦姓或作喻萮艸名籲說文呼也引商書率籲衆戚一曰和也覦欲也㬰廣雅㬰䈹謂之幘帕柚橘屬鄭康成曰魚鹽橘柚欲慾貪也或从心俞呴俞色仁也諛諂也莊子孝子不諛其親羭牡羊也愉樂也渝水名在遼西一曰色桼也螸螽飛皃牏築牆短板○赴芳遇切說文趨也文十七訃告也通作赴𧺆趠說文疾也或作趠嬔娩兔子也或省跗說文趣越皃豧豕聲簠祭器報疾也禮報葬者赴虞鄭康成說仆趠𧼐踣說文頓也一曰僵也或作𧼐趠踣孚孵育也方言雞伏卵而未孚或从卵○付方遇說文與也从寸持物對人文十六傅說文相也亦姓蒪說文華葉布賦說文斂也一曰布也䍖𤝔獸名似羊四耳無尾目附於背或作拊

搏捕擊取也或作捕駙說文結也陚說文丘名葍艸名說文葍也拊捬以手箸物也或作捬通作俌𡜁美色怤悅也𧵍以財卜也○附符遇切近也託也亦姓通作坿文三十六傅著也坿說文益也一曰白坿石藥紨縛縛繩也或从專祔付說文後死者合食於先祖或省蒪茷也䠵射鞴服鞴也袝盛服腑胕人之六腑也或省𢊲器跗足上也㤔心附也圃樹蔬曰圃䩉說文頰也賻助也所以贈終布帛曰賻䎔田器榑木名駙䮛說文副馬也一曰近也一曰疾也或从附鮒𩸻說文魚名或从附苻藥艸蚹蛇腹下齟齬也或書作齟詂𧩿言有所依也或从附柎楄柎藉尸木孚育也軵車箱外立木承重較之材䂤白石匍伏也搏捕也腑乳腑帗帛也○敄亡遇切說文彊也文二十六務說文趣也一曰事也亦姓婺說文不繇也一曰星名州名霚雺霧說文地氣發天不應古从矛或作霧瞀目不明一曰俯視𢅤髮巾謂之𢅤一曰車衡上衣罞牖中罔𦅶𦅶繇餘也嵍𡽡說文山名或作𡽡𤼵方言立也一曰蹲聳跪拜騖說文亂馳也𦍢說文六月生羔也一曰羔也䳱鶩鶩雛也或作鶩蝥蟲名募以財使也子募左右蕪蔓蕪艸名蟱蝥蟲名博雅蟱蝥蟓也或作

敄通作婺蓩毒艸名莫蔓也禺關人名公叔禺人魯昭公子侮輕也㼟瓦器○尟尠宣遇切少也或作尠文三𦃇絆前兩足○娶逡遇切說文取婦也文五覷說文拘覷未致密也趣說文疾也趨趣行之速也詩巧趨蹌兮或作趣○緅遵遇切青赤色文六足益也一曰足恭便僻皃𡟊姡也嫭說文嫭也詛詶也㑰促也○埾𡍾從遇切說文土積也或不省文七聚郰說文會也邑落云聚或从邑㝡說文積也雛關人名史記孔子弟子有顏濁雛𧡪覩也○戍舂遇切說文守邊也文十五輸委也隃俞說文北陵西隃鴈門是也或作俞腧五臟腧穴通作俞𨈺䘤射韛服稱也或作䘤𣭲毛也逾馬前負謂之逾𩊅刀鞘一曰餘也和也㖂使犬聲束約也捒裝持也馵馬膝以上皆白曰馵𥆯覷也呼也○注屬主朱戍切說文灌也一曰屬也或作屬主文二十四澍霔時雨澍生萬物或作霔註挈也方言南楚謂之支註一曰解也識也炷燈也鑄𡬹說文銷金也一曰國名亦姓古作𡬹䎷顲也呼也祩詛詶也𩏰戎服蔽膝也一曰韋縛蛀蠹也疰病也馵說文馬後左足白也鄹鄉名在河南㹥說文黃犬罜小魚罟黑頭鉒博雅置也一曰以物送終謂之鉒腧脈也飳餌也哇咮喙也或从朱𨛘邑名○

樹尌𡬝殊遇切說文生植之總名亦姓古作尌𡬝文十七僼神名裋𧞔說文豎使布長襦或从豎尌侸
侸尌立也从壴从寸持之也或作侸𠊱尌娃女字㚥說文老人行才相逮襡短衣澍說文時雨澍生萬物𧷏貿易
屬連也亦姓矚視皃○孺𪄻儒遇切說文乳子也一曰輸也尚小也亦姓或作𪄻文七乳育也擩手進物也
肉肌肉也濡沾溼也犑牛名○數雙遇切技也文四捒裝也愉也𠻱歎聲○藂
菆鶵數切鳥巢也或省文六𦡆膇膇也或作膇熾火行謂之熾或書作𤈦𢾔勇也○閏屋丑注切直
閞也或从户文二○㛀𡦓女遇切婦人妊身也或从子文七𦟛妍也縐縐絺也或作縐緅青赤色𧺊
藏葬○駐株遇切說文馬立也文十四鉒瘞器一曰送死具軴車止也住立也咮鳥聲壴說文陳樂立而上見
也亍步止也䳠不飛也𨖸䭌說文不行也或省柱掌也刺也漢書柱連桂五鹿君註注述也解也或从
水飳餌也○𢾺昌句切博雅勇也文二觸抵也○住廚遇切止也亦姓文七牏築牆短版也逗留止也
曰曲行亦姓𥭯竹也尌侸立也或从人駐馬立也○屢𡣂婁𡟗龍遇切數也或作婁

古作𡟗𡟗文十四屨鞻也嘍呼犬聲寠貧也鞻鞮也𩌦貗求子豕也或省僂軁身
痀僂身曲病或从身累諈諉累也奴官名瘻頸腫○續辭屢切連也詩陰靷鋈續徐邈說文一
十一○莫暮莫故切說文日且冥也从日在茻中或作暮文十一慕說文習也一曰思也模說文勉也募說文
廣求也墓說文丘也一曰葬地謨謀也偽也笯籠也方言南楚謂之笯𥰭竹管也摹模也縸惡絮也齊
人語○悑怖普故切說文惶也或从布文十一鋪設也一曰鋪首著門銜環者誧謀也陠博雅衺也𧦝諫也
鯆魚名𤺊痡𤵭痦病或作痛痡𡛧美女○布博故切說文枲織也一曰散也文十四抪擊也𢯶持也佈
尃偏也古作尃圃甫囿種菜曰圃或省亦从布柿木名剤截也一曰剤刀蚹蝂蝂蟲名似蜆沛地名周世宗遣
將破賊於東沛洲𤷃痡痦病或从布餔與食也○步蒲故切說文行也亦姓文二十五𨅙說文蹈也捕搏說文取也
或作哺說文哺咀也餔糒粐餔餔餌也或作糒粐鵏鵏鳺鳥名通作鋪𤺊痦病痡復病鄁亭名
鞴鞴鞁箭室艀舤舟也方言艇短而深謂之舤或从符𩢠習馬也通作步酺脯爲人物災害之神一曰會聚飲食也或作

賻以財相酬鯆鯆鯆小魚抪抪摙收斂也駙馬名荹說文亂艸豧豕謂之豧陠合下也○𥿗
素蘇故切說文白緻繒也从糸𠂹取其澤也隸作素文二十三訴遡愬說文告也引論語訴子路於季孫或作遡愬𩞄膆徽
傃誠也傃鄉也榡器未飾也㴑遡溯說文逆流而上曰㴑洄㴑向也水欲下違之而上也或作遡溯𧩟諳也
塑塐埏土象物也或从素通作素嗉鳥吃容食處𤡬獸名爾雅其跟嚏𤩃玉名𦃃暗取物也䐹蟹醬也鄭康成
所謂青州之蟹胥膆肥也索求也書序八卦之說謂之八索徐邈讀𡞺女字○措厝倉故切說文置也或从厂通作錯文
七錯鍇金塗謂之錯亦姓或省𣸋博雅㴱也所以壅水酢醋說文醶也或作醋○作宗祚切造也俗作做非是
文一○祚存故切說文福也文十二阼說文主階也胙說文祭福肉也飵食也䶥說文且往也秨禾稼也一曰禾
搖見蒩䔮魚醬或作䔮葄𦼮艸名水苔也或从作乍止也𤢿厝也○妒妬都故切說文婦妒夫也或
作妒文二十三妬美女𦛹𦙶屬腹也或作𦙶疟乳病曰疟詫吒宅詫說文奠爵酒也引周書王三宿三祭
三託或作咤宅詫黕色深黑殬殬斁罬說文敗也引商書彝倫攸斁或作殬斁亦省蠹螙說文

木中蟲或从木象蟲在木中形譚長說亦作蠹秅秺禾束或作秺秅漢侯國名在成武通作秅喥吒也𨛢邑名○兔
土故切說文獸名象踞後其尾形通作菟文五菟菟䖘艸鵵䳯鳥名爾雅鵵雉或从隹吐歐也○度庀宅
徒故切說文法制也亦姓或作庀宅文十五渡涏說文濟也或作涏鍍塗金飾也或作塗斁塗也墿道也
篗博雅篗也𡒄土瓶蔖芏艸名海莧也𨃱行不覆也鞮敗也○路魯故切說文道也一曰道君三輅文
二十輅說文車軨前橫木也一曰王之五路通作路賂說文遺也璐說文玉名瘍𤻃瘺瘧病也或从盧从膚
露說文潤澤也一曰彰也潞說文冀州浸也幽州有潞縣䍡罟魚具𥷤簬簵竹名說文箘簬也引夏書惟箘
簬楛古作簵蕗𧂬𧅍艸名或作蕗或从𧆺或作䕒鷺鸕鷺䳧鳥名說文白鷺也或从隹从鷺亦省櫓木名挏也
擄摅收斂也酪醴酪屬○笯奴故切說文鳥籠也文九奴奴婢怒忞𢙹說文恚也古作忞𢙹孥妻子
也砮𥓓石名古作𥓓譺言○護胡故切說文救視也文三十九擭𦗚補魚器或作𦗚濩布濩散也
護大護湯樂名通作濩鸌鳥名擭布擭分解也韄佩刀謂之韄嫮嫭婟好也一曰好皃或从雩亦作婟

一四二

㚄貪也婟說文嫪也一曰悋也胍胅胍大皃瓠說文匏也狐獸名似玃尾長𦬙艸名可爲繩𦭵
𥳑說文可以收繩也从竹象形中象人手所推握也或省亦从糸互一曰差也𥿎黏也𧦅誌也枑說文行馬也引周禮設梐枑再重
𥃩說文署也沍固寒也鱯魱魚名似鮎或作𩺰獲丮取也禮毋固獲涸水竭也濩焦濩地名在周雘
黝蜀山海經青丘山多青雘𦪇博雅舟也胡頸也漢書胡晉灼讀蔰艸名神護也𧙁短衣綔佩印系縷
漢志諸侯王以下以綔嫭惜也沍水凍也摢摢障也○謼嘑呼荒故切說文評謼也或作嘑呼文十樗
粟茱坼也䈪籠也𧇝血汚也𤻂江淮謂治病爲𤻂戽戽斗抒水器洿抒水也鸌鳥名爾雅鸌鶦鶦善
洿去河水以取魚故名去○庫苦故切說文兵車藏也从車在广下文十六絝袴𩋐說文脛衣也或从衣从革胯跨跨
說文股也一曰奎也或从足亦作跨苦痞困也今人病不差曰苦或从疒䇢擣茱萸爲之味辛而苦酤藍酤
說文菲藏也一曰菹也或作藍酤秙秙穲禾不實鮬藏魚子也鼩鼻折鼻○顧鶚古慕切說文還視也古作鶚俗作顧非是
文二十七錮鑄塞也雇傭也詁通古今之言也古始也通作故故說文使爲之也亦姓固𡇱說文四塞也一曰再辭一

集韻去聲七　二十五

曰堅也古作𡇱鹽攻繳也錮說文鑄塞也𣐊說文𣐊斗可射鼠酤沽賣也略也或作沽𢷩痼說文久病也一
曰小兒口生瘡或从固涸凝也稒稒陽縣名在五原郡或作棝菌說文艸也𣪠𣪘方言𡞒子雞雛皆謂之𣪠或作
𣪘罟罟罟取魚具鯝魚腸一曰杭越之間謂魚胃爲鯝鈷斷也婟嫪惜也一曰女字蠱事也○汙洿
洿𧯕烏故切說文穢也一曰小池爲汙一曰涂也或作洿涂洿𧯕文十四惡𧫪𧫲恥也憎也或作𧫪𧫲䳰障也塢野驛
也堊白飾也或書作埡噁喑噁怒皃杇塗工具㚄貪也嗚歎傷也後漢書喑嗚流涕○誤五故切說文謬
也文二十九悞歎也疑也悟𢘓𧬢說文覺也古作𢘓籀作𧬢娛樂也寤𥧑𡨟說文寐覺而有
信曰寤一曰晝見而夜夢也籀作𥧑或省寤𥧑博雅寤也晤昨說文明也引詩晤辟有摽或从午䎸聽也捂捑
斜相抵觸也或从吳𤠦猿類犬而有驕色黃逜爾雅寤也謂相午寤遻迕𢔭遇也或作𢔭亦書作俉牾忤
午𧈪說文逆也或作忤午𧈪啎青州呼女曰啎仵同也莊子䇂偶不仵𢣎倉卒也後漢書錯𢣎不能對𪇵獸名
梧魁梧大皃○寫傷故切行水也周禮以澮寫水劉昌宗讀文一○𢉠儒互切鈍也从厚省文一○𨁎於故切踞也文一

十二○霽霽子計切說文雨止也文十三濟渡也𩕄霧日𩕄擠說文排也𪗉山名𪗉躋隮𨇨
方言登也一曰墜也或从足古作𨇨通作隮㡼緝也齊和也周禮八珍之齊徐邈讀𩟄行道之財用𣂷斷也管子𣂷領剌頸
𥢆穫也○細細思計切說文微也籀作細文十四洒說文水出汝南新郪入潁栖栖陽山名㸤婿壻
說文夫也引詩女也不爽士二其行士者夫也或从女亦作婿俗作聟聓非是𡸝山名棲栖雞所止或从西些呰
語辭或从口𡛂女字○切七計切衆也文十砌砌也䁥𥈭說文察也一曰衆視皃或从叨聧𦕠聰也或从
切𢶒挑取也悽恨也妻以女嫁人曰妻𡶉山名○嚌𠯋才詣切說文嘗也引周書太保受同祭嚌古作𠯋文二十
一𪘏齧也𣚃斷木也𨠔博雅醬也眥說文目匡也或書作眦懠𢡘怒也一曰齊疾也𤻤病也一曰短也
𪘲齰齧也𠛩說文齊也裞衣交衽𥠿說文穫刈也一曰撮也齌說文炊餔疾也齊𪗋和也或作𪗋
𩲯酒也禮粢醍在堂通作齊儕等也薺艸名疵瘕疵恨也霽精也𨰞利也○媲匹計切說文妃也文十八
𨇤踦也𠜾剸割也或作剸𡓝埤𡓝堄城上垣或作𡓶淠涚說文水出汝南弋陽垂山東入淮博雅𣹹淠泉也一

集韻去聲七　二十六

曰舟行皃或作𩖐滭水聲通作滭䡎轉軾車名脾䏡肥也𦍧牛名睥俾睥睨視也或作俾睥
辟𤂺水名在丹陽𩕪傾頭皃○閉必計切說文闔門也从門才所以距門也俗从下非是文六嬖說文便嬖愛也箄
甑箄𢿏甑也𣚍木名縪𥿲也○薜𦸲蒲計切艸名說文牡贊也或作𦸲文十五螷蟝也鐾治刀使利
跛蹩也𣐤木名𦐋鳥名罔𩞄羊箠端有鐵醳醷說文擣榆醬也或作醷箄也憊病也莊子先生不憊
箳捕鳥具僻辟也一曰从旁牽𨯉銅生五色○謎隱語也文七嫕母曰媞擷拭也
鏾小矛全木名瞇眯𦝦眯也○帝丁計切說文諦也王天下之號也古作帝文五十五偙僀
偙僀困劣皃或作僀揥摘也搋也諦諟𧬾說文審也或从是从帶嚏𠼇說文悟解氣也引詩願言則嚏或作𠼇
腣䐑腣𦛩腹脹也或从帶䏄博雅背謂之䏄摕𢺛說文撮取也或从折从手兩手急持人也亦作𢺛底至也
踶蹏趆之趆遰驚不進也𩌏輴履下也䐑日下病舣艒舟也一曰水戰船
甋瓻大瓮䨲蘻菡去本也爾雅黃華日蘻之或从艸柢棣作棣低閃也𦆲說文瓜當也蝃

蝃蝷蚳說文蝃蝀虹也或作蝃蝷蚳　蝷蝭蝷蟧蟲名蛁蝷也或从是　掋擿也　媂圜室神名一曰黠媂女皃
邸本也周禮四圭有邸　氐東方宿名　胝牲體之本也　墆博雅墆翳障蔽也　僀博雅僀僀儚也一曰疾也　泜水名在常山
𪖐齞鼻疾太玄決其齞𪖐或作齞亦書作𪖐　締結不解　鯑魚名大鯷也　渧泣皃一曰滴水　啻高聲一曰諟也
詆呵也　呧欣也　夳大也　䢃姓　○替普朁他計切說文廢一偏下也从竝白聲或从日亦作朁文四十五
髢剃鬀說文鬀髮也大人曰髡小兒曰鬀盡及身毛曰鬄或作剃鬀　揥所以摘髮詩象之揥也　鬄鬄髲易曲也或从
涕泣也　洟鞮說文鼻液也或作鞮　歕嚏聲　禘裼褅說文緥也引詩載衣之禘或作裼褅　达字林滑也
屟屜屧履中薦或作屜屧　鞢馬鞍具　娧媞博雅極也或作媞　睼說文迎視也　笑車篷竹也
戾說文輜車旁推戶也　鄭亭名　薙說文除艸也引明堂月令季夏燒薙　俤困劣也　䅡䅡穗也或从晉　悷字林
窜愱心安也　遰不曙也　汰沙汰擇也　蛈蛈蝪蟲名　棣棠棣木名一曰通也漢書萬物棣通孟康說　載國名在三苗東
拂物拭也　鷉鷉鷉鳥名　髢鬄䯻髲也或从世从曳　䪞䴚麵也　軑䡟䡝謂車輪曰軑　袛補也　○

集韻去聲七　二十七

弟第大計切說文韋束之次弟也或从竹弟一曰順也文五十　悌易也　娣女弟一曰母之女弟　鬄髢鬄說文
髲也或作髢鬄　綈說文結不解也　睇眱眤說文目小視也南楚謂眄曰睇或从夷古从𡰪　題題瞷視皃一曰顯也
或作謕諟　謕審諦也　䔽說文高也一曰極也一曰困劣　揥取也　䅡兩指急持謂之䅡　踶蹄說文躗也或从蹄
遰說文去也　遞迭逓說文更易也或作迭逓　逮逯及也古作逯　禘說文諦祭也引周禮五歲一禘　鈦
說文鐵鉗也　墆墆翳障蔽也　嵽嵽嵲山形　軑說文車輨也一曰地名　棣木名說文白棣也一曰棣棣威儀　杕說文樹皃
引詩有杕之杜　䴠竹名　䑭舟名　鷤鴺鷤鴺鳥名子規也或从是　𢎕希河內名豕古作希　鮷鯷魚名鮎也
或从　薙去艸曰薙　提擲也史記以冒絮提文帝　焍灼龜木也史記桀紂焍黃　蛈甲蟲也　隶狐子也　䬾鳥名山海
經首山有䬾狀如梟三目　琋玉名　箎遞箎遞鍾樂器㪅灼曰二十四鍾各有節奏聲不常也　媂極也　㞶刀鞞　棣弄屬　地元氣
濁爲地　戾輜車旁推戶　○麗丽示郎計切說文旅行也鹿之性見食急則必旅行从丽聲引禮麗皮納聘蓋鹿皮也一曰華也著
也古作丽示文五十九　離去也　隸隸說文附著也一曰賤稱箋作隸　儷䴡傷偶也或从離亦省　戾猌

說文曲也从犬出戶下戾者身曲戾也一曰至也古作猌　悷博雅怒也通作戾　悷懍悷悲皃　踧胅跛足或从肉　盭鬁
說文弼戾也或省　綟說文帛戾艸染色　㸚二爻也　颲颲急風或作颲　颶颲颶風聲　沴涂說文水不利也
引五行傳曰若其沴作或作涂　癘說文癘也一曰瘦皃　覼督說文求也一曰索視皃或作督　珕蛎說文蜃屬也引禮佩刀士珕琫
而珧珌　劙劙劃方言解也或从麗从留　䂂博雅布也一曰數也　㵳滯㵳泣也一曰瀧也　欐小舟一曰棟名
梜琵琶其撥曰梜　槺說文木也博雅簑其蔑謂之槺　䉏篤也　䔆艸木生著地通作麗　荚說文艸也可以染留黃　茘說文
艸也似蒲而小根可作刷一曰茘支果名　唳鶴鳴　蜦蛟神蛇或从戾　蠣蟲名蠵蚚也　㴸滿也莊子陰陽之氣有㴸崔譔說
攦折也莊子攦工倕之指　悟悟惕欺謾也　蠡方言叁蠡分也一曰蟲名食木　蠫瓠勺　栵果名似枇杷　淚疾流皃淮
南子水淚破舟　睞視也　秎長禾　隸裂也　孋美也　鍥鑽也鋸也　浰泣也一曰泣世水聲　浰淒浰疾皃　○泥
乃計切滯也文九　埿朽也　迟近也　濘涵也　淽者　嫟女字　怩心柔密也　㮏木立死　詆言不通也
○系毄𦃃繫結胡計切說文繫也或从毄𦃃籀作𦃃亦作繫結文三十一　係說文絜束也通作毄　禊除惡祭

集韻去聲七　二十八

類說文伺人也一曰恐也　盻說文恨視也　傒恨也　妎爾雅苛妎也一曰妬也　膜腰喉脉也一曰腰也或从契
瘛瘳瘈博雅瘛瘲病也或作瘳瘈　㨙挨杭越之間謂𢮐曰挨或从系　榽木名爾雅魄榽橀細葉似檀　褉
㷍縘帶也或作㷍縘　閉扇扉也　謑說文䛗紐也一曰龘䛗　蒵履系一曰艸名　媄怯也一曰妬女　殹擊中聲
郎里名在召陵　楔吳人謂秧稻曰楔　衎䀋關人名有窮國君衎或作䀋　○奤顯計切大肥也文六　忚憎忚欺也
欯啼聲　婆喜皃　媂極困皃　騞解牛聲莊子奏刀騞然徐邈讀　○契詰計切說文大約也引易後代聖人易之以書契文二十
栔鍥說文刻也或从金通作契　鏨說文器中盡也　憝說文備也　嫛難也　䫣伺人也一曰恐也　瞖說文省視也
脊腨腸也　𦨴博雅舟也　蟄蟲名　挈䗑龜也通作契　𧁻艸名爾雅藝狗毒　㸷廣雅𦨴也　覭瓶也　瘈
瘈瘲瘛疾　㥦心有所恨也　𥈿直視皃　䁆䁈𧡮很不動皃　絜提也　○計吉詣切說文會也亦姓文二十五　係束也
繫毄說文繫繞也一曰惡絮一曰維也或作毄　繼說文續也一曰反㡭爲繼俗作繼非是　紒髻結束髮也或作髻結
𨏤舟車序行也　鄭國名說文封黃帝之後於鄭通作薊　薊艸名說文芙也　蘻艸名說文狗毒也　蓟薊䔝艸名　檵

木名說文枸杞也一曰監木 檕說文繘耑木也一曰執檕梅 螫蛙屬 擊關人名春秋傳晉有屠擊 瘈狂也 蛣瑣蛣海蟲名
猘狾狂犬或作狾 蠿蠿蛢蟲名 慗憂也 謦聲也 鮆解也 ○医壹計切說文盛弓弩矢器也引春秋國語
兵不解医文四十 覽視皃 撎說文舉手下手也 恷恭也靜也 殹說文擊中聲 翳說文華蓋也一曰蔽也 繄
歎聲一曰語助一曰醫翳 小兒次衣一曰赤黑繒 豷豕息謂之豷 嫕嫛婗順從也或作嫛 瘱嫕說文靜也或作嫕
瘞𨻳幽隱也或作𨻳 譩譆也吳越謂誒曰譩謻 詍博雅譍也 𡨘說文靜也一曰安也 殪壹說文死也古作壹
瘱一廣雅審也一曰曆也 曀說文陰而風也引詩終風且曀 墤壁說文天陰塵也引詩曀曀其陰或作壁 瞖目疾 枍枍指
木名 藙翳艸名一曰艸殘皃 䐅瘦也 螘鷖鳥名䴘蟲也 搤拉也 醫醷醷為飲也周禮六飲一曰醫徐仙民讀或作
醫非是 鷖青黑色也周禮鷖總而鷖纓劉昌宗讀 縊經也 綮結也肯綮李軌說 瘞爾雅落也 褉㮋鍥獸名類貐或从
大韋昭說 嗌嗌江東名咽為嗌者鬩食之所在或从口 噎咽痛方言嘶嗌噎也 ○詣研計切說文候至也文二十四 栺枍栺
木名 羿羿說文羽之羿風或省 眄恨視 睨睨視根也 睨倪說文袤視也或作倪 覞說文旁視也 殹說文

集韻去聲七 二十九

貺睨埤垷城上垣也 寱癔也驚也 羿說文帝嚳射官夏少康滅之引論語羿善射通作羿 潪燒松枝取汁曰潪 輗輗車名
鮨魚名山海經濛水多鮨大首音如嬰兒 齸齸齸齒也 霓蜺虹也或作蜺 誽伺也 淣水際 掜捉也寄也
帛法也莊子何帛以治天下 娎㜸也 ○慧胡桂切說文儇也通作惠文二十七 惠蕙說文仁也古从艸 憓愛也順也
通作惠讀 儶佛儶困劣皃 韢囊細一曰囊屬 挂櫘裂也挂也或从惠 鏏廣雅鼎也 潓說文水出廬江入淮
蕙香艸 橞槥說文末也或从彗 蟪蟪蛄蟬屬 譓譿辯察也或作譿 鏏說文銳也一曰矛三隅謂之鏏 隱陸也
繐布 䠊跋大苦 𧖤繐 𧖤𧖤 㩨博雅羽也或从慧亦並省 𧖧𧖧 轊轊車軸頭或从惠
○嘒嘒嚖呼惠切說文小聲也引詩嘒彼小星或从慧从惠文九 暳暳小星謂之暳或不省 欸欸歆欸也 噦
聲徐有銜也詩鸞聲噦噦徐邈讀 喙口也 轊刀解牛聲 ○桂消惠切說文江南木百藥之長文二十四 䄟博雅明也通作昚炅
䛸舌頭語也 跌跳也 鈌剌也 㭫博雅極也 刲劃也 筀竹名傷人則死 桂茥艸名或省 罣絓也
決疾皃莊子麋鹿見之決驟徐邈說 趉趉趉走皃 歐䟕也 敊故也侵也 詇決也 鴂鷤鴂鳥名或从史

䟕馬行皃 潍水名 眭姓也 香炅姓也炅氏諸桂貞為秦博士始皇阬儒改姓香其孫溢避地朱虛改為炅弟四子居齊改為炔
今江東名桂姓一曰漢有城陽炅橫漢末被誅有四子一守墳墓姓炅一避難徐州姓香一居幽州姓桂一居華陽姓炔四字皆九畫云 炔煙出皃 ○
䙆䙆桂切衣裾分也文五 肞孔也 闋止也 瓗瓗玉名或作瓗 ○筡篴田戾切竹名一曰竹裏為筡或作篴文二
十三○祭子例切說文祭祀也从示从手持肉文十三 際說文壁會也 䨮霽謂曰䨮 鄒邑名在周 穄說文
䖒也 鰶鯯魚名或作鯯 瘵接也詩無自瘵焉鄭康成讀 際察言遏也遐謂住也 穧穧穫也或从齊 嚌小語
漈水涯 ○歲𢧐須銳切說文木星越歷二十八宿宣徧陰陽十二月一次从步戌聲律歷書名五星為五步古作𢧐文十一 繐蜀細
布 繐縗說文細疏布也或省亦从歲 帨佩巾 涗涗和也盎齊涗酌 彗日中暴明也 鏏小鼎也 䥗
樾小棺或作樾 ○脆膬脺此芮切說文小耎易斷也或从毳从卒通作毳文十五 斷斷也 潓飲也 䭽
韢囊劉或作韢 毳說文獸細毛也 橇說文數祭也 毳說文謹也 毳穿也毛也 蠶蟲名 帨佩巾 𠜱小斷
也 涚溫水 ○蕝祖芮切東茅表位也文六 橇桂裂也或省 橇為之四載泥行所乘通作蕝 䋎小 𥰭

集韻去聲七 三十

脃也 ○彗篲篲箒旋芮切說文掃竹也从又持甡或从竹从慧古作篲文二十 槥槥說文棺櫝也或作槥 轊
惠車軸頭或作惠 鏏大鼎或从惠 鐫小鼎 繐細疏布也 䌌說文蜀細布 幩盟巾謂之幩 䕒艸名
爾雅萌王蔧 憓謹也 撢挂也 䫏挑取骨間肉也 䫏破碎也 幪布巾 ○世卋丗始制切說文三十年
為一世从卅而曳長之亦姓古作卋丗文六 貰貸也 勢威力也 齛齝也 ○㰦呼世切气聲文一 ○制掣摩
掣尺制切爾雅粤夆掣曳也或作摩掣文二十 觢掣說文一角仰也引易其牛觢或从手通作掣 瘛瘲瘛說文引縱曰瘛
或从制亦作瘈 懘說文小兒瘈瘲病也 猘猘𤞞狂犬或作𤞞 滯懘懘懘音敗不和也或从心亦作𢠭 㦗
說文小怒也 剬鑿除利器或作鑿 菊齊人謂急持曰菊 ○制㓡剬征例切說文裁也从刀从未未物成有滋味可
裁斷一曰止也古作㓡制文三十八 製說文裁也謂裁衣也 㪿博雅韍犁刀削 睶目明 聏聏間也或作聏 晢目美也或
書作晣 晣明也或从制亦書作晢 迣說文迾也晉趙曰迣 鯯魚名 醬魚醬或从酉 㬱臭也
狾猘瘈說文狂犬也引春秋傳狾犬入華臣氏之門或作猘瘈 犻大箸也 瘈病子在娠謂之瘈 賈姓也王莽

時有賁惲狾蟿蟲名蝗子也或从虫折斷也春秋傳司馬置折俎徐邈讀㓹角豎角牛晢博雅白也猘矛謂之猘
謝語不正趞踰也聯聽也瘳引縱病也逝遰往也或作遰淛浙江名或作浙瘵病也
䀿察視○誓斲時制切說文約束也古作斲文二十七噬說文啗也一曰啄也筮簭說文易卦用也从竹
从𢀵𢀵古巫字或作筮簭逝遾說文往也或作遾趧蹥跇遰超踰也或作蹥跇遰通作迣迣迾也遾
爾雅遏遾逮也北燕曰遾一曰遠也忕習也鍥說文車樘結也一曰銅生五色或書作鍥㓹䚢觢觢一角仰也一曰牛角立謂之㓹
或作制挈澨說文埤增水邊土人所止者引夏書過三澨折曲也詍呭詍語多也山東去或作呭詍抴拖也山東語
㓹制肉也貰漢侯國名○稅輸芮切說文租也一曰舍也亦姓通作說文十四說誘也裞說文贈終者衣被曰裞
帨帥佩巾或作帥帨說文禮巾也捝拭也餟䬸說文小餟也或作䬸祱博雅祭也一曰過制追脹謂之祱
涚說文財溫水也引周禮以涚漚其絲蛻說文蛇蟬所解皮也啐小歠㪲卜問吉凶曰㪲○毳充芮切細毛也文十二
竁說文穿地也一曰小鼠引周禮大喪甫竁喙口也䔧艸名橇泥行所乘通作毳𥼮博雅謝也一曰數祭𣀔博雅舂也
大六二十小六六十九　集韻去聲十七　三十一　正
劕劕斷也或作劕毳穀毳舂脆脆也啜嘗也○贅贅朱芮切說文以物質錢从敖貝敖者猶放貝當復取之
也古作贅文六䵺瘤腫通作贅𣪠說文楚人謂卜問吉凶曰𣪠从又从祟蝨蟲名𢡜謹也○𥿔稱芮切嘗也文三
𢡜謹也䥍田中道○惙丑芮切短氣皃文二啜爾雅茹也施乾說○䏿牛芮切截耳也文一○汭內
儒稅切說文水相入也或省文十八芮說文芮芮艸生皃一曰國名亦姓𦵏茵艸之小者或作茵枘鈉刻木耑所以入鑿或
从金通作內抐捽也蜹蚋蟲名說文秦晉謂之蜹楚謂之蚊或省說悅也周禮注遊觀則施惠以為說也聶氏定作此音𡉐
深也静也䇕竹名袂衣袖莊子被髮揄袂李軌讀捎抐也鋭銳也毳細毛也衲補也○𢅥竹例切病一曰牛
頭瘍文二蛭水蛭蟲名○懘所例切怗懘文十鎩戟屬帴裧也殺害也殺降也或作䊛𣧼
㯂也㗊渴嘂聲也榝木名似茱萸䙝衣裂縫○毳㲃初芮切舂也或作㲃文十毳毛也𪘶齧也蒯𦾔
㓹斷也或从斤亦作㓹𢾯艸出皃蔡艸汚地也察伺也𥼮數祭也○啐濞山芮切博雅也或作濞文五
蠿蟲名最盡會也一曰翻齒嘗之與無反魚肉同義𣀔楚謂卜問曰𣀔○跇迣趉丑例切說文迣也一曰踰也从辵从

走文二十二趨說文超特也或从足跇跳也傺博雅逗也一曰侘傺失意皃愧習也懘困劣也晢瞥也
一曰目美或書作晣㨆所以摘髮者䊹博雅䊹謂之䊹滯水濡散皃𨁼一足行也或从帶憏恎憏未定也
滯懘点懘樂音不和或作懘㦣㥇也䁡察視揭褰衣渡水衛刻也○𦐇於例切說文不成遂急戾也文十三
瘞說文幽薶也澫博雅清也一曰蓋也愒直衿謂之愒餲饐說文飯餲也引論語食饐而餲或作饐腸應下也
鼆小鼠名苗以艸補缺瘞埋也古作䃄䲜鳥名食魚懲言不慧也○惕愒偈
㓻去例切說文息也或作𢞛偈㓻文十五揭說文高舉也𩒫䫎爾雅康瓠謂之𩒫亦或作䫎𦫭藒割也
香艸爾雅藒車芞輿謝嶠讀揭揭轟跡跋也㓻傷也瘑頭瘍一曰傷病也愒恐也○猘狾瘈
猘狛居例切狂犬也或作猘覆劌古作猘文十七彑說文豕之頭象其銳而上見也罽說文魚罔也綱㲨𦂇
說文西胡毳布也或作㲨𦂇通作罽訐相告斥曰訐瀱說文井一有水一無水謂之瀱汋薊艸名爾雅薊蘩蒳衣似芹可食蘮
說文艸之小者㓻博雅傷也𥳑劌竹貲瘑博雅秃也○瘵側例切病也文一○偈其例切武皃文六𨹔
大一二五小八六十　集韻去聲十七　三十二　正
㮷蘮蘩艸名㯕博雅樹欃釘也一曰車木鍵碣山名書夾右碣石韋昭讀揭揭陽縣名在南越○衛
于歲切說文宿衛也从韋帀从行行列衛也又國名亦姓文二十一衞讆說文夢言不慧也或从言衛說文牛踶衛也𧗿說文衛也
𤪏璏劍鼻玉或省亦从彗轊說文車軸耑也从車象形杜林說或从彗从惠𧗿博雅𧗿衛
篲也一曰竹名衞𦝱說文䐢屬檅小棺熭熭說文暴乾火也或作熭亦从日揳博雅鏏說文鼎也聽
翙木○劌姑衛切說文利傷也文十五劌劌刀也或作劌撅揭也橛夏祖名通作橛蹶𨇾趣
儃也一曰跳也或从衛从辵亦書作躗㠣山皃犡牛跃皃也一曰獸名鱖鱥說文魚名或作鱥㡣盛肉几亦姓
驖馬性惡○𢖔許罽切息也詩召伯所𢖔徐邈讀文八餀物臭瀱爾雅井一有水一無水為瀱汋孫炎讀欸气聲
䂒恌也鞢韔被具所以送死或从曳亦書作䩭韔繐也○滯直例切說文凝也一曰積也文十一蹛蹛林匈奴
祭天處茜說文以艸補缺或以為綴一曰約空也𥓏除利器也璏說文劍鼻玉也彘說文豕也後蹏廢謂之彘从彑矢从二比彘足
與鹿足同亦姓鯯魚名䈇以竹補缺䗅小蟬耳鍋𢅥久病墆佇貣也○例𠈰列力制切說文比也或

作例亦省文五十四 厲𠪚說文旱石也或从蠆省通作礪厲一曰嚴也惡也危也大帶垂也亦姓 礪磏石 砅濿說文履石渡水也引
詩深則砅或从厲通作厲 洌水清也 𡾊山巁嵑說文巍高也或从厲亦省 癘瘌癘𤸬疾疫也春秋傳大癘
者何痢也或作㾐癘癘通作厲 礪禲鬼災曰禲春秋傳鬼有所歸乃不爲禲或省通作厲 勵勉也 贎賸貨也或省 例
𧝓帛餘也或作裂 迾迣遮也一曰車駕清道古作迣 䳺鷅說文次第馳也一曰馴也或从厲亦書作䮋 犡牛白脊
鮤魚名 蠇蠣䘑說文蚌屬似螊微大出海中今民食之一曰雖百歲化爲蠇或作蠣䘑亦書作䘑 鱱魚名或書作鱺 𠜾
䅻䊪黍穰謂之䅻或从厲古作䊪 覶視也 爄火 欐木名實如栗 栵木名爾雅栵栭樹似槲樕而庳小 糲
米之不精者 茢艸名一曰苕也 裂䌪有飾緣之曰㲰裂鄭康成說 㤠病也 烈器名 劙割也 曞日光 詷
言美也 颲風駛也 例惿驚也或从厲 𨨲利也 冽寒也 䓹箸也 ○ 綴株衛切說文合箸也文十七
娺廣雅怒也一曰疾悍 餟醊䄪說文祭酹也或从酉亦作䄪 𧰵豕屬地 啜泣皃一曰茹也 畷井田間道
輟車小缺 筃錣說文羊車騶箠也著箴其耑長半分或作錣 轛車式下立木 𨅍跳也 綴博雅繂祭謂之綴

大一三十八 小六五十

集韻去聲七　三十三　春

致積累也漢書致令辟爲郭 𥝩禾皃 丿釖戟皃从反丨 ○ 鏺除芮切曲刀文一 ○ 𤸬古曳切病也文一 ○ 曳
以制切說文臾曳也文六十五 丿象抴引之形 抴說文捈也明也 拽說文捈也或从曳 跇踰也 袣𧜠衣長
皃一曰袖也或从曳亦作絏 裔裛衰斉說文衣裾也一曰邊也末也或作裛古作斉 𧙤裂也 愧忕怈說文習也
一曰明也或作忕 勩勚肄勩說文勞也引詩莫知我勩或作勚肄勩 呭㖂詍謉說文多言也引詩無
然泄泄或作呭詍 齥齛羊振也或从曳 䩖博雅鞨䩖騂也 㾜瘛病也或作瘛 衞笮刻也
玴玴說文石之似玉者或从世 洩說文水受九江博安洵波北入氐 澨滯水皃 枻楫謂之枻一曰拖也或从曳
𧀞薪艸名似蘇而赤或作𧀞 𩙪𩙪飛也或从世 𩿧鳥名飛生也 翢也
𢃧關人名有𣴁 汰沙汰擇也 貄獉爾雅貍子貄或作獉 䡬輰車馬贈亡謂之𨏙或从車 𢈬度謂之𢈬
洩舒散也 乀曳足也 𨭅銅生五色也或省 㵀水名一曰水涯 筮𥰭揲蓍占也或省 噬齧也 誓要言
𨠍歠也 㜲婦人病娠 𥞊稅稻名或从米 愢怒也 忕狃忕過度 ○ 㪤睿容叡俞芮

切說文深明也通也古作睿叡籀作壡文二十三 銳㓹𨥥兊說文芒也亦姓籀作㓹或作兊亦省 銳鏸侍臣所執兵或
从惠 𨪐銅生五色 鐫小餟 祱贈終衣 𦳝方言艸生初達謂之𦳝 抗㧳博雅動也或从兌 螨毒蟲名
轊車軸頭 篲帚也莊子操拔篲以侍門庭郭象讀 啜爾雅茹也郭璞讀 諬恨言 碎磨使消也 璿美玉 ○
埶蓺藝埶執倪祭切說文種也从坴丮持而種之引詩我埶黍稷徐鍇曰坴土也一曰技能也或作勢藝蓻古作埶文十三
槸槸說文木相磨也或从艸亦書作藝 槸褹方言複襦謂之褹或作袂 寱寱瞑言也或作寱 囈寱聲列子
吟藝呻呼也 崀土高也 ○ 剸九芮切劘刀也文六 劂迫迮也 臬射的也 闑門中橛 𨷖槷康瓠也或
作剿 ○ 劓劓牛例切去鼻刑或从鼻文七 寱寱說文瞑言也或作寱 甈甈說文康瓠破罌或从埶 虓虎皃
○ 蔽艸蔽必袂切說文蔽蔽小艸也一曰奄也或作𦿵蔽文十三 𣁁說文柯擊 𪆿𪂉鳥名或从隹 幣
財也周禮幣餘之賦子貢讀 敝塞也通作蔽 瞥暫也 蔽簟衣車户也一曰蔽等 弊斷也 弊彆弓戾也或
作 ○ 𢿍瀎四曳切說文於水中擊絮也一曰清也一曰魚游皃或作瀎文六 勢劉也 撇㨫也 𦒿衣壞皃 瞥

大二二十九 小七二十四

集韻去聲七　三十四　春

瞥 ○ 㡀毗祭切說文敗衣也从巾象衣敗之形文十二 敝說文㡀也一曰敗衣 幣𢿍贊說文帛也一曰財也或从衣从
貝 獘斃說文頓仆也引春秋傳與犬犬斃或从死 弊斃惡也 𤟥獸名似犬有文故从文 蔽塞也通作蔽 𪅋
山海經姑逢山有獸狀如狐有翼名曰𪅋𪅋 𦃞惡絲 ○ 袂彌蔽切說文袖也文三 帛布帛幅邊 𥡗細小皃
十四 ○ 𡗜太大泰他蓋切說文滑也一曰大也通也或省亦作大泰文十五 𣲥舟行 汏汰太過也一
曰沙汏或从太 溙水皃通作汰 忲㑀奢也或作㑀通作汰 鈦博雅鉗也一曰在頸曰鉗在足曰鈦 軑地名故弦子國 戾
輜車旁户 黖黑甚也 蹛蹀也 ○ 帶當蓋切說文紳也男子鞶帶婦人帶絲象繫佩之形佩必有巾从巾通作帶文十四 𥳕帶方
山名一曰郡名屬幽州通作帶 㿃下病 𨂔小兒行皃一曰倒也 蹛說文踶也一曰蹛林匈奴繞林而祭也顏師古說 𥿯方言
艜長而薄者謂之艜 䗅撮取也 𦻎艸木根也 𧮈諟也 𢃪博雅䌑也 𧷏姓也王莽時有中常侍䖹惲 㡘屋邪
蝳蟲名一曰蛇也 遰連也 ○ 大徒蓋切說文天大地大人亦大故大象人形文十六 汏汱 㙵說文淅㶕也或从太古作
坴 戾說文輜車旁推户也 軑博雅輪也 鈦鉗也 䭳鳥名山海經䭳出首陽山三目有耳 茷海隅謂蘆淺而長者曰茷

[illegible]姓也 吠嘗也 蹛跙也過也 忕奢也習也 默黑也 馱馬畜負物也一曰縣名在江夏 伏地名在海中 ○
賴頼落蓋切說文贏也一曰恃也亦姓古作頼文三十二 賴貸也 襰祿襰祝詛 壈博雅墮也 賚𧶘說文賜也
引周書賚介秬鬯或作𧶘詩𧶘爾圭瓚徐邈讀亦書作睞 糲䊪粝說文粟重一秙為十六斗太半斗舂為米一斛曰糲从米萬糲粝同
㘥嚹聲也或从賴 爤火之炎毒曰爤 癘癩說文惡疾也或从賴 瘌說文楚人謂藥毒曰痛瘌 踈跛也
一曰顯頭邪行 瀨說文水流沙上也 瀨說文寒也 籟說文三孔籥也大者謂之笙其中謂之籟小者謂之箹 藾莿艸名爾雅
苹藾蕭或作莿 犡𤛱說文牛白脊也或从萬 蠇蚌屬 鯻說文魚名 厲病也詩厲假不瑕鄭康成讀一曰祖厲地名
一曰鄉名 蠆毒蟲也莊子蠆蠆之尾郭象讀 婡妎皃 㺅狂也 懶憎懶嬾惡 攋毀裂 ○ 柰乃帶切說文果也一曰那
也俗作㮏非是文七 萘艸名 渿說文沛之也一曰水波皃 鰊鯠鮷魚名 𪒣日無光也 𣯍獸毛𤔣曰𣯍 婡女字 ○
貝博蓋切說文海介蟲也居陸名猋在水名蜬象形古者貨貝而寶龜周而有泉至秦廢貝行錢一曰州名文三十 鋇博雅鋌也 䀨昁
不明也或从日 𧿾䟛跋說文步行獵跋也或作𨂑跋通作狽 𧘂行皃 浿水名出樂浪 伂顛伂仆也通作沛 邶

集韻去聲七　三十五

沛說文沛郡或作沛 坝坡也 毹毹毹多毛 犻狽說文二歲牛一曰牛足長大曰犻或从貝 䱝說文魚名出樂浪潘國
㹃犬張齗皃 芾爾雅小也 市艸木皃 茇爾雅茇白華茇一曰艸根 梖梖多木名出交阯及西域葉可書 䒽貝母
藥艸 怖恚恨也 狽獸名狼屬也生子或欠一足二足者相附而行離則顛故猝遽謂之狼狽 茷艸葉多皃 袚物衰外也 𡜍
女字 珼貝飾 茔姓也 ○ 娧脫吐外切娧娧舒遲皃一曰喜也或从肉文十一 蛻蟬蛻易皮 稅日月已過閏喪而服曰稅
駾說文馬行疾來皃引詩昆夷駾矣 毻毻博雅解也謂鳥獸解毛羽也或从兌 兌成蹊也詩行道兌矣 丨上下通也 侻
舒緩皃一曰輕率 裞送死衣 ○ 祋𣪊都外切說文殳也或說城郭市里高縣羊皮有不當入而欲入者暫下以驚牛馬曰祋故从示殳引
詩何戈與祋一曰祋翔縣名在馮翊古作𣪊文四 棳木名 綴表也禮行其綴兆一曰荷戈與綴鄭康成讀(一) 切說也古
作兌文十五 娧說文好也 鞔博雅補也 綐博雅細也 銳鋭矛屬或作鈗(二) 也 垸牆隓
也 峗峗嶮山皃 遚遺沲汎沙也 颵小風 𩣡馬行疾來皃一曰突也 奪地名 ○ 酹餟瀨魯外
切說文餟祭也或作餟瀨文十 䬽小餟也 祱門祭謂之祱通作餟 𣩓癘也一曰畜病 頛鮮白也一曰難曉 毲鳥羽斑色

㱚病也 䮀馬毛斑白 ○ 霈普蓋切多澤也文十四 沛說文水出遼東番汗塞外西南入海 浿水出樂浪 怖㤓
博雅怒也或从犮 昁目不明皃 肺茂皃詩其葉肺肺 淠動也詩其旆淠淠徐邈讀 䟛急行皃 䍨姓也 𩢯馬皃
柿木盛皃 邮邑名 茔姓也 ○ 旆蒲蓋切說文繼旐之旗沛然而垂文十六 軷出祭道神也 跋蹎跋行不正
拔柿木生柯葉皃詩柞棫拔矣或作柿 茷伐艸多皃一曰茷茷有法度也或省 胈白肉也莊子股無胈李軌讀 茇
茇白華 翇緌羽也杜林讀舞執之 颰發也 沛艸生水曰沛 姵女名 袚除也 𦨴舟前木也 瞂盾也 ○ 眜
莫貝切目不明也文十一 跊跋也 沫水名在蜀西一曰微晦 𪑾深黑色 枺木名格也 抹摸也 眛冥也一曰斗杓後星
一曰縣名在益州 媒貪也通作昧 韎赤韋也 妹女弟也 韤濡韤也 ○ 蔡𦾞七蓋切說文艸也一曰國名亦姓古作𦾞
文七 漈水名 𪃿𩀌鷚屬或从隹 縩綷縩紩索聲 𡡨女字 ○ 䃕先外切小石文三 𡡓病瘠 睉流視
也 ○ 襊取外切緇布冠也一曰衣縫文九 蹳行皃 窡說文塞也 蠫蟲名 囋小春 竄逃匿也 最聚也莊子
物何為最之徐邈讀 𦾐說文艸也 𢃈𢃈項古服其制未聞 ○ 最祖外切說文犯而取也一曰極也凡也文十一 蠽說文蟲也 㝡

集韻去聲七　三十六

地名在秦一曰在新豐 撮會撮頸撮也 穳禾秀不實也 繓說文五采繒色也或作綷 櫕澤也禮在鄭撮徐邈讀
讀 蕞蕞木藩木也周續之說 萃艸盛皃 嬶女字 ○ 蕞祖外切小皃文四 篫竹器 冣聚也 叢
藂木藩木也劉昌宗說 ○ 害下蓋切說文傷也从宀从口言从家起也文八 妎嫉說文妒也或作嫉 夆說文相遮要害也南
陽新野有夆亭 達說文無違也 嗐大開口一曰聲也 㤢㤢恨也 髂骨也 ○ 餀饖丘艾切說文食臭也引爾雅餀謂之
豦或作 餲饖臭也或作饖 猲犬臭 㾗瘍病也或作瘍 鱥魚名 ○ 磕礚丘蓋切說文石聲或
从蓋文二十六 鄰地名 嘅嘆也 愒憩愒貪也或从欠从水 𢿅㪉博雅擊也一曰聲也或从殳 溘船著
沘 𦉣說文矛屬 頟顄頭骨皃或从蓋 鶡雗鸖鶡鶤鳥名或从隹亦作鵥 餀物臭也 𢟪博雅滿也
愒作時而葬謂之愒 㶾火也 瘮喉病 轄輵車聲或从蓋 嗐喝聲也或作喝 壒塵也 ○ 蓋
匄居太切說文乞也一曰疑辭古作奋文十 匄丐說文乞也逯安說亡人為匄或作丐 刉斷也書刉申勸寧王之德鄭康成讀
𪄀鷊鷊鳥名 璾闕人名晉有建平夷王向璾 鄐地名 篕篕籧篨也 愒懼也 ○ 藹於蓋切說文臣盡力之美引詩藹藹

王多吉士文十九藹說文蓋也清也微也馤𧀹馣馤香氣也或从蓋靄𩃻雲皃或省壒塵也通作堨瞌
日色𢢒謹也鼸鼸鼸小鼠相銜尾而行蠤䗐蝎死也或省亦作蝎𧄼噎也鶡廣雅臭也濭曀濭鬱濭
也堨青土謂之堨一曰壁閒隙𡁷氣也曖瞹冥也○艾㣿牛蓋切艸名說文冰臺也一曰老也一曰邑名在南昌或作㣿
文七豛字林豕三毛聚居者一曰豕老謂之豛通作艾鴱䳺鳥名爾雅桃蟲鷦其雌鴱或从隹乂忞創乂懲也或作忞通作艾
○會𠵶佮㞒㑹𣍐黃外切說文合也从亼曾省曾益也亦姓古作𠵶佮㞒㑹𣍐文十八嶒峗嶒山皃𣌭
日月合宿譮悟也繪繢說文會五采繡也引虞書山龍華蟲作繪引論語繪事後素或作繢古通作佮㞒襘除殃之祭曰襘鬠
骨擿之可會髮者璯玉飾冠縫檜木名一曰柩飾𩅢雨也襘衣縱帶遾無違也○䜚呼外切說文聲也引詩有
䜚其聲文九翽說文飛聲也引詩鳳皇于飛翽翽其羽鉞鐬噦說文車鑾聲也引詩鑾聲鉞鉞或从歲亦作噦𪖬鼻息
濊說文水多皃渙水名一曰縣名在亳𢧵𢧵𢧵室宇顯敞也○穭糩苦會切說文糠也或从米文七䎉飛聲也
快逞也史記應侯固不快劉伯莊讀髁㞀博雅髖也或作㞀輠車聲○儈古外切會合市人也文十一禬說文

會福祭也引周禮禬之祝號會㞒總合也古作㞒䯤鬠說文骨擿之可會髮者引詩鬠弁如星或从髟通作會襘說文帶所
結也引春秋傳衣有襘𩜻食也擓收也刉說文斷傷也一曰斷也一曰刀不利於瓦石上刉之劊說文斷也膾鱠說文
細切肉也或从魚獪狡獪兒戲也廥說文芻藁之藏也鄶說文祝融之後妘姓所封潧洧之間鄭滅之亦姓嬒說文女黑色也
引詩嬒兮蔚兮澮說文水出霍山西南入汾巜𣶒湝說文水流澮澮也方百里為巜廣二尋深二仞古作𣶒湝通作澮旝說文
建大木置石其上發以機以追敵也引春秋傳旝動而鼓又引詩其旝如林一曰旃也檜栝木名說文柏葉松身或作栝噲地名史記魏敗
趙于噲通作澮璯玉飾冠縫癐病也概杖也嶒峗嶒山皃繪五采束髮𦞦膏痛○薈烏外切說文艸多皃引詩
薈兮蔚兮文十一懀懀憹嫌惡也一曰悶也瞺目閉黵說文沃黑色濊澮汪濊深廣也或作澮穢惡也通作
濊𩅢小雲謂之𩅢嬒女黑色儈儈屋宇高明也𪖬鼻息○外五會切說文遠也卜尚平旦今夕卜於事外矣文一
○𢖍于外切夢言意不慧也文一○餀乙大切食臭敗也文一
十五○卦古賣切說文筮也文十一挂說文畫也一曰懸也通作掛詿諣博雅誤也或作諣觟盾握也○

掛別也易掛一以象三繣徽也絓罣說文罥也或从网繫繢帛也㥐性多阻礙也○畫胡卦切界也俗作畵
非是文十五詿誤也絓說文繭滓也一曰絓頭一曰以囊絮練也罫挂礙也或从网亦作挂通作絓澅水名在齊
纗博雅纗紳緌帶也一曰弦中絕嫿嫿𡟎多態也黊博雅黃也繣徽也哇喉結塞也𡰱履也方言西南梁益之間謂之
𡰱𣝗拎𣝗農具𢓜度也○諣呼卦切說文疾言也文二𤸷病也○懈居隘切說文怠也或書作懈文七解除也
一曰閒上也繲故衣也薢薢茩艸名芙茪也廨公舍嶰山名痎病也○邂下解切說文邂逅不期而遇也文四
解散也一曰解鷹獸名一曰地名謑嘊怒聲或作嘊○謑許懈切恥也一曰怒聲文一○𣪍𢡶毄口賣
切說文難也或从心亦省文五解解垢詭曲之辭喫喫詬力諍○𨵧隘阸阨烏懈切說文陋也从𨸏益聲籀文隘字或作
隘亦从兄从厄文十八伌困也搤扼也𡸣𡹄險也或从益縊絡束曰縊一曰縛縊縊種𤺋說文劇聲也
霧也𥑅砨玉名范睢曰周有砥砨或作砨唲詬聲不平謂之唲或作詬嗌方言嗌噎也秦晉謂咽痛曰嗌𨵡閉也
賹記物也○睚𥈭𥉉𤺋厓牛懈切目際也一曰怒視或作𥈭𥉉𤺋厓文七𪘏齒𪘏切齒也㥴恨也○

○𠂢卜卦切舍別也文五𥿋散絲也𢂇滕屬派谷名在安邑𡾟山谷陀也一曰蜀中謂山谷間田曰𡾟○𠂢
普卦切水分流也文十一派說文別水也𥿋說文散絲也𣏟朩說文葩之總名𣏟之為言微也微纖為功象形或省湃
渒說文水在丹陽或省𢂇滕屬一曰木皮蜀人以為布𩏽博雅韠也箄𥯛竹片也或作簰○粺𪍿旁卦切說
文毇也一曰粟一石舂米一斗四升或作䊫文八婢短皃稗說文禾別也𤽜白皮𥢍黍屬耙田器𣲒水名○
𧶠賣莫懈切說文出物貨也从出从買隸作賣文四𥌒邪視𧹍𧷩嫷賦兒○矖所賣切暴也通作𩘼文八𪏷不黏
兒灑洒汛𣵶汛也或作洒汛古省攦掃也釃簁酒也○𤺊瘥楚懈切說文瘉也或省文七
杈博雅梢結枝謂之樓杈杈杈杷平田器洷水浦也訍疑也一曰訍拜人短言𧪧異言○債責側賣切通
財也或省文七榨取油具醡酢笮簀壓酒具或作醡笮簀○瘵仕懈切疾也文十二柴砦𡒊
𥓶柴藩落也或作砦寨𥓶㯼眦睚疵眦睚恨視或作睚疵亦書作眥齜齜齜開口切齒骴𣧑歐死
或从骨○膪陟卦切膪肥皃一曰豚肉文二𢕟立皃○𡟸得懈切方言𡟸欺謾也文一○𩯐求卦切𩯐鬆亂文

一○鬡奴卦切鬡鬡鬡亂文一
十六○怪傀古壞切說文異也或作傀亦書作恠俗作恠非是文十三 硁礭石似玉古作礭 錗大也 壞
擽㲉𡐦毀也或从手从攴古作𡐦 蔽艸名 拭擾也 𥷹竹名 涇水名 ○蔽蒯𠝣苦怪切說
文艸也或作蒯𦵬蒯亦姓文十七 蕢艸名亦莧也 蕢博雅籠也 簂竹箭也 鄃說文汝南安陽鄉 喟嘳欳
說文大息也或作嘳欳 欳博雅斷也 塊墤凷土也或作墤凷通作蕢 鄃漢侯國名 忦恨也 嬇女字 ○
𩔃呼怪切𩔃𩓺頑惡也文八 𩓺𧗿過也 𧗿木名 澮瀣澮水相激聲 喟喟字林息憐也或从胃 顡𩕵不
聰明 ○壞𡐦𣪠胡怪切說文敗也古作𡐦𣪠从攴文七 𩟐食敗也 壞瘣也 𧃍艸名爾雅𧃍烏蓲 𧃍
擠攮挵㩡 ○擺仕壞切拉也文一 ○聵聤𦗪五怪切說文聾也或作聤𦗪文七 顡聽明也 顡說文𩕳不 顡文
頭蔽頟也 𩖃闕人名漢有𩖃比平康侯𩖃 聵聾甚 ○戒𢦒居拜切說文警也从廾持戈以戒不虞古作𢦒文五十四 誡
𧦝說文敕也或从界 悈說文飾也引司馬法有虞氏悈於中國一曰急也懂也 忦憂懼也 介說文畫也一曰助也間也獨也
大首卅三 小首卅 集韻去聲七 三十九 稽
大介說文大也 价𠈮說文善也引詩价人惟藩或作𠈮 𣱡博雅獨也 悆忽志也 畍堺界介說文
境也或作堺界介亦書作界 𩫏說文𢇍結也一曰覆䋚也 忦憤也 𠉱說文𠉱也 玠琾說文大圭也引周書稱奉介圭或从
界 疥𤻐蚧說文搔也或从界从虫 衸說文䄜也一曰布幅 硛𥖓硬也或从界 禬𧝀上衣也或从蓋
屆届𡳄說文行不便也一曰極也至也或作届古作𡳄 艐爾雅至也 畯怒也 犗牛也 騛說文騬 騛說文系馬尾也
鴧說文鳥似鶡而青出羌中 魪魚名比目也 芥說文菜也 丰說文艸蔡也象艸生之散亂 疥楖所以庋食器者或作
楖 吤聲也 𦵔𧀐𧀐蒯鯁刺也通作芥 鶷鳥名爾雅鶷鶡 㤥無愁皃孟子不若是㤥丁公著讀 𠑗毛細曰𠑗 岕
山名 湝水名 犗四歲牛 紒縮也 妎女字 几人也 𩣡上下不問 ○咳𡠟炌口戒切炌熋
也或从戒从介文九 揩揩排強突 𩏁鼓名通作揩 𣪳聲也 㖒㖒詬力諍 㔉勓勤力也一曰勉也或作勓 ○
譮許介切怒聲文十七 欬㖒說文譬也或作㖒 𩕂眉㡊說文卧息也或作眉㡊 噧說文高氣多言也引春秋
傳噧言 𧬻讕讛爭怒或从蠆 奊說文瞋大也或書作奊 𥈬臭也 𣣔欸急氣皃或作欸 悆說文

忽也引孟子孝子之心不若是悆一曰不和皃或書作忦 咬風聲莊子宎者咬者 蔽艸名 喈聲也 ○械下介切說文桎梏也一曰器之
總名一曰持也一曰有盛爲械無盛爲器文二十四 㨔持也 𩞐薤𧆛說文菜也菜似韭或作𧆛 㘓送死歌也 瀣流瀣
海氣 訏言善也 𠐤𩡵博雅隘也一曰速也或省 㦛忖度也 𢡟博雅悵也一曰傾心也果敢也 骱骨堅 齘說文
齒相切也一曰怒也 𩹉魚名 閡說文門扇也 衸袥也 妎博雅妒也一曰煩苛 𢛺𢙐恪嗎曰𢙐 䡷車轄 邂無違也
譢誠也 𡡈女字 濊水名 ○𦗈牛戒切不聽也文六 蠓蟲名食木葉 儫忦儫客也 譺說文騃也一曰欺獃也
忦說文憂也一曰懂也 劓截鼻也周禮劓罪五百李軌讀 ○𢡟欬乙界切說文飽食息也或作𣣒通作餩文十 欸怒聲
𦳤五葉藥艸 喝𠻗說文㰦也或作𠻗 嗄𠵍氣逆也或作𠵍 餲餕食饐謂之餲或从亥 ○𣟲拜
𢷎𢲱布怪切說文首至地也揚雄說拜从兩手下古作𢷎𢲱文七 𦾱艸名 扒拔也通作拜 ○湃濆怖拜
切滂湃水聲或作濆文三 浿說文水出樂浪鏤方東入海一曰出涀水縣 ○備𤸸憊步拜切說文㥏也或作𤸸憊文十四 韛
韛𩏂吹火韋囊也或作韛𩏂 𦨣船後木通作排 棑木名 湱水涌 湃彭湃水聲 糒乾飯也 備𤇒也
怪首廿 集韻去聲七 四十 稽
王褎說 𦶤水艸名 排排揩強突 ○昒暮拜切冥目遠視也一曰乆也文十 韎赤韋也一曰共狄之樂 霾風而雨土
邁說文譋也 𧮨頻惡也 𦳘艸名茎蕦也 貍埋瘞也周禮以貍沈祭山林川澤劉昌宗讀或从艸 味飲食之味
黰黑皃 ○鎩𨱳所介切說文鈹有鐔也或作𨱳文十 𧞲衣削幅也 殺鎩𦊐疾也削也或作𦊐 滐流疾
也 𩱮鬼名或省 雸雨疾也 ○瘵側界切說文病也文三 祭說文周邑也或省 ○褹女介切複
褦也江湘之間謂之褦襶或書作𧝀文三 𤷑毛㲤衆皃 𥿮絭亂 ○聉擇怪切聉顡無志皃文一 ○顡迭怪切聲一曰聉顡
無志 ○𩞐火界切𩞐鯠臭也文一 ○蓷仕戒切艸名爾雅蓷茎䔩即五味也文一 ○𢝋才瘵切𡼝𩖃文一 ○
𪘩渠介切齘中切齒聲文一 ○鯠尼戒切鯠臭也文一
十七○夬古邁切說文分決也从又中象決形文七 獪狘狤博雅擾也一曰狡也或作狘狤 𥳑竹名 噲噲人
名燕王噲 澮爾雅水注溝曰澮 ○快苦夬切說文喜也文五 獪𧷸也 噲說文咽也一曰寬也亦姓 璯闠人名晉有錢璯
駃馬行疾 ○咶火夬切博雅息也文四 譮氣高皃 𪐭卧息聲 黯黑皃 ○話話譮

䛡户快切說文合會善言也傳曰告之䛡言或作話譮䛡文六 𧬙過也 誠譁也 ○黵烏快切黑皃文四 䶐卧息 懀
噲心惡 噲小咽 ○䚨許邁切䶐䚨臭也文三 譪譈也 黵黑皃 ○餲於邁切飯敗也文五 喝 嗌 𣢘 𩜾聲
或作嚽歠 嚽氣逆也老子終日號而不嚽一曰楚人謂啼極無聲爲嚽 ○敗北邁切毀之也陸德明曰毀佗曰敗文一 ○敗 𣀣
貝 𤗹簿邁切說文毀也古作𣀣貝𤗹文十一 退 𠚫說文數也引周書我興受其退古作𠚫 唄西域謂誦曰唄 𤰈田器
𢹯堤也 秏秏秏多毛皃 浿水名在樂浪 ○邁 䜕莫敗切說文遠行也从辵蠆省聲或不省文七 勱說文勉力也引
周書用勱相我邦家 譪 𧬙說文譈也或不省 佅東夷樂名 黵黑皃 䳸鷶 ○𠿹所邁切喝𠿹聲敗也文一 ○柴
寨 砦士邁切籬落也或作寨砦文三 ○𣯡 𣮓 𣀔 𣀔楚快切一舉盡臠也或作𣮓𣀔亦省文十一 𠻻小飲
𪘏博雅𪘏齸也 闞石抑 闞鞁名 𪘏 最廣雅𪘏剝齒 酉醬也 齸也 簌除殺芷也 蒯斷也 ○啐倉夬切啗也文一 ○蠆
蠆 蠤丑邁切說文毒蟲也象形或从䖵亦作蠤文八 噧闕人名春秋傳公孫噧 蔕 蔕 袃䔂芥刺䘑也 㤄 懘㤄
心不安也或書作懘通作懘 ○䚨除邁切𧬙䚨臭也文二 儥遺也 ○眭仕夬切眭目惡文一 ○眅女夬切眅目惡文

大一之二十一 小六又七

集韻去聲十七

四十一

僉

一 ○𣶒蒦夬切水多皃文一 ○賢何邁切㕡深堅意也文一
十八 ○隊徒對切說文從高隊也文三十 㒸說文隊也 濧博雅漬也 𩅧 𩆓 𩃷 遺靉霴雲皃或从隊从退
薱艸木盛皃 𣟴茂皃 𨺠 隊 𨻑說文䧟也或作隊𨻑 懟 𢤜 譈 懟說文怨也引周書凡民罔不懟古作
𢤜或作譈懟亦書作𢣖 錞 鐓說文矛戟柲下銅鐏也引詩厹矛沃錞或从敦亦書作鐜 棣字林移也陳留酸棗縣西南有棣城一曰棠棣木名
㦤廣雅志也 䨴 䨴䨴黑也或从隊 嶵山皃或書作對 濰滜也 𩓡 䫰𩓡愚皃 蘈出蘈蓫陳也謂芣上萬
隶从後及之也一曰與也 逮行及也 㿗下病 膭下大皃 瑇瑇瑁 ○對 對都內切說文譍無方也从丵从
口从寸或从士漢文帝以爲責對而爲言多非誠對故去其口文九 𠫨說文市也 碓說文舂也 轛 樹車箱或从木 敦 𦽹
器名周禮珠槃玉敦一曰似瓿無緣盟以歃血者或作𦽹 濧漬也濡也 ○復 衲 迌 退 遈 退吐內切說文卻也一
曰行遲也或从內古作退退隷作退文十五 腿肥皃 㥧 佅博雅𣀒也志也一曰肆也或作佅 僓 𨔝 㾯 𤸁疾或作
僓 𠐡 隤不嚼也 追和柔皃 滜潰去色曰滜 ○類盧對切說文絲節也文三十三 類說文難曉也一曰鮮白色从粉省

儽 傫垂皃或作傫 勵 䴬說文推也或从攴 欙 𣝸急擊鼓或从纍 礧 壘 礌 雷 櫑
㨃倉推石自高而下也或作壘礌雷櫑 錸 鑸平版具或从耒 耒說文手耕曲木也从木推丰古者垂作耒耜以振民也 洡相積洡也
莱說文耕多艸 睞目不正 䔩 蘱艸名爾雅蘱薡董似蒲而細一曰地名 𨇨跌皃 郲說文今桂陽郲陽縣 壘堀也
類傷也春秋傳刑之頗類 𩑚 𡾛空小穴一曰小封李軌說 櫑櫑具劍名謂以木標首也 纇 頪說文頭不正也从頁从耒耒頭
頪傀也或省 佅佷也 酹醊祭也 儡極也一曰羞大而偏 丰艸亂也 𦅾紼名 ○內 肉奴對切說文入也从
冂自外而入也古作肉文八 芮蘩芮艸生皃 騒髳騒毛亂皃 枘枘枘木垂 帄皃 𥿫芮垂 軜驂馬內轡 吶
闠人名 ○背補妹切說文脊也文十七 褙 䋁繡也或从糸 誖 悖 㛁亂也或从心从口亦書作悖 輩
輩說文若軍發車百兩爲一輩也或从北 北 北廣雅耕也一曰兩輩耕或从北 北違也 倍加也蒔子遺天倍情 䓣梻也
𦟝闕人名晉有𦟝胥 邶古國名一曰邑名在齊 𦵿姓也 菜悉來 ○配滂佩切說文酒色也文十 妃匹也通作配
嶏崩聲嶏嶏之崩 朏月未盛之明也古書作朏 啡卧息一曰唾聲 蜚蟲名在齊 㾦博雅病也 𦜴 䶊鼻精

大一之二十八 小七之四

集韻去聲十七

四十二

僉

嚭之嚭 𪪺 䵬 𪪵或作黯 ○佩蒲昧切說文大帶佩也从人从凡从巾佩必有巾巾謂之飾文三十 珮佩玉也通作佩 琲珠百枚曰
琲一說珠十貫爲一琲或書作𤩗 背 偝 瞶違也或从人亦作背 誖 悖 㛁 悖亂也或从心从口亦
作悖 犻犬過也一曰犬怒皃或書作𤜲 艴色艴如也 時曙也 孛 䔃說文㞹也从米人色也引論語色孛如也一說彗星
作孛 𤷀也或作𤷀 𦊱 禙 鄁說文故商邑自河內朝歌以北是也或从背 棑木 英 莊州名
山 䔢 蕢艸名 蕢山名 菜悉來 拔擖取也 姵女名 娕 ○妹莫佩切說文女弟也文三十六
韎說文茅蒐染韋也一入曰韎 昧 眊說文爽旦明也一曰闇也古作眊 眛目不明也 脢 胨背肉也博雅胂謂之脢或作胨
海病也 黴物中雨青黑也一曰濡葦 黣淺黑也 䵦禾傷雨 莓 苺艸盛上出也或作莓一曰常也 䓯
苺艸名博雅苺蘊奠蓲也一曰木名子似葚而青 墨晦冥也一曰墨曰墨 䍙網也 楳木名 瑁 帽 蝐 冒
瑁玳瑁龜屬或从虫亦省 䟃踐也 沬澂沬也一曰水名在蜀 茅茅蒐也 味醶器光澤也 媒媒媒晦皃
眊好也 沒沉溺也春秋傳何沒沒 䀛說文目冥遠視也一曰久也一曰明旦也 沕潛藏也 顝說文昧前也 佅

西戎之樂曰侏 嚜 嚜杘多詐也 秣 飼也 抹 摸也 ○碎 蘇對切說文䃺也文九 䘹 單衣 𩯁 鬢皃 𣨛 說文破也

啐 聲也 誶 告也 粹 碎米也 埣 土之不黏者 繀 說文箸絲於筝車也 ○倅 萃 卒 取內切副也或作萃亦省文十六

䘹 副衣也 淬 說文滅火器也 琗 玉光 焠 說文堅刀刃也 啐 說文驚也 啛 先嘗也通作啐 催 促也

𥓔 方言𥓔謂之䃀 綷 會五采繒色 淬 博雅寒也 椊 桼也 捘 推也 夎 詐拜 ○啐 摧內切驚也文四

𩯁 鬢鬆髮亂 摧 滅也 𡾰 殘敗 ○晬 祖對切子生一歲也一曰晬時者周時也文十六 祽 博雅祭也 䘹 方言單衣謂之

啐 少飲酒也 𪗻 綷 𢅥 說文會五采繒也或从糸从巾通作琗 捘 捽 推也或作捽 夎 𡖂 詐拜

也或省 𠗚 寒也 𨛍 闕人名晉有郎鄲𨛍 睟 目際 鋷 鍊也 琗 玉光 ○潰 胡對切說文漏也一曰散也文三十一

憒 說文亂也 殨 說文爛也 膭 肥大皃从肉 僓 嫺也一曰長好 嬇 女字一曰女嬇陸終氏妻 䫥 無髮皃 譮 說文

中正也引司馬法師多則人譮譮止也一曰譮謀嘲歎 詯 詗 膽气滿聲一曰胡市也一曰決後悔也或作詗 繢 繪 說文織餘也一曰畫

也或从會 𪏭 䵳 黃色或从歲 闠 說文市外門也 匯 水回合也 蒉 草也莱之美者雲夢之蒉 䗽 蟲名蛕也 蚚 字林蟲也

集韻去聲七 四十三 正

𡺾 山無艸木也 回 迴 曲也漢書多阪回遠顏師古讀或作迴 𡈞 地形回屈 𦁠 衣領緣皃 膭 月脃謂之膭 洄

洄湜水清也 䪍 䪏 繡韋囊或作韝 瀣 沆瀣露氣一曰北方夜半氣 烠 火色 硘 石皃 ○誨 䛼 呼內切說

文曉教也古从母文二十一 詯 說文膽气滿聲在人上 悔 恨也 𠭹 說文易卦之上體也商書曰貞曰𠭹通作悔 晦 說文

月盡也 洄 溜 浘 青黑色隸作溜或从忽 沬 湏 靧 𩔗 說文洒面也古作湏或作靧頮 䩈 𩕓 面多

肉謂之𩕓或从每 痗 病也 耗 稻名出南海 頪 大首也 賄 䝟 財也或从每 䫭 昧前也 ○凷 塊

蕢 蒯 𦵏 苦會切說文墣也或作塊蕢蒯𦵏文十二 㔕 短也 塊 博雅塵也一曰堆土 儈 傴皃漢書儈若因拘李奇說

頯 大朴之皃 魁 魁然無徒也通作塊 嘳 嘆也 磈 石皃 瘣 病也 ○憒 古對切心亂也文十六 慖 憚倉恨也

簂 幗 婦人喪冠或从巾 𦟛 脘 臂要者忽轉動而跪或作脘亦書作骭 槶 說文桯當也 䅢 博雅簦也 匄 封也

一曰礪刃 扢 博雅磨也 䵻 病皃 𩪹 𩪹髖愚皃 扢 槩 平斗木或作槩 髖 頭骨皃 𪏙 黃色 ○𠍣 瘣

烏潰切𠍣䵻病也或从疒文七 隈 水曲曰隈 扆 隱蔽也 猥 犬衆吠 𧝄 衽也 橐 大囊 ○磑 五對切說文䃺

也古者公輸班作磑文三 䤈 醉皃 㿯 癡疾 ○㙬 苦對切靜也文一 ○𣓗 奴內切盛也文一 ○鞼 韇 戶內切韇也一曰繡韋也或作鞼文三 韢 觝也

十九 ○代 待戴切說文更也亦州名文三十一 岱 說文太山也 黛 黱 說文畫眉也或从代 袋 帒 囊屬或从巾

隶 隸 說文及也从又从尾省又持尾者从後及之也或作隸引詩隸天之未陰雨 逮 逯 說文唐逮及也古作逯 埭

𥓜 埭 壅水也或从石亦作埭 𥉝 䁩 黱 暧𥉝暗也或省亦从黑 甙 甙 酞 博雅甙甘也一曰酤也或从

酉亦作酞 𨠬 說文酢𩚬也 瑇 瑇 毒 玳 瑇瑁也或从甲亦作毒玳 𩆚 霴 靆 雲皃 𢴁 𢴁騾頻動皃 𣡌 木名

實似櫻桃一曰棣棣威儀閑習也 㥆 緩也 㑓 吳俗謂𡙡𡙡曰㑓 𤦷 玉名 佁 佁儗癡也 ○貸 他代切說文施也文十

態 𢤞 說文意也从心从能徐鍇曰心能其事然後有態度也或从人 儓 佁 儓儗癡也一曰不前或从台 蟘 蟲名食葉者方言蟘

宋魏之間謂之蟘 詒 懈倦皃 忒 失常也 𤎥 𤎥𤈦煙皃 𥉝 曖𥉝不明 ○戴 戴 𢧀 丁代切說文分物得增益曰

戴曰首戴或作戴古作𢦦戴一曰國名亦姓文六 𧝓 𧝓襶不曉事 黱 䵧黱黑皃 瀻 酒不清 ○勑 徠 倈

集韻去聲七 四十四 [illegible]

來 逨 洛代切說文勞也或从人亦作來逨文十五 睞 說文目童子不正也 逨 來也通作徠逨 覫 說文內視也 誺

誤也 㾢 恐疾 唻 呼聲也 萊 艸也 騋 馬名 賚 賜也 騋 䵩 黧色 ○耏 耐 耐 乃代切說文罪至不髡也

或从寸諸法度字从寸亦作耏文十三 佴 次也亦姓 能 忍也亦姓通作耐 𣈤 說文埃𣈤日無光也 𣈶 𣈶不明 鼐 說文鼎之

絕大者魯詩說鼐小鼎 𧍺 蟲名小素也 䙞 䙞襶不曉事 乃 也 䏰 小能也 態 意也 ○𪐝 莫代切博雅黷也一

曰黑也 脢 脢 夾脊肉或从每 瑁 玥 瑁圭四寸或省 莓 艸名實可食 䀛 蝐 瞴瞢也或从虫通作瑁 ○

塞 先代切說文隔也文七 簺 說文行棊相塞謂之簺一曰編竹木斷水取魚也 僿 無悃誠也一曰細碎 賽 報也 𡫳 實也

通作塞 賽 貸賽體頻動皃 䚡 角骨 ○再 作代切說文一舉而二也从一冓省文十三 載 𨍇 說文乘也一曰年也唐虞

曰載一曰則也事也唐武后作𡕀 洅 說文雷震洅洅也 栽 築版 𢦏 說文故國在陳留 縡 事也 𩚀 說文設飪也 𢦔

博雅鼎之撫上者 𢨋 敗也 𦔻 染也 才 始也 ○菜 倉代切說文艸之可食者文十 埰 采 臣食邑謂

之埰 寀 官也 棌 桶也唐虞棌椽 䌌 博雅䌌也一曰䌌巾 縩 綷縩鮮衣 婇 女字 𦡚 大腹也山海經丹熏山有耳鼠

以其尾飛食之不膝切限切急意○在胙代切說文存也文十裁製也載舟車運物也𣸪博雅測也截酢漿
栽說文築牆長版引春秋傳楚圍蔡里而栽纔僅也材材具也縡事也財貨也○瀣瀣潰户代切沆
瀣露氣一曰水皃或作瀣潰文十四侅說文苦也一曰愁皃劾說文法有罪也悎快也核廣雅動也痎二日一發瘧抗
磨也取也跢行急遊艸名似萬可食隑倚也閡外閉也核檐也○儗許代切儓儗癡也文二骸博雅
骼骱鉠盆戉也○慨忾口溉切說文忼慨壯士不得志也或从人气文十三愾太息也一曰怒也滿也嘅說文嘆也引詩嘅其嘆矣
欬說文屰气也鎧廣雅鎧甲介也闓開也隑博雅倚也輆輆沭國名在越東核檐也鎎怒戰愷
康也敊息也○溉居代切說文水出東海桑瀆覆甑山東北入海一曰灌注也文十八慨主也𣪠說文𣪠深堅意也从𣦼从貝貝
堅寶也概說文滌也引詩概之釜鬵通作溉扢博雅磨也槩杚說文杚斗斛或作杚亦書作概䐈博雅病也一曰腰痛
譏剴汔磑切近也或作剴汔磑磯感激也刉劃也墍塈坖仰涂也或省古作坖圪陵也
○炁愛㤅𢟪㤲於代切說文惠也或作㤅古作炁𢟪通作愛文十七䆊㤅說文行皃古省僾說文仿佛也引
大一二十九　小六二十八　集韻去聲七　四十五　正
詩僾而不見一曰邑也薆說文蔽不見也薆爾雅隱也一曰艸木盛皃靉靉靆雲暗皃曖晻曖冥也唉慢譍
也誒可惡之辭餲說文饐餲香氣也通作愛璦美玉皧白色焥爑焥煙氣○礙硋㝵牛代
切說文止也或从亥南史引浮屠書作㝵文十三閡說文外閉也儗儓儗癡皃懝說文騃也一曰惶也或書作懝擬木名不
木屈頭不出也侅飲食至咽爲侅厗石名剴切也瘔癡病磑䃅石○倅倉愛切副也文一○怖
匹代切怒也文一○背蒲代切背立不正鄉前也文一○隑巨代切博雅倚也文一
二十○廢放吠切說文屋頓也一曰置也文十九癈說文固病也祓爾雅福也墢壉坡也或不省𤼿
博雅稅也鏺鈰說文𣪠射收繁具也或从市蕟䕯蘝蕟蘧蒢也或作蕟蘝蕟㩲爾雅㩲袖屬橃屋棟
頭茀小也茇竹箄緪也𩮀毛也砩石過水發發矢也詩獻爾發功徐邈讀○肺胇芳廢切說文金藏也
或作胇文五怖怒也柹說文削木札樸也陳楚謂櫝爲柹昲博雅春也○㹻牛吠切㹻豨短皃文四杌櫼也軏
小車轅耑刖斷耳○吠犻犮房廢切說文犬鳴也或作犻犮文十二茷艸葉多皃骳骨耑也䫆䫆

鼠名其鳴如犬吠或从發瞂盾也砩石過水昲春也䱊魚名伐擊也亦星名○乂刈艾魚刈切說
文芟艸也或从刀从艸文十一𢻱說文治也引虞書有能俾𢻱通作乂艾㤹說文懲也汈水名虓說文虎皃鴱䳚鳥名
爾雅桃蟲鷦其雌鴱或从乂㣻怒也𤵸病也○㰦虛乂切息也文一○𧥄九刈切直言文一○薉穢
𣨛烏廢切說文蕪也或从禾古作𣨛通作濊文九饖說文飯傷熱一曰食臭敗獩獩貊東夷國名通作薉穢濊䮸驥驟馬怒濊
濊濁也或从歲殧殧𣩰死物○𥇚普吠切財見也文一○喙許濊切說文口也文十餯饖爾雅餀謂之餯或作
餯豙𤸱喙博雅㷀極也或从疒亦作喙𩔗噦頤下毛一曰頰謂之𩔗或从口𧰲博雅𤞴短也𧼮走皃○
繐丘廢切關周禮朱總鄭康成曰故書總或爲繐李軌讀文二栵券契也○衞達織切牛觸謂之衞文二蹶小溺也一曰倦
也○𤋮去穢切蘩也齊人名蘩曰𤋮徐邈讀說文二𤞴𤞴短也
二十一○震𩆞之刃切說文劈歷振物者引春秋傳震夷伯之廟籀作𩆞文三十六賑眕富也或作眕振說文
舉救也一曰奮也挋說文給也一曰約也拭也䟴蜄敃動也或作䟴敃䪾䪾頰顏色𧴤慎事也眹目眹也侲童子
大一廿九　小六三六十二　集韻去聲七　四十六　背
也漢制儺於禁中用侲子娠妊也或書作𡠰通作震袗裖玄服也一曰衣前襟或作𧝹郥地名䳲鷐鷐鳥飛也或省
唇驚聲也𩓟頭動也稹禾概也甄掉也鍾病聲滇慎水名在汝南或作慎縝纑謂之縝㡊方言飲馬
橐燕齊之間謂之㡊黰黑也䚹笑也裖整也一曰祭肉也瞋恚也眣昭告也㐱髮多皃凥鳥羽始飛皃
鬒髮黑也疹病也槙木根相迫也一曰木理堅密○胂𥆧試刃切張目也或作𥆧文五阠字林陵名抻展也
申引也○慎昚眘時刃切說文謹也一曰歜五歲爲慎亦姓古作昚眘文十蜃𧓍大蛤或从黽矜堪矜魚名
蜄蛟屬通作蜃鈏爾雅錫謂之鈏𣢁指而笑之曰𣢁鋠鋠圜鐵○刃而振切說文刀堅也象刀有刃之形文二十肕
韌靭忍堅柔也或从韋从革亦作忍通作刃荵茐荵冬艸名或省㸾㸾說文杭巾也或从忍仞說文伸臂
一尋八尺也岃山高形訒說文頓也引論語其言也訒認識也軔說文礙車也𥄲𥈖視皃一曰眩也或从辰
忉心能於事也牣𢜝說文物滿也引詩於牣魚躍或从忍杒梕說文桎杒也或从忍䵦粘也
二十二○稕䅭朱閏切束稈也古作䅭文十二純緣也諄𧬕告也春秋傳諄諄如八九十者古作𧬕訰

爾雅訛訛亂也 瞤眊說文謹鈍目也或从宅 埻壘土也一曰射臬 肫全腊也 甽川溝也 眊眊眊懇誠 ○𦔻

𤔲舜俊輸閏切說文艸也楚謂之葍秦謂之藑地連華象形古作𤔲隸作舜或作俊文十五 蕣橓蕣說文木堇

朝華暮落者引詩顏如蕣華或作橓亦从𦔻 瞚瞬眣眴瞤說文開闔目數搖也或作瞬眣眴瞤 鬊說文鬊髮也

恂恂然遽也 鵔鵔鸃鳥名 ○順㥧巡侚殊閏切說文理也古作㥧巡侚文七 揗摩也 楯檻也 徇

行示也 ○閏儒順切說文餘分之月五歲再閏告朔之禮天子居宗廟閏月居門中从王在門中引周禮閏月王居門中終月也文六 潤說文水曰

潤下 㠁地名後魏常景發兵守㠁 䏰胊䏰蟲名巴郡有胊䏰縣地下多此蟲因以為名 橍木名 芮蕞芮艸生皃 ○儐

必刃切說文導也通作擯文九 鬢說文頰髮也 䚔說文暫見也 䚔嬪不見謂之䚔或作嬪 殯說文死在棺將遷葬

柩賓遇之夏后氏殯於阼階商人殯於兩楹之間周人殯於賓階 賓宾會賓客也周禮金路以賓沈重讀古作宾 擯弃也 ○木匹刃

切說文分枲莖皮也从屮八象枲之皮莖也文三 䚔暫見也 閵閵也从門 ○信伩訫思晉切說文誠也古作伩訫亦姓文

三十三 訊訩𣲼訙咰說文問也古作訩𣲼訙咰 囟出膟顖顖說文頭會㛴蓋也象形古

集韻去聲七 四十七

作出膟顖顖 洵水名出汝南 絗蕝也經絲具 㺃獸名 卂說文疾飛也从飛而羽不見 迅說文疾也 犼小獸

阠爾雅東陵阠 𦬫藥艸萬類 汛洒說文灑也或作洒 徇遍也 玽玉名 杍木名 𨊠車也 䫐脈氣

病 扟振也 琗珠玉光 𠃛待也 奞鳥張羽 申伸也莊子熊經鳥申 ○親儭七刃切婚姻相謂為親或作儭

文八 寴案屋虛皃一曰至也亦省 䞋瀙博雅寒也或从親 瀙說文水出南陽舞陽中陽山入潁 櫬木槿 ○

𦤎𣈆晉晉即刃切說文進也日出萬物進从日臸引易明出地上晉又國名亦姓徐鉉曰臸到也古作𦤎晉字作晉隸省文二十二

縉說文帛赤色也引春秋傳縉雲氏 搢插也 栒埤倉織具所以理絲經 榗木名一曰鼓名 瑨璡美石或从進

進䢐㨶說文登也亦姓古作䢐播作㨶 蜼蝤蛤類或从晉 摯說文羊名汝南平輿有摯亭 嚍憤也揚子通語

人之嚍嚍 嶜山名 溍水名 鄑地名在宋魯 蹪行艸皃 賮貨以將意曰賮 ○㶳燼徐刃切說文火餘也一曰

薪也或从盡文十 賮贐進說文會禮也或从盡亦作進 濜水名在襄陽 璶說文石之似玉者 藎蓋

葉說文艸也一曰進也或从盡从妻 ○㕙峻陖嶟須閏切說文高也或作峻陖嶟文三十八 陵埈說文陗高

也或从土 容濬濬說文深通川也从谷从𣦵𣦵地坑坎意也引虞書容畎澮距川或作濬濬 浚說文杼也一曰水名在今京都一曰深也

敬也 畯早也 䈑弓䈑也 賰賐博雅益也或作賐 迿先也春秋傳朋友相衛而不相迿 珣玉名出醫無閭山 駿

大也通作峻 迅疾也 卂疾飛也 奞奮奞鳥張羽 鵕鵔鳥名說文鵕鸃鷩也或从隹 訙訊問也或作訊

恂容皃嚴栗也 逡逡遁縣名在淮南 萮齊魯以北謂竹輿為萮何休說 㮨說文木也一曰木茂 稄束四謂之莒十莒謂之稄

徇行示也 𤢺犬急也 㕙狡兔名 俊才千人也 䶂石鼠也 𧮫深谷 𣶃水名在魯 侚𠄘遠也

或作𠄘 ○俊儁祖峻切說文才千人也或从雋文二十 㑺慧也 畯說文農夫也一曰田典田官一曰農神 餕餕博雅

熟食謂之餕餕一曰食餘曰餕或作餕 畯明也 焌然火也 駿說文馬之良材者 㕙狡兔名 䶂石鼠也毛中筆 𨞴

地名 葰薑屬 峻大也書克明峻德通作峻 嶲博雅聚也 浚浚稽山名在匈奴 荾葰草撙也或作葰 睃視也

僎鄉飲酒介輔也 ○殉徐閏切以人從死也文九 徇侚𢓉說文行示也引司馬法斬以徇一曰求也順也歸也或从旬亦作𢓉

侚𠊧說文疾也或作𠊧 毣毛羽剥也 揗摩也 循行也 ○櫬初覲切說文棺也春秋傳士輿櫬文十三 䞋

集韻去聲七 四十八

水石也 藽櫬木名槿也或从木通作櫬 瀙水名在灈陽 襯近身衣 讖訓言也 䙙睍也 親說文至也

齔齓毀齒也男八歲女七歲而齔或作齓 𠜾博雅揭也 儭藉也 ○酳士刃切歠酒也文一 ○鎮鋎陟刃切說

文博壓也古作鋎文六 填定也 瑱充耳也 磌彈也 駗馬載重行也 ○疢疹疾丑刃切熱病說文

七 趁趂說文𧼜也或从尒 螴螴蜳氣不安定皃徐邈說 獜獜獜健獸走 ○𨻽陳陣直刃切說文列也或省亦

作陣文九 門說文登也从門二二古下字 診說文視也 樄木名汁可為酒或作槿 塵土污也鄭康成曰舞手坋塵

儆說文理也 ○吝㖁咎喀啫良刃切說文恨惜也引易以往吝古作㖁咎或作喀啫文四十六 悋悋

鄙也或作悋 賃貪財 驎說文驎驎也一曰頭少髮或書作驎 瞵視不明 撛挺也扶也 遴僯說文行難也引易以往遴

或从人一曰僯㦚恥也 蹸躙轥轔說文轢也或作躙轥 疄田也 粼𥈞蕣藺

竹類爾雅粼堅中或作藺藺藺 磷薄石論語磨而不磷 鏻鍵也 甐器也 鄰㔂也通作𩕃 粦燐燐說文兵死

及牛馬之血為粦粦鬼火也从炎舛徐鍇曰舛者人足言光行著人或作燐燐 閵閵說文火皃从火兩省聲或不省 䗲螢火通作燐 驎

隱䮼馬色駁 犇山海經依軲山有獸虎爪有甲名曰犇 麐牡鹿 閵䨼鳥名說文今閵似鴝鵒而黄䨼从兩不省 [illegible]蟲名

𠹌鳥聲 藺艸名說文莞屬亦姓 䕲博雅䕲謂之植 𢷾門閾也楚人曰𢷾一曰木名 駗牡馬 潾水名 蹸鬼名

𪊍獸名似豕身黄尾白 ○胤𦙍羊進切說文子孫相承續也从肉从八象其長也从幺象重累也一曰國名亦姓古作𦙍文十九

肕說文癡也一曰遂也 醋漱酒也 酳說文少少飲也 引牽車紼也一曰曲引 靷鞍駕牛具在胷曰靷籀作鞍 軸

說文鞞手小鼓引樂也 鈏說文錫也 演說文水脈行地中演演也 鼖持也 軸車名 涓小水 戭矛屬 叉延也

杓絲梳 螾蟲名 𢫨伸也 ○菣蔓去刃切艸名說文香蒿也或从堅文四 𧼛行緩皃 臤闕人名鄭襄公臤

○印伊刃切說文執政所持信也文六 鮣鮣鱗魚名如鮝一曰首象印 𦖓說文卧也 茚艸名 𩃭氣流行謂之𩃭

䩞木屐有足 ○呁九峻切吐也文五 訽訇博雅欺也或作訇 攈拾也 汮水名在沂 ○韻韵

筠吻切音和也或作韵文三 杓絲梳 ○釁衅許愼切說文血祭也象祭竈也从爨省从酉酉所以祭也从分徐鍇曰分布也从火非是或作衅釁一曰罪也文五 亹𧓉折也 𤮐器裂 璺玉破不離 ○螼羌刃切蟲名螾也文一 ○隱於刃切據也文一 ○

大四百七十字小六百十八　集韻去聲七　四十九　世明

僅廑堇渠吝切說文材能也一曰劣也或作廑亦省文十七 覲說文諸侯秋朝曰覲勞王事 勤慬憂也春秋傳勤而攘

氏說或从心 歏欠也 瑾美玉 𡭊少也 廑博雅廑也一曰小屋 墐說文塗也 𠟾割也 瘽病也 饉說文蔬不

熟為饉 殣說文道中死人人所覆也引詩行有死人尚或殣之 蓳藥艸鳥頭也 嫤女字 ○抻居覲切以巾覆物謂之抻文八

㨷抯拭也或作抯 堇藥艸鳥頭也 種穫艸 矜憐也 紉合絲為繩 劤力多也 ○猌魚僅切說

文張齗怒也文三 憖說文問也謹敬也一曰說也甘也引春秋傳昊天不憖兩君之士皆未憖一曰傷也張揖說 垽澱也 ○壼困閭

切官中巷文一 ○詢均俊切欺誑也文一 ○眒式刃切張目也文一 ○淪倫浚切博雅没也文二 蜦蟲名蝦蟆也 ○

阠所陳切陵名文一 ○飩屯閏切味厚也文一 ○酳于敹切小飲也一曰漱酒文一 ○愍忙覲切強也鄭康成曰民

不愍作勞文一

二十三 ○問文運切說文訊也文二十一 聞䎽聲所至也古作䎽 紊說文亂也引商書有條而不紊 絻

免悗喪冠也或省亦从巾 抆拭也 汶說文水出琅琊朱虛東泰山東入濰桑欽說汶水出泰山萊蕪西南入泲 璺鏄坼也

莬脕艸新生或作脕通作免 鼤爾雅鼠屬 文飾也 蒍闕人名莊子有蒍閔蒍郭象讀 忞彊也 璺玉破

𤮐器裂 妏娩女字或从免 酚酒器名 ○湓盆芳問切水聲或从口文八 忿怒也 魵魚小

曰鰫一曰魚名或省 瀵說文水浸也引尾下一說泉涌出也蒲同二州夾河皆有瀵泉傳云隔河相通 曊乾也 噴吹聲 ○糞

𡊅𡊊𡊌糞方問切說文弃除也从廾推𠦒棄采也官溥說似米而非米者矢字或作糞糞糞古作𡊅文二十七 坌

拚撲坋𡑄𡒒說文埽除也或作拚撲坋𡑄𡒒 穳稻紫莖者 瀵水名爾雅瀵大出尾下在河東汾陰

縣瓶其流為陂以種稻 僨燓說文僵也或作燓 殯博雅仆也 奮說文翬也从奞在田上引詩不能奮飛一曰振也亦姓

奔獲敗也詩傳奔軍之將通作賁 賁有勇力也周官虎賁氏劉昌宗讀 粉傅也飾也 分均也春秋傳散息分災 噴叱也

莊子噴則大者如珠 攅擊也仆也晉書攅馮豕 𢅳囊滿而裂曰𢅳 犇䟝䟝也山海經依軲山有獸虎爪有甲名曰犇善駁犇 ○

分符問切別也文六 鼢鼠名 紛緒也一曰粉緒來有限也 坋塵也一曰大防 膹臛膾熟腫也 𢅳囊滿而裂曰𢅳

二十四 ○焮炘香靳切炙也春秋傳行火所焮一曰熱也或省文九 脪𦛚㾁𤸷疥𦡞說文

大三百二十九小六百七十八　集韻去聲七　五十　世榮

創肉反出一曰瘡腫熱氣箸膚中或作𦛚㾁𤸷疥𦡞 𢠼笑皃 ○靳居焮切說文當膺也一曰吝也杜預說戲而相愧曰靳文十六 伒相也

頎頭佳皃 𪏊黏也 斤忻爾雅斤斤察也或从心 堇艸名 㨷抯說文拭也或作抯 抻巾覆物也

劤多力也 巾衣也周禮巾車劉昌宗讀 堇堇陸地名在晉 𩢁車中馬 芹艸名葵也 肵敬也禮有肵俎 ○

近岓巨靳切說文附也古作岓文九 瑾赤玉 廑廣雅廑也 慬慬也春秋傳慬然後得免 墐塗也 𡭊少也 𨔾

艸名葛也 殣埋也 ○隱傿㥯於靳切依止也或作㥯億文十八 𡊨所依據也 㥯說文謹也 隱說文築也限也

檃櫽說文栝也或从隱 濦水名或省 𢡆褁也衣也或从衣 𠐏當也 𢡮𢡮剸也

一曰平量 㦙𢡆悲煩憂也 𤢔獸名山驢也形如羖羊 栜束也 ○垽語靳切澱也江東呼為垽文三 憖博雅

傷也 泿水名 ○運王問切說文逡徙也一曰地南北謂之運文三十四 煇日光氣也 暈或作暈 緷染色 餫

說文野饋曰餫 緷說文緯也 醞字林醖也相飲 韗䩵說文攻皮治鼓工也或从韋通作𩊔 𨒕大運山名或省 鄆

說文河內沁水鄉魯有鄆地 員姓也 䞫物數亂也 鄖國名 韻均韵說文和也裴光遠云古與均同或作韵 韻

覵說文外博衆多視也或作覵忶心迷也⿸疒貟說文病也鶤爾雅雞三尺為鶤芸艸木落之色䲰交廣人謂鵂曰

䲰一曰雄鵂耘⿰耒芸⿰耒貟除艸也詩或耘或耔或从芸从貟通作芸圓說文圜全也輐韗輐大車腪膜也枃絲桄

隕墜也霣齊人謂雷為霣○訓吁運切說文說教也亦姓古書作訔文十六臐⿰月川羊臛也或作⿰月川壎盂也

熏灼也鐼說文鐵屬薰香艸也馴順也易馴致其道徐邈讀勛勳功也或作勲纁絳三入曰纁

韗攻皮工也鶤鶤鶤妖鳥揮奮也⿰熏色物被熏色鑂金色淪也○攈捃攟俱運切說文拾也或从君亦作

攟文八宭羣居也皸手足拆裂也桾木名豩豕發土也一曰豕求食⿰豸軍野豕小者曰⿰豸軍○⿺走囷丘運切走也文

一○郡具運切說文周制天子地方千里分為百縣縣有四郡故春秋傳曰下大夫受郡是也至秦初置三十六郡以監縣邑文五鵘雞屬尾

⿱艹郡芝屬窘急也莊子困窘織屨⿰涒阝水名○⿰侖斤俒斷切大麄也文一○醖紆問切說文釀也文十三慍怨說文

怒也或作怨榅柱也熅以火伸物媪女字縕枲也紼也⿰麥昷麴也壼壼壼志不得伸也賱富也薀

蘊積也或作薀温温藉也詩飲酒温克鄭康成說通作醖藉○酳士靳切漱酒也文一○齓初問切毀齒也文一○齫

状六二十五 小六六十三 集韻去聲七 五十一 有

恥問切毀齒也文一○掀丘近切舉出也一曰引也文二⿰堇刂割也

二十五○願⿰愿頁虞怨切說文大頭也一曰每也雖也或从愿文八𩕄說文顛頂也謜說文徐語也引孟子謜謜而來

傆說文黠也愿說文謹也頑頭不正也杬椹也○遠于願切離也文六瑗璧之好倍肉者媛美女援

引持也褑佩衿⿰九女李舟曰說文闕○楥楦呼願切說文履法也或从宣文八韗⿰韋義⿰韋宣⿰韋亘⿰韋憲

煇治鼓工也或作韗⿰韋宣⿰韋亘⿰韋憲煇○券區願切說文契也券別書之書以刀判契其旁故曰契券文十一絭攘臂繩⿱龹革革中辨

綣繾綣厚志勸勌說文勉也或从卷⿱艹雚竹萌萌桊牛繩鼻謂之桊羂罥罔也或作羂⿰龹卩祠也福也

○攣𢍏俱願切說文拇滿也或从廾文九帣說文華巾辯謂之帣絭說文攘臂繩勬博雅勤也⿱龹皿博雅盂也

鬳鬲也餋常山謂祭曰餋⿰弓雚弓曲○圈圏具願切說文養畜閑也一曰邑名或从眷文二○怨𢙄惌

㤪怉紆願切說文恚也古作㤪夗怨怉文十四畹𤰷田畝三十為畹或作𤰷⿰言夗⿰言怨說文尉也一曰慰也或从怨

苑所以養禽獸也周禮禁山之為苑劉昌宗讀琬玉名婉說文宴婉也妴婉也涴水名山海經莫[illegible]之山涴水出焉

○獻許建切說文宗廟犬名羹獻犬肥者以獻之文六軒切肉如藿葉也瀗水名⿺走憲說文走意也瓛桓圭也圭之方者

憲說文敏也一曰傷也一曰周禮懸法示人曰憲法後人因謂憲為法亦姓○建居萬切說文立朝律也文二茛水艸蟹有毒食水茛所為

○健渠建切說文伉也文六踺行皃⿱竹肋腱說文筋之本也或作腱楗說文門限也一曰剛木鍵鉉也一曰籥牡

○騫祛建切馬腹上也文一○堰隁⿰阝焉於建切障水也或作隁⿰阝焉文十五郾說文潁川縣鄢地名在楚在鄭

在南郡漹水名在襄陽嫣長皃傿說文引為賈也⿱匽貝物相當也躽怒腹也曲身也褗衣領⿰匽欠大呼用力皃

⿱罒厈說文大皃一曰拳勇字匽路廁也⿰木匽積木為障○甗牛堰切甗也文八鬳甗說文鬲屬或作甗言

訟也唁⿰口獻弔生曰唁古从獻這迎也巘山形如甗○娩孚萬切說文兔子也娩疾也文二十四⿺鬼免嬎

說文生子齊均也或作嬎⿸免女女字嬎匹偶⿰忄反急也悔也⿱夲酉說文酒疾熟也一曰不擇米而釀或書作⿱夲酉⿰口辡⿰口辯博雅吐也

或从辡通作疲汳水名在陳留入泗奔上大也覵覵暫見[illegible][illegible]小舂也或作[illegible][illegible]𢍰量也或从廾

[illegible]水名在睢陽番⿰番去⿸广反更次也或作⿰番去⿸广反粄粉也反覆也⿸疒反惡病也[illegible]泉水也○販

七二十七 小六七十三 集韻去聲七 五十二 正

⿰買反方願切說文買賤賣貴者或从買文十畈田也反難也詩威儀反反毛萇說一曰順習皃⿸疒反心惡病⿱夲酉酤謂之⿱夲酉

⿰忄反褊狹也⿱䜌弓杼也⿰彳反返也⿰言反[illegible]也○飯⿰食弁飰扶萬切說文食也或从弁从卞文九⿰米弁粉也閞

門欂櫨也[illegible]說文泉水也⿰弁䖵蟲名饌陳食也儀禮饌于東序篹竹器○萬⿱公夊⿱𠆢卩⿱公命無販切說

文蟲也一曰舞也亦姓古作⿱公夊⿱𠆢卩⿱公命文二十五万數也通作萬曼說文引也嫚媚也鬗髮長也脕澤也一曰愉色必有脕容

⿸虍曼博雅離也贎說文貨也⿰車曼戰車一曰衣車蓋也輓引車⿱䜌免絻引舟縴或省槾槾樹木名鄤⿰萬阝

說文蜀廣漢鄉也或从曼蔓說文葛屬[illegible]亦姓[illegible]秦梁四公子名獌⿰豸滿說文狼屬引爾雅貙獌似貍或作⿰豸滿通作蟃鰻魚名

蟃蟲名蜓蛉也免喪冠也春秋傳陳侯免擁社徐邈讀○[illegible][illegible][illegible]多萬切說文小舂也或作[illegible][illegible]文七[illegible]剸

斷也或从叏[illegible]攻治也[illegible]全德也○僆力健切難來成者文二⿰虫連赤⿰虫連蛇名

二十六○圂胡困切說文廁也从口象豕在口中也文六慁說文憂也一曰擾也一曰辱也或書作惛⿰月圂肥皃溷說文

亂也一曰水濁也⿱艹圂艸名俒說文完也引逸周書朕實不明以俒伯父[illegible]或亂也○惛呼困切不憭也文五焝火皃

惛耄志也 昬暗也亦姓 涽涽涽濁水 ○困来苦悶切說文故廬也从木在口中一曰極也古作来文八 顐耳門也一曰無髮 涃水名 蜠蟲名 閫門橜通作梱 梱齊等也儀禮旣拾取矢梱之劉昌宗讀 圂廁也 ○睔古困切目大也文十五 睴說文大目出也 謴讃譲訧人也或从貫从袞 琯瓘治金玉使瑩曰琯或从運 鄆水名一曰大水 滾滾滾水流皃 㙥土皃 㟻山形 刌削也 餫圜也 䵪緄黑色 掍轉也 ○搵烏困切說文沒也文三 𩟓說文秦人謂相謁而食麥曰𩟓䭣一曰飽也 宛博雅曲也 ○顐吾困切無髮皃文六 睴大目出也 䭣稛說文𩟓䭣也謂相謁食麥秦人語或从禾 倱戲也 諢弄言

二十七○恨恨胡艮切說文怨也隷作恨文三 根引也 ○痕佗恨切病善食也吳中藥術去文三 括振也 跟踵也 ○艮古恨切說文很也从匕目匕目猶目相匕不相下也引易艮其限匕目爲𥃩匕目爲真也文八 詪很戾也 珢石似玉者 䩼車革前也 茛艸名鉤吻也 頣頰後也 䞕走止也 痕腫病 ○硍苦恨切吳俗謂石有痕曰硍文二 垠上有起跡曰垠 ○𩟓於恨切方言關西呼食欲飽爲𩟓䭣文一 ○䭣五恨切說文𩟓䭣也文二 䭡餕也 ○摌所恨切擇

也文一 ○奔補悶切急赴也文一 ○噴㗄吩普悶切吒也一曰鼓鼻或作㗄亦省文九 歕吹氣也 坌並也 鱝小魚 湓水聲 瀵濆水名在汾陰隷从糞 ○坌蒲悶切塵也一曰並也或書作坋文九 炃𤆍火盛或从賁 湓水出皃 溢博雅漬也一曰水聲 捹手亂皃 蕡麻也周禮其實蕡徐邈讀 体劣也 𡊅以艸爲界 ○悶惛莫困切說文懣也或作惛亦書作㥃文六 懣滿說文煩也或省 殙氣絕也 們們渾肥滿皃 ○巺巽蘇困切說文具也从丌巴聲徐鉉曰庶物皆具丌以薦之古作𢁉篆作巽文十二 顨說文巽也从丌从頭此易顨卦爲長女爲風者通作巽 潠噀噴水也或作𠻍 遜孫說文遁也或省 愻說文順也引唐書五品不愻通作遜 蓀艸名 𦠆肉割再煑曰𦠆 頙選具也 ○寸村困切說文十分也人手卻一寸動𧖴謂之寸口从又从一文二 𨯔瓦器 ○焌焞燇祖寸切說文然火也引周禮遂籥其焌焌火在前以焞焯龜或作焞燇文七 驐頂上委毿 捘說文推也引春秋傳捘衛侯之手 鐏秘下銅 䁔赤目 ○鐏徂悶切說文秘下銅也文十五 銌鑽也 𨀾 洊再至也或从水 拵插也 焌焞焌火以灼龜或作焞 臶切肉和血爲羹也 荐聚也再也艸也 袸衣衿 䑣舟滿謂之䑣 栫以柴木壅曰栫 鱒魚名 存在也 濽

水出皃 ○頓都困切說文下首也文八 扽敦博雅引也一曰摩也或从攴 敦爾雅丘一成爲敦丘一曰太歲在子曰困敦 遯𨘈逃也古作𨗶 忳沌愚皃老子忳忳兮梁簡文讀或作沌 ○鈍徒困切說文錭也文十八 遁說文遷也 遯𨗶說文逃也或作遯古作𨗶通作遁 䲧雜鳥名或从隹 豚腞行曳踵也或作腞 頓不利也通作 庉博雅舍也 蓮蘩艸也 䫴頹頓禿也 憞憞溷惡亂也 獃大也 褍衣長也 忳忳悆意不樂 腯牲充也 ○論盧困切議也文八 𦇯繫牽皃爲戲 惀懣也 淪水中曳舟曰淪 碖石皃 淪沒也 陯埨坎陷也或从土 ○䵪昏困切䵪黗不幹事文一 ○黗噉頓切䵪黗不幹事文一 ○嫩嬾奴困切少弱也一曰好皃或作嬾文七 臑 腝肉醢或从耎 焫熱也 抐字林搵抐沒也 枘艸木始生也

二十八○翰侯旰切說文天雞赤羽也引逸周書大翰若翬雉一名鷐風周成王時人獻之文五十三 雗鳥名說文雗鷽也 㲦說文獸豪也 螒小蟲名黑身赤頭一曰天雞一曰莎雞 鶾說文馬毛長也 駻馯說文馬突也亦姓或省 豻犴胡地犬名或作豻犴 旱說文不雨也 悍說文勇也 忓博雅善也一曰好也 鼾說文卧息也 旰晏也 汗說文人液也

瀚澣北海名一曰瀚水皃或从幹 扞捍仠說文忮也一曰衞也或作捍仠 𣪏攼說文止也引周書攼我于艱古音 鞁射鞲謂之鞁 弙𢏗引弦也一曰𢏗名或不省 𢧐說文盾也 釬銲說文臂鎧也或从旱一曰固金鐵藥一曰矛錞謂之銲 𦛟臈膵藥名出西蕃 冶金劑通作汗 鳱䳚鳱鴠鳥名或从旱 垾堤也 𡸊山 屽山名或省 閈說文閭也汝南平輿里門曰閈 䣺邑名在南陽 矸干石也或省 韓艸名 骭骹也 榦幹體也或作幹 皔博雅白也或省 鶾說文雗肥鶾音若𪇇雉以丹雞祝曰以斯鶾音赤羽去魯侯之咎 㵐㵐㵐水逆流皃 靬馬被具 阡關名在峽中 𨛫江湘閒謂如是曰𨛫 秆禾莖 鰔魚名 堅石似玉 ○漢㵄虛旰切說文漾東爲滄浪水古作㵄文十四 暵熯說文乾也引易燥萬物者莫熯乎離或作熯 𤳉𦔳耕暴田或作𦔳 灘水濡而乾也 嚾𡅂呼也或从萈 厂厈說文山石之厓巖人可居籀作厈 鶾說文艸也 罕網罕地名 㒆姓也 ○看翰墟旰切睎也或从倝文七 侃偘剛直也或作偘 衎說文行喜也 靬說文靬乾革也武威有麗靬縣 䳚鳱鴠鳥名獨舂也 ○倝居案切說文日始出光倝倝也文二十七 旰晘說文晚也引春秋傳日旰君勞或作晘 盰說文目多白也一曰張目 䞶大赤也一曰濁也

倝𠦝能事也一曰艸木莖一曰助也亦姓蘇𦽳說文艸也或从幹骭䯨趼說文體也或作䯨趼𩈭翰乾也
或从日榦說文築牆耑木也一曰井欄承轆轤者杆榦木名柘也一曰檀也或从幹汧汧汧水迅流皃皯䵟面黑
乞或从面忓布囊衦說文摩展衣也矸硟石个射侯舌也竿衣架干扞也詩公侯干城沈重讀䵫說文闕
翰箭羽○按於旰切說文下也文十案說文几屬一曰木名或書作按䅁案說文䅭禾也峖山名荌說文艸也
鮟魚名洝說文渜水也郂里名咹聲也晏止也晚也○岸魚旰切說文水厓而高者文二十一㟁廣也一
曰不恭也頇無髮也一曰冠欹後謂之頇瀬瀬頇水皃喭弔失國曰喭古作𧫷遃遨也㷳火色䮑說文馬頭
有發赤色者一曰䮑驛馬行一曰馬流星貫脣謂之驛銲柔鐵豻犴干說文胡地野狗引詩宜犴宜獄一說犴野犬犬所以守故謂獄
爲犴或作犴亦省𩓞顏頞也鳱鳱鵲小鳥矸山石皃甯戚謌曰南山矸通作岸婩博雅好也謂婦人齊正皃岍山名諺
誸諺自矜听聲也𩈂長大
二十九○換胡玩切說文易也文二十八𧹞說文赤色也逭𧾩𨘢䟺說文逃也或作爟亦从辵从足

集韻去聲七 五十五

涫沸也𧰟獸名肒㽽癯䵸說文搔生創也或作㽽癯䵸脘廣雅脯也垸髋丸說文以桼
和灰而髤也一曰補垸也或从骨亦作丸澣浣說文濯衣垢也或作浣漶漫漶難別皃奐伴奐廣大有文章也詩伴奐爾游矣徐邈
讀輐輐斷刑截所用灌水流盛皃詩方灌灌兮顏師古說𦝫肥也祼報神祭也䀍睆䀍轉目一曰大目皃鯇魚名
愌援伴愌不順也一曰拔扈或作援○喚嚾讙呼玩切說文評也或作嚾亦从言古通作奐文十六𡅖嚻博雅
鳴也或作嚻奐說文取奐也一曰大也亦姓煥明也通作奐渙說文流散也𥈘暵山海經暵暵國在昆侖虛東南或从
目喛方言恚也𥡦木名漶漫漶難別皃愌伴愌不順蠸蟲名大螌也嬎嬎爛文采通作奐○𨯝奴玩
切埋倉燒鐵从也一曰灼鐵以識簡次文五䲣魚觸罔也梡俎有足者𣝍析聲齊也寬緩也○貫古玩切說文錢貝之貫也
一曰國名亦姓文四十六毋穿物也通也通作貫遦行也冠男子二十加冠曰冠矔說文目多精也益州謂瞋目曰矔一曰閉一目
鑵闕人名宋有鑵鱗鑵通作矔觀雚說文諦視也爾雅觀謂之闕古从囧綰絳淺色婠好皃懽讙說文喜數也引
爾雅懽懽愮愮憂也告也或从言祼果淉祼說文灌祭也或省亦从水古作淉通作盥灌悹說文憂也或書作悺痯

癯爾雅痯痯病也或作癯館舘說文館客舍也周禮五十里有市市有館館有積以待朝聘之客或从舍瓘說文玉也引春秋傳瓘斝
𤉣楚人謂火曰𤉣爟烜𤎖說文取火於日官名舉火曰爟引周禮司爟掌行火之政令或作烜亦从木涫沸也一曰縣名在酒
泉灌說文水出廬江雩婁北入淮一曰叢也亦姓樌權木叢生或作權通作灌𧕿蟲名螺也罐鑵𣝋汲器
或从金亦作𣝋盥說文澡手也从臼水臨皿引春秋傳奉匜沃盥鏆鏆手謂之鏆錧字林田器一曰車軸耑鐵棺以棺斂也雚
鸛鳥名說文小爵也引詩雚鳴于垤或从鳥莞東莞地名𧙬韋袴巏山名𨛫亭名𡙇大目雚雚蘭艸名○
惋烏貫切驚歎也文十掔脘捖𢪊脊說文手掔也楊雄曰掔握也或作脘捖𢪊脊琓圭名堅說文石之
次玉者婉嬿婉婦人皃睕睕䀍轉目○玩五換切說文弄也或从貝文九貦妧字林好皃翫抏說文習猒
也引春秋傳翫歲而愒日或作抏忨說文貪也引春秋傳忨歲而歇日輐輐斷刑截所用者魭魭斷無圭角皃頑頭大皃○
半博漫切說文物中分也从八从牛牛爲物大可以分也文九姅說文婦人污也引漢律見姅變不得侍祠一曰褢子傷也𣁽說文量物分半也一
曰外五十謂之𣁽𩢍𩢍騂馬行皃絆說文馬縶也靽駕牛具在後曰靽眅大也𠯗𠯗嗙剛強皃誸誸諺自矜

集韻去聲七 五十六

○判普半切說文分也通作拌文二十一泮頖說文諸侯鄉射之宮西南爲水東北爲牆或作頖通作泮拌弃也冸冰釋通作
泮詊巧言牉片半也字林牉合合其半以成夫婦也或省姅傷孕也胖說文半體肉也一曰廣肉伴詩傳伴奐廣大
有文章也一曰自縱弛之意𠯗𠯗嗙失容也一曰剛彊皃潘番縣名在上谷或省半大片也漢書一半冰顏師古說叛
炍煥也或从火沜水流也一曰厓也𩢍𩢍騂馬皃袢衣無色一曰袢袢盛服皃柈木名○畔薄半切說文田界也
文十叛說文半也嫳嫸嫳無儀適也𠯗𠯗嗙剛彊也𦙃肉也𩦎臥騎也伴伴仟相拒也一曰偶也媻奢也一曰
下妻𨑜去也坢坋也怑怑渙不順○縵莫半切說文繒無文也引漢律賜衣者縵表白裏通作幔文二十三㪅㪅㪅無文采
幔幕說文幕也或作幕𨎃說文衣車蓋也一曰戰車以遮矢也謾欺語漫水敗物也一曰大水皃一曰徧也墁塗具
通作鏝槾槾博雅貪也一曰木名一曰木脂𡫳𡫳雲皃𦔇䅼博雅耰也或从禾𡽴山名獌䝡貓狼屬或从
豸亦作貓灁灁瀬水皃鄤地名曼曼衍無極皃蔓又枝長也莊子攬蔓其枝郭象說浼澷洿池也蔓艸也鏝鏝胡戟也
秦晉語○繖傘先旰切蓋也或作傘文十二幓廣雅𢃇也帛二幅為幓一曰帶也一曰婦人脅巾名橵散說文分離也从

支从林林分𣏟之意也古从朩 散散 說文雜肉也一曰分也隸作散 潵 水散也 𢿵 說文𢿵𢿵也一曰飛𢿵也 𥲎 說文竹器
⿱艹散 竹名博雅⿱艹散筓箛挑支 鏾 鏾也 ○粲 蒼案切說文稻重一秳爲粟二十斗爲米十斗曰毇爲米六斗大半斗曰粲亦姓文十二 餐 餅也
璨 說文玉光璨 燦 明皃通作粲 彩 文彩盛皃 帑 幡也 㛑 婺 說文三女爲㛑㛑美也或作婺 澯 澯瀾水皃
𥻂 艸名可爲席 鏾 鳥名 鬖 鬖鬆光 ○贊賛 則旰切說文見也从貝从兟徐鉉曰兟進也執贄而進有司贊相之隸作賛文二十
讚 偁也明也通作賛 攢 聚也 𡡔 說文白好也一曰不恭 鬢 鬗光澤也 襸 鮮衣謂之襸 饡 餥餥 說文
以羹澆飯一曰以膏煎稻爲𩜼也古作餥餥 趲 逼使也 灒 浅 湔 濺 說文汙灑也一曰水中人或作浅湔濺 禶 祝神
也 瓚 圭也一曰雜名 酇 說文百家爲酇酇聚也南陽有酇縣蕭何子孫續封者 𩯷 艸名爾雅𩯷牂𩯷 兟 二人㪟已以贊也 ○
攢 徂畔切聚也穿也文一 ○𡡔 才贊切博雅好也一曰不謹文六 瓚 三玉二石也禮天子用全純玉也上公用駹四玉一石侯用瓚伯用埒玉石半相
埒也一曰祼器 㱚 殘 禽獸所食餘或从戔 穳 禾莛不實也 囋 讖也 ○笇 算 蘇貫切說文長六寸計歷數者从竹从弄言常
弄乃不誤也或作算文六 笇 𥳑 竹器或作𥳑 祘 說文明視以筭之从二示引逸周書士分民之祘均分以祘之也 蒜 說文葷菜一曰

集韻去聲七　五十七　佺

山 ○竄 𥨍 取亂切說文匿也从鼠在穴中古作𥨍文十 攛 擲也 鑹 攢 小矟也或从矛爨亦作攢 爨
㸑 爨 說文齊謂之炊爨臼象持甑冂爲竈口廾推林內火𤒟省或作爨亦姓 縓 帛赤黃色 ○鑽 欑 祖筭切說文穿也博雅錐
謂之鑽或作欑 穳 鋋也一曰小矟文三 ○旦 得案切說文明也从日見一上一地文十二 怛 說文憯也引詩信誓是
作是通作旦 疸 說文黃病也 癉 憚 說文勞病也或从心 䑗 小舟 笪 笞也一曰笞也一曰箬也似籧篨直文而粗江東呼爲笪
鴠 鳥名說文渴鴠也 狚 獦狚獸名巨狼也 亶 小舍一曰小柸 癚 癖病 妲 妲己紂妃 ○炭 他案切說文燒木餘亦姓
文十 歎 𣢋 說文吟也籀不省通作嘆 擹 㨢擹旋轉也 灘 字林灘漫水廣皃 㪔 𢿏 散數無文采皃 嬋 無儀
適見 灘 爾雅太歲在申曰涒灘 㾱 博雅瘫痪也 嘆 說文吞嘆也一曰太息也 澶 漫也 儃 儃漫縱逸 ○憚 徒案
切說文忌難也一曰難也通作憚文二十一 僤 說文疾也引周禮句兵欲無僤 但 說文裼也 舶 說文小船 撣 觸也 貚 獸名
彈 弓丸 弓 說文行丸也或从弓持丸亦作弓 澶 漫也 壇 壇曼寬廣皃 訑 慢訑訑縱意 灘 太歲在申曰涒灘
蟺 蟲名土蠭也 儃 何也一曰儃漫縱逸 荁 艸名 胆 暺 明也或从單 嘽 嘽嘽喜樂盛也 鄲 單 鄲狐邑名

在洛南百五十里秦遷周赧王於此或省 ○爤 爛 燗 煉 郎旰切說文孰也或从閒从柬文二十 𡢃 爤 博雅敗也
或作 𤎒 斕 闌 博雅粲彰文也或作斕亦省 欗 糷 飦麋相著也或省 瓓 玉采 讕 譋 諫 詆讕
誣言相被也或从閒从柬 瀾 波也 灡 潘也 礀 石皃 瓓 瓓玉 鑭 金采也 鏈 連石山名 ○難 𪂵 鸛 乃旦
切阻也古作難鸛文十一 攤 按也 灘 水奔流皃 難 曔 說文安𩞄溫也或作曔 㦓 巾攔也 𨞇 邑名 𡂸 逐疫
也 鸛 見鬼鸛驚詞 ○鍛 段 都玩切說文小冶也或作段文十七 斷 𣃔 𠜝 𣂻 𠝺 決也古作𣃔𠜝𣂻𠝺
叚 險叚 腶 脩摴脯也施薑桂也 瑖 石之似玉者 碫 博雅碫礪也 踹 足也 鍛 秘下銅平底曰鍛 𨍭 博雅齊也
椴 杸也 搬 捶衣也 𧛊 正衣也 ○彖 吐玩切說文豕走也一曰易斷卦辭文九 褖 稅 黑衣王后之服或作稅 湪
水名 湍 疾瀨也 貒 貗 獸名野豕也或作貗 鷻 鳥名爾雅鷻鷻老 嚾 召呼也 ○段 㡆 徒玩切說文推物也
亦姓古作㡆文十四 斷 𣃔 𠜝 說文截也从斤𢇍𢇍古文絶古作𣃔从𠂤𠂤古文惠字引周書𣃔𣃔猗無他技或作𠜝 椴 木名似白楊
葮 木名槿也通作椴 毈 煅 說文卵不孚也或作毈 𦇔 縀 說文履後帖也或从糸 騵 款騵馬行皃 碫 厲石

集韻去聲七　五十八　佺

䩌 面貞 ○亂 𤔔 𤔯 䜌 乿 盧玩切說文治也从乙乙治之也一曰系也李斯从寸古作𤔯𤔔𤔯俗作乱非是文十二 𤔔
䜌 說文治也幺子相亂𠬪治之也一曰理也徐鍇曰冂坰也界也古作𤔯 𣀔 嬌 說文煩也或从女通作亂 灓 沙丘絶水橫流也一曰正
絶流渡曰亂 𤔔通作亂 薍 小蒜根曰薍子 覶 委曲也 ○偄 愞 需 懦 嬬 耎 奴亂切說文弱也或从心亦作
需懦嬬耎文十三 稬 糯 說文沛國謂稻曰稬或作糯 渜 濡 沐浴餘潘或从需 堧 水濱地一曰城下田 麢 說文
鹿麛也 䭊 婚三日而宴謂之䭊
三十 ○諫 居晏切說文証也亦姓文二 鍊 博雅車軸鐵 ○晏 於諫切說文天清也爾雅晏晏柔也一曰晚也亦姓文十五
𥈄 以目相謂之𥈄 騴 爾雅馬尾本白者 鴳 鴈 鳥名說文雇也或从隹 鷃 鴳 鷃 鴳亦从隹
𣊨 日出清濟曰𣊨 曣 晏 廣遠也 晏 說文安也引詩以晏父母通作晏 姲 女字 荽 艸名 洝 水名 𪀔 鳥純漢西羌國
名鄭氏讀 ○鴈 魚澗切說文䳘也文十 𪏆 說文火色也 雁 說文鳥也徐鉉曰雁知時鳥大夫以爲摯昏禮用之通作鴈 贗
偐 僞物也或作㜸 干 犴 豻 胡犬也或从大亦作犴 鳱 鳱鴠小鳥 𩢸 馬首 ○骭 䯎 下晏切骹也或从足

文三婠字林婆也○摜遦慣毌貫串古患切說文習也引春秋傳摜瀆鬼神或从辵从心亦作毌串文十四
擐貫也春秋傳擐甲執兵丱束髮皃詩總角丱兮絭以絲貫杼爲絭倌說文小臣也引詩命彼倌人[illegible]也睔
大目矔方言轉目也琯貫玉飾也棺以棺斂曰棺○亂薍五患切說文刻也八月薍爲葦或作薍文四串倸
爾雅習也或作倸○患𢝵患胡慣切說文憂也从心上貫吅古从關省或作患文二十四宦倌佀說文仕也一曰閹人或作
倌亦省擐說文貫也引春秋傳擐甲執兵轘說文車裂人也引春秋傳轘諸栗門繯絡也一曰繡文寏天子圻內也槵
梙木名無患也皮子可澣或省豢圂說文以穀圈養豕也或作圂豢獸名如羊無口幻去惑亂也或作去串
西戎名詩串夷載路鄭康成說還繞也鄭司農曰還市朝而爲道通作繯溷濁也莞莞爾小笑皃梡木名如訶梨鍰
鋝也環卹也周官有環人劉昌宗讀○襻鞶衭普患切衣系曰襻或作鞶亦从六亦書作衭文八鋬鈑器系
或从六眅𥆞轉目視或作䀐扳引也○慢漫僈[illegible]莫晏切說文惰也一曰慢不畏也或作漫僈古作[illegible]文
十一嫚說文侮易也謾欺也縵繒也周禮散縵樂杜子春說瘍畜病一曰目疾也一曰懸氣著身摱擊也輾

小六百九十一 大百卅九 集韻去聲七 五十九 世安

車衣蓄采分別也○訕姍所晏切說文謗也或作姍文十八汕說文魚游水皃引詩烝然汕汕潸潸說文涕流
皃或作潸罠魚網麪麪謂之麪疝病也狦說文惡健犬也潸洗馬柵笧閘冊編竹木爲落也或从
竹从門亦省姍匈奴名産生育樿林薄也山屾二山竝立曰屾○鏟初諫切平鐵也文六𥻗米一舂也
恮全德也一曰影也冊編竹木補䉐謂之冊剗攻也平治也○棧藆仕諫切棚也或作藆文十輚轏[illegible]倉
臥車也或从孱菚艸名𢦏谷名在上艾一曰在城皐虥虎淺毛蝬蟲名琖玉名㞞屋笮○綰綄
烏患切繫也史記綰撞綰事或作綄文四𥆽妻弄財物䤽面曲○孿𡥈數患切說文一乳兩子也或从兩子文四涮𤄊涮也
洗馬○𧽦求患切行曲也文五彎弓曲䚭角曲䙎纏衣被或从糸○篡篹初患切屰而奪取曰篡或
从手文二○㬎丑諫切㬎㬎溫溼一曰小赤文一○㬎乃諫切㬎㬎溫溼一曰小赤文二𤸃畜病○奻女患切諠訟也文一
三十一○襉居莧切帬幅相攝也文十五間廁也襍也代也犴豻逐虎犬或从开覸瞯視也或从目
見覵棺衣禮賓見閒而折入陸德明讀或从木繝錦文也唐有大繝錦通作襉澗㵎說文山夾水也一曰澗水出弘農新安東

南入洛或作㵎鐧說文車軸鐵也𧤗角鑿者爲鐗一曰䉛也研木名醎醎也○鰥瞯古幻切視皃或从目文二○
莧侯襉切說文莧菜也文五蕢神餘華也籄竹拈也麮麥屑覡米屑○幻㓜眩去胡辦
切說文相詐惑也引周書無或譸張爲幻古作㓜眩一說从到子文五芍艸名○扮博幻切握也文二𢮦絆也引擊也○盼
盼普莧切說文引詩美目盼兮或作盻文三𥈐小兒白眼一曰視皃○辦分皮莧切說文瓜中實或作分文十一辦說文小兒
白眼也辨具也通作辦辦說文判也釆秀說文辨別也象獸指爪分別也古作秀辯下辯縣名在武都辦服閒
也𥬔菰也跰交足坐○蔄蘭莧切姓也文一○袒綻䘺直莧切說文衣縫解也或作綻䘺文四
組補縫也○豣眼莧切逐虎犬文一○羼初莧切羊相廁也一曰傳入曰羼一曰相出前文二[illegible]也

集韻卷之七

大四十五 小二百卅八 集韻去聲七 六十 信

集韻卷之八

翰林學士兼侍讀學士玉清昭應宮判官中散大夫尚書左司郎中知制誥史館修撰判館事護軍常山郡開國侯食邑一千七百戶賜紫金魚袋臣丁度等奉

敕修定

去聲下

霰第三十二 先見切與線通　線第三十三 私箭切

嘯第三十四 先弔切與笑通　笑第三十五 仙妙切

效第三十六 後教切獨用　号第三十七 後到切獨用

箇第三十八 居賀切與過通　過第三十九 古卧切

禡第四十 莫駕切獨用　漾第四十一 弋亮切與宕通

宕第四十二 大浪切　映第四十三 於慶切與諍勁通

諍第四十四 側迸切　勁第四十五 堅正切

徑第四十六 吉定切獨用　證第四十七 諸應切與嶝通

嶝第四十八 丁鄧切　宥第四十九 尤救切與候幼通

候第五十 下遘切　幼第五十一 伊謬切

沁第五十二 七鴆切獨用　勘第五十三 苦紺切與闞通

闞第五十四 苦濫切　豔第五十五 以贍切與㮇驗通

㮇第五十六 他念切　驗第五十七 魚窆切

陷第五十八 乎韽切與鑑梵通　鑑第五十九 胡懺切

梵第六十 扶泛切

三十二○霰霓覔霦霰 先見切說文稷雪也或从見亦作霦霰文十四 先 相導前後曰先後 敥

散也 㢑廒 博雅庵㢑舍也或从散 ⿰金薦 瓦器 泙洒 灑也或作洒 軒 轉軒車迹 䈴 竹名 詵

衆致言也 ○蒨芊 倉甸切艸盛皃或从千文十 茜𦵔 艸名說文茅蒐也或作蒨通作蒨芊 綪 說文赤繒也以

茜染故謂之綪 輤 喪車飾鄭康成說通作蒨 ⿱青巾 襦也一曰美衣 ⿰希青 博雅幓頭也 晴 白色 倩 說文人字東齊

壻謂之倩一曰美也一曰無廢隅亦姓 棈 木名 谸 說文望山谷谸谸青也 阡 田陌 ⿰金薦 瓦器一曰紡甎 篟 竹茂皃

淒淸 淒淒疾皃或从倩通作倩 䑶 輕舟謂之䑶 箐 張竹弓弩曰箐 ○薦𢊁穮 作甸切說

文獸之所食艸从廌从廾古者神人以廌遺黃帝帝曰何食何處曰食薦夏處水澤冬處松柏或从豕从禾薦一曰進也藉也䔺蓬也文四 廌 蔇謂棧上

居曰薦 ○荐 才甸切說文薦蓆也一曰再也通作存文十一 瀳洊 說文水至也或作洊 𤨛薦 重也或作薦 栫 博雅

籬也 珔 玉名 袸 爾雅衿謂之袸 ⿰金薦 說文瓦器 ⿵門存 門次謂之⿵門存 存 在也 ○殿 丁練切軍前曰啓後曰殿文七

唸㕿㱛敜 說文吚也引詩民之方唸吚或作㕿㱛敜通作殿 瘨 病也詩胡寧瘨我以旱沈重讀 ⿱艹殿 博雅擊也

○瑱⿰耳真顚琠⿰王殿 他甸切說文以玉充耳也引詩玉之瑱兮或从耳从頁亦作琠⿰王殿文十 ⿰目天瞋睼 視也

或作瞋睼 滇 滇㴖大水 ⿰牛天 牛食艸 ○電䨥 堂練切說文陰陽激燿也古作䨥文四十二 殿 說文擊聲也

壂 博雅堂堭壂也通作殿 奠⿸广奠 說文置祭也从酋酋酒也下其丌也禮有奠祭一曰定也或从广 嵮 山名 ⿸厂奠

說文特也 畇 地名在絳 甸乘 說文天子五百里地或作乘 ⿰糸奠 文繒 畋 平田也 佃 說文中也引春秋傳

乘中佃一轅車 鈿⿰金奠⿰金殿 以寶飾器或作⿰金奠⿰金殿 琔⿱殿玉 玉色或从殿 涏 涏涏光澤皃 錠 鐙有足也

淀 淺泉 澱 說文滓垽也 黰⿰黑殿 說文黰謂之垽垽滓也或作⿰黑殿 靛 以藍染也 闐 于闐國名在西域通

作寘 寘塡 塞也或从土 ⿺走眞 走也 滇 入水皃 ⿱炎田 墾田皃鄭康成曰⿱炎田⿱炎田原隰 槙 木根相迫

緻也 誔 慢誔弛縱意 ⿱艹殿 ⿱艹殿藭艸名⿱艹殿黃也 婝 女字 䘺綻 衣坼也或从糸 ⿰木奠 木理堅密 㕿

呻也 屍 臀也 瑱 玉名 ○練 郎甸切說文湅繒也亦姓通作湅文二十六 煉 說文鑠治金也 鍊 說文冶金

也 湅 說文瀾也 漱 說文辟漱鐵也 浰 倩浰疾也 柬揀⿰柬攴 擇也或从手从攴 ⿰片柬 析木理

䌢 博雅陳也一曰䌢䌢 瑓 玉名 堜 墟名在博平 ⿰亻柬 雞未成也 鰊 魚名如繩 楝欄 說文木也或作

欄瓠天瓜也蕑艸名爾雅蕑莞芰瓣瓜中實通作瓣𤎩光皃嬿女字𪾶日且昏蘭茘

馬蘭艸名或作茘閵閵雀鳥名○晛曣乃見切日光也或从然文七嬿說文人姓也一曰女姿沔說文永也

𢟪意難出上黨也妍姸美女或作姸○見形甸切顯也曰朝也文十二晛說文見也引詩見晛曰消現

玉光蜆蟲名縊女也涀水名出馮翊𨕸無違也莧菜名商陸也睍目小也哯嬰孩飲乳

謂之哯或作吘視檢也一曰棺蓋賢車大穿也周禮五分其轂之長去一以為賢劉昌宗讀○韅韅馨甸切駕牛具

在背曰韅或省文四灦水澄深也顯闕人名有子顯○繎人見切勞也文一○俔俔輕甸切說文譬諭也

一曰聞見引詩俔天之妹或从心文十八掔牽挽也或作牽涀水名出高陵汧水潛出為池爾雅汧出不流䵤

緊緊紛也或作緊菣藍艸名蒿也或从堅蜆蟲名縊女也孫炎說樫橫木韅韅駕牛具或

省堅博雅很也啓霽也棨戟屬帘幡幟棨者○見經電切說文視也亦姓文四鋻說文

剛也梘栓也緊黍屬○宴伊甸切說文安也通作燕文二十二讌合語也醼合飲也通作讌燕咽

大一、二十三 小六、二十五 集韻去聲八 三 正

嚥博雅吞也嬿或从燕嬿說文女字也𤑴說文星無雲也燕鷰說文玄鳥也籋口布翄枝尾象形或从鳥亦書

作鷰驠說文馬白州也溎大水皃䁙覭見窺也鶠鶠屬曣瞴曣博雅視也或作曣瞴亦書作暥鄢地名

湮沒水中也軀曲身也㫇日出清明也曣博雅曣溫也歟大呼用力也○硯研硏倪甸切說文石滑也或作研硏文十趼說文獸足企也覘行不正豣獸名說文繞犬也一曰逐虎犬豜麢也爾雅絕有力豜

齞開口見齒謂之齞儽濡墨也磒頑頑頑狡也○縣熒絹切釋名縣縣也縣於郡也文三十二澴聚流也

寰王者畿內也通作縣眩日光也駽馬一歲或作駽眩說文目無常主也眴旬說文目搖也或省

姰博雅狂也迿先也何休說炫明也袨袀好衣也或作袀衒衙賅說文行且賣也或从玄亦

作賅玹玉名顈顈後閔試力士錘也从門贙獸名似犬駽馬青驪曰駽絹射侯綱紐絢

縜采成文也或从荀泫玄泫潛混合也或省通作眩伵廣雅迷也埍隸居也一曰坎牢謂之埍罥罔也

譞慧也衛車搖也○絢縜翾縣切文皃說文引詩素以為絢兮一曰夾也或从荀通作絃文二十眴旬

目搖也或省夐營求也讂說文流言也譎諉相責也一曰數也或从彖抅掏博雅擊也

劀或从走趯駒騎馬青驪謂之駒或作騎眩瞑眩劇也姰狂也一曰女姓瞑瞑瞑目不正迿

先也袀好衣也絃繩也澴流皃○眴眴翾縣切側視皃孟子眴眴胥讒文十五譞言流懁說文急也

衛車搖也甂瓫下竅也醅釀酒也罥罠說文罔也一曰網也或作罥獧蠉說文疾跳也一

曰急也或从足衒衙眩行且賣也或作衙眩埍隸居也一曰亭部杴枕也○餶餻縈絹切飫也賈思勰

曰飽食不餶或从恚文十二罥罥食甘甚也呂氏春秋甘而不罥襉衭曲刵刀曲瞯說文視皃肙小蟲擐

棗屬箭竹名涓消消涓流皃愲曲栽○徧遍辯辨畀見切說文帀也或从辵亦作辯辨文五

頨頨頨狡也从扁省○片匹見切說文判木也从半木文七胖半體也辨旋流也爾雅過辨回川𠬸

狹少之意劉昌宗說販爾雅大也辮瓣瓠中實辦革中絕也○麪麵瞑見切說文麥末也或从面文二十三

櫋扁屋蓍或作扁瞑瞑眩劇也眄偃息也眄眄說文目偏合也一曰衺視或作眄衊汙血詆

大一、二十六 小五、八十 集韻去聲八 四 正

謗言也緬細也寘說文冥合也溟溟涬大水糗米屑蓂蓂蓂艸皃幎覆也慢慢也

弛縱意湣惽泯泫湣混合也或作惽亦省䤍䤍酒汗血莔博雅當也冥冥眴視不見○綻

綻治見切縫解也或从衣文二○騆犬縣切馬色爾雅青驪騆謂之驒讀文一○辮班眄切急流也文一

三十三○綫線線綖細緷私箭切說文縷也古从泉或从延亦作細緷文九鮮姓也𦋝魚罔

㦗憐也㦗曩也一曰婦人脊衣○箭箭翦箭子賤切說文矢也隸作箭或作翦簪文二十二菁

艸名說文山莓也錢姓也媊女嫺白妻鬋垂鬢謂之鬋撍射敵正也湔水名在蜀

濺淺水激也或省通作濺煎煎熬也或書作濺楷木名餞去食也揃插也通作

戩晉爾雅履戩福也孫炎說檅果名山梅也薪艸名王蔧也晉水名䔐艸名○羨似面

切說文貪欲也从次从羨省一曰餘也俗作羡非是文二羡遊也○賤才線切說文賈少也亦姓右書作賤文八諓巧言讒謂之

諓餞說文送去也引詩顯父餞之羨車道衙說文迹也俴淺也濺激也踐履也○選

撰 須絹切擇也或作撰文十三 潩 飲也一曰光也 選 譔 噴也或省 䉵 羊羞也 巽 選 蹼 周也
或从選从足 繏 繏 博雅綸繏索也或从選 譔 善言 渲 小水 ○ 縓 取絹切說文帛赤黃色一染謂之縓再染謂之
䞈三染謂之纁文六 蒝 艸木皃一曰艸名 謜 相責也 遉 相顧視而行 𩅟 雨而泉出 爨 炊也 ○ 漩
漩 隨戀切回也或从旋文二十五 旋 遶也 䟴 𢕂 徐行也或作𢕂 鏇 說文圜鑪也一曰裁木器 縼 說文以長
繩繫牛也或省 嫙 美謂之嫙 旋 腅 便腅姡小皃或从旋 蔙 艸名 䟴 給走意也 䉵 羊羞也 楦 銷
鏇 車鏇也或作銷鏇 圓 規也 欏 圜案通作楦 㨨 手挑物也 夔 變也 徇 以人從死 趣 大也
𣜪 椗 鷹犬綫所繫或省 ○ 扇 式戰切說文扉也一曰竹曰扇木曰闔一曰動也助也文十二 謆 以言惑人 傓
煽 說文熾盛也引詩豔妻傓方處或从火 蝙 蟲名說文蠅醜蝙搖翼也 蔳 鬼蔳艸名 搧 批也 蕍 箑也通作
扇 輸 車扇也 礝 攻玉石 鐿 𠜶 𠜶謂相縶束曰鐿或从刀 ○ 硟 尺戰切說文以石扞繒也文六 繟
緩也 憚 難也方言齊魯曰憚 憚 車衣 甑 鏟 瓦器緣也或作鏟 ○ 戰 戰 旃 之膳切說文鬭也一

大一二十 小六二十 集韻去聲八 五 正

曰懼慄也亦姓一曰以戈擊罟故从戩古作𢧐文七 顫 說文頭不正也 單 單至輕發之皃 戩 艸名 軆 體搖也通作顫 ○
繕 𢿶 時戰切說文補也或从攴文二十三 禪 禮 說文祭天也一曰讓也王者功不敢當故讓於山或作禮 膳 饍
說文具食也庖人和味必㝵善故从善或从食 僐 博雅態也 嬗 說文緩也一曰傳也 擅 說文專也 單 單父邑名
亦姓 鄯 說文鄯善西胡國也 甗 鏟 瓦器緣也或作鏟 墠 壇 除地也或从亶 禮 去上服也 樿 木名白理
檀 闕人名春秋傳有養人檀 鼉 水蟲莊子鼉鼉魚鼈 儃 讓也揚子堯儃舜通作禪嬗 搟 博雅搌播展極也
繟 緩也 譠 欺也 ○ 𠟉 之轉切斷也文二 孨 謹也 ○ 釧 樞絹切鐶也文十 竁 穿地 譂
說文數也一曰相讓 揣 度也 穿 貫也 僢 蠻夷卧以足相向也 玔 玉環 䀿 視皃 舛 艸名 縳
雙縛繳繒也紡熟絲爲之 ○ 叀 專 𠂤 𡴀 船釧切小謹皃或作專古作𠂤𡴀文八 揣 方言度高曰揣 揰
緛 腝 縮取正周禮置臬以縣是或作緛腝通作耎 ○ 畞 瓀 壖 儒轉切城下田或从土亦作堧文七 緛 纖也
雗 鶨 鳥名博雅鶨也或从鳥 嬽 好皃 ○ 輭 如戰切字林礙車木文二 繎 絲勞也 ○ 篹 籑 數也

切說文治車軸也文六 孿 𤳳 一乳兩子也或从二男 栓 槪也 涮 洗也 栫 籬也 ○ 籑 饌 餅
雛戀切說文具食也或从巽从弄文十六 卪 說文二卪也 譔 專教也 僎 㑶 具也或作㑶 䉵 緣也 撰 持也
集 也 䐹 切肉和血爲羞也 孨 謹也 頭 說文選具也 瑑 玉名 鱄 魚名 叀 小謹皃 嫥 女字 ○
驏 騙 陟扇切馬卧也或从亶文六 衰 展 襢 說文丹縠衣或作展襢 搌 捲也拭也 ○ 纏 直碾
切繞也文六 邅 轉也逐也 廛 民居區域之名周禮有廛人徐邈讀 端 數也相讓也 纖 博雅纖纖也 蹍
跡也 ○ 瘺 連彥切痃瘺惡疾文六 摙 擔也 僆 僆僆行相及也一曰雞未成曰僆 蓮 蓮勺縣名在馮翊 連
及也 聯 不絕也 ○ 輾 女箭切轉輪治穀也文四 碾 碾 棍 所以轢物器也或作碾䃣 ○ 囀 株戀切聲轉也
文 轉 說文運也 傳 驛也 遭 遽也 𨔴 等也 嫥 女字也 篹 餐 饌 餕也 ○ 猭 𧄼 寵戀切走
也馬融曰獸不得彖或从艸文七 䠣 逯 行也或从辵 鶨 鳥名說文欺老也 豩 羊長尾 蠓 兔罥 ○ 傳
柱戀切釋名傳傳也所以傳示人文八 摶 縛 縺 束也周禮百羽爲摶或作縳亦省 瑑 說文圭璧上起兆瑑引周禮瑑

大六二十 小六二十五 集韻去聲八 六 正

圭璧土 墢 耕發土 椽 桷也 檖 木名 ○ 戀 𢿨 龍眷切慕也或作𢿨文十一 孌 孌 從也或作
孌亦書作𡣥 䜌 言不絕亦姓 攣 手足曲病也 䜌 漏水也 藼 艸名似蒐葵或从𢇍 䜌 絲也
鱄 闕人名春秋傳有衛侯弟鱄 ○ 衍 延面切水溢也一曰大也多也文二十 延 及也 莚 蔓莚也 荇 或作荇
道 說文相顧視而行也 羨 延也餘也 𨓦 說文遂遂也 綖 冕上覆通作延 㖶 大笑 涎 沔涎水流皃 㷋 光熾也
挻 蜒 㺀 獸名似貍而長或作蜒 埏 地際也一曰墓隧 睍 視也 綫 綫也 㳂 水溢皃 演 流也
縯 長也 霆 霆霆雲皃 ○ 譴 詰戰切說文謫問也亦姓文四 遣 祖奠也 䩡 虔有力 韆 韋帶謂之
韆 ○ 掾 俞絹切說文緣也一曰官名文十一 緣 說文衣純也 彖 弓緣也 颶 颮小風一曰颮再颮曰颶 抗
動也老子揣而抗之 遣 遺 相顧而行也或省亦書作䢩 杭 木名 蝝 蟲名蝗子未翅者一曰蟓屬 殉 以人從死
潫 眾流皃 ○ 絹 縛 縳 規掾切說文繒如麥稍或作縳亦省文十 狷 有所不爲也 鄄 甄 說文
衛地今濟陰鄄城或作甄 㮋 木名皮葉可作衣似絹出西域焉耆國 𧯟 博雅蠲潔也 悁 躁急也 覞 視也 ○

躽於扇切曲身也文四腽視也堰障水也歐大呼用力也○彥魚戰切說文美士有文人所言也文十二唁
𡟫喭說文弔生也或作𡟫喭這行也迎也諺彥說文傳言也古作彥𡟫博雅好也獻
鄺也甗甗也爾雅重甗隒郭璞讀讞議罪也𡺞山名○瑗于眷切說文大孔璧人君上除陛以相引爾雅好倍肉謂之瑗肉
倍好謂之璧文十援助也亦姓媛說文美女也人所援也从女从爰爰引也引詩邦之媛兮䙳佩綬也寏院周垣也或
作院鍰量名重六兩大半兩轅地名在齊春秋傳取犂及轅楥木名爾雅楥柜柳一曰籬也篗齡竹也○𢍏
苦倦切柌也文五絭攘臂繩蹮跧也䇹曲竹也𥢶禾相迫也○眷睠𢍏古倦切說文顧也引
詩乃眷西顧或从卷亦作桊文三十一䀠說文目圍也卷曲也弮𢍏卷說文搏飯也或从収亦作卷餋
桊常山謂祭為桊或从示𧯷說文豆屬𥁘盂也帣說文囊也今鹽官三斛為一帣絭攘臂繩勬
勸也捲棬西捲縣名或从木桊說文牛鼻中環也犈爾雅牛黑腳犈觠羊卷角者蜷蟲名
蟦蠐也方言自關而東謂之蚕蠾縳說文鮮色也婘親也史記呂須婘屬𩋡爾雅革中辨謂之𩋡𩜬饌也

大百五 小六百五 集韻去聲八 七 邦信

埢限曲也𣝗橐也𨻻縣名在安邑菤菤耳艸名𢿷欠也弮連弩也通作桊○券逵卷切說
文勞也一曰止也文二十一𢍏弮搏飯也或作弮圈邑也轘車裂也僎具也篹籑食也倦
惓倦勌說文罷也或作惓倦勌通作券綣𦁐絭履縫飾或从券亦省𩋡革中辨襈緣也
蜷蟲名淃水也楗馬行疲也周禮終日馳騁左不楗鄭康成讀圈養獸閑蔨艸名鹿藿也○騗匹羨切躍
而乘馬也或書作騙文三偏不正也猵猵狙獸名似猿首如犬一曰異類牝牡也○便毗面切安也字統人有不善更之則安故从更
从人楩木名㾫骨病風也○面弥箭切說文顏前也象人面形文四偭偭說文鄉也引少儀尊壺者偭其鼻一曰偝
也或作偭鞆馬韁當面皮○變𢒗彰彼卷切說文更也古作𢒗彰俗作變非是文三○卞皮變切縣名在魯亦姓一
曰躁疾也法也文二十五汳汴說文水受陳留浚儀陰溝至蒙為雝水東入于泗或从卞覍𡨜弁絣說文冕也周曰
覍商曰吁夏曰收从兒籀从廾上皆象形或作弁頩冠頩皃拚抃說文拊手也或从卞洴導水使平坢平土也或
書作拚閞栟說文門欂櫨也或从木昪忭說文喜樂皃或作忭匥笲博雅筥也或从竹㺹

玣玉飾弁也或作㺹𦬁雀弁艸名𤢿犿犬爭謂之𤢿或从弁郱邑名閞搏也从門○鈌窺絹切圓
鬈際結項中所以固冠者文二頍擧首也一曰弁小而銳○棧山箭切狹也周禮華自急者先裂則是以博為棧也文一○泉疾眷
切水原文二餞食餘也○恮子眷切博雅謹也文一○縳外綃切繒也文一○僆虔彥切連僆行相及文一
○恮莊眷切謹也文二敹卜問也○潸刪彥切淚皃文一○篡芻眷切奪取也文二篹小舂
三十四○嘯先弔切說文吹聲也籀通作歗文十𦢊䐹臛也或作䐹𥽈糜也歗說文吟也引詩其歗
也謌𨇙行皃撨博雅拭也熽火熾𢹁擊也𠠂割也○弔多嘯切說文問終也古之葬者厚衣之以薪从
人持弓會毆禽文十六䢀至也通作弔伄伄當不當也釣魡說文鉤魚也或作釣訋博雅擊也一曰聲也
瘹博雅狂也一曰小兒疾窵說文窵窅深也蔦樢艸名寄生也或从木輖車前重也杓物之標準倜
倜儻凝皃凋半傷也葯艸名卣艸實垂也○糶他弔切說文出穀也俗作粜非是文二十二朓月側
糶說文穀也眺說文目不正也覜說文諸侯三年大相聘曰覜覜視也咷楚謂兒泣不止曰噭咷窱窈窱深遠

大百卅 小六百卅 集韻去聲八 八 邦信

也絩綺絲數也窕姚輕也春秋傳楚師輕窕或作姚佻方言疾也朓祭肉鋽鐵未煉鐃鐵有
文謂之鐃䠷身長皃頫頫俯首而聽謂之頫啁嘲也銚燒器趙趒超踔越也或从兆亦作超踔
○調徒弔切賦也試也文二十八掉挑說文搖也引春秋傳尾大不掉或从兆嬥直好皃糶姓也晉有糶筏
糶穀也銚鑃鑵燒器或作鑃鑵莜蓧𠥁𠥂說文艸田器引論語以杖荷莜或从條亦
作𠥁𠥂藋䊮䅵說文董艸也一曰拜商藋或从米从禾滌養性室鋽鐵未煉蜩綢蜩蟉
龍首動皃張揖說或从糸踔遠騰皃史記遼東踔遠司馬正讀窱說文杳窱也啁嗟也通作調稠動搖皃漢
書天地稠數𣩭牛羊死也跳行皃踔踔嶢高危也○嫽力弔切好也方言青徐之間曰嫽文二十二璙
玉名顟顟顤長頭嘹鳴也轑車輪料量也鐐字林美金尥說文行脛相交也爒敗也
廖姓也𨘖往也䍡魚罟通作撩蟉繆蜩蟉龍首動皃或作繆熮火皃髎馬尻骨謂之八
髎聊木名爾雅朻者聊摎撩方言取也或作撩鄝鄝鄡鼻仰皃衫𧘂衫小袴翏高飛皃

○尿尿溺奴弔切說文人小便也从尾水或省亦作溺文四 𩪘柔長也 ○歗馨叫切悲意文四

婹婹嫽喜也 嬈不仁也 顤大頭皃 ○竅詰弔切說文空也文九 趬行輕皃 擊說文

旁擊也或書作撽 激風聲莊子激者謞者李軌說 㪣博雅㪣骨也 鼽仰鼻也 䯨高也 躈馬八髎也史記馬蹄躈千

噭口也漢書馬蹄噭千 ○叫嘂嘄吉弔切說文嘑也或作嘄嘂通作嘂文二十一 窵窵窱深遠也

䘨䘨衬小袴 轎車轄 嘂說文高聲也一曰大呼也引春秋傳魯昭公嘂然而哭 噭說文吼也一曰呼也 譥說文痛呼

也一曰許也 訆說文大呼也引春秋傳或訆于宋大廟 敫說文所歌也 徼邀循也一曰境也或从走 憿行縢

激湍流皃 獥獸名爾雅狼其子獥一曰牝狼 鷔鳥名似鳥 繳糾戾也劉向曰紛繳爭言 嬓敫闕人名史

記齊有太史嬓或省 皎明也 ○窔穾窔窔窈一叫切說文窔深也一曰室中東南隅謂之窔或作突窔窔

窈文十二 窅冥也 窅户樞聲 帟幕也 宎窽聲莊子宎者咬者 轎車轄 窅窵窅深也 嘄叫也

○顤倪弔切說文高長頭文十二 嘄叫也 鼽仰鼻也 澆闕人名寒浞子 轎博雅轄也 嶤敹

山皃或从敫 獟獸名說文狾犬也 垚高皃 𠜾削也 𥪰踔姚高危也 僥倜僥奰皃 ○顤

户弔切長頊皃文一 ○燒火弔切在也文一

三十五○笑咲关仙妙切喜也古作咲或省作咲非是文十一 肖俏霄說文骨肉相似

也不似其先故曰不肖或从人亦作霄 韒鞘削鞁刀室或从革从刀从皮 𪉩煎鹽也 ○陗峭

七肖切說文陖也或从山文十八 硝石堅皃 悄急也 㴥消浚波也或作消 箾吹竹也 哨口不正也 䘯

行皃 俏好皃 帩縛也 踃足筋急病 削削格所以施羅網也 訬輕也江東語 𥪰立皃 僺僬僺長皃

𪑯𪑯黵面黠 傸僽傸不仁 ○醮禚子肖切說文冠娶禮祭或从示文二十四 釂歠說文飲酒盡也或作歠

𣣡說文盡酒也 潐說文盡也 癄病也縮也 𥋐博雅𥋐白也 燋灼龜炬也 顦面不潤澤也 𥌾

瞋目也一曰目冥 僬行皃禮庶人僬僬 趭博雅犇也 爝說文苣火祓也呂不韋曰湯得伊尹爝以爟火釁以犧猳 椒

芬香也詩有椒其馨倏邀說 灂車轅漆也 噍嚼齧也或作嚼 穛物縮而小謂之穛 𥋐闕人名梁有虞𥋐

㦗性急也 𩏽收束物也 灂冰裂 勦勞也 ○噍嚼才笑切說文齧也或从爵文八 哨

說文不容也 譙誚說文嬈譊也引周書亦未敢誚公古作誚 趭走也 劁刈也 撨拭也 ○少失照切幼也亦

姓文四 燒爇也 邵地名在魯 魦魚名 ○照炤昭曌之笑切說文明也或从火亦省唐武后作曌文十

詔說文告也 𡊅𨹃說文耕以臿浚出下壚土也一曰耕休田也一曰隄也或省 沼池也 卲卜也 勺詩頌篇名劉昌宗說

○邵召時照切說文晉邑也或省亦姓文八 卲博雅卜也 劭說文勉也 卲說文高也 砶到懸鉤也 𩛰

小食也 覞見也 ○饒人要切益也文八 繞撓纏也史記苛察繳繞或作撓 襓袂襓劍衣 蕘艸既芟曰蕘

顤顤䫜頭長 穘禾皃 蟯蟲動皃 ○召直笑切說文評也文一 ○朓丑照切祭也从肉文三 朓晦而

月見西方 哨口不正 ○尞燎𥛚力照切說文柴祭天也从火从眘眘古慎字祭天所以慎也或从火亦作燎文十二 獠

膫說文炙也或从肉俗作爒非是 𤻲療藥說文治也或从尞亦省 繚繞也 𡒄周垣也 獠說文獵也 鷯

鷦鷯鳥名巧婦也 ○燿弋笑切說文照也文三十三 曜白色 曜耀昊光也或从光古作昊 䚬覞說文並視

也或作䚬 覦䁅曜說文視誤也或作䁅曜 論謹也 淪水清也 䠛博雅跳也 搖動也 𢓜說文

行不正也一曰踵也 趯走也 歗遺玉也 芺爾雅蓐謂之芺 艞䑬大舟或作艞 䔄藥艸葉絲也一曰玉

女 窯燒瓦 鷂說文鷙鳥也 飄風高皃 抌抒臼也 禴爾雅祭也 蘣銚蘣芅艸名羊桃也或省

愮方言愮療治也一曰憂也 姚佻剽姚勁疾皃故漢以名兵官或从人通作嫖 臛膂也 鸐鳥名青翟雀也 ○趬

丘召切行輕皃一曰舉足高文九 嘺口不正 䯨䯨敲不安也 㢗高屋 譑弄言 獟勇也漢書誅獟悍師古讀通作

趬 顤舉首 鼽鼻仰也 𩖂高也 ○翹祁要切鳥尾舉也文一 ○要𡢃宎一笑切約也或

作𡢃古作宎文十 葽艸名 䙅衣褸 約契也 幼幼眇精微也 紗急戾也一曰紗侹小皃 㷇爐也 黝

黑也一曰用黑塗地 ○嶠渠廟切山銳而高也一曰石絕水一曰山徑文八 撟舉也 轎博雅軺也一曰小車 鐈鼎非名 橋

牛貫鼻木一曰桔槔也 𧤗獸長角 敿矜謂之敿 喬木枝上曲 ○驕嬌廟切驕驁馬行皃文四 撟撟抄略取也

䯨䯨敲不安也 轎牛車也一曰竹輿 ○𧇂牛召切䯨敲不安也文三 鷔驕驁馬行皃 鏊燒器 ○𠢕

剽匹妙切說文劫也或从寸文二十六 蔈艸黃華 剽說文砭刺也一曰剽劫人 僄嫖說文輕也或从女 慓
疾也 𦗕行聽也一曰飃繞間也 翲飛兒 飃飄風兒或从𩖅 嘌暴也 漂浮也 摽擊也 彯畫飾也
𨂐行輕也 僄輕脃也 瘭瘭疽病瘍膿潰也通作漂 潎博雅清也 縹帛青白色 蔈竹名出九眞
顠驃髮白兒或作驃 髟長鬣 嘌車行無節 瞟瞟䁿也 ○驃毗召切說文黃馬發白色一曰白髦尾文十二
摽落也 摽擊也 嫖僄輕也或从人 驃馬行疾兒 票勁疾兒漢有票姚校尉 剽剝也 慓
疾也勇悍也 瀌雨雪兒 驃行聽也 勡劫也 ○妙纱弥笑切精微也或从幺文六 䈍艸細曰䈍
篎爾雅管小者謂之篎 眇成也易眇萬物而爲言王肅說一曰眇然微細兒 𥄂白色 ○裱彼廟切領巾謂之裱文三 俵
摽分與也或从手 ○廟庿眉召切說文尊先祖兒也古作庿文三 悓惆也 ○捎稍嬌切擒捎略取上物也文二
鄁地名 ○超抽廟切踰也文二 眺望也一曰視不正 ○𩴾虛廟切健也剽𩴾強死輕爲害之鬼淮南子說文一 ○覞
昌召切普視兒文一 ○標甲妙切木杪也莊子上如標枝文五 褾博雅袂也 驃馬黃色 蔈穀黃

集韻去聲八　十一　廿三

華者一曰禾末 瀌瀌瀌雨雪兒
三十六○效傚効𢼎𢽈後教切說文象也一曰功也或从人从力亦作𢼎𢽈通作詨文二十 斅學
敎也 恔悎方言快也或省或从爻 䔧艸根也 䈾竹萌也 嶨說文闕博雅誤也 骹脛下也 佼
庸人之敏謂之佼 姣淫也 洨水名出井陘山東南至廮陶入泜 㰻㰻欲犬吠 盪器名鐎鋗也 詨叫也 校
教學之宮一曰械也一曰木爲欄格軍部及養馬用之故軍尉馬官皆以校爲名 ○孝許教切說文善事父母者从老省从子子承老也文九 哮
呼也 嗃謞詨大嘷也或作嗃詨 涍水名在河南 觷獸名解廌屬或書作觲 豞猇豕走兒或
从犬 ○敲口教切擊也方言楚人揮棄物謂之敲文十五 墽墝土不平或作墝 磝磽礉石不平或作磽礉
巧恖僞也或从心 骹脛近足 坈𡰪外 嫈方言嫈嬈戲也 撽擊也 頝不媚 曉深目兒
敲擊頭也 ○教詰效學居效切說文上所施下所效也古作詰效或作學文二十六 斈效也
覺寤也 校說文木囚也 㥮驚也 較較直也一曰不等或从爻 斠平斗斛也 窖窌說文

地藏也或作窌 膠黏也 珓杯珓巫以占吉凶器者 酵酒滓 佼博雅交也 觷獸名說文解廌屬 稾秳禾
挍報也 激水也 詨呼也 絞繒黑黃色一曰縊也 烄交炊木 餃飴也 鉸交刀一曰以金飾器 ○
靿於教切曲也俗謂靴靿曰靿文十九 眑曉深目或从堯 呦叫也 岰幽山曲也 𥑱石不平兒 坳土窒 拗
木屈 柪幼機頭或省 䪗頸不隨也 㑃拗很戾也或作拗 詏言逆也 䓊嘗小者謂之䓊一曰
竹節 𥁕器中不平 怮心戾 軪車有機也 約束也屈也 ○樂魚教切欲也文八 獟狂犬也 䫐醜也
磽礉石不平兒 墽墝土不平兒 驍鬐高 烄煎也 嶅山高兒 ○豹巴校切獸名說文似
虎圜文文十 鮑鼠屬 㘤誇也 㹽牛名出合浦 爆火裂 㦆越也漢制新到官府并上者謂之㦆今俗
謂程外課作者爲㦆工 謈嚗謈謈惡怒也或作嚗 趵跳躍也 㗒㗒㗒聲也 ○奅披敎切說文大
也文二十 窌說文窖也一曰南窌地名通作奅 炮灼也齊民要術有胡炮肉 皰靤䶌面生气或作靤䶌 𢲝
大聲 礮砲𥒐機石也或从包从豹 抛擲也 麭說文炊米巳復蒸之 曝㬥然聲也 軳飛石車

集韻去聲八　十二　廿安

疱腫病 麭餌也 添漬也 裛襄襖衣稬兒 穮穮稍禾虛兒 皰起也 ○皰砲靤
疱皮教切說文面生气也或从面亦作靤疱文十六 颮風兒 敂手擊也 䀑目怒也 鞄柔皮工 鉋治木
器一曰播馬具 骲骨鏃謂之骲 袎衣襟 勼鳥伏卵 䰯多須也 咆獸呼 泡水泉 酕酒之色
○皃顡貌眉教切說文頌儀也从人白象人面形或从頁豹省籀作貌通作緢文十六 𣳾大水兒 描撫也 緢
旄絲文 䫉帛雜 悓懤也 輗博雅引車也一曰車鉤心 媌博雅好兒 偛或作借 𡚸博雅夕也 猫
穛穛稍禾虛兒 皃飽䬵也 兒或从歺 藐艸名可紫紫 ○稍所教切說文出物有漸也文二十一 㮸梢
𠜆木殺上也或省 稍擾種 𩭾鬣兒 鄁削說文國甸大夫稍稍所食邑引周禮任削地在天子三百里之內亦作削通作稍
艄舟名 娋博雅侵也謂爲人所侵侮 捎支也 掣人臂兒 艄角上 稍銳或从牛 颵風聲 睄小視
潲水激也一曰泔潘以食豕 䏚臞㯱哨凡物之殺鋭曰哨或作臞㯱 萷熾火急然謂之萷 ○抄
鈔勦剿楚教切略取也或从金亦作勦剿文十五 艄舟不穿謂之艄 譟代說也 縐細絺 耖

覆耕曰觩 觩 罺 角上兒 小網 訬 吵 輕也或从口 杪 木末 鈔 鍫也 仯 小兒 ○抓 阻教切搔
也文六 樵 縮也 茮 衆籬漉器一曰鳥居穴曰茮樹曰巢 醮 酌而無酬酢儀禮士冠醮用酒劉昌宗說 柡 木刺 爪
覆手取物一曰抑也 ○巢 仕落切棧也文三 㠾 衆聲 僺 長兒 ○罩 ⿱竹卓 陟教切說文捕魚器或从竹文
十五 踔 說文踶也 罩 ⿱罒罩 說文覆鳥令不飛走也或作罩 鵫 鳥名白鵫也 ⿰卓刂 爾雅大馬 趠 行不正也 卓
卓鷙行不平也向秀說 ⿰犭卓 獸名 菿 艸名 ⿱卓牛 特止也一曰冒也 ⿱尸卓 ⿰卓刂 覆具或从到 啅 啅啅鳥聲
○趠 敕教切超也或从彳文六 ⿰彳卓 ⿰牛卓 以角挑物 踔 說文踶也 逴 蹇也 ⿰馬卓 馬馳也 ○櫂
棹 艄 直教切行舟也或作棹艄通作櫂文八 ⿰木翟 燔木餘 ⿱艸淖 ⿰火翟 爨急也或作燿 淖 和也儀禮普淖謂黍
稷也德能大和乃有黍稷 濯 博雅濯䨏也 ○橈 女教切說文曲木文十一 撓 鐃 擾也屈也或作鐃 淖 說文
泥也一曰和也 鬧 閙 擾也或作閙 婥 說文女病也 掉 聲甄動也鄭康成曰鐘微薄則聲掉掉一曰正也春秋傳掉鞅而還徐
邈讀 嬈 博雅弱也 髐 多須兒 澆 湍也一曰水回波
大字廿五 小字百卅 集韻去聲八 十三 世安

三十七○号 後到切說文痛聲也文十五 號 此令也一曰名稱 ⿰犭号 犬聲 譹 譹讀相欺也 ⿰豆虎
⿱號土 說文土鍪也或作𡐛 ⿰王虎 說文石之似玉 皐 譹 呼也周禮令皐舞劉昌宗說或作譹 呺 風聲 暤 旰也 𡟩
女名 哠 多言也 受 姓也 ⿰禾麥 稽而止一曰木名 ○秏 虛到切說文稻屬伊尹曰飯之美者玄山之禾南海之秏一曰減也文十一
覒 㚪 虛厲或从女 ⿰言毛 信也 好 ⿰舟好 愛也古作⿰舟好通作㺜 ⿱艸好 艸名 ⿰王女 玝 說文人姓也引商書無有作玝
或从 ⿱艸秏 吳俗以艸木葉糞田曰⿱艸秏 鄗 邑名在趙 ○⿰食高 犒 槀 ⿰月高 口到切餉也或作犒槀膏通作犒文十四
熇 焅 熇也或从告 藃 蒿 枯也或省 靠 搞 說文相違也或从手 𩕢 𩕢贅大頭 ⿰虫告 蟲名蝺也 槁
木枯 ⿰足高 足不前 ○誥 告 𢍮 ⿰酉告 居号切說文告也古作𢍮⿰酉告文二十 告 說文牛觸人角著橫木所以告人也从口从牛引易僮
牛之告 郜 說文周文王子所封國亦姓 ⿱告山 說文山兒一曰山名 縞 白繒也一曰帛已湅研者曰縞武玄之說 膏 潤也詩陰雨膏
之 高 度高曰高 烄 交木然也 豪 散也儀禮豪車鄭康成讀 櫜 也 浩 水名在金城郡 檺 木名大苦也
祰 報祭謂之祰 篙 槁 進舟具或从木 ⿰忄高 煩也 ⿰女告 女名 ⿰糸翟 色青黃謂之⿰糸翟 ○奧 ⿱宀奧

於到切說文宛也室之西南隅或作㚝文二十一 墺 垗 𡋯 四方土可居古作垗𡋯 隩 說文水隈崖也 澳 深也一曰水名
⿸疒奧 痛也 薁 艸名 燠 說文熱在中也 懊 爾雅忨也一曰傾也 ⿰言奧 告也 ⿰女奧 姤也 ⿰月奧 鳥胃也 ⿰食奧
姤食 扶 量也 ⿰足夭 長兒 芺 菜名味苦 ⿰魚奧 魚名博雅鰲鰍鰀也 噢 叫也 ⿰氵芺 激也 ○傲 慠 敖
⿰女敖 魚到切說文倨也或从心亦作敖古作嫯亦書作慠通作驁文十八 嫯 說文侮易也或書作嫯 奡 說文嫚也引虞書若丹朱
奡論語奡湯舟 嶅 山高兒 謷 志遠也 贅 說文贅顤高也或書作顤 鏊 燒器 驁 說文駿馬以壬申日死乘
馬忌之一曰驕驁馬怒通作驁 驁 鷔 驁夏樂章名或从鳥 澆 闕人名寒浞子 嶅 動搖兒漢書天地稠嶅 擙
動也 蔜 艸名 聱 聱耴魚鳥狀 ○報 博号切說文當罪人也从㚔从艮服罪也一曰荅也告也文二 保 任也 ○暴
暴 曆 㬥 薄報切說文晞也或作暴古作曆暴俗作曝非是文十七 㬥 說文疾有所趣也从日出夲廾之 ⿰足暴
行兒 虣 虣 強侵也周官有司虣或从戈廾通作暴 瀑 說文疾雨也一曰沫也一曰瀑賁也引詩終風且瀑亦水名 菢 勽
鳥伏卵或作勽 鸔 水鸔鳥 ⿰酉暴 一宿酒也 袍 ⿰衤暴 ⿱麃衣 衣前襟一曰裏也或从裒从麃亦書作裒 嚗 嚗㗘多聲 ○冃
大百十八 小六百六十八 集韻去聲八 十四 莆

⿰衤冒 帽 莫報切說文小兒蠻夷頭衣也从冂二其飾也或作帽亦从巾文三十三 ⿰氵冒 水流 冒 圀 說文冡而前也古作圀 瑁
⿰王目 說文諸侯執圭朝天子天子執玉以冒之似犂冠引周禮天子執瑁四寸古省 ⿰冒攴 抵也或从攴 𦒳 耄 𦒹
說文年九十曰𦒳或作耄古作𦒹通作旄 眊 𥅠 說文目少精也或作𥅠 ⿰目冒 俯目細視謂之⿰目冒通作冒 媢 說文夫妒婦也一曰相視
⿰糸毛 繒帛有毛刺者 旄 氂毛犛長也 毛 托 擇也鄭康成說或从手通作芼 ⿰毛鳥 ⿰毛隹 輕毛或从隹 ⿰冒鳥
山海經囂器山有鳥狀如馬人面名曰⿰冒鳥 芼 秏 說文艸覆蔓引詩左右芼之或从禾 萺 說文艸也 艒 舟名 相 說文門樞
之橫梁 毷 博雅解也 秏 秏亂不明也 ⿰忄冒 貪也 ⿱冒見 觸也 ○喿 噪 ⿱喿虫 先到切說文鳥羣鳴也从品在
木上或从口亦作喿文二十二 燥 說文乾也 譟 說文擾也 髞 髝髞急也 颾 風聲也 懆 性踈 𤺊 瘙
博雅疥瘙創也或从蚤 慅 快也 ⿰足蚤 ⿰彳蚤 跳也或从彳 埽 掃 騷 拚除也或作掃騷 ⿰金帚 碎鐵
搔 掻 攪搔搏也或作掻 ⿰毛蚤 毛兒也 懆 貪也 鐰 金鐵大剛曰鐰 ○操 七到切持念也文十一 造
艁 說文就也譚長說造上士也古从舟 慥 慥慥言行相顧兒 糙 ⿰米敖 米未舂或作⿰米敖 懆 貪也不安也

鄗地名在鄭春秋傳鄭伯卒於鄗 鏊行夜戒守禮夜三鏊杜子春讀 鐅也 慅愁也 ○竈竈竈窖
則到切說文炊竈也或不省亦作窖文六 趮躁說文疾也或作躁 造灼龜燒荊熯記卜先以造 ○漕在到切說文水
轉轂也一曰人之所乘及船也文五 嘈譜喧也或从言 撍攪也 鑿穿空也 ○到刀号切說文至也文十一 倒
顛倒也 禱禂求福曰禱古从周 受姓也出河內 菿說文艸木倒 到大也 檮中縫謂之檮 裯騔
騔爲牲馬祭求肥大或作騔亦从周 ○韜叨号切臂衣文三 套地曲後唐與梁人戰于胡盧套 謟疑也 ○導
道衜大到切說文導引也或作道衜文三十七 檮黏也 翳翿說文翳也所以舞也引詩左執翿或作翢通作纛翢 儔
隱也 纛纛翢左纛也以旄牛尾為之在左騑馬首纛邑說或作翢 檮衣背縫 壽燾幬說文溥覆照也或作濤燾
幬敦覆也或作敦通作燾 縟色青黃謂之縟 盜說文私利物也从次次欲皿者 悼說文懼也陳楚謂懼曰悼一曰
傷也 教嫯博雅老也一曰七十曰教或作嫯 佻傲也 駣長也 駣馬三歲名 蹈行皃 陶陶陶驅馳皃
禱禱博雅棺也或从片 璹玉名 鑄躊身長或从阜 檤木名或書作遵 𣀨敲弃也詐也

或从酉 醻美酒名 遵䆃說文禾也司馬相如曰䆃一莖六穗一說以禾為米曰䆃漢有䆃官故相如曰䆃一莖六穗之禾犧共觚之獸且以䆃為禾者誤
受姓也 劉大也 ○勞郎到切慰也文二十五 撈撩取物也或作撩 蕭乾梅 癆說文朝鮮謂藥毒曰
癆一曰痛也 嫪說文婟也亦姓 鬻黃色 髝髝髞急也 鐒鐃大者曰鐒 潦水積也 譇聲多 鐐
白金之美者 撩蓋弓也一曰掠也 窌石窌地名 僗伴也 𦺇嫪也 磱谷空皃 蟧竹名 澇水名出扶
風鄠縣北入渭 覼覺也 憦𢙐憦悔也 軂軂身長 轑車轊 橯耮摩田器或从耒 ○臑乃到切說
文羊豕臂也文三 䠷長皃 腦㶎潬也 ○𤢨巨到切牛名文五 櫜櫜櫜張大皃或从缶 毦
輕也 臕臕兒 ○趮色到切矢傍掉也周禮羽殺則趮文一 ○檔巨到切廣雅鐯也文一
三十八 ○箇个介居賀切說文竹枚也或作个介通作個文五 個偏也 吤聲也 ○呵許箇切
氣也一曰責也文七 𧪞譀𧪞怒皃 謌嗬菜名或从呵 欱大笑 呼發聲也春秋傳呼役夫 蔄藆蔄艸名
○坷口箇切坎坷不平皃文八 軻撥抽也曰轗軻不得志 艐舸船著沙不行也或作舸 㪃博雅擊也 蚵

商蚵蟲名 齖齖齹齒皃 袔衣夾 ○賀何佐切說文以禮相奉慶也亦姓文七 袔𧸘博雅𧸘袖也或从賀 澬
水名 䓡恭名 謴謺語 侉痛也 ○侉安賀切痛呼也文二 啊愛惡聲也 ○餓牛箇切說文飢也文
二 䶗齖䶗齒皃 ○些呰四箇切說文語辭也見楚辭或从口文二 ○磋千个切磨治也文五 蹉跌足 諎
言失也 槎斫也 措拭也 ○左佐㔍子賀切說文手相左助也或从人亦作㔍文七 佐行不正 說文㐌也ナ
左手也 袏襌衣也趙魏之間謂之袏 作起也造也 ○跢丁賀切小兒行皃文八 瘅憚癉說文勞病也或
从心亦作瘴 疹馬病也 哆緩脣也 蹈踏也 黙艸葉壞也故墟種麻有黙說 ○馱他
唐佐切畜負物也或作他文四 大巨也 諾欺也 ○邏羅郎佐切說文巡也或省文十 䙪女上衣也 㰁玀
病也或从歹 囉歌也 攞離也 橀椏橀樹衰也 纙緣纙也 躍邏跌蹭蹬也 ○奈乃箇切能也文七
轅轅也 那哪嗏語助或从口从奈 如若也書曰如五器卒乃復鄭康成讀 魌見鬼驚詞 ○
椏阿个切椏橀樹衰文二 痾病也

三十九 ○過古卧切越也文九 鍋車釭也方言齊楚海岱之間謂之鍋 划鏵也 撾說文盛膏器 裹
包束也 蝸不蝸蟲名一曰蠮螉通作過 穭穗也 浅水名也 腂腫赤也 ○貨呼卧切說文財也文三 𤎯
爇雅火也郭璞讀 汖水名 ○課苦卧切說文試也文七 數博雅推也一曰研治 髁屎說文髀骨也或从尸
堁堀堁塵起皃一曰阜也 瘰病秃也 科滋生也 ○和胡卧切應也調也文六 俰和也 盉調味也通
作和 楇輠輠說文盛膏器或作輠輠 ○涴汙烏卧切汙也或作汙文七 堁博雅塵也 踒
踠說文足跌也一曰折也或作踠 婐立皃 焥㸁也 ○卧吾貨切說文休也从人臣取其伏也文一 ○播䂍敽
補過切說文種也一曰布也亦姓古作䂍敽文十二 譒說文敷也引商書王譒告之 皾揚也 嶓山名 襎長袂 潘
磻石名可為矢鏃或作磻 越足横病 坡關東謂塚大曰坡 番獸足 ○破破普過切說文石碎也古作
破文三 頗偏也一曰疑辭 ○䃺磨莫卧切說文石磑也或省文七 磨博雅塵也 摩摩手也 磿以大對小之言 饝饝餂
艸名 蘼鐘擊 ○𣄿步卧切仆也文三 菠菠蘭艸名 澘燕代謂喜言人惡為澘 ○䐑蘇卧切胥

膏也文六顡麪不精也𣶒𣶒石地名歳斛歳穀名嗾使犬聲𪍪麪𪍪粟粥○剉寸卧切說文折傷也

文六莝摧說文斬芻也或作摧銼銼鑹溫器𣶒地名𨛬山名○挫祖卧切說文摧也文十侳說文安也

蓌夎𨁈詐拜也介士之稱或省亦作夎𣶒地名史記擊韓信軍於𣶒石㟇山摧也𡝫輕也剉斫也

𧨈以言折人○座徂卧切坐具文四㘴坐說文止也从土从畱省土所止也古作坐挫搦也○拕拖拕

他佐切曳也或作拖亦省文八佗加也袉說文裾也引論語朝服袉紳杝車名大太也何休曰約誓大甚痑博雅痑瘷瘦也

○桗都唾切木本也文九鍒剁剉也或从刀㛊挆量也或从手趓允也𡶅山皃㱑殯也

𧩯言相謗○唾涶吐卧切說文口液也或从水涶又水名文十二𩆃雨下皃鰖魚去鱗曰鰖嫷媠

南楚之外謂好為嫷或省𧝅𧞤說文無袂衣謂之𧝅或从隋毻毻鳥易毛也或作毻蛻蛇所解皮也頹委㾡

皃周禮頹爾如委李軌讀○憜惰媠墮𡐦隓徒卧切懈也或省亦作嫷墮古作𡐦隓亦書作隓文十五𧳿

𧳿豕名或从隋錞覆殰也禮大夫殰以錞篟笛篟夏箏埻射㙹褃方言無緣衣謂之褃鰖魚初化曰

鰖穃禾積也𩭱子生三月翦鬌也○羸盧卧切說文瘦也文十六𤺺博雅病也一曰畜病捰挼理也

或作挼𤼖鄹病也𢺵擊也纝說文不均也一曰絲有節騍騍歳穀名貫恩綴說𪍪麳𪍪粟粥倮不正也

𣠰木名穤蠶也惰憜媠懈也或作憜媠𠊠弱也○偄偄愞𣐼奴卧切弱也或

从人从需亦作㮕文十五堧沙土𡌚嘍𡌚文皃畽壖嚅壖城下田一曰江壖或作堧嚅壖稬穤稻名

或作嫷嫷方言娃嫷豔美也濡水皃挼推也○縛符卧切束也文一

四十○禡貉莫駕切說文師行所止恐有慢其神下而祀之曰禡引周禮禡於所征之地或作貉文十五𥉮視皃罵

說文詈也通作傌𢉩博雅廡也𤸱說文目病一曰惡气著身一曰蝕創傌闕人名隝方言益也𨛘說文郁鄢犍為縣

榪牀端橫木𩭹𩭹𩭹額也一曰帶結飾𧷏博雅償也謌多言也獁獸名驀登也○帊帕

袙普駕切博雅帳或作帕帊文六怕㶚帊𢃀也或从霸从巴○霸𩇪必駕切把也一曰月始生古作𩇨文

十三壩𥗼堰也或从石灞水名垻平川謂之垻靶說文轡革也弝弓把也杷欛䯲

朳也或从霸亦作欛俗从手非是㯻廣雅㯻謂之欛爸吳人呼父曰爸○杷步化切田器也文十五𪘹齒出白白西方之色

狛獸名似狼或書作㹻鮊鮁魚名或从犬鬅鬅髿亂皃䎬𦈹跁䎬短皃或作𦈹跁䎬

耙䎱耙稏稻也粑㱾也𨰻廣雅耕也皅色不真也○卸𩦺四夜切說文舍車解馬也从卩上午或作

寫文九瀉鹵也泄也𩿧博雅鶱章𩿧程也蝑蝷蝍蜍蟹醢或从夜从卸从舍㐨傾也○

借子夜切假也文三唶諎廣雅鳴也一曰數聲或从言○謝詞夜切說文辭去也一曰告也文六榭豫

說文臺有屋也一曰凡屋無室曰榭或作豫通作謝㴬水名出瞻渚山𧝞吳人謂衣曰𧝞謝凋也○褯慈夜切小兒衣

文七𨇴踖踐也或省藉蒩耤說文祭藉也一曰艸不編狼藉或作蒩耤䣢亭名在頁五○苴

七夜切博雅箽謂之苴文四跙衰足也𧻓衺逆也揹衺梧也○舍式夜切說文市居曰舍从亼屮象屋

也口象築也文十一𨙸邑名厙姓也赦赦說文置也或从亦涻說文水出北囂山入邙澤騇𤘽

爾雅牝曰騇或从牛貰貸也蛇蟲名似蟹也○趍充夜切距也文六踷岐道厍山名爾雅東北之美

者有厙山之文皮奓開也莊子奓戶而入厙姓也䋈以繩維持也○柘之夜切說文桑也亦姓或書作樜文十六樜

說文木出發鳩山蔗藷蟅艸名說文藷蔗也或作藷蟅嗻說文遮也炙𦙶燔肉或从肉鷓鷓鴣鳥名

蟅說文蟲名一曰蝗類一曰鼠婦或書作蟅赭黑色𩋢櫜臯地名在淮南盱眙縣東南鞢石韉一名石韋遮遏也

𥉥日赫𣷡腫蜀○䠶射𢎡神夜切說文弓弩發於身而中於遠也篆从寸寸法度也亦手也籀作𢎡文七貰

說文貸也麝𪊲獸名說文如小麋臍有香一說冬食柏夏食諸蟲或从麋𤻪病也○嗄𣣣𡇍所嫁切聲

變也或从欠古作𡇍文十二厦庍旁屋也或作庍沙聲嘶也周禮鳥皫色而沙鳴貍閜闌也𢆉姓也出新鄭

鯊魚名𩷫𦑕博雅𦑕也或作𦑕𠛎刺也○詨哆數化切傻言也一曰妄言或从口文三傻

傻偦不仁○詐側駕切說文欺也文十五咋語聲一曰暫也醡笮䇾榨醢醋酒盪也或

作笮䇾搾醢醋溠說文水在漢南荊州浸也引春秋傳脩涂梁溠蓌娑詐拜也或省𩬅毛多皃𨋒車裂

蚱蟬屬溠溼也○乍助駕切說文止也从亡从一徐鍇曰出亡得一則止暫止也文十六鮓蚱海魚名或作蚱咋

嘈也詐諎說文慙語諎齰也或从芊齰也蜡說文蠅蜡也引周禮蜡氏掌除骴䄍索也合聚萬物索饗百神也通作蜡
砟碑石也渣水名怍忓怍姿也筰寬也溠水名在美陽蓌䓘或省詐拜也○吒
咤嗄陟嫁切說文噴也叱怒也或作咤嗄文二十哆張口皃奓張也𪏰黏也䏧胷䏧不密也蛇
蛇蟦蟲名水母也觰角上廣炧火炎也奼少女窋穴中皃胵膪肥也徝步立也
宅宅閜說文奠爵也或作宅閜一曰懲也詫誇也媞奘媞詐欺茬茬苣藥艸黃芩也黃文内虚○
詫𧦃丑亞切誇也或从奓通作侘文六奼侘說文少女也或作侘侘侘傺失志皃哆張口皃○蛇
蜡除駕切蟲名南越志水母東海謂之蛇或作蜡文五塗飾也秅東禾也秺屋皃○𣢾企夜切張口息也關中謂權卧
爲歌一曰欧歌不意文一○䏧乃嫁切膩也文十二𪏰𪏰黏也挐乱也拏䋈縿絲䌖也或从如从奓踷
跦踷小兒始行皃𤸱病也䡋轑也謶諸謶詐也憆心乱也鬇髿鬇乱也○夜亱寅謝切說
文舍也天下休舍也古作亱文八𨫍鏡也射僕射官名射者武事古者重武以主射名官關中語轉爲此音鵺𪂷鳥名似雉

大六百廿 小六百四十六 集韻去聲八 十九 世明

或从隹𣸈水名出瞻諸山䩼𩏂皮也○偌人夜切姓也文三𧦝如也一曰譍聲渃城名在彭州○
暇亥駕切說文閑也一曰嘉也文十一嘉假美也或作假下降也苄艸名地黃也夏昰夒時也
古作昰夒𥈒緩視也疨利疾也欱飲也○罅呼虛訝切說文裂也从缶缶燒善裂也或作呼文十八墟𡑆罅
寏說文坼也或从𡗝从片亦作寏襾說文覆也从冂上下覆之𡋯地名在晉嗄詬嗄怒皃一曰笑也嚇赫哧
以口距人謂之嚇或作赫亦省煆博雅熱也謑怒言也唬說文虎聲也一曰虎聲詫告也諕譁詐也或作譁○
骼𩨷髂丘駕切要骨也或作𩨷骼文十三揢持也疴𡧎小兒驚病或作客㰤博雅息也一曰大笑
㰺歎聲謑謑詬巧言齣博雅齣齧也恪恪恪伙計誐誐訶言不正𪘅齖𪘅齒出皃○駕
格居迓切說文馬在軛中籀作格文二十七椵榢架博雅杙也所以舉物或作椵架亦書作枷㮟構屋也胷
胷䏧不密也一曰瘡皮賈價售直也或从人假叚下以物貸人也或省亦作下假一曰休告也瘕腹病
嫁說文女適人也幏說文南郡蠻夷賨布稼家說文禾之秀實爲稼莖節爲禾一曰稼家事也一曰在野曰稼或省𩣡

廣雅嬾也假方言至也斝彝酒之尊畫禾稼者㤉心不安也迦迦𨑯六如蒹葭上下相距加增也𥈡視也舸舟
䑶具舟也或从架榢木参交以枝炊䉛者李舟說○亞衣駕切說文醜也象人局背之形賈侍中說以爲次第也文十六婭
兩壻相謂曰婭通作亞啞聲也一曰烏聲俹倚也稏𥟍稏也𣅝晉說文義闕一曰姓也或作晉𥟍罷稏
短也𣢏歐𣢏也惡惡也易言天下之至賾而不可惡也㓉廣雅剄也一曰到也脛腟膪肥也𢝸心㦫也錏
柔剛鐵也迓次第行也襾覆也○訝迓御輅魚駕切說文相迎也引周禮諸侯有卿訝發或作迓御輅訝一
曰疑也文十五忬悟忬心不合齖齰齖不相值砑𢪱碾也或从手庌廡也枒木名一曰枒木相拒
犽獸名似貙長尾𨊷車轃也眦睚眦恨視玡骨似玉者閜開裂也○崋華𡶜胡化
切說文山在弘農華陰从山華省亦姓或作華古作𡶜文十六窊博雅寬也吴口大皃摦擭鍾横木也春秋傳大者不摦或
作摦槬樺說文木也以其皮裹松脂或从華鱯魚名𢹛說文𢹛人爭取也擭攫機也鸌雉也話䛡
言也或从口嬅女名○化𠤎火跨切說文教行也古作𠤎亦姓文八匕說文變也通作化傀說文鬼變也

大六百一十六 小六百二十二 集韻去聲八 二十 秦

䱐說文魚名杹木名皮可爲索𧩙言疾吪開口皃○跨𨂿枯化切說文渡也或作𨂿文八侉行也
跨說文踞也髂胯𡰪股閒也或作胯𡰪𡯁舉足越一曰一步也○坬古罵切土埵也文四課
諣詿說文相誤也或从瓜亦作詿○窊烏化切下地也文六𨃚𨃚跒距地用力也搲𢷬吳人謂挽曰搲或作
擭㕦嗾小兒啼䞢色敗也○瓦宄吾化切施瓦於屋也或作宄文二○瘥楚嫁切博雅瘥也文八汊
水歧流也差異也杈木枝衞也一曰收艸具杈廣雅稏秸秵謂之樓杈一曰擾杈𨁈歧道也譗
詄異言或作詄
四十一○漾瀁弋亮切說文水出隴西氐道東至武都爲漢一曰水皃古从養文二十三羕說文水長也引詩江
之羕矣樣法也恙說文憂也一曰蟲入腹食人心古者艸居多被此毒故相問無恙乎䭐饟方言餌也或从羕㨾
恨也養𢽾供也或作𢽾眻美目一曰眉閒曰眻諹字林讙也煬說文炙燥也颺風所飛颺也鸉
說文赤黑也一曰淺青𤠝𤢿獸名如猴貌食熊羆或作𤢿像像鳥也痒𣨝創也或从歺𡢿女字

⿰言羕聲變也○儀立動皃○訪敷亮切說文汎謀曰訪文三 妨博雅𡚸也一曰害也 邡邑名○放
匚甫妄切說文逐也古作匚文七 舫枋說文船師也引明堂月令舫人習水者或作枋 趽馬曲脛謂之趽 雄鳥名
坊堤也○妄無放切說文亂也文十三 忘棄忘也 望𦣠說文出亡在外望其還也或从立 朢
𦣠說文月滿與日相望以朝君从月从臣从𡈼𡈼朝廷也古省或作𦣠 ⿰言望⿰言𦣠說文責望也一曰欺也或省 汒谷名在京兆 盳
盳洋仰視皃 𦭜艸名杜榮也 誌誑也通作妄○防坊隄也或从土文二○相息亮切視也助也文二
蠰蟲名食桑者○蹡蹌七亮切走也或从倉亦書作蹩文五 𥳝竹𥳝 麫敗曰𥳝 斨剌也○醬
𨣕𨡪卽亮切說文鹽也从肉从酉酒以和醬也古省籀从皿文四 將說文帥也○匠疾亮切說文木工也从匚从斤斤所以作器也文三
𧽊說文行皃 鴯女鴯鳥名巧婦也○餉𩛷粡饟攘𩟠式亮切說文饟也或作餉粡饟攘𩟠文十八
向國名一曰沛縣一曰周邑亦姓 愓瘍說文憂也一曰痛也或作痾 殤未成人死者 鄉少也 蟓時蟓蠶別名
党正也周禮維角党之 煬燥也 蠰蟲名齧桑也喜齧桑樹作孔入其中 珦玉名 恦念也 姠女字○唱
䚂誯倡昌尺亮切說文導也或从龠从言亦作倡昌文七 廠露舍也 淌大波○障嶂章

之亮切說文隔也或从广亦省文七 墇說文擁也 傽傽偟行遽皃 嶂山之高險者 瘴瘴癘也○尚時亮切說
文曾也一曰庶幾也貴也主也夊也文四 上君也 償還也 堂距也蹋也○讓𧥄人樣切說文相責讓也一曰退也古
作𧥄通作讓 瀼水名在蜀 饟說文周人謂餉曰饟 懹博雅難也 攘卻也 蘘艸名蘘荷也 欀交欀
木名出岷山一曰道上木○壯側亮切說文大也文九 㽵病熱也 裝行具 ⿰氵壯𤏊賫米於甑也或从火
莊蔡也 粧飾也 奘健也大也从大 奘从犬 妄彊也○霜霜色壯切霜霜穀物也或从夊文三
孀嫠婦○創剏剙楚亮切懲也傷也或从刃古作刱文八 刱說文造法刱業也通作創 愴說文傷也 滄
滄說文寒也或从水 倉喪也○狀助亮切說文犬形也一曰類也文四 𣹢淋水漂澼皃或作淋 㵶雨疾下○
悵知亮切說文張也一曰懤謂之悵文九 脹瘬腹大也或从疒 漲涱水大皃或省 塲埸沙墳起也或省
張陳設也周禮邦之張事一曰自侈大也春秋傳隨張必棄小國 粻糧也○悵䀍丑亮切說文望恨也或从目文十四 𧛊違也

暘𣈶說文不生也或从長 暢長也通也通作鬯 鬯秬說文以秬釀鬱艸芬芳攸服以降神也从凵凵器也中象米匕所以扱之引易不喪匕鬯或从禾
𦗏𦶎說文艸茂也或从暢 瑒說文圭尺二寸有瓚以祠宗廟者 韔韔說文弓衣也引詩交
韔二弓或从革 瓺博雅瓶也一曰朝鮮謂罌曰瓺○仗直亮切兵器文九 暘𣈶田不生也或作暘 韔韔弓衣或从
韋 𡝪女字 長度長短曰長一曰餘 杖所以扶行也言禮共其杖函 瓺瓶也○諒亮力讓切說文信也亦
姓或作亮文二十五 哴喨嗟哴啼極無聲也或作喨 悢悢惊博雅悢悢悲也或作悢惊 凉薄也通作涼
涼佐也詩涼彼武王一曰冷也 醇說文雜味也一曰清醇曰醇 䬆北風 𥈸晾瘬說文目病也或作晾瘬
掠榜也 賆賦也 踉踉蹡欲行皃 量斗斛曰量 兩乘也匹也 緉說文履兩枚也一曰絞也 掠駭牛也
韔弢也詩言韔其弓沈重讀 㨆整飾也春秋傳御下㨆馬 倞遠也 剠鈔取也通作掠○釀女亮切說文醞也作酒曰釀文四
糯糯也 蘸蘘說文菜也一曰藏葅或从蘘○向餉許亮切說文北出牖也引詩塞向墐户或从片向一曰趣也救也文
十七 鄉嚮𡨿𡨿面也或从向古作𡨿𡨿 響答也 鄉不久也一曰屬也 闀說文門響也爾雅兩階間

謂之闀一曰牖屬明堂位刮楹達鄉天子之廟飾 珦瑯說文玉也或从鄉 蠁蟲名 享薦也詩享于祖考徐邈讀 羌羌量
鳥雛飢困皃 響聲遠聞 姠女字 著筆著○唴丘亮切說文秦晉謂兒泣不止曰唴文五 𥇍晾暻
目病或作暻晾 𩲡闕人名陳桓公子𩲡○畺彊居亮切死不朽也或从弓文二○弶𢱢其亮切字林施罟於道一
曰以弓罥鳥獸或作𢱢文五 倞傹強也或作傹 𡽕山名○快於亮切說文不服懟也文七 詇說文早知也 鞅
蝕青血也一曰面蒼 柍殃也方言齊楚謂之柍即今連枷 坱說文塵埃也 鞅馬駕具○䱅魚向
切字林鞅也文四 仰廣雅恃也 昂昂昂君之德也 𩲡闕人名陳桓公子○䀮旺于放切說文光美也或省
文十三 王興也 迋𨓚說文往也引春秋傳子無我迋隸省 𢛁誤也 徃往歸嚮也隸作往 㤮方言狰也
㴃汪㴃陶縣名或省 䁁視也 潢大水皃○況湟兄兇許放切說文寒水也一曰益也矧也
譬也亦姓或作湟古作兄兇文十一 貺視也 況寒冰 貺賜也或从光 䀭字林水名一曰山名 蚢黃蚢蟲名 岲
山名○誑誆誑迋逛古況切說文欺也隸省或作誑迋逛文十三 𢟍㤮說文誤也隸省 俇

徍說文遠行也或从彳 䀠說文乖也从二目相違 狂惑也 晄明也 𣳚去水中也○狂具放切輙也文五
誑誑言 迋 逛欺也或从㞷 睚日光○𦟛區旺切腹中寬文一
四十二○宕大浪切說文過也一曰洞屋汝南項有宕鄉文十三 踼跌踼行失正也 嵣山形 碭說文文石也一
曰山名 𧅫蘭蕩藥艸 閶門不開 逷失據倒也漢書陽醉逷地一曰過也 𤺥畜病 惕放逸 囥
砰囥石聲或省 盪動也 趤趤趤逸游○儻他浪切倜儻大志一曰希望也文八 湯熱水灼也一曰蕩也
盪滌器一曰行也亦姓 揚排也 鐋 鋁治木器或从宕 讜美言 蕩蘯蕩渠名○讜 讜丁浪
切言中理也或从當文九 儅倜儅不常也一曰了也 當主也底也中也 擋摒也 簹車當 檔橫木 艡艡艇
舟也 瓽說文大盆也一曰井以甎爲甃者顏師古說亦姓○浪郎宕切說文滄浪水也南入江文十八 㝗空也 閬
說文門高也巴郡有閬中縣 䀶目病也 眼暴也 埌博雅墦埌冢也一曰壙埌原野逈皃 誏謔也一曰浪言 䍚莽䍚廣大
皃 蘭 蘋蘭蕩艸名或作蘋 莨莨蕩渠名在譙郡 狼博狼地名在陽武 俍良工也 硠硠硠

集韻去聲八 二十三 至

石聲 攮擊也 踉踉蹡行遽皃 𧼮趣趣逸游 筤簣類曲柄繖蓋在乘輿後○儾 纕 䘜乃浪
切寬緩也或从糸从衣文十 壤塵也一曰土窟 灢決灢濁也 驤駭亂皃 𧞤行皃 蘘蘘蘘艸皃 𡾤
𥗼山隈或从石○謗補曠切說文毀也文八 螃蟲名似蝦蟇 榜 搒進船也或从手 縍吳俗謂繳紮曰
縍 艕 舫並兩船或从方 嗙聲也○傍 並 陪蒲浪切近也或作並陪文九 㥬書帖也
徬說文附行也 騯說文騯也 䠙踉䠙行遽皃 螃蟲名如蝦蟇陸居可食 塝地畔也○漭
汒莫浪切漭浪水大皃或从亡文八 𡻎嵫嵣山形 笀屋簣 吂老耄昏不知皃一曰凡使人不荅曰吂沆湘間語 孟 盓
孟浪不精要皃或作盓 莣艸名狼尾也○喪 𠸶四浪切亡也古作𠸶文五 𦅫色淺黃也 䫙眼䫙暴䫙也
搡摚也○葬 𦵯 葬則浪切說文藏也从死在茻中一其中所以薦之引易古之葬者厚衣之以薪或作𦵯古作𦴙文四 髒
抗髒倜立皃趙壹說○藏才浪切物所畜曰藏文五 臟腑也 奘大也 䔴修䔴也 葬藏也○吭
頏 肮 亢下浪切咽也或作頏肮亢亦星名文九 行次也一曰行行剛強皃 筕 笐竹竿也或省 䘕

衣褫 翃翃翃飛皃○亢口浪切高極也一曰星名文十八 頏咽也通作亢 囥藏也 抗說文扞也 忼
慨也 伉說文人名論語有陳伉一曰匹也健也亦姓 邟說文潁川縣 閌說文閌閬高門 炕乾也 砊砊硠
石聲 黆博雅黃也 犺說文健犬也 蚢海貝名 梗禜災害也周禮招梗禬穰鄭興讀 康舉置也禮崇坫康圭
通作亢 䡉車軌也 阬坑也 𥧄𥧄𥧄高下不平皃○鋼居浪切堅也文三 掆字林捎掆舁也 𣅝境也○
盎 㼜於浪切說文盆也或从瓦亦書作㼜文十四 㗬 䜒 詇聲也或从言亦省 醠 𨠒說文濁酒也或省通
作盎 坱塵也 柍中央 泱水皃 𣚍𣚍椿木名 姎說文女人自偁我也 𥊅𥊅瞌日無光 䇦竹無色○
𥞩七浪切禾傾也文二 𨓊過也○枊魚浪切說文馬柱一曰堅也文五 𩢍說文𩢍駒馬怒皃 岇山名在越 仰
齗仰行不端 䭔食無廉○潢胡曠切釋名染帋也文七 𥋞𥋞眼明皃 攩 擴打也或作擴 愰心明
也 纊繩束也 煌燿也○荒呼浪切田不治也文四 宺廣也 䀮旱气也 慌惚也○曠 爌
苦謗切說文明也或从火文十一 懭恨也或通作懬 矌目無眹也 壙說文塹穴也一曰大也 纊 絖說文絮也引春秋傳

集韻去聲八 二十四 珠

皆如挾纊 懬說文闊也一曰廣也 𡾊山名 𪏭黃色 𨆪路𨆪遠也○桄古曠切說文充也文十二
𥌅目無色 光 𦄊飾色也或作𦄊 廣度廣曰廣一曰兵車名 橫 𣟴組踖衡木或从廣 纊 絖
綿也周禮共其絲纊劉昌宗讀或从光 撗 擴充也或从廣通作橫 𦢊膗皃○汪 𤄶 𣹢烏曠切停
水臭一曰水皃或从廣从枉文四 𨣧酒也○䏺滂謗切脹也文一
四十三○映 暎於慶切隱也或从英文十一 賏頸飾 詇博雅問也一曰告也一曰早知 䭘 䬬
方言飽也或作䬬 英飾也 摬說文中擊也 𥈍 眏視也亦从央 嬰關中謂孩子曰嬰○勁
憼 𢼊居慶切說文肅也或从心古作𢼊文九 璥玉名 曔日明也 竟說文樂曲盡爲竟 獍獸名
鏡說文景也 葝艸名○更 更居孟切說文改也隸作更文五 賡續也 鯁字林魚骨也 梗
荒也○瀴於孟切瀴濙冷也文二 𥢶雜采相映○鞕 硬魚孟切博雅𩊞也或从石文二○行
下孟切言迹也文四 絎緣也 胻脛也 䚘言也○蝗戶孟切螽也文四 潢說文小津也一曰以船渡也

橫不順理脛足也○榜搒北孟切進舟也或从手文三艕船也○孟𡗜莫更切說文長也古
作𡗜文九蓋艸名䁅䵆䁅盯目怒皃或从黽蜢蟲名蝦蟆也萌萌侲失道皃盟明盟津地名或作
明通○膨蒲孟切脹也文四䟚蹦䟚跳地聲磞磞礚石聲瓶甂屬○泓烏橫切小水也文一○悵亨孟切張悵䟽
率文三諍䛭博雅言也一曰瞋語或从口○倀䛫豬孟切張倨疎率或从言文九䪯張皮也偵廉視
也趟趟踉趍也蹭幀揨張畫繪也或作幀亦从手盯䁡盯視皃○牚恥孟切支柱也文十敞
拒也樘柱也儻黨僜不動意莊子儻然不受或作黨僜趟趟趟行皃偵偵偵走也瞠
瞸直視皃或作䁜○鋥碀敞除更切磨也或作碀敞文八朾楔也瞪舂也瞠瞪瞸定視
也或从堂○柄棅枋秉陂病切說文柯也或作棅枋秉文十四鈵廣雅固也怲憂也寎寎
爾雅三月爲寎或作寎邴邑名在宋又姓昞日明也炳火明蛃衣中白魚丙日名寎臥驚病通作寎○
病皮命切說文疾加也文七寎說文臥驚病也一曰三月名評訂也坪說文地平也或書作𡍬枰博雅

平也一曰榻也平平物賈也漢書謂之月平凴據也漢書凴玉几○寎寎況病切爾雅三月爲寎孫炎讀或作寎
文三寎臥驚病通作寎○寎寎丘詠切爾雅三月爲寎郭璞讀或作寎文二○寎寎鋪病切爾
雅三月爲寎或作寎文二○擤先命切傑肱也文四顈䫆貟面或从面爭修也○命眉病切說文使也文
三盟誓約也莊子其留如詛盟郭象讀一曰河津名鳴相呼也○生所慶切産也文五䶄鼩鼠別名貹
富也䗣刺也犍牸牛○瀙儭淐楚慶切冷也吳人謂之瀙或从人亦作淐文三○慶慭
丘正切說文行賀人也从心从夊吉禮以鹿皮爲贄故从鹿省古作慭文二○詗恥慶切伺也文一○競競竸渠映
切說文彊語也一曰逐也隸作競或作竸文十二倞傹說文彊也或从竟誩𧫧說文競言也从二言古作譶儆戒也
𣆍明也乾也滰盪也蘂有足所以几物或書作𣟴擎持也○迎魚慶切迓也文一○詠咏
永爲命切說文歌也或从口亦省文九泳說文潛行水中也禜說文設緜蕝爲營以禳風雨雪霜水旱癘疫於日月星辰
山川也一曰禜衛使灾不生引禮記雩禜祭水旱蝗江南謂食禾蟲曰蝗隍壍也城池無水者醟酩說文酗也

或作酥○亨享普孟切煮也周禮亨人劉昌宗讀或作享文六膨脹皃甏甖屬蹦蹦跳地聲䃔跳䃔石聲
四十四○諍側迸切說文止也通作爭文二爭競也○迸跰北諍切說文散走也或从足文八迸䟍
走也或从屏霁雷聲𧬥助也䏰膜脹皃蛢獸脊蟲出也○倂蒲迸切皆也文二䨵䨵雷聲○
軯叵迸切車聲文四砰石落聲閛開閉門也𢫬析木聲○嫈於迸切嫈嫈獸聲文二嫈小心
態○轟輷呼迸切衆車聲或作輷文二
四十五○勁堅正切說文彊也文五勁筋竹勁𠠶艸名鼠尾也或作𠠶徑役也○輕
牽正切疾也春秋傳戎輕而不整文三鑋金聲䞓一足行○欥馨正切笑也文二醒酩酊頰劣皃○
敻虛政切說文營求也从夐从人在穴上引商書高宗夢得說使百工敻求得之傳巖巖穴也徐鍇曰人與目隔穴經營而見之然後指使以求之
攴所指畫也文五瞏視也詗說文知處告言之醟說酗也瞑目轉也○高廎傾窭切瓜
屋也或作廎文二○摒拼畀正切博雅除也或从并文八餅北燕謂釜曰餅䠷益也併幷說文

竝也或省屏除也𢍏滿意○聘匹正切說文訪也文四娉親也娉說文問也謂昏禮問名俜使也
○偋毗正切僻窶也文三偋傍側也庰廁也○詺彌正切目諸物也或作名文二○性息正切說文人
之陽气性善者也文六蛸說文蟲也姓𡜰說文人所生也古之神聖母感天而生子故稱天子引春秋傳天子因生以賜姓亦姓古作𡜰
狌鼪鼠屬莊子捕鼠不如狸狌或从鼠○婧七正切說文竦立也一曰有才文六凊清說文寒也或作淸
胜山海經玉山有鳥如翟而赤其名胜遇是食魚倩假也掅捽也○精子正切強也文二婧有才品也
一曰婧婧健皃○淨疾正切魯北城門池也一曰水也文十五瀞淸說文無垢薉也或作淸通作淨穽汬
餅說文陷也所以取獸者古作汬餅𣪲說文坑也䞍說文賜也靚說文召也竫說文靜也婧女貞也一曰竦立
蜻蟬屬請謁也䪴說文好皃詩所謂䪴首竫女字○聖𦔳𨺖式正切說文通也古作𦔳唐武
后作𨺖文三○正𤴓𤴑𤴐𤴒之盛切說文是也从止一以止古从二二古上字或从一足足者亦止也古亦作𤴐唐武后作𤴒文十二
政說文正也証說文諫也鴊䳠鳥名鶺鴒也或从隹䈣竹名眐視皃姃女字○盛時正切多也又

姓文六娍長好皃一曰美也墭㼩器也或作𤭛𦚧肥也晟明也或書作晠○竀靗丑正切廉視也
或作䚄文七䞓售也偵博雅問也𩛁饋也詗知處告言之遉邏候也○鄭直正切說文京兆縣周厲
王子友所封宗周之滅鄭徙潧洧之上今新鄭是也一曰重也亦姓文四呈衒也𤭢瓶屬裎袒也○𧖴女正切𧖴名文一
○𤼷娉正切火皃文一○令力正切說文發號也一曰善也一曰官署之長漢法縣万戶以上為令以下為長文三詅博雅賣也衒也
伶縣名在益州○纓於正切馬犬頸飾文六嬰嬰累小弱郢楚地名春秋傳吳入郢劉昌宗讀𧢄
博雅瓶也或从瓦浧水名一曰澱也
四十六○徑逕古定切說文步道一曰直也亦从辵文十一經織也涇涇涏直流也俓直也堅也
𩱐博雅鬲也𠷖字林聲也桱桯也一曰堅杉一曰經絲具牼牛膝下骨陘海陘魯隘道一曰山絕為陘剄
斷也○罄苦定切說文器中空也引詩缾之罄矣文十一䆘說文空也引詩瓶之罄矣磬殸硜說文樂名也从石殸
象縣虛之形殳擊之也古者毋句氏作磬籒省石古从巠𨇨一足行也通作𨇨𨭡說文金聲也或書作鏧麉爾雅鹿絕
有力者汧水名在扶風綮肯綮肋肉結處也謦謦欬言笑也○脛踁𨀣形定切說文胻也或
从足亦作踁文四鋞長鍾也鋞謂之鋞○鎣縈定切說文器也一曰磨也文八憆忊憆恨也瑩說文玉也一曰
石之次玉者引逸論語如玉之瑩濴滎汀濴小水或作滎嫈遼嫈漢侯國名褮衣襇熒火光○濙
胡鎣切瀠濙小水皃文四熒暫明迥遠也高櫩屋間狹徑也○𪐎莫定切䵬艷赤黑色文六瞑
冥夕也或省瞑閉目𧳜豚也𥻙屑米○腥胜新佞切說文星見食豕令肉中生小息肉也或省文六
醒醉解也睲𡖅雨止無雲星見也或作姓性心悻也○靘千定切靘艷青黑色文五𤁘𪒠
說文冷寒也或从仌掅博雅持也一曰捽也碃石也○矴碇碠丁定切錘舟石也或从定从奠文十五釘
黃金也靪補履也訂平議也飣肵置食也或作肵錠說文鐙也一曰豆屬有柎曰鐙無柎曰錠奠
假也定營室星也一曰定謂之䵵顁題也通作定鼎方且也漢書曰鼎貴如淳讀䈾竹器𥸧米餌○聽
聼他定切說文聆也古作𦨭文十一侹直也忊忊憆不得志皃庭廷逕庭激過也一曰不近人情或省涏

集韻去聲八　二十七　春

波流直皃濎濎濙小水𧰰豕皃汀汀濙小水筳筟筳車中筳也○定𤴐徒徑切說文安也古作𤴐
一說丘左有澤曰定亦州名文十廷正也直也朝位也霆雷也錠鐙也鼮豹文鼠也奠置也誔詭詐
也𥇖見也忊忊憆恨也○零郎定切落也文六令令支縣名在遼西伶弄也笭笭箵車中
笭𠜲割也擰拄也○甯乃定切說文所願也又邑名亦姓文十二佞𧩼說文巧讇高才也或从言
濘說文滎濘也一曰清也鸋鳥名爾雅鸋鴂泥寧泥毋地名或作寗年闕人名周景王弟年夫
聲告也从白𧬊博雅𧬊諛諂也通作佞詉𢕬𢕬𢕬行皃𧕟蟲名似蟬○絅口定切襌衣也禮衣錦尚
絅徐邈讀文二烓小竈○𤺄噎甯切歐聲文一○屛庰步定切偃廁或从广文四偋說文僻寠也
𠏁傍側也○跰迸壁瞑切散走也或从辵文二○扃扄扃定切明察也或从广文三坰遠郊
四十七○證𧮥諸應切說文告也唐武后作𧮥文十烝蒸氣之上達也或作蒸承丞承鄉漢侯
國名或作承乘姓也𪏰黃色𦛟癡也一曰𦛟胥腫也僜倰僜行無力○勝𠢭詩證切克也亦州名

集韻去聲八　二十八　世明

作兗文七䁣美目也縢說文機持經者藤蕂胡麻也或从縢媵女字○稱昌孕切權衡也分寸
起於秒秒禾芒也故程器字皆从禾一曰宜也謂也俗作秤非是文四偁舉也爯𥡦大也舉也古作𥡦○丞常證
切縣名在沂州文五𨍿軺車後登也抍撜上舉也或从登𨛫縣名在會稽○乘椉𠅹
石證切車也一曰物雙曰乘春秋傳以乘韋或作椉𠅹文十六賸益也餘也一曰以財贈送俗作剩非是媵美女一曰從嫁也𦡶
孕妊也或作孕嵊山名在剡縣鱦魚子甸六十四井為甸繩黴也騬𩥯犗馬亦从乘䡬
𨍭副車也或从丞譝促言○認如證切誌也文六扔博雅引也一曰就也推也數也杒木名一曰止車木
艿芿艸芟故生新曰芿一曰艸木不翦亦省仍因也郭象曰仍自然之能○甑鬵子孕切說文甗也籒
从弜鬲文五䰝說文鬵屬𧝬方言汗襦江淮南楚謂之𧝬䬋馬食穀多氣流下也○凭馮皮孕切依几也或作馮文八
𦢊𤹪腫滿皃或作𤹪蘕艸盛皃𨇰𨇰蹬蹋地聲𣰿犬毛𥗮𥗮磳石聲○𡰓尼證
切𣯍𣰿犬毛文一○覴眙丑證切直視皃或作眙文二○睖瞪澄應切直視皃或从登文六澄清皃𪒉

米壞也 憕心靜 黰雲色 ○彰七孕切毛張皃文一 ○餧里孕切說文馬食穀多气流四下也文七 棱勑
說文止馬也或作勑 淩冰也 夌風病也 棱去也 倰長也一曰倰僜行疲 ○孕孕⿰月黽⿰女黽以證切說
文褱子也古作孕⿰月黽⿰女黽文十三 倂媵倰說文送也呂不韋曰有侁氏以伊尹倂女古文以爲訓字或作媵倰 膡大視也美目也
賸說文物相增加一曰送也副也 ⿰黑黽面黑子謂之⿰黑黽 鱦⿰魚孕爾雅鱦小魚或从孕 繩艸含實曰繩周禮秋繩而芟之○
興許應切象也文四 㜖說文說也 譽腫病 鄳說文地名 ○殑其孕切欲死皃文一 ○應於證
切荅也文五 譍⿸广⿱隹言⿰口應說文以言對也或作⿸广⿱隹言⿰口應 膺胷也禮拳拳服膺徐邈讀 ○凝牛孕切止水也文一
○冰逋孕切冷迫也文一 ○砯蒲應切水激石聲文四 輣軯輣車聲 ⿰木冰䃕林析木聲 䨻䨻䨻䨻雷聲
四十八○隥嶝磴丁鄧切說文仰也或从山从石文十三 登蹬履也或从足 憕懵憕神不爽
僜倰僜不親事 鐙馬鞍具一曰豆也 凳橙字林牀屬或从木 鐙祭餟 墱飛陛謂之墱 䔲
䔲薆卧初起皃 ○澄台隥切小水相益也文三 ⿰車登車羽 ⿱雨登大雨 ○鄧唐亘切說文曼姓之國今屬南陽又姓文

大字十五 小字卄二 集韻去聲八 二十九 世明

十一 蹬說文蹭蹬也 ⿸疒登㽅僜困病皃 䔲薆䔲卧初起皃 驓騣驓馬傷穀病 幐囊蜀 僜倰僜不親
事 橙撜負擔也或从手 澄清濁分也 ⿰登攴擊也 ○倰郎鄧切倰僜不親事文六 ⿸疒夌⿸疒夌㽅困病
皃 騣騣蹬馬病 輘軸也 踜踜蹬馬病 䔖䔖薆卧初起皃 ○堋塴窮窆封通鄧
切說文喪葬下土也引春秋傳朝而堋禮謂之封周官謂之窆又引虞書堋淫于家或作塴窮窆封一曰堋射埒也文七 倗阿黨也 塴
蜀郡謂塘曰塴 ○倗步鄧切輔也文一 ○懜懵儚母亘切說文不明也或从瞢从人文十二 瞢目不
明 鏳⿰金夢博雅鑄鏳鐶也或从夢 甍棟也 魧鱛魚名或从曾 𤱪博雅癡也一曰田民 艶
艶艶色惡 ⿸疒曾瘤瘤眠寤 ○⿸疒𢍰思鄧切⿸疒𢍰瘤眠寤文一 ○蹭七鄧切說文蹭蹬失道也文三 ⿰色曾艶艶色惡
⿰曾刂割過傷也 ○增子鄧切贈也文三 綜織文 ⿰衤曾複也 ○贈作亘切說文玩好相送也或書作𧶠文五
⿰黑曾⿰黑黽奸黯面黑氣或从黽 驓爾雅馬四骹皆白者 繒帛也 ○⿰木亘亘⿰月亘居鄧切說文竟也古作亘
⿰月亘文十二 搄博雅急也或書作𢪀 縆索也 堩博雅道也曾子曰葬引至于堩 ⿰魚亘⿰魚亘魚名或省 晅博雅暴也

恒月弦也詩如月之恒 ⿰目亘目起皃 ⿰石亘石皃 ○⿰土亘口鄧切道也文一 ○鼐寧鄧切大鼎文一
四十九○宥尤救切說文寬也文二十七 又說文手也象形三指者手之列多略不過三也 右𠮢佑
說文助也一曰手口相助也徐鍇曰言不足以左復手助之或作𠮢佑 祐說文助也謂福祐也 ⿰女有侑說文耦也或从人 酭醻酒
也通作侑 ⿸疒又痏疣說文顫也或作痏疣 ⿰尤頁⿰又頁頭顫也亦从又 忧說文不動也 ⿺走尤說文走也
⿱有皿⿱右皿說文小甌也或从右 囿圝說文苑有垣也一曰禽獸曰囿籀作圝 栯木名 ⿱艹圝⿱艹囿⿱艹有
說文艸也或作⿱艹囿亦省 有復也通作又 宥空也 犹獸名 ○齅嗅許救切說文以鼻就臭也文十一
殠腐气也 嘼畜⿰犭畜說文𤛎也象耳頭足厹地之形古文嘼下从厹或作畜亦从犬 琇說文朽玉也
玊篆玉工 殏腐也 ⿸疒秀⿸疒來 臭逐氣也禽走臭而知其迹者犬也故从犬 ○⿰鼻丘丘救切⿰鼻丘⿰鼻九仰鼻文五
⿰足丘⿰足丘⿰足丘行皃 ⿰米臭粮也 ⿰足臭⿺辶臭跛行也或作⿺辶臭 ○⿰鼻九牛救切仰鼻文二 ⿰鼻丘⿰鼻九 ⿰足臭跛行 ○⿰言求說文
救捄居又切說文止也又姓或从攴从手文二十二 𣪘說文揉屈也从殳从皀皀古叀字徐鍇曰叀小謹也亦屈服之意 ⿺辶𣪘說文

大字十四 小字百五六 集韻去聲八 三十 邵信

恭謹行也 匓匔說文飽也祭祀曰厭匓或作匔 究𥥊說文窮也一曰究究相憎惡古作𥥊 ⿱宀久說文貧病也引詩煢煢
在疚 疚久病也 灸灼也或書作烋 廄⿱殳皀說文馬舍也引周禮馬有二百十四匹爲廄廄有僕夫古作㲃俗作廐非是
玖石之次玉者 猶獸名善登木 久以蓋鬲口也 ⿰?攴強擊也 慦說文謹也 ⿰土究⿰田久耕隴中或
作畂 ⿰皀見衆視也 ○舊鵂巨救切鳥名說文鴟舊舊留也或从鳥休舊一曰故也又姓文十一 ⿰弓舊弡弓強也或
作弡 柩匛匶匶說文棺也或作匛籀作匶匶 鯦魚名爾雅鯦當魱似鯿 ⿰扌九方言仇也 賕以財相謝
○貁狖⿰犭穴犹余救切說文鼠屬善旋一曰禺屬或作狖⿰犭穴犹文三十 猶獸名似麂善登木一曰隴西謂犬子曰猶
蜼⿰豸隹⿰犭隹字林獸名如猴卬鼻長尾或作⿰豸隹⿰犭隹 螑蟲名不知聰明者 鼬⿰鼠穴說文如鼠赤黃而大食鼠者或从穴
牰牛目皆黑曰牰 輶輕車也 褎褏盛飾皃詩褎如充耳或从由 ⿸疒酉博雅病也 油浩油地名 柚
槱禉說文積火燎之也引詩薪之槱之周禮以槱燎祠司中司命或从示 哨不正
岫山有穴也山曰岫 梎木名 庮久屋朽木臭 怞憂也 ⿰豸由物有光也通作油 舳舟首也 媨醜也

逌鷩聲○謬謬眉救切說文狂者之妄言也或从口文三繆戾也○副疈敷救切貳也或从二畐文十六
郛郭也福衣一稱鶝鶝博雅假鶝謂之鶝或从富通作副愊愊恣也或作愊覆說文覂也
一曰蓋也豧豕息也仆踣頓也或作踣緮治敗絮也㾈再發之疾曰㾈福藏也史記邦福重寶徐廣
讀蕧竹笠也○富方副切說文備也一曰厚也又姓文七輻輪轑也鍑說文釜大口者葍葍也
䑺舟名不弗也罦罔也○復扶富切又也文十五䪖韝鞴鞲皮衣車輗也或作韡亦从革
复复說文重也古作复覆蓋也通作伏伏寶菢卵也或作寶㾈再病也椱說文機持繒者
𨺢隫兩阜間也或作隫附說文附婁小土山也从𨸏付聲引春秋傳附婁無松柏○秀息救切實也有實之象下垂也
徐鍇說文十四琇琇說文石之次玉者引詩充耳琇瑩或省㑳㑳㽙行相待也通作宿繡說文五采備也鏥
銹鏽鐵上衣也或作銹鏽宿列星也舍也蜏朝蜏蟲名孳母也滫溞浚也或作溞莠荼也
鏅鍛也○趥趥千繡切博雅趥趥冉也或从妄文三蔇廣雅蔇謂之苴○𩟥即就切說文饋也文人𢹿

攬也穕稅也糈稻實也亦通作稠瘷縮也媨醜也諔吏也惆悲也○岫㝌䆮
似救切說文山穴也籀从穴从谷文七褎袖說文袂或从由一曰盛飾一曰褎褎禾黍盛皃牰爾雅牛黑眥牰紬緒也○就
就疾僦切說文就高也从京从尤尤異於凡也又姓籀作𡬪文七𡹊慹也鷲鷲說文鳥黑色多子師曠曰南方有鳥名羌鷲黃
頭赤目五色皆備或从隹亦書作鷲牰字林牛黑眥也𡾰山名○狩舒救切說文犬田也引易明夷于南狩文七守諸侯為天
子守土故稱守漢置郡太守獸說文守備者一曰四足而毛曰獸首嚮也禮寢常東首一曰有罪自陳收㪣獲也
或作拔㕶獸鳥聲○臭尺救切說文禽走臭而知其迹者犬也故从犬徐鍇曰以鼻知臭故从自文三殠臰說文腐氣
也或省从死○祝祝呪詋詶職救切詛也古作祝或从口从言亦作詶文九騶駿多也椆木名䎻耳明
也䬐風皃○授𥢶𥢶承呪切付也又姓亦作授唐武后改作𥢶文十二㖩口譸與也綬韍維
壽𠷎久也古作𠷎詶荅也售讎說文賣去手也引詩賈用不售或作讎詩無言不讎鄭康成讀𦺹
祈久年也醻報醻嬦女名○輮如又切車輞文十二煣火揉木也楺木名鞣柔革也蹂

厹蹂也或作𠃧揉順也詩揉此萬邦肉錢璧之體腬𦙍肉善者腬或从丑𠸷惡言餗
餾也○瘦瘦膄所救切說文臞也隸作瘦或作膄文十一颼颼𩗫風聲漱嗽說文盪口也或从口
鏉說文利也一曰鏉鏽鐵上衣涑水有所敺蒐爾雅蒐聚也蒐乾讀嗖唆驅鳥聲或从変○
䔏初救切說文艸皃一曰艸雜也文三簉倅也齊也遚不進也○縐側救切說文絺之細也引詩蒙彼
縐絺文十二𧝐憱衣不伸也或作憱篘捕魚器甃說文井甓也㛮好也瘷博雅縮也
𦞲腀也皺皺也㑳傁嫉也或从変通作㛮鞦也○驟騶鉏救切說文馬疾步也或作騶文九潨水流
急也㛮㑳嫉也或从人掫擊也㥮謅偈罵也或作謅甝虎爭聲○晝書
晝陟救切說文日之出入與夜為界籀作𦘠或省亦文八疛腹心疾也噣咮注說文喙也或作咮注𢫬投也
○畜嘼丑救切犍也謂六畜或作嘼文四俞姓也惆惆悵失志○胄𦙍伷直祐切說文胤也从
肉由聲又姓或作育伷文二十八冑𩊚說文兜鍪也从冃由聲司馬法从革或書作𩊚䡔行無輻也宙說文舟輿所極覆也

籀說文讀書也引春秋傳卜籀云一曰史籀造篆以故有籀文繇繇占詋說文訓也𦅙紬博雅業也
一曰籀也或作紬疛𤸏博雅病也一曰心腹疾也或从壽懤愁毒也酎說文三重醇酒也引明堂月令孟秋
天子飲酎逐奔也山海經夸父與日逐一曰牲牲合駎馬競馳馬謂之駎盩闕人名周大王父諸盩岫爾雅山有穴為
岫郭璞說怞說文朗也引詩憂心且怞𥳑竹易根而死曰𥳑𦃇古今無極謂之𦃇通作宙𥛊袖祝𥛊也或作袖
稌稅也粙稻實舳舟首○溜力救切說文水在鬱林郡文三十三霤說文屋水流也廇說文中庭
也一曰屋天梁𥛊謬䄂說文祝榴也或从言古从示由𤮐博雅甑謂之𤮐餾說文飯气蒸也𨢾酒名醽
關東謂甑通作溜塯瓦器堯舜飯土塯通作溜𤳝畂耕地起土也一曰𤳝也或作畂窌石窌地名在濟北𢔅
畱㑶㑶行相待也或作留翏說文高飛也廖說文人姓一曰國名僇說文癡行僇僇也一曰且也嬼
埤倉妎也瘤瘻腫也或作瘻勠併力飂長風聲也通作翏雡說文鳥大雛也一曰雛之莫子為雡鷚
鳥名說文天龠也好高飛作聲璆美玉名鏐黃金之美者一曰弩牙靁龜名左傳靁㨨築牆布土也劉

竹聲 鎦磂 梁州謂釜曰鎦或从石 ○ 糅粈 女救切雜也或从丑文十一 𩚸𩞀 雜飯也或从柔
鞣 柔革也 腬 肉之善者 楺 木名 猱 猴類爾雅猱蝯善援 狃 習也 𦄃 雜色繒也 輮 車輞 ○
憂 於救切慮也詩序百姓見憂徐邈讀文一
五十○候 下遘切說文伺望也文二十八 堠 記里堡 鄇 說文晉之溫地引春秋傳爭鄇田 郈鄇 鄉名
在東平或作郈 睺 半盲也 睺 博雅瞜本也一曰瞜貪財皃 訽詬 博雅罵也或从后 逅 說文邂逅也一
曰解悅也 遘 遇也 覯 遇見也 逅 蹇也 後 詩傳相導前後曰先後 鍭翭 爾雅金鏃翦羽謂之鍭或从羽
𩗴䫺 風皃或从后 𥑴 埤倉石𥕢臊也一曰石墓 𧯄 谷名 鮜 魚名鯸也 鱟 魚名似蟹有子可為醬
𪂐 鳥名 䗔 水蟲似龍出南海 洉 沾濡也 銗 受錢器 后 君也 厚 厚薄也 ○ 詬訽
呴 許候切說文譲詬恥也或作詢亦从口文十八 吼 厚怒聲 𩒛 勤也一說頗顴老稱 怐佝 怐愗愚也或从人
㪗 數欸凶惡也 𧮭 谷名在成皐 狗 守犬豕鳴也 蔻𦯠 豆蔻艸實生交阯或作𦯠 𧳜豿狗

集韻去聲八　三十三　至

熊虎子名或作豿狗 𥆂 怒目視皃太玄遠之𥆂 鮜 魚名 鱟 魚名似蟹 ○ 寇 丘堠切說文暴也文二十二 㥶
㥶慦 勤力 敂 說文擊也 佝 說文務也 瞉𣪏區怐 瞉瞀鄙吝心不明也或作𣪏區怐 袧 博雅襞也 𦆂
博雅綃也 𥴡 纖具 𡎺𣫔 說文未燒瓦器或从土 滱 說文水起北地靈丘東入河滱水即漚夷水并州川 扣 擊也
鷇鶔 說文鳥子生哺者或作鶔 𪄠 鳥名𪁖蜀 垢 解垢詭曲之辭 詬 詈也 鉤 飾器也 叩 以手至首
○ 冓 居候切數也一曰交積材也文五十六 構 說文蓋也一曰木名或从手非是 𥌞 視也 𧅫 艸名蕮類 篝 竹器
遘 說文遇也 𥕓 碼 覯 說文遇見也 媾 說文重婚也引易匪寇婚媾 姤 易卦名遇也陰陽相遇也
穀 說文乳也一曰穀瞀也 𡫐 博雅夜也詩中冓之言 購 說文以財有所求也 𧴱 稟給也 𨈑 縣數也 句
拘也又姓 軥 說文軛下曲者 彀 說文張弩也 雊𡃝呴鴝 雉鳴或作𡃝呴鴝 𣫍 取乳也 穀
取羊乳也 𣫊 取牛乳也 𣪺 取牛羊乳也 鶔 鷇鶔鳥名 鉤 鉤梯攻城具詩以爾鉤援 韝 射所以韜臂者 詬
詢 詈也或作詬 逅 邂逅不期而遇一曰解說也 鷇𪆔 字林鳥子生哺者或作鷇 袧 博雅襞也 瞉愗

怐佝傋 鄙吝也或作佝怐佝傋 穀 木名 峋 博雅峋嶁謂之衡山 𤬏 博雅𤬏瓝王瓜也 骺 骺骨
骨耑一曰骨鏃也 𤏸 舉火也 𥦗 穴也 𩅳 大雨也 搆 檽也 𦽅𧂅 積艸或作𧂅 豿 豰也 玽
王名 頷 頷頷勤力也 𣪊 吠也 𧲿 豰名似犬食猴 穀 祿也善也論語三年學不至於穀 ○ 漚渥 於候切說
文久漬也或作渥文二十 𧍒 蠶眠也 𧛓 次衣也 𩌈 胡𩌈 𩁆 𩁆鳥聲 漚 飲水也 歐 歐吐也 醧 酒味和
膒 以脂漬華 熰𣋾蓲 煖也或从日亦作蓲 𧂊𦶍苟 地名在竟陵或省亦从句 漊 聚也積艸水中
以取魚 握𦄆 喪束手者或从系 搜 闕人名莊子有王子搜 ○ 偶 牛遘切不期會也文一 ○ 仆踣
䞒 匹候切僵也或作踣趙文八 𢿌 語不受也 扑 擊也 𦀷 治敝絮也 豧 豕息也 朴 木皮 ○ 䏽 蒲候
切醬豕者為醢文十 𩋡䡝 華裹車軛也或省 錇 說文小缶也 鴀 鵏鷔鳥名 䳝 仆也 朴 木皮 蟆
蟆蝀蟲名 苃殁 落也或从歺 ○ 戊 莫候切說文中宮也象六甲五龍相拘絞也文四十三 茂 說文艸豐盛
𦼮 艸名 𦺭 艸也 蓩 說文毒艸 𦯬 說文細艸叢生也 苺 覆盆艸也 月 覆也 楙 說文木盛爾雅楙

大六下二十三　小六下十三　集韻去聲八　三十四　王

木瓜 袤𧞤 說文衣帶以上一曰南北曰袤東西曰廣籀作𧞤 𤼷 繹也 懋㦳 說文勉也引書時惟懋哉或省
通作 霿愗𢼸㮘㑄 瞀霿鄙吝也或作愗𢼸㮘㑄 蝥 蟲名蟁蝥也 罞 獸罔 瞀眊
說文低目謹視也一曰目不明也或从冒 瞀 說文瞀𥉂也 姆㛍母 女師也或从每亦作母 𢃀 以漆布覆車也
鄮 說文會稽縣 侮 傷也詩受侮不少徐邈讀 牧 地名尚書大傳牧之野劉昌宗讀一曰畜牧 蟊 蟊蠿 龜 兆
冥也洪範曰蟊劉昌宗讀 侔 上下等也周禮凡為輪行山者欲侔劉昌宗讀 務瞀牟 昏也古作瞀或作牟 鍪
博雅釜也 蓩 艸名卷耳也 楘 木名冬桃也 貿𧷗 說文易財也或作𧷗 杼 果名 𩷊 魚名出日南
雺 地气發天不應曰雺 ○ 漱 先奏切蕩口也文十三 嗽欶 欬也或省 瘶 寒病 嗾族 說文使犬
聲引春秋傳公嗾夫獒或省通作欶 鏉 利也一曰鐵上衣 㥹 困㥹氣臭薰 搜 闕人名莊子有王子搜 簌
小竹 蝀 蟆蝀蟲名 嗽 吮也 謏 私詈 ○ 湊奏 千候切說文水上人所會也或作奏文十七 輳 輻共轂也
鍭 槍屬 鏃 博雅鏃窖鏥也 揍 擣也 腠 膚理也 𪉼 博雅鹽也一曰南夷謂鹽曰𪉼 楱 小橘也出武陵

豥豕也 蔟族太蔟律名蔟湊也萬物始大湊地而出也一曰蠶蓐或作族 藪車轂空也眾輻之所輳李軌讀 腠
半春也 嗾𠿜使犬聲或作𠿜 蔟鳥巢 ○𡴎奏𡙁𢽽𡗗則候切說文奏進也从夲
𠈺从屮屮上進之義一曰簡類晉法召王公以一尺奏王公以下用一尺版隸作奏或作𡗗𢽽𡗗文九 冃說文卪也闕 走疾趨也 族
樂變也漢書聲有節族蘇林讀通作奏 蹊蹋也 ○𠜋才候切博雅斷也一曰細切文四 棷鏉鎒棷把鐵齒也 𨇡
醉行皃 驟疾馳 ○鬭丁候切說文遇也又姓俗作鬪非是文十八 鬥說文兩士相對兵杖在後象鬥之形 斣物等
也 鄧郖地名在弘農或作郖 䛠𡣪逗婝埤倉讀譳不能言也或从女亦作逗婝 𣭹毛星名
噣咮喙注口也或作咮喙注 𨻵陋峻也或从豆 襡衣袖也 𩞳飣也 ○透𧽸
他候切說文跳也過也或从走文十三 𧺡𧿒自投也或从足 音歆㖓喅相與語唾而不受也或作歆㖓 偷
苟也鄭司農曰民不偷 𧆾博雅好也 逗止也 䋘吳俗謂綿一片 䇺地名在高陵 ○豆𧯞
梪豋大透切說文古食肉器也古作𧯞或从木从竹文三十五 梪祭福也 餖𩞳飣也或从殳 脰䫖

大六三十七 小六三十九

集韻去聲八 三十五 正

說文項也亦作𩒨 逗投說文止也或作投 酘字林重醞也通作投 𣪷遙擊也 毭博雅𣰫毭罽也 𩍄
說文車𣪠具也 郖地名在弘農縣 洹水名在河東 竇說文空也亦姓 窬鑿垣為戶 瀆𥩅水也或作𥩅
荳荳蔻艸 讀嚽誦書也周禮鄭司農讀火絕之絫邀讀或从口 𢙧詑也 愉築牆短版 酘說文𩛽酘
也 竇陷也 㹍犬吠 渝水名 𢱢四豝曰𢱢 䱏魚名 瀆句瀆宋地名 鎑鐵鎑生衣 姐短媷
不能言也 ○屚郎豆切說文屋穿水下也从雨在尸下尸者屋也文二十 漏說文以銅受水刻節晝夜百節一曰泄也 㔷說文
側逃也一曰箕屬 陋說文阨陝也 鏤說文剛鐵可以刻鏤引夏書梁州貢鏤一曰釜也 鎉鐵也 劚劚劚細切
瞜瞜瞴貪財 瘻說文頸腫也一曰久創 蔞蔞蘆藥艸 蔄埤倉姓也 螻螻內病 嘍峋嘍謂之衡山 𪏆
博雅𤬪瓜也 聊地名 踽踽也 鞻鞮鞻四夷舞 僂僂佝短醜 謱謱詬㚇怒 數數欲小兒凶惡
○槈鎒耨乃豆切說文薅器也或从金从耒文十三 檽搆檽不解事 檽檽木名皮可染 譳
諦不能言也 䰩說文鬼彫聲䰩䰩不止也 𣪠博雅乳生也 獳怒犬皃 猱猨類詩無教猱升木沈重讀 擩

博雅挂也 嗕羌別種漢有呼速絫嗕 嬬女字
五十一 ○幼伊謬切說文少也文四 柚橘屬 䳭鴢鴢頭鵁鳥名似鳧 蚴方言燕趙謂蠭小者曰蚴蜕
○𨋍巳幼切車軨上轃文二 㧉木名 ○蹻輕幼切跗蹻行不正也文二 蝑赳蝑龍申頸行皃 ○𨁂
祁幼切跗蹻行不正文四 玓玉器 赳赳蝑龍申頭行皃 𨋍軨上軨也 ○赳古幼切赳蝑龍申頭行皃文四
㑳癡行㑳㑳一曰且也 鼻折鼻也 叫聲也莊子叫者譹者郭象讀 ○蟉火幼切赳蟉龍申頭行皃文一
五十二 ○沁七鴆切說文水出上黨羊頭山東南入河文十五 𪞼𡰪犬吐或作𡰪亦書作吣 䆝𢝔
墨漬筆也或作𢝔 㓗剋也 𤸫痛也 𢙌艸木萎死 𢹯𢭆抻也或从心 鈊利也 浸沁冷氣
或从心 𢘓恐也 𩔀𩔀也 ○浸湛子鴆切漬也或作湛文十五 𣪧𣪧擊也或从攴 濅說文
水出魏郡武安東北入呼沱水 䆝蘉喪藉艸也或作蘉 祲說文精氣感祥引春秋傳見赤黑之祲 梫爾雅梫木
桂葉似枇杷而大白華 膳脊䏰謂之膳 𧿓雒漢中名雒也 挶深掘也 鋟刻傷也 浸

集韻去聲八 三十六

冷氣 ○枕職任切臥首薦物也文三 鈂鍼縫也刺也或从箴 ○甚𠤫時鴆切過也古作𠤫文八 葚說文
桑實也 𤸰復病曰𤸰 顉𠊤㒚顉俯首或作𠊤 霠雨皃 顚𩔄顚頭皃一曰弱也 ○妊
姙如鴆切說文孕也或作姙文十四 任克也 𠆸說文弱也 衽袵衣衿也或从任亦書作𧚭 筳臥蓆也通作衽
紝𦃡說文機縷也或从任亦書作絍 鵀戴鵀鳥名 飪孰也 恁思也 賃以財雇物也 壬佞也 ○
滲所禁切說文下漉也文八 瘮病也 罧槮罧積柴水中以取魚或作槮罧 𤁛寒皃 㝮深皃
俗謂深黑為𥨴一曰鏊也關中謂鏊柩為𥧊 沁水名 ○讖楚譖切說文驗也文一 ○譖側禁切說文愬也文三
顮頭俯也 僭數也 ○揕知鴆切擊也一曰刺也史記持匕首揕之文七 鈂重也 𤊽下擊 𩔢㲯
廣雅𢫬也一曰垂屬或作𩔢 湛漬也 慲癡也 ○闖丑禁切說文馬出門皃文四 覘䙷私出頭視也从彬或省
䑣吳楚謂船行曰䑣 ○鴆䲴直禁切說文毒鳥也一名運日或从隹文七 沈湛没也或作湛 𣲑
𦬼名 葴䒕艸名或省 ○臨力鴆切哭也文六 𣜍博雅翳也 𣜐拂𣜐西域胡名 淋以水沃也 𣚪

臨頫頫俯首或作臨　○賃任女禁切說文庸也或作任文二　○禁居廕切說文吉凶之忌也一曰制也蔡邕說天子
所居曰禁又姓文七　僸比夷之樂　㯲方言格也謂今竹木格一曰所以扞門　紟單被　𦄐青色陶隱居說藍染𦄐碧所用
齽鈙齒內曲謂之齽　禁承尊按　○𤛘䶒齡巨禁切說文牛舌病也或从舌从齒文二十六　靲鞻帶也束
物章也　噤𪘨說文口閉也或从齒　𠡠用力也　捦擒捉也或从禽　凚寒皃　惍㦗心堅
固也或从禁　紟𦄘被也一曰佩紟或从金　衿䘳衣系或从金　厱石地也　懔心怯也　笒竹籤也
鈙㩒持也或作㩒　䑤舲蜀人謂舟或从今　䟊坐也　𢻋關人名漢有劉𢻋　妗俗謂舅母曰妗
○蔭䕃於禁切說文艸陰地或作蔭文十七　廕庇也通作蔭　𤺺䏏癊字林心病或作膽亦省
䤃釀氣　窨說文地室也　䅧禾苗茂美也　喑噾方言啼極無聲齊宋之間謂之喑或作噾　𥶻𥶻𥷂不平聲
飲歠也一曰度聲曰飲　陰塞藏也禮陰爲野土　𠲎氣出皃　隌闇也　瘖痛劇也　○禀逋鴆切受也文
一　○瀋鴆禁切置水於器文一　○深式禁切度深曰深文五　諗字林念也　瞫低目視　嫥志下也

集韻去聲八　三十七

𢊁𢊁廞屋深　○撳丘禁切按也文二　顉顉頓首動　○吟宜禁切長詠也文二　𩔰顉頓首動　○諴
火禁切譈訡怒言文四　廞猛意謂物新美者意歆之　愖愖愖心不正　衜衜衜暗行皃　○訡于禁切識
許怒言文一　○鐔尋浸切刀本文二　蕈桑萸　○𪕳潛沁切鼠名文一　○𥟍岑譖切禾欲秀文一　○
勸思沁切勸勸用力文一
五十三○勘苦紺切校也文二十二　衉𧗊𧖰𧗔說文羊血凝也或从贛省亦从甚从敢　𧗃
敢味厚　䣶味厚也　轗輱輡轗軻車行不平一曰不得志或省亦作輡　𪔁鼜擊鼓也或从殳　磡
碪䃎巖崖之下或作碪䃎　埳埳坷不平　坎塪險岸或从勘　餡𩞊味過甘也或作𩞊　凵
張口皃　顑食不飽也　○憾感胡紺切恨也或省文十五　琀含說文送死口中玉也通作含　唅博雅唅也一曰
哺也　淊泥皃　䐄𧳜食肉不猒也或从豸　𧍿蛤毒蟲名或从含　莟禾欲秀皃　顲顲顩頭面不平
顲臨火气也　𧏟蟲名食桑食瓜者　𥈍目深皃　○顑顑呼紺切不飽而面黃也或作顲文十　𩞸

食不飽也　𩟗愚也　賺賺貧財也一曰戲乞　苷艸名　𧐱蟲名食桑食瓜者　䐄食肉不猒　酣飲酒未既
顲臨火气也　○紺古暗切說文帛深青揚赤色文十七　灨水名一曰邑名在豫章通作淦　𧅫艸名薏苡也　𩬈
髮青紺色　甘土之味　佄儑佄無儀　澉水大至也　黚博雅黑也　淦汵說文水入船中也一曰泥也或作汵　嵅
嵅嵅山名　詌口閉　𪁺鳥聲　𨣽酒味淫也　贛贛榆縣名在東海　揞揜也　○暗晻烏紺
切說文日無光也或从奄通作闇文十　醃藏菹也　闇說文閉門也　𨩗鐘聲小也　喑喑醷聚氣皃　𤃷
水大至也　揞揜也　諳𧨝背誦或作諳　○儑五紺切偪儑不自安也文二　𩪋首骨高皃　○倸
蘇紺切儑倸老無宜適一曰癡皃文三　顉搖首皃　憛憛憛憂惑也　○謲七紺切相怒使也一曰伺也文十
參傪𩞓鼓曲也後漢禰衡爲漁陽參撾或从人从食　䟃田隴相聯也　慘憂感也　驂騑也
鏒鋤也　嘇聲也　䃡礛䃡電光　○𧂭蠶撍作紺切綴也或作𧂭撍文三　○馾丁紺切馬
睡皃文十二　酖頑劣皃　𥫳竹名　𡖋多也　肬肬䏙短醜皃　𩑶𩑶䫲頭皃　沊沊沊水聲　鴆

集韻去聲八　三十八

鴤䳼鳥名或从冬从井　𩒹煩頗癡皃　忱冠俯前也　○僋他紺切僋俫老無宜適也一曰癡皃文十三　撢
探說文探也或作探　䐺食美也　憛㤸博雅思也一曰憛悚憂惑也一曰徨遽也一曰禍福未定意或作㤸
詀競言　偡偡偏不自安一曰無恥也　澸𣸣浮皃或从貪　黮黮闇不明皃　貪多欲也　○丙無光
一曰舌出皃　○醰徒紺切說文酒味苦也文十五　膻食美也一曰脂膻肥皃　𤮺博雅甞甘也　瞫下視也　𧸘
驗價物預擭直也或从僉　潭沒也　𧗊衉羊凝血也或作衉　磹䃪磹電光　霮霮䨴也　𥼨糟滓也一曰淳麋
撢探取也　潭擊水聲　𩟗酒味淫也　○顲郎紺切面色黃皃文三　僋僋俫癡皃　濫水浮謂之濫
○姏莫紺切女老稱文一　○妠㛦奴紺切女字一曰取也入也或作㛦文七　婻美皃一曰小肥　皷柔華　䤌餡也
腤脂膻肥皃　掐魚食皃　○𥳑其闇切竹𥳑也文一　○𢪠組紺切擧也文一　○婪歷紺切淮南呼
母一曰媞也文一
五十四○闞苦濫切說文望也一曰邑名在魯又姓文十四　瞰矙𥌊視也或从闞从嚴　喊𡅅

嚂呵也亦从感从監　鹼味苦也　虩說文虩屬一曰怒也　瞰日出皃　虦虦擊鼓也或从攴　嵁岸嵁峻
監地名在東平郡○憨下瞰切愚也文四　譀諕說文誕也一曰調也或从忘　獫犬聲○欿呼濫切博雅欲也予
也文十二　濫爪蘸也　虩說文虩屬一曰虎怒皃　憨愚也　譀誌博雅調也或从忘　獫犬吠　覽譼大盎或从
缶　頷煩頷癡皃　䑋食肉不厭　蟲蟲名食桑食瓜者○䶣古覽切䶣䶣無味文六　鹼鹹味過鹹或从鹵感通作䶣
橄橄欖果也　澉味薄也　錎鑑屬○三蘇暫切參之也論語三思而後行文四　帎衣敝皃　傪傪傪行皃　鬖
長毛○暫昨濫切說文不久也通作蹔文五　蹔說文小蹔也　饏無味也　𨆬說文進也　蹔疾進也○擔
擔簷都濫切負也或从木亦作簷文六　甔儋罌也或作儋　瘖癡皃○憺惔倓徒濫切動也漢書威稜憺
乎鄰國一曰安也或从炎从人文十七　啗餤嚪噉說文食也或作餤嚪噉　腅博雅肉也一曰相飲也　啖誑也噍也
淡薄味也　澹說文水搖也一曰澹林東胡名　霮䨴雲皃䨴謂之霮䨴或作黮　䧲羊血凝也　䈴竹名　譫字林競言也
郯國名○賧倓吐濫切夷人以財贖罪也或作倓文十二　睒候視也　蛟蚺蛇獸吐舌皃　鹼鹼鹽味無味也或
大字十二　小字十一　集韻去聲八　三十九　正
从皃　澉味薄也　窞窞窞深穴　貼候視　埮壏埮地平而長　䑙談䑙誹吐舌皃或从炎○濫灠盧瞰切說
文氾也一曰濡上及下也引詩𤃬沸濫泉一曰清也或作灠文十七　懢貪也　𡢃嬾說文過差也引論語小人窮斯爁矣或从覽　醶文
泛齊行酒也　嚂貪也一曰食皃　纜維舟縆　㔶廣雅利刀也　爁火行也　䆴窞窞深穴　壏壏埮地平而長　藍
蘫醃菹或从濫　欖橄欖果名　鬛鬖長毛　䝨貪財也○鑑濫甊覽胡暫切陶器如甀大口以
盛冰周禮春始治鑑或从水亦作𦉜覽文五　䭑餅中肉○涔仕濫切窪也文一○甑又濫切瓦器文二　甔罌也容一石
五十五○豔艷閻以贍切說文好而長也从豐豐大也引春秋傳美而豔隸作艷或作閻文二十　爓焰炎
燄火光或作焰炎燄燄　煔火行也　焱焱焱火盛皃　掞攙掞舒也或从焱　鹽以鹽漬物一曰歆豔之也禮流
示之禽而鹽諸利　灩瀲灩水動皃　擔假也禮記擔主　瞻視也　淡水皃　淫巴東有淫預石通作灩　敥以手散物　婄
女字○厭猒懕於豔切足也或省亦作懕文十　䆂禾不實也　𥜒裸祭　饜飫也通作厭猒　壓伏也　酓酒盈
量也　嬮女字一曰嬮嫈美皃　㤿快也○㤿於贍切快也文十九　俺一曰忘也　稖稻不實　俺大也　檶

檶橄木名　奄精氣閉藏也周禮奄人劉昌宗讀　厭服也　弇鐘形中央寬也周禮弇聲鬱劉昌宗讀　掩䋷繅絲以手振出緒也
或从系通作淹　諳方言誣諳與也猶阿與也一曰拏也匿也謗也言輕也　裺方言裺謂之襦一曰緣也一曰衣寬皃　淹没也　媕說文
誣拏也一曰女字　黤媕淹裺汚黷也或作黤淹裺　䎨斂羽○塹壍塹七豔切說文阬也一曰大也或
作壍塹文五　槧牘樸　嫸嫸嫸美皃○潛慈豔切藏也一曰伏流文二　䁮閉目思也一曰憂也○嚵子豔切嚵啜不廉也
文四　漸漸如瀸皃　䨢小雨　䩉面包○閃舒贍切闚頭也文九　𢓜佔𢓜行皃　煔炶㶩說文火行也或作炶㶩
掞㨛舒也一曰疾動或从閃　苫茨屋也　睒視遠皃○襜幨𧞤昌豔切披衣也或从巾从炎文十二　韂
鞍也通作襜幨　韂馬障泥也　擔蔽也　𤗊屋櫓耑版也　蹭馬急行也　𨷿視皃　𨼲陷也　貼窺視也　痱皮起
皃○占章豔切固有也文五　佔佔𢓜行皃　擔蔽也　霑小雨　瞻視也○贍饍儋澹時豔切賙
也或从食从人亦作澹文八　儋𨙦行速皃或从辵　嶦山阪　擔假也禮記擔主○染而豔切漬色也文四　𩄐沾也　䛁
字林言多不盡　髯須也○覘貼敕豔切說文窺也引春秋傳公使覘之或从目文三　𠛪刺使薄也
大字三十　小字六　集韻去聲八　四十　正
五十六○栝栖𣗲他念切說文炊竈木或从西从忝文十五　丙㐁䑙舑𦧡說文
舌皃古作丙亦作䑙舑丙一曰席也無光也竹上皮也　煔炶火行也或从占　添和益也　忝辱也　䕲艸木長茂皃　𨙲
亭名在京兆　蚺蚺蛇獸吐舌皃○店都念切偫物舍也文二十三　頕垂首也　坫說文屏也一曰反爵亢圭處　點
郭璞曰以筆滅字為點通作沾玷　沾水出上黨壺口關一曰縣名在樂平　店疾病　鉆說文鈌也謂器之鈌　𠛪說文鈌也引詩白圭之𠛪
墊埝阽說文下也引春秋傳墊隘或作埝阽　𩅧𩅾說文寒也一曰早霜而寒謂之𩅧或从土　㚲女皃　耆說文老人
面如點也　貼目垂皃　殿𢤵唸歛殿屎呻吟也或作𢤵唸歛　玷玉病　𥦈𡫞說文屋頓下也一曰厭也或从土
○磹徒念切磰磹電光文七　𤮊橝也通作磹　𢕢𢕢徲行皃　居所以止動也　腍博雅美也　簟說文竹席也　驔
驔馬黃脊○稴歷店切稴䅐禾不實皃一曰稻不黏者文三　𤬖小瓜　𡭕少也○念𢗵奴店切說文常思也又姓古作念文
七　䋉引舟繩也　𥯃䈅竹索或从絵　棯木名棗屬　淰消也○兼㒹吉念切并也古作㒹文七　䯡瘦皃
鮎魚名　鰜魚名　䑶舟名　趝俯首疾行○傔詰念切侍從也文四　鰜魚名大而青　歉說文歉食不滿也　𥳍

籠也○醶醃於念切苦也或作醃文二○䃹先念切䃹礏電光文三襳禪襳行皃穲穲纖禾不實皃○僭朁子念切說文假也古作朁文四譛不信也通作僭䁮閉目思也一曰憂也

五十七○驗魚窆切說文馬名也文十二醶釅說文酢漿也或从嚴噞字林噞喁魚口出水皃譣㪘博雅證也或作㪘通作驗嚴酷也㑣俺㑣癡也灑寒也齴齞齒差也或从嚴鹼鹵也○窆竆說文葬下棺也引周禮及窆執斧或作竆封文五砭砨說文以石刺病也或从巳○黏女驗切黏也文一○斂力驗切聚也文十二襝衣死也瀲泛瀲波也霯小雨也爁爁㷿火延也賺市先入直謂之賺獫長喙犬名撿掩撿蘞艸名似栝樓木也葉可為飲熑火也澰博雅清也羷羊角三脊曰羷○脅虛欠切迫也文六擠引從也嬐好皃熁火乾也趍走皃韐胡被○欠㱄伙去劒切說文張口气悟也从人上出之形一曰不足也古作㱄或从伙文七闞小開戶也欦匡閒也硷陶器小瓶有耳者笒竹名○硷巨欠切陶器或書作瓴文一○劒劍居欠切說文人所帶兵也或从刀俗作劔非是文三薟藥艸俗呼蜀夜干治喉病○獫力劒切爾雅犬長喙名文一○歛七劒切皆也文一

○𤶕式劒切皮破文二閃闚頭也

五十八○陷埳乎韽切說文高下也一曰陊也或从土文十七齤愁齒也臽欿說文小阱也或从穴𤞴犬聲錎連鏁也䱤魚名脂說文食肉不猒也䱤魚名山海經留水多䱤父之魚其狀如鮒而彘身𧯷餅中豆膁䭑𦢡餅中肉或从食从監碏石名溓沈物水中使冷○欿口陷切博雅貪也一曰食不滿文五䁰目陷虩虎怒皃𢿈物相值合顩面長○顩公陷切顩頷面長文四緘棺旁所以繫縛者減咸損去也史記減仲之䢖又姓亦省○韽龠於陷切下聲也或从龠文五𤠭實中犬聲淊淊淊水淖一曰沒也揞弃也吳俗云○獑午陷切兩犬爭一曰犬吠不止文一○蘸莊陷切說文以物沒水也文七覽覽儼高危樵獸名蘸淊蘸溼皃斬芟也霯小雨甑布瓦於屋也○站陟陷切㓩也文五站佔久立也或从人齔剔齒也沮江岸地名○賺直陷切廣雅賣也一曰市物失實文三詀謙被誑也或从兼○諵尼賺切諵諛私詈文二霑雨淖也○鑑力陷切鑑頭長文一○巗五陷切䶨巗齒皃文二顩顩頷面長

五十九○覽鑑胡懺切博雅鑑覽也可以盛冰或从金文五檻沈物水中使冷也槩柴檻也或省亦書作檻○儼許鑒切覽儼高危也文六譀誕也獮犬吠聲一曰鄉名闞歐怒聲歁叫也憨怒也○鑑居懺切說文大盆也一曰鑑諸可以取水於月或書作鑒文六監䁕臨也古作䁕通作監瞰視也通作監劖博雅利也槩沈物水中使冷也○𪕅乙鑒切忘而息也文一○濫溢薄鑑切泥淖也或从溢文三䑣膚肉臁皃○暫子鑒切覽暫高危皃文三暫長面霯小雨○釤所鑒切大鎌也文七彡暫見也杉相接物也一曰利也剷刈也獌犬毛也梭梭梯攙雀頭色○懺譏叉鑑切悔也或从言文十三儳儳互不齊也陷陷也鬖鬌也甑坪倉瓦屋也摲投也芟也或書作摲獑犬吠聲饞嗜食貼視也鑱貪食也癴病也躔行皃○鑱仕懺切鉃也文二十巉巉鬖鬖鬖皃躐行皃纔染帛雀頭色豫犬容頭進犪牛角皃齹齴齹齒皃鑱鬢鑱頭長𠪚大盎以盛濇者欃字林水門也或作艬攙完補也一曰傍掣艬舟名巉陷也讒譖也𪆵鷙屬儳輕賤皃一曰儳互不齊也一摲投板偃水曰摲滲水涯○儳才鑒切鑒也周禮廛人掌斂儳布徐邈讀一曰輕賤皃文一○儳蒼鑒切鑿也文一

六十○梵扶泛切西域種號出浮屠書文六帆舟幔也通作颿颿博雅颿颿走也一曰馬疾馳瓪瓦也訉多言仉相輕薄皃○泛孚梵切說文浮也文十三汎說文浮皃氾說文濫也仉相輕薄皃姂好皃盁𣬁鋄釩博雅盁杯也或作𣬁鋄釩芝艸浮水上皃帆颺也杜預曰拔旆投衡上使不帆風差輕渢中庸聲春秋傳渢渢乎徐邈讀𡶢山名○䒦亡梵切博雅也艸木蘩蔓也文一

集韻卷之八

集韻卷之九

翰林學士兼侍讀學士玉清昭應宮判官中散大夫尚書左司郎中知制誥判國子監上護軍濟陽郡開國侯食邑一千三百戶賜紫金魚袋臣丁度等奉
敕修定

入聲上

一　○屋屋臺 烏谷切說文居也从尸尸所主也一曰屋形从至至所至止一曰具也籀从厂或作臺文十三 剭 誅也周制誅大臣適甸師謂之剭 渥 水聲 喔 雞聲 䵝 黑刑 鄏 地名在南陽 臀 膏脂也 腥 厚也周禮革欲其柔滑而腥脂之則需 稃 禾芒 偓 好也 握 小貌易若號一握鄭氏讀 ○嗀 呼木切歐聲文十一 嚛 說文食辛嚛也一曰歐聲 臛 羹也 焀 火貌 熇 說文火熱也引詩多將熇熇 𣊫𤓶 說文日出之赤或从火 穀 說文犬屬𦏁以上黃𦏁以下黑食母猴一曰穀似羊出蜀北囂山中犬首而馬尾 豰 豕聲 䴲 麥也 豰 豕名一曰豚子 ○哭 空谷切說文哀聲也文九 㱿鷇 卵已孚或作鷇 嗀 說文未燒瓦器 𪎭 說文餅麴也 縠 說文未練治纑也或作縠徐鉉以爲後非聲疑从獄省今按沃字韻有𢴻蓋从沃 墼 土墼也 㱿 皮也 ○穀穀 古祿切說文續也百穀之總名一曰善也祿也一曰水名或从米文二十三 㨘 博雅㨘㨘少也俗作鐲非是

穀 木名說文楮也 𧯝豰 豆名一曰豆萁或作豰 轂𨍏 說文輻所湊也古作𨍏 㝅 變玉 㱿 足趼 䐨 目動也或从谷 谷 說文泉出通川爲谷从水半見出於口一曰窮也又姓 㗘唃 雉鳴或从角 濲 水名在河內 鷇 鵒 布穀鳥名或从隹通作穀 𪕊𪕻 鼠名 獄 獸名山海經北囂之山有獸狀如虎白身馬尾彘鬣名獨俗 㲉 器名受三斗 𥫗 麓 持也 ○斛 胡谷切說文十斗也文二十五 斛 說文十斗也或作斛通作穀 觳 說文盛觵巵一曰射具一曰盡也 嚳 角聲 殼殼 瓦器一曰坯也 嚳 石聲 斛 大箱也 斛 石斛藥艸 𩞏 濁酒 㲉 菜名生水中 槲 槲樕木名或書作槲 蛒 蟲名螻蛄也一曰蛒蠐謂之蠐螬 殼 牲後足一曰足趼 𥳇 吳俗謂簟爲𥳇 瀔 水聲或作瀔 𣪊 擭 捕獸機檻也書杜乃擭徐邈讀 豰 豕也𢿥豰也 䐨 目動也 焀 火貌 㲉 䅰篾器名 殼 赤貌 𧝬 𧝬𧝬衣聲 ○卜卩 博木切說文灼剝龜也象炙龜之形一曰象龜兆之從橫也古作卩亦姓文三十一 扑 水名 菐 煩也 濮 說文水出東郡濮陽南入鉅野 䑑 又州名亦姓 僕僕 彭僕蠻夷國名 䡤 或作僕通作濮 䡤僕 說文車伏兔也引周禮加軫與轐焉或作僕 嫸 女字 昌意娶蜀山氏女曰昌嫸 樸 木生貌 樸 樸屬叢生也 𪇆 說文䳢䳢也 䰊 山海經䰊鼠 蹼蹼 鳧鴈足間相連者爲蹼或省 纀 南楚之衣

樸 幞 說文業削幅謂之幞或作襆 轐 絡轅謂之轐一曰牛絡頭 鳪 鵏 雉名黃色鳴自呼或从隹 鸔 鸔鳥水鳥 撲 挑 西域地名 鏷 鏷姑矢名 蝶 蝶蟓小蟲 騕騠 騕騠貌 騵 怒也 鼶 博雅鼶鼠蜀鼠 醭 酒上白 撲 拭也 牒 牆版之大者 ○攴撲扑𣓨朴剝 普木切說文小擊也或作撲扑𣓨朴剝文二十八 濼 水名春秋傳公會齊侯于濼 鼶 鼶鼠蜀鼠 墣圤 由謂之墣或从卜 䴆 骨鏃也 仆 僵也 𩁹 物氣烝白 醭 酒上白 鏷 撲 色暗一曰淺黑色或从卜 鳪 鳥名善占 𧬊 以言蔽也 副 判也 僕 翟飛貌莊子蠶蠶僕緣 撲 方言盡也 穙 穙 艸生穊或从僕 炇 火烈也 䀘 美財也 樸 堅木也一曰木生密 㯷 𣓨朴 木皮 ○僕 蹼 步木切給事者古从目文二十三 𧝬 侏儒也 菐 煩也 爻爻 𤼈𤼈行貌古作爻 𣊫暴 暴 曝 曝 日乾也或作暴 䳰 鳥名說文鳥䳰也 瀑 水 毴 毴毛不理或作騕 穙 禾生穊也 樸樸 木密也一曰樸樕小木或省 蝶 蝶蟓小蟲 𧒼 博雅車伏兔也 蚹 蚹蠃蟲名蝸牛也 鰒 海魚名 纀 頸飾也 匐 匍匐也 ○木 莫卜切說文冒也冒地而生東方之行从中下象其根又姓文十九 杒 刀治桑也 沐 說文濯髮也一曰水名在青州又姓 霂 說文霢霂也謂小雨 𣮴

思皃一日好也棨說文𣝅歷録束交也引詩五棨梁輈𨏈輂轐說文車軸束也或从車亦作轐艒小船謂之艒䑿鶩
鳥名說文舒鳧也豋豆萁雹鳥澤羽蚞蟲名爾雅蚞蝝蟓也䅨毒艸帑麥布𦸕艸名𤼷芙皃
鵚鳥名○速蘇谷切說文疾也一日召也古作警𨘍作遬文三十三誎說文餔旋促也一日飾也䔩餗
餐餗說文鼎實惟葦及蒲陳留謂健爲鬻或从食亦作餐餗欶吮也𣩩殰步也㪉㲉動物涑水名在河東
倲儚倲動也一日短皃蔌爾雅菜謂之蔌𧝓衣皃䔩𧃐新蔌艸名說文牡茅也通作蔌梀赤梀木名可爲車輞樕
說文樸樕小木趚趚趚走聲樕木名爾雅樕其通作樕𣙺𣙺常木名䢛說文䢛速也蝀蝀蟲小蟲或从敕
數遬也鏉鏤也餗殼餗死皃瘯瘯瘯寒病𢿨山名山海經東山之首曰𢿨螽魆鬼名簌篩也颯颯颯
風𩘍也𩘍○蔟千木切說文行蠶蔟也文九簇小竹瘯瘯瘯皮膚病磩磩石地不平皃䟟幡也趗
趗趗局小皃䇎立待也鏃鏑也棟短椽○鏃族鏃作木切說文利也一日矢鏃來敢省亦作鏃文十五蹴蹴蹴
鼀足蟝蟝蟲集皃㗪嗿呼犬聲或从造瘯瘯瘯皮膚病螏蝦蟲頭上䗖㩆方言𢷾掾也㓘邑名

亦姓䔩䔩艸木叢生或从禾鏃姓也出彭城䥘也䥘酋○族族族昨木切說文矢鋒也束之族族也一日从
㳇㳇所以摽衆衆矢之所集一日聚也古作㹟㹟文九鏊也鏃鏃鑊溫器或从族鰿魚名𥳐數也或書作掾𧶛
縣名在東海○㲉都木切㲉㲉動物文十五殼㲉㲉擊聲或从文从手𧟭衣至地涿流下滴一日郡名豚
豕博雅豚也或作豕俗作居非是豝豝星名或从尾𧝓𧝓衣聲啄味也𢼄字林去陰刑闉水名剢
刀鉏也○秃秃他谷切說文無髮也从人上象禾粟之形取其聲王育說倉頡出見秃人伏禾中因以制字未知其審亦姓籀作秃文八𧦝
𧦝誘狡猾也一日相欺詃秃首瘍也𢲞拔捎也鵚𪂈鵚鶖鳥名或从隹通作秃獨獨倲不寧○犢徒谷切說文大書版也
一日樂器所以節行文五十七讀說文誦書也讟痼說文痛怨也引春秋傳民無怨讟古作痼黷說文握持垢也引易再三黷通作瀆
遺說文媟遺也徐鍇日不以禮自近嬻說文媟也犢說文牛子也或从蜀獨短陋謂之獨倲殰𣫢說文胎敗
也古作𣫢𣫢通作櫝䚐䚐說文髑髏頂也或从頁鑟釁䚐匚之䚐見也匵說文匱也通作櫝櫝
木名一日小棺𧝓𧝓𥌻也或作𧝓𩌏𩌏說文弓矢韇也今謂之胡鹿或从皮韥韥弓衣或作𩌏罜罝

罜麗小罟或作罝瀆竇說文溝也一日江河淮濟爲四瀆或作竇𧿩𨻧說文通溝也古作𨻧瓄玉器一日圭名獨
說文犬相得而鬬也羊爲羣犬爲獨一日老而無子日獨𪋻𪋻𪋻𪋻煮餅𩞕𩞕羽幢俗作𩞕非是䫳䫳藥艸騳騳騳騳野馬一日
馬行𩦠鸀鳿鳥名涿涿鹿地名喎卑星別名頊說文顓頊也𤃡羊六尺謂之𤃡儥見也動也碡碡碌
碌碡田器或从蜀亦作碡䫳刀劍室𤡠𤡠獸名如虎而豕𤡠古作𤡠𤡠通作獨鐲鐲也𩌏車名蝺蝺
步皃𧾍足踋也豋豆名擋抽也○祿盧谷切說文福也一日居官所給禀亦姓文八十八录說文刻木录录也一日本也又姓
漉淥說文浚也一日滲也或从录盝盝爾雅竭也或从水通作漉濼說文齊魯閒水也引春秋傳公會齊侯于濼㖨
笑也一日鳥聲琭玉皃老子琭琭如玉騼騄騼騄馬黑也或从录甋博雅瓴甋也𥗨𥗨四器或作𥗨麓
箓說文竹高篋也或从录通作盝簶簶胡簶箭室或作簶罜罜說文罜麗也或从祿麓麓
說文守山林吏也一日林屬於山爲麓引春秋傳沙麓崩古从录纚紼也睩說文目睞謹也睩曨目明覼笑視也嫝
𪍴𪍴皮肉瘦惡也睩私聽也蟝字林蟲名似蜥蜴出魏興居樹間見人人必死復上樹番聽聞人哭乃去娽嬾頊之妻

一日隨從也𣪊擊也𧯈吳王孫休子名摝捸振也或作捸𨓏趢趗也𨔓趗走聲𥜽祭名䡜車聲
䨏暴雨謂之䨏醁酒名角獸不童也漢四皓有角里先生䪌項也𩸃說文角也張掖有𩸃得縣𩸃𩸃魚名
出樂浪潘國或从鹿鏕鏕金名一日鈚鏕縣名觻觻角東方音也或从鹿从角摝摝轤井上汲水木轆𨌺博雅
車軌道謂之轆轤一日轆車或从录艫舟名舳艫谷谷蠡匈奴王碌碌硞石也𨇤踛行皃或作踛䘵䘵𧛅衣聲
逯說文行謹逯逯也麗也鹿說文獸也象頭角四足之形鳥鹿足相比从匕亦姓騼博雅騼騼馬屬一日野馬䑜白獸螰
蟲名爾雅蝗蛛一名螰蛄𩎟𩎟獸皮有文皃或从文𧄍𧄍蓮艸名蔍艸名鹿蹄也一日蔍葱錄錄錄不自異岫
爾雅謯觮也觮博雅謯也盝甲蟲䘵熝火爆來日熝或从火𥆨𥆨見也𤜄𤜄鬼上飛皃壚地名梁有壚口
𣚥木名䐳䐳鳴也䐁䐁蜀人埋鹿臭而食之㷽心開一日心動㯟女字摝摝地黃也𧃐𧃐蓾艸名䡜耳鳴通作
鄜地名䉲𥲞心艸名○福方六切說文祐也文三十六腹說文厚也一日身中複說文重衣也一日褚衣幅
偪畐說文布帛廣也或作偪亦省輻說文輪轑也復重也復漢法除其賦役也通作復蝠蟲名說文蝙蝠服翼也

鞴韣革帶或作韣 箙竹簀 鍑釜大口者 鶝鳥名爾雅鶝鶔鶝鶔如鵲短尾射之銜矢射人 踾踾踧聚也 輹
車軸縛也 業濆也 偪偪陽國名在宋 楅楅衡牛角所橫木 覆倒也審也 ⿰舟畐⿰舟畐艒大舟 蕌艸名 ⿱竹畐織具一曰竹名
稫穀名 蓄蕌蕧說文蓄也或作蕌蕧 ⿰食复食也 复亯行故道也古作亯 澓姓也 ⿱穴复蕧
⿰土复穴地以居或从土亦省通作復 ⿰言畐言備 堛凷也 ⿰女業女字 ○蝮芳六切說文虫也爾雅謂之蝮一曰虺博三寸首大如擘文十
七 覆反也 輹說文車軸縛也引易輿脫輹 蕧艸名說文盜庚也一曰旋蕧似菊 ⿱山复山名 ⿱髟畐婦人首飾 ⿱穴复⿰土复
說文地室也引詩陶⿱穴复陶穴或从土 畐滿也 蕧艸名通艸也一名烏蕧 複重也 腹厚也一曰身中 蓄蕌艸名或作蘦
覆覆承也 副⿰畐瓦剖也或作⿰畐瓦 ○伏房六切說文伺也文五十三 虙說文虎皃古有虙犧氏亦姓 𠬝說文治也
从又从卩卩事之節也 服朊⿰舟复說文用也一曰車右騑所以舟旋从𠬝一曰事也古作朊或作⿰舟复亦書作⿰舟艮 ⿱亯夊复說文行故道也
隸作 復說文往來也亦州名 畐滿也 ⿸疒复⿸疒复方言病也一曰勞復也或省 ⿰足伏屈手足伏地一曰行皃 ⿰彔虫說文鬼彪皃
絥⿰韋伏⿰革伏韛說文車絥也或从韋从革亦作韛 茯茯苓藥艸 璞轐說文車笭間皮篋古者使奉玉以盛之或作轐
輹⿰車伏車下縛也或从伏 箙韛鞴⿱竹复說文弩矢箙也周禮仲秋獻矢箙或作韛鞴⿱竹复 椱機持繒者 栿梁也

⿰木服木名出崑崙山 垘土壅曰垘史記川塞谿垘 ⿱穴复⿱穴夏⿰土复博雅窟也或从土亦省 匐伏地皃 澓洑伏流
也或从伏一曰複姓也 蕧艸名說文盜庚也 菔蘆菔艸名一曰刀劒衣 馥香氣也 稪穀名 ⿰馬伏馬名 鵩妖鳥也
鰒海魚名 犕用牛也通作服 蝮蛇名廣三寸色如綬鼻有鍼一名反鼻大者百斤一曰蝮蜟蛻也 ⿰复鳥鶝⿰复鳥鶝鳥名戴勝也或
作鶝 ⿹勹复博雅重也 ⿱服虫⿱服虫蝮蜟神蛇也二身同首六足四翼見則不雨 葍艸名 ⿰女复女字 ⿺走复⿺走复⿺走复小兒手據地行 ○目㫐
莫六切說文人眼象形重童子也古作㫐文二十一 睦眘說文目順也一曰敬和也古作眘 𢒙說文細文也 繆諡也古有魯繆公秦
繆公 牧說文養牛人也引詩牧人乃夢亦姓 坶⿰土每說文朝歌南七十里地周書武王與紂戰于坶野或从每通作牧 艒⿰舟目
博雅艒䑿舟也或省 苜⿱艹牧⿱艹冒苜蓿艸名或从牧从冒 ⿸疒目病也 穆𥢸說文禾也一曰敬也美也古作𥢸 ⿰目每目病
育敬也通作穆 嘿楚人謂欺曰嘿呆 ⿰衣每衣縫 ○肅⿱肀心息六切說文持事振敬也从聿在𣶒上戰戰兢兢也一曰進疾
也古作⿱肀心文二十九 𡖍夙㑉𠈁說文早敬也从丮持事雖夕不休早敬者也隸作夙古作㑉𠈁 宿說文止也亦姓 潚廣雅清也

㴋濕也 ⿵風肅⿵風宿廣雅風也或从宿 ⿰舟宿博雅艒⿰舟宿舟也 ⿰扌肅⿰肅攴博雅擊也或从攴 橚木名一曰木長皃 蓿
苜蓿艸名 俶儵俶不伸也 玊⿱肅玉璛琢玉工或作⿱肅玉璛玉又姓 ⿰石肅廣雅礪也 鷫⿰𠂉鳥說文鷫鷞也五方神鳥也東方
發明南方焦明西方鷫鷞北方幽昌中央鳳皇司馬相如說或从⿰𠂉鳥 ⿰肅羽博雅⿰肅羽飛也 驌驌驦良馬通作肅 鱐魚名鮆毋也 ⿰魚肅一曰魚脂 蟰
蟲名爾雅蟰蛸長蹄也 ⿰金肅鐵鏉也 嘯吹氣若歌 ○鼀⿰酉黽𪓰七六切蟲名說文夫鼀詹諸也其鳴詹諸其皮鼀鼀其行
夫夫或从酋亦作𪓰文十三 蹴蹵踓說文躡也或作蹵踓 ⿰女就爾雅終也 噈歒也 ⿰衣就博雅好也 ⿰酉欠說文醜也一曰
老女 ⿱竹就筥也 ⿰戚見⿰戚見䩄面柔也 ⿰足酋迫也 ○蹙戚⿰足酋子六切迫也或作戚䠓亦書作蹴文三十三 顣顣頞䶎鼻也
潚說文深清也 蹴蹋也逐也或書作蹵 踧⿰足尗說文行平易也引詩踧踧周道或省 ⿰女就爾雅終也 ⿰尗攴說文愁然也引孟子曾西
敊然一曰悲皃 ⿰戚欠噈說文歍⿰戚欠也或作噈 ⿰口叔⿰口尗歎也一曰無聲或省 ⿸厂戚⿰口蹙蹙咨惼恨也或从蹙 䐹⿰月感⿰月戚䐹貪澤
也或从心 ⿰糸戚縮也一曰繒文 ⿰衤戚衣鮮明皃 摵至也 槭說文木可作大車輮 ⿰米戚吳俗謂粳米為餌曰⿰米戚 ⿱竹就⿱竹戚
⿱竹就廣雅⿱竹就謂之笪或从旦亦省 ⿰虫就蟲名博雅⿰虫戚蠼螋⿰虫就也 ⿰戚力戚勁也 ⿰犭戚也 慼博雅憂也一曰憂也 ⿰女酋博雅好也

⿱𡗗黽蟲名詹諸也 ⿰言尗樂懸歎皃 ○摵就六切廣雅至也文七 蹴蹴然敬皃 ⿰扌就極擊也 敊愁然也一曰悲皃 ⿰戚欠
噈歍歠也或作噈 ⿱竹就笪也 ○尗菽式竹切說文豆也象尗豆生之形也或作菽文二十四 叔⿰尗寸掓⿰尗寸
⿱尗寸說文拾也汝南名收芋為叔或从寸从手古作⿰尗寸⿱尗寸叔一曰字也 透博雅驚也戲也 倏⿺辶攸儵說文疾也長也或作⿺辶攸儵
翛飛疾皃 倏說文走也 儵說文青黑繒發白色一曰儵儵罹禍毒也 虪⿸虍攸說文黑虎也或省 ⿰魚尗⿰魚叔
魚名王鮪也小者曰鮛或不省 ⿱艹⿰氵叔艸旱盡也 ⿰氵儵波也 ⿱雨儵闕人名晉有庱儵字玄默 ⿱攸火光動皃 ⿰扌秀引也 俶儵俶不申 ○
俶⿰彳叔昌六切說文善也引詩令終有俶一曰始也或作⿰彳叔文十 埱說文气出於土也一曰始也 ⿰山叔說文至也 琡爾雅璋大八寸謂之
琡 柷說文樂木空也所以止音為節 祝國名爾雅祝至於祝栗 諔詭也 ⿰金叔鍪也 淑淑淢水皃 ○祝⿰食兄之六
切說文祭主贊詞者从示从人口一曰从兌省引易兌為口為巫或从食文十三 喌咮說文呼雞重言之或作咮 鬻粥⿱粥鬲糜也
或作⿱粥鬲亦書作粥鬻 ⿰木兄木空也擊以作樂一曰木名 琡璋大八寸 ⿲弓米弓⿲弓米弓卑謙皃通作粥 ⿰口叔⿰口叔歎聲 諔說也 ⿱粥鳥⿱粥鳥鳥
名 ○孰𦏧熟⿱孰金神六切說文食飪也引易孰飪隸作孰熟古作⿱孰金文十九 塾⿵門孰⿵門孰門側之堂謂之塾或作⿵門孰

閴淑說文清湛也婌後宮女官通作淑䃞石名璹璹說文玉器也隸作璹琡爾雅璋大八寸謂之琡叔
俶善也或从人通作淑售儥也壔𩿨堡也古从𩿨裓文也○肉而六切說文胾肉象形俗作宍非是文六𦙍
𦙍鼻出血也或从肉䱖魚子初生曰䱖朒月朔見東方沑湫沑水皃○縮所六切說文亂也一曰蹴也一曰𦃃紝也文二十四
莤說文禮祭束茅加于祼圭而灌鬯酒是為莤象神歆之也一曰莤榼上塞也引春秋傳尔貢包茅不入王祭不供無以莤酒通作縮俗作莤非是摍
說文蹴引也一曰抽也或書作𢯱蟰蛸蟰蛸蟲名蚑蟰也或作蠨𢱢搜擊也或作搜摵方言到也謏小也禮足以謏聞徐
邈讀謖起也蹜宿足迫也或省通作縮趚趚趚偃僂也䬍寒風䎘肅鳥飛或省樎博雅皂櫪也
數數數迫促意嗖笑皃欶吮也鷫鳥名橚橚槭行木皃驌驌騻馬名潚潚潚水皃○珿初六切等齊也
文十三蹴踧踧齊謹也或作跾踧矗艸木盛也一曰直皃閦衆在門中或書作閦𡕓𡕓𡕓行皃𧯣小豆
㴋濕也䎊羽齊皃䃚小石趗直皃㑰憂也或謂易戚嗟若吉○縬𦃇縐側六切聚文也或作𦃇縐文五
墊塞也䃤䃏謂之䃤○竹張六切說文冬生艸也象形下垂者箁箬也亦姓文十三竺天竺西域國名亦姓筑說文以竹曲五

狀七三十一 狀七三十五 集韻入聲九 七 春

弦之樂也从竹从巩巩持之也築䈷篁䇡簗䈞說文擣也古作篁或作䇡簗亦省茿菉艸名說文萹茿也或
从木𢪫以手築物拺拾也瘃瘃瘃痛皃○蓄稸勑六切說文積也或作稸通作畜文二十一畜𤲃說文田畜
也引淮南子玄田為畜魯郊禮畜或从田从茲茲益也豖說文豕絆足行豖从豕繫二足苖艸名蓨也蓫艸名惡菜也慉色儥
起皃一曰慉佩不舒也𢻃枝殺痛至皃滀滀滯也鄐地名在晉亦姓竹萹竹艸名𧃒字林艸名以冬藍蒸食之酢鱁
魚名出梁州矗長直皃搐牽制也蹜足也𨎐車笭筵慉起也嫞媢也瘃腹痛○逐仲六切說
文追也妯媂方言今關西兄弟婦相呼為妯娌或作媂柚杼柚織也亦通作軸軸說文持輪也舳說文艫也漢律名船
方長為舳艫一曰舟尾碡碌碡田器蓫蓫薚艸名馬尾也筑浞水名漢有筑陽縣在南陽或从水𩛝餅也鱁
魚名爾雅鱁是鮧體似鱓尾如𩸡魚郭璞說蚰蜒蟲名方言北鄙謂馬蚿大者曰馬蚰或作蜒坴土塊疛心腹之疾曰疛
騼獸名𥲅杼有鐏○六力竹切說文易之數陰變於六正於八从入从八文三十六盝器也𡷻艸名說文
菌坴地蕈叢生田中籀从三坴坴說文土塊坴坴也一曰坴梁陸𨻵說文高平地籀作𨻵亦姓淕凝雨也淕澤名

翏飂翏飂長風聲或从風瘳病也稑穋說文疾孰也引詩黍稷穜稑鄭司農曰先種後孰謂之穜後種先孰謂之稑或
从翏𡟒女字䇑竹名蓼蓤蔏蓼艸名或从稑蓼蓼艸長大皃詩蓼蓼者莪一曰眾薪也或作蓼磟
磟碡田器𨋵輻輳三輻車勠勎說文并力也或作勎戮僇𠟄剹說文殺也古作僇𠟄或从寸踛翹足
也摷引也騄騼驎騄良馬鷚鵱艸名說文蔞鵝也或从隹亦書作騄鯥山海經魚名羽在魼下而蛇尾螰海蛤皃𩻞而有
文通作陸賣賣地名○衄女六切說文朒而月見東方謂之縮朒文十八恧忸聏聏聏說文慙也或作忸聏聏聏
朒食肉衄䶊說文鼻出血也或从鼻沑泥也䀍視也𥝢博雅刺也蚰蟲名蚰蚸也北燕謂之蚰蜒𧄍鹿豆
剹削也𨁿行也狃獸名抐搦抐不申○育毓余六切說文養子使作善也引虞書教育子或从每亦姓文三十七
鬻生也一曰鬻鬻謙卑皃𥇙博雅明也一曰目明喅唷說文音聲喅喅然或作唷遹行也轉也昱說文明日也
煜焴說文燿也或从育錥鎢錥溫器也慉心動也鬻粥鬻鬻鬻說文鬻也或作粥鬻鬻鬻又
姓賣說文衒也通作鬻粥緆說文帛青經縹緯一曰育陽染也稸稸覆欄也或从艸蒮說文艸也引詩食鬱及蒮

狀六三五十四 狀六三五十六 集韻入聲九 八 春

蓿說文艸也蘬艸名蘡也張衡曰異蓼蒚蘬奍說文兩手盛也蜟伏蜟蟬蛻淯說文水出弘農盧氏山東南入沔一曰出
酈山西閩闢夾門堂或作闢儥說文賣也鄭康成曰買也通作粥昱明也書昱日乙丑劉昌宗讀儵疾皃
莊子能儵然乎堉肥壤謂之堉𪓰驚鮮䓢慢也虩黑虎○囿圞于六切苑也一曰禽獸曰囿籀从田中四木文
七𤸻病也喐吐聲鴪疾飛皃菀蘛艸名籀作蘛○畜嘼許六切養也或从茲古作嘼
嘼文三十一慉說文起也引詩能不我慉一曰驕也嫿說文媚也一曰石也鄐說文晉邢侯邑亦姓瞁低視也褔褚也
蓫苖艸名羊蹄也或作苖通作蓫慉慉佩不申蓄稸蓄冬菜或从稸蓫蓫薚艸名馬尾也
蹜足也稸積也𤱪火田種也勖勉也詸護詸聞香皃儥動也○鞠鞫鞫鞠
麴麯丘六切說文酒母也或作麴麯麹麯文十六𣁰曲脊鄐地名匔趜博雅匔匔謹敬也或作趜蝲蟲名
廣雅鋦蠷也一曰蛐蠛蟲也鮈鯆魚名鯆也或作𦽷騊馬蹀謂之駒蘜蘜蘜華青黃色𡉴曲厓外也○匊
掬居六切說文在手曰匊或从手文六十四臼說文叉手也閧鬩也躹躹躬也通作鞠弆兩手盛也踘踏也趜

說文窮也一曰趜趥足不伸 鞫𩋖𩍆 說文蹋鞠也或作𩋖𩍆亦姓 𧓍 蟲名說文𧓍鼀詹諸以脰鳴者 𥷓𥵃
𥨍鞫諊 說文窮理罪人也或省亦作𥨍鞫諊 告 讀書用法曰告禮告于甸人通作鞫 𥨸𥩸 說文窮也或从穴通作𥨍
餴 廣雅餴饋也 菊 艸名說文大菊蘧麥 蘜蓻 艸名說文治牆也今之秋華菊或作蓻通作鞠菊 蘜 艸名大蘭也葉細華
紅紫色 𦽿𦵔𦶘 艸名說文日精也似秋華或省亦作𦶘 𣈆 𣈆韭𣈆睢 椈格 木名柏椈也或作格 𩋖 山高皃
阮垸泦 水厓外也或作垸泦 踘 足謂之踘 鬏髳 鬏亂也或省 梮 木名 鶪鶪 鳥名說文秸鶪尸鳩或从
匊 鵴鸐 說文鳥也或从隹 𤝔 獸名黃𤝔也 鮈𩹄 說文魚名出樂浪潘國一曰鮈魚出江東有兩乳或作𩹄 椈 木實
𦧌𦧉 𦧌也詩𦧌南子之閔斯徐邈讀 𢍁𢍁 兩手同械或作𢍁 𥻗 漉米藪 啕 雞聲 坸 不淨也 惆 謹慎也 掬
輿食器一曰土㘬 淗 水文通作泦 𧮯 谷名在上艾 𠬶 抒也 娴 女名 𩧼𩧯 馬曲脊或省 陶 養也盈也通作
鞠 𦳢𦷄 說文撮也或作𦷄 ○ 𩧿𩧯 渠竹切說文馬曲脊也或省文十七 𥂖 說文曲脊也 趜 趜趥傴僂也
鞠毱 蹋鞠也或从毛 𧮯 谷名 踘 踏也 鵴鶪雗 鳥名鳲鳩也或省亦从隹 鮈 字林魚有兩乳 蝌 蟲名

詹諸也 梂 木實名 拱 廣雅法也 茦 艸名爾雅椒樧醜茦茦萸子聚生成房皃郭璞說 𧚍 皮衣 ○ 棫或
乙六切說文有章也或作彧通作郁文四十八 稶稶 黍稷盛皃或省通作彧 郁 地名說文右扶風郁夷也亦姓 鄭 姓也 澳
說文隈厓也其內曰澳其外曰隈 墺隩𡋯垿 說文四方土可居也或从𠂤古作𡋯垿通作奧 燠𤎅𤆓𤇳 熱也
或从日古作𤆓烤 鐭鐬鏕 溫器或作鐬鏕 𥹋 說文渡米藪也 噢 噢伊悲也 䩎𪏠絾 羔裘縫也或作𪏠絾
彧 說文吹气也 噢㰲 聲也或从郁 欭歟 愁皃或从奧 抑 抑也 㦤 抑志也 薁 艸名說文嬰薁也
楓 木名楓李也 𧝎𧝎 育䘏器 𦡖 鳥腹腟也 棫 木名柞也 域 區域也莊子无所畛域 㗖 吐也 㥔 博雅心動
懊 貪也 鷱 山海經縣雍之山有鳥曰白鷱 棫 山海經泰室之山有木名棫葉如梨而赤理服者不妬 䃣 石似玉 㤸 痛心也
㓜 少也 𨡺 面黃皃 𧩤 𧩤謏誅閑香皃 𩵽 魚名 奧 室巾 ○ 𥓰 逆菊切𥓰硨也文一 ○ 𡵧 仕六切聚
齊皃文三 齱 齒叢生 𪓐 歙也
二 ○ 洪沃 烏酷切說文溉灌也或作沃亦姓文十五 鋈 說文白金也 礐礐 治樸之名爾雅角謂之礐或从石

𥅶 瞙目也 膂 膂腹也 鷔 馬鳴腹謂之鷔一曰馬行徐疾也 鱟 魚名 夭 地名山海經軒轅國有諸夭之野 薁
漉米箕 鴂𩿧 水鳥或从夭 淼 纑未練 鷽 鳥名山鵲也 ○ 鵠鵠 胡沃切鳥名說文鴻鵠也或从隹文
十五 㿝 說文鳥之白也 翯 鳥白肥澤皃 隺 說文高至也从隹上欲出冂引易夫乾隺然 㸷 說文灼也 皓 治象齒令白也
通作鵠 觳 治角也 顝 高亮謂之顝 閣 門聲謂之閣 羔 小羊 鷮 邑名在韓 犦 牛白色 濩 水聲 礐
王 ○ 熇 呼酷切說文火熱也引詩多將熇熇文十二 㰭 說文食辛㰭也伊尹曰酸而不㰭 臛 肉羹 嚳澩 水自渭出為澩一曰
夏有水冬無水 歊 氣出皃 嚁 火田種也 蓄蓄 蟲毒或从虫 㱿 小豚 嗃 高聲也 滈 大雨 ○
酷 枯沃切說文酒厚味也一曰甚也文十二 焅 說文旱气也 硞 硞硞石皃 秙 廣雅熟也 嚳 說文急告之甚也 倍 帝嚳
高辛之號亦通作嚳 嵒 山皃 靠 相違也 悎 怖也 告 吏休假也漢書告歸之田孟康讀 陪 大阜也 捁 打也 ○
告誥 姑沃切告也易初筮告或从言文十六 牿 說文牛馬牢也引周書今惟牿牛馬 梏 說文手械也 祰 博雅謝也一曰告祭
郜 國名在濟陰周文王子所封 陪 說文大阜也一曰古扶風郡有陪阜 鵠雗 博雅鳿鵠鵠也一說小鳥射之雗中古者畫於射質以中

之為雋一曰鵠澤縣名在西河郡或从隹 齰 治象牙白齰一曰齒聲 靠 相連也或書作靠 嵒 山皃 嚳 喉嚳咽也 藃藃
菩 禾皮一曰地名或作葉菩 ○ 𧰖犉 吾沃切牛白色或从隺文五 熇 灼也 崴𥗴 山名小石皃或从石 ○ 襮
逋沃切爾雅黼領謂之襮文四 犦 牛名 鸔䳱 鳥鸔水鳥鸔也或从隹 ○ 僕䑑 蒲沃切說文給事者也古从臣文十四
菐 說文瀆菐也从丵从廾徐鍇曰瀆讀為煩瀆之瀆丵衆多也兩手奉之是煩瀆 鏷 鏷鏷矢名通作僕 轐 車伏兔也 蠼 蠼蝂小蟲
𧛗 說文黼領也引詩素衣朱襮 𧒒 蟲名蛇也爾雅蝮蝮蛸郭璞讀 跑 博雅趵也 雹 雨冰 鞄 鞄莞柔革工 鵵 鵵鸔鳥名
嫸 女嫸昌意妻 暴 日乾也 ○ 瑁帽媢瑁 謨沐切瑇瑁也或从甲从虫亦省文十 媢 妬也 楣 門樞
橫木 艒 南楚謂小船曰艒䑿 見 突前見也 媢 好也 萺 艸名 ○ 渢 蘇篤切博雅渢渢雨也文二 𧞉 新衣聲 ○
傶 祖毒切邑名亦姓文八 糳毇 糲米一斛舂為九斗曰糳或省 錊 姓也 䙘 衣鮮皃 捽 收早熟禾曰捽 𢻫
𨌸 穿也或省 ○ 篤 都毒切說文馬行頓遲文十七 竺筥 說文厚也或作篙通作篤 督督𥈫 說文察也一曰目痛
或省亦作督 禱𥙾 祰 說文衣躬縫或从篤从督 裻 說文新衣聲一曰背縫 𩐪 鰖舌 蓐毒 艸名

韓詩薄蕭荒也或省 殺說文推殺物也 磬落石也 焯明也 叔鄭名 〇毒 副徒沃切說文厚也害人之艸往
往而生从屮从毒古从刀蓄文二十一 妯傉動也或作傉 薄蓄艸名說文水蓄荒也或省 毒懤羽葆幢或从巾
碡碌碡田器 瑇瑇瑁介蟲名或从甲 蝳蝳蝥蟲名蝳蜍蟲也 䳭行不止或省 薄艸旱盡也 迪道也
進也 遭雨兒 苗艸名 郖鄉名在高陵 䄍䄍䄍行兒 㥴懂也 〇僕奴沃切人名虜有兗縣傉擅文八 搙搙也
褥小兒衣 縟耨田治艸也或从禾 嗕嗕居左地匈奴別種名 䅲禾皮 䰢飢兒 〇儥地篤切賣也文一 〇
蓐䘁四沃切草且艸名荷也或作䘁文四 砲聲也 鞄柔革工 〇磟盧督切磟碡田具文二 濼水名在齊
南 〇宋才竺切無聲也文一
三〇燭朱欲切說文庭燎火燭也亦姓文二十二 屬說文連也一曰足也俗作屬非是 囑託辭也 噣噣鳥名 鸀
說文謹也 斀歜吹氣也或作歜 矚視之甚也 趣說文行兒 襩襡被帶謂之襡或省 韣弓衣 鸀雛
鸀鳿鳥名似鴨而大赤目紺觜或从隹 蠋蛾蠋蟲名似蠶 蠾蠾蝓蟲名方言蠾蝓謂之蚻蠾 腸狼臅中膏 濁博雅濁濁恭也 襹

長襦一曰短衣 䮷馬後左足白 毆擊也 敳擊鼓也 〇束捒輸玉切說文縛也亦姓或从手文五 倲倲倲動兒
棟木名 嗽吸也吮也 〇觸角樞玉切說文抵也古作角亦書作觕文十一 韣弓衣 歜說文盛气怒也 臅狼臅
中膏 斣說文相易物俱等為斣 鄐闕人名史記齊有邴鄐通作歜 蠋蟲名 擉刺也 燭闕人名呂氏春秋齊有顏燭 鸀
山海經氏人之國有青鳥赤足六首名曰鸀 〇蜀蠾蠋殊玉切說文葵中蠶也从虫上目象蜀頭形中象其身蜎蜎者蜀或作蠋亦从蜀
亦地名文二十二 屬附也類也俗作屬非是 斀擊也 擉菜名 韣韣弓衣或从革 襡襹襩說文
短衣也或作襹襩 鸀鳥名山鳥也似烏而小穴乳出西方郭璞說 𢿃擊鼓也 㑁㑁倲動兒 鐲鐲鏞温器 欘木名大葉似柳
而赤 钃鉏也 斸刺取鼈蜃 孎女字 蠋艸名 趨跳也 瓄玉也 〇贖神蜀切說文貿也文四 鏉
梁四公子名 襡襦長 䡴也 〇辱蓐辰儒欲切說文恥也从寸在辰下失耕時於封畺上戮之也辰者農之時也故房
星為田候也亦姓古作辱或省文十六 蓐蓐說文陳艸復生也一曰蔟也籀从茻 褥繕也 縟說文繁采色也 溽說文溼暑
也 媷懈惰也 嗕嗕嗕嗕也一曰羌別種 黷黑垢 鄏說文河南縣直城門官陌地也引春秋傳成王定鼎于郟鄏 鬻大鼎

戫戫博雅戫其子謂之戫或作戫 㺜牛馬所蹋處 〇𣒽栗𣓃粟須玉切說文嘉穀實也孔子曰粟之為言續也
籀作䅧隸作粟亦姓文十一 慄詭隨也 氉氉博雅氉毹罽也或作氉 剶細切也 涑水名在河東一曰浣也
玉西戎國名亦姓 臅狼臅中膏也 鏍金也 〇促娕趨玉切說文迫也或作娕文十六 趣趨速也或作
趣 諫博雅促也一曰飾也 餗腜鬻䬬炙筋或从肉 鼩鼩鼱小鼠 促宋良大也 數細也毛甚曰數無人不數置 取
取慮縣名在臨淮 康博雅舍也 棟棟也 娕嬌娕齊謹也 趗趗趗小步或書作𨀴 〇足疋縱玉切說文人之足也在
下古作疋文三 哫哫訾以言求媚也 〇續賡松玉切說文連也古作賡文八 藚艸名說文水舄也引詩言采其藚 俗袑
說文習也古作仕 鸀鸀博雅鸀也或作鸀 鷟速也 〇轐轐逋玉切牛首絡或省文五 犦牛名 襮襮衣
也 鸔鳥名 〇襆樸纀纀逢玉切帕也一曰裳削幅或从衣从糸亦省文四 〇瘃瘃珠玉切說文中寒腫覈也
或从彔 斸钃說文斫也或从金 欘說文斫也齊謂之鎡錤一曰斤柄性自曲一曰木枝上曲 擉博雅執也 孎嫙孎女謹
順也 豖豕豕絆足行兒或作豖 擉刺也莊子擉鼈於江徐邈讀 鄏縣名 䠱行謹兒 瞩目汁 趮小步 〇

棟丑玉切說文短椽也一曰木名文八 粿米也 趫趫趫小兒行 亍說文步止也从反彳 彖豕豕絆足行或作
豖 㺜牛馬所蹋處 䠱走也 〇躅蠾躅厨玉切說文蹢躅也或从蜀从逐文六 蠋蠾蝓蟲名 蠾蠾
艸名博雅羊藟蘭莪茺也或省 〇錄龍玉切說文金色也一曰采也記也文二十三 睩目無光 籙簏也一曰籍也 录扑聲 䛖
謹也 覼說文笑視也 逯博雅逯逯衆也一曰行謹也亦姓 踈行兒一曰恭也 趢說文趢趗也 娽說文隨從也 綠
綠說文帛青黃色也或从帛 碌石青色 淥水清一曰水名在湘東又姓 醁醽醁酒名 騄騄耳馬名 膔脂也
鯥魚名 菉蕂艸名說文王芻也引詩菉竹猗猗或从綠 禄禄禄形兒為禮也陸德明說 睩謹視兒 㑁心從也
〇欲俞玉切說文貪欲也文十四 慾情所好也 谷峪爾雅水注谿曰谷或从山 豂黑兒 浴說文洒身也或書作浴
鋊說文可以鈎鼎耳及鑪炭一曰銅屑 輅輍車枕謂之輅或从育 貗說文獨貗獸也一曰豕毛長尾 鵒鴝雖鳥名
說文鴝鵒也古者鴝鵒不踰泲或作鴝雖 螸說文螽醜螸垂腴也 〇旭吁玉切說文日旦出兒一曰旭旭驕蹇兒文八 勖說文勉也引周書勖哉夫
子 頊說文頭頊頊謹兒一曰顓頊帝高陽之號 朐朐衍戎名在北地 顱䪿顱也或作䫻 琙玉朽 幣衣布蒙覆車曰幣

○𠙹曲𠃊區玉切說文象器曲受物之形亦姓隸作曲古作𠃊文十四 𠚎𡋢說文骫曲也隸作𡋢 𠚕苖笛
說文蠶薄也或作苖亦从竹通作曲 鮈魚名有兩乳 𧻸行聲 蛐蟲名 𠤩引也 𠥓匣也 㖕鞫問謂之㖕 鱋騷騷鬖鬆
皃○曰拘玉切說文叉手也文二十五 拲兩手同械 挶拘說文戟持也或作拘 輂說文大車駕馬也 擢攫
說文𠬞持也或作攫 𥅡輂說文直轅車𨏥也 䚡角曲 𥿑擫臂繩 𣀐說文約也 鋦𨥺鐵束物也古作𨥺 𣀐
梮說文舉食者或作梮 𧷢𧷢說文素屬隸作𧷢 檋梮蹻山行所乘以鐵如錐施之履下或从尻亦作蹻 𡱩
說文持也从反丮 鶪鳥名 坰水壓外 爪覆手揭也 梮㯿實 ○局衢六切說文促也从口在尺下復局之一曰博所以行棊
象形徐鍇曰人之無涯者惟口故口在尺下則為局博局外有垠堮周限也文十 跼蹐跼不伸也 𦓍博雅𦓍耕也 梮博雅曲道𣏞梮也通
作𣭼 駶馬立不常㞐謂之駶 𡨵不敢伸也 䮷䮷𩢺騃皃 鮈魚名 㞐行促追也 侷侷促短小皃 ○玉王
玉虞欲切說文石之美有五德潤澤以温仁之方也䚡理自外可以知中義之方也其聲舒揚專以遠聞智之方也不撓而折勇之方也鋭廉而不技絜之方也
象三玉之連丨其貫也隸加點古作𤣩文十一 獄𡈼說文确也二犬所以守也古从口 瑦琟鶟瑦鳥名或从隹通作玉 砡字林齊也

玨行不正 蚟蟣蚟蟲名 頊人腦煩 ○傉女足切懇愧也文二 㜽嬾也 ○𠐍仕足切速也文二 騳騳騳
野○數所錄切汲水疾也莊子數如泆湯文一 ○娖姝㛓叉足切𡟬也或从束亦作㛓文五 𪘁齒齊也 𥁕
盂○匚匸甫玉切受物器也籀作𠥃文三 彳足下齊 ○娼某玉切妬也文一
四○覺𧢲訖岳切說文寤也古作𧢲文三十五 瞢目明也 角說文獸角也象形亦姓 𩵦東方之音
一曰樂器通作角 觷秋㦻通作角 捔博雅掎也通作角 桷構說文榱也椽方曰桷引春秋傳刻桓宮之桷或作構 筩竹𢱧
也 搉博雅揚搉都凡也 埆墽也 榷說文水上横木所以渡者也 㱿𣪊也 䚁目動也 斠說文平斗斛也 梏爾雅直也
通作較覺顴 較較說文車騎上曲銅也或作較 傕關人名漢有李傕 珏𣪊說文二玉相合為一珏或从𣪊 𩥌馬行疾也
騅馬白頟 鷟器名 駮雜也一曰獸名如馬一角鋸牙 𩓥䚩明也和也史記顴若畫一或从見通作較 睢去目睛也史記
乃矐其目 㲉盡也史記不㲉於此 壆器之豐坩 潅漬也 䧹骨堅白 𣝍木名關中謂楮為㲉 ○吒黑角切吒㖸春志呼㖸
十八 殼㲉嗀說文歐皃引春秋傳君將㲉之或从欠亦省 謞謞謞崇讒慝也 醵廣雅酢也 滈𤄶湢滈瀑

水沸湧皃或作𤄶湢 𪏭急也 䳽鳥白肥澤皃 狗哮豕聲或作哮 嗃悅樂也易家人嗃嗃 𣪊𣪊暴木器乾而挠減
也 𪏯獸名 𪏯爾雅貔白狐其子𪏯 㲉火聲 ○㱿克角切說文从上擊下也一曰素也文三十三 𣪊鳥子欲出者 㲉
殻𣪊卵孚也一曰物之孚甲或从出从皮 𣪍頭也 㩴說文擊也 㲉說文灌也一曰漬也 愨𣪍說文
謹也或从志 確碻堅也或作碻 墧說文堅不可拔也通作墧 礐𥓓确埆嶨㷠爾雅山多大石
也或作礐确埆嶨㷠 塙土高也一曰 硞說文石聲也一曰聳也 肻㮃帳之象 觳盛觵器 㱿㱿㱿乾也 燩博雅曝也
榷㮴木名枳也有實如柚或作㮴 傕姓也 隺隺然心志高也 㮝直㮝 觷治角也 門闠也 齺治象齒也
○斆學轄覺切說文覺悟也从教从冂冂尚矇也臼聲篆省文二十二 觷說文治角也 鷽䳽說文雗鷽山鵲知來事鳥
也或从隹一曰鷽鳩小鳩 鸖說文鳥白肥澤皃引詩白鳥鸖鸖 㲉㲉敫乾也 㶅澩說文夏有水冬無水曰澩一曰水自渭出
為澩或从學 礐說文石聲 嶨埆嶨說文山多大石也或作埆嶨 确㱿說文礊也或从㱿 𪏭射具所以
盛雉 皠白也 嶨土堅也 告休謁也 嗀嘔也 㱿殼燭㱿皃 渹𤄶瀑水皃 ○渥乙角切說文霑也文三十二

媉博雅好也一曰媉媉容也 偓說文佺也 喔詩聲 喔說文雞聲也一曰喔咿強笑也 齷齷齪迫也一曰
小皃或从足 腥脂豐也 握說文搤持也古作𡘋 劉䵋博雅刑也或作䵋 楃說文木帳也 楃
楃屋帷也或从衣亦作屋 觸說文調弓也 箹說文小籟也 葯白芷其葉謂之葯 𦵏艸名蒻也 龏愨也
鸑學嚳鸑鳩小鳩也或作學嚳 鷽說文馬行徐而疾也一曰馬腹下聲 約約東也或作約 嗌笑聲 𪇐
縛也一曰刀靶中韋 鱟魚名 臂碎脂也 箾竹名 ○嶽岳𡶳𡴀逆角切說文東岱南靃西華北恒中泰室王者
之所以巡狩所至古作岳亦書作𡶳𡴀文十八 顎說文面前岳岳也隸作頟 樂說文五聲八音總名象鼓鞞木虡也亦姓 捔抨也
觷𥑮治角也或从石 鸑鷟說文鸑鷟鳳屬神鳥也引春秋國語周之興也鸑鷟鳴於岐山江中有鸑鷟似鳧而大赤目或从隹
騅馬白頟 犨𤛩說文白牛也或作𤛩 礉磽山多小石也或作磽 鑵齊人謂犬曰鑵 ○剥𠞰剛
北角切說文裂也从刀从彔彔刻割也或从卜亦作剛或書作𠚫文三十 𪏯駮雜色 駮說文獸如馬鋸牙食虎豹 駁駮說文馬色或从
复 𡖄𣀐木落陸暴也爾雅蹕暴郭璞說 㬥皴𦢇暴墳起也或从勹从肉亦省 箹䶂㪍說文手足指節

鳴也或作㪃效通作肑肑豕腴趵从足擊也䠶骨耑爆㶿爇也一曰火聲或从㬥𣪍擈𤿎擊也或从
手从勹嚗吻怒聲或作吻懪懪懪悶也鷃水鳥爾雅鷃鳥鷃似鶂而短頸鳪鳥名爾雅鳪雉黃色自呼䃜石也
㬥聲也○璞玏四角切玉素也或作玏文三十二樸說文木素也朴說文木皮也烞烞燁竹火聲
墣圤說文塊也或从卜釙金鉡擈𤿎撲技扑攴博雅擊也或作𤿎撲技扑亦省㬥大呼
自勉也䩹柔革工䬆䬆䬆衆多皃蠂蛇蟲犦特牛嚗㬥聲也莊子嚗然放杖而笑或从㬥爆
爆㶿爇也或从㬥䑑皮破起矴矴硝藥石䑑目暗也䮼骨前𥗗石聲懪心懣炇火裂瓝小瓜
財美財也○雹䨔弼角切說文雨冰也古作䨔文四十五彴仢爾雅奔星爲彴或作仢鵤鳥名䯂骨鏃
撲撲說文挨也或不省擈擈博雅擊也或作擈㬥㬥䜑說文大呼自勉也或作㬥䜑懪懪
爾雅懪懪悶也或从暴跑博雅跑趵也一曰蹴之也窇窖也䮳駝獸名馬形牛尾一角或作駝砲砲硔石文犦
牛名即封牛也領上肉㬥胅起狀如橐駝郭璞說䑑皺肉胅起一曰皮破或作皺豰㺧說文小豚也或作㺧鰒說文海魚一說石決明

集韻 入聲十九 十五

旁有七空者良瓝㼌瓟說文小瓜也或作㼌瓟䀀目怒笣竹名箹箹箕牽帶也暴㬥暴乾曝也𦿉
器破裂也周禮䴸䴾暴劉昌宗讀服𠷗呼也漢書䴸服謝罪爆㶿爇也或从㬥鞄說文柔革工也引周禮柔皮之工鮑氏鞄
即鮑鑤鉋枹頭謂之鑤或省瀑瀑瀑水沸聲或从㬥䙅襮唐衛仗名瀍水激也䬆䬆颰物自空墜
皃○邈墨角切邈邈悶也一曰遠也通作藐文十五懇懇說文美也或从貌擜擊也皃貌容也或作貌眊
䁒目少精也一曰眊思也或从䁒督低目謹視也一曰目不明毷思數一曰毛濡藐藐艸名說文茈艸也或从貌晶
美目一曰目深勆勤也犖東○朔色角切說文月一日始蘇也一曰北方也亦姓古書作䨔文二十九數數爾雅疾也
古作數欶嗽䅭嗍說文吮也或作嗽嗍矟槊鎙長矛或作槊亦从金𢱈博雅塗也㓤說文
以竿擊人也引虞書樂曰箾韶㛙婦妹嬾也䈾箾飯帚或省颯大風雨皃罬罬罠畢形𦥏說文人臂皃引周禮
輻欲其掣𦃇緘也或書作𦃇渹溯渹溯瀍也或从朔萷萷蘿藥艸梢萷箾梢櫂木無枝柯長而殺者
或作前稍櫟櫟虜縣名在臨淮槊木名一曰柵也鑿鑤也潲渹潲水聲○娕嫊婕娖孎測角

切說文謹也一曰善也或作嫊婕娖嫋文二十八齪蹴齺齺取促齪迫也或作踧齺促擉䈾揀捔刺取
鱉蠿也或作䈾揀捔蔟作餠具箹筠箹牽帶或作筠䃜䃜礫盤石或作䃜盝杯也珿博雅齊也
鏃鋜鋜也又曰欲得穀馬耳鏃貫思鉍說或从足齱闕人名王莽時有廉斯齱㲞行也蔟艸名榍柵也趵足齊
皃餗鼎實○捉側角切說文搤也文十六䇿篧草也或作篧斮斬也蕉藮蘸藥艸博雅蘸英蕭附
子也或从禾从米焦灼龜也糕䅳說文早取穀也一曰生穫曰糕熟穫曰䅳或作糕䅳稻下種麥擉刺也莊子擉鼈於江
鏃矢鏑箹牽帶也㵉健也汋井一有水一無水○浞仕角切說文濡也文二十四灂濁說文水小
聲也隸从爵一曰環㵉漆所郢汋瀱汋井一有水一無水嶨澩山夏有水冬無水曰澩或不省齺博雅齺齺也一曰齒相近皃捔
䈾擉籍刺也或作籍䈾擉鋜足鈴鸑鷟鳥名說文鸑鷟也或从隹籗籗謂之罩丵說文叢生
艸也象丵嶽相並出也嶽遬速也或从遬濯明也詩鉤膺濯濯流重讀犐長皃鵽博雅鷟也啅衆聲
磱磔礙地不平一曰石也數促也周禮數目短脰李軌讀○斲斵斵斲䥌竹角切說文斫也徐鉉曰㔫器

集韻 入聲十九 十六

也斤以斲之或从丮畫亦从斤或作斵斲文五十四斲水名在臨湘䙚襡博雅補也一曰長衣或从蜀琢說文治玉也踧跳也
䅯短衣鐲小鉦焯小熱斀椓劅說文去陰之刑也引周書刖劓斀黥或作椓古作劅豰椓豰毅
說文擊也一曰擿也或从手从戈从殳卓㪗說文高也亦姓古作㪗䓬踔說文特止也徐鍇曰特止卓立也或作踔倬說文
著大也引詩倬彼雲漢騲騲騖馬行不前皃暷目明也晫明皃通作劅劅大也孎謹也逴遠也趠
疾走諑博雅責也謓也啅衆口皃啄噣說文鳥食也或作噣鵫鳥名爾雅鵫雉䳡雉豵㹖豝
龍尾一曰東方星名或从犬亦作豵通作豚豚博雅臀也一曰肥也涿說文流下滴也上谷有涿縣奇字作㲿籗籗
籗罩箄說文罩魚者也或竝省亦作罩箄鯙魚名䓟艸大皃濁闕人名史記孔子弟子有顏濁雛淖姓也
諗闕人名晉有韓諗閣水名山海經成山閣水出焉○逴趠敕角切說文遠也一曰蹇也或从走文十八踔博雅跳踔無常
也戳刺也一曰戳稍痛至也晫明也逴博雅蹇也籗擉以杈刺泥中搏取龜鼈之屬鄭衆說或作擉犖特止也一
曰禾名䅵水名罩箹劚箄捕魚器或作箹劚箄鵫雉名卓高也䃔擊也倬著大也○

濁直角切說文水出齊郡厲嬀山東入鉅定文二十八 躅迹也 濯說文澣也通作淖 擢說文引也一曰拔也 戳舂也築也
孎直好也 钃說文鉏也軍法司馬執钃 藋蘜藋藥艸或作藿 獨心不安也 鸀鳥名爾雅鸀山烏似烏而小
鸐翟鶾雗鳥名爾雅鸐山雉或作翟鶾 𤞞犬猛噬 蠗說文禺屬一曰小蠻 涿涿地名一曰澤名或作
淥 瀆數也 躅蹢躅行不進 淖濡甚也 嬥博雅好也 籗竹名 靃大雨 擢梢擢木直上皃 斸鉏也
獾獸名似鹿白尾 ○搦𢽬昵角切持也或从攴文十 掉搖也 搙揾也 䑲櫂也 觻觻調弓也或不省
溺休沒也莊子大浸稽天而不溺或作休 蒻蒟蒻豆也 ○犖力角切說文駁牛也一曰地名在宋文十二 嚛啅嚛辯捷
也 礐石相叩謂之礐 爍樂爆爍蘖踈皃或省 濼水名在齊魯間 躒礫連躒超絕也或从石通作犖 碌
碌礉石地不平也通作礫 鞨鞣鞨慶皮堅也或作鞣 㿥白牛
五 ○質職日切說文以物相贅一曰朴也成也正也形也亦國名文二十七 鑕鐵椹 嚔讀說文野人之言或从言
懫博雅止也 膣膣胖藥也可治金瘍通作質 劕劕劑券也長曰劕短曰劑通作質 眰爾雅大也一曰明也 桎說文足械

大六百廿五 小大百七十四 集韻入聲九 十七 世明

也 櫍說文柎也 礩說文柱下石 侄博雅堅也 𧠂眰視也或从目 郅說文北地郁郅縣一曰至也亦姓 隲
說文牡馬也一曰陞也定也 蛭蟲名說文蟣也一曰水蛭 恎很也 躓跲也 𨳝門閫謂之𨳝 瓆闕人名後漢有劉瓆 瀆
身寒皃 騭馬名 銍縣名 摯姓也 輊車前重 嬻女字 ○失式質切說文縱也文三 室說文實也从宀
从至至所止也 䩤刀削謂之䩤通作室 ○叱嘯尺栗切說文訶也或作嘯文四 妣女不謹也 鳦鳥聲 ○實𡪺
寔食質切說文富也从宀从貫貫貨貝也古作𡪺寔文四 溢米二十四分升之一也一曰滿手為溢儀禮一溢米劉昌宗說 ○日𡆠入質
切說文實也太陽之精不虧从口一象形唐武后作𡆠文十六 𦬁艸名 昵暱親也或作暱 臸說文到也 𨕙說文近也 㣰
帄抧巾或从日 𦨉舟飾 釖鈚也 衵說文日日所常衣 馹駋說文驛傳也或作駋 䵒䵑黏也或从刃 ○
率𠅭朔律切說文捕鳥畢也象絲罔上下其竿柄也一曰領也從也自也古作𠅭通作衛文十九 繂說文素屬 衛衞說文將衛
也古作衛 𣟼木名 䢦說文先道也 帥帨說文佩巾也或作帨 𠈀行皃 䬟風聲 𠞤割也 蟀𧐫蟋蟀
蟲名或从帥 膟腸間脂 呴欷也史記楚先有熊呴是爲蚡冒 𧝎衣也褐謂之𧝎 啐聲也 𤗢板也 ○悉

𢚨息七切說文詳盡也古作𢚨文十八 𦃊縩也 傄偦爾雅聲也或从胥 厀膝𦢆說文脛頭卪也或作膝亦从桼
藤蒁牛藤藥艸或作蒁 蟋蟋蟀蟲 𣜳博雅柈柝棣榛也 楖木名可爲杖 𢓮𢓮循搖也 四關中謂四數爲四
駟衆馬 肆放也 窸從穴出也 ○七戚悉切說文陽之正也从一微陰从中衺出也文十四 桼𢒵榛說文木可以髹
物象形桼如水滴而下古作𢒵或作榛 漆涞說文水出右扶風杜陵岐山東入渭一曰入洛亦姓或作涞 楖說文木可爲杖 桼
茉艸名似蘇或作苿 𨞂說文齊地也 𪇊說文鳥也 叱聲也莊子吐者吸者徐邈讀 鯚魜魚名或从七 ○
堲即子悉切疾也書朕堲讒說一曰燒土也禮夏后氏堲周一曰燭燼或省文十七 沏瀝也 抇擳摘也或作擳 𨑨
虴蟲名方言蜻其鳴者謂之𨑨或从虫 楖櫛栗木名 嘰鼠聲 蝍蟲名爾雅蒺蔾蝍蛆似蝗而大 㶈𤎖博雅㶈也或省
通作堲 𥝢秭𥝢禾重生 嚌咇嚌言多也 窸窸窣鼠在穴中聲 泩淖賊也 唧啾唧衆聲 ○疾廿𨭆
𤸸昨悉切說文病也古作廿籀作𤕱𤸸文十五 𠋩嫉𢞁說文妎也一曰毒也或从女从心亦書作𢜧 揤拭也 蒺爾雅
關謂之榛一名枅 蒺蒺蔾蔾艸 蝍蟍蜇蟲名似蝗食蛇胎或書作𧑑通作蒺 𧨞語速一曰毒也 嗾嗾疾聲也 𧽰走速也

大百七刁 小七百三六 集韻入聲九 十八 邦信

鏃鏃鍱鐵椹 ○必壁吉切說文分極也文四十八 𦾔箕屬 畢𤰞罼說文田罔也从華象畢形微也一曰畢牲體木或省
亦从网畢一曰終也又國名亦姓 𢦁說文𢦁盡也 饆𪌸饆饠餅屬或从麥 觱觱說文羌人所吹角屠觱以驚馬也或
省俗作觱非是 熚說文熚火皃 滭𩘋颵說文風寒也或作𩘋颵 觱觱滭泉沸也或省亦从畢 珌𤨢
說文佩刀下飾天子以玉或从畢 鏎簡也通作畢篳 彃說文䠶也引楚詞羿焉彃日一曰弦也 韠𤿷鞸說文韍也所以蔽前
以韋下廣二尺上廣一尺其頸五寸一命緼韠再命赤韠或从皮从革通作縪 趩蹕㑭說文止行也或从足从人通作𧬈 𡝠博雅母也
覕見也 篳說文藩落也引春秋傳篳門圭窬通作蓽 𡾗終南山道名通作畢 𧒀蟲名 𣝁說文木也 鷝鷝鴂鳥名
青色白面一曰水澤神 獙獸名 鮅𩸁魚名或从畢 蔽小皃詩蔽芾甘棠沈重讀 縪博雅縫也一曰約束一曰冠縫箸武也
鉍矛欑謂之鉍 䤘飲盡也 𥛚竈上祭 咇嗶咇嗶聲出皃或从畢 邲地名 泌水皃 蓽豆也荊也一曰
華萁艸名羊蹄也 𧬈𣢼也 ○匹僻吉切說文四丈也从八匸八揲一匹一曰偶也俗作疋非是文七 𡚦女字 𪀘鵯鳥名爾雅鸒斯鵯鶋
或作畀 𢪏博雅刺也 鴄鳥名廣雅鴄也通作匹 𠯂𠯂𠯂啞皃 ○邲簿必切地名在鄭文三十一 坒地相連次 𠨍說文輔信

也引虞書卹成五服比次也怭怭慢也詩威儀怭怭佖說文威儀也引詩威儀佖佖泌泉水皃醓飲酒俱盡一曰揄㺱

飶說文食之香也引詩有飶其香苾馝馝䬨說文馨香也或从香从黍亦作䬨䋔縫也嬶婦容咇言不明

𣢑吹也韠䩙𩋯說文車束也或从畢从比柲鉍戈柄也一曰偶也或从金吡吡吡鳥聲抋刺也擊也駜

䮒說文馬飽也引詩有駜有駜或作䮒鮅說文魚名鮩魚名䋔紼也蝊蠭蝊笓次也○𪓕蜜䖑

覓畢切說文𧖅甘飴也一曰螟子或从宓从䖵俗作蜜非是文二十二𪓕𪓙爾雅𪓕𪓙勉也或从黽䀣說文拭器也宓密

宓默也安也或作㝁宻蔤䓯說文芙蕖本或从蜜謐說文靜語也一曰無聲一曰愼也瞺不可測量也醓說文飲酒

俱盡也樒櫁字林香木也似槐或从密鴓鳥名溢滵泌溢溢水皃或作滵亦省搶拭也淧泌淧泥淖○

筆笔逼密切所以書也說文秦謂之筆或作笔文十三嗶鳴也潷滗泌博雅盪也一曰去滓或从笔从皀㻶

玉管柲鉍戈柄或从金㪲刺也咇咇嘟多言也蹕走也畢撞也○弼弻弜𢐀粤

弼拂卬𢐀𢘥薄宓切說文輔也重也徐鍇曰丙舌也舌柔而弜剛以柔从剛輔弼之意或从二丙古作𢐀𢘥隸作弼或作拂卬

𢐀𢘥通作佛說文右戾也象左引之形文二十三奰說文大也或書作𡚁奰怭慢也佖威儀備也邲地名秘秘秘禾重生

鴓鴓鴓鳥名駜馬肥皃柫連枷也咈違也韍束也佛佛仡勇壯胇肸胇肝大皃或从必○

密峚莫筆切說文山如堂者或省密一曰靜也近也秘也亦州名又姓俗作宻非是文二十一𥲅竹名空小而有穰蠠蠠没勉也

𧔌見鬼詞宓說文安也通作密瞺瞺瞲不測也沕潛藏也一曰塵濁謂之沕滵水流疾皃鶓鷄鵤鷄肌

鳥名或省亦作鶓通作密蔤荷本也或作茁樒香木聣䀣方言𤇻也趙魏曰聣或从目醓醓䤈醬也否

𡇼不見也或作𡇼鳲鳥名如鵲○窒陟栗切說文塞也文二十七庢說文礙止也一曰盩庢雍縣名跌拔也觸也謍語譯

言無倫脊也胵谮䧅抵牾也一曰不循理秷短也挃秷穜說文穫禾聲也引詩穫之挃挃或从禾从室銍鏳

銍說文穫禾短鎌也或从室隸作鋞𨘕近也嗌博雅咄也饄人地名一曰刈禾人通作銍𪘕說文齒堅也或从室

螲蟲名方言蠖螲謂之蛈蝪郅胵郁郅地名或作胵鷙卓鷙行不平也李軌說抶擊也莊子抶其背𨂍廣雅𨂍蹢躅

跢跊也𦗛聽不聰也挃擣也通作挃侄癡皃一曰侄佐不前也蛭蟲名爾雅蛭蝚至掌○抶勑栗切說文笞擊也文十

三咥欪笑也或作欪眣眰說文目不正也或从至跮跮踱乍前卻也紩縫也鷙卓鷙行不平也䮤

笑皃莊子𩥋然而笑徐邈讀呹聲也𩲕𩴳厲鬼或从步齛齧聲○秩直質切說文積也引詩秩秩之秩秩一曰常也次也文

二十三豑豒說文爵之次弟也引虞書平豑東作或从失通作秩紩鉄說文縫也一曰索也或从金帙袠說文書衣

也或从衣亦姓紩索也柣爾雅柣謂之閾一曰砌也姪妷兄弟之子或从失𢧜說文大也趃說文走也翐翐翐飛舒

遲皃荎荎著艸名佚字林佚佚勇壯一曰行皃抶繫也挃爾雅穫也𢧜國名山海經𢧜國在三苗之東泆水也袟

𩵽魚名袟祭有次也○栗𣡌𣡍𣡎力質切說文木也其實下垂故从卣古作𣡌𣡍徐鉉說木至西方戰栗

姓隸作栗文二十八慄懔爾雅懼也或从㮚瑮璪說文玉英華羅列秩秩也引逸論語玉粲之瑮兮其瑮猛也或作璪𦄁黃色繒

𠜱剽削也或作剽莅臨也一曰蒞莅林木鼓動之聲顏師古說攃以手理物溧說文水出丹陽溧陽縣凓說文寒也塛

塞也颲颶說文風雨暴疾也或从栗䔉蒁艸名蔤廣雅蔤胡人吹葭管也㟳膘山名或从月嘌嘌嘌聲也鷅

爾雅鳥少美長醜為鶹鷅麢牝麢也轢車名穚稦稦積禾皃勲刷𢭏具○暱昵尼質切說文日近也引春秋傳

私降暱燕或从尼文十三惄愧也衵婦人近身衣尼爾雅止也一曰近也黏𪏐說文黏也引春秋傳不義不黏或从刃𤵸

秜稻先孰者蠠蠶蟲一曰蟲食病䁥小目𣚍木名神異經南方大荒之中有樹名𣚍其高百丈匿隱也○逸

𨒃弋質切說文失也从辵兔兔謾訑善逃也古作𨓈通作㑾文二十六詄志也昳詮詞一曰日昃也佚說文佚民也一曰佚忽也佾㑊

說文舞行列也古作㑊軼說文車相出也一曰侵軼泆說文水所蕩泆也𥥍穴也溢洫說文器滿也一曰米二十四分升之一也或省

鎰二十四兩為鎰一曰米二十四分升之一通作溢紩纖紩救也𪖐食臭駃馬足疾䳓水鳥名失放也鄭司

農曰放失六畜衈鳥卵坼也禮卵生者不衈范宣讀迭過也浸也洫深意莊子老而洫郭象讀秩鳥名爾雅秩秩海雉如雉而黑

在海中山上施乾讀劮妷博雅劮嫚也或作妷𨗴廣雅置也呹羊吲皃疾也一曰○欯閭吉切博雅喜也文七佶行皃

欪說文無慙也一曰無慙也恄怫也咥咭笑皃或从吉䬍風皃○詰去吉切說文問也文八趌說文趌趨怒走也鴶

多驕馬色也劼用力也蛣蟲名說文蛣蚍蝎也䴸鼊神名箸赤衣狀如美女欪無慙也○吉激質切說文善也亦

姓文十六拮拮据手病詩余手拮据𨛜地名趌趌𧾷走皃鞊鞅也𧽐走皃結繫也洁水名狤狂也

一曰佶倔獸名出西域暾熏陸香身無毛秸鵠結鞠鳴鳩也或作鳩髺竈神名莊子竈有髺李軌說蛣蛣蟩井中蟲名孑博雅孑孑短也一曰無右臂郅郅偈莘杠皃顏師古說詃皮慁○弌壹悉切說文惟初太始道立於一造分天地化成萬物或作弌文七壹說文專壹一也嬄嬄厭婦人皃噎饐鼓食塞咽也或作饐鼓○肸黑乙切說文響布也从十从𦣞徐鉉曰肸振肸也文一○暨戟乙切已也亦姓吳有暨豔文二疙博雅癡也○姞吉郅極乙切說文黃帝之後百鰍姓后稷妃家也或作吉郅姞一曰謹也文十一佶說文正也引詩既佶且閑趌直行也狤狂也鮚蚌也會稽有鮚醬劼有志力也仡壯勇也芞香艸趌怒走也○乙億姞切說文象春艸木冕曲而出陰气尚彊其出乙乙也亦姓文七鳦玄鳥也或通作乙汔水涸今謂去飲水為汔𩚁皃也𠮟吼吼聲也𡔗博雅貪也軋輾也○拂普密切拂汨風動皃文一○耴逵乙切聲耴魚鳥之狀文十三疙博雅癡也朏無知意也𦨮舟行皃𠡬斷也屹說文牆高皃引詩崇墉屹屹屹山危皃𡿧水流皃𠡷勨勨動也听笑皃䖨危也刉截也𡍸小山也○䫻颶越筆切說文大風也或作颮文十一位居有著定也抏博雅投也驈驈驪馬白跨也眣目動昳汨㳚說文水也或作汨㳚蛐

集韻入聲九　二十一

蠶蛈似蟹逑艸名○欯咭火一切博雅欯欯喜也或作咭文二○茁莊出切艸初生皃文一○垄地一切老也文三垤蟻封蛭蟲名○茁厥律切艸初生皃文四㩋谷名繘綆也蕎艸名○絀式聿切縫也一曰出皃文一○窒得悉切塞也文二㨏廣雅擿也○剈踆律切斷也割也文一○𣪠都律切殳也文一○屈僪其述切狂屈僪張似人而非也李頤說或作僪文五趫走皃醑醑博雅醬也或从卤○佶其吉切壯健皃文四吉姓也詩謂之尹吉鮚鰗鮚大蛤咭笑皃○驈户橘切驪馬白跨文二穴孔也○昵暱乃吉切近也或从匿文二○矞獝𧌆㹟休必切驚遽皃禮鳥不獝或作獝𧌆㹟文十六眡直視也䟕急速汩水流皃遹衆走皃䟕狂也齊人語一曰怨也譎眣目深皃或作䟕眣亦書作䟕怵𢗥瘋博雅狂也或作𢗥瘋颱風也○黜女律切獸名無前足文三柮斷也吶語不明○繘其律切綆也文九趫䞈狂走皃或从是僪魈狂鬼或从鬼醑醬也趫趨走皃或从出矞錐穿物○鷸魚一切鬪易其人夭且鷸王肅讀文一○抶大一切鬪也文一○齜測瑟切齜聲文一○䬹側律切吳人呼短文二鷄鷸子出殼聲

六○術食律切說文邑中道也一曰枝也文二十八述遹說文循也亦姓籀从秋沭潏說文水出青州一曰枝也齱說文齱齒也潏爾雅水中可居者曰洲人所為為潏遂說文艸也鉥說文綦鍼也紌縷也裗衣開孔也矞博雅穿也㯚高也裗袖衣𧼨走皃噊爾雅危也秫朮說文稷之黏者或省驈駃說文驪馬白胯也引詩有驈有驎或从聿鷸鷸鷸魚名蟡蟓蝗也繘綆也遹邪也詩讀潏回遹䮸馬群也莊子連之以羈馬李軌讀鷸鶐翠羽鳥也或作鷸○茁艸華○出尺律切說文進也象艸木益滋上出達文一○卹雪律切說文憂也一曰鮮少也文二十二恤說文憂也䘏賑收也訹怵鉥說文誘也或作怵鉥謐靜也戌說文滅也九月陽气微萬物畢成陽下入地也五行土生於戊盛於戌从戊含一珬球珂謂之珬或作球㲿姐也荗荗荗水流皃鉞鋸聲一曰鉞鉞瑣處也蛾水蟲名海蛘也𠲕欯聲也或作欯𥪻不能行也鷸說文鳥也隲頹也祟鬼神為厲䬻小風颱絆前足○頓之出切頭皃文五茁艸名葫蘆也䘜短也鷂鷂出殼聲崛山皃○焌促律切燒也一曰火滅文三黢黑也卒終也○卒即聿切終也文八啐啐律聲也欸口飲謂之欸淬淬沒水皃崪說文大夫死曰崪通作卒鮆

大八、四十二　小六、七十五　集韻入聲九　二十二　實

魚名鰌也一曰鰌別名崒山高皃綷周也宋衛語○崒卒昨律切爾雅崒者厜㕒或作卒文十二翱飛疾皃踤蹋也捽博雅持也誶讓也箤篹也啐嘈啐衆聲萃聚也顇頓顇短皃一曰關中謂瘴弱為顇顇悴憂也淬流也○怞竹律切憂心皃文十六絀縫謂之絀窋物出穴皃一曰空也一曰不窋后稷子名茁艸初生皃遻趨也泏說文水皃罢雉网𡰾面短皃或作𡰾鶏𤛇佸短皃或从矢从人笛竹萌生皃咄聲也炪火聲○黜詘出敕律切說文貶下也或从言亦作出通作絀文十三絀說文縫也䟕走出也跊犻山海經流沙之東有獸左右有首名曰跊踢或从犬怵說文恐也怞憂怖也炪火聲一曰炪爍煙皃欪說文咄欪無慙也一曰無腸意𤵸爾雅狂也泏水流皃○茮朮直律切艸名說文山薊也或作朮通作蒁文八趉走皃怵煙也袡博雅袖衣也窋穴居也墜隕也蒁薊也○律劣戌切說文均布也一曰法也述也陽管謂之律文二十九寽說文五指捋也繂索也或从糸䋭粹糲米或从米悖憂悶也嵂峷嵂山高皃䋭博雅紈䋭素也捽去滓汁曰捽類似也淚關中謂目汁曰淚蓬艸名逹述也一曰遻進行不美膟脬說文血祭

肉也或从率一曰腸脂 蟀蟀 蟲名或省 率 約數也 䔖 博雅始也一曰艸孚田出也 葎 說文艸也似葛有刺 嵂
啐呼 鳴也或从率从乎 箻箻 竹管以射鳥或从律 嵂嵂 嶀嵂不平皃或省 颸 鬼名 ○聿 允律
切說文所以書也楚謂之聿吳謂之不律燕謂之弗一曰述也遂也文三十二 遹 說文回避也一曰述也 趫 說文狂走也 欥 說文詮詞
也引詩欥求厥寧 筆 艸名蘧也 獝 獸走皃 繘 綆一枚也 矞 說文以錐有所穿也一曰滿有所出 霱 卿雲謂之霱通作矞
颶 疾風 燏 火光皃 潏 水流皃 繘繘繘 說文綆也古从絲糸从臼 鐍 針也 鐍 錐也 繂 長也 噊
說文危也一曰鳴也 鴪䳀 說文鸛飛皃引詩䳀彼晨風或作䳀 鷸 出也 鷸鷸 說文知天將雨鳥也引禮知天文者冠鷸或从遹
蟠 蟲名說文蟠蟥也 驈 驈馬白跨也或从聿 鱊 魚名爾雅鱊鮬鱖鯞 芛 爾雅蕍芛葟華榮謂艸木華初生也 沭
水名出東莞 僪 日傍氣也呂不韋說通作矞 逮 行皃 ○橘 訣律切說文果出江南文九 蕎 艸名廣志蕎子生可食一曰馬芹
膰 月在乙曰膰一曰月見西方通作矞 醕 說文醬也 繘繘 博雅繘絡綆也或从絲 趯 說文走意也 趫踽 狂走或从足
七○櫛楖扻 側瑟切說文梳比之總名也或作楖扻文十一 揤 廣雅拭也 䘍䘍 䘍䘍禾重生皃或省 喞

唧 唧噍聲出皃或省 瀄 瀄汩水流皃 札 甲葉也春秋傳蹲甲而射之徹七札徐邈讀 茦 艸也 ○瑟𤦲𡘅
色櫛切說文庖犧所作弦樂一曰衆多皃一曰矜莊皃一曰泉流皃古作𤦲𡘅文十七 璱血卹瑮琗 說文玉英
華相帶如瑟弦引詩璱彼王瓚或作卹卹瑮琗通作瑟 䋫 䋫色也通作瑟 颾 颾颼風皃 蝨䖢 說文齧人蟲或省 蟋
叱聲也 𠟲 刺也 蟋蟀 蟋蟀蟲名促織也或从悉 ○刹䕽剌𠜿 測乙切博雅割也或作䕽剌𠜿文十 齚
齣 齰也或从出 謐 謐謐私言 䀛 見也 泏 流皃 嘹 叱聲 ○齣 食櫛切說文齧齒也文一
八○勿㫚 文拂切說文州里所建旗也象其柄有三游雜帛幅半異所以趣民故遽稱勿勿或作㫚一曰勿莫也文十二 物 說文萬物也牛
為大物天地之數起于牽牛故从牛勿聲一曰事也 岉 崛岉高皃 㐲 雜也 沕 沕穆深微皃 昒 未明也 物 物物㘬皃 芴
艸名說文非也 迊 遠也 芴 䒼芴䔧密皃 昒 䀛也 ○拂 敷勿切說文過擊也文三十三 髴 博雅曝也 刜 斷也 𩬊
佛 說文髴若似也或从彳 怫 鬱也 䊹 鬅鬆 柫 枝 說文擊禾連枷也或从犮 祓 祓 說文除惡祭也或作祓 甶 說文
鬼頭也象物 佛 說文見不審也 蚾 田蟲 艴 色艴也孟子艴然不悅一曰畫工設色 跸 說文跳也 㷙 爕 炥 說文

爆或燹也或省亦作炥 茀 說文山脅道也 嶏 石隕聲 趚 說文走也 茀 茀離艸木翳薈也 袚 蠻夷衣 眱 視皃
霈 雲皃 翇 舞羽 帗 方言帗縷毳也謂物之行蔽 第 博雅箭也通作茀 韍 樂聲乍息皃 孛 艸木盛皃
囊滿 弗 沸 瀑也或作沸 ○弗亞 分物切說文撟也古作亞文四十七 乀 說文左戾也 不 無也通作弗
市 韍 韠 說文韠也上古衣蔽前而已市以象之天子朱市諸侯赤市大夫葱衡从巾象連帶之形或从韋犮亦从弗通作茀 黻 黻
說文黑與青相次文或作黻古通作茀 紱 紼 綬也或从市 袚 博雅袚襏襫也 綍 引車索 紼 說文亂系也或書作縈 髮
帗 說文樂舞執全羽以祀社稷也或从巾亦書作𢇁 黹 博雅大也或書作𤣹 刜 說文擊也 鄬 姓也漢有鄬修 茀 說文
道多艸不可行 韍 韠 與蔽後謂之韍通作茀 笰 箭也一曰茀謂之笰 拂 治禾具 茀 艸木盛也 汥 寒也說文一之日觱汥
颮 颷 小風謂之颮一曰疾風或作颷 沸 說文畢沸濫泉 襏 襏襫雨衣 霎 雨皃 紼 不鮮絜皃詩絲衣其紑 蔽 右車
以翟羽為飾也鄭康成說通作茀 芨 竹葦絙也 胈 股肉膚 蚾 甲蟲也大如虎豆綠色 𡸶 山脅道 詩 𢟜
𪄐 僁 亂也或作勃𪄐僁 髻 髯 首飾或作髯 䨆 𤇾 炥 爆或燹火不時出而滅一曰鬼火一曰火盛皃或省

亦从 祓 祭名也 費 佹 ○佛 拂 符勿切大也一曰戾也或作拂文二十二 咈 說文違也引周書咈其耇長通作拂 趯
走 佛 弗 說文鬱也或作弗 跸 趃 跳也或从走 刜 擊也 黻 韍 撇 理也或从弗亦作撇 茀 茀鬱
山皃一曰山曲或書作㟄 岪 火皃 坲 坲埻塵起也 茀 艸木衆多皃 費 博雅大也 勃 多力皃或書作勢 砩 石名
艴 大船也 費 佹也
九○迄 㤟 訖 許訖切爾雅至也或作㤟訖文十九 仡 壯勇也 餼 𩜍 𩜗 飽也或从氣从氣 忔
博雅 譆 譆語也一曰語難皃 肸 說文響布也从十从肸徐鉉曰肸振肸也 釳 說文乘輿馬頭上防釳插以翟尾鐵翮象角所以防網羅釳去
之 汔 說文水涸也引詩汔可小康一曰泣下一曰幾也 芞 香艸爾雅芞輿 䒗 吳王孫休子字 扢 喜舞皃一曰喜皃 肸 說文
振肸 忥 癡皃 擙 舉出也 醫 笑聲 ○气 乞 欺訖切取也或省文五 芞 艸名說文芞輿也 契 字林
契丹北夷號 吃 吃吃笑皃 ○訖 居乙切說文止也文八 吃 䜛 說文言蹇難也或作䜛 扢 擊也 暨 及也亦姓
鮚 魚游也一曰魚名 趌 直行皃 秸 春粟不潰 ○趌 其迄切直行也文六 鱉 相切近也 汔 幾也 扢 舞皃

皃 芞芞䕢艸名 仡勇皃 ○乙於乞切東方之曰也象春艸木冤曲其出乙乙也文二 圪高皃 ○疙忥魚乙
切癡皃或作忥文十五 趌說文直行也 仡說文勇壯也引周書仡仡勇夫 圪說文牆高皃引詩崇墉圪圪 屹屹屹崪山皃
或从阜 虓說文虎皃或書作虓 疑正立自定皃儀禮婦疑立于席西 忔心不欲也史記數忔飲食 扢奮舞皃一曰擊也 舤
舟行謂之舤 劮動也 嶭斷也 釳乘輿馬首刀所以割網羅 ○颶王勿切說文大風也文十 觱羌人所吹角所以驚馬 瞗
暫見也 𥈹趥行遽皃或从走 曰發語詞 揬扐擉擉也或从穴从運 鴥鳥飛皃 ○颮颮颮
許勿切疾風也或省亦从豕文十三 䎀不明皃 卒疾也 睟豚目動或作豚 欻說文有所吹起 獝獸名 㹠㹠
博雅曝也煨也或从彖 㗵㗵气也一曰呵㗵不明也 歘無聲皃 ○屈曲勿切曲也請也亦姓古作𡱈文十二 詘䛪
說文詰詘也一曰屈襞一曰充詘喜失節皃或从屈 茁說文叕也 鶌山海經馬成之山有鳥狀如烏白首青身黃足名曰鶌鶋 蚰蝠蟲名
說文蛣蚰也或从屈 鈯鈯鈍鎖鈯也 颭颭風也或省 騆騆産良馬通作屈 ○孑孓九勿切博雅孑孓短也一曰無左臂
或作孓文十九 崛山皃 𤠐猎𤠐西域獸名食香無毛但自鼻有毛廣寸至尾燒刺不能傷 趉趉趉走皃或作趉趌 䋆猩衣

大字卅四 小字卅五 集韻入聲九 二十五 世明

一曰結也 屈屈說文無尾也隸省又地名亦姓通作屈 厥突厥夷屬 劂說文剞劂也 鶌鳥名說文鶌鳩也 豩豕穴
土 䓛䓛博雅䓛謂之刜或从艸也 抇以杖掘出也 蝠蛣蝠蟲名 𨂗律𨂗多力 ○倔誳𩋘渠勿
切倔強梗戾也或从言从革文二十 掘堀說文搰也或从土 蝠勋博雅力也一曰足多力或从力 𧺪𧻄說文走也或从屈
襬袖方言自關而西謂襤褸曰裷褔或省 琚玉名 𣞁斷木也 崛說文山短高也或書作崫 屈屈博雅短也
一曰無尾或省 𡲭埤倉短尾犬也 豩豕掘地也 詘充詘喜失節皃 殟殟也 ○鬱𩰪鬱紆勿切說文木叢生
者一曰幽也亦姓或作𩰪古作𩰪文三十二 鬱𩰪𩰪說文芳艸也十葉為貫百廿貫築以煮之為鬱从臼冂缶鬯彡其飾也一曰鬱
鬯百艸之華遠方鬱人所貢芳艸合釀之以降神鬱今鬱林郡也或作𩰪𩰪通作鬱 苑茂也詩有苑者柳通作鬱蔚 蔚艸名亦州名 𤷓
𡰩屈短皃 尉尉从上案下也又姓古作尉 抌捥拗戾也或从宛 熨𤎩持火展繒也一曰火斗或从鬱 㗵㗵
喉中鳴或从餐 爩爩煙出也 黦黦玄黃也或从冤亦書作黦 餼餮餐飴和豆也博雅餖謂之餼或作餐餐 灪灪涌
大水皃 礨礨磈小石 貍臭也周禮鳥皫色而沙鳴貍 慍惌宛心所鬱積也或作惌亦省 罻網也 黫黑皃

煨畜火 ○崛魚屈切崛然獨立皃或書作崫文六 阢高皃 杌木列餘 頠頠頞面短 峗屼峗崪山皃或从兀
○眣丑乙切以目使人也春秋傳眣魯衛之使文一 ○𢇍竹勿切短皃文一
十 ○月囝魚厥切說文闕也太陰之精象形唐武后作囝文十八 刖說文絕也 跀䟤說文斷足也或从兀通作刖 抈
說文折也 扤動也引詩天之扤我 軏軏說文車轅耑持衡者或从兀 岄山名或書作朏 鈅兵器 𣐈𣐈瓦 䩉不安皃
訒廣雅怒也 明說文斷耳也 玥神珠也 軏車釭 杌刖木餘 ○越越王伐切說文度也一曰墜也於也遠也亦
國名又姓隸作越文二十四 𨒂說文踰也引易雜而不𨒂 䟠說文輕也 戉鉞說文斧也引司馬法夏執玄戉殷執白戚周左杖黃戉右
秉白髦或从金 䥃斧衣也 𤩽鈎鼻玉也 曰說文詞也从口乙聲亦象口气出也 粵嚼說文亏也審慎之詞者从亏从寀引周書
粵三日丁亥或从口 絨說文采彰也一曰車馬飾一曰細布 娀說文輕也一曰愚也 䞟㹓立也 㧑暴也 樾𣠁宇林樹陰
也或作𣠁 𣏽木名 鱥鳥名 蚏蛽蟣彭蚏水蟲似蟹而小或作蛽蟣 泧大水皃 蛾蟓蟣水蟲名似蚌 ○𩗴許月
切颰颰風也一曰小風謂之颰文十 䴍盡也 泧大水皃 䟠走皃 𤞡獸走皃 峸山皃 𦐡𦐡𦐡飛皃 㫚舉目使人也

大字廿二 小字廿五 集韻入聲九 二十六 世安

訫廣雅怒也 㤜宇林静皃一曰怒皃 ○闕丘月切說文門觀也一曰𣏟也空也文五 䌷屈䌷狄后夫人之服或作屈 瘚
灍水名在義陽或从闕 ○厥𣝅居月切說文發石也一曰其也又姓古作𣝅通作氒文三十三 𥕢發石也或書作礘 乚乚動皃
从㇄丨乙 瘚欮說文屰气也或省一曰欮穿也 瘚羊病 𧱗豕食發土謂之𧱗 孓說文無左臂也一曰孓孓短也 ㇄說文鉤識
也 劂剞劂曲刀也 𠢼𠢼也 撅說文从手有所把也一曰擊也投也 橜弋也或書作橛 蹶蹷說文僵也一曰跳也或从闕亦
書作 嬮嬮嬮女皃 䯊䠇說文臀骨也或从肉 𧾄𧽪說文蹶也或省 蕨菜名說文鼈也 蟨說文鼠也一曰
蟨西方有獸前足短與蛩蛩巨虛比其名謂之蟨 蟩蛣蟩小蟲 觖說文角有所觸發也 鱖魚名 鷢鳥名說文白鷢王雎也 屈屈
地名通作厥 𣎴說文木本 𦍑羊名 嶡俎名足有橫 𧝍揭衣也 趉怒走也 ○䦆其月切角有所觸發也文
二十三 𠢼㔽說文彊也或从心亦書作劂 橜說文弋也一曰門梱或書作橛 𧾄跳也 掘闕撅穿也或作闕撅亦書
作 鐝 蹷 㗵磨也 蹷蹷倒也或从闕亦書作蹷 趉趉行越趉也或省 𦜯䠇博雅脽䐴臀也一曰尾本或从肉
鷢雚鷢鳥名似鷹或从隹 亅說文鉤逆者謂之亅象形 瘚博雅病也 𧝍短衣 趉舉尾走 橛𣐇株山名

蕨菜名○噦㰻於月切說文气啎也或从欠文十三嫛嫛嫛女皃或書作嬊䬳餀飻豆飴也或作餘飻

黦黖說文黑有文也或从宛宛鄭康成曰宛爲宛脾焥烟火皃菀紫菀藥艸薉濁也鱥魚名○钀

語訐切馬勒旁鐵爾雅钀謂之钀文五[車獻]高車皃揭長皃詩葭菼揭揭扢擊也吽語相呵拒○紇恨竭切說文絲

下也春秋傳有臧孫紇文五齕齧也粐米粉也麧麫麥糠中不破者或作麧○獦五紇切獦獡癡皃文一○[气頁]

苦紇切頰高也文一○歇許竭切說文息也一曰气越泄文九蠍毒蟲骬髑骬前骨艥艒艥艒大舟或省猲

獦說文短喙犬也引詩載獫猲獢或从歇熂火焚山艸也滊字林鹽地一曰以甘水和鹹水爲鹽曰滊○訐居謁切說文面相斥罪相

告訐也文十九揭擖說文高舉也或从歇䅥榤說文禾舉出苗也或从桀吃語難趌說文趌趨也鍻金飾鼓名大駕

鼓吹有金鍻羯羖說文羊羖犗也或省桀桀莽盛皃詩維莽桀桀偈傑偈偈用力皃或从桀藒菜名似蕨生水中

盂齊人謂盤曰盂猲虜別號駒馬走皃丩乚丩動皃从丨相向傑負持皃○竭其謁切盡也文九

碣嵑𡾊碣石山名或从山古作𡾊楬說文楬桀也引春秋傳楬而書之揭擖擖也或从竭偈傑偈

大廿四 小二百廿五 集韻入聲十九 二十七 廿四

用力皃或从桀○謁於歇切說文白也又姓文十一暍煬說文傷暑也或从火餲物敗气也緆繒壞也廅說文屋迫

也瘍病也閼止也塞也一說太歲在卯曰單閼鍻以鐵爲揭也黠黦色變也或作黦○怫蒲伐切恨怒也文一

○髮鬏頾頞方伐切說文根也又姓古作𩭘頞頞文十發說文䠶發也一曰舉也冹寒冰也一曰風寒颰颮颰風疾

皃襏收繫具蕟艸名譈出言也○伐傠房越切說文擊也从人持戈一曰敗也或作傠文十九茷說文

艸葉多引春秋傳晉羅茷罰說文皋之小者从刀从詈未以刀有所賊但持刀罵詈則應罰垡墢耕起土也或从發亦書作垡通作伐坺

坺地名昁春也酦俗謂釀酒一成曰酦閥閥閱功狀瞂戱吷說文盾也或从戈亦作吷通作伐撥栰

筏䑺說文海中大船或作栰筏䑺蘮艸名爾雅蘮藒拔艸名龍葛也○韤韈襪韤絉

袜袜袾勿發切說文足衣也或从韋从衣从皮亦作韎絑韈韈文十三僟儀揭東夷名懱博雅懱帕帳也辣辣揭

胡羊名叏舉目使人○揭丘謁切舉也爾雅淺則揭文五藒艸名說文芞輿也頟禿也㓼字林傷也揭却也一曰

武壯皃○爞丑伐切爞爞燒起文一○焥於伐切烟火皃文一

十一沒○沒莫勃切說文沈也文九𠬛說文入水有所取也从又在回下回古文回回淵水也頞內頭水中也勿

卹勿搔摩也殁歿說文終也或从歹玟說文玉屬莈艸名㘬埋也史記以至㘬身○誖諄普沒切按

物聲或省文十二朏月未盛之明古書作朏馞䬃香盛也或从出哱吹聲㛘乳母字䨓雲皃艴𦫷

色艴如也或从孛朏日未明怞心怞然起也○孛蒲沒切色惡也一曰彗星謂之孛通作茀文四十六艴佛𦫸

說文色艴如也引論語色艴如也或作佛艴侼很也強也勃敦說文排也又姓或从攵誖悖哱𢽸愂

說文亂也或从心从二或亦作愂浡浡然興作皃颵風皃郣說文郣海地一曰地之起者渤澈渤澥海名或从教

埻墷博雅塵也或从勃焞𤒟煙起皃或从勃馞博雅馞香也通作茀稡桲字林桲桲禾秀或作桲

䭬鋍說文吹釜溢也或从金餑博雅餑餅鎚長也麧麨也粰屑米也桲方言齊楚𠎝或謂之桲今連枷一曰

杖也一曰榅桲果名葧𦳝艸名博雅蔣萍母或从教脖脖胦齊也拔拔也𣯧毛短鵓鵓鴣鳥名騂

山海經敦頭之山多騂馬牛尾白身一角其音如呼霈雲皃茀弋射矢名菩麻苦揚艸名巃崩聲芾說文過芾

大二八 小六七十五 集韻入聲十九 二十八 見

取麧麧麧麫餅也睥暗也熯敗氣也哱聲也○窣蘇骨切說文从穴中卒出文二十一埣土落也

䴬𣯧毛短謂之毨䅋稡禾稡秀也卹捽卹勿摩也或作捽麲䴬麧麥也或作麧䪫鼻聲

𥷫帚也莊子操拔𥷫屑屑博雅勞也一曰勃屑行皃或作屑浡浽浽沒也鵓鵓鵓鳥名或从卒倅倅倅不安

硝磨也糈米粉也塉塵也痟痟痟癡皃○猝踤蒼沒切說文犬从艸暴出逐人也或从足文十二卒忽也

焠暴終也扐字林摩也緌索也刖斷也胞脺耎易破也或作脺髀小骨窣忽自穴出也捽

捽𢯱扞艸聲○卒臧沒切說文隸人給事者衣爲卒卒衣有題識者俗作卆非是文四倅兵百人曰倅通作卒稡艴稡禾秀不成聚向

上髮鬏髮多皃○捽昨沒切說文持頭髮也文九椊字林柱頭枘也齰說文齰齗也觪角如生也毨毛生

皃崒山危峻皃髀小骨踤說文觸也一曰倉踤𩭬髮也○咄𡂅當沒切說文相謂也一曰呵也或从

對文九柮榾柮短木羜羠柮羊名朏肶脛也一曰肶出也䯩鶻鳥名鳴豫知吉凶或書作䳫貀貀獸名怞

怫也䮽䮽駍獸名出北海○突宊他骨切方言江湘謂卒相見曰突一曰出皃或省文十六腯脉說文牛羊曰肥豕曰腯或

从突 葖艸名爾雅葖蘆萉蕪菁屬 𠫓㐬說文不順忽出也从到子引易突如其來如不孝子突出不容於內也或从到古文子即易突字 㥽說文肆也 𨁽𨁽跋前不進也一曰𨁽也 杌木杖也 𣪌皮壞也 怢忽志也 𠛅刺入皃 揬滑利 𥧷竹器 湥流也 ○揬𦜖沒切搪揬觸也文二十五 㐬不順忽出也 突說文犬从穴中出也从犬在穴中一曰滑也

堗竈窗謂之堗 凸出皃 腯䐁肥也或作䐁 鈯博雅鈍也 鍎鋓鎗也或从突 揬埤倉尸持鎖植也 𦪇鈎舟謂之𦪇 𦓝耕也 趃走皃 摕擊也 葖艸名爾雅葖蘆萉 湥流皃 𤟴獸名 鶟鶘鶟鳥名似雉青身白首或从隹 鼵鳥鼠同穴其鳥為鵌其鼠為鼵 跌足傷也 𧛚博雅襌無襠謂之𧛚 瑹玉瑱 𡾰嵱𡾰山皃 ○𥝩勒沒切箭鏃之失謂之𥝩或作䎆文十三 𣪍𣪍𣪋不滑利一曰物不安皃 𨂃𨃘𨁽跋不進或从聿 啈聲也 𪣀土埂

葎艸名似葛 䂄硉崒硉矹山崖也或作硉崒 捸捽也 律持也 𢔁律𢔁大皃 ○訥吶詘奴骨切說文言難也或从口亦作詘文九 肭膃肭肥也 抐搵抐擩也 妠媪妠心亂 𨀁足傷 𢗊瘟𢗊憂悶 𦚏肉下聲 ○𥹻𪍿下扢切說文堅麥也一曰俗謂麤屑為𪍿或从禾从米文七 齕說文齧也 𣸣博雅溷𣸣流也一曰濁也 扢摩也 紇絲下也

集韻入聲十九 二十九

○扢古紇切摩也文一 ○搰胡骨切說文掘也文二十七 扢摩也 抇博雅裂也穿也一曰牽動也 㧾說文手推之也一曰拙也 黖濁垢 閄婞很也从門 𨍏轉物軸也 縎縎纇也 䁖埤倉地名一曰耳聾 滑亂也 𩪐說文病也 鶻 𩿻鳥名或从乞 榾核果中實或作核 搰穿也 淈爾雅治也 𦗄耳聾 纈采色明 潰決也 殨腫壞

絗纏縈也 紇束也一曰絲下也 齕齧也 麧麤屑也或从麥 汩涌波也 ○忽呼骨切說文忘也一曰輕也文三十五 㴵說文青黑色 曶回說文出气詞也从曰象气出形引春秋傳鄭太子曶一曰佩也象形籀作回 淴溷水皃或从屈 揔楚謂擊為揔一曰去塵也 惚怳惚失意 寣博雅覺也一曰臥驚 𩮀䯳也一曰熱寐 迴遠也 嗢呦博雅嗢嗢憂也或从忽 𤵺狂 昒曶說文尚冥也或从忽 緫博雅微也通作忽 笏冒公及士所搢也籀作冒象形義云佩也古笏佩之釋名笏忽也有事記其上以備忽忘

𣝗說文高皃 匫匢說文古器也或作匢 𩊚埤倉急繫縛也 𪍿𪌂餅屬或从忽 䫀颮飍說文疾風也或从豕古作飍 𡿧𦧣說文豕屬也或作𦧣 芴芒芴无象也 𢪃博雅裂也 𠦬說文疾也 沕沕穆微也 ○堀窟堗苦骨切說文兔堀也或从穴亦作堗文二十七 𧎲月蝟月所生也 𡼏

㟉崫𥓌㟉崫山皃一曰童山或作㟉崫亦从石 矻石也 𠃧矻矻勞極皃通作矻 𠢜博雅勤也 圣說文汝潁之閒謂致力於地曰圣 𩑶目出皃 𩑛突出也 敘攴不滑利也一曰敘攴不安 揔博雅擊也方言南楚凡相推搏曰揔 顝說文大頭也一曰醜也一曰相抵觸 𩓰一曰頰起皃 胐𦡞髖也一曰胅出或从屈 淈字林水定也一曰滬池 搰搰搰用力皃 堀說文突也引詩蜉蝣堀閱一曰堀塺起也 滵水深也 搰揚也 𩭨去髮也 掴推也 ○骨吉忽切說文肉之覈也文二十七

𩫬瘠鄭病或从疒 杚說文平也謂斗槩 扢摩也 汩治也一曰水聲 嗢嗢嗢憂也 𩒯面顴 縎說文結也 愲心亂也 滑亂也或作扫 淈說文濁也一曰滑泥一曰水出皃一曰治也 𥮋字林刷也 或从竹 蓇艸名不實 𦍙羊名 榾榾柮木名 𧳬𩱧獸名 鶻鳥名說文鶻鵃也 𩣫駰獸名出北海 槩哀亂皃莊子我獨何能无槩 螖螖蠌 𩸀魚名山海經䲅鰿多𩸀其狀如蛙四足食魚 䅎禾莖 牿牛名也 砉磨也 ○頝

鳥没切說文內頭水中也文十四 㴰溫決水流疾皃 搵搵抐擩也 嗢說文咽也一曰大笑 𣯷毛皃 欨咽中息不利也 膃膃肭肥也膃肭獸也 媪說文肭敗也 馧馧馞大香也 榲䲀榲桲果名或从鳥 𤸁心悶皃 熅煙皃一曰熱皃 𦠂臭

集韻入聲十九 三十

○兀五忽切說文高而上平也从一在人上亦姓文三十二 扤說文動也通作杌 杌柮樹無枝也一曰檮杌頑凶無疇匹之皃或作柮 𦬒艸名艾屬 矹硉矹山崖 屼山名一曰嶢屼童山 軏車轅端持衡者 刖 𦨕𠇗說文船行不安也或从兀亦作𠇗 閄拈也一曰婞很也从門 𪖌𪖮獸以鼻搖物一曰鼻仰也或从卮 𤵸𤸒說文病也或从兀 刖絕也 虮蛤屬 跀䟤斷足也或从兀 髡完頑去髮刑或作完頑 坈㐳爾雅山一成坈沉旋讀或作㐳 阢峞說文石山戴土也或作峞 𡯂伔𧊦觔博雅危也或作伔觔 𧋍蛣𧋍蟲名 ○𪘀紇切齒相齧也文一 ○貀女骨切獸名無前足形如猴文一

十二曷 ○曷害何葛切說文何也或作害文三十三 褐說文編枲襪也一曰粗衣或从敫 嶱嵑山皃 髺博雅𩬰𩭐也 鞨博雅鞻鞨履也一曰鞢鞨北狄別種 𩨐骨名謂之骱 偈武皃 皛白色 𦶲𦼦水艸似薇 可咳或从 喝呼也一曰喝擊 渴水皃 𩪉小骨一曰堅也 餲爾雅食饐謂之餲 鶡鶡鳥名說文似雉出上黨或从旱 鷃鷃鵑鳥名 蝎蝤蠐也 蠚蟲名說文蝨蛄也 㮫木轉皃 犗牛名 螛螛蠬龍搖目吐

舌皃 糲白米 齃齧齃齧物聲 勨勤力 遏遮也 揭壅也 瓂石似玉 轄輵轄轉搖皃 顯顲顯

揭言也一曰頡顯健也一曰頡顯鼻面平也 ○歇喝嗑許葛切訶也或省亦从盍文十五 暍熱也 顯頡顯健也 暍

皛博雅白也 齃犬臭鼻息 馤字林香氣 歇獦猲獦短喙犬或作獦猲獦 愒曷相恐怯也或作

曷通作猲 ○渴丘葛切說文盡也文二十五 歀敵也 潵說文欲歠也通作渴 𤺺內熱病 骱肙髒骨 嶱嵑

山皃或作嵑 磕石名 碣磍石皃或从葛 葛艸名 蝎彭蝎水蟲似蟹 碣石可爲器 稭禾長穗 鶡

曷盍鶡旦鳥名或作曷盍 鸛顯鷄禿或作顯 趨趌趨走也 楬髡桓不飾曰楬或作髡 轄輵

輵轄車聲或从曷 鼉蛙類 ○葛居曷切說文絺綌艸也亦姓文二十六 葛竹名博雅葛簎桃支也 瑒石似玉 割

剳說文剝也古作剳 匃求也春秋傳毋或匃奪 鄗說文南陽陰鄉 澫澫水廣也一曰水名 蓋覆也 騔駋

騔說文馬疾走也或从曷从葛 猲獦猲狙巨狼或从葛 趨怒走 犴犴犴豎干皃 鶷鶷鶡鳥名似伯勞

蝎蟲名蛸蟜也 褐䙵粗衣或从葛 稭博雅穗謂之稭 藒禾長皃 轄輵轇輵車馬喧雜皃一曰室罕曠

深一曰鋒戟形或从曷 擖搚擖揳木聲 臈臈胆肥皃 ○遏阿葛切說文微止也文二十 閼堨說文遮攔也或作堨

廅屋迫 頞齃說文鼻莖也或作齃 姲窀姲濕潤也 喝安博雅止也一曰小語一曰吃也 峇山名 壓大呼用力謂之

壓 餲食敗也爾雅食饐謂之餲 胺肉敗 曷遠也 輵輵轄轉搖皃 暍博雅暍曬熯也 藹萊似蘇生水中 澫水名

靄雲霧皃 藹茂盛皃 按捺也 ○嶭嶭乇葛切說文巀嶭山也或作巘文二十六 屵說文岸高也

巘說文截高皃 櫱櫱不栓栟說文伐木餘也引商書若顛木之有甹櫱或从木辥古無頭亦作栓栟 歺

說文劉骨之殘也从半冎肉置骨也歺殘骨也故从半冎或作歺 𢀓吉說文語相訶歫也口歫辛辛惡聲也或作音亦書作吽 齾

齒缺也 吽喭嘈嘈吽吽聲也或从獻从辛 擳擊也 鬝鬝餘鬆 刖絕也 孽孽孽將壞皃 額

短面也 嶱嶱嵑山皃 嶭巀嶭高皃 磼磼碎石皃 額無鬚 ○躃躄桑葛切跋躃行不正或作躄通

作殺文二十四 薩唐六典有薩寶府掌胡神祠 殺散皃史記望之殺然黃 辥辛味 籔篙籔竹名 䊚蔡撒

摋說文㯃殺散之也一曰放也或作摋撒摋通作殺 撥側手擊也春秋傳搬仇㩋一曰抹搬掃滅也 縩絹蜀 姍姺姍婦人行衣曳地

皃 譠散言也 泧泧濊㭷滅 㯃㯃字林艸木動聲或作㯃 颯颰颰颰風也或作颰 㗼聲也 糲

糝也齊民要術時時糷之 䔍香皃楚辭懷椒聊之䔍䔍 珊珊瑚生海中 嚾嚾王西戎族名 ○攃磜七曷切摩也或从石文五

縩絹蜀 櫒艸木動聲 蔡昧蔡宛首名 ○鬗子末切驕驕多毛文十九 㦖拭也 拶逼也 蹳蹙踐行皃 沒

濽水濺也或从贊 贊艸木叢生也 瀐小水出也一曰瀝也 劗刺劗叢濁 樧笮也 礸磺轟石或从贊 懳憒

心慢息 嗩聲多也 姱婷也 䟃䟃䟃足大 䠐白也 㯋水激石皃或省 ○巀才達切說文巀嶭山在馮翊池陽文九

噴嗽吽嗦嘞博雅嘈嗏聲也或作嗽吽嗦嗦 擳擊也 岁歺殘骨餘 瀐雨聲 ○怛怛悍

當割切說文憯也或作怛悍文十五 妲妲已有蘇氏女 呾相呼也 炟火起也 黗說文白而有黑也五原有莫黗縣 笪說文笞也一曰覆舟

簟亦姓 靼韇柔革或从亶 狚山海經北號山有獸如狼赤首鼠目名曰獦狚 噠嚈噠西夷國名 胆膽胆肥皃 僤傍驚也

苴艸名葦也 ○闥他達切博雅闥謂之門文三十一 撻達敎撻說文鄉飲酒罰不敬撻其背引周書遽以記之古作遽敎或从

手 躂踂足跌或省 圠說文蹈也 健達達达博雅逃也一曰行不相遇或作健達达 噧嘱高氣多言也亦

作囆 撻所以滅水也 澾字林滑也 汏過也 羍羍說文小羊也或省通作達 撻皮起 笪遾篠也 獺

蟽獸名說文如小狗也水居食魚或从達 鰨魚名 蠆蠆毒蟲或从蟲 大籀文象人形也 攋博雅擊也 蝲蝲䗶

蟲名蝎也 㸁㸁㸁煙皃 太太末縣名在會稽 ○達达陁葛切說文行不相遇也引詩挑兮達兮一曰通也一曰迭也或作达文六

蓬艸名馬舃也 澾水出皃 噠嚈噠西夷國名 羍羊子 ○剌郎達切說文戾也从束从刀刀者剌之也徐鍇曰剌乖違者莫若刀

二曰菜也文三十四 辢辛味 揦糲博雅擘也或从米 攋捸撥攋手披也或从剌 䡶車踐也 齺䶛說文齒分

骨聲或作㔣 睞睞眸子不正也或省 瘌癩說文楚人謂藥毒曰痛瘌一曰傷也疥也或作癩 庲康博雅庵也一曰獄室

或省 瑓瑓瓎說文玉也或省亦从賴 炪爁火皃或从賴 莿艸名蕮屬 鯻魚名或書作鰊 梾說文木也 糲

糲糲脫粟也或从厲从剌 諫謗諫語聲 䓝䗶蟲名廣雅䗶也一曰蝎也或書作蠟 剌帀說文刺也 喇喝喇言急

懶惡也 聰聽不相當也或書作䀴 颲風皃 ○捺乃曷切字林捺搦捎也文六 蝁瘵博雅痛也一曰螫也或作瘵 萘

吳中菜名有剌 蘿博雅蝎也或書作暴 捺捺生皃

十三〇末 莫葛切說文木上曰末从木一在其上一曰無也弱也文四十六 帓帶也 佅肥皃一曰四夷樂名 妹妹嬉有施
氏女 𡋯塵壤也 怽志也 頪頪顝健也一曰面平 眛說文目不明也 眜目冥遠視一曰久也一曰不正視 苜說文目不正也
袜絉所以束衣也或从糸 韎韋赤色 䇞捕魚竹器 靺靺鞨北狄別種 砞碎石 沬說文水出蜀西徼外東南入江
皌皌眛淺白 抹字林抹摋滅也 䒿䒿艳色淺 濊說文拭滅皃一曰塗也 昩日中不明也 粖鬻䬴博雅饘也
或作 䴲麩說文䴺也博雅䴲謂之䴺或作麩 𨣧字林醬也 䬴秣𦽋說文食馬穀也或从禾亦作𦽋 鴺鳥名博雅
鴺鷗鳥也 鮇魚名 胅肚也 袜皮也 𣨛朽餘也 味黑光也通作沬 衊血也汙也 魩魚尾 䯦骯䯦小骨 䮏馬走
皃 眛舂米碎也 跊行過也 枺木名 炢火色 莧火不明 〇活 濶戶括切水流皃或从聒活一曰生也文二十 栝
祀也 䣮未詳酒也 佸會也 蛞蟲名科斗也通作活 姡詐也靦也 髺鬠絜髮也或作鬠 䯏骨耑 越䟠艸也春秋
傳大路越席一曰瑟虛或从舌 葀𦶇獨活藥艸 秳說文舂粟不潰也一曰生也謂禾生 會項椎也莊子會撮指天向秀讀 括方言閑也
頢䪗說文短面也或作䪗 𦨭舟行 䟯䟯䟡行瘦 〇豁呼括切說文通谷也文十 奯說文空大也 䀑博雅䀑䀑

視也一曰眼眛視高皃 濊濊說文礙流也引詩施罟濊濊或作濊 泧說文濊泧也一曰泧泧流也 斜博雅抒也 濊水聲
闊大闊門皃 𪑚黑色 〇闊苦活切說文疏也一曰遠也文十 适疾也 蛞蟲名科斗也一曰蛞蝓無殼蝸 筈括箭末
曰筈或作括 佸說文會也 䟯䟯也 秳禾皮曰秳 葀艸名 𤬪瓜也 〇括栝古活切說文絜也一曰撿也或作栝文四
十一 昏𠯑說文塞口也古从甘 䯏鬠說文潔髮也或从會 䀨目暗 聒說文讙語也 䯋聾聲
說文善自用之意也引商書今汝𢠢𢠢或从耳亦作聒通作聒 䶝說文噍聲 銛說文斷也 姡說文面醜也 劊博雅斷也 佸
𠊩說文會也引詩曷其有𠊩一曰𠊩𠊩力皃或作佸 頢小頭皃一曰短面 䯏骷說文骨耑也一曰削也或作骷 蛞蛞螻蟲名螻蛞
也一曰科斗也 𨓈适說文疾也隸作适 湉潏活㳷說文水流聲或从聒隸作活㳷 秳說文祀也 檜栝木名
古作𢬵 栝說文櫽也一曰矢栝築弦處 筈箭末曰筈筈會也謂與弦相會通作栝 苦𦧇說文苦蔞果菰也或作栝 䓣艸名爾雅
落蘗舌 葀字林蘗葀瑞艸也 鴰鳥名說文麋鴰也 會會撮項椎也 噲臚噲頰色剝鏰也王叔之曰盈虛不常皃 匄
乞也 〇斡烏括切說文蠡柄也揚雄杜林說皆以爲軺車輪斡文十二 捾說文搯捾也一曰挼也 斡抒也 䁊說文短深目皃一曰

寒也 睕嫵媚也 𥈭目開皃或書作㿹 嬒女黑色 懀懀也 焥烟起皃 䀹說文捾目也 澣取水也 婠皃气
〇梓攢活切梓杌木短出皃文三 蕞小皃 柮柮相柱耑木 〇抈五活切折也文十 枂木除櫱曰枂一曰柮枂柱耑木
䫄說文短面也 扤動搖也 𡰯𡰯卼不安也 外外也 刖絕也 杌梓杌木短出皃 跀去足刑 𦚡獸食餘 〇
撥北末切說文治也文三十七 癶說文足剌癶也隸作癶 𨒛說文前頡也賈侍中說 鬉鬉髮多毛 㤁意不悅也
跋說文蹎跋也 帗說文一幅巾也 袚𧙏說文蠻夷衣一曰蔽厀或作𧙏 襏襏襫雨衣也 盋鉢食器或作鉢
驋馬搖首 羐博雅羐羯也 䳊鳥名似雉 鱍發鱍說文鱣鮪鱍鱍或作發亦从魚 妭羌人謂婦曰妭 市
茇艸木盛皃或从艸 柭說文棓也 茇茷說文艸根也春艸根枯引之而發土爲撥故謂之茇一曰艸之白華爲茇或从伐 䟦
斷足也 䇶箄也 朗獸食餘 拔把也 墢坺發土也國語王耕一墢或从犮 袚博雅襏袚衭也 鏺鐮也 䑊
撥海中大船或从木 䟦䟦䟦足大 蹳足跋物 〇鏺鏺剟普活切說文兩刃木柄可以刈艸或省亦从刀文二十九 癹
䟦撥說文以足蹋夷艸引春秋傳癹夷蘊崇之或从足从手 𤿺𤿺艴色淺 市艸木盛皃 䮂馬行皃 㧊說文撻也一曰擊也

䬪師䬪淺白色 袚衭袚也 𥉬昲說文目不明也或从市亦書作昲 酢說文酒色也 醱醱酦謂之醱或省 潑潑
奔水也或省 羛牯羊名 鱍鮁魚游皃或省亦作鮁 迖廣雅猝也 炦說文火皃 筏箄也 茷箄也 𣫚
拂取也 昢光也一曰乾物 〇跋蒲撥切本也一曰跋躠行皃文四十一 拔回也 迖跋趎越說文行皃一曰猝也或作
跋趎越 胈膚毳皮 骳骳髆骨高皃一曰肩髆骨 癹䓅除艸也或从艸 犮說文走犬皃从犬而丿之曳其足則剌犮也 魃
說文旱鬼也周禮有赤魃氏除牆屋之物引詩旱魃爲虐 废說文舍也引詩召伯所废通作茇 拔矢末 鮁魚名似鯉而赤 䶀䶀鼠肥者或从發
拔推也一曰拔擢自任無憚也 旆旗旐 軷說文出將有事於道必先告其神立壇四通樹茅以依神爲軷既祭軷轢於牲而行爲範軷引詩取羝以軷
颰疾風也 䨲雲皃 酦字林酒氣也 䤤博雅䤤香也 𢟵心起也 [illegible]腐氣或从臭 炦說文火气也 坺
說文治也一曰臿土謂之坺引詩武王載坺一曰塵皃 䑊雖射收繁具 鈸鈴 䮂馬名 䳊雄說文鳥也或从隹 茇䢀
艸木根或从乏 菝菝葀瑞艸也 撥絕也 蹳足跋物也 茷木枝葉盤紆皃通作茇 妭說文婦美也 〇撮最麤括切說
文四圭也一曰兩指撮也或省文六 𧟨緇布冠謂之𧟨 㩎攫撮搏也徐邈說 黖黑也 䰆鬙也 〇繓宗括切結也一曰逢餘文七 撮

捝也一曰兩指撮也 擦把也 樶木錐 沛水名東入海 㦿拭也 濊滿也○掇都括切說文拾取也文十二 剟削也
敠敁敠度知輕重也一曰敠聚食不速也 腏取肉骨中曰腏 祋殳也一曰祋栩縣名 裰補也 咄叱也 鵽䳑鵽鳩鳥名大如鴿無後趾
或从出 蝃蟲名鼅鼄也 𪘾方言短也 㲔㲔夷㲔毛罽也 䎓不聽也○侻他括切博雅可也一曰狡也一曰輕也文八 捝
稅說文解捝也或作稅 脫消肉臞也 莌䒞艸名生江南或从脫 棁說文木杖也 突卒相見兒○奪奪
徒活切說文手持隹失之也或从寸文十四 敓說文彊取也引周書敓攘矯虔 挩擭也解也 脫說文消肉臞也一曰壞斷亦姓 痥說文馬脛瘍也
一曰將傷 鮵魚名青州呼鱧為鮵 莌䒞活莌艸名生江南高丈許大葉莖中有瓤正白或作䒞 兊龍兊地名在趙 梲博雅杖也 祱
行也 皶皮剝也 䳟鳥名大如鴿○捋盧活切說文取易也文十一 寽五指寽也 刹博雅削也 頢頢頢面醜 蛶
蟲名蝸何也 𪏿黑也 騂馬毛斑白 脟脅肉也 酹餟酒也 㸹駁也 㭩木名○𠜾先活切削也文二 㵗吮也
十四○黠下八切說文堅黑也一曰慧也文六 䶀齧骨聲 𪎆麻莖 閕門聲 磆砎磆小石 齰齧聲○䛔
丘八切也文十八 劼用力也固也慎也 㓤剝也 㓞說文巧㓞也或書作㓞 鬝髺博雅禿也或从契 硈砎爾雅固也一曰石堅

大一百四十 小一百三十四 集韻入聲十九 三十五 正

皃或从乞 𢼛擊也 𥿮短也 咭鳥聲 蘔葜挈菝葜艸名或从契亦作挈 鮚鮚魚名或省 戛爾雅常也
絜苦也○戛揩訖黠切說文戟也一曰轢之也或作揩文三十九 𢪆鼓也 楔門兩旁木一曰木名荊桃也 揳擊也 揩持
說文亂也 禊上巳祭名 契說文斷㓞刻也一曰契畫堅也一曰缺也 頡䫄頡漢侯名 忦博雅忧也懼也一曰恨也通作恝 嘎嘎嘎鳴聲
砎砎磆小石一曰磨也 骱骱骱小骨 尬尲尬行不正 圿垢也 袺說文執衽謂之袺 稭秸鞂藍說文禾稾
去其皮祭天以為席或作秸鞂藍通作戛 硈說文石堅也一曰突也 鶷鶷鶡鳥名 鴶鴶鵴鳥名鳲鳩也通作鴶 揩戩也轢之以上樂通作戛 介
特也漢書介居河北晉灼讀 芥小艸 恝無愁兒 挈絜博雅獨也或作絜 劼博雅勤也 莫艸名 鬄禿也
拮拮据口手營作也 屆至也 䀄眈䀄視兒 契戲也 祴祴夏樂章名 猰犬也 㤂憂也○軋札乙黠
切說文報也或作札文二十一 揠扎說文拔也或作扎 䁕以目相戲謂之䁕 嫼嫉而怒也 𧳜猰𧳜貐獸名類貙虎爪食人或从犬
𪐸黑也 虬蟲聲 吒鳥聲 穵窫說文空大也或从契 乙鳦說文玄鳥也齊魯謂之乙取其鳴自呼象形徐鍇曰此與甲乙
之乙相類其形舉首下曲與甲乙字少異或从鳥 圠山曲 𠃵𠃵屈強也 𨳋門聲 𥐰石兒 𪖯鼻兒 𩵽䱾𩵽魚名○滑戶八

切說文利也一曰州名亦姓文二十 傦𠇗足病或作𠇗 磆磆石藥名 䶣說文齧骨聲 𪎰說文餅麴也 猾獪亂也
或作澮 鶻鷽鶻鳩鳥名似鵲或作鷽 鰡山海經餘峩之澤多鰡魚鳥翼出入有光 螖爾雅螖蠌蟳屬一曰蟚蜞蟹小者 澮
雨水合也 㕡博雅偶也一曰深堅意 䠇說文囚突出也 䀵眣睊直視兒 槶木也 䯏骱䯏所以凝也 趏走也○傄呼八切傄僁健
也文九 𪌟麴也 䀰𥇌視也一曰怒視兒或作𥇌 搰搰搰用力兒郭象說 寣說文臥驚也一曰小兒號寣寣一曰河內相評也 𣯚臥覺
也 欯訶也 𨽸鼻息也○𠢖苦滑切力作也文四 搰搰搰用力兒徐邈讀 𨳡大開門兒 闊跳也遠也○劀古滑切說文刮去惡
創肉也引周禮劀殺之齊文一 䲣魚名 擖博雅折也播也 朆視也 㓞廣雅刺也 𪄊鶻鵃鳥名 趏走也○婠烏八切體德好
也文十 歇嗢說文咽中息不利也或从口 𣁰斗取物也 嗢笑也咽也 嗗飲聲謂之嗗 膃膃肭肥也 捾抉也
空探穴也 𥤶穿也○䶜五滑切䫟䶜不安也文四 聐䫟聐癡不能聽 聉說文無知意也 聜說文吳楚之外凡無耳者謂之聜言
若斷耳為盟一曰聾也○八布拔切說文別也象分別相背之形文十 扒捌弃上具或作捌 玐玉聲 釟治金謂之釟 馯說文
馬八歲 叭鳥聲 扒捌破也擊也或作捌 柭棓也○汃普八切水兒文六 叭聲也 矺石破聲 齘齒聲 檗

大一百三十三 小一百四十三 集韻入聲十九 三十六 正

餘半孰也爾雅米者謂之檗施乾讀 𨏷車破聲○拔蒲八切說文擢也文四 犮犮結短兒 菝䓞菝葜艸名或作䓞○
𠌨莫八切𠌨㑻無憚一曰健也文十二 𢲐打也 眓昒博雅視也一曰惡視或从勿 𨣿醬也 䯝骱䯝所以凝也 䯦䯦骸小骨
一曰骨堅 礣礣砎小石 叐入水取物 𪖰鼻息也 摵拭也 韈赤韋也○殺𢿊𣏕敽㓤䵸
𢽦㦿山戛切說文戮也古作𣏕敽㓤或作㦿文十八 鎩𨭰長刃謂之鎩一曰羽傷也或作𨭰 撥𣞾艸名說文似茱萸出淮南
或从艸 䙛衣縫餘 𢟥說文𢟥也一曰恔也一曰婦人脅衣 㡲巾二幅謂之㡲 潵寒也 摋擊也 鶥鳥飛迅疾○察
初戛切說文覆也徐鍇曰祭祀必質明明察也故从祭文十一 詧說文言微親詧也 攃推也 䕓博雅視也 䏑聽聰也 𪘨齒利一曰
磣也 蔡艸名有毒殺魚 檫木名梓屬 𩴺羅𩴺鬼名 憏審也 嚓小聲○札側八切說文牒也文九 紮纏束也
𡙈𣧂字林夭死也或作𣧂 𪀤鳥名似百舌喙長 蚻蠽蟲名爾雅蚻蜻蜻如蟬而小或作蠽 蠿蟲名說文蠿蟊作网蛛蝥也
扎拔也○𪘨土滑切博雅齧也文一○茁側滑切說文艸初生出地兒引詩彼茁者葭文一○窡張滑切說文穴中見也文十 窋
說文口滿食 聉無知意 娺說文疾悍也 鵽鵽鳩 窋說文物在穴中兒一曰后稷子名 窶頢說文短面也或作䪼 訥

言不辯也朏郟疾○痆瘵女黠切瘡也或从奈文四𧝓褸襦衣𧞊人奴○貀豽女滑切獸名說文無前足漢律
能捕豺貀購百錢或作豽文七柮說文斷也肭說文言之訥也朒腽肭肥皃豽豕名窋穿也○唽知戛切𠷎唽鳥聲文
一○呾𠴨軋切呾噠語不正文一○噠宅軋切呾噠語不正文一
十五○舝舝下瞎切說文車軸耑鍵也兩穿相背从舛萬省聲萬古文偰字或作舝文二十三轄鎋輨說文車聲也
一曰鍵也或作鎋輨鎋飲也勂用力也瑎說文石之似玉者砎砎礦小石𡎸說文四突出也鶷鶷鷤鳥名似伯勞
楉木斫以正弓弩也蠚蟲名蛂蛄也萻芊艸名方言蘇沅湘南謂之萻或省絬束也搳揩說文擖也或作
揩螛蟲名仙姑也磍磍礣怒皃嗐大開口骱髖骱小骨閜爾雅代也施乾讀○瞎許轄切目盲也
或从曷文七齘說文齒堅聲鬝鬁博雅禿也或作鬁傄傄傄無憚勂勂勂用力聲○鶷篕楉
五瞎切敔也以止樂或省亦作楬通作揭文十二藒藒車香艸䮦馬駁色磍碣礣勁怒皃髺楬桓木飾者或从木鬠
禿也搳博雅擖也擖說文刮也一曰撻也趏走皃○鶷居轄切鶷鷤鳥名似梟文十擖刮也折也轄轄轄雜也

鶷齧聲鶷鶷鶷鳥名似伯勞而小𡅅舌出皃𦷰艸名羺羺羊也磍碣礣勁怒皃獦雜也○
鶷乙轄切鶷鶷鳥名文九闒說文門聲也圔䮑馳聲呾呼聲磍磍破石地不平歇闕人名史記有趙王歇徐廣讀
顂怒皃轄車聲漢書皇車幽轄碣碣礣勁怒皃○瘵女瞎切廣雅瘡也文二箬竹病一曰竹皮○齾牛轄
切說文缺齒也文十二聐不聽受也齾器缺也鬝鬜博雅禿也或作鬜𡾊山中絕皃慭字林閒也一曰傷也一曰缺也
一曰厭鶷名𪇆𪇆鶷鳥名似伯勞佡行不正𪈧鶷鶷鳥名似梟𢗬恝急也憂也古作恝○頢乎刮切小頭皃文
十九䶎齒聲姡方言獪也一曰面醜一曰靦也䄆秳舂未潰也或从舌㖶唔息也或作唔𠯑昏舌博雅
塞也或从甘亦作舌敔盡也鬝帛細者婠好也刖危也竂面短也或書作嬫瀨瀨瀨不淨也一曰言不了秳秳
廣雅法也或作栝佸會也生也勳力於田也○䀨荒刮切埤倉怒視皃文二傄傄傄健也○刮捖古刹切說文掊把也一曰摩切或作捖文
九栝禳祭也鴰鳥名爾雅鶬麋鴰睆明皃禮華而睆徐邈讀鬝帛細者銽銛斷也或从舌趏走皃○
刖跀五刮切斷足也或从足文五聐塞耳也刖歠食餘䛒博雅怒也一曰訶也○捌百轄切木名文一○

怽莫轄切帶也文五栢帞貊鄂巾栢頭始喪之服或从巾亦作貊韎赤韋○剎剎初轄切柱也或作剎文九
剸𣂕割聲謂之剸或从斤㹻水獸名摋搏也杀徐鍇曰未知所出莿艸名黥黑也○剸鍘
槎轄切斷艸刀具也或作鏫文四積農具汃汃汃水流皃○髵而轄切細毛文一○刷數滑切博雅𠛏謂之刷一曰刮也文三選
金鍊兩名也唰小嘗也○𪐴鄒刮切說文黃黑而白也一曰短黑文六蔱除艸也荃艸名斳剸剸
博雅斷也或作剸剸○哳陟轄切嘲哳鳥聲文二䁆貨也○鵽張刮切鳥名說文鵽鳩文五窡穴中出皃錣箠端有鐵
娺疾悍也竂面短皃○頢丑刮切頢頢小頭一曰面短皃文二㵽瀨瀨不淨也○姡妠女刮切姡妠小皃肥
皃或作妠文六甋甏甈也或作甏亦書作甃𥌒目深皃䄶帶襦也○獺逖鎋切捕魚獸文一○𡗝側刮切菜名文一
十六○屑屑先結切說文動作切切也一曰敬也勞也不養巳也隸作屑文十九糏𪍴舂餘也或从麥榍說文限也
䏶脇博雅脂也一曰膻中脂或从血蓿艸名僁僁說文聲也一曰僁偰吟也或从屑㣯憂也溹滑泧
濊濊水皃或从屑从戌揟挻出物也一曰揲也䞤𧿏散䞤疲也一曰分外用力皃𢓭撇𢔇衣服婆娑皃一曰𧛤𢔇稿也㛊小皃𦅾

說文𥽖米也○切千結切說文刌也爾雅屑謂之切一曰迫也要也刌也文十七柣楔爾雅柣謂之閾或从屑竊竊說文盜自中出曰竊
一曰淺也或省䛛詧嚓正言也或省亦作祭沏水聲一曰水流漈皃跏跌也齧說文齒差也漆漆漆祭把之容𪘂
爾雅㓭謂之䤾沈旋讀扨博雅磨也紉博雅索也䏋聯聽也或省○節子結切說文竹約也一曰制也操也信也文十八𢚑心有
度也茁草約也儆偉儆猶趣儆也卪說文瑞信也守國者用玉卪守都鄙者用角卪使山邦者用虎卪土邦者用人卪澤邦者用龍卪門
關者用符卪貨賄用璽卪道路用旌卪象相合之形通作節𨸏阝治也或作阝𡾰也岊𡶆說文陬隅高山之節或从
卩楖說文櫛櫨也或書作𣛭櫛擳栻也或从手𤓱燼謂之𤓱蝍蝍蛆蟲名鯽魚名扻治髮也莊子簡
髮而搫斷絕也○截截昨結切說文斷也或作𢧜文十六𨘋邪出前也節岊巀山高峻皃或作岊嶻蠽蟲名
海蟹蠽博雅治也一曰艸名䥛食也札疫癘也周禮大札則不舉徐邈讀𧕿𧑞蟲名爾雅蠽茅蜩似蟬而小青色或作𧑞
鬛鬛鬛㹻類長毛善走蠞蛶水蟲名海蛭有螯蛾或省䉅竹刺也○窒丁結切塞也文十四絰結也瞪瞪䁆恐皃
𡉹咥咄語無節垤水蛭咥唐姓蛭蛭蛭蟷蟲名似鼅鼄在穴中有蓋或从室恎博雅很也挃擣也頢頢頢小頭

皃櫍斫木具閨開也囗下入也○鐵鐡銕鐵他結切說文黑金也或省古作銕鐵文十六攕楯攕
也僣狡也餮飻說文貪也引春秋傳謂之饕飻或作飻驖說文馬赤黑色引詩四驖孔阜蛈蟲名螲蟷也耋年八十也
易大耋之嗟王肅讀𢧐替也鴃鳥名爾雅鴃鵧被或書作鴂佚怢佚蕩簡易也或从心替弛也○姪嬻徒結切說
文兄之女也或作嬻文七十五耋耊𦒸說文年八十曰耋或不省亦作𦒸絰𦀖說文喪首戴也或从糸𦤀說文觸也
凸高也胅𩨨腣䐯說文骨差也一曰腫也一曰連脈肉或从骨古从弟从奎跌蹛說文踼也一曰越也或从帶
趃大趨也迭踢說文更迭也一曰迭或作踢咥㗧𪗆𪘾齧堅皃或作㗧𪗆𪘾詄說文忘也蛭水蛭蟲名
恎恎恎懼也一曰很也𢶏挃博雅擿也或省墆貯也止也懘不能自安也垤說文螘封也引詩鸛鳴于垤跮前却
皃窒實也一曰窒門冢前闕皆謂之窒皇柣閨桔柣鄭門名或从門闋閉也泆泆蕩滌也戜說文利也一曰剔也軼
車相出也駃馲說文馬有疾足或作馲驖驖馬赤黑色或省鴃鵛雉鳥名說文鋪豉也或作鵛亦从隹跌說文
虵惡毒長也蛈蟲名博雅蛈蝪蠸蛈螲螲蟷穴蟲王蛈蝪也瓞𤬫𤬪𤬲說文瓞也引詩緜緜瓜瓞或从弗亦作𤬲
大口三十八小口九十 集韻入聲九 三十九
茦蕺艸名說文蕺茦也或作蕺茎木名莿榆也嵽𡾕㟤峌山皃或从窒亦省𢧐替也突
竇出也易突如其來如王肅讀至單至輕發皃佚方言佚惕緩也苜說文目不正也摕𢷕捕取也或作𢷕昳日側䟄
剃剔鬄也或从弟𢧀大也盛也秩序也常也眣眰𥈆目出皃一曰目不正一曰以目使人也或从至从奎鐵利鐵也○
叀㚷力結切叀叀頭袤態一曰多節目也或作㚷文十八睙轉視戾曲也至也一曰諡也無其功有其意謂之罪有其功無其意謂之戾
㓹割也捩擸拗也或作擸𡗞左戾也盭引戾也綟綟綬謂之綟一曰帛莢艸染色也呼鶴鳴唳嘹唳鳥聲
棙木名善破血𦽼紫艸淚漻淚水皃隸僕也𢓑𢓑㑦行不正乀右戾也○涅乃結切說文黑土在
水中也一曰化也一曰水名一曰縣名在上黨文二十三埕呈下也塞也或省脭腫也捏搦也𠲯𧨣博雅怒也一曰訶也
或作諿硣羽硣礬石也篞𥬔爾雅管中者謂之篞或省痆痛也捻敜按也或从攵苶疲皃一曰
止皃蒊艸名𦲢蒊菜名似蒜生水邊或作蒊窒塞穴也槷木楔也𤷄疾也淰陰亂也莊子陰陽之
氣有沴嘟咄嘟胡人名碜石名○纈奚結切繫也謂繫繒染為文也文三十三襭擷說文以衣衽扱物謂之襭或从手

𢶍博雅束也頁說文頭也从百从儿古文䭫首如此叀說文頭袤叀叀態也䐑博雅䐑膜也齕博雅齧也絜
爾雅河名即九河之一也一曰絜束知其大小也桔閽桔柣鄭門名或作閽闃門聲頡說文直項也亦姓翓翓翃飛上下皃
通作頡𪕭鼠名色蒼蝢肸蝢國名月支也𤛓牛很皃麧屑麥籺𥝧屑米細者曰籺或从禾𥌓曉瞭目赤
㹉山海經鳌山有獸狀如犬有鱗名曰㹉䕢龍䕢艸名馬蓼也挈縣持也通作絜紇大絲髻竈神名𢈽帶也
莊子正縻係復乩乩毒國名身毒也䳰鵝䳰艸名莊也趹姓也後唐有趹跌琉𧕽蟲名㩗麥全曰㩗通作櫢
邀也○㚙顯結切廣雅㚙㚙肥也文八歇歇歇气皃𩌁繫牛頸一曰急也肸肸蠁也擷拮扱也𢹌束也
禊襦也絜約束知大小也莊子絜之百圍徐邈讀一曰河名以其水勢約絜也○猰詰結切獸名文二十一窫靜也挈
說文縣持也䫸䫸䫸短皃夬左戾也叀叀叀多節目一曰頭傾契契闊勤苦也詩死生契闊絜博雅缺也㓞
刻也通作鍥𡏳界也𥟍禾稈也𣽡水名出雍州南山趌踕跳皃或从足鍥𨪷說文鎌也或从挈
𦂢器受一斗北燕謂瓶為𦂢蛣蛣蛣蟲名長寸餘腹中有蟹子如榆莢合體為蛣一曰蚌之小者蛪𧑂蛪蛪蟲名似蟬而小或从蚰
大口廿九小口七十五 集韻入聲九 四十
齧噬也○結紒吉屑切說文締也或作紒文三十六桔說文桔梗藥名一曰直木袺爾雅執衽謂之袺拮說文手口共有
所作也引詩予手拮据狤狤猲獸名叀說文頭傾也𧒏蟲名蛣也一曰蝗屬絜說文麻一耑也潔絜洯清也
或作絜亦省㛃女㛃清也揳擽揳擽汲水具或从絜鍥鐭𨭢鍩博雅鎌也或从絜从挈从結䕉艸名鶪
鶪鳥名說文鴂鶪鳧屬或从絜趌趌趣跳皃魝說文楚人謂治魚人趹說文走意髻竈神名衣赤衣𢈽帶也楔
木名爾雅楔荊桃椛軌讀蛣蛣蟩井中小蟲鮚蚌也漢書鄞縣有鮚埼亭頡頭小皃蛪蛪蜵蟲名蘮艸名計畫也
扢摩也秸禾秀也○噎餲饐一結切說文飯窒也或作餲饐文二十三咽聲塞也𥹊米餌曀風晦也
闉閉也㝣窫靜也或从穴蠮蠮蠮蠮螉蟲名土蜂也或作𧐴亦从壓潱澧水流皃或作澧㹜獸名四首
四角撎持也猰㹇猰貐獸名似貙或从豸湮塞也蠮蠮螉蟲名壹壹鬱不得泄也翳蔽也蛪蛪蜵蟲名
如蟬不捨晝夜○齧倪結切說文噬也亦姓文二十三褹爾雅衣袂謂之褹闑爾雅橛謂之闑臬㙞說文射準的也或作
槷隉隍鶂摰棿倪說文危也徐巡以為隉凶也賈侍中說隉法度也班固說不安也引周書邦之阢隉或作隍鶂摰棿倪

蠥蘖也 蜺蛪霓屈虹也或作蛪霓 蛣蛣蟩井中小蟲 嵲嶭峴岜嶢嵲山高或作嶭峴岜亦
書作覭 澩水名 巃龍巃 𡾰屼𡾰山皃 ○穴胡決切說文土室也文六 䋤說文纏一枚也 坹空深皃 袕
衣開孔也 鴪鳥名 抭抭撞擊 ○血呼決切說文祭所薦牲血也从皿一象血形文二十一 瞲眓眏驚視也或作眓眏
衁瞎衁視惡皃 訨博雅怒也 泬說文水从孔穴出也 閔闃闃無門戶也 窬窒窔說文空皃或从血从決 閴
陕陵臽突也或作陕 桖木名赤莕血 𦬷說文艸也一曰地蒕備也 泬吷疾皃或作吷 坹博雅深也 疦瘡大者疾
颫風也 膈瘡皃 ○闋苦穴切息也止也文七 闃闋闃闋無門戶也或不省 湀湀闋流川孫炎說 缺𧥿決
破也或从皿亦作決 ○玦璚古穴切說文王佩也或作璚文五十七 觼鐍鐍說文環之有舌者或作觼鐍通作缺 鈌博雅刺也
觖怨望也 潏沈說文涌出也一曰水中坻人所為為潏一曰水名在京兆杜陵或从穴 決說文行流也廬江有決水出於大別山一曰斷也
刔抉剔也或从手 肤說文孔也 抉方言㧖謂之抉 橘袂博雅㧖橘袖也或从史 絘紩繘綆也
訣或从史 訣絕也 譎𧦝說文權詐也梁益曰謬欺天下曰譎或省 眏說文涓目也 憰說文權詐也一說心恑曰憰言詭曰譎

疦說文瘍也 趹說文馬行皃一曰步疾也 趉說文踶也一曰疾也 駃說文駃騠馬父贏子也 𤫊說文獸也似狌狌 鴂
雉鳺鳥名說文鶪鶪也或从隹亦作鴃 蚗蛁蚗蟲名螅蛄也一曰龍屬 茭蔛茭光艸名英明也或从決 史䟭所以
閭弦者詩決拾既次或从弓通作決 𦋐罬罟名爾雅罬謂之罦罬也郭璞讀 闋駃爾雅馬回毛在背曰闋廣或从馬 駃鴂鳥名伯勞也孟子南
蠻鴃舌或作鵙 僪日旁氣 橘不祥也 砄石也 狭獸走也 陕閼陵阜突也古作𨸏 𩣺蚌醬 鱊魚名
吷鳥聲也 㝥穿也 瞲眓目深皃或省 妜美皃 炔焆煙皃或作焆 ○抉一決切說文挑也文十三 䟭
說文深抉也 鈌說文刺也 窔說文穿也一曰空也 妜說文鼻目間皃 瞲說文目深皃 焆火光 浹噬也周禮鍥嚎浹吻 炔
博雅明也 蚗蟲名說文蛁蟟也一曰蟪蛄秦謂之蛥蚗 闋說文自突也 𩕔城缺也 䭾皃 ○撆蔽四蔑切說文別
也一曰擊也拂也或作撇亦書作撇文十八 𠡞削也 丿左戾也 𦃃編繩 瞥𥉋覕見說文過目也一曰目翳一曰財見也或从
見亦作覕 覕暫見也 嫳說文易使怒也 䋣馡秘䋣馡香也或作秘馡 颮小風謂之颮 𥉔𥉔𥉔日落勢
蟞蟞蝆蟲名蛾也 𨇊反足蹩也或書作躄 撆搫也 ○弼𢐀𢐀𢐀必結切弓戾謂之𢐀或作𢐀𢐀𢐀文二十七

鞸珌刀削飾或作珌 褙袂也 䠲跳也 𠡒𠡒巨力也或作𠡒 鮅魚行皃 閉闔也俗作 焆
熚灼物焦也或作熚 㿰暴乾也 必絹以組約圭也周禮天子圭中必或作縪 彃弓𢎞也 蟞蟲名博雅蛂蟞蟞蚨
𧜉蔽膝謂之𧜉 𦚾肥也 痹足病 佖滿皃 撇揎衣 䒌不正 䫱僻也 㧙㧙撆也或作撆 ○
蹩蒲結切說文跛也一曰跋也文三十四 搫批擊也或作批 𩔰䫱頑頚 𦚾說文肥肉也 䟤足擊也 苾菜名 撆
捩也 𩞄䭯䭯𪎈香也或作𩞄䭯通作苾 咇語也 飶食氣之香 瘪枯病 蛂蛂蟥田蟲名 𢿢
敗也詩敝笱在梁徐邈讀 弊惡也周禮弊弓徐邈讀 覕過目也 潎潎衛衣服婆娑皃或从人 𡜬博雅怒也或書作嫳
憋惡也或書作憋 炦火氣 蟞蟞蝆蟲名蛾也 坲坲𡋯塵皃 擎拭也 棿木也 颰風也 柲戈戟柄
襒衣也或書作襒 𡚖𡚖仆也或从死 ○蔑莫結切說文勞目無精也从苜从戍人勞則蔑然从戍文三十八 𢥻說文輕易也引商書以相
陵懱一曰不方正 𢪑𢪑𢪑博雅擊也一曰末也 醯醯醅醅醬也 瀎瀎塗飾也一曰瀎泧水皃 鑖鑖博雅鑖鍱鋌也 𩈤面小也 衊汙血
衊汙面也 蠛蠛說文目眵也一曰目赤或作蠛 𥆞說文蔽不相見也 㡈幭說文蓋幭也一曰禪被一曰車覆也或省 紗

穖蔑說文禾也或省 䵦𪉖䵦說文涼州謂䵦為𪉖或从末从蔑亦作粖 粸稱也 篾𥷹
析竹也一曰挑 蔑說文火不明也引周書布重蔑席織蒻席也 鴓𪄑鳥名工雀也一曰巧婦或从隹 懱僭也 鴓鴓
鳥名繼英 䁾鱴魛魚名鮆也 蠛說文蠛蠓細蟲也 眜地名春秋傳公及邾儀父盟于眜通作蔑 瞢莫目不明也或作瞢
也或从穴 㫶舉目使人謂之㫶 首目不正或書作苗 礣礣砎堅石 ○𩦺鋪結切𩦺皃文一
十七 ○薛私列切說文艸也或省一曰國名亦姓文四十六 辥說文辠辛也 紲緤絏說文系也引春秋傳臣負
羈紲或从枼从曳 褻說文私服引詩是褻袢也 結說文引論語結衣長短右袂 㡜帛也 𢴨說文日狎習相慢也詩曾我𢴨御謂侍
御一曰嬻 媟嬻說文嬻也或作嬻 偰契說文高辛氏之子堯司徒殷之先或省古通作禼 禼𥜯說文蟲也象形或作𥜯
渫滐泄洩說文除去也一曰漏也或作滐泄洩 詍詍言多也或作詍 翐䎕飛皃或从曳 㾐瘛瘛病
或从曳 齧說文斷也一曰餘也 𧁶博雅椎也一曰羊𠷎有鐵一曰田器以治苗殺艸 齥齛齛說文羊粻也或从禼从曳 揲
持數也易揲之以四 䩞馬被具 㑢㑢也 𢥍不安皃 躠殺躠躠旋行皃或作殺亦書作躠 㨗𢶒揳拭滅

也 揳㩙㯝 說文擲也蜀人从殺周禮从埶一曰揳山排 摋 側擊也春秋傳摋仇牧 呭㖈 樂也或从戉 䶛

鳥獸理毛 潰 注也 ○ 蠽蠿 子列切蟲名說文小蟬蜩也或从虫文十四 鷻 說文鳥也 尐 說文少也 𢫬 捕也 趉

字林夭死也 鑯鬣 說文束髮少也或从巛 巀 嶻好也 孅 也 吣 鳴也 𢦔 也 𧍧 蟲名 蠘 小衣 ○

霻雪 相絕切說文凝雨說物者一曰除也隸省文八 㒝 㒝縷今時蘭繡爲華 擮 拂拭也 涚 拭勿以酌酒一曰沖和 娍

博雅驖 艸名鼠姑也 歲 年也 ○ 膬脃脺 促絕切說文耎易破也或作脆脺文八 絟荃 細布也或作荃 䃭

石破 殺 斷也 蕞 艸聚貌 ○ 蕝蕞 祖悅切說文朝會束茅表位曰蕝引春秋國語置茅蕝表坐或作蕞文十三 [illegible] 臏也

絕絕㔍 斷也或从刀从手 茁 艸生貌 橇毳 鳥治水所聚形如木筏其行泥上或作毳通作蕝 撮 行具尸子

日行險以撮 㧟 拙也 膬 柔易破也 蕝 艸木聚生 ○ 𢶡𢪛𢵘 似絕切拙也或作𢶡𢪛文七 鮤蜇 鮆鮤

魚名似蜥蜴生海中或从虫 㧟 撮取皮也 蹷 跳倒也 ○ 絕㡭 情雪切說文斷絲也古作㡭象不連體絕二絲文二 ○ 𧬈 遷辭

切察也文二 蕝 位也束茅表 ○ 設 式列切說文施陳也从言从殳使人也文六 蔎 說文香艸也 晢 明也 𩛥 陳飲

大一萬三十八 小六百九十三 集韻入聲十九 四十三 何七

食也 㯏 裂帛也 揲 數蓍也 ○ 掣 尺列切挽也文五 瘛瘈㾜 病也或作瘈㾜 懘 懘惉心動 ○ 浙

浙 之列切說文江水東至會稽山陰爲浙江一曰汏也或作淛文二十一 晣 說文昭晣明也引禮記晣明行事或書作晢 晣 目明也 䀸

𦡽 博雅𦡽臑膞也或从折 折㪿 斷也或作㪿 𧊒 蟲螫之子 韇𩊆 說文㮂革也古作韇通作𩊆 䬟 臭也

𥲳 博雅笙笋帶也 靳 刀削 㪿 方言剝也謂相離折 鷙鷙 鳥擊也或作鷙 㪿 夭死也 菥 艸斷 𡛀 女字

蛥蚗 蟬類 ○ 舌 食列切說文在口所以言也別味也又姓文二十一 苦 艸名 𣂚𣃔折 說文斷也从斤斷艸譚長說从折籀从艸在仌中仌寒故折隸从手

揲抴㩌箕 說文閱持也或作抴㩌箕 𥳏 竹有 鮆鯯 海魚名 鞨𩍐 治皮也或从多力亦作𩍐 蛥

蛞 蛥蚗蟲名蟪蛄也或作蛞 怢 習也 渫 治也易井渫不食徐邈讀 脪 脟脅也羊脇也 誓 相要以言也 逝 往也 ○ 熱 而列切說

文溫也文二 苶 疲貌 ○ 說 輸爇切說文說釋也一曰談說文三 蜕 蛻蟬也 稅 田賦 ○ 歠𣤗吷𪘧 姝悅

切說文歠也或作𣤗吷㕍通作啜文十二 䊟𥿋 短貌或从矢 㲡 說文掌也一曰味也泣也 𦤎 口 𣰆 細毛 娺 疾悍 酫 醎葅

荃 菜名 ○ 拙 朱劣切說文不巧也古作炪文十七 炪 說文火光也 顊腞 面骨博雅顊頔也或作腞 準

鼻也漢書高祖隆準顏師古讀 頞 頭出 䵵 短 𪓐 短貌 掇 或作𪓐 酥 醎葅 梲 梁上楹謂之梲通作棳 棳 說文木也益州

有棳 蝃蚍蠿 蟲名蝃蛛也或从出从䨻 茁 艸初生貌 ○ 蓺𤓰 如劣切說文燒也引春秋傳蓺僖負羈或作爇文九

吶 言緩也或書作㕯 蜹蚋 蟲名蚊也或省 芮 草名 汭 水北也春秋傳及滑汭 擩挼 捫也或作挼 ○ 㩋 山列

切木名菜也文一 ○ 闑 士列切城門版也文五 齛齥 羊齝也 鞨䱇劄 治皮也或作䱇劄 ○ 㕞 所劣切說文拭也从又持

巾在尸下文八 刷 說文刮也引禮布刷巾 涮 水名 㕞 毛也 鋝率 量名或作率 啐 說文小歠也一曰嘗也 選

䠎䠎兩數 ○ 箾 測劣切小舂也一曰擊也文五 荃 艸名可染 絟 細布一曰菜也 醛 酒味變也 𣂧 荕室 ○ 茁 側劣切艸

初生貌文五 㿌 黑貌 䳪 鳥名謂之䳪 𪇆 鷄聲 𠝏 斷也 蕞 艸聚貌 ○ 哲悊嚞喆 陟列切說

文知也或从心古从三吉亦省文八 晢 明也 䀸 博雅 蜇螫 螫也或从折 ○ 屮 敕列切說文艸木初生也象丨出形有枝

莖也古或以爲艸字尹彤說文十五 徹徹𨆼 說文通也古作㣪或从足 撤 抽也 勶 發也 聅 說文軍法以矢貫耳也引

司馬法小罪聅中罪刖大罪剄 嶻 說文上摘山巖空青珊瑚墮之 䑲 船行也 鰈 博雅鰈謂之鮿 䬟

大四萬三十二 小七百三十八 集韻入聲十九 四十四 句二

風貌 㸌 火然也 爡 煙貌 丨 上下通也 瞮 明也 ○ 轍𨆼轍 直列切說文迹也或从足亦作轍文十二 𣂚

明也 徹 通也道也古作徹 撤徹 去也或从力通作徹 椒 木名通作徹 澈 水澄也 哲 毀也周禮哲蔟氏徐

邈讀 𦃇 敝衣破 ○ 㒃列 力蘖切說文分解也隸作列或作𠛱文三十八 𠬛 說文水流𠬛𠬛也 烈 說文火猛也一

曰業也光也隸作烈 咧 咧咧鳥聲 洌冽 說文水清也引易井洌寒泉食隸作冽 冽 寒也 颲 說文烈風也 裂

說文繒餘也隸作裂 𢫦 捩也 𠛱 割也通作列 黃 迾例迣 說文遮也或作例迣 坜 也 鴷 啄也或書

作鴷 鵹 鳥名爾雅䴕鴷斷木或从佳 烈 博雅烈烈憂也或書作冽 鴷 魚名爾雅鴷鱴刀 蛚 蟲名說文蜻蛚也一說蛚鞅雷師

䓜 栵 說文㮚也或作栵 茢 說文芀也隸作茢 栵栵 木名說文栭也引詩其灌其栵或作栵 栗 析也通作

裂 齧 齒分骨也 厲 巖也一曰囊垂飾 巁 山高貌古有巁山氏 爄 火斷也 劣 有力也 ○ 叕綴 株劣

切說文綴聯也或从糸文二十九 輟 說文車小缺復合者 輟 具也一曰止也古作㲉 罬 网名說文捕鳥覆車也 諁

啜 多言不止謂之諁或从口 掇 拾取也 餟 休祭也通作醊 腏 說文挑取骨間肉也一曰髓謂之腏 惙 說文憂也引詩憂心惙惙一日

意不定也一曰疲也蹳趨跳也或从走畷說文兩陌間道也廣六尺剟說文刌也蠿蝃蟲名蛛蝥也或作蝃
黜䵵博雅短也或作䵵騣馬名的顱也醊餟酹謂之醊或从示顡首短謂之顡𩪠續骨也涰泣也
通作涰䍮羊躍而死錣鏋策耑有鐵或作鏋○𣪠搉劣切皮剝也文三爇竈中煙瘵傷也○劣
龍輟切說文弱也通作㤡文十八㤡少也憂也𠬝說文撮也脟說文脅肉也一曰腸間肥也一曰膫也踍蹶跳跟皃鋝
說文十銖二十五分之十三也引周禮重三鋝北方以二十兩為鋝東萊以鍰為權重百二十斤亦曰鋝古从寽埒說文卑垣也一曰丘名
浖博雅浖浖厓也一曰山上有水曰浖通作埒𤘽說文牛白脊也毟馬毛雜斑謂之毟哷鷄鳴也蛶蟲名說文商何
也捋說文木也一曰舟櫓𤱶耕田起土也膊界也太玄禍則有膊陸績讀捋采也耒耒禾麥知多少也○
吶女劣切聲不出謂之㕯吶或書作㕯文二笍羊箠耑有鐵○抴拽羊列切拕也或作拽文七曳西戎有河名曳咥
篾枝縫箄也揲數也褻遠也未也聅以矢貫耳司馬法曰小罪聅○娎許列切說文娎娛也文二炔火氣○
孑吉列切說文無右臂也一曰單也健也文六秄禾把也絜絲束也釨方言戟楚謂之釨揲數也夆相遮害也一曰

大可十五 小七十五 集韻入聲九 四十五

亭名在南陽○悅說兌欲雪切喜也樂也服也或作說兌文十四娧姚娧好皃閱說文具數於門中也一曰察也出門者察
而數之鴱說文鳥也蜕方言燕趙謂蠭小者曰蜕蜕一曰蟬蛇解皮也莌博雅小也蒢菜名葉似竹生水旁脱蟲新
出皮悅好皃司馬彪說睕目玩也鋭楚宋謂梲曰鋭鋭毬毛蓐也帨佩巾○𡕢翾劣切說文舉目使人也文十二
烕說文滅也从火戌火死於戌陽氣至戌而盡引詩赫赫宗周褒姒烕之𤈦盡也䬐䬐小風或从𡘋翄泧小鳥飛皃或作泧
炔焆火始然也悈博雅怒也一曰愚皃眓說文視高皃吷小聲一曰飲謂之吷𠡊拽也○鈌䦆傾雪切說
文器破也一曰少也或作䦆文八闋說文事已閉門也蒛艸名爾雅蒛葐𤷡博雅病也𡙇說文缺也古者城闕其南方謂之𡙇
蠛蚗蚗蟟蜩也或省○妜婧悅切說文眉目間皃一曰怒也憂也文七抉刔說文挑也或从刀焆炔說文焆煙皃
或从䦆䦆曳目深皃哨怒也○趨丘傑切說文去也一曰武壯皃文十四揭担拮舉也或作担拮愒憩
息也或作憩藒藒藒車香艸或从揭𣡸界也蠍土蠍蟲名似蝗而小偈博雅疾也輵車疾皃通作偈䫦
䫦也詰喬詰意不平○揭褰列切舉也文四紇觀也扢拔也訐告發也○傑巨列切說文傲也一曰俊

傑文二十四偈武皃杰驍杰梁四公子名桀𡍮說文磔也从舛在木上也夏之末帝號古作𡍮榤爾雅雞棲於弋為榤
欇檵楬杙也或省亦作楬嵥嵥峎高皃滐水激回旋也渴水盡也竭說文負舉也一曰盡也
撌揭擽擔也或省亦从桀碣礍說文特立之石東海有碣石山古作礍蕠艸名也楬揭也穕禾出皃
藒藒車香艸䅬兒也䅬覆也○孽魚列切說文庶子也文三十六蠥䘹𧍃䘹說文衣服謌謠
艸木之怪謂之䘹禽獸蟲蝗之怪謂之蠥或作𧎸蠥孼䴯鳥名說文鸋鴂也讞讞囐嶭說文議罪也或从言从口亦作嶭巕
說文牙米也蘖糱牙麥也或作糵蘗櫱檗木餘也又姓或作櫱㰹闑臬槷說文門梱也或作臬
槷巘高皃岜峊巘嵲說文危高也或作峊嵲嵲水華書作峴钀馬勒旁鐵龘龍鱗脊上䶲䶲龘也隉
摰槷䉳杌隉不安或作摰槷䉳甈爾雅康瓠謂之甈䵵博雅䵵危也埍壁間隙也徐鍇說㞄高皃
埶蓺不動也䞕不動皃○蹶紀劣切僵也跳也文十一㔃速也蹶蹶小跳也或从足罬爾雅罬謂之罦䍮
抉解也豨豕發土也䂮羊䂮之䂮撅撥也乚鈎也劂曲刀○豨巨劣切豕發土也文一○噦乙劣

大可七 小六百六十 集韻入聲九 四十六

切逆氣也文三衛防守也讆䛊言○鼈鱉鼈必列切說文甲介蟲也或从虫从魚文十六鷩說文赤雉
也引周禮孫服鷩冕鷩山海經墓山有鳥名鷩鷩一曰鷩鷩別名𥿫說文扁緒也一說弩腰鉤帶一說衛左回曰𥿫鱉鼈艸名爾雅
蔽鼈或从龍柭棉也鼈縣名在牂牁㢼大阜在左馮翊池陽縣憋惡也一曰性急瞥目翳也蔽蔽
腹滿也扒無齒杷李舟讀○焆於列切煙气文二噎怒气○紇九傑切纈也急也文二扢拔引也○瀎匹滅
切瀎泧流輕疾皃文六鐅說文河內謂臿頭金或書作鐅癟枯病擎說文別也一曰擊憋博雅惡也一曰性急䌘衣皃○
敝便滅切敗也文五蹩踶也䠥古田器即槈也蹩蹩踏也或作蹩○滅烕莫列切說文盡也古作烕文六
搣說文批也烕火滅也緜弱也漢書縣力薄材孟康說紇細也○筣筆別切分契也文十一別異也八
說文分也从重八八別也引孝經說故上下有別詶辯言析理也或作辨扒捌剖分也或作捌𦳢蒻薜也拔
晉俗謂平地除𡍮曰撥䇷山東謂䇷○別皮列切說文分解也文四捌剖分也峛犬峛山名通作別詶
言析理也○札側列切革縁也一曰夭死也文一○緆乙列切紗緆不成絇而急一曰小意文二謁白也李舟說

集韻卷之九

集韻卷之十

翰林學士兼侍讀學士朝請大夫尚書吏部郎中知制誥判尚書禮部兼侍講國子監事上柱國濟陽郡開國侯食邑一千三百戶賜紫金魚袋臣丁度等奉

敕脩定

入聲下

藥第十八 弋灼切與鐸通　鐸第十九 達各切
陌第二十 莫白切與麥昔通　麥第二十一 莫獲切
昔第二十二 思積切　錫第二十三 先的切獨用
職第二十四 質力切與德通　德第二十五 的則切
緝第二十六 七入切獨用　合第二十七 曷閤切與盍通
盍第二十八 轄臘切　葉第二十九 弋涉切與帖業通

帖第三十 託協切　業第三十一 逆怯切
洽第三十二 轄夾切與狎乏通　狎第三十三 轄甲切
乏第三十四 扶法切

藥第十八 ○藥 弋灼切說文治病艸文四十八　瘵 博雅病也一說病消曰瘵　瓥 淫瓥病也　躍躒 說文迅也或从樂
蹫蹻蹫 方言登也一曰行也或从蹻从籥　嬥 美皃　趯 說文踊也　蘥 說文趯蘥也謂疾走　礿禴禴
爚 說文夏祭也或作禴禴亦从火　瀹瀹 說文漬也一曰水皃或作瀹　鬻 說文內肉及菜湯中薄出之通作瀹汋　濼 水名一曰
水動皃通作濼　爚爍 說文火飛也一曰爇也或作爍　爝 火光　敫 說文光景流也　龥龥 仰也或从龠　覦瞲 眩也
或作 龠 說文樂之竹管三孔以和衆聲也从品侖侖理也一曰量名合龠為合　籥 說文書僮竹笘也　闟鑰 說文關下牡也或从
金　幓 幕屋謂之幓　勺 說文白勺也　纅 說文絲色也　蘥 艸名說文爵麥也　濼 藥艸貫衆也一名貫節通
作濼　櫟櫟 櫟陽縣名在雍或从藥　鸙 天鸙鳥名形如鷄色似鶉　蝓 蛸蝓蟲名螢也　汋 挹也春秋傳汋與之也一

曰水名　鑠爍 絡也莊子鑠絕竽瑟一曰銷也或作爍　蘥 風吹水謂之蘥　顲 呼也　𡶶 岸上出見皃　趯 動也
擽 搗也　○霍 拂縛切大雨文二　嫥 姓也　○縛 伏約切說文束也文一　○削 息約切說文鞞也一曰析也文四
娋 說文小小侵也　削 鞟 殺小也　鸐 小鳥名　○碏 七約切石雜色一曰敬也文二十一　踖 說文驚皃　踖 行皃一曰踖陵地也
趞 說文趞趞也一曰行皃　婼 小小侵也　皵皵 皴也或作皵　㵿 木皮理麤也或省通作皵　舄鵲鵲
鳥名說文䧿也象形或作䧿鵲舄又姓　昔措猎 宋良犬名或作猎獡　唶 鳴名　鯌 魚名　潟 鹵也周禮鹹潟用貍　錯
物理　蟲也　汋芍 陂名在宋或作芍　○爵爵爵爵 即約切說文禮器也象爵之形中有鬯酒又持之也
所以飲器象爵者取其鳴節節足足也一曰爵位也古作爵爵文十五　雀鳥 說文依人小鳥也或从鳥通作爵　穱 也　爝
爝燋爝 火炬或作燋爝　鼩 鼠名出胡地　擢 博雅擇也一曰捎也搁也　瞲 目眠　䀓 白色　○䀓
疾雀切白色一曰淨皃文十　嚼噍 噬也或作嚌噍　爝燋爝燋 炬火或作燋爝燋　嚼 關人名宋有謝嚼
鼩 鼠名似兔而小　○鑠爍 式灼切說文銷金也或作爍文二十　爍爍 說文灼爍光也或从藥　爚爍 光皃

美曜 目美皃　趯 走也　濼藥 艸名爾雅濼貫衆或从艸　繳 敫繳不定皃　獡獡 說文犬獡獡不附人也南
楚謂相驚曰獡或从樂　櫟 地名在晉　爍療 博雅病也或作療　䠛 遽皃漢書河靈矍䠛　爍 灼爍熱皃　鑠
絲色　濯 水皃　○灼燋 職略切說文炙也或作燋文二十九　芍 艸名一曰陂名　焯 說文明也引周書焯見三有俊心一曰熱
也通作灼　灼 痛也驚也怒也　勺汋 說文挹取也象形中有實或从水勺一曰樂名　焯 焯爍艸木華色盛皃　酌 說文盛酒
行觴也一曰取也　婥 媟也　謶 博雅謫也一曰欺也　彴 橫木渡水曰彴　撫 拾也　墲 築土為基　礿 方言礿纊謂之襌
繳 說文生絲縷也或書作繳　𥟄 地名在齊　𦒱 說文禾皮也　斫 說文擊也　䪐 艸名廣雅䪐䪐䪐也　豹 獸名出隄
山狀如豹而無文　鼩 鼠名　焯 明也詩亦孔之焯通作灼　䶂 謂之豹　趵跡 跡也或作跡　均 土均　㪣
旁擊　黠 婦人以點飾　○斮戳 側略切說文斬也或作戳文二　○䪐繛綽淖 尺約切說文緩也或省亦作淖文十
二　敫 奪取物也　礴 碑礴大　唇皃　𧿹 齊楚謂跛曰𧿹　婥 婥約好也　焯卓 闕人名魯有孟公焯或省通作綽
斫 辨斫不解悟皃　汋 水聲　婼 不順也　○杓 實若切挹酌器通作勺文八　勺 勺藥調五味也　芍 芍藥

香艸妁說文酌也斟酌二姓也彴彴流星名或作彴汋說文激水聲也一曰井一有水一無水謂之瀱汋一曰陂名在宋
酌挹也春秋傳不內酌飲○弱弱日灼切說文橈也上象橈曲彡象毛氂橈弱也弱物并故从二弓隸省文二十一嫋弱也
⿰月弱說文肉表革裹也惹廣雅掔也一曰紳惹不定皃或書作⿰忄若蹃蹂也鄀國名介於商密秦楚其後遷於南陽即鄀縣春
秋傳秦晉伐鄀是也溺說文水自張掖刪丹西至酒泉合黎餘波入於流沙桑欽所說蒻艸名說文蒲子可以爲平席一曰菜名⿱弱䖵
螫痛若𦱤𦬁說文擇菜也从艸右右手也一曰杜若香艸一曰順也如也汝也一曰語辭古作𦱤𦬁通作叒叒
叒說文日初出東方湯谷所登榑桑叒木也籀作叒箬篛說文所謂竹皮曰箬或作篛楉果名博雅楉榴柰也一說
楉榴安石榴渃㵣渃水大皃⿰角弱弓偏弱⿰足叒足下文○⿰石著陟略切說文斫也一曰碎石文十一櫡⿰著斤鐯
說文斫謂之櫡或从斤从金通作⿰石著婼靜也擆廣雅擊也著著被服也一曰置也或从艸芍芍藥香艸⿰亻著
施也安也亦姓勺勺藥調味和也○著直略切附也文四鐯爾雅斫謂之鐯擆擊也糴關中謂買粟麥曰糴○
辵勑略切說文乍行乍止也文十四逴博雅驚也一曰行皃踔略踔行皃躇踱超遽也春秋傳躇階而走或作踱

集韻入聲十　三

婼說文不順也引春秋傳叔孫婼㲋說文獸也似兔青色而大⿱免犬小兔也獸名鄀邑名蠚⿱若虫⿱若䖵蟲毒
一曰痛也或省亦作蠚踼躩踼遽皃⿰亻是跛也○略力灼切說文經略土地也一曰智也行也要也取也利也亦姓文十六擽擽取
也⿱㓞石磨刃⿱㓞各爾雅剫挈利也⿱㓞言約智歎美也⿱㓞鳥鳥名擽擊也掠剠說文奪取也或从刀
⿰目各盼也⿱略系博雅絣也一曰紩也藥勺藥調味和也⿰虫京⿰虫畧⿱略虫蟲名說文蛶蟟也一曰蜉蝣朝生暮死者或作⿰虫畧⿱略虫
詻聲也○謶謯迮却切說文戲也引詩善戲謔兮或省文三蹻方言盈也山之東西曰蹻一曰燥蹻皃○卻却
乞約切說文𨙻欲也一曰退也或作却文十跆行不進⿰卻阝郤鄉名在河東聞喜縣或省⿸疒卻⿸疒却瘠病或从却⿰卻見
視皃⿰虫卻⿰虫羌蟲名天社也或从羌○腳脚訖約切說文脛也或从却文八蹻說文舉足行高也引詩小子蹻蹻屩
繑鞽說文絝也或作繑亦从革通作蹻卻節欲也⿰谷卩足相踦皃○噱喥極虐切說文大笑也或作噱通作谷
卻腰文十六谷㗁說文口上阿也从口上象其理或作㗁⿰月谷牛舌⿰虫豦蟲蟟蟲名蜉蝣也⿰亻卻說文徼⿰亻卻受屈也
醵⿰酉巨說文會歓酒也或从巨蹻勪舉足行高也或从力⿰虫卻蟲名說文渠⿰虫卻蜋一曰天社⿰忄卻說文勞也⿰谷卩

說文相踦卻也臄切肉也取脾胃眞膜炙之曰臄詩嘉肴脾臄⿰火豦火熾○肭筋適約切肭鳴或从竹文二○約乙却切說
文纏束也一曰儉也亦姓文九扚手指節文葯艸名白芷也飵食節也箹籥小者謂之箹蒦䨼度也或从
尋西平量也啞笑聲○虐虐逆約切說文殘也从虍虎足反爪人也隸省文五瘧說文熱寒休作⿰女虐⿰女虐斫
不解悟皃⿰石虐⿰石虐䂻大脣皃一曰礭也○篗籰篗䉶⿰角蒦⿱竹戜王縛切說文收絲者也或作籰篗䉶⿰角蒦⿱竹戜文十一
貜獸名說文𤜕貜也⿺辶矍⿺辶矍周遊也⿰氵篗取魚竹器⿱艹矍蒦子菜名蠖蠖略行步進止皃⿰月蒦絮腹
丹也○矆矐怳縛切說文大視也或从矍文九彏說文弓急張也⿰忄矍⿰忄蒦驚也一曰遽視或作㦡⿱䀠又目不正皃
易視矍矍徐邈讀⿰言矍妄言⿰扌矍搏也⿰弓廣張弓○躩屈縛切說文足躩如也文四⿺走矍說文大步也⿰彳矍行皃
太玄其志矍矍⿰矍阝鄉名○矍厥縛切說文隹欲逸走也从又持之矍矍也一曰遽也文二十一⿰禾矍艸名可染皁⿰韋矍
⿰革矍刀靶韋⿱大矍健皃攫說文扟也趯大步也⿰亻矍行皃钁說文大鉏也彏急弦之彏⿰車矍䡈輴
車輞也玃蠼貜獸名說文母猴也引爾雅玃父善顧攫持人也或从虫亦省貜犬類似犬食猴鸜鳥名如雞

集韻入聲十　四

白身三首三足蒦博雅持也⿰蒦阝地名⿰矛矍矛屬躩足躩如也⿰矍馬獸名鹿形馬足人手欔木名○⿰忄蒦乙縛切諦
視也文七⿰蒦阝鄉名在聞喜縣趯大步也⿱大蒦健皃玃猿類狂狂狂犬走皃迋往也○⿰月蒦鬱縛切善
丹也文十二蒦彠矱度也或从尋从矢矆遽視皃⿰女蒦⿰女矍作姿態也江南謂之嫮山東謂之嬳顏師古說
一曰惜也或作嬳蠖屈伸蟲也沃茂皃詩其葉沃若徐邈讀懁遽也史記晏子懁然攝衣冠謝矆勇皃東觀漢記矆哉是翁
⿰口矍明也○⿰車蒦⿰韋蒦方縛切車上囊或从韋文三⿰齒蒦齧物聲○逽女略切先也文三⿵門若牽引也
蹃踐也○斮斱土略切斬也古作斱文二
十九○鐸達各切說文大鈴也軍法五人爲伍五伍爲兩兩有司馬執鐸文二十二度庑謀也古作庑⿰忄宅
⿰忄乇⿰忄度忖也一曰企也或作⿰忄乇⿰忄度剫說文判也爾雅木謂之剫踱跅跣足一曰乍前乍却或从庑⿰言度廣雅欺也侂
他也喥言無度也澤冰結也楚辭冬冰之洛澤襗說文絝也⿰乇頁頊顱首骨⿰月睪肶膍無脸也⿰韋睪廣雅䩽韝也
檡棘屬澤格澤星名一曰妖氣一曰澤索張掖縣名鐸劍珥蠌爾雅螖蠌螺屬⿰車睪轢輅轉也○託闥各切說

文寄也文四十二　侂仛㤅說文寄也謂依止也或作仛㤅　橐橐說文囊也或从巾　玔王名也　汑滑也
柝析牓說文判也引易重門擊㯓或作柝牓　欜說文夜行所擊者引易重門擊欜　拓欜托手推物或作𢷾
托　跅䟐跅落無撿局或作踈　魄落魄無節　蘀說文艸木凡皮葉落地爲蘀引詩十月隕蘀　籜竹皮　沰赭也
袥說文衣衸　魠說文哆口魚也　馲駝驝馲駝畜名或作駝驝通作橐　飥𩛔𩟔餺飥餅屬或作𩛔𩟔　矺
矺鼠木名一曰王棘　詫毀也　𥨐穿也　咤宅奠爵也書三祭三咤徐邈讀或省　舄大皃詩松桷有舄徐邈讀　斥揮斥
放縱也司馬彪說　橐蘀說文木葉陊也或从艸　𦙶𦙶𦛜畜水腸一曰腹大皃　頊𦝫膟　袥開衣令大也　秅
秅櫨木名　○洛歷各切說文水出左馮翊歸德北夷中東南入渭古書作𩛫通作雒文六十一　濼水名在濟南　零說文雨零也　酪
𩚸𩜃說文乳漿也或从乳亦省　落說文凡艸曰零木曰落一曰落居也一曰宮室始成祭之爲落亦姓漢有巴郡落下閎　咯詻
詻言也或从言　笿說文桮笿也一曰柬也　絡𦂇說文絮也一曰麻未漚或从素　䩠說文生革可以爲縷束也　袼博雅褔袼
衣也　珞瓔珞頸飾　硌磊硌石皃　𢠵㦡娛也或从心　𧬯𧬯諤狂言　䀩說文眄也　挌擽擊也或从樂

大百三十　小六百六十　集韻入聲十　五　廷

躒動也　㓢𣃁剔也或从斤　鉻說文鬄也　烙燒也　𤺊治病也　𣧵殂烙死也通作落　轢陵轢車所踐
𨏀車聲　駱䮒說文馬白色黑鬣尾也亦姓或作駱　馲驝橐馲駝畜名或作驝亦省通作駱　鵅鳥名說文烏鸔也
鸈鳥名一曰鸈赤首曰鸈　𩀍雒鳥忍白也或从隹　蛒蛒蟑鳴蟲　𪕎鼠名出胡地皮可爲裘　鮥魚名說文叔鮪也
鱳魚名　皪𤾹白色或从各　櫟關人名春秋傳晉有輔櫟通作躒　爍𤌇爍木枝葉缺落皃通作樂　格落
𥳇籬格也或作落𥳇　䨶艸名爾雅𧄍䨶首　轑頡釜也　雒鳥名說文鵋鵙也　洛冰謂之洛澤　峈峈嶧山皃
路畢也漢書虎路謂以繩周繞之通作落　犖牛駁色　䎊䎊翻飛皃　輅王車　礫白石皃　○諾匿各切說文譍
也文五　𢘓𢠳心然也古作𢠳　𦃊絓𦃊蠶夷布名　毤氈屬極細可以禦雨　○博𤰝伯各切布也說文大通也从十
从尃尃布也又州名亦姓或作𤰝文四十四　簙說文局戲也六箸十二棊也古者烏曹作簙　簿蠶具　髆胉髆說文肩甲
也或作胉拍　狛獸名似狼　𪗗𪗅嚗說文噍堅也或从簙亦作嚗　餺𩝷䬪餺飥餅也或从薄亦作𩜽
襮纀黼領謂之襮一曰表也或从糸　䙏衫短袖謂之䙏　搏說文索持也一曰至也一曰拊也　薄迫也　𩏄轉

說文車下索也或从車　鎛說文鎛鱗也鐘上橫木上金華也一曰田器引詩庤乃錢鎛　鑮鎛十二辰頭鈴鐘也或省
牔屋耑版　㬥說文頸連也　爆𤏝火乾也一曰熱也或作𤏝　猼𧳕獸名似人有翼一曰地名信都有下猼縣
或从豕　䍸吳羊牂曰䍸　䶈䶈鼩鼠名　䯽髮也　𧏗𧏗蟭蟲名螳螂子也　欂榑枅也或省　膊界埒也太
玄禍則有膊禍則有形　溥溥瀑水皃　暷曝暴也或作曝　鸔鳥鸔鳥名　犦牛名犎也　溥水名　𣪕擊也
○粕匹各切溢糟曰粕通作魄文三十八　膊䐿說文薄脯膊之屋上或从薄　狛獸名說文如狼善驅羊　𩒏𩓐
面大醜皃或从芇　魄落魄不得志皃一曰肉䫆　搏擊也　簙局戲六箸十二棊　𩏄說文鞔囊也　噌聲也　[illegible]
𣋩說文齊謂舂曰䔼或作暷　濼𤄷𣶒陂澤或作濼亦省濼古國名　翓翿翺翓翿飛皃或从白从
尃　鑮說文大鐘淳于之屬所以應鐘磬也堵以一金樂則鼓鑮應之　𩂣說文雨濡革也　蒪𦸗薄艸名博雅蒪且蘘荷
也或作猼亦省　𦿇博雅𦿇蘀落也　䗚大魚似蜴蜥　薄薄薄驅車也　礴旁礴混同也　蟳蟳蟭螗蜋卵　髆
髆胉胸也或从尃亦作胉　轉博雅軒轉柳車也　䄸禾不實　䨚大雨　芇月始生三日　溥溥漠水皃　嚩

大百十七　小六百六十　集韻入聲十　六　延

噍皃　○泊白各切止也一曰水白皃文二十六　薄說文林薄也亦姓　簿箔蠶具或从搏　怕憺怕靜也　禣博雅
襌也　箔簾也　䪬𩏄䪙博雅靳䪬謂之鞹或从車亦作轉𩍜　鑮鈴也一曰大鐘　欂櫨也通作薄　礴
旁礴混同也　踄說文蹈也　鱄𩷳魚名如鯉一曰或省　餺䬪餅也或从麥　蒲蒲姑地名在齊　暴日乾
也周禮春暴練劉昌宗讀　魄聲也歐陽尚書火流于王屋爲鵶其聲魄一曰落魄志行衰惡皃　彴彴約奔星　𪕷鼠名　鉑金薄也
亳說文京兆杜陵亭一說湯都也絳州垣縣西有景亳亳並西接安邑蓋湯將至桀都於此誓衆故春秋傳有景亳之命杜預不釋景又曰亳今偃師
非是　○莫𦱶末各切無也定也亦姓古作𦱶文三十　幕說文帷在上曰幕覆食案亦曰幕又姓　漠𥗼說文北方
流沙也或作𥗼漠一曰清也　塻塵也　䨼雨皃　鄚說文涿郡縣　暯冥也　瞙眊目不明或从毛　膜說文肉間
胲膜也　䩑鞔䩑皮也　摸摸摖捫揣也　𤎔火皃或書作𤍠　瘼說文病也　慔勉也　蓦說文死宋墓也或書作𡖋
寞寂寞無聲也　𠢓勉也　嗼說文啾嗼也一曰定也　𩭆髻飾　鏌說文鏌釾也　𥳱𥳱篨竹名　𢊆
定也空也　蟆蟆蝻蟲名蟷蜋也通作莫　謨謨也漢書謨先聖之大繇顏師古讀　縸絡縸張羅皃　䴲䴲麧麴皮也　圑

見文 貈爾雅靜也 ○索昔各切說文艸有莖葉可作繩索从𣎵糸杜林說一曰盡也法也一曰索索懼皃一曰縣名在張掖亦姓文十三
𢹂摸也 溹水皃一曰水名在滎陽 𧅍廣雅𧅍鞾屨也 䓾艸名 𥨒寂寞也 颾風聲 𧝒衣聲 𣙺
木梢 𥠸禾皃 𨭾鐵繩也 䈗竹繩也 𦅻大繩 ○錯𨪐倉各切說文金涂也一曰雜也乖也鑢也亦姓古作𨪐文十五
厝礏說文厲石也引詩他山之石可以爲厝或从石 諎諫也 剒爾雅犀謂之剒 縒縒綜亂也一曰鮮絜皃 逪
說文迹逪也一曰偝也 皵𣤰皴也古作皵 䱜魚名皇前有骨如斧斤一說生子在腹朝出食暮還入 䕨油麻一榨曰䕨
昔犄也周禮老牛之角紾而昔 碏闕人名春秋傳衞有石碏 䒨艸名 ○作𦙨𢓓乍即各切說文起也亦姓古作胙作亦省文十三
𪍿屑麥蘗之也 迮倉猝也一曰起也論語三臭而迮通作作 鑿毀說文糲米一斛舂爲九斗曰鑿或省通作鑿
𨮒鮮明皃詩白石鑿鑿 柞木名 𤛭山牛 䕨油麻一榨曰䕨 𠹟𠹟𠹟 ○昨疾各切說文累日也文三十二
醋酢說文客酌主人也或作酢 秨說文禾搖皃 鑿𨫼說文穿木也或省 砟石也
鈼鬵也梁人呼爲鐎吳人呼爲鈼 柞說文木也 筰笮筰說文筊也一說西南夷尋以渡水益州有筰橋或作笮筰

大二百十五 小六百九十 集韻入聲十 七 廷

稓䣁鄉名在臨邛亦姓或作䣁 𥯤笮說文越嶲縣名或从乍 莋莋菇艸名 𧬈詈也 諎酬言也
䌥𥿮絢縒艸組或从乍 怍博雅慚謂之怍 怍𢙢說文慙也或作𢙢 𧨾慙語 飵說文楚人相謁食麥曰飵一曰餥飵食也
𤘽牛名重千斤出華陰山 岝岝㟧山高皃 𣸺水也 阼東階賓主之所酬酢也 胙祭餘肉
𦔪地名亦姓 ○鶴鶮𪁑鵅曷各切鳥名說文鳴九皐聲聞于天或作鶮𪁑鶴文二十七 貈𧳋貉
狢貈說文似狐善睡獸引論語狐貈之厚一曰說文从舟誤當从元聲或作貉狢貈 𩦢說文苑名一曰馬白額 𪉸煎鹽也
𪕶說文鼠出胡地皮可作裘 涸沍說文渴也或作沍 洛洛澤冰皃 佫姓也 𥈠博雅望也 𥝩禾屬似黍而小
格格澤星名一曰妖氣白地屬天 翯羽白皃通作䳽 郝爾雅郝郝耕也 曤皠白也史記皠然白首或从隺 霍藿艸名爾雅抱霍首或从艸通作隺
隺鳥飛高也 搉報搉牽引也 ○膗黑各切說文肉羹也文二十七 鰝大鰕 鄗說文常山縣世祖所即位今爲高邑
郝說文右扶風鄠盩厔鄉亦姓 蠚𧕆蓋螫說文螫也或作蠚亦作蓋螫 㕡
壑說文溝也或从土 豰豕聲 滈久雨 嗃說文嗃嗃嚴酷皃一曰聲也一曰悅樂 謞謞謞崇讒慝也 熇熾也

矐睢失明也史記乃矐其目或作睢 𧬆嗀嘔吐皃或省 酷虐也 𨣀醋也 𤎯火也 歊嚻也 𥻿秦稷
藃木乾藃也一曰草肥皃 䓤盛也 嚛食辛也 ○愙恪克各切說文敬也引春秋傳以陳備三愙或作恪亦書作㤩又姓文四
䈜籠也 絡絜也一曰生絲 ○各剛鶴切說文異辭也从口夊夊者有行而止之不相聽也文十 閣說文所以止扉
也一曰觀也一曰庋藏之所亦姓 胳說文腋下也 袼袖也一曰衣腋縫 格樹枝也一曰繩束墻版詩約之格格 骼牲後脛骨通作胳
路闕人名漢有張路 茖艸也 咯雞聲 鮥魚名如鼉喙長三尺利齒虎麋鹿河齧之斷卯如鴨 ○惡悪僫
遏鄂切說文過也隸作悪或从人文十一 䱝魚名如蛇或書作䱝 噁噁噁鳥聲 堊說文白涂也 蝁虫屬說文蚨也
鐚白金 啞笑聲 𧬈䛩諤也或省 ○咢𠹌逆各切說文譁訟也一曰從擊鼓隸作咢文四十六 噩𨹹太歲
在酉曰作噩籀作𨹹通作咢鄂 𧡡父視也 齶咢腭齒齗或作咢腭 卾口中上卾也 諤𧬈諤諤直言或作
䛩 顎䫷頞顥恭嚴也或作䫷頞顥 遻愕遌愕說文相遇驚也或从心隸作遻愕 鄂鄂
說文江夏縣名亦姓或作鄂 𨺅阜皃 崿𡾞崖也或从噩 堮𡏰𡑅圻也或作𡏰𡑅 偔多也 䃇磋碍

大一百二十卅 小六百六十八 集韻入聲十 八 贊

石危皃 蕚蘁華跗或从噩通作鄂 㮙穿也 鑩鈎也 㓵𠠎鍔說文刀劒刃也籀作𠠎或从金 鶚
䳂𪀱鷙屬或从隹从屰 𧎸𧍞鰐鱷魚名說文似蜥蜴長一丈水潛吞人即浮出日南或作𧍞鰐鱷 𣸝水名
𥳐竹名 櫮華盛皃 ○穫𦔞劐黃郭切說文刈穀也或从耒从刀文二十 鑊說文鑴也 籗篧
取魚竹器或作篧 𢊕廓廣空遠皃 濩說文雨流霤下皃一曰濩渃大水一曰㸌濩宮室深遠一曰汚也一曰湯樂名春秋傳見舞大
濩者徐邈讀 𩞁嚄食無味或从口 㦜驚也憂也 檴檴落木名可爲杯器素郭璞說 𤻇病𤻇物在喉 獲
隕獲困迫失志皃通作穫 瓠瓠落廓落也莊子瓠落无所容梁簡文帝讀 壑叡爾雅壑阬虛也郭璞讀或省 擭捕獸機檻
䨼霍霍大雨 𤎺熱也 ○霍忽郭切山名在荆州一曰國名一曰大山遶小山曰霍一曰揮霍猝遽也亦姓文二十三 靃說文飛聲
也雨而雙飛者其聲靃然 霩雲消謂之霩 漷泧漷水勢相激皃 矐暫明也 𤄍灌也 𢥞恐懼皃 䁨矐
驚視也或从霍 䕎藿艸名說文尗之少也或省 彍彉張弩也或作彉通作擴 攉㩁手反覆也或从隺 劐
裂也 癨病亂也 臛肉羹 獲恢廓皃 擴張大也 隺鳥飛高也 𩦢馬白額 𤄊㵹濩水皃 ○

廓郭𢉖 闊鑊切開也虛也或省古作𢉖文十八 𡿩 嶂𡿩谷深 霩 說文雨止雲罷皃 鞹鞟
說文去毛皮也引論語虎豹之鞹或省 彍彉 說文弩滿也或作彉 劆𩁽 博雅解也或作𩁽 籗篧𥳔
笮草也或省亦作篧 擴𢿫 張大也或从郭 嚩 叩聲 漷 說文水在魯 ○ 郭𩕳 光鑊切說文齊之郭氏虛善善
不能進惡惡不能退是以亡國也一曰張也古作𩕳文二十八 𩫏墎𩫓 說文度也民所度居也從回象城𩫏之重兩亭相對也或作墎
𣛳槨𥕢 說文葬有木𩫏也或作槨亦从石蓋古或用石 墎埻 國名山海經𩫏端國在流沙中或作埻 彍
彍 弩滿也或作彉通作擴 矌𥈂 目張皃或作𥈂 櫎 長也通作𣙕 𡾰𡿩㠋 說文山在鴈門隸作𡿩或作㠋
鶉 鶉公鳥名 漷 水名在魯 擴𢿫 張大也孟子擴而充之或从郭 聤𦗾 大耳或从廣 嚩 噓也 濩 灌也
爟 灼也 瀖 雨从 ○ 矆 屋郭切說文善丹也引周書惟其斁丹矆文十二 蠖 度也 蠖 說文尺蠖屈申蟲也 𪁖 水鳥
嬳𡢻 作姿態也或从矆 鑊嚄 無味也伊尹曰甘而不鑊餚肥而不鑊或从口 噁 鳥聲 馲 馲駝畜名 鷟 鳥名
鋈 白金 ○ 𤩪 五郭切玉璞文三 犨 牛白皃 䮰 馬名 ○ 㓃 當各切滴也文二 砳 碓也 ○ 𥖁 盧䃁
大一百二十一 小六百六十五
切礫研石聲文一 ○ 喿 祖郭切喿喿鳴聲文一

集韻入聲十　九

二十 ○ 陌 莫白切阡陌田間道南北曰阡東西曰陌文二十七 佰 說文相什佰也 帞絈 博雅䍿帞謂之帩帞或作絈
蓦 靜也 莫 𧭁正應和曰莫鄭康成說 貊 廣雅䘿襠謂之貊腹 拍拍 擊也或从白 銆 銆刀兵器 𡰪 說文
獲也青 䞦 越也 洦泊 淺水或从陌 貉貊 說文北方豸種也孔子曰貉之為言貉貉惡也一曰靜也定也一曰貉綸也即
綸繩也謂牽縛貉之郭璞說或从百 驀貊 獸名說文似驢而小或作貊 貘 獸名說文似熊而黃黑色出蜀中 驀 說文
上馬也 蓦 說文 蓦 死宗蓦也从歺 蛨 蚔蛨蟲名蠻蟥也 嗼 安也 嵮 博雅 嵮漠濛 嵮岶窰皃或从水亦
作濛 ○ 拍拍 四陌切說文拊也或从白文二十一 𣄰 破物也 敀 說文迮也引周書常敀常任 皛 明也 𩴬
痞皃或从三兔 怕 說文無為也古書作怕通作泊 魄 說文陰神也 霸朋月𦫵 月始生古作朋 珀 琥珀出罽賓國通作
魄 洦 說文淺水也 岶泊灖 嵮岶窰皃或作泊灖 皅 白色 胉 脅也 粕 糟也 趙 適也 ○ 百百
博陌切說文十十也从一白數十百為一貫相章也亦姓古从自文十七 伯白 說文長也一曰爵名亦姓古省 迫 說文近也通作敀 栢 藍栢

艸名 柏栢 木名說文鞠也或从百 洦灖 淺水皃 瓬瓬 瓬瓬甎也 胉 脅也 禡 師祭也禮禡於所征之地
敀 說文迮也 欂 壁柱 佰 百人之長 擗 擊聲 ○ 白皂皅 薄陌切說文西方色也陰用事物色白从入合二二陰數
一曰告也亦姓古作皂或作帕文十五 帛 說文繒也 𤝞 獸名似狼或書作貊 苩 姓也百濟有苩氏 𦾷 艸名象帛通作帛 𥬊
竹名 舶䑺 蠻夷汎海舟曰舶或从帛 鮊 說文海魚名廣雅鰟也 鵖 宇林鵖鵖鳥名似鶡出懸雍山 欂 枅也 瓬 瓦屋
不泥 柏 木名 ○ 磔 陟格切說文辜也通作矺文二十二 仛 人所豎立 矺 䃁也 㨶拏 手度物或作拏 𡰪
張也 吒 嘲也 乇 說文艸葉从垂穗上貫一下有根象形 杔 杔櫨盛酒具一曰柱上枅 舴 舴艋小舟 庑 張設屋也一曰
縣名在濟陰 蠌蚝蛇 土蠌蟲名似蛙而小或作蚝蛇 芼 藥艸 頊 頊顱顖也 粍 粍屑米為飲一日粘也
馲駝託㲊 馲駝獸名驢父牛母或作駝託㲊 譗 大聲 ○ 坼捇斥垿拆宅 恥格
切說文裂也引詩不坼不副或从手亦作斥垿拆宅文十五 㡿㡿 開也或从席 皵 皴也 趚趞 跬步也一曰距也或作趞
頊 頊顱中章 靳 䨳靳刀 饖 食無味 骼 骨間汁 ○ 宅宅庑度 直格切說文所託也古作

集韻入聲十　十

宅庑或作度文二十四 澤臭 說文光潤也古作臭 侘 𢙇也 懌睪 說文柬選也或从廾 𦑑 釋鑊刀靶章也
襗 袴也 檡 木名棘也 蘀𦽳 蘀蕮藥艸或作𦽳 𩐁 神異經西方有獸長短如人羊頭猴尾名𩐁碎健行 翟
雉名一曰陽翟縣名亦姓 鸅 鸅鸆鳥名 𪇈鸅 鳥名鸅鸆也或从隹通作澤 蠌 水蟲爾雅蟦蠌小者蟧螺類也 蘀
葛翟 翮 翮翟飛皃 乇 艸皃 櫂 樹枝直上皃 ○ 䠩 昵格切䠩也文九 𦑱 扮餌 𡎺 水土和也 搦𢾾 說文
按也或从支 嫋 長皃 䁯 輕視也列子見商丘開衣冠不檢莫不䁯之一曰耳目不相信 㯽 木名 觡 角似雞距 ○ 垎 轄格切說
文水乾也一曰堅也文十三 胳 腋也 洛冱 凍堅也或作冱 趦 廣雅趦趄僵也 格 捍格不入也 㭘 㮝架也 輅
輅 車前横木或作輅 涸 水竭 络 方言登也 𣏾 角械木也一曰木名一曰𧾤 蛒 蛭蛒蟲名地蛛也 ○ 赫嚇
𤆄焃 郝格切說文火赤皃或从火亦作𤆄焃赫一曰明也文十九 赩 赤色 嚇𦐴𦎊 怒也或作𦐴𦎊通作赫
赫 目赤 謋 說文言壯皃一曰數相怒 閱 恨也 懘 懼也 𢡠 懨恍赤紙也 覤 見也 熚 燒也 𡐲 塵也 𢡠 楚人謂勢曰𢡠
𢠺 𣽫 𣽫沐偟遽也 捇 掘土謂之捇 翻 𦑐翻疾飛也 ○ 客 乞格切說文寄也文六 𩒹喀 嘔也國語伏弢

嗧血或从口 揢搤也 碦石堅 茾茾菜儸也 ○格各額切說文木長皃一日式也正也文二十四 㦴𢽾捕也鬬也 或从亣 佫佫假假狢至也或作佫假假狢通作格 挌敋說文擊也或作敋 骼說文禽獸之骨曰骼 胳牲後脛骨 觡說文骨角之名也一說鹿角無枝曰角有枝曰觡 鉻鉤也一曰鬄也 𢱋說文枝𢱋也一曰木枝橫者 茖說文艸也一曰山葱 䅣耕也 𪌆麥碎曰𪌆 鵅鵅鵋鶹也 鮥鮥魚名或省 蛒蟲名方言蛄䗐謂之杜蛒一曰蛒蛒地蠶一曰蠐螬 路關人名漢有張路 㮑木角械 ○啞誈乙格切說文笑也引易笑言啞啞或从言文四 餩飢也 䨙佩刀絲也 ○額頟鄂格切說文顙也或作頟文十一 詻說文論訟也傳曰詻詻孔子容 峉嶺山高大皃焚辭山草 峉峉或从領 磀硌磀磀西方獸名或省 鮧䱜鮧魚名皮有文 鄂柞鄂取獸阱中木 䩾補履謂之䩾 敋擊皃 ○獲胡陌切說文獵所獲也一曰獸名亦姓文十一 𧭏嚄𧭏譁誇也一曰言壯皃一曰數相恕或作嚄 㦎吐聲 韄說文佩刀絲也 嚄大呼也一曰嚄唶多言 穫收禾也 䨼蒦博雅度也或省 䕶魚名大䲔也 濩濩澤縣名在澤州 ○謋䛛霍虢切謋然速也或作䛛文二十 愲心驚皃 焃焃火光或作焃 砉皮骨相離聲或書作砉

集韻入聲十 十一

騞解牛聲莊子奏刀騞然 翻䎌䎌䎌飛疾皃或从隺 湱瀄湱大波相激聲 漷郭水名在魯或省 捇赫說文裂也或从赫 閧閧也 剨破聲 颰風熱皃 湱淢水聲或从㶁 讗說文言壯皃一日數相恕 ○劃劐㓺劃也或作劐文四 漷水名在魯 螂蟲名天神也 ○虢郭獲切說文虎所攫畫明文也亦姓文十一 㶁說文水裂去也 䶕䶕䶕多言 摫敋打也或作敋 漷水名在魯 墎埻墎埻國名隸作埻 唬虎聲 䁺閲目皃神異經八荒有毛人見人則眼目開口 郭國名春秋傳攻郭則虞救之通作虢 ○擭屋虢切說文搫擭也一曰布擭也一曰握也文十四 蒦䨼艸名說文規蒦商也一曰度也或从尋 矆視遽皃通作蒦 嚄驚怛聲 韄韄靳刀靶中章或从華 濩濩澤縣名在河東 嚄陂名一曰村名在吳王舊城側 擭取也 㦎吐聲 䨼食無味 䩹觻角似雞距或从萬 ○碧筆戟切石之青美者文二 狛獸名 ○䔷薄𣛕𣛕碧切說文壁柱也或作薄𣛕文三 ○索色窄切博雅取也一曰求也通作㮦文二十一 㮦擇也 傃偏傃惡也 溹雨皃一曰水名在滎陽一曰水出聞喜縣 瘯脈動也 䅇禾穗 趚趚趚僵也 䰤髮堅皃 糳麩米爲糳 硋陳說文碎石隕聲或从阜

索說文入家搜也 蓀艸名 霡霂雨也或从索 飀風聲 𧜁𧜁𧜁衣聲 榡棟木枝上生或从朿 鏼鐵弗 筞竹弗 ○柞助伯切柞鄂捕獸檻中機也文二 唶唶唶聲也 ○䐑測窄切破豆也文三 𥳊杈刺取魚鼈也 矠說文矛屬 ○迮側格切說文迮迮起也一曰迫也文二十一 窄狹也 岞岞崿山皃 迮姓也 笮筰迮說文迫也在瓦之下棼上一曰矢箙皮曰箙竹曰笮一曰盪也亦姓或作筰迮 浯說文所以攤水也引漢律及其門首洒浯 蚱蚱蜢蝗屬 舴舴艋舟名 唶聲也春秋傳行邑唶唶 蚝蚝蛆蟲名蚣蝑也 鵲鳥名博雅鵜鴣鵙也 措追捕也漢書迫措青徐盜賊 咋大聲 柞除艸曰芟除木曰柞 飵餾也 苲艸也 霏雨皃 齚齰說文齧也或从乍 ○齰實窄切齧也或从昔通作咋文十四 㟙㟙崿山形 咋咋咋多聲 泎濼泎水落皃或作㵃 岝岝崿山峻皃 諎大聲 舴舴艋小舟 柞除木曰柞 蚱蟬屬 笮笮也 簎說文刺也引周禮簎魚鼈通作措 猎矛屬 ○虩迮逆切恐懼也說文引易履虎尾虩虩一曰蠅虎也文二 謋疾意莊子謋然已解徐邈讀 ○隙䢅綌乞逆切說文壁際孔也一曰閑也或作䢅綌文十六 郤郄地名晉大夫叔虎邑亦姓或作郄 迟說文曲行也 [illegible]

集韻入聲十 十二

說文際見之白也从白上下小見 㕁廣雅㾀極也 㕁也 㗆大笑 綌𦂥㡇說文㿚葛也或作𦂥亦从巾 覤覤覤驚懼皃 匸曲物也一曰曲受也 ○嗠雩白切嗠嗠啼也文一 ○戟𢧢訖逆切說文有枝兵也引周禮戟長丈六尺或作𢧢文十四 撠物持也 丮丸說文持也象手有所丮據也隸作丸 㗆𠰻聲也或从戟 䭯髭皃 㔶渡也 郤相踦 㹯执獸名窮獲也或作犱 蕺大蕺巴蕺皆藥艸 躆手據地也太玄躆戟喈喈一曰動作也 ○劇切增也一曰勦也一曰縣名在北海文十一 㓺嘲㓺笑不出 㹯䆽偮俗㹯欲方言倦也或作䆽偮俗㹯欲 屐說文䩭䩭也 䡈車軸伏兔 㹯說文角械也一曰木下白 跂足也莊子闟跂支離 ○逆仡戟切說文迎也關東曰逆關西曰迎一曰卻也亂也文五 屰說文不順也从干下凵屰之也 㗆嘔也 䌛縌說文綬維也或省 ○礐離宅切石聲文一

二十一 ○麥莫獲切說文芒穀秋種厚薶故謂之麥麥金也金王而生火王而死从來有穗者从夊亦姓俗作麦非是文十八 駿騋騣屬 霢霡霡霂小雨也或作霡霂 衇𧖴脈說文血理分衺行體者或从肉亦作脈 䀴脈說文目財視也或作脉 覛相視也或書作䁀 䴤𩀨鳥名或从隹 騞解牛聲莊子奏刀騞然 覛

覛䚊𦬊離也艸木叢生皃䈣方言車枸簍謂之䈣鷿鳥鷉〻覛派泉潜通○薜博厄切艸名山蘄也一名當歸
文十六澼水分流檗蘗說文黃木也或从薜糪說文炊米者謂之糪擘說文撝也一曰大指或書作擗擗
豆中小硬者辟禮麤圜爲辟雞曰冠裳辟積僻摘僻多禮節皃通作辟甓爾雅瓴甋謂之甓繴𦋐捕鳥罬或
作辟𢳆博雅裂也鷿鳥名方言野鳧其小好沒水中者南楚謂之鷿鷉繴纖絲帶也疈磔牲也○揊匹麥切揊
擛中聲文八𨧴梁益謂裁木爲器曰𨧴糪䊧米飯半腥半熟曰糪或作䊧㼰劈分也或作劈糪
罼鳥罔或作罼○繴罼蒲革切說文繴謂之罿罿謂之罬罬謂之罦捕鳥覆車也或作罼文六繴纖絲爲帶謂之
繴䪖薄欂薄櫨壁柱或作薄欂○栜樕色責切木名中車輞爾雅赤栜白栜或作樕文二十摵隕落
謂之㨘㨘鷟㨘捕鳥也䖘虩覤驚懼謂之覤或作虩覤䩹堅也𩃆霰也涑𩅜溹
說文小雨零皃或作霂㴓簎所以擁水也𤵸瘷瘷𤵸寒病或从欶捒擇也秼秼穡壞也鋉
檣也𥸨䊤也𦽇以穀飼馬○策筴𠜁測革切說文馬箠也一曰謀也一曰箸也一曰小箕曰筴或作筞𠞤文三十一冊

大六行十六 小六行十四 集韻入聲十 十三 任正

冊笧說文符命也諸侯進受於王象其札一長一短中有二編之形或作𠕋古作𥬠通作策筴𠕋說文告也敇敕
說文擊馬也或作敇通作策憡𢙊博雅痛也或省㥽耿介也皟淨白也嫧𡢃博雅好也齊也或作𡢃
茦說文莿也𧶡正也𨦬鐵器𪘨齰齒相值或从昔亦作嘖柵說文編樹木也𢿜摵
博雅擊也或作摵𥴰簎刺取也國語簎魚鼈或作𥷃𦸷說文以穀萎馬置莝中粣糈也南齊虞悰作扁米粣𥻆
䊤𥸨壞米擌揀扶也或省○賷責側革切說文求也隸作責文二十一嘖嘖嘖鳴也謮怒也讓也通作嘖
瞔張目諎唶說文大聲也或作唶䪞頭不正嫧說文齊也一曰善也幘說文髮有巾曰幘一說古賤服漢元帝頂有壯髮故
服之王莽禿又加巾簀𤖯說文牀棧也或从爿𦡐魚子脯也債負財也蟦小貝鰿小魚𢢆博雅情也皟
淨也𩃊雨皃樍木名穜也𥎦矛屬○賾嘖士革切幽深難見也孔穎達說或作嘖通作嘖文十五嘖謮
說文大呼也或从言積博雅秩積種也一說種麥中蓋畬田苲菜名𪘨說文齒相值也一曰齧也引春秋傳晳𪘨𣢻欣歕語笑聲
趞徣遺走皃或从彳从辵謫方言怒也謂相責怒䊮白米也鰿小魚蟦小貝○摵率摑切拂也文

三㵻寒皃椷木枝空皃○𢺿砉摑切裂聲文一○趚𧼑查畫切急走也或从責文二○摘擿
陟革切取也或从適文二十八謫讁適說文罰也或作讁亦省嫡嬌也𪏤䊞博雅博也黏也或从米持
㨹𢡆樀擿說文拓也或作㨹𢡆樀擿𥦗兔窟猲說文犬張耳皃鸐雉屬𦗧聑耳豎皃或从二耳
𥈊目堅𪌗博雅𪌗麬也𠩅石名𩤃𩤃騠驎屬𦠆挑取骨間肉僀無憚也硩取山厓上珊瑚謂之硩
鏑日月鏑蝕䯊骨間汁靼柔革○䃯力摘切䃯礋田器文五砳礐石聲或作礐虩恐懼皃彼
姓也出東平○疒疔尼戹切說文倚也人有疾病象倚箸之形籀作疒文四眲耳目不相信𩟗說文楚謂小兒嬾𩟗
一曰餅屬○覈𩅰礉下革切說文實也考事襾笮邀遮其辭得實曰覈或从雨从石文二十一𪍢麧糠不破者通作覈滆
湖名在陽羨𥗐說文石地惡也翮𦐾說文羽莖也羽本謂之翮或作𦐾𩍗鞁也核槅果中核或作槅𩍞博雅
補也搬燒麥枍搬也𢐗束弓弩衣蒚西方名蒲中莖爲蒚繳𧝜衣領中骨或从衣覡男巫絯拘束也莊
子方且爲物絯徐邈讀𦆷衣領內謂之𦆷鷊鷊鷊鳥名○𣪂克革切說文堅也文十一𩨓䙐說文㲉裏也一曰薄

大一百五十四 小六百九十三 集韻入聲十 十四 何昂二

也或以衣緙緙也紩也諽愅飾也謹也或从心㥛博雅變也一曰疾也硞碧硞水激石不平皃𦈲器空
盡𧇊虎聲𣪠聲也○隔各核切說文障也通作鬲文二十七䈓𥳍竹障或从木膈䐙肓也或从
革諽愅說文飾也一曰謹也更也或从心㦌智也通作諽䨣雨也革𠦾說文獸皮治去其毛革更之象
古文革之形古从三十三十年爲一世而道更也曰聲搹把也𩏎博雅𩏎𩏎勒也䎅說文翅也𧇊說文虎聲也䱜魚名鬲
縣名在平原一曰鼎屬亦姓𧭢博雅慧也槅說文大車枙䃒地多石𠰷嗝嘩嘀鳥鳴也或作嗝䁥目不正𩍐
補也𢐀束弓弩衣滆湖名在陽羨𢫨攺治也○戹厄乙革切說文隘也或作戹文二十八阨阸說文塞也
或作阨餩䬹說文飢也或作䬹𧠙覞善驚也一曰視皃或作覞搤說文捉也搹𢫬扼說文把也或作𢫬扼
軶鬲枙說文轅前也或作鬲枙豟𧳙獙爾雅豕絕有力者或从犬古作獙齸𪗆膉說文鳥齸或从易亦
作膉蚅蟲名爾雅蚅烏蠋似蠶砨砨砨石名嗌咽喉也𣢧欣歕笑語𧩞𣤷聲也或从欠呃說文喔也謂鳥聲一
曰逆氣一曰小兒啼○虉逆革切小艸也有雜色似綬一曰鳥名文八鳽雃鳥名爾雅鶂鶂鷊似鳧高足毛冠或从隹𩍠履首謂之

鞹弓東弓弩衣 鵙鳥名 娡好皃 㖪礌㖪石也 ○畫畵劃畫胡麥切說文界也象田四界聿
所以畫之古作畵劃𤱪省文十四 劃𠟭裂也或从蒦 嫿好皃 嚍㗲嚍嘖叫呼也或从百 繣徽也一曰結礙也
澅水名在齊漢有澅清侯國 砉砉然皮骨相離聲崔譔說 㦎乖剌也 擓擗也 ○𢥠怨麥切博雅𢥠乖剌也文二
十一 嫿說文靜好也 𢥠聲 𥉷裂帛聲 𥇳目病 繣𦄸也 劃𠟭𠜱說文錐刀曰劃或作𠜱𠟭 闢開也
㦸擭博雅裂也或从畫 歒吹氣也通作㖕 膕並足也 𧾷求辛 𣀙翔翻飛也或作翻 聲
窢窢然遽風聲 㖕聲也 𢐀頭痛皃 𣽋流也 ○馘䤈𢦏古獲切說文軍戰斷耳也引春秋傳以爲俘馘
或从首亦作𢦏文二十五 蟈鼓聲 漍水也 幗幗婦人喪冠也或从竹 膕𩩲博雅膕𦛢曲腳也或从骨 譩誇也一曰
言 摑批也 慖悖也 嘓㖕嘓嘓語煩口也或从或 𢧀挃也 䘘血也 馘犬 𥔲擊石 颳颭風之疾也赤氣熱 國
蟈蜮蟈螻蛄蟲名蛙也或作蜮 鍋錢器 盼目皃 擴張也 簇車弓 ○蒷口獲切博雅裂也文二 國石
石硬 ○趪求獲切趪趪尺長只文二 閴靜也 ○遏湯革切爾雅遏遏遠也郭璞讀文二 擿博雅擿也 ○瘠尹厄切痛聲

集韻入聲十　十五

寒病文四 𥻘糲米 瞺𥈍瞽見 𩩫骨間汁 ○蹢治革切爾雅蹢躅不行也徐邈讀文十二 適適適驚視自失皃
謫讁博雅責也或从適通作適 𥨪窟也 澔潪土得水也或省 𥻘持也 麴麥 擿投也
鏑日月餾蝕 骼骨間汁 ○籍舍格切刺取魚驚也文一
二十二 ○昝昔𦠆腊思積切說文乾肉也从殘肉日以晞之隸作昔籀从肉或作腊昔一曰古也亦姓文三十三
潜博雅隱也 焟晴博雅曝也或从日 㪗皺也 惜說文痛也一曰貪也 䵶鬿說文縷也或从也 髂膝間
舄鵲鞜履也或作韈鞜 棤履也 碣木名 碣博雅磍碣磧也 萬蔦馬萬州名車前也或作蔦 棤爾雅棤皵
木皮甲錯也 蝌蟲名似蝗爾雅蟿螽蜙蝑郭璞讀 醳苦酒也徐邈讀 猎獡山海經先民之山有獸狀如熊名曰猎猎或
从舄 緆細布也緆昌宗說 磶礎也 䧳鳥名 婼女字 䅶㿭夜也或省通作昔 碏揩也 晳白也
潟鹵地 ○㪚七迹切皺也文二十 𡢃姝也 覷觀 齇䫳黲顏色敗黑 𦾨蘽州名棗也 踖踖也 刺措
穿也傷也或作措 趚趞側行也或作𧾷 𧼐忽遽也 裱𧜁褙衣也 涑水名在北地 唶縣名在清河

磧說文水渚有石者 踖有容也詩執爨踖踖 籍刺取龜魚也周禮凡邦之籍事沈重讀 赤赫除撥也周禮赤犮氏或从
手 螚蟲名廣雅螚蛖蚻也 ○積資昔切說文聚也文三十五 積襞積衣閒𪖐也 膌瘠說文瘦也古作
𤻚 胥脊說文背呂也隸作脊 㮖屋㮖木也 趚說文側行也引詩謂地蓋厚不敢不趚 蹐說文小步也引詩不
敢不蹐 㟃山脊 唶嘆聲 迹遺跡速蹟跡說文步處也或作遺跡速蹟跡 踖說文長脛行也
借說文假也 鶺鴒鳥名爾雅鶺鴒雝渠雀屬也飛則鳴行則搖或从脊亦書作鵋 鯖魚名鯽也 蟦貝也爾雅蟦小而橢
鰿鯽說文魚名或从卽 濈水出也 積木名㮟也 磧磌磧也 燋灼龜炬也 呰此也 積積稯種也
耤籍艸名 耤天子諸侯所耕田借人力以終之 脚䐡胈光澤皃 唶縣名 ○席㡳祥亦切說文籍也禮天子
諸侯席有黼繡純飾從巾庶省亦姓古作㡳俗作蓆非是文十五 蓆說文廣多也 夕說文莫也从月半見 穸說文窀穸也 汐
水名出陽城山一曰海潮汐池也 郈鄉名在臨邛 繹又祭也宗廟有繹徐邈說 皵木皮甲錯也 蹐藉踐也或省 褯
祓袯褯也 猎黑獸似熊 嶧山名 踖蹴也 ○籍秦昔切說文簿書也文二十五 耤說文帝耤千畝也古者使民如

集韻入聲十　十六

借故謂之藉通作藉 藉艸不編狼藉也亦姓 莋葃茹艸也或从昨 籍刺取魚鼈也 膌脨瘵瘠
瘦也或作膌㾊瘠瘠 埱薄土 鄰說文蜀地也 唶縣名在清河 猎獸名似熊 脊死骨也 借
假取春秋傳計功則借人也陸德明讀 擠擊也 䖓䓯引舟笯或作䓯 蹐小步 踖蹐蹐趞踐也或从
躤从藉走 ○釋澤繹施隻切說文解也从釆釆取其分別物也或作澤繹通作醳文三十六 釋說文漬米也 釋
耕 檡木名 適說文之也宋魯語亦姓 夾奭盛大也或作奭 奭䩞奭說文盛也燕召公名
作奭或作奭 睪視皃 睗說文目疾視也 睗暫見也 褬䙞䙞裝也 𡨄說文飯剛柔不調相著 郝
姓 臭大白澤也 螫蠚說文蟲行毒也或作蠚 液醳漬也周禮春液角沈重讀或作醳 舍置也 𡟝
闕人名春秋傳叔孫婼徐邈讀 剔鬄剔也莊子燒之剔之徐邈讀或从髟 䵶方言色也一曰䵶然赤色 覛普眂也 商和也
嫡嚁嚁也 嫡嫡人謂嫁曰嫡 瘍關中謂病相傳爲瘍 拓摭拾也或作摭 嫕女字 ○尺昌石切說文十寸也人手
卻十分動脈爲寸口十寸爲尺尺所以指尺規榘事也从尸从乙所識也周制寸尺咫尋常切諸度量皆以人之體爲法文十九 赤烾說文南方色也

从大从火古从炎土庴說文卻屋也斥指名一曰大也䟽也通作庴㴬潟苦地或从舃通作庴斥臭臭
大白澤也或作臭蚸蝷蟦蝷蟲名似蜙蝑細長飛翅作聲者或从庴蚇蚇蠖蟲名今蝍蠟訴毁也拆擊也𠧪姓也
跅斥也漢書跅弛之士謂士行卓異不入俗檢如見斥逐如淳說一曰跳也覛普視也䁥視皃郝盍屋鄉名○隻
之石切說文鳥一枚也从又持隹持一隹曰隻持二隹曰雙文二十三拓摭撫說文拾也陳宋語或从庶古作撫蹠說文楚人謂跳躍曰
蹠跖說文足下也𧺆行也適往也袥𧞤袖也或作襰炙𤎅說文炮肉也从肉在火上籀作𤎅𩅀䨮䨮𩅀
大雨𠩄仄也墌坧基址也或从石蟅蚸蟲名螓蛸也或作蚸腋胳也𧾘走皃祏宗廟主蝪字林蟲名
膌瘦也○石后常隻切說文山石也在厂之下口象形一曰州名亦姓古作后文十鉐鍮鉐以石藥冶銅祏說文宗廟主也
周禮有郊宗石室一曰大夫以石為主䄷說文百二十斤也稻一䄷為粟二十升禾黍一䄷為粟十六升大半升碩說文頭大也䳁
鳥名鸔鵖也鼫說文五技鼠也能飛不能過屋能緣不能窮木能游不能渡谷能穴不能掩身能走不能先人一曰形大如鼠頭似兔尾有毛青黃
色好在田中食粟豆郭璞說蚸蟲名螳蜋也一名蚸蜋妬女無子○䠶射食亦切弓弩發也或从寸文四麝

獸名爾雅麝麚父脚似麕有香湙水名出詹諸山○䵂竹益切黏也文四滴潪說文土得水沮也或省嫡嫡媂女審
諦皃○彳丑亦切說文小步也象人脛三屬相連也文六𤭛瓴盛酒器或作瓴捸縁也捇捇拔發擿也迏
跛也○擿擲直炙切說文搔也一曰投也或作擲文十三蹢躑蹢說文住足也或曰蹢躅賈侍中說足垢也亦作躑古作蹢
鄺隲縣名在南陽或作隲麵說文麥覈屑也十斤為三斗蠌蝍蠋蟲名漸土得水謂之漸蘥艸名
博雅羊蹢蹏英光也或作蹢樀磨䅃○益伊昔切說文饒也从水皿皿益之意也古通作益文十謚說文笑皃嗌𦡘
說文咽也籀作𦡘上象口下象頸脉理也𪕌鼠名膉脰肉也一曰豕伏𦝗一曰肥也䣍地名蓋益母艸名茺蔚也𪗩說文鹿麋
㛕女字○睪夷益切說文司視也从橫目从幸令吏將目捕罪人也古作睪文五十七繹說文抽絲也一曰陳也理也
襗祭之明日又祭名殷曰彤周曰繹通作繹也䭞飯壞曰䭞襗襗袍襦袘裿袘袖也醳澤苦酒一曰醇酒
也或作澤掖說文以手持人臂投地也一曰臂下也一曰門旁小門也通作液亦姓𦍿說文引給也腋胳也在肘後通作掖亦
說文人之臂亦也从大象兩亦之形一曰又也奕說文大也引詩奕奕梁山一曰奕奕行也方言奕僷容也自關而西凡美容謂之僷奕奕僷僷皆輕麗皃

弈說文圍棊也引論語不有博弈者乎一曰盛也容也帟在上曰帟懌說文悅也斁斁說文解也引詩服之無斁斁猒
也一曰終也古从攵射無射九月律名射出也言陽氣上升外陰氣收藏不復出也孔穎達說譯說文傳譯四夷之言者驛說文置騎也
嶧說文葛嶧山在東海下引夏書嶧陽孤桐暘說文日覆雲暫見也埸畔也墿博雅軌道也釋𦓺耕也
或从易燡炎也圛說文回行也引尚書圛圛外雲半有半無𥋝日明皃燡爗曎光也或从火从日㻫
王衆𤆍焱煬字林火光也或从三火亦作煬棭木名液洂說文𥁓也亦姓或作洂𣽍水名瘍瘴
說文脉瘍也一曰病也或作瘴易蜴蟲名說文蜥易蝘蜓守宮也象形或作蜴祕書說日月為易象陰陽也一曰水名亦姓檡棘名
擇闕人名漢有司馬無擇袥長衣也鞨素鞨履也熤闕人名後魏有張熤澤水流皃釋漬米𥝵
禾終傷交傷也嶧川名夜縣名○役伇役營隻切說文戍邊也古作伇隸省文二十四疫
畝瘦說文民皆疾也或作瘦役坄㣧說文陶竈窓也或作坄㣧霢霢霂大雨蝃蜴刺蟲名蘎艾也方言
北燕謂之芆椴說文櫨欀也一曰燒麥柃椴鶂𪆂方言秦漢之間謂鶂鳩小者曰鶂鳩或从隹豛豛說文上谷名豬或不

省𩸞鯼魚名有四足如鼈而行疾或省鈠鎩殺小矛或从役从矛𥈇視也焱火皃䞘趯趠走皃○
瞁規呼役切驚視皃或作規文十𥉻眡也臭犬視也鬩鬣也䀄卵折辟仄也書
皮骨相離聲焱火華也帟黍布○辟辟侯必益切君也一曰除也亦姓或作辟古作侯文十七䴙
辟說文治也引周書我之不辟或从廾躄躃說文人不能行也或从足亦書作躄躄弓弭襞說文韏衣也徐鍇曰
韏革中辨也衣襞積如辨也壁說文瑞玉圜也鐴犂耳也薜薜艸爾雅薜山蘄即當歸也鷿鷿鷉鳥名鷿也
廦牆也鼊𪄻鼊邪獸名鳥喙或从犬縪綌縪縈也○僻辟薜侯匹辟切邪也或省亦作𤕭古作侯文
十廦牆也癖腹病闢爾雅涇闢流川謂通流也霹仄也霹霹靂迅雷澼腸間水○擗
𢪃亦切撫也文十八𤕭死皃𣮏毛也辟辟侯說文法也从卩从辛卩節制其罪也从口用法者也古作𤕭侯闢闢
說文開也引虞書闢四門或从艸𨆤廣雅𨆤強𨆤也一曰弓弭萆萆蔗艸名𦊅博雅𦊅謂之𦊅躃仆𨆤也僻僻
舉止輕傷也鼊𤲬罿也或作𤲬椑棺也𢜳恨也欂柱也○碧兵彳切說文石之青美者文一○

䠔弃役切蹢䠔屈申皃文一○鶪工役切鳥名伯勞也文一○㓾令益切劙也文三𩞄𩞄鏑食相著趯
趯踕盗行○憵苦席切怖也文二迉曲行也○攫玃俱碧切搏也或从犬文三貜猿類○欂平碧
切榼也文二韠韋畢裳車䩊○躩虧碧切足皃文一○䩮靰紀彳切說文繫牛脛或从乞文二○虩
火彳切虩虩恐懼也文一○鉙鋪彳切器下平也文一○黐知亦切黏也文一○剔土益切治也文二騞刀解牛聲
○𡕥七役切舉目使人一曰小動也文二復小行也○悌弟待亦切易也或省文二○鑈欸剕切絡絲具文一
二十三○錫先的切說文銀鉛之間也一曰與也亦姓文二十七裼說文袒也緆𦃃說文細布也或从麻啺
唽啺啺鳥聲或从析晳說文人色白也晰明也惁博雅惁惁憂也一曰敬也𩗬𩗬風聲析枂肵
說文破木也一曰析也亦姓或从片古作肵淅𣂈說文汏米也或作𣂈蜥博雅蜥蜴也菥菥蓂菜名木蘥也蜥
蜤說文蜥易也或从虒亦書作𧌑𧎗蛛蟲名博雅𧎗蛛螔蟹也或省硩摘也周禮硩蔟氏掌覆夭鳥之巢鷊鵗中
也焬乾皃𩅥霹霹小雨一曰霢丸蜴楚謂欺慢為䏐蜴婸女名○戚鏚倉歷切說文戉也或从金戚一

曰近也亦姓文十六慽說文憂也或書作慼覷覷覷面柔鼜鼜說文夜戒守鼓四通為大鼓夜半三通為戒晨旦明五通為發
明或作鼜俗作鼜非是黬黬黬色敗黑磩磩磩石次玉蔵艸名蠈蟲名䗋蛉也或書作蝛顣顣頞也宿
衛孫文子邑名通作戚傶博雅近也𧻒小也䁘見也皵皴也○績則歷切說文緝也一曰業也文
九勣功也通作績樍木名博雅樍積也襀襞也焳持削然火以灼龜鶺鳥名蟦蟲名積聚也
鶺鶺鴒鳥名雝鶺也○宋寂誎諔宗淑前歷切說文無人聲或作寂誎諔宗淑文十一嘁咔
說文嘆也或省𧢌覿覿說文目赤也一曰遙視皃或作覿亦省○壁必歷切說文垣也文十二廦說文牆也鷿鳥鷉
爾雅鼊謂之鼊繴給綼縈也鼊鼊龜屬𧳏𧳏邪獸名一曰鳥喙蠯博雅蠯蟵也筋肑指節聲或省
皵皮乾辟除也鐴犂耳也○霹礔匹歷切霹靂雷之急激者或从石文十四僻辟說文避也引詩
宛如左僻一曰从旁牽或省劈說文破也鎃方言梁益之間裁木為器曰鎃澼漂也莊子洴澼絖憵博雅惓也廦說文
仄也鷿鳥名說文鷿鷉也癖𦢊積病或从肉礕礔礰石聲擗擊也○甓蒲歷切說文瓴甓也引詩

中唐有甓文十五萆說文雨衣一曰蓑衣一曰萆薢艸名似烏韭𦪍舟也椑棺也嬖博雅嬖斷極也一曰欲死皃
鷿𪆺鳥名說文鷿鷉也或从隹亦書作鸊萆薄也擘大指也檗黃木也欂薄柱也亦省襞裳在幅飾
一曰絲細辟僻糾譎邪辟也或从人○覛脈覓莫狄切說文袤視或作脈覓亦書作覔俗作覔非是文四十二𪑦
䵑䵑顯色敗黑一曰闇也或从覓覛微見也糸幺說文細絲也象束絲之形徐鍇曰一蠶所吐為忽十忽為絲糸五忽也或省
䋻博雅索也一說荊州謂帆索曰䋻冖冪冪說文覆也从一下垂也或作冪冪幎說文幔也周禮有幎人或書作幂
鼏說文以木橫貫鼎耳而舉之引周禮廟門容大鼏七箇即易玉鉉大吉也一曰覆鼎者幦𧝐說文髼布也引周禮駹車大幦或
作幎篔竻筫簟帶也蓂艸名爾雅菥蓂大薺塓塗也春秋傳塓館宮室汨溟說文長沙汨羅淵屈原所沈之水或
作溟瀎水淺皃通作溟䮭馬驀謂之驀一曰馬鶩視𧱟白豕黑頭謂之貘䖑虒說文白虎也或从冖省蟆蟲名博雅
蟆蟨也幭簚車覆式也詩鞹鞃淺幭或作簚霢霢霂小雨幎博雅覆也冥以繩覆取禽獸之名周官有冥氏鄭
康成說鼏醯醽鼏乾酪或作醽亦从鼏熐夷人聚落謂之熐蓂艸名趯趯趯狂走皃眽眽蜴

欺慢也楚人語䳽鳥視莫塵死也或引禮合莫溟溟溟雨小皃○旳的𡿐丁歷切說文明也引易為的顙
或作的皪文四十五肑脊也怕博雅惄也一曰痛也㓃斷也扚擊也引也𨒙弔說文至也或省適親也
嫡說文嬌也蹢豴蹄也或从豕馰說文馬白額也一曰駿也引易為馰顙通作的衵襌衣靮纏也鼩鼠名
鸐說文雉屬䳭鳥也玓說文玓瓅明珠色䃤礋矵博雅磓也或从適从勺一曰水磃番車甋瓴甋謂之甓
弔勺射質也或省通作的鏑說文矢鏠也通作鍉𪐁博雅龍須謂之𪐁一曰婦人面飾一曰黑子著面滴適說文
水注也或从適魡罓繫魚也或作罓灼說文望火皃樀𣝗說文戶樀也引爾雅檐謂之樀一曰機上卷絲器或从適
斛斗量器杓禾穗垂皃菂芍芙蕖中子或省通作的擿挑也磓也杓物之標准通作的約纏也墒
階謂之墒啇本也謫罰也鍉嗛器○逖逷狄他歷切說文遠也引詩舍爾介逖古从易或省文四十二歒歒歒
小人喜笑皃趯趯趯狂走趯趯趯趯跳也或从走踢踢踢獸名左右有首倜倜倜儻卓異也或作倜惕
悐惖惕說文敬也或从狄亦作惖惕古書作悐諦詆僻也一曰狡獪或省䁑說文失意視也覿覿目赤一曰

逿視或作覿 𩩉說文骨間黃汁也 烢望火皃 蓧苖艸名蓨也或作苖 篧竹長觳皃詩籊籊竹竿
剔㓹肆解也古作㓹或作肆 鬄說文鬄鬀也 擿晢捌挑也或作晢捌 崵山名 鶍
錫鍚也或作錫 騞解牛聲莊子奏刀騞然向秀讀 適適適然驚皃 揥戲也取也 嬥嬥嬥好也 䅚離而種之
曰摘賈思勰說 摘說文拓果樹實也一曰指近之 樀福也 歡痛也 ○狄亭歷切說文赤狄本犬種狄之爲言淫辟也亦姓文五
十六 敵適說文仇也或作適 邮說文左馮翊高陵 踧踧踧平易也詩踧踧周道 迪說文道也 㣙說文行㣙㣙也
頔好也 覿覿覿爾雅見也或作覿覿 𤀠土水和也 糴籴說文市穀也亦姓或省 歡痛也 樀
福也 麳麥屑也 瀉滷鹹地或作滷 糴糴穀名或从禾 滌說文洒也 遆博雅遆遆雨也从迪 笛笛
篴樂器說文七孔筩也羌笛三孔或作遂 篧竹竿皃 楸木名 藡 荻艸名萑也或从狄 𤏽光皃 苖
艸名說文蓨也 蔋蔋說文艸旱盡也引詩蔋蔋山川或作蔋 樀屋梠一曰卷絲具 𤛗𤝞博雅𤛗特雄也或从
大 𡑞堞也 翟鸐說文山雉尾長者亦姓或从鳥 𦅾綠色 𩷣馬𩷣魚名出東海 逐浟遠也周易其欲

大二百四十一 小六百七 集韻入聲十 二十一 侩

逐逐或作浟 儥買也 儵儵儵飛禍毒也 妯爾雅動也方言擾也齊宋曰妯 彴橋也一曰流星 吡嗷吡楚歌服虔說
彴說文約也 嚁聲也 𪉟鹹也 蓨莜盛種於器謂之蓨或省 櫂楚宋謂梲曰櫂一曰木枝直上皃 婥女病
𥝋種也 ○秝狼狄切說文稀疏適也文一百三十七 厤說文治也 𠪚分也 歷𡺯說文過也古作𡺯
曆說文曆象也通作歷 飃颲飃風聲也 靂霹靂也 𦢍脣脹強脂也 癧𤸿瘰癧病也或作𤸿
䁶明也 𥌍𥌍𥌍目明 嚦嚦嚦聲也 𪘁𪗪齒病或省 𥊳目䁱視 𡳾說文履下也 𧾖𧿈
𢕌𢔶行皃或作𢕌 𨅊躒說文動也或作躒 𨅊足所經践 酈麗說文南陽縣或省亦姓 𨛯
𨞫地名或从厤 𡩸𡫨寂寥無人也或从歷 𩴿𩳐𩴿㤪也 𧝣𧞋急繆也或作𧞋 劚劚也 磿
礰說文石聲也或作𥗟 𪑾黑皃 礫硌磟珞說文小石也一曰石皃或作硌磟珞 𤪬說文玉也 瓅說文玓瓅 纅
治絲也 皪𤾃的皪白皃或从歷 𠠱𠢴割也或省 鬲𤮍𩰠鎘䰙𩱐𨯹鑠
𩰞䰛說文鼎屬實五觳斗二升曰觳象腹交文三足或作𤮍𩰠鎘𩰪𩱐𩰵𩱂鑠𩰱古作𩰲象孰飪五味气上出 𩪂骨病 𡓩歷

坑也或省 𤮍井甓 讈𧬈諫讈言不明或省 䣛醳說文酾也或从歷 醽䤙醽醹酪也 櫟雜也 擽攊
攊博雅擊也或从麗从歷 轢轣𨏀說文車所踐也或作轣𨏀通作櫟 櫪說文櫪撕柙指也 𦪙船也 𨃼
謕謕鼓聲 䮥馬色 䍽𦎝羖𦍸山羊或省 𤢿𤡊獛𤞑獸名或作𤢿𤞑亦省 蝷野蠶 鷅鳥名似鷹
而大也 𦋬𣌭羃歷煙皃或从曰 鰏𩸀鱳魚名博雅鮒也或从歷从樂 𪖀鼠名 蚸蟲名似蚣細長者
𩴾鬼名 爏𤊾火皃或省 𧮛谷名 瀝𤀻說文浚也一曰水下滴瀝或作𤀻 䨏霖霹靂雨不止皃或省
濼貫衆艸名 瀝瀝瀝寒皃 𤗈木障也 𥨭穿也 蒚艸名說文夫離上也 𦱑艸木疏皃 藶葶藶艸名
藶水艸 櫟說文木也一曰縣名 𣩼𣩼𣩼死皃 闃殺也 𡗲歷落大也 漻變化皃莊子油然漻然李軌讀
轣撓也漢書轢釜 寥博雅藏也 攊養馬器通作櫪 觻獸角鋒曰觻 扚按也 𩯁髮踈皃 𢢁心所
營星也 𩔰星皃 閮開也 𦅻繩爲界也 𦗾耳審聞也 𪖻鼻別臭也 𣪠亂也 𡢃女字也 𨘿近也
厤以爪擇物也 壢積也 厤勬厤小劣也 𤩽玉名 𢧢刈也 𠐾關人名 𥳑竹火約刀爲𥳑 ○惄

大百卅五 小六百卅八 集韻入聲十 二十二 秘稽

𩚁乃歷切說文飢餓也一曰憂也引詩惄如調飢或作𩚁文九 愵惄說文憂皃或作愵亦書作𢙢 𣲍溺說文没也或作溺
𥹨麩餌熟曰𥹨 𡐨水土相和也 㛔弱也 ○檄刑狄切說文二尺書文十三 鷁鳥名 𣚍說文稙楔也一曰燒
衭衿椵也 薂爾雅的薂蓮實也 覡𢲢說文能齋肅事神明也在男曰覡在女曰巫或作𢲢 𧤠說文杖端角也 獥
狼子 𪕬𪕱鼠名狀如鼠在樹木上或作𪕱 𥫍斛注謂之𥫍 㲉矜子屬長殳謂之勒盧或作矜 ○鬩䜳
聲激切說文恒訟也引詩兄弟鬩于牆从門从兒兒善訟者也或作䜳文十八 謚敊笑聲或作敊 䰛去滓也 𣿉𣿉泬怫𣿉
也通作赤 𧹞說文且唾聲一曰小皃 𥳘鏫鬲 赩赤也赫也 𧖴卯㽕不成曰𧖴 砉砉然皮骨相離聲李軌說 𢥛憫恍
赤紙 𥟦殺矜博雅矛也或作殺矜 㤸心不自安謂之㤸 𤇸火華也 𢥩慙也 ○喫嚉嗷詰歷
切說文食也或作嚉嗷文十三 𢾀殼也 𢿛殸也 毄勤苦用力曰毄 擊旁擊也 燩博雅暴也 𨰺吹器 幦
覆笭也禮君羔幦徐邈讀 澼漂也莊子洴澼絖李軌讀 𥎞𥎦矛也或从兮 ○激吉歷切說文礙衰疾波也一曰半遮也亦
姓淮南傳有激章文二十 𩰠裛衰也 𥨊回陁 敫歌也 毄說文相擊中也如車相擊故从殳从𡜑 𥋀目不瞬 擊

擊隔說文攴也或作擊古作隔　轚說文車轄相擊也引周禮舟輿擊互者　約纏也　墼說文瓴適也一曰未燒也
獥獸名爾雅狼其子獥　鸄鳥名爾雅鸄鶶鶶似鳧蒼白色　蘻說文艸也　芟弓蘂　噭聲之激也春秋傳噭然而哭
鐓吹器　儌疾也或書作憿　譤許也　○鶂䴁䳘鷁倪歷切說文鳥也引春秋傳六鶂退飛或从鬲从赤从益文十
二　霓雌虹　艗榏䑠艗首舟也或从木从兒　鷊虉鶂說文綬也引詩卬有旨鷊或作虉亦从鶂　屔
說文石地惡也　○閴苦狊切靜也文三　踞蹊也　砉砉然皮骨相離聲　○狊扃闃切說文犬視貌爾雅鳥曰狊張兩翅也文
十　鼳獸名爾雅鼳身長須而賊秦人謂之小驢一曰鼠名今江東山中有鼳鼠狀如鼠而大蒼色郭璞說　犑牛屬　鶪鵙鴃
鳥名說文伯勞也或从隹亦作鴃　湨水名在河內　郥說文蔡邑也引春秋傳郥陽封人之女奔之　則剔也　𠊧點也　○
䀨呼狊切鳥卵裂也禮卵生者不殈文十三　益艸名　洫水名在魚陽　芎陂名　豹殺矛屬或作殺　狊犬視
焱火華謂之焱　砉皮骨相離聲　䡿車覆笭春秋傳以䡿為席　監山名漢書監町山出銀鉛在益州郡　瞁睯
視也或作睯　○梀樕霜狄切木名爾雅梀赤梀或作樕文二　○馘況壁切面也莊子槁項黃馘文二　洫深意郭象曰走

集韻入聲十　二十三

而愈　○棫于狊切木名白棫也文一

二十四○職軄質力切說文記微也一曰主也業也或从身文二十一　戠說文闕　織𦁊績䋢
𢧤說文作布帛之總名也樂浪挈令从糸从式徐鍇曰挈令蓋律令之書也或作績古作𢧤　膱脯脡也長尺有寸　樴說文弋也
通作職　䰴髮垢也　蘵蘵蕺艸名爾雅蘵黃蒢葉似酸漿華小而白或作蘵亦省　蟙蚮蟙蚮蟲名蝙蝠
也或从式　埴黏土也　昵䐈膱粘也周禮凡昵之類不能方或作膱通作膱　嬂女字　○識𧦝設職切說
文常也一曰知也亦姓古作戠或書作𧦝文十七　試用也通作式　飾餝說文㕞也一曰襐飾或作餝　䀵目所記也　式說文
法也　軾說文車前也　拭𢂑爾雅清也或从巾　𦁊織已經未緯也　鉽鼎屬　契竊盜挾藏謂之契　蘵
苦蘵艸名即苦參　蚮蟙蚮蟲名仙鼠也　烒火貌　栻木局也有天地所以推陰陽占吉凶以楓子棗心為之通作式　○瀷
弋力切水出大騩山南入潁一曰水潦文二　潩水出河南密縣東入潁　○寔丞職切說文止也一曰是也文十七　徥行也　湜
說文水清底見也引詩湜湜其止或从寔　殖說文脂膏久殖也一曰種也一曰興生財利曰殖　埴𡎺戠說文黏土也或

作埴戠　稙說文早種也引詩稙稺尗麥　植𣜬說文戶植也一曰樹立也或从置　𡖖多也　𥬊笙也　萴藥艸
淔水名也　𥟪嗇也　値措置也　○食飠實職切說文一米也古作飠亦姓文五　𩛇蝕𤸎說文敗創
也或省　○側札色切說文旁也文十八　仄𠩓𠂆廁說文側傾也从人在厂下亦从广或从吳籀从矢亦作廁　夨
說文傾頭也从大象形　𠩵昃昊稷說文日在西方時側也引易日稷之離或作昊昃稷　萴艸名說文烏喙也一曰附子一
歲者　稄稀稄禾密貌　稷禾束也　𢭶打也通作揤　𪀦鳥名　汄汄溫汄水流貌或省　崱山連貌　○
色𩐂殺測切說文顏气也古作𩐂文二十二　䡹博雅軨䡹轉戾也　嗇𠷍𡋟𠸊𠍐說文愛濇也从
來从㐭來者㐭而藏之故田夫謂之嗇夫古作𠸊隸省亦作𠍐　穡說文穀可收曰穡　薔艸名說文薔虞蓼　𣢯恐懼也春秋傳𣢯然
而駭　懎恨也　𠢾助也　𩓋頰也　𥳑飾也　𧒥蟲名　轖𩍞說文車籍交錯也一曰車革之轖所以覆軨也或从革
繬博雅縫也　𠠚刺也　濇不滑也　嬙女字　○測察色切說文深所至也文九　𥟍禾稠貌　溭溭淢水貌
惻說文痛也或書作𢡃　畟稷說文治稼畟畟進也引詩畟畟良耜或从禾　𡊇說文遏遮也　䓴艸名　廁側也

集韻入聲十　二十四　正

莊子廁足而墊之　○崱實側切崱屴山大貌文六　𡾰𡷀嶷山峻貌或省　溭溭淢奔湍　萴藥艸博雅附子
一歲曰萴子　揤攴也　○息𧬸悉即切說文喘也一曰止也生也古作𧬸文十三　𩴌博雅息也方言周鄭宋沛間曰𩴌　瘜
𦞤說文寄肉也或从肉　熄說文畜火也一曰滅火　葸菲葸菜名生下溼地似蕪菁可食郭璞說　𣝁木名　鄎說文
姬姓之國在淮北今汝南新息　𨻶地名　𥱐箕篾竹器　𪀗鳥食　𤄯水貌　○即卽節力切說文即食也一曰就也亦
姓隸作即文二十六　𦟴腳膱膏澤也　唧啾唧多聲　揤說文捽也魏郡有揤裴侯國一曰拭也　𡋤疾也　堲𤈷
燒土周棺也或从火通作即　畟𦓳𠞰畟畟耜利也或从耒从刀　稷稯𥝪說文齋也五穀之長亦姓或作稯稷　㷔燭燼
㮨說文細理木也　𤛓牛名　𤢖犬生三子曰𤢖　䳭䳭鴒鳥名雝渠也或書作𪁗　鯽魚名　蝍蠈蟲名爾雅
蒺蔾蝍蛆似蝗食蛇腦或作蠈　樍木名擢也　艮理也　禝堯臣能播五穀有功於民祀之通作稷　𠋢小也　○堲即
疾力切疾也書朕堲讒說或省文八　垐以土增道　𢭶打也　𠯗欰錯喉或作欰　蒺蒺藜艸名　崱山貌　○陟
儨𠊞隲徏徝竹力切說文登也或作儨𠊞隲徏徝文十二　稙早種也　𤸁痛也　䐈肥也　捗打也

𦤶到也 眲耳目不相順也 ○敕勑𠡠 蓄力切說文誡也兩地曰敕从攴束聲古从力或作勑本音賚世以爲敕字行之久矣文
十九 飭飾 說文致堅也一曰戒也或作飾 伬恜 說文惕也引春秋國語於其心伬然或从心 遫 博雅張也一曰開也
通作憗 從也 趩躩 說文行聲也一曰不行皃或从足 栻 博雅曲道栻揭也 湜 說文水也一曰出潁川一曰艸名
鶒䳵 鸂鶒水鳥毛有五色或作䳵 堇 艸名似冬藍味酢 式 古文也古者大出師則大史主抱式 餝 飾也 瀷
水湊急也 ○直𥁕㮚㮚 逐力切說文正見也亦姓古作𥁕㮚文九 㠁 山皃 犆植 緣也禮羔幦虎犆或从巾 植
立也詩植我蕺敊 膱 肥也 值 措置也 ○力 六直切說文筋也象人筋之形治功曰力能圉大災亦姓文十九 仂 勤也一曰
秫什一也 𠡠 行脛相交也 𠢒 趙魏之間謂棘曰𠢒 朸 縣名屬平原一曰屋隅亦姓 屴 屴崱山連皃 泐 水石理也 勒
犬名出遼東 鳨 鳥名小鳧也一曰鷜別名 犳 犬爭皃 扐 縛也關中語 趍 趍趩行皃 來䅘𪌕𪍿 來年
麥也或作 𣗥 去皃 棘 木名野棗酸者江南山東曰棘子 蝕 公名在杜南 ○匿 昵力切說文亡也一曰微也一曰朔
而月見東方曰側匿文十一 𪗿 齒疾也 𪘏 黏也 䘌匿蠠 蟲名博雅䘌蠠也或作匿蠠 慝忑 慚也

集韻入聲十 二十五 正

方言梁中曰慝或作忑 鰓 魚名似鰋而小 媐 女字 慝 隱情飾非曰慝 ○弋 逸織切說文橜也象折木衺銳著形从丿象物
挂之也亦姓文四十八 杙樴職 說文劉劉杙或作樴職 䳍 說文繳射飛鳥也 𦐊翼𢑥翊 說文翄也
篆作翼或作𢑥翊翼一曰輔也盛也又國名亦姓 鳶 鳥名 翊 說文飛皃一曰燕翊郡名 翌 爾雅明也 廙弋 說文
行屋也或作弋 忒 心動也 趩𨘥 說文趨進趩如也或从辵 代 行也 潩 肥澤也 癔 病也 弋骮
餀盍骨也或作骨 妷 說文婦官也 熼 火皃 酨 說文酒色也 蟔 蟲名 釴 爾雅鼎附耳外謂之釴 廙 不利也
匽匽 說文田器也或从翼 𦔸 博雅耕也 𥟕穓 蕃蕪皃或作穓 𦸏秋 麥𪌕也或从禾 𧃍𦸗
艸名藕䒶也或省 芅 䖕芅艸名羊桃也通作弋 潩 說文水出河南密縣大隗山南入潁 默 黑也爾雅太歲在壬曰玄默 𧇯
關人名䵂有苛虞 𪓰 䖸 蜂名 蛡 蜂䖸也太玄蛡其蛡一曰蟲行皃 瀷 說文水出河南密縣東入潁 熤 關人名後魏有張熤
笂 竹索 袚 黑衣 𣦼 瓦坏也 ○殛極 訖力切說文殊也引虞書殛鯀于羽山或作極文三十三 亟𦺇蘁
說文敏疾也从人从口从又从二二天地也徐鍇曰承天之時因地之利口謀之手執之時不可失疾也或作𦺇蘁 睫 張目也 茍蔑 說文自急

敕也从羊省从包从口口猶慎言也古作蕭 䩯革 說文急也或作革 悈 說文疾也 㥛 博雅憯也通作悈 𢦦 去也 璾
琜 垂棘地名字本作棘以其出美玉故从玉或謂玉曰垂棘亦省通作棘棘 襋極 說文衣領也引詩要之襋之或作極 棘𣞢
朿 說文小棗叢生者又姓或作棘亦省 覾 說文擊也脛牛也 誣 訥言也 蕀 艸名爾雅髦顛蕀細葉有刺蔓生或謂之女木 瞿
瞿瞿居衰視不審皃 𪇰 博雅鶹 𢑥 勤也 𠢒 力也 㥛 山名 𩩢 羊名 𣗥 縣名或从入 麥 來牟也 諫
愅 飾也謹也更也或从心 ○赩 迄力切說文大赤也文十一 憪 怒也 黯 青黑色曰黯 歔 說文悲意 覤 覤覤懼也
皃 盡 說文傷痛也引周書民罔不盡傷心 䫆 博雅䫆肥也 奭 邪視皃或省 敇 笑聲謂之敇 驣 走
○億㥄億意 乙力切說文安也一曰度也辭也或作㥄億意文三十二 啻 說文快也 憶 思也 薏
意 說文滿也一曰十萬曰意籀作意 肊臆𩪆𩪆 說文胸骨也或作臆𩪆𩪆 繶 博雅繶緔條也 印 懏也
抑抑 說文按也从反印或从手隸作抑 𡋯 地名 瘉 病也 醷 釀醴醷爲漿也 澺 說文水出汝南上蔡黑閭澗
入汝隸作潩 薏蒠 艸名說文蓍苡也一曰薏苡或作蒠 檍 木名說文杶也或从意 棆 說文梓屬大者可爲棺椁小者

集韻入聲十 二十六 正

可爲弓材 𧔺 蟲名博雅蟮𧔺也或作𧔺 噫 語辭通作億 抑 𩠗 首 𩠗 數也通作億意 ○極 竭億切說文棟也一曰中也
至也文五 殛 死也 革亟 急也或作亟 朸 漢侯國名 ○嶷嶷凝 鄂力切說文小兒有知也引詩克岐克嶷
或从山或从心从言文七 嶷 茂也 鬙 角皃 嶷 正立皃 ○𩋝 乞力切韋堅也或从韋文六 𩌏 馬勒
緎 紩也 諽愅 飾也謹也更也或从心 ○或域𢧤 越逼切說文邦也从口从戈以守一一地也或从土从自古作𢧤文二十八 𦭝 艸木叢生 淢 流也通作棫 罭 罟也 棫 白桵也 棫 說文疾也 緎域 慖
傷痛也 蜮蟈 蟲名說文短狐也似鼈三足以氣射害人一曰蝦蟇也或从國 䳼 鳥名博雅䳼鷜也 㦴 力皃 𡙐 字林大 鍼
說文瓦器也 琙 人名漢有公孫琙 黬綎緎 𩌏𩎦 說文羔裘之縫或从系从革从羊 駥 騙駥馬走皃 閾閾
說文門榍也引論語行不履閾古从洫 魊 鬼名 淢 說文水流也 箴 竹叢生 𧦯 飛也 ○洫淢 忽域切說文十里爲
成成閒廣八尺謂之洫引論語盡力于溝洫或作淢文三十二 𠦃 吹也 𧼣 盜也 淢 說文水流也 侐閾 說文靜也引詩閟宮有侐
門或从閾閾 門榍也古作閾 黬縅𩌏 縫也或从糸从革 𪇤 鳥名 蜮 蜺裂也 𥄎 舉目使人也

瘯說文頭痛也 衄火光也 𢧢博雅方也一曰大也 窢窢然逆風聲 䵵赭色 𧖴卵破也禮卵生者不𧖴徐邈讀

𥈭睢目皃 䮚騙䮚馬走 魊魚名 罭魚罔 颶風皃 掝裂聲 𦐛鳥飛聲 𧖵痛傷也 惐心惐也

𠯗嗅聲也或从叟 ○塩拍逼切說文𠕋也文二十一 畐偪說文滿也从高省象高厚之形或作偪 陜偪說文判

地裂也謂之畐 陜或作偪 䕀多也 稫稫稄禾密皃 𥢕治黍禾豆下潰葉也 餫飽皃 副疈偪罷說文判也引周

禮副辜祭籀作疈或作偪罷 愊說文誠志也 踾踾踾聲也 楅所以庋矢也 揊敀扑擊聲或作敀扑 馥香也

蕌艸名 ○逼偪筆力切爾雅迫也或作偪文十八 皕說文二百也 楅說文以木有所逼束也引詩夏而楅衡 幅

行縢也春秋傳帶裳幅舄 騙騙䮚馬走 鶝鳥名似鵲 湢湢浹水驚涌皃 颶颶風也或作𩗴 㘠閉也亦姓 皀粒也 塩

塊也 䟆畐多也 踾踾蹴行迫也 稫秙也 稫稄禾下葉也 䡊車笭間皮篋 ○愎弼力切戾也文二十 𥢂稫

煏𤏋說文以火乾肉或作𤐛煏𤏋 𪏐稫治黍豆也或从禾 趩走也 踾踏也 鶝鳥名 腷服腷臆意不

泄皃或作服 楅版也坼也 馥香也 颮風也 𩎟僰地名在蜀或从人 陊山陵 𦋇賊稱也 愊誠也 ○窨

大一三十七 小六八十 集韻入聲十 二十七 正

窨通切暫視也文一 ○𣮢丁力切毛少也文二 得𢔶得滴水少 ○日而力切太陽精也李舟說文三 𦤹到也 眲耳目不相信

二十五 ○德的則切說文升也一曰行之得也文十三 悳惪說文外得於人內得於己也古作悳通作德 𨂡踣𨂡行皃

䙷約也 𦩒取也 得㝵导得說文行有所得也古省或作导得 淂水皃一曰水名 陟得也周禮陟夢言夢之所

得 𤸱病也 ○忒惕德切說文更也文十三 忒說文失常也 肬肬肬不正容止也 蟘蟲名博雅蟙蟔也 惿心懼

貣貸說文从人求物也或作貸 䁝䁝聽目欲卧皃 㩙擊也挨也 匿朔而月見東方曰側匿 𢖮慝也 慝式

惡也或作式通作匿 ○特犆犆敵德切說文朴特牛父也一曰獨也或作犆犆文十五 貣貸从人求物也或作貸 蟘

蟘蟚螣說文蟲食苗葉者吏乞貸則生蟘引詩去其螟蟘或作蟚螣 職犆樴杙也周官有職人戚

作 蟘關中謂蚍蠹毒曰蟘或書作蚮 犆木名 𩿁䳭鴨屬 ○勒歷德切說文馬頭絡銜也一說馬轡有銜曰勒無曰羈一曰刻也文

十四 肋說文脅骨也 扐說文易筮再扐而後卦一曰指閒也通作艻 仂什一也禮祭用數之仂 协說文材十人也 艻

蘿芳菜名胡荾屬 竻竹根 朸說文木之理也平原有朸縣 阞說文地理也 泐說文水石之理也引周禮石有時而泐 墊

玏說文玏墊也謂石之次玉者或省亦書作𤥋 仂廣雅力也 泐水聲 ○𧖭𧌒匿德切蟲名兔缺也一曰小蟲或省

文五 䵋埃䵋無光也 𥝦穀穢也 𦸗穢耕艸生皃 ○北𧌀必墨切說文乖也从二人相背一曰朔也古作𧌀文三

蛍蟹四足者曰蛍 ○菔蔔鼻墨切菜名說文蘆菔似蕪菁實如小尗者或作蔔文二十五 僡困也 僰趙魏謂棘白僰

揊擊也 匐匍伏服跡說文伏地也或作匍伏服跡 菩艸名 踣趙仆掊㥶趴說文

僵也引春秋傳晉人踣之或从走亦作仆掊㥶趴 𧆬說文犍為爨卷 𧟹方言農夫之醜稱博雅僡醜也 𡉚土壅曰𡉚 䅽說文

治黍禾豆下潰葉 培重也莊子而後乃今培風 蝮蝮蜪蟲名蝝也 煏火乾也 茯茯苓藥艸 ○墨密北切說文書墨也

亦姓一曰度名五尺曰墨丈二十五 默說文犬暫逐人也 嘿默靜也或从欠通作默 𡐢嚜博雅嚜𡐢欺也 瞾瞾㦟視無所見

䁾𥌒𥉂目欲卧皃一曰瞞也 冒冐干也 覓突前也 𥉰暫視也 嫼嫼怒也或不省 纆纆說文索也

或从墨 𦡫螺蟔蟲名齊人呼蝠為蟔蠼 蟔蟲名爾雅蟔蛅蟴蟖屬通作蠼 万寒万俟虜姓或作寒 䑵

艒小舟或作䑵 爆火皃 ○寞塞寒悉則切說文窒也从𡨄从廾窒宀中𡨄猶齊也亦姓或作塞𡫼文七 賽睉賽

大四十 小五十二 集韻入聲十 二十八 廿安

視無見也 𡨄寋寨說文實也引虞書剛而塞古作𡨄寨 ○㭊七則切階級也文一 ○則𠟭𠞃劃

即得切說文等畫物也从刀从貝貝古之物貨也一曰法也古作劃鼎籀从鼎文四 ○賊賊疾則切說文敗也从戈則聲隸作賊文十一

鰂博雅鮲鰂測也 鰂鯽鱡說文烏鰂魚名或从賊从即 蠈螆蝗食禾節者或从則 蒆木蒆艸名

蠈踐害之也 𣛶木名 ○𣪠紇則切法有罪也文二 閡礙也 ○黑迄得切說文火所熏之色从炎上出四文七 嫼

說文愁也 𢢓悍也 潶水名出黑山西 默嘿欸也或从口 鰴魚名𩹜也 ○克亨𠅊𠧧𠆭

乞得切說文肩也象屋下刻木之形徐鍇曰肩任也負何之名也與人有膊之義通作勝此物謂之克古作亨𠅊𠧧𠆭文十二 𡛯㛙老女卑賤謂之𡛯或

省 尅殺也 刻剋說文鏤也一曰痛也一曰豕跡古作剋 勀說文尤極也一曰自彊也 㤉駭而自專也 ○裓訖得切衣

裾也文四 𧜮東也 𦔁𦔁耕艸生也 翺翅也 ○餩乙得切噎聲文三 檍木名可為弓幹 䵶蟲名 ○或獲北切疑

辭文七 惑說文亂也通作或 淢水流也 蜮蟈蟲名短狐也或从國 䳼鳥名方言戴勝燕之東北謂之䳼 魊鬼魊回風

一說鬼因風伺人也或書作𩴵 ○帢忽或切巾帛被風聲或書作幗文一 ○國或𡆸骨或切說文邦也古作或𡆸唐武后作圀文六

蟈蟲名蝦蟇也 膕曲膝中 馘割耳也 ○匔四北切匔匐也文三 覆反也 蝮蟲名蝗也
二十六 ○緝七入切說文績也文十六 葺說文茨也 緁縚緶衣也或作縚 褷說文緁緣也 𢔁偮偮
咠說文聶語也引詩咠咠幡幡 㥢心不正也 諿和也辯也 𪔂鼓無聲也 輯斂也 潗湒潗水沸皃或
作湒 趿博雅行也 霵䨖雨下皃或省 ○靸𩋅息入切嬰兒履謂之靸或从韋文十三 卅四十也 霫霅
霫霅大雨一曰奚霫東北夷名或作𩅖 㗩噏噏寒聲 㿜小痛也 䇪織竹器緣 𨀬斂膝坐也 鈒小鋒 𨛟邑名
𧗽行皃 槷持止也 ○𠿜即入切說文噍也一曰歃也文二十七 䁒目動也 咠咠咠聶語也或从口 𠍯
人衆也 潗湕水潗也一曰湁潗水微轉細通皃或作湕 㙫泉出於土也 湒說文雨下也一曰沸涌皃 䐶肥膏也一曰創潰出
皃 𦇎說文合也一曰蠻夷貨 雧物相重累 卙說文卙斟盛也汝南名蠶盛曰卙 䡈博雅䡈謂之轔一曰車鞘 揖聚也詩螽
斯羽揖揖兮 𥟖稓稓禾衆皃 蓺說文艸木不生也一曰茅芽 葺博雅覆也 䔱艸名善也 𡺽山名 檝楫
舟櫂也或省 緝緝緝口舌聲 汁汁光紀黑帝號 𥳑廣雅箭籀𥳑也 褷檢緣也 輯斂也 ○習席入切說文數飛也文二十九

謵說文言謵讋也 葺覆也 襲䶂說文左衽袍也一曰因也籀作䶂 戢兵掩也通作襲 褶袷也襲也一曰袴褶騎服
湒滀湒水皃 飁飁飁大風 霫霅霅大雨一曰白霫北狄國 隰濕隰說文坂下溼也亦姓或作濕隰古作䧻 䳱
𨿽山海經小侯山有鳥狀如烏而白文名曰鴟鵧或从隹 騽說文馬豪骭也一曰驪馬黃脊 鰼魚名說文鰌也 㿜癉疾皃 熠光盛皃
𥱼䑾䒆覆船具或作䑾䒆 槢說文木也一曰梁也 𦺔艸名博雅水莒莒也 蝷蟂蟂蟲皃 慴懼也 卆相次也
亼合也 ○雧集籍入切說文羣鳥在木上也一曰聚也成也亦姓或省文十五 亼說文三合也象三合之形 卙說文詞之
卙矣 慹說文悑也 輯說文車和輯也一曰斂也通作揖 檝楫舟櫂也或省 鏶鍓說文鏶也或作鍓 蕺
艸名善也 葺箿覆也或从竹 揖聚也成也通作輯 㠎嶕山皃 ○溼濕失入切說文幽溼也从水一所以覆
而有土故溼也或作濕文三 䏉牛耳動皃 ○卙吐入切卙卙盛也文三 蟄和集也 濕濕濕牛呞動耳皃 ○執執
質入切說文捕罪人也一曰持也古作執文十二 讋讋譶多言 瓡縣名在北海 卙卙卙盛也 汁液也 鏊革華也一
說東夷謂鏊爲鏊 蟄靜也莊子蟄蟲始作郭象讀 㔉執事者通作執 𥳑竹名 㴔脣聲 慹說文悑也 ○十寔入切說

文數之具也一爲東西丨爲南北則四方中央備矣文八 阡邦汁阡邦縣名在蜀或从邑亦作汁 什說文相什保也 拾說文
掇也一曰射韝一曰劍削 褶袴褶騎服 湒水皃 ○入日執切說文內也象从上俱下也文三 廿說文二十并也 卒盜不止也
○澀濇澀歰澁色入切說文不滑也或作澀濇歰澁文十八 蕺蕺蕺艸聲 𢕌行不進也 譅譅譶言不
止 懎㥶也 㯯木茂皃 㗭口不能言也通作澀 㲁歰及立皃 雭雨也一曰小雨 翜說文捷也 鈒閣鈒
鈒也或作閣鈒 潝蠻夷酋長名唐有潝達國王摩俱潝思 ○㞕測入切𡰰㞕從後蹋也一曰少也文十二 𥔲石皃 𡊱堵土也
偛偛㑿小人皃一曰黠皃 䅬衣重緣 扱取也 䅬種也 桶插榁林木皃 𢕌行皃 䀹角多皃 㗊衆口
𧯜鬬人名 ○戢側立切說文藏兵也引詩載戢干戈文二十三 咠說文衆口也 𠻝喻也 𥄈凌出皃或省 濈
湒說文和也或省 礏石皃 𦚀肥膏出也或省 䚩角多皃或从戢 偮人衆皃 蕺艸名葉似
蕎麥生 稷及立也 揖聚也 輯斂也 霵䨖雨聲一曰雨下皃或省 驧木盛皃 𡹼山名在越
聸以新穀汁漬舊穀也 𧃫香菜 ○嚍什戢切噆囓衆聲疾皃文五 驊馬集木盛皃 騱馬衆也或从集

驞驞驞馬行皃 ○縶陟立切說文絆馬也文八 馽說文絆馬也引春秋傳韓厥執馽前通作縶 嘚噍中鳴也 𩃎小濕
鷙卓鷙行不平也 蹔足不相過也 贄不動皃通作執 慹怖也 ○湁勑立切說文湁湒涌也文四 霗博雅雨也
𡑞說文下入也 插累土一曰墆㙫 ○蟄直立切說文藏也文十二 䐶博雅脅也 俋俋俋耕人行皃 㙫墍博雅益也
一曰累土或从濕 𦞂膸也尿曰膣 㞕說文屋屋讀若少也 譶讋譶言不止也 𣀁汗出皃 㶗小雨 蔜艸名
堇也 㯳插𣟴林木皃 ○立力入切說文住也从大立一之上一曰成也亦姓文十七 粒𩚫說文糂也古从食 𪘏䶘𪘏咬堅物聲
䇐臨也 鉝胡食器鉝林邑王 鉝𩟈流離蘇鉝 䨂䨂霫大雨 笠說文簦無柄也 苙畜欄也孟子如追放豚既入其苙一曰藥
艸白芷也 砬砬磼石聲一曰石藥能制藥毒 岦岦岌山皃 鴗鳥名說文天狗也如翠而食魚 鴗鴗鳩小黑鳥鳴自呼江東名烏鴨
颯颯颯大風 泣泣泣疾皃 㕇石聲 啦啦啦送舟聲 ○𧥟昵立切聚皃或作瘖文十四 湒水皃
㵡瀄澀雨露皃 湆濈湆沸聲 㜼𡝤婞婦皃 隰𨻶陝皃 囚𡇏囝或作图私取物 抐挹抐
中綱也 𦽏也 䔝䔝葙皃或作𦵴 ○揖一入切說文攘也一曰手著胸曰揖通作挹文五 挹酌也 咠

聶語也 葺艸名一曰蘿蒳艸密皃 箿把器 ○熠弋入切說文盛光也引詩熠燿宵行文四 𦒻聚皃一曰多也 𧓍
蝹蝍蛉蟲名螢火也或从昱 ○煜域及切燿也文十二 喅𡃴喅喅衆聲或从霅 曄熠爗曅
暐曄光也或作熠爗曅 㴔急流皃 燁火盛皃 韡艸木白華 霅霅霰雨聲 騽馬豪也 ○吸迄及切說
文內息也文二十七 噏噏戢衆聲疾皃 𧭈疾言也一曰譖訲語聲 歙說文縮鼻也丹陽有歙縣 熻博雅爇也 翕說文起也
一曰衆也盛也 㬛日乾物也 鶲鳥名 瞈視皃 翖西域諸國官名有翖侯 𠞊欲割也 𨟻說文地名 歙㩉
擊也或从手 闟安定意史記闟然更始 潝㴔說文水疾聲或作㴔 嬆女性淨 扱斂持也禮以箕自向而扱之
𦢊胎脅有膗體也或作胎亦書作𦢊 㒆噏斂也老子將欲㒆之或作噏通作歙 念合也太玄𢚈而念之 愉心熱
皃 鈒戟名通作闡 㾀病劣也 ○泣乞及切說文無聲出涕曰泣文十四 䐅䯂胸脯一曰乾也或从骨 湆說文
幽溼也 礘砬礘石聲 肞湇博雅膗謂之肞或作湇 𥪻𥪻集人衆皃 䁆𥊅䁆也或作𥊅 䁆目睛中枯也 扱
手至地儀禮婦拜扱地劉昌宗說 芨艸名烏頭也 啦吃啦送舟聲 ○㤂急訖立切說文褊也一曰疾也隸作急文十八

伋說文人名 彶𢓜說文急行也或从去 給說文相足也亦姓 㽺病劣也 級說文絲次第也 汲說文引水於井
也一曰縣名亦姓 𨧨鉏屬 芨說文堇艸也通作急 跲躓也禮言前定則不跲皇侃讀 𩣡鳥名 扱引也 皀穀香
品衆口 𦱥艸名葥藋也 阣階等也通作級 ○及弓𨗬乁極入切說文逮也徐鍇曰及前人也古作弓𨗬秦
刻石文作乁文十七 𢨝博雅戶牡也 笈負書箱 𦁜新羅謂綿曰𦁜 苙芨白苙艸名蕢也或作芨 菰博雅
冬瓜菰也 鵖鴔雖鵖鴔小黑鳥或从及从隹 給敏言也禮恭而不中禮謂之給 伋汲伋伋虛詐皃或作汲 彶急行 ○
邑乙及切說文國也先王之制尊卑有大小文十五 𥬔捕魚竹器 浥說文溼也 挹揖說文抒也或作揖 悒說文不安也
裛書囊一曰香襲衣也 唈唈嚼陝也 𩛰博雅臭也 㛋㛋婧婦皃 唈嗚唈短氣 𦲳艸傷壞也 𦺦𦺦𦭭艸密
皃 𠩂𠩂浥溼意 俋耕人行皃莊子俋俋乎耕而不顧 ○岌逆及切高過也爾雅小山岌大山峘文十五 𠍵𠍵𠍵人衆皃
𩣧馬行皃 𡀧𡀧𡀧衆聲 𧌎蟲行皃 䲯魚衆也 㚳𡛗危也或从及 業壯也詩四牡業業 扱
拜手至地也 嵒地名春秋傳取宋師于嵒 圾危也莊子殆哉圾乎天下通作岌 碟嶫碟嶫山高皃或从山 𦪔
舟行 ○鵖北及切鵖鴔鳥名戴勝也文四 皀說文穀之馨香也象嘉穀在裹中之形匕所以扱之一曰一粒也 𨻷陒險危皃 品衆口
○䳄匐急切鵖鴔鳥名文一

二十七 ○合曷閤切說文合口也又州名亦姓文二十 匌說文帀也 郃說文左馮翊郃陽縣引詩在郃之陽一曰合也 𨡌
會也通作郃 詥說文諧也 䶎哈𠻮食也或作哈𠻮 頜頜車也 迨說文遝也 㭘㭘榙木名朝舒暮卷 𪐰
秴博雅𪐰黏也或从禾 祫大合祭也 閤閤人名列子閤商周穆王車右 峆峆嵴山皃 盒盤屬 𦯀艸名 䖙
柔也 榙果名似李 ○欱哈呼合切說文歠也或从口文十 𪖇䶍𪖇鼻息或从夾 㾑說文病劣也 匌
帀也 𦛔肥也 㰤欦欦呻也 瘩寒病 𣤊歙也 ○㕉庴渴合切說文閉也或作庴文二十 𠩺𠪑山左右有
岸曰𠩺或从𡋑 匌博雅帀也 瞌欲睡皃 佮姓也 𡋑𠩺墊也或从厂 𡨺容合也或从宀 歁歁歁癡皃
一曰不滿意 峇山形 𧩱𧩱𧮧笑語 嗑𧭈也 頜姓也逐之鄣族 鉿博雅鋋也 𥞃矛也 𪔋鼓聲也 𤷍病寒
○閤葛合切說文門旁戶也文二十九 庴閉也 合兩龠為合 佮說文合也 匌帀也 敆說文合會也 頜頤傍

一曰耳下骨亦姓 秴種也 𣯿𣯿毲長皃 韐袷帢韎韐士服制如𩊚或作袷帢 詥會言也 䩡鞅
橐也一曰捍防也或从夾 㡎說文蒲席𠢐也一曰車藉 㭘押鋤 齡哈食也或从口 鉿鋋也 浩浩亹縣名在金城郡
郃地名 鴿䳚鳥名說文鳩屬或从隹 𧊽說文蜃屬有三皆生於海千歲化為𧊽秦謂之牡厲一曰百歲燕所化魁𧊽一名復累老服
翼所化或書作蛤 鮯博雅東方有魚如鯉六足鳥尾名曰鮯 洽水名 㗳聲也 𤮈和也 ○姶𡟧遏合切說文女字也
引春秋傳嬖人婤姶一曰無聲古从邑文二十二 㛺婦名 唈邑嗚唈短氣或省 罯罯罯覆也 罨網也 熻藏火也
䡾輸說文車具也或从車 𤎿烹葉也 鞥說文轡鞥一曰龍頭繞者 馣香氣 𨃮𢓜𤸷跛疾或作
𢓜痷也 䋍繪也 𤪻婦人首飾 頜姓也春秋傳有頜氏 庵豕屋 胎𦟝體皃詩箋胎胎肩諂笑沈重讀 𧽤𧽤趙走急皃
○㘎鄂合切㘎㘎衆聲文十九 㬎說文衆微杪也从日中視絲古以為顯字一曰衆口皃或从㬎為繭繭者䌸中往往有小繭也 𩶧魚名 哈魚口
皃 圾岌危也莊子殆哉圾圾乎或从山 𧮧𧩱𧮧笑語 䑪𦨻舟動皃或从及 𥨏寢而首動也 儑儑儑無儀檢
瘩寒病 礘硆砐礘礘石皃或作硆砐 岋動皃漢書天動地岋 濕濕陰漢侯國名 蛤蟲名 𣣋𣣋𣣋癡皃 ○

趿悉合切說文進足有所擷取也引爾雅趿謂之擷文十八靸鞈𩋠說文小兒履也或作鞈𩋠鈒說文鋋也𡛕嬆𡛕女字
龖龍飛謂之龖錔鏤也通作鈒毾毾毲目睫長皃𩩍𩩍髁首動皃馺說文馬行相及也一曰馳也彶說文行皃
一曰此與馺同颯說文翔風也霅䨶博雅霅雲雨也或从妾卅說文三十幷也㼝器破𧬈𧬈言疾皃○
啑所荅切唼也文一○𧽈錯合切𧽈𧽈走皃文四㜗貪也傪壯猛皃磣砂也○帀迊作荅切說文周
也从反之而帀也或作迊文二十一䶧齰歠聲也咂𠯗噈啑唼也或作𠯗噈啑唼嘁嘁咨忸怩慙也噆說文嗛也
一曰齧唇沛沸皃𦍧羊臘也一曰獸名似羊鮯魚口動皃魳魚名挾抸持也或作抸浹浹辰十二日也𤏬
終𦳓艸名也𧍞蟲多皃𧻜𧻜趚走急皃○雜襍昨合切說文五彩相合一曰集也或从衣集文十四雥說文
羣鳥也䕹𥲀尸蘺也或从竹𪘨齰齚聲𥗳𡾰𥗳磼山高皃或从山𨃰止也𨞴亭名在貝丘㚗不一也
也莊子鳩衆夭下之川通作雜𪄲𪄲鶆海鳥爰居也通作雜𦾐艸名𤁎絕皃○荅畣畗德合切當也古作畣
畗通作荅文十九荅說文小尗也𦊚𦊚𦊚重疊也溚濕也搭擊也𨂟踏跳也踧也或从荅瘩字林

肥皃褡被橫謂之褡一曰衣敝榙榙樑果名似李通作荅聕大垂耳皃嗒舐也𠜒鉤也𩣡繫也嫸嫸姶
女皃𤿭皮縱狧犬食○錔託合切說文以金有所冒也文四十六幍帳上覆搭搨搭冒也一曰摹也或作搨搭
塔墖𨯗物墮聲或从沓亦作𨯗鞜革履䍇罔也一曰𦊚𦊚覆也嫸說文俛伏也一曰服意佮合也榙果名
說文榙㯓似李𪑯黑也晉書羊曼州里稱爲𪑯伯𩑸積厚也𨻵墊也譅諮說文語相反譅也或从沓嚃大歠也禮
毋嚃羹𪘐哈食也或作哈箵竹冒也一曰竹名𨂟著地也踏說文趿也一曰跳也𧞣衣指狧𤝽
說文大食也或作猹㬛濕物濕附箸也𦑣飛皃濕漯水名出東郡東武陽入海桑欽曰出平原高唐或作漯𨍏車釭𣖢
桂蠹鳥名𦾔𦽯菜名生水中大葉或作𦽯沓行擊鼓也嗒荅解體皃莊子嗒焉似喪其耦或省𩐕說文
歠也𨃰足重皃鞳鞈𩏝鼛闒鏜鞳鐘鼓聲或省亦从眔从鼓亦作闒○沓達合切說文語多沓沓也遼東
有沓縣一曰合也亦姓文四十一𪑯黑也𪔞鞳𩏝說文鼓聲也古作鞈或作𩏝誻嚃𧭪𧬈說文𧭪誻
也或从口亦作𧭪誻言諮說文疾言也嫸俛伏也眔說文目相及也搭𩏝說文縫指搭也一曰韜也或从韋踏

蹹蹋踐也或作蹹蹋遝說文迨也㒓㒓偕不任事也墖累土也𦃇字林緝重也涾說文涫溢也今
河朔方言謂沸溢爲涾嵒𨄮足趾重也或作𨄮䂿說文舂已復擣之曰䂿崉山重皃龖說文飛龍也𩣡駖𩣡
馬行疾也𧎊蟲名博雅蝫蝫蛘也𨔝蘆蔽也方言東齊謂之𦼺遝𣘍挂引謂之𣘍𦑣𪄲博雅拉擸飛也或从鳥𢝊
帳上覆謂之𢝊譫多言也𥰭竹名𩭧髮也讋𧮐言不正也籀从二龍𨂟跳也𣣸欱欱聲也○拉
拹搚搶摺落合切說文摧也或作𢮦拹搶摺文二十一柆說文折木也𦙶肚臘肉雜也菈菜名蘆菔東魯謂之
菈蓮𠪗砬說文石聲也或作砬磖磖礏破物聲䇐䇐歃不滿皃𩗗翔風也翋𦐂博雅翋㧺飛也或作𦐂
雴雨聲𦐂𦐂牛抵也𣨖朽折也𢈲屋聲𪗾齧聲𧘴𧘴襷衣敝○納内諾荅切說文絲溼納納也
一曰入也古作内文十二衲補也鈉治鐵也𩊛博雅軟也妠娶也一曰妠妠聚物㨥抐打也或省軜說文驂馬内轡繫軾
前者引詩鋈以觼軜魶說文魚似鼈無甲有尾無足口在腹下𥰞竹索蒳香艸異物志葉如栟櫚而小實類檳榔
二十八○盍盇轄臘切說文覆也一曰何不也亦姓隸作盍通作蓋文十五磕石聲闔說文門扇也㕇

閉也亦姓通作闔蓋青齊人謂蒲席曰蒲蓋𥰭𥰭㮇篨也𨜒說文地名嗑𧪚𧦝說文多言也或从言
亦作訶鉀鑓方言箭小者長中穿二孔謂之鉀鑪或从盍廅藏也太玄廅其缺熆吹火○𣣹黑盍切大呷也文三歛
納歛魚名𧍭蝫蝳蟲名○榼𥂁醘克盍切說文酒器也古从盇或从酉文十七磕說文石聲也𣪚敲也𧟆𧟆襠婦人袍
搕取也廅山傍穴一曰地名𩌏𩌏靿革履瞌欲睡皃䡷車聲溘𣩠說文奄忽也或从歺䖦蟲名䖦
閉戶也溘博雅依也𤸰疾病○磍居盍切石聲文二䳌鳥名○頡谷盍切顩車頡骨文十二𠹵𠵟嗑嗑
語也或从言鑉鑉鎑温器蓋姓也𩌏𩌏靿履也𨛍鄐地名或从蓋蝔蝔蜡蟲名閘閘門閉也鉀
鉀鑪箭名鰪魚名似鯖而小○鰪乙盍切鰪鰈魚名文八搕以手覆也匎䭇飾米謂之匎或作䭇盇說文覆蓋也
廅山旁穴𢈲廅藏也太玄廅其缺鰪魚名○礏嶫王盍切礏磼山高皃或从山文七䫌𩕡𩕡𩕡首動
皃或从頁矒瞸睫皃業𤍽壯也詩四壯業業一曰危也古作𤍽○偞𠎺悉盍切博雅偞偞惡也或作𠎺亦省文十四
闟閉也蒙艸聲𠹍𠹍囁醜也一曰食皃𢷣破聲一曰持也𧞣衱𧞣衣敝𨃰𨃰蹹行皃𩃎雨下也𢧜

起也 𨃰 𨃰𨃰土墮皃 卅 說文三十并也 膗 弦膗肉 ○囃 七盍切助聲 嚹聲文四 雜 集合意春秋傳宜雜然助之何休讀
磼 石多皃或書作磼 灕 沸皃 ○乔 疾盍切惡也亦姓文四 誻 誻誻聲也 擸 擸攞也 攞 和 𨅅 疾走皃 ○
譫 章盍切多言也文一 ○皶 德盍切皺皶皮皃 膪 或从肉文十五 埼 地之區處 耷 大耳曰耷 搨 搨
打也或作搨 惵 心恐也 䤴 鞳 鉤也或作鞳 餲 餲餂食皃 笚 竹相擊 噂 口動皃 荅 菜名 砝
獵地鳴也 𩍬 皮服 ○榻 𥱼 託盍切牀也或作𥱼文二十七 傝 傝㒓惡也一曰不謹皃 塌 地下也 遢 邋遢行皃
謵 謵讋多言或作謵 鼛 說文鼓聲聲通作闒 毾 說文毾㲪也 艙 艖 大船曰艙或作艖 䤴 說文玩也
翕 說文飛盛皃 騔 騔騔馬不進皃 搭 㩉 犬食或作㩉 鰈 魼 說文比目魚也或作魼 鰨 魚名說文鰨鰨也
䓿 艸名可作布 蹋 蹈也 𨂂 也 鑉 鑉𨩧荊也 溻 濕也 䛓 𧫞 𧫞也或从習 闒 闒茸意下 ○蹋
蹹 蹸 敵盍切說文踐也或作蹹蹸文十六 闒 說文樓上戶也一曰閭閈里也 謫 說文嗑也 譫 多言 䈂 䈂 客森謂之
䈂或从木 𨃰 器也 搨 抵也 㒓 㒓也 攦 排也 㒓 墮也一曰地下也或作塌 闒 上闒谷名在犍為 狧 獸走皃

大二十五 小十十五　集韻入聲十　二十五　正

○臘 臈 力盍切說文冬至後三戌臘祭百神或作臈文二十二 蠟 蜜滓 鑞 鍚 錫也或作鍚 爉 火皃 儠 儠㒓
惡皃 䙐 䙐㒓衣敝皃 礰 石墮皃 皶 皶皮皃或作皶 遢 邋遢行皃 躐 鶅 飛皃或从鳥 鱲
䲚 嗁聲或作䲚 繖 𦇂 繖䌨紛雜皃或作𦇂 擸 搕 折也或作搕 闒 闒茸意下 驌 驌驓馬不進 ○魶
鰨 諾盍切魚名鯢也似鮎四足聲如嬰兒郭璞說或作鰨文十 餂 䝍 食皃 笝 笚 維舟竹索或从甲 齒 齧也 踏 衲
行皃或从彳 䫆 柔也 㹈 犬食皃
二十九 ○葉 弋涉切說文艸木之葉也亦姓文二十四 𦵏 說文籥也 枼 說文楄也一曰薄也 偞 輕也一曰疾不甚皃
艓 舟名 擛 聶 揲揲動皃或从三耳 緤 繒帛番數也 偞 說文宋衛之間謂華偞偞一曰詘也容也 㦜 㦜殗病也
一曰微也 擛 閱持也 楪 牖也一曰楪褕 襵 細褸通作葉 鍱 說文鏶也齊謂之鍱 煠 爚也 𩑝 鬈端 擖
箕舌禮執箕膺揭 堞 女墻也春秋傳環城傳於堞徐邈讀 䗀 也 瞸 目眇視 饁 粎 餅屬或从米 颲 風動皃
騠 馬行輕皃 ○魘 壓 益涉切眠不祥也或从止文二十一 壓 地名 厭 猒 壓 說文笮也一曰伏也合也或作

猒 𥝦 禾不實 㡾 山谷形 㦔 地險隘也 𩑡 目動皃 靨 䣻 頰輔也或省 擪 說文一指按也或書
作擪 擫 木葉動皃 壓 博雅好也 擖 箕舌 旖 手網博雅罩罟因旖率也 㱘 㱘喍西夷名 懕 心可也 揞 捏也
嬞 嫤嫤女態 ○曄 瞱 畢 域輒切說文光也或作曄㬪文九 爗 燁 爗 說文盛也引詩爗爗震電或作燁爗
曄 說文艸木白華也 曄 目動皃 饁 說文餉田也引詩饁彼南畝 ○㾊 去涉切病少氣也文三 喋 江南謂吟為喋
怯 弱也 ○𦇂 戟葉切博雅𦇂緁補縫也文二 鵖 鵖鴂鳥名 ○极 極曄切說文驢上負也文八 笈 負書箱 衱
交領謂之衱 袷 䊼 押也 拾 更也 𩣡 鳥名 戴 𡱈 聶𡱈从後躡一曰小步 吸 乾也 ○敆 憶笈切敧敆相及也文
十一 𦄇 𦄇𦇂縫也 補 腌 漬肉 䛳 書囊一曰香也 𦀚 手網 鯑 魚名 淹 漬也 鍂 博雅推也 痷 瘫病
跲 跛也 䍇 罔也 ○妾 七接切說文有辠女子給事之得接於君者从辛从女引春秋傳女為人妾妾不聘也文十八 箑 竹器 鯜
鯜 說文魚名出樂浪潘國或作鰈 椄 木名也 緁 接也 鍱 鍱也 䌀 衣衽 𦁅 續也方言秦晉續絕索謂之𦁅 緁
緁 縎 說文緶衣也或作緁縎 㴥 說文水也 踥 博雅踥踥行也 㨗 姓也 𦦥 飯帚也 䅏 土䅏農具 扱

大一廿九 小六百七十　集韻入聲十　二十六　甘明

插 揷也或作插 㥦 㥦慄 𪑰 頭色 婕 女皃 渫 去水也 捷 倢 唼 捷捷譖言或从人亦作唼 睫
目旁毛 睫 睫臘目欲沒 ○接 𢷢 即涉切說文交也一曰捷也亦姓或作𢷢文二十九 緀 續縷也 椄 說文續木也
楫 𢷢 輯 𦨭 說文舟櫂也或作𢷢輯𦨭 䀹 睫 䁋 䮕 氀 𣯷 說文目旁毛也或作睫䁋䮕氀𣯷
湕 水名 䭈 多言 䆓 䆓人名史記衛湕伯周諸侯 湕 湕渢水出皃 婕 說文女字也 倢 說文佽也一曰倢伃女字通作
婕 𧝎 衱 衣衽或从衣 䓿 萋 竹器 萋 艸名說文萋餘也叢生水中葉在莖端江東呼為著 鯜 魚名 㼪 瓦相掩一曰
瓦半 䁋 睫臘目欲沒 𦜆 䯿也 ○疌 疾葉切說文疾也从止从又又手也中聲文十八 捷 說文獵也軍獲得也引春秋傳齊人
來獻戎捷 一曰唼也 緁 緶衣也 倢 博雅疾也次也一曰斜出入或省 𧩂 多言 踕 足疾 䌰 合也一曰遠夷物
嵽 崨 山皃或作嵽 接 勝也易晝日三接禮世子生接以太牢皆鄭康成說一曰交也 椄 椄槢梁也 艓 舟行 疌
作屋居之速也 䝕 編艸障戶也 婕 美也 箑 也 磼 磼碟山連屬皃 ○攝 失涉切說文引持也一曰假也一曰龜名
文十八 欇 博雅杖也一曰木名似白楊一曰虎櫐亦書作欇 懾 懾慴恐懼也 葉 縣名亦姓 蠂 蟲名蛇也 讘 讘讋謀

言失也灄水名在西陽韘弽説文射決也所以拘弦以象骨韋系箸右巨指引詩童子佩韘或从弓飁風風皃歙
歙氣也一曰縣名在丹陽䁆䀹睫目動皃或作䀹睫喢多言淁裁有水也㤸怪也悏怯也○歐色輒
切貪也文九歃盟歃血也𡲢从後躡也喢多言霎霅霎疾雨箑扇也萐萐莆瑞艸翣柩羽
飾歐欲也○臿鍤函楚歃切舂穀去皮也或从金亦作函文八䮢馬行皃疀䟷揚麥杴一曰古田具或从
臿插刺也扱收也○謵尺涉切小言文十四詀詀讘細語呫喢呫嚅附耳小語聲一曰多言或作喢姑説文
小弱也一曰女輕薄善走一曰多技藝陾女態一曰前却不媚㤸偛㤸黠皃㒤説文心服也一曰懼也歙歙歙氣動皃㴫
淁㴫水出䏉䏉腝肉動也欇蔓木名虎豆也捷插也聶木葉動皃○讋讋質涉切説文失气言一曰
不止也籀不省文二十五囁言無節一曰私罵讘譫説文多言也河東有狐讘縣或从詹𧬯言疾也謺説文謺讋也
𩅰霅霅震電懾㒤説文失气也一曰服也或作㒤慴説文懼也慹不動皃𢃄巾襵博雅詘也
謂衣襞積摺説文敗也㯯説文木葉搖白也一曰木名似白楊或書作欇𣤿㙞盎蜀或从土𦖻耳也𤢕㒤

大字六十 小字六百九十 集韻入聲十 三十七

博雅豕屬或作㒤䐑𦢊切也或从聶通作聶攝曲折也一曰龜名聶合也爾雅守宮槐葉晝聶宵炕○㵝涉
歨實攝切説文徒行厲水也一曰歷也一曰水名篆作涉古作𣥼文十𦁊繒屬𨦌鐵也拾躡足升也鍱鍱也齊人語
慴恐也欇聶蔓木爾雅欇虎欇今虎豆或省○讘囁嵒日涉切詀讘多言或作囁嵒文十一䮡馬行疾也
𧍀蟲行皃𣯹毛弱皃䐑肉動也顳顳顬耳前動也䎎説文使也聶附耳小語灄水名㴫水皃
㚔盜不止○輒陟涉切説文車兩輢也一曰專也文十二耴䎈説文耳垂也从耳下垂象形引春秋傳秦公子耴者其耳下垂故以
爲名亦姓或作䎈㡇䙝説文領耑也或作䙝㧜持也銸説文鉆也䒜艸名小葉鮿膊魚不鹽也漢書鮿鮑千鈞顏師古讀
㛸㛸婦女不善皃䎎使也𣐀木小葉也○牒𠞜直涉切説文薄切肉也或作𠞜文十䁋視不正皃𦟝熠也一曰
生熟半媟媟嬻病也𡐍墊廣雅益也一曰墊也或作墊偞㒥不甚皃踂也偞偞偞華也○鍤勑涉切綴
衣鑯文十一箑博雅𥲒也笛竹葉婚説文疾言失次也僷僷僷容也一曰華皃煠博雅瀹也㤸偛惵黠皃一曰
心動皃㴫淁㴫水皃𩃩霅霎小雨謵謵讋語不正喢多言○巤力涉切説文毛巤也象髮在囟上及毛髮巤巤

之形文三十七鬣䲢鬛説文髮鬣鬣也或作䲢鬛獵説文放獵逐禽也通作獦獦戎姓犣牛名鞢馬鞁
鱲魚名儠説文長壯儠儠也引春秋傳長儠者相之㗾聲䶛齧颲風聲擸擖説文理持也或作擖躐䟾
跐也或作躐邋説文搚也一曰邋遢也𤂃水聲䙰衣皃𠟍博雅斷也䕲艸動也䈤竹名䁽病視也
𣡄蔓木名虎豆也纏林木而生䮹馬行皃𧬨讘讘多言䁽目欲入也𪔂鼓聲𥗼聚名在上蔡一曰谷名礏
礏硨山連屬皃壏土皃𣯦𩣑車弩以禦風塵也或作𣰆臘劍兩刃也鄭康成説𡈼地名鉅鹿下曲陽縣西南有肥纍城𧴑豕長
毛謂之獵爉火聲○聶昵輒切説文附耳私小語也亦姓文二十五嵒説文多言也从品相連引春秋傳次于嵒北㚔
㚔説文所以驚人也一曰大聲也一曰俗語以盜不止爲㚔隸作幸䁆𥄕目動或从耴𤐏㬹㬹也或从日睪
伺視也吏持目捕人曰睪聿説文手之疌巧也从又持巾㧜拈也籋𦘬鑷鑈銸説文箝也或从聿亦作鑷鑈銸
歠歠歠相及也𨒪説文機下足所履者躡説文蹈也踂足不相過也楚謂之踂耴耳垂皃秦穆公子耳垂字之曰
耴褋補衣𩢺驆説文馬步疾也或作驆𩿍鳥飛皃一曰鳥名○抾去笈切廣雅去也文一○𢈔莊輒切臧

大字五百 小字 集韻入聲十 三十八 邦信

也一曰屋庳皃文三涵下溼皃偛偛㤸黠皃一曰皮皺○偞虛涉切畏迫自卑也一曰美容文十歙惵懼皃或作惵
䁋𥊼目眇視或作䁋𥊼鍱鍱鋌也鍱也或省弽𢏒射決也或从合○婚丑輒切説文疾言失次也文一
○𩿍陟耴切鳥名文一○娏匹耴切女皃文一○倢息葉切倢倢行皃文四𩙡風皃䨗雨皃𥄫漸也
三十○帖託協切説文帛書署也文二十六怗惵静也或从枼貼説文以物爲質也鞊説文鞌飾跕
行皃屧屟䪞履中薦或作屟䪞㱸餅屬𪔂𪔉説文鼓無聲也或作𪔉鉆鐵鉆也一曰膏車鉆
呫嘗也蝶蛺蝶蟲名䑜狧大小舐或作狧㡇領耑諜安也一曰軍中反間笘簡也壜堞女墻也或省
詀妄言蹀蹈也擪擫一指按或作擫○聑的協切説文安也文二十八㕭多語也鞊鞊馬被具㡇
衹領耑或从衣迭迭遝走皃喋渫血流皃或作渫跕跕跕墮落也一曰徐行袩方言稍謂之袩𪑯竹裏黑
笘笘籬也㧜説文拈也𥧌博雅厭也一曰壁傾墊地下䨢寒也一曰早霜沾沾沾自整皃輒輒然不動皃
佴佴㑗輕佻皃龖龖龖龍騰也盩田器㤸㤸㑗志輕也㭯㭯㰞輩也讋多言淁水下皃䶞也

二二四

鞊鞊鞢帶具聑小耳垂○牒達協切說文札也文四十九牃⿰木牒牀簀也或从木⿰木牒屋笮板諜說文軍中反間也喋血流皃一曰多言慴懼也⿱執皿田器⿰目枼閉目怗惵安也或作惵揲閱持也㩸排也疊疊說文楊雄說以爲古理官決罪三日得其宜乃行之从晶从宜亡新以爲疊从三日太盛改爲三田一曰厚也屈也懷也⿰糸疊絲數⿰木疊木名有綿可爲布氎⿰罪毛毛布或从罪堞堞說文城上垣也或从業埶江名在廣漢褺說文重衣也巴郡有褺江縣褋褋說文南楚謂襌衣曰褋或省褶襲也儀禮襚者以褶一曰褶衣之在上者也短身廣袖一曰左衽之袍⿰足疊走聲⿱埶足踏說文埶足也一曰小步或作踏鍱鍱博雅鋌也一曰鐷也或省⿰疊刂博雅剌也⿰革疊鞍也⿰車疊車聲渫浹渫凍相箸⿱⺮枼葉書篇名或从艸渫渫渫波連皃⿰黑枼竹裏黑蜨蝶蟲名說文蛺蜨也或作蝶⿰疊鳥鳥名山海經⿰疊鳥鷟火二首四足如斑鵲⿰片習治也讀槢梁也莊子桁楊接槢徐邈讀一曰柃中栓一曰檻下橫木鰈鰨東方比目魚名或作鰨艓舟名⿱艹牒艸名蹀博雅履也○⿰耎瓦⿰而瓦力協切說文蹈瓦聲一曰瓦薄也或省文二十五⿺風劦風也⿱雨瓰小雨皃⿱髟夾鬑鬖皃⿰足夾⿺辶兼行不正也或作⿺辶兼劦力不輟也⿱亟土堅土⿰黑枼竹裏黑⿰口耎⿰言耎嚈呷多言

或从言⿰耳夾⿰耳夾耳垂也或从夾⿱⺮耎竹笭所以乾物⿱耎衣衣相箸⿱耎魚魚名⿱耎木木踈皃蛺蛺蜨蟲名胡蝶也⿱耎虫蟲行皃⿱耎心⿱耎心惵輕薄皃⿱耎豆鼓聲⿱耎火火聲⿱⺮聑竹筥也⿱艹耎艸葉踈皃○捻諾叶切揑也通作敜文三十二攝捺擫攝中制或作捺鞊字林鞍鞊薄也攝持也一曰攝然安也鑷鈴鑈鈕博雅正也或省隸作鑷亦作鈕⿸厂念壓也鉿小欽一曰小頭釘餘⿱念麥餅也或从麥敜說文塞也引周書敜乃穽坫博雅深也一曰空也靜也埝益也一曰陷也⿰足念行輕也諗⿰言念聲止也或从言惗思也⿱執日晦也⿱執心不動皃苶疲皃一曰忘也⿱⺮念竹索名⿱艹念艸名蓻艸不生一曰茅芽摯壓一指按也或作壓祮博雅稍祮衽謂之褸衽⿱穴執屋下傾籋筡籋也或作筡○劦檄頰切說文同力也引山海經惟號之山其風若劦通作協文十九協叶說文眾之同和也一曰服也合也古从日十或从口恊說文同心之和⿰思劦思之和挾接說文俾持也一曰輔也或作接俠夾說文俜也亦姓或省綊說文紅綊也浹浹渫凍相箸汁汁光紀黑帝號祫衽也一曰褋挾藏也⿰牛劦牛健謂之⿰牛劦⿰忄劦束帶也⿰禾夾穧也⿰風劦風調也通作劦鵊鳥名○頰吉協切說文面旁也籀作䪷或作脥文十

三莢箸也一曰小箕鋏說文可以持冶器鑄鎔者一曰若挾持一曰劒也莢說文艸實一曰艸初生一曰蓂莢瑞艸亦姓⿰禾夾秎⿰禾夾穧也唊詼說文妄語也或从言蛺蟲名說文蛺蜨也夾俠傍也或从人挾持也○匧篋詰叶切說文藏也或从竹文十七蛺蛺蝶蟲名㥦悏㛍說文快也或作悏㛍亦書作愜㥦叶也太玄㥦而念之脥腹下欸美欲也欱吹气也⿱夾心說文思皃痰瘞說文病息也或作瘞攝小龜名腹甲曲折解能自張閉者郭璞說岌山皃慊嗛足也或从口○㛍呼帖切說文得志㛍㛍一曰㛍息也一曰少气文二欸喘息○燮悉協切說文和也从言从又炎徐鍇曰此蓋从燮省言語以和之也二字義相出入故也文三十六燮燮說文大熟也从又持炎辛辛者物熟味也屟屧躡躡說文履中薦也籀从⿱艹屟或作屧躡躡㥦意不平一曰惵㥦志輕也欆欆欆蕈名躞蹀躞蹀行皃或从習嚶壞聲䢡走也韘射決也通作韘徢趨行皃艓舟行也僷倁僷輕佻鞢鞊鞢馬被具鞢鞊鞢帶具瓡瓦破聲瓔說文石之次玉者飉風皃⿰月妾楪腜楪小楔一曰簡也或作楪取使也蜨蠖蟲名博雅蛺蜨螢蛺或从燮瞸閉目也媟沾也接接槢梁也淮南子大者爲柱梁小者爲接槢

揲持數也易揲之以四捷取也諜言相次也⿱艹疌艸名隰濕闕人名春秋傳有公子濕或从水○浹即協切說文治也徹也通作挾文八浹浹渫凍相箸㼌半瓦謂之㼌一曰瓦相掩挾持也詩旣挾我矢帢巾也㛍气劣皃䁋目閉帆衣領○⿱艹雜踕疾協切艸叢也或从捷文三踕行皃○⿱艹戩千俠切小折聲文一○浥乙俠切寖陷也漢書踰波趙浥鄗璞讀文一○挾戶牒切持也文二蜨蛺蜨蟲名○蛺於叶切蛺蝶蟲名文一

三十一○業牒⿰火業進怯切說文大版也所以飾懸鍾鼓捷業如鋸齒以白畫之象其鉏鋙相承也从丵从巾巾象版引詩巨業維樅或作牒古作⿰火業牒業一曰大也緒也事也始也文十九⿰言業樂也鄴引也鄴說文魏郡縣亦姓僷懼也通作業⿰糸業紬纏也⿰業刂績也嶪岌業山皃或書作嶪驜馬高大謂之驜鰈魚名鶪鳥名知人吉凶⿰魚業魚盛皃嶫口動皃歜或从欠𣶽橫水大版嶪屋危皃○殜余業切殗殜病也或作殜文三⿰言業樂器○脅迄業切說文兩膀也或書作脇文十九熁火迫也胠脇脥腋下也或从劫亦作脥歙欱說文翕气也或省嗋合也吸也莊子口張而不能嗋愶協博雅怯也或省拹搚撸說文摺也一曰拉也或从脅从翕拾

弓強濇水流皃胎竦肩也通作脅刦強取也莊子刦請之賊魼魚脅也山海經鱋魚羽在魼下𦝨隄也○㹤
怯乞業切說文多畏也杜林說从心文十三㗇㗇㗇聲也抾挊也挹也呿卧息胠說文腋下也一曰法也㰦欠氣也
𤵸𤸷也厺𠩂厓也或作厺魥枯魚湇羹汁刦強取也○劫訖業切說文人欲去以力脅止曰劫一曰
以力止去曰劫文十八刦強取也抾𢶉挊也馬融曰抾封豨或作𢶉鉣𨦡說文組帶鐵也或从劫衱裾也袷
交領跲說文蹎也一曰代也𦁛緁也㘃聲也砝𥑱硬也或从劫蜐蛣石蜐蟲名足似龜或省䀎急視极
艸名㭘劒柙○礏士劫切磍礏破物聲文一○跲劫𨗷極業切說文蹎也或作劫𨗷文九㭘劒柙拾更也
极驢上負也笈負書箱昅日乾也給禁木中禮曰給○腌䏘乙業切說文漬肉也或从邑文三十二淹
漬也䱅鮑魚名一曰河豚一曰漬魚也或从邑餣博雅餣飼也𩜦𩞁𩟄𩜦饐臭也或从臭从奄晻閉目俺
說文大也俺㷈痷博雅病也或作㷈痷浥潤也詩厭浥行露鞥車具稖禾敗不生𦊱手網爓火不
明裛說文書囊也㤿懆頭也踚跛也罨說文罕也稖𤱻博雅稖積種也或从田鎑野饋也
大字卅七　小六百卅　集韻入聲十　四十一　廿安
給敏言也禮恭而不中禮謂之給呿口開皃㪁㪁歙相及也鍂𤎩也一曰治甲器掩打也𨕣前頓也○
𡐦直業切田實也𡐦𦤈曰秋田𡐦實文一
三十二○洽轄夾切說文霑也一曰和也徧也文二十七㭘說文劒柙也䨐漖溼也祫說文大合祭先祖親疎遠近也
引周禮三歲一祫陜陿峽狹說文隘也或作陿峽狹㢸說文辟也䀹𥄗相接硤硤石縣名趇
走火皃烚㶣相著皃也𪘁䶢齒曲生皃一曰缺齒一曰噍聲或从咸亦書作齰珨蜃飾器給歲在未曰汁給通作洽敆
郃爾雅合也或作郃袷領也鞈䩞鞈紳也𪘋盡內口中也浹浹渫水皃㛿女行急皃蛺蛺蝶蟲名浹
字林浹渫凍相著○𪖐𪖈歙迄洽切鼻鼾鼻息或从合从欠文九潝歙濈潝流欬息也𣣋歙欱博雅翕也
或作歙欱𪘂噍聲○恰乞洽切說文用心也文十九恰𢃥悏愜㬳袷帢弁缺四隅謂之帢恰士服
也一說魏武帝故古皮弁以帛爲之以色辨貴賤一曰按頭使下故曰帢或作𢃥悏愜㬳袷掐搯也𠜲掐也通作斜𣂚入合也䁊
䑐說文目陷也或从䑐䶢噍聲𤹛創也念合也太玄念而念之宋惟幹讀㛅姑也袷衣縫一曰衿也湆肉汁

○夾挾訖洽切說文持也从大俠二人或从手文三十三郟說文潁川縣亦姓袷裌說文衣無絮也或从夾袷
韐韎說文士無市有袷制如榼缺四角爵弁服其色韎賤不得與裳同鄭司農曰裳纁色或作韐韎鞈說文防汗也浹浹也𩊰
䩡說文𩌈韎沙也或从盍𪘍噍聲餄餗䬶餅也或作餗䬶䀹䀹䀹也一曰目睫動或从夾跲蹎也
𤹛創也一曰歠足病謂之𤹛筴箸也唊多言梜說文檢押也一曰木名一曰木理亂鵊鳥名杜鵑也一曰書
子𦯬俠傍也陜地名周召所分蛺蛺蝶蟲名㭘劒匣埉水旁地㢸廦也莢艸名浹浹渫凍相箸皃
䀹相箸也○跲𡰝乙洽切跛也或从允文十二㝓土埶凹峇低下也或作峇𤶩江淮之間謂病劣曰𤶩
圔窊圔聲下皃浥潝水𥦜陷也史記鵪波趨浥或从翕姶女巧痷𤷒病也或从盍○𥆦佗甲切視皃文
一○歃𣢾哈色洽切說文歠也引春秋傳歃而忘或作𣢾哈文十一𣽷說文歠也喢喢嚃小人言翜說文捷也
飛之疾也一曰俠也𥈨目睫動皃𣹠从後臿也𧼮𧼮𧼮行疾皃𩗺風急皃𣹟溢也○臿𦥯𦦜𦥲
測洽切說文舂去麥皮也从臼干所以臿之或从臼从舂亦作臿文二十五鍤說文郭衣鍼也一曰鍫也插捷說文刺肉也或作捷𢔀
大字卅九　小六百十四　集韻入聲十　四十二　廿安
𨔾行皃或从走扱捷說文收也或作捷𩛦餌也䛔儳言𣔻木折聲𡳐說文从後相臿也𪘤
𪗩𪗩齒動皃笈負書箱𤝑犬食也炠火乾也𡝣疾言失次也一曰怯也喢喢囓小人言偛偛㒓小人
皃𠜾切聲𦞫臍肉也䩞說文斛也古田器○眨䀹側洽切目動也或从夾文十五䨔雨聲𤿭皺皶老人
皮膚𨄗足動皃𧩶䜕𧩶多言偛偛傷小人皃一曰黠皃𣹟沺𣹟下溼一曰滴水也𡳐楔也㗲噍聲𦁜
縫也𧚵重緣也𠯗豕食𡾂山名在越𢮁插也○萐實洽切說文萐莆瑞艸也堯時生於庖廚扇暑而凉文十六
𨗯箑行書也秦使徒隸助官書艸蹇以爲行事謂艸行之閒取其疾速不留意楷法也从箑从辵或作𨗯𧬐譅諜言不定㛼
女皃濈歙濈淋流䮷𩦡馬驟皃或作𩦡𢕰𧼯偞行疾或作𢕰偞渫水名在上黨牐閉城門具一曰以版有所
蔽煠𤍽博雅瀹也或作𤍽鰈鯯鰈鱗次衆多也一曰裝飾衆皃○劄竹洽切刺著也文八䮴馬行皃譗
譗讘言無倫脊也㑿㑿怪忽觸人也蚻蚊蟲也溚濕也䨑雨聲𠠼謹力也○𥂥敎洽切和五味以烹
也文二𧵢博戲名○図囲昵洽切說文下取物縮藏之或作囲文十三𦗭𦗭也𥺊粘也𢨙扂扃陷也囬

回回物低垂皃𡤾羡也𢿭盡也㗇唵㗇小人言㑃倴㑃小人皃齰齰齰齒動皃笝竹䇷舟謂之笝

一曰補䌜也㵽水動皃○袦力洽切衣敝文一○䜩五洽切譇䜩語笑皃文二䁊婔䁊戲譇皃○毟

𣯲徒洽切毛布也或从疊文二

三十三○狎轄甲切說文犬可習也一曰更也近也文十八匣說文匱也魻魚名虖虎習搏皃怈說也

箑笚竹名或省炠火乾也翈博雅翈㩮羽也袷衿也韚華葉重多皃霅衆言聲一曰霅陽地名在

樂浪舺䑢舺舟也押檢押隱括也顏師古說譝諭譝語聲也柙檻圅說文檻也以藏虎兕或作檻古作圅○

甲命古狎切說文東方之孟陽气萌動从木戴孚甲之象一曰人頭空為甲甲象人頭古作命始於十見於千成於木之象一曰介鎧也一曰

狎也亦姓文十五鉀鎧也通作甲笚竹名一曰籥也胛闔也與肩胛相會闔也迊闒人名玾玉名押

韐也柙木名砰岬兩山之間為岬許慎說或从山舺䑢舺舟也匣匱也袷廣雅襦也跲行聲○押

乙甲切按也文十二沺沺渹下溼浥水流下皃壓厭說文壞也一曰塞補也伏也或作厭庘壞屋謂之庘一曰豕屋𥥛

集韻入聲十 四十三 正

說文入脈刺穴謂之𥥛闒說文開閉門也鵖鴨鶴鳥名博雅鳧鶩鴨也或作鴨鶴亦書作鵖鶴𢱢按也○

呷迄甲切說文吸呷也文六訷多言也譀誕也欪欪欪鼻息嗑嗑然笑聲鰈鰈鰈鱗次衆多皃○翣

䈉接翣攝翜箑色甲切說文棺羽飾也天子八諸侯六大夫四士二下垂或作䈉接翣攝翜箑文二十㡔面衣

也博雅㡔䘲帓謂之㡔帕緁衱緁衣敝唼唼喋水鳥食皃或从妾㨗木理起皃䝟博雅䝟豵牝豕也霎

散也漢書霎歘陽開㛍䝟獸名或从豕箑說文扇也通作翣萐萐莆瑞艸也王者不嗜味則生於厨蜨蛺蜨蟲名

霎雨聲一曰小雨○霅直甲切說文霅霅震電皃一曰衆言文九擸押擸重接皃霅水名通作霅渫徐去也一

曰水渫浹渫湅相著皃鰈魚名一曰鰈鰈次皃韘鞭韘華葉重多皃喋唼喋鳥食皃㵐數也○

霅斬狎切地名霅陽障在樂浪文一○挾子洽切持也文二唼啖也

三十四○乏扶法切說文引春秋傳反正為乏一曰匱也文六汎泛汎𣶒聲微小皃或从乏姂說文婦人皃

疺瘦也貶射者所蔽通作乏○灋法金弗乏切說文刑也平之如水从水廌所以觸不直者去之一曰則也亦姓或省古作

金文四妗博雅好也○貓敕法切貓貓飛皃文一○㷆巨乏切病也文一○䫝匹法切貓䫝飛皃文三㳒水皃

㞦靜也○猲獦气法切短喙犬一曰恐過也或从歇文四姂好也抾把也鍅下法切鉤也文一

集韻卷之十

景祐元年三月太常博士直史館宋祁三司戶部判官太常丞直史館鄭戩等奏昨奉差考校御試進士竊見舉人詩賦多誤使音韻如叙序座坐底氏之字或借文用意或因釋

集韻入聲十 四十四 君

轉音重疊不分去留難定有司論難互執異同

上頰

補闕

〔一〕「綴」之注語漏：（兆）詩（荷……成）讀。

「綴」後是兑小韻：兑兊徒外（切說）文說（也……）

〔二〕 粃屑也垸削（也）。

字	出处
愫	170下1
	9303_{3}
㦔	110上2
	110上8
	111上12
	162上3
	9303_{4}
[illegible]	76下17
惔	136上10
	144下1
[illegible]	146上5
	147上20
	9303_{6}
[illegible]	39上5
	105上12
	9304_{0}
慽	136上11
[illegible]([illegible])	218上2
忕	218上14
	9304_{1}
悻	78下13
	9304_{4}
[illegible]	148下1
	9304_{7}
悛	35下4
	35下10
	49下14
[illegible]	167下18
	9305_{0}
懺	83下19
	181下6
[illegible]	84下16
	86上10
	130上15
[illegible]	127下14
	128上20
	179上18
惐	186上17
	218下15
	219上2
[illegible]	192上17
	204上15
[illegible]	194下11
[illegible]	215上11
悈	218下1
	219下17
	150上10
	9305_{3}
[illegible]	42上7
	9305_{6}
[illegible]	146下1
	9306_{0}
怡	16下8
	9306_{1}
[illegible]	148下14
	153上3
	9306_{4}
愘	61下2
	170上17
	9306_{6}
悺	4下14
	4下17
愊	176上2
	9306_{8}
[illegible]	88下12
	9307_{7}
[illegible]	108上13
	9308_{6}
憒	34上15
	34上18
[illegible]	38上2
	103下17
	104下8
	9309_{1}
悰	5上10
[illegible]	199下17
	9309_{4}
悚	179下7
怵	192上17
。	192下6
	192下16
	9313_{6}
[illegible]	199下18
	200下18
	203上2
[illegible]	203上2
	9321_{1}
[illegible]	3下7
	9325_{0}
[illegible]	200下17
	9380_{0}
[illegible]	189上3
	9381_{1}
焢	3下8
烷	42下15
烧	153上12
	195上2
	195上20
	198下1
	9381_{6}
煊	39上2
	9381_{7}
[illegible]	99上12
	9382_{1}
[illegible]	96下2
	9382_{7}
烤	4下13
	132上15
焇	47下14
	48上6
	202上15
	202上16
	204上17
[illegible]	48上19
	163上8
[illegible]	98上16
	98上18
	9383_{2}
烺	120下11
	9383_{4}
[illegible]	16下17
	22下11
	9384_{0}
烒	217上18
	9384_{2}
[illegible]([illegible])	208下2
	9384_{4}
[illegible]	198下17
	202下7
	9384_{7}
焌	107下3
	154下7
	157上17
	157上19
	192下9
	9385_{0}
熾	137下19
戴	137下19
[illegible]	134上14
[illegible]	150上17
[illegible]	192上16
	9386_{6}
[illegible]	4下14
	9388_{6}
煩	38上1
	104下8
	9389_{4}
[illegible]	192下17
	9390_{0}
[illegible]	202下11
	9391_{1}
[illegible]	42下14
	105上7
粍	59上10
	9392_{2}
糁	82上9
	128上3
	9392_{7}
糄	46下6
	109下5
[illegible]	142上19
	9393_{2}
粮	64上1
	9394_{0}
[illegible]	156下10
	156下12
	9394_{2}
[illegible]	22下14
	9395_{0}
[illegible]	83下13
[illegible]	85下17
	130上13
	130上18
[illegible]	184下9
	9396_{0}
粘	16下6
	9399_{1}
粽	131下2
	9399_{4}
[illegible]	128上4
	9400_{0}
忖	106上15
[illegible]	141下4
	9401_{0}
[illegible]	65下3
	9401_{1}
憢	52上3
	52上6
愷	80下4
	82上1
	178下18
	179上12
[illegible]	116上19
[illegible]	117下15
	169上9
慌	121上14
[illegible]	172下9
	9401_{2}
[illegible]	28上15
	119上8
	144下14
忱	80下4
	9401_{4}
[illegible]	32下16
慬	38下4
	104下3
	155上11
	155下14
懽	42下15
	43上2
	158上19
懂	87上18
[illegible]	209下18
	9401_{6}
[illegible]	83下8
	84下14
	129下12
	180上20
	9401_{7}
[illegible]	149上2
	9401_{8}
[illegible]	125上20
	145下16
[illegible]	136下16
	9402_{7}
[illegible]	3上1
	4上7
	74上11
	87下13
	175上15
悕	18上5

8230_0
剑 72上7
剸 106上16
8231_4
毵 47上9
72上4
8233_0
狐 72上7
8233_6
戀 198上14
戀 198上14
8240_0
劉 60下10
剣 85下6
娟 102下12
荆 146上11
146上18
151上8
156下17
200下2
200下4
203下7
8240_1
聳 198上14
聳 198上14
8241_3
姚 113上8
8242_1
嬾 8下14
27上5
蘄 145下8
146上18
200下2

200下4
8242_7
矯 54上13
114上12
8243_4
樸 182下17
8244_1
姪 123上12
8244_4
矮 100上20
8247_2
拙 192下14
203上10
203上19
8250_0
剃 42上3
44上9
107上18
159上1
劉 156下17
8251_3
兆 53下5
114上5
116上17
8251_4
氉 48上17
8252_2
彩 62上16
8254_0
毸 27上18
8254_4
矮 91上18
134下3

8255_7
靜 69上18
8256_9
播 39下15
8257_2
拙 195下19
8259_3
錁 43上17
8260_0
創 62下17
63下11
171上17
刮 82上20
劄 84下3
180下10
劊 126上1
劊 149上12
198上15
剮 175上18
剑 226上19
劊 226下18
8261_2
鑯 224下4
8262_1
衜 206下18
靳 207上7
8262_2
彰 74下4
175上1
8263_4
獏 28上20
8266_1

錨 78上8
177上10
8270_0
刉 11下12
17下18
18下5
153上9
192上9
剉 139下4
149上12
152上18
创 148下19
197上8
8271_0
飢 136下17
8271_3
饒 53下13
8271_4
錘 8下2
鐘 133下16
饉 31下16
餂 127上2
178下14
餅 127上2
飥 208上4
8271_7
饒 17下20
8271_8
鐙 73下17
175上9
館 157上5
157上10
8272_7

饞 8上11
8下6
11上14
29上3
146上8
147下2
8273_4
鈇 140上5
8273_6
饝 112上4
8273_7
餞 14上19
17下20
216下11
饋 157上5
157上10
鈙 223上6
223上10
8274_0
䬳 27上18
27下8
飦 48下1
8274_2
餺 148上19
8274_4
餎 37下5
餧 101下14
134下1
餕 101下14
8275_3
饑 14上19
17下20
8276_1

餡 126上19
餘 128下10
8276_3
餾 15下4
8276_4
餂 85上11
129下17
8277_7
餡 57上3
57上17
鍤 226下11
8279_1
鍱 4下1
8279_4
餜 115上6
8280_0
劍 146上11
146上19
200下4
劒 181上9
8280_3
埶 124上19
8280_9
燹 127上2
8282_1
斯 8下12
12下5
8283_0
冰 73下8
8310_0
鈊 137下3
190下18
191上3

191上9
鈆 178下7
釙 189上4
8311_0
銃 103下13
147下1
148上18
8311_1
銃 39上11
鉈 60下2
133上10
銃 108上10
8311_4
鐃 78上19
鍠 191上17
8311_6
鐺 49下11
8311_7
鑛 159上11
8312_1
錚 69下6
123下12
8312_2
鉁 52下4
179下9
8312_7
鋪 22下1
24下12
24下17
142上15
銷 47下16
110下2
163上5

闟	206上18
屩	207上17
羃	215下5
郿	216上16
鄏	216上17
鵩	217下5
帤	218下8
	7722_8
閉	144下13
	150下4
	7723_0
閈	164下1
	7723_1
膴	72下17
	7723_2
農	5上6
奚	13下3
	14上4
	94下1
晨	33下20
展	34上1
	103上19
服	41下5
閬	44上16
緊	44上20
㬎	53上7
腿	61上2
隊	79上6
冢	92上19
展	102下15
㞙	102下16
	154上6
隊	104上6
	112上11
腞	106下2
	112上11
	112下16
	157下3
	196上4
限	106下5
	108下7
狠	108下8
展	111下20
	163下4
豦	115上3
	186下5
	188下8
	189下7
屎	165上1
尿	165上1
聚	171上13
闌	183上14
	189下18
彖	183上14
腺	187下15
	7723_3
胗	5上2
閟	47下7
	49上11
	140上7
	195上12
	197上11
腿	101下4
	7723_4
膝	7上14
脵	14上14
骸	78上6
睺	78上7
昊	92上15
奚	93下20
腴	115下11
	167下2
	186上16
髏	132下3
腰	136下7
屐	140下11
脥	144下11
腴	158上13
屢	161下12
隩	167下1
	186上13
	7723_6
膴	18下16
屭	42下4
	7723_7
髓	13下6
膸	133下18
屣	220下14
	223下6
	7724_0
屐	4上2
隞	23上19
	77下6
	79上6
敉	61上8
䏹	103下7
攸	200下15
叙	203下4
	7724_1
犀	27上2
開	61下1
閞(閑)	170下7
屏	70上6
	71上12
	122下16
	173下11
	174下7
膊	80上13
陴	80上14
胼	102上9
胼	173下3
	7724_4
屢	24上14
	142上10
屐	31下3
	31下20
	72下14
屨	31下3
	31下20
	59下10
	59下17
	118下20
屨	141上6
	142上11
	7724_7
履	9上5
	31下19
	59上4
殿	33下10
	34上2
	37上12
閔	37上17
屛	44下16
	44下18
	48上14
	48下8
	108下6
	111下5
屐	59下17
段	61上18
段	170上19
腶	61下9
腶	159下6
豭	61下15
骰	79上14
	99上1
屨	92下8
	100上2
屨	92下8
屧	92下8
阡	94上6
屐	96上2
股	99上1
豎	103下8
艮	111上11
良	111下3
	112上8
段	118下13
障	124下9
	176上7
服	124下11
	184上8
	189上12
	219上9
	219下4
閉	143下12
	202下1
腏	145下13
	147上9
	199上2
	203下20
段	159下8
假	159下6
殼	161下8
	161下11
	180下16
舠	167上14
骰	170上16
腹	176下2
屬	178上2
殳	182下17
	185上8
	188上8
艮	184上7
	217下18
鬢	185下18
夒	188下8
髖	204上2
屐	211下15
陂	221上13
股	221下7
骰	222上2
	7724_8
臅	92下1
	135下2
	7725_0
冊	42上2
册	83上2
舺	126上3
胼	129下19
	130上2
	7725_1
犀	12下16
	27上4
	7725_2
解	100上17
	7725_3
俄	144上7
閾	195上16
	7725_4
降	5上13
	7上11
	132下18
	132下20
胮	7上14
	7上17
屛	132上1
	132下18
	7725_6
腪	104下11
	156上2
	7726_0
眉	136上20
	144下17
	7726_1
昏	28上12
闇	83下3
	129下6
	180下7
	181上9
眉	92上12
屠	93上4

駟	31上12	騂	157下9		19下8		64下11	盬	107上10	闓	79下17		162上8
駰	36上14	驛	214下2		25上8		65上1		158下4		126下8		162上10
	36下11	7634_{4}			95下20	塈	113下19	盟	126上18	閩	218下17	7713_{6}	
	36下13	騣	159下17		118上9		165下4	盈	132下1		218下20	蚩	17下15
駉	135上11	7635_{6}		丒	118上9	坐	117下6	闢	149下9	7712_{0}			94下20
	190下3	驒	27上18	且	118上9	堅	118下9	疊	155上10	月	178上3		139上10
駲	190上17	驒	42上14	皿	121下9	閏	123下5		155上20	7712_{1}		閩	34下10
7631_{1}			42上18		121下17	壆	140下17	闘	218下19	闢	79上10		37上17
騉	40上15		46下17	7710_{1}		閏	142上5	閣	222下10		178上5		43下8
7631_{3}			47上6	闔	216下9	閏	154上4	7710_{8}		7712_{7}		閾	37上17
騩	14下1		59上12	7710_{3}		壂	161下12	豎	17上8	鳭	19下4	蝨	37上18
	18上3	7638_{1}		壂	28下3	望	169上4	闓	32上20	郎	19下6	蝨	37上18
	18下1	騠	27上16	壘	155上10	朢	171上3		102上2		19下9	蜸	110上3
	31下7		27下15		155下1	闡	184下20		153上6	鴨	28下1	蠡	112上1
	137上3	7639_{3}		壂	161下14		185下12	闔	201下17		145上3	蠱	112上1
7631_{4}		騾	59下10	壐	184下2	壆	188上19	豎	97下18		201下18	蚤	115上13
驩	22上19	7641_{0}		7710_{4}			188下10	豐	97下18	邱	74下14		116上4
騜	64上19	覶	145下13	堊	13上11	閨	190上12	7710_{9}		鶴	76上15	蝨	116上4
	66下9	7660_{0}			190下6		201上1	鑒	47上11	鄹	79上10	蠁	139上13
7631_{7}		留	76上6		217下15		201上8		162上9	鄮	178上6	蟸	144下7
驅	40上19	7671_{0}			217下18	圣	196下1	鑿	188上4	鵬	83上8	蟄	145上7
7632_{7}		覞	46下14	壼	14上3	7710_{5}		7711_{1}		閽	220下4	蠶	184上15
騶	6下16		29上17		36上16	閒	125上19	虬	13下20		221上6	蠹	191上5
騔	62上20	覞	29上17	星	27下19	7710_{6}			27下20		223上10	7714_{0}	
騶	183下2	7672_{7}		墍	28下2	閆	107下5	闢	222下20	闈	222上18	叚	41下15
	188上11	暘	120下2		145上6		107下8	7711_{3}			223上8	7714_{7}	
騶	197上8	暘	124上2	閨	28下10	閶	213上4	闚	44上10		223上9	鬷	4下7
騆	223上7	7674_{7}		閨	36上13	7710_{7}			44上12		223上13		5上3
7633_{0}		曔	148下9		47下9	盟	2下19	毳	65下4	7712_{9}			5上5
驄	16上3	7680_{8}		堅	47上10	盡	5上8	7711_{7}		閱	169下16		7上16
7633_{2}		咫	89上20	闓	48下17	盬	21下9	閒	44上10	7713_{2}		闋	91上20
騄	50上5	7710_{0}		墅	62下10	盥	26上5		45上8	聚	36下5	毀	91下1
7634_{1}		且	19下5	閨	63上16	鹽	28上3	闠	78下8		110上3		134上12

	154下14	[illegible]	173上14	[illegible]	84上3		39下1		84上5		154下14		7536_0
	7520_0		173下14	[illegible]	93下15		105上15		126下13	腖	187下4	駎	176下13
肼	6上2		7521_2	胇	153上18		105上18		178下10		7530_0		7536_1
	7上14	[illegible]	69下20		191上12		156下3		7526_3	駃	150下20	[illegible]	144下15
	132下20	[illegible]	184下1	髴	201上10	[illegible]	49上16	[illegible]	103上1		202上11		145上18
[illegible]	87下11		185上6		7523_0		7524_3		104上5		7530_6		211上11
阱	122上19	[illegible]	193下8	肤	7上13	膊	35上18		7526_6	駛	24下6		211下20
[illegible]	145下3		7521_4		64上17		50上11	[illegible]	56下16	[illegible]	93下18		215上4
	202上9	[illegible]	43下20		65下13		50上14		56下18	[illegible]	138上9		216上3
[illegible]	202上5		7521_4		119下2		50上15		7528_1		7530_7		7536_3
	202上14	[illegible]	88上10		121上10		117上14	腆	109下11	[illegible]	192下3	[illegible]	103上1
	219上3		7521_6	肤	22下14		111上17	[illegible]	109下13		193上7		7537_7
	7520_6	[illegible]	175下17	胅	201上5	髆	90上4	[illegible]	223下16		7532_7	[illegible]	5下1
胂	14上5		7521_7	[illegible]	201上5		111上16		7528_6	[illegible]	184下3		7539_0
	33下15	肔	35上12	[illegible]	201上10	[illegible]	111上18	隤	31下4		185上7	[illegible]	198上6
	34下20		35上18		7523_1	[illegible]	111上18	膭	31上8		7533_0		7539_4
[illegible]	24下1		41上16	[illegible]	13下1		7524_4		151上16	[illegible]	63下9	[illegible]	208上4
	98上11		101下1		7523_2	腰	24上10		152上8	[illegible]	119下11		208上12
[illegible]	34下20		102下18	膿	5上8		76上14		152上11	駚	119下2		7539_6
陣	154下14		154上1	[illegible]	14上4		79下1	[illegible]	137上1		121上10	[illegible]	2上8
	7520_7		203上10	[illegible]	14上5	[illegible]	27上10		152上19	[illegible]	142下1	駷	87下15
肆	136上16		7521_8		7523_3	[illegible]	79上18	[illegible]	212上17	[illegible]	191下15		88下2
	7521_0	[illegible]	31下7	隱	145上15		98上5		7529_0		201上9		126上10
胜	68上17	體	94下12		7523_4		126上20	陎	23下16		7533_1		7570_7
	71上6		99下14	腠	177下20	髏	79上19	[illegible]	198上6	[illegible]	106上19	肆	135上10
	173下15	[illegible]	224下13		7523_6		7524_7		7529_2		7533_2		136上16
	174上15		7521_9	[illegible]	3下2	[illegible]	180下12	[illegible]	213下11	[illegible]	14上8		190下3
[illegible]	202上6	[illegible]	79上3		131下20		7525_7		7529_3		7534_0		216上2
	204上14		7522_7	[illegible]	111上17	[illegible]	78下8	[illegible]	142下5	騝	39下19		7573_0
	7521_1	腈	70上2		163上19		89上10		7529_4		49上18	[illegible]	191上16
[illegible]	41上16	[illegible]	71上9		7524_0		7526_1	[illegible]	168上17		7534_4		201上4
[illegible]	41上20	[illegible]	77上19	腱	38下2	[illegible]	80上11		7529_6	[illegible]	20下2	[illegible]	201上9
[illegible]	68上16		164下5		39上18		82上12	陳	34下20		79下4		7573_2

髼 15上11	201下4	7277_5	32上6	7290_4	158上11	208下14
7275_3	201下14	髺 85上4	97下6	彙 104上20	肔 59上10	膗 209下20
鬛 4上10	鬠 200上8	179下2	鬃 53上6	155下16	59上13	7321_5
鬣 99上20	200上9	鬠 144上10	114下1	7299_3	阤 59上15	飆 86上7
鬛 143下1	200上14	昏 198上14	114下4	緜 144下10	116下19	飆 86上20
203上3	7276_2	200上16	166上4	縣 162上15	骩 59下18	飇 192上17
鬣 211下13	鬝 40下9	7277_7	202下14	7310_4	颮 88上18	颷 194下9
鬛 217上14	髫 51下3	鬖 7下6	7279_3	墜 154上20	院 104下17	飆 200下19
7275_4	鬝 188上2	鬜 127下16	鬃 211上20	7320_0	164上4	颵 213上8
鬔 2下13	7276_3	晡 226下9	7279_4	胁 191上12	骯 158上11	219上2
7275_6	髺 32下19	7278_1	鬃 74下11	202下3	脘 158下6	7321_6
鬋 144上10	鬊 35下18	鬉 5下12	鬃 74下11	202下4	7321_2	飑 5上12
7275_7	102下20	87下17	135上14	骫 199下12	胣 7上20	膇 40下7
鬇 68上19	154上3	鬒 6下7	鬃 77上14	7321_0	87下14	42下20
69上20	鬑 72上11	鬒 102下8	鬃 102上14	阬 103下13	89上7	髖 40下7
69下3	鬙 222下4	153下14	152下20	101下16	89上16	42下20
鬇 84上17	7276_4	7278_2	髹 115下18	110下19	7321_3	飑 184下1
180下10	髺 198上14	鬉 79上3	鬃 117下10	112上20	颼 64上2	7321_7
7276_1	7276_6	鬒 135上14	鬃 159上4	颮 190下13	颰 75上9	阮 149下7
鬠 14下3	鬸 74上13	7278_6	7279_6	219上7	颭 144下2	212下16
髻 22下8	鬙 149上6	鬢 23上12	鬃 2上8	219上10	颷 196上6	7321_8
22下20	149上11	鬢 107上18	131下6	202上19	7321_4	颱 175下17
78下11	198上14	鬢 159上5	7279_8	202下7	肬 74下8	7321_9
97上16	鬝 176上2	197下3	鬃 100上3	7321_1	颾 77上20	颭 192下8
125下17	鬚 176上2	鬢 137上1	7280_0	腔 3下12	125上4	204上14
115下18	184上5	139下14	則 135下15	7上7	颬 153上20	7322_7
鬝 76下10	7276_8	鬢 137下3	190上10	腔 7上7	198下15	隋 24下12
76下20	鬏 6上17	139上12	7280_1	131下18	颸 154下5	24下16
髺 84下2	7276_9	鬢 154上6	兵 68上8	颬 10下18	154下7	142上15
85上9	髺 97上16	7279_1	7280_6	陰 27上10	颬(颬) 193下8	142下1
髻 144下19	7277_2	鬃 5上11	質 134下18	脘 42下13	195上13	脯 24下19
191下19	髶 116下6	7下5	135下15	107上11	198下17	97上19
192上1	岳 188下15	鬃 15上11	190上9	108上12	骼 208下3	142上20

191下1
194下2
201上13
呋 106上10
眣 121上9
172下15
眣 201上12
呹 191下2
191下17
6503_2
噥 5上7
7下10
瞣 5上8
7下10
眱 14上5
27下3
144上12
咦 14上9
14上13
16下18
30下17
䁻 133下15
睩 152下5
6503_3
嘒 145上17
䁤 152下5
152下9
6503_6
聰 160上16
6503_7
嚖 145上17
矎 145上17
6503_8
瞜 14上11
136下1
6503_9
嗹 79上4
6504_0
睷 39上20
6504_3
瞁 50上15
囀 163下7
6504_4
瞜 24上10
79上19
嘍 79上20
126下1
嘍 152上3
6505_3
嗪 87下11
88上9
88下6
6505_7
嚆 78下5
177上18
瞸 177上15
6506_0
呻 132上16
188上2
6506_1
瞎 98下3
180下4
181上2
嚐 128上6
128上9
222上5
6506_3
嗜 103上2
睹 103上2
6506_6
嘈 52下15
56下19
168上3
嘈 56下20
6507_4
嘒 145上17
暳 145上17
6508_1
睓 109下13
唺 109下15
睓 109下14
睫 223下11
223下13
224上2
啑 222上4
222上5
223下14
227上14
227上18
睫 223下12
223下16
6508_6
瞶 17下9
嘳 42上4
159上9
瞔 84上4
212上16
噴 107上20
197下5
197下6
嘳 136下20
150上4
150上6
瞶 139下15
嘖 212上15
212上18
6509_0
咮 23下10
23下20
75下11
141下20
142上7
176下8
178上7
味 138下16
151下19
150下12
眛 148下5
151下16
眛 148下6
151下16
睞 151下3
眜 198上2
202下13
眜 198上4
味 198上6
6509_2
咻 90上18
6509_3
嗦 142下4
6509_6
暕 2上8
暕 42下3
108下10
喇 87上20
喇 177下19
187上12
189上17
暕 197下16
6510_0
趹 145上19
145下1
202上11
蹕 146上4
6510_7
踕 196上7
6512_2
跡 136上13
6512_7
踹 139上2
193上20
193下12
蹜 164下6
6513_0
趺 22下15
跌 196上6
201上5
6513_2
蹍 13下4
14上4
蹝 196上2
6513_4
蹊 178上4
6514_0
踺 156下3
6514_3
蹲 111上17
6515_7
䟲 187上3
6516_1
蹭 82上12
82上14
222上8
6516_3
踏 35上13
103上2
111上13
6517_7
蹖 5下1
6518_1
蹎 109下15
踕 223下17
225下13
6518_6
蹟 31下5
137上2
蹪 43下13
躦 58下18
蹟 213下4
6519_0
跦 24上4
24上8
75下13
跊 148下6
151下19
踈 151下3
跊 198上7
6519_2
踈 213下4
6519_6
踈 19下14
148上4
6521_3
魅 9上17
138上18
191下2
6521_6
魁 33下14
魋 34上4
6521_9
魅 137下10
魕 183上7
6527_4
䵼 145下7
145下12
6531_7
點 106上19
6530_7
黮 136上16
6533_1
黙 41上14
6533_2
䵜 6上15
6533_3
黲 150下13
151上2
黱 151上15
152下5
6538_6
黷 213上19
215上12
6539_0

	211下5	[illegible]	6下7		224下12	斛	220上15		6412_7		6414_1		213下1
	212上16	[illegible]	19下20		225上2		6410_3	[illegible]	17上6	[illegible]	5下8		213下4
	213下4	[illegible]	88上1		225下12	鋻	157下16	蹣	43上15		88上18		213下10
[illegible]	186下11	[illegible]	88上2	瞸	223上19		6411_1	蹣	43下3	躊	75下18		213下13
咭	191下18	嗄	135下15		224下12	跳	46上11	蹛	59上8	跱	94上14	踏	222上10
	199上11		143下17	喋	223下4		106上15		83上4	[illegible]	197下10		222上15
咭	192上11	唭	138下5		224下18		109下1		146下18	躃	202下20		222下4
	192上15		6408_6		225上2		110下6		147下16		6414_7		6416_4
晧	213上15	噴	40下13		227上17	蹺	52上9		147下17	跂	7下20	蹃	20上15
嗒	222上11		157上11		6409_6	蹺	54上8		148上1		11上2		96下4
	222上17		155下3	瞭	51下9	踸	81上1		201上5		11上5		140下11
	6406_2		155下7		113上10		127上11	跨	62上2		11下12		207上10
[illegible]	4上6	曊	142上3	暸	51下10		130下4		100下12		134上5	躇	118上17
	74上11		149下10	嘹	51下10		6411_2		119上2	跛	41上6		170上8
	6406_4		149下15		164下18	[illegible]	127上11		119上3	[illegible]	58下6		207上3
喏	118上17	曂	172下8		6409_8		6411_4		143上7		117上18		207下16
[illegible]	154下16	[illegible]	178上13	唻	30下15	跬	9下19		170下11		134下11		210下14
	6406_5		6409_0		33上13		29下11	[illegible]	170下12	踆	74上5	[illegible]	118下7
嘻	16下15	啉	54下16		102下2		90下18	[illegible]	196上9		123下16		6417_0
	17上10		74下11		152下12		200下10		223上14		175上13	[illegible]	146上4
	138下4		96下18	睞	32下16	踛	28下16	[illegible]	206上15	[illegible]	188下20		146上20
暿	16下16		141上5		33上8		90下19	踼	224下2		6415_3		147上12
瞦	16下17	[illegible]	82上3	睞	33上12		91上16		6413_0	踤	170下11		6418_1
	6407_0	晽	192上10		152下11	躣	50下20	[illegible]	95上16		6416_0	踑	17上8
咁	86上12		6409_1		6410_0	[illegible]	185下3		6413_1	跕	26上17		17上20
呭	147上14	噤	127下1	跗	22下15		6411_6	[illegible]	119上8	踷	118下4	[illegible]	25上20
	203上1		179上4		141下4	[illegible]	129下14		207上16		6416_1	[illegible]	25上20
	6407_2	[illegible]	168下9	[illegible]	24上8		211下16		6413_4	躤	169下7	蹟	135下15
[illegible]	192下15		6409_4		142上2		226下6	[illegible]	197下10		213下9	[illegible]	140上20
	6408_1	嗏	25下4	[illegible]	73上4	[illegible]	223下8		6413_6		213下13		6419_1
哄	3下8	[illegible]	78下13	[illegible]	170下15		226上10	[illegible]	167下18	踖	169下7	[illegible]	81下4
	6下8	[illegible]	138下16	[illegible]	178上5		6411_7		6413_8		213下13		179上6
	131下14	[illegible]	224上17		187上13	[illegible]	138上20	[illegible]	201下5	踖	206下3		6419_4

噅	29下12
䁦	35下3
嗎	49上5
	49上15
嚅	50上16
	59下15
	169上14
啨	90上18
嚧	98下12
眄	109下8
	162下10
眪	120上6
	121下16
昞	120上10
	121下14
	173上9
眲	120下10
嘕	147上7
罵	148上4
	197下10
盱	162下10
駬	169上16
嗝	212下15
瞗	212下15
瞞	216上15
吥	222上5
6103_1	
眃	38上3
	105下18
噁	143上15
	209下6
	210上9
嚥	193上13
6103_2	
暖	33下7
䁔	33下17
	153下10
	153下18
眼	63下15
	171上20
唻	88上5
暇	171下1
	171下3
啄	183上14
	189下15
豚	194上6
餐	194上18
喙	207上18
嗵	222上5
6103_4	
嗅	50上16
	111下2
	163上19
	169上14
噳	96下15
噢	103上4
睓	108上1
噘	223下2
6103_7	
瞜	72上12
6104_0	
呷	15下15
	138上5
吁	18下20
	21下9
	21下10
	141上12
盱	21下9
	21下11
	26下3
盰	21下14
盺	28上10
	29上3
	144下18
盺	28上11
旰	41下19
	157下10
	157下20
听	47下4
	110上8
	162上4
唛	49上5
	49上15
	105上16
呀	61上20
肝	106下17
	157下20
盰	121上5
瞤	138上4
	210下15
	212下6
	219上11
	218上1
6104_1	
哢	131下11
瞸	224上2
	224下7
囁	224上8
	224上13
囁	224下7
6104_3	
噚	178下1
	187上5
	187上20
6104_4	
喓	53下19
䁏	113下1
6104_6	
𠹃	49下4
睥	81下18
	126下15
	126下19
	179下14
啤	81下19
	128上16
哽	121上20
	121下8
䁍	121下3
啅	167上5
	189下9
	189下15
聛	189下14
睥	189下14
	189下19
6104_7	
眍	44下9
	108上15
	108上17
	160上9
昄	44下9
	107上14
	107上16
	108上15
	108上16
	158下10
	162下9
嚘	75上13
	78上15
嗀	148下18
嗄	150下7
	151上3
	169下15
眅	156下11
吸	158下10
	158下13
	158下15
6104_9	
哹	26上20
	143上5
呼	68上10
6105_0	
咩	118上6
6105_3	
嚱	145上17
	149上8
	153下6
	195上1
	204下10
嘎	199上13
囔	220下10
6105_6	
睴	179上10
6106_0	
貼	84上15
	85上11
	180上11
	180下7
	180下10
	180下16
	181下7
呫	85上9
	127下5
	224上5
	224下16
哂	102下13
咟	213上2
6106_1	
晤	18下16
喈	30上10
	150下1
嚮	75下12
晤	143上17
嚐	221上2
	221上4
6106_3	
瞌	72上12
6107_2	
嚙	115上2
嘔	221下9
6108_1	
瞋	12下9
	33下17
	34下20
	47上7
	153下13
	153下14
	161下10
嗔	33下17
	47上3
瞛	89下20
6108_6	
噸	34上19
顛	40下7
	106上1
	157上1
嚬	44下3
嘳	88上1
	132上11
瞶	132上11
嚬	148上4
瞶	170下1
蟦	179上11
6108_9	
咲	30下20
6109_0	
吥	79下7
眂	92上16
6109_1	
嘌	52下19
	166上4
瞟	53上3
	166上2
瞟	53上5
	114下1
	166上4
眎	92上16
	135上3
㖣	135上3
味	184下8
	184下18
	215上15

	52下12	叟	33下13	書	19下16		106下3	賁	139下12		53上8		5093_1
	79上3		5041_4	沓	35上12	蠹	64上16	寬	143下20		56下1	穗	53上11
	164下6	難	24上12	耆	211上10	蠹	65下12		5080_6	橐	56上9		5094_1
恚	153上10	難	27上8		213上3	皀	75上16	責	37上6	橐	167上19	粹	197下15
	5033_3		5043_0		214下12	卷	119下3		149下17	橐	65上10		5094_3
惠	145上13	奏	177下19		216下16		121上10		212上15	橐	67下7	粺	190上18
	5033_6		178上2		217上5		172下5	賁	134下9	橐	69上8		192下19
忠	4下2		5044_6	耆	217上9	遣	199下11	貴	139下14	橐	105下14		5096_1
惷	102下20	畀	137上7	書	213上1		5073_2	賛	154上18		106上6	糌	78下10
患	160上4		5044_7		5060_3	表	52下16		154上19	橐	112上9		5096_2
	5033_7	爾	182下1	春	35上13		114上19	賚	212上15	橐	115下9	糟	144上8
惷	5下1		5044_9		103上1		114下7		5080_9	橐	142下11		5099_3
	5下5	彝	188上5		5060_4	囊	65上10	煛	31下2		169下13	糅	57上14
	7下7		5050_3	書	19下16	叀	139下16	炅	51上5		208上1		168上7
	132下8	奉	88下4		5060_6		5073_6	炭	154上18		208上12		187上2
	132下9		88下6	畫	36下17	叀	50上9		5090_0	橐	150下10		183下2
	133上2		132下2		105下19		50上14	耒	13下18	橐	164上11		5099_4
	133上5		5050_6		5061_4		163上18		92下15	橐	168上16	秦	34上12
	5034_3	輂	176下10	雒	80上10		163下3		101下12	橐	168上16		5101_0
專	43下19		5050_7		178下10		5077_7		136上16		5090_6	軖	3下14
	50上9	毒	152下6		5062_7	春	5上20		151下2	東	2上4	扛	7上4
	163上18		187上1	舂	116上12	曺	112上13		204上7	東	108下10		66上1
	5040_4		5051_4		5064_1	蠢	226下9	未	138下16		161下19		89上10
婁	9下17		5055_6	壽	116上12		5078_6	末	198上1	東	141下16	批	9上11
	24上11	轟	69上12		5071_1	叟	18上17		5090_2		187上11		89下1
	79上16		173下5	曹	18上17		5080_1	棗	116上6		5090_7		90上1
	98上5		5055_7	皀	139下16	蹇	128上8	束	133下4	棗	127下14		90上14
	126上19	冄	129上18		5071_6		135下15		218下3		5091_4		93下16
	142上10		5060_0	黽	14上20		223下10		5090_3	種	7下8		99下1
妻	13上2	由	75上15		5071_7		223下14	素	142下2		5092_7		99下3
	27上6	害	145下12	屯	35上18		223下16		5090_4	稿	13下8	批	15上1
	143下6		146下13		35下19	疐	134上4	秦	34上12	稿	144上8		29上11
	5040_7		5060_1		41上15		136上13	槀	53上6		216上13		29上15

219下4
輴 68下16
揞 85下19
127下19
179下4
179下6
181上16
223下2
擶 104下9
156上5
5006_2
揞 133上12
135下20
5006_3
擂 185上15
5006_7
搪 64下9
65上2
[illegible] 64下13
5007_7
指 108上13
5008_2
輆 102上2
102上5
102上6
102上12
153上6
核 102上6
139上18
139下12
153上3
5008_6
擴 172下8
172下13
209下20
210上3
210上7
213上9
5009_3
擹 44上8
5009_4
轃 128下1
擽 155上8
156上5
5009_6
輬 64上4
掠 171下7
207上13
5010_1
[illegible] 35上14
5010_2
畵 176下7
畫 213上1
5010_4
[illegible] 188下12
5010_6
畫 149下1
畫 213上1
晝 176下8
5010_7
盅 4下3
4下5
盡 34上10
蠱 99上2
118下9
143上13
盡 103上5
疊 105下19
盎 121上10
172下5
盡 218下6
盡 219上2
5011_0
虻 67下20
5011_1
蠬 183下15
5011_2
蛇 47下4
48上1
5011_3
蜣 75下7
76上16
5011_4
蜼 5上4
20下16
92下16
92下17
136下2
175下17
蟺 5上19
蟾 9下13
蠦 48下18
蛀 141下19
螻 201下17
5011_6
蟺 48下7
111上10
5011_7
蟺 42上18
[illegible] 64上16
蚢 66上2
121上3
172下3
66上9
5012_1
蛴 11下6
蝏 71下11
5012_7
蟰 6下4
螭 9上16
蝪 27下15
蝪(蝪) 144上1
蟧 44上14
蚄 62下6
螪 63上14
214上6
螃 65上18
69下8
120下14
172上13
172上15
蛸 185下11
5013_1
蟭 52下9
76下13
蠊 73下7
蟔 154上17
蟅 169下13
214上6
5013_2
蚿(蚿) 47下4 48上1
蠰 62下17
63上14
63下8
63下10
65上11
120上2
171上6
171上10
蠊 65下18
隶 102上18
135上6
136上17
151上16
144上17
152下4
泰 147下14
蠔 150下5
5013_4
蛈 190下10
5013_6
蟲 2上5
蟲 4下3
5上1
132上13
蠧 76下7
蠹 77下18
虫 95上14
蠶 102下19
蠢 133下6
蠹 142下10
蟋 218下11
5013_7
蠊 84下9
5014_0
蚊 37上18
5014_1
蟑 102下19
蛘 216下4
5014_3
蟀 190上19
5014_4
蝼 222上7
5014_7
蜳 41上10
41上13
102下19
103下14
104上6
112下16
蛟 169下4
蝮 184上4
184上14
蟀 214上2
215上9
蝬 225下10
5014_8
蛟 54下9
5015_2
蟀 50下3
5016_7
螗 64下15
5020_7
中 4下1
聿 34上10
粤 71上8
5021_4
離 24下17
雔 69下19
5021_6
覺 7下7
133上6
5022_1
畀 17上7
17上20
5022_7
肃 48下10
青 71上3
72下11
肃 92上19
93下16
94上6
帶 138下1
肅 152下17
青 176下7
青 176下9
176下10
肅 184上19
185上6
帶 208上1
5023_0
本 40下12
106上9
5024_7
夌 88下6
夔 153上10
5032_7
鳶 64上16
65下11
鳶 184上19
5033_1
熊 52下2

𠟦	116上13		4212$_1$		4213$_6$	埒	26下4		134下9	貍	64下4		26上15
	168上4	圻	18下3	螹	8下10		4215$_3$	剎	26上16	憧	88下9		143上1
劃	155上12		36下9	蟴	8下10	𡒃(𡒃)	18下3		78上19	毸	148上15		209下16
	156上11		38下7	蟚	67下18		4215$_7$	𠟱	145上2		169上8	狐	26上2
㓠	203下15		40下9	蟄	199下18	埩	69上17		145下20	秏	210下8	犿	115上14
𠠇	217下10		104下2		200下18		69上20		146下7		4221$_7$		4223$_1$
	4211$_0$	斳	38下5		4214$_0$		122下1	惻	147上3	㹱	8下13	𤢲	38上9
𠃵	136下16		104下4	坻	13上18		4216$_1$	蒯	150上3		27下2		4223$_3$
	139下5	埁	80上19		89上20	𪔺	45上9		152上16		27下6	𤡮	34下18
	192上7		4212$_2$		99下13	坫	125下10	𠝏	165上11		28上15		44下20
圠	199上20	彭	65上13	坁	89上20		177上14	劐	209下13		4222$_1$		48下14
	4211$_1$		65上19		90上12		186上7		209下19	獑	18下6		48下18
𡎦	223上1		67下9		90下6		4216$_3$		213上2	狾	29下5		49上2
	4211$_2$		67下14		4214$_1$	墖	222上13		213上4		36下8		154下14
𪔹	224下4		4212$_7$	埏	48上18		222下1		213上9		38下8		4223$_4$
𡓼	224下5	墧	188下4		48下7		4216$_4$		4221$_0$		103下15	獠	14下7
	4211$_3$		54上15		49上7	墻	220下5	帆	85上11	撕	86上6		93上2
𡊵	113上8	㙐	117下8		163下15		220下13		223下15		86下3		136下5
	114上4	塴	175上13		4214$_2$		4216$_9$		224上16	㺐	145上2	猴	28上20
	4211$_4$	埥	213下12	垺	204上5	墦	39下13		224下16		145下16	狭	115下13
𣯍	5下8		4213$_0$		4214$_7$		43上11		224下17		145下20	𢣃	187下8
墔	32上2	坬	170下12	𡓃	3上15		4218$_1$		225下13		146下7		4223$_5$
埵	59下6		4213$_1$		7下4	埃	67下11	犰	125下6		4222$_2$	獛	182下10
	101下4	壎	38上10		133上1		4219$_4$	剋	219下17	彰	67下11	𢣃	182下11
	117下18		39上5	埒	22下10	埰	22下10		4221$_2$	彬	83上9		4223$_6$
墬	117下11		156上3		32上7	墂	55下6	獵	224下1	㺃	100下9	𤢅	15下8
堹	132下8	圻	210下8		77下12		55下8		4221$_3$		4222$_7$		4223$_7$
埦	167下1		4213$_3$		78下11	墚	73上2	狣	53下5	𤞻	12上4	𤝎	130下15
圫	186上13	𡒄	35上3		125下20	垛	102上14		114上5	猯	43下18	獿	155下16
	4211$_8$		49上3	墢	153上16		152下19		116上17	獢	54上7	獶	155下17
墱	73下18		4213$_4$		195上15		4220$_0$		4221$_4$	憍	54上9		4224$_0$
	175上9	墣	182下14		198下8	剧	10上1	氈	19上19		4223$_0$	獯	13下11
塏	102上1		189上4		4214$_9$		10上10	氋	3上3	瓠	25下16	𤞞	99下13

4156$_1$
鞊 92上14
134下18
鞈 150上18
4156$_6$
鞴 184上1
4158$_1$
鞬 89下18
100下7
133上19
鞬 100下7
4158$_6$
鞼 208下5
4160$_1$
磬 221下9
222上18
222上19
謦 224下15
4160$_4$
醫 48上3
馨 56上9
4161$_7$
瓳 25下18
4161$_9$
甋 14下19
94上14
4164$_7$
鼓 77上10
4166$_9$
嚞 94上14
4168$_6$
頡 25下15
26上18
顡 57上3
57上15
額 179下10
頡 199上13
201下2
顴 217下8
4171$_7$
瓪 83上12
甆 111上20
甃 154下8
甝 127下12
127下17
128下10
180上1
180上3
甍 180下17
4172$_0$
坷 170上17
4173$_2$
襲 63下17
4174$_0$
圻 83上15
4174$_6$
埤 81下16
179下14
4174$_7$
㪟 80下20
127上10
4177$_2$
罄 223上6
4178$_6$
顛 126下20
127上11
178下12
4180$_1$
趾 25上5
90上11
趄 38下18
趡 64下3
66下12
趖 95下8
趣 119下20
171上8
冀 136下10
趣 215上1
216上15
4180$_2$
趆 222上7
趫 105下1
4180$_3$
趪 19上18
趨 88下8
187下10
187下11
4180$_4$
赶 39下2
49上19
194下20
趚 45上6
趥 49上14
趠 55下12
164下12
167上6
189下14
189下18
趭 81下15
趣 194下15
4180$_6$
趨 72上11
趌 86上8
趞 141上19
賁 151下12
趙 210上14
趣 214上5
4180$_8$
趪 46下16
趮 146下15
194下15
194下18
4180$_9$
趮 52下18
53上4
趯 216上15
4181$_7$
瓶 8下7
27上5
甑 67下4
4183$_1$
韉 4下10
4184$_7$
𢧐 88上1
4186$_0$
黏 46上18
84下1
85上8
4188$_6$
頫 16下20
頖 88上1
4188$_9$
頰 84下4
4190$_4$
棐 137下2
151下9
151下15
4191$_0$
杠 3下16
7上5
枇 9上10
90上16
99下3
15上1
杙 29上11
29上14
93下2
137上15
杫 90上9
93下8
133下2
杔 93下2
杌 153上19
194下1
194下5
196下11
198下3
4191$_1$
櫳 2下4
欐 8上9
9下15
90下7
100上1
144下4
柩 9上10
棑 30下10
148下5
150下10
151下14
杬 38下14
43上9
156上13
梐 60上12
框(框) 64下3
64下6
椏 72上19
174上8
桄 79上11
榧 94下20
櫪 216下2
4191$_2$
櫨 95下12
柾 143上2
4191$_4$
權 8下17
桂 29上7
99下8
椎 29上7
樫 47下7
框 64下3
64下6
桎 92下4
190上10
枉 120上11
概 149上16
204下2
榎 156下6
橿 220下15
4191$_6$
楅 23下5
78上14
柤 42下6
橿 64上12
櫺 136下14
139下4
146下11
168上17
204下2
桓(栢) 175上19
榴 191下12
檀 209下13
4191$_7$
柩 16下9
櫨 20上20
25下8
柾 33上8
樬 48上13
梳 56上2
櫨 60下10
椏 61下11
116下12
168下10
柜 97上6
95下11
95下8
梚 119上7
柾(柾) 143上2
梔 212下18
4191$_8$
櫨 11下3
櫖 72上1

油	75下3		139上7		147下13		3523_{8}		227上14		136上13		213下4
	175下18		150下8		202上9	襚	14上10		3528_{6}	通	135下4		3530_{9}
	3516_{1}	濽	197下4		3520_{6}		135下6	襀	43下12		3530_{3}	速	183上3
潛	84上3		3519_{0}	神	34上3		3524_{4}	襀	137上1	逮	102上18	速	213下4
	180下4	洙	23下14	神	132上14	褸	24上10		139下14		144上14		3533_{3}
淸	121下20	洡	101下12	衶	147上12		79下1	襀	149上6		151上16	懣	112上7
渚	211上11	淥	151下2		3521_{8}	褸	79上20	襀	159上5		152下4		48下15
	211上12	沫	138下17	禮	94下11		98上4		159上6	迭	144上14		48下20
	3516_{6}		148下6		99下18		3525_{7}	襀	213下2		191下16		3601_{0}
漕	56下19		151下19		3522_{7}	褠	78下5		215上14		201上6	覞	137上10
	79上8		152上14	禱	23下19	𧚅	168上4		3529_{0}		3530_{4}		154上7
	168上2	沬	198上3	精	70上1		168上7	袾	23下5	遠	79上19		190下16
	3517_{7}		3519_{2}	精	161下3	𧚅	186下20		23下10		3530_{5}		193上15
湷	7下6	涑	133下9	禱	136下1		3526_{0}		24上4	遘	177上6		202上18
	3518_{1}		176下3	禱	138下19	袖	75下19	袾	23下9	遘	177上16		202下6
淟	106上19		212上8	禱	139上1		176下14		24上6		3530_{6}		202下10
	109下15		3519_{4}	祓	139上1		176下16		141下19	遭	56下16		3610_{0}
淒	223下14	溱	37上5	祓	193上19	袖	176上12	袾	137下10	迪	48下19	涸	18下12
	224上2	溹	204下2		3523_{0}		3526_{6}	袾	195上18		112上7 136下6	泇	20上9
	224下20		3519_{6}	袂	22下16	褿	56下14		198上3		159下3		140下8
	3518_{6}	湅	2上4		23上4		52下15		3529_{6}	迪	187上3	洄	31上10
潰	31上12		131下5	袂	64上15		56下16	褖	213上20		216上5		152上11
	101上8	湅	2上5	袟	191下5		56下19	襋	218下2		3530_{7}	洇	36上14
	152上7		131下4		191下6	褿	56下19		3530_{0}	遣	112上13		201下17
	153上2	潄	79上2	禊	213下16		3527_{7}	逮	34上10		163下16	泗	75下2
	196上13		183上4		3523_{2}	𧛰	7下6	逮	192下20		3530_{8}		76下14
瀆	43下13		187下2	襛	5下8		7下7		193上8	遺	9上13	洇	36上14
	48上17		213上20		6上15		7下8		3530_{1}		14上10	涸	40上10
	159上6	湅	79上4	祾	27下13	𧛰	7下7	迤	35下20		16下8	沺	47上4
積	101下8	湅	161下19	裖	114上18		3528_{1}		3530_{2}		92下20	泇	61下9
潰	133下9		3520_{0}		114下8	褄	220上2	遶	46上18		135下10	湘	62下16
潰	137下3	袂	146上16	裱	166上7		220上10	迹	135下4		136下1		63下10
	139上3		147下5	襛	172上11	褄	223下10		135下16	遺	212上20	涸	105下14

貔	15上3
[illegible]	40上4
	105下15
但	65下20
[illegible]	92上4
[illegible]	105下12
[illegible]	176上16
2621_3	
傀	30上19
	31上6
	31下7
	91下7
	101上4
	150上2
鬼(鬼)	95上17
[illegible]	101上7
[illegible]	170下10
2621_4	
貍	16下3
	30下10
	150下12
	194上20
[illegible]	22上11
	141上7
儸	59上20
	62上12
徨	64上20
	66下4
偟	66下3
俚	94上17
	138下1
[illegible]	101下13
徎	122下4
	122下6
	122下9
	123下3
侱	122下6
	123下3
[illegible]	168下7
2621_7	
[illegible]	25上9
[illegible]	40上20
	196下10
[illegible]	99上7
[illegible]	191下5
	220下13
	221上18
[illegible]	196下10
2622_0	
[illegible]	147下13
2622_1	
[illegible]	138下9
2622_7	
[illegible]	46下4
	46下8
[illegible]	46下12
[illegible]	49下7
傷	120上20
	120下7
偶	125下15
	141上2
	177下6
偒	133上14
	134上2
	214下8
[illegible]	133上11
	133下3
[illegible]	134上4
[illegible]	139下11
觸	142上9
	187上12
偈	146下5
	146下10
	195上8
	195上10
	196下18
	204下1
偈	204上19
[illegible]	149上2
[illegible]	179下13
	223上5
[illegible]	183上16
	183上18
	187上16
[illegible]	194上5
褐	204下20
[illegible]	209下10
帛	210下3
2623_0	
偲	16上1
	33上16
	94上3
[illegible]	16上5
	29下18
	33上15
	152下17
2623_2	
[illegible]	4上15
衆	4上16
	132上9
[illegible]	31上4
	101上11
偎	31上5
[illegible]	35下16
	50上4
	50上8
	163上3
[illegible]	46下4
	46下8
儇	48上1
	50上3
	50下8
倮	48上15
[illegible]	49下19
泉	50上4
	164下2
[illegible]	101上11
臬	136下13
[illegible]	166下7
2623_3	
傯	82下14
	179下6
	221下19
[illegible]	226上9
	227下1
2623_4	
俁	96下15
[illegible]	128上8
[illegible]	175下7
	176上16
俁	217上7
2623_7	
[illegible]	106下15
2624_0	
[illegible]	137上8
2624_1	
[illegible]	142下10
[illegible]	157下9
得	219上11
得	219上13
得	219上13
[illegible]	220上2
[illegible]	220下6
	220下8
[illegible]	220下8
2624_3	
[illegible]	55下20
2624_7	
侵	43下3
	160上9
[illegible]	44下11
	158下18
[illegible]	148下8
[illegible]	151上18
貜	207下5
	207下10
	207下12
	215上2
[illegible]	207下7
	207下9
[illegible]	215上5
[illegible]	217下18
2624_8	
儼	130上7
2625_0	
俾	10上17
	29上10
	91下13
	99下6
	137上15
	143下11
[illegible]	10上20
	29上9
[illegible]	91下13
貏	92上4
	92上6
2625_4	
[illegible]	137上11
[illegible]	190下15
2625_6	
觶	7下16
	133上8
[illegible]	42上8
貚	42上12
	42上18
	159上18
[illegible]	47上5
僤	42上16
	48上20
	48下6
	107下7
	107下8
	107下10
	111上2
	111上10
	159上18
[illegible]	197下8
2626_0	
躳	4下11
[illegible]	13下18
	18下1
	31下11
	95上19
	101下13
	151下5
侶	62下17
	63上15
	171上11
[illegible]	74上6
侣	96下8
[illegible]	157下19
2626_1	
[illegible]	49上12
[illegible]	100上9
2626_7	
[illegible]	204下3
2628_0	
[illegible]	7下13
伿	133上7
	134上2
2628_1	
徥	8上20
	30下16
	89下13
	90下4
	99下14
	100下20
[illegible]	27上15
	27下8
促	187下3

	191上1		156下20	倌	160上4		97上18	、	94下2	夋	35下9	儎	130上15
	191上11	舵	59上13		2321_8		97下5	猷	83下7	俊	41上7	截	145下6
	202下3	粧	131下17	傺	69下2	鯆	97上19	猴	93下20		154上2	伐	148下4
仆	141上18	蜿	198下1		2321_9	捕	98上16	候	136上10		154下5		153下1
	176上3		2321_2	鰫(鰫)	199下17	艑	109下8		144下1		154下6		195上14
	177下6	侂	7上20		2322_1	儚	112下4	犾	144上7	駿	43下9	俄	150上11
	182下14		89上15	停	69下5	艕	132上15	伏	176上6	餕	77上17	佯	177下15
	219下4	鴕	88上17	徬	174下6	備	138上1		184上7	傻	126上7	徽	181上1
外	149上18	魋(魋)	97上20	佇	96下3		163上7		219下4	悛	176下6	儀	183上10
	198下3		2321_4	徛	134上15	爷	152下3	狀	171上18		2325_0		186下18
	2320_2	侘	61上2		2322_2	爹	152下6		2324_0	伐	4上10		215上13
叅	56下15		170上6	傪	80下10		2323_2	牀	65下9	戲	11上20	伐	185上9
	80下9	僮	137下19		82上10	佷	64上5	傚	135上6		11下14	蜮	192下7
	80下14		138上12		128上4		120下11	代	152下3		12上2		203上4
	82上9		152下16		128上7		172上10	侙	218上2		12上5		204上14
	83上9	僦	176上10		179下8	躶	65上4	代	218上14		26上19	蛾	194下10
	128上5	蜮	176上13		222上4	倈	74下20		2324_1		58下13	戳	197下5
	128上7		184下5	㣧	128上4	觫	75上4	猈	102上16		134上13	軄	217上12
	179下8		184下7		180上5		79下17		2324_2	戯	26上19	蠘	218下20
	2321_0		222上6		2322_3		79下18	傅	22上20	戕	42上8	艥	220下8
允	50下6	魃(魃)	198下14	斧	26下18	捄	75上5		141上20		63上3	織	220下9
	103下12		2321_5		30下6	絿	75上9		141下2		63上7		2325_2
	2321_1	魊(魊)	218下18	脊	30下6	儢	89上18	猼	208下2		70上4	伴	57下8
倥	3下11		2321_6		2322_7		2323_3		2324_4	俄	58上4		2325_3
	88上3	鮐(鮐)	138上18	徧	46下7	儵	110下19	倭	41下20		116下13	殘	42上6
	131下17		2321_7		49上20		111上11		107下20	餓	59下18	賤	46上15
舵	9上16	艏	11下19		162下7		2323_4	黻	193下4	臧	65下8	餞	108下2
佗	10下20	俒	43上6	自	48上4	獻	11下3	黼	193下4		65下10	餞	108上5
	59上8		104下17		162下6		11下19	娀	198下17		121上1		108下7
	59上11	鴕(鴕)	88上17	偏	48上20		58下13		2324_6	藏	65下8		111下5
	116下18	盦	96下3	偏	49上20		156下1	僔	193下10	伴	78下14		160上15
	169上5	蜿	105上1		164上15	侯	17下3		2324_7	蠛	83下13	殘	108下6
俒	40上4	倦	105上18	俌	97上15		18下5	後	35下8		83下17	後	110下12
							93下19						

1850_1	醃 8上6	砱 33下6	1864_0	硆 221下20	饕 128下18	璫 64下18
辇 126上6	10下16	102下9	敵 31下14	1866_4	餮 201上2	瞠 64下19
141下9	59上17	1862_7	礉 54下12	磰 111上8	1877_2	- 1918_0
1850_6	醃 10下16	砏 34下4	55上3	礡 207上7	埶 141下9	瞅 76下10
輦 183上1	1861_3	34下8	166上17	1866_5	1880_1	76下18
189上16	硫 147下3	37下1	212下7	磰(磰) 111上8	癹 141下9	耿 72下10
輂 183上1	1861_4	44下10	礉 54下12	1866_6	177下11	122上8
1860_0	硅 49下13	碖 36上8	55上3	磳 69下1	1882_2	122上12
矶 199下10	硅 117下6	106下4	56上16	73下10	賖 102下11	123上3
1860_1	118下2	157下5	186下12	74上16	153下10	1918_6
替 24下10	1861_7	鷃 63上9	188下18	1868_1	1890_3	瑣 117下5
78下16	礛 83上7	1863_1	敵 76上5	磫 5下15	粲 78下1	1918_9
177下13	86上14	礁 23上12	77上10	1868_6	78下18	瑍 129上1
[illegible] 56下6	醢 128下20	97下11	116上13	醶 85下13	80上2	1922_7
1860_2	180上12	醶 181上1	124下18	128下2	177上12	猾 55上19
替 177下15	硫 196下1	硷 201上20	168上10	130下5	1890_4	獮 147下9
1860_4	199上10	1863_2	敨 95下3	130下12	粲 36下4	猜 189上17
朁 78下20	硫 196下8	硹 4上10	礉 126上11	181上3	粲 183上1	猵 202上20
141下8	1861_9	碌 136上13	敳 128下7	1869_0	[illegible] 143下16	1923_4
177下12	硷 81上18	151上12	磝 128下8	硢 118下5	1894_0	猷 4上19
189上15	1862_0	1863_3	礉 166上17	1869_4	敝 53上4	88上16
1861_1	砎 150上13	礈 136上13	1864_1	硢 20下16	1896_1	1925_9
磋 58下15	199上14	1863_4	研 69下10	酴 25上19	稭 75下5	獜 35上6
168下3	200上5	砍 92上16	1864_7	1871_1	175下19	1933_8
醝 58下16	1862_1	礇 174上17	硑 211上7	硷 181上9	1911_1	愁 122上12
117上7	碖 24上19	礏 183上8	1865_3	1871_6	珖 66下1	1960_8
酢 108上4	醽 25上14	189下10	礒 91上13		1912_7	昝 122上13
硗 120上18	25上19	1863_7	1865_7	礆 82下2	璈 57下6	1961_1
酢 142下6	79上15	酹 71下17	酶(酶) 32上17	82下8	瑞 63下4	硄 66上18
209上9	178上13	砱 72上8	1866_1	1871_7	1915_9	1962_0
砟 170上2	酓 85下13	磏 84下8	酴 82上14	蘇 95上5	璘 35上4	砂 60下4
209上9	86上12	85上14	酪 82上14	139上17	103下4	1962_7
1861_2	1862_2	磋 211上7	碒 84下19	1873_2	1916_6	硝 52上19

鬻	174下17		169下5	豰	41上17	豬	156上6	豯	159上11	急	77上16		1740_7
鬻	183上3	豩	23下17	豛	97下19		1726_2		1730_0		177下11	子	94上4
粥	184下18		97下19		1724_7	弨	53上14		10下19	忍	102下16		138上16
	185下9		126上14	張	34下3		53上17		147上19		153下17	孚	138上13
鬻	184下18	彖	38上14		41上10		113下16		193下3	忍	138下15	孕	174下15
鬻	185下9	豤	40下8	豰	61下6	豳	176下16		201上16		139下6		175上2
鬻	185下9		106上2	叟	77上10		1727_2		221上13		153下3	孕	175上2
粥	185下9		106下9	燮	78下16	豨	56下6		1730_7		1733_3	子	204上10
鬻	187上20		110上3	殺	80上5	豨	194上15	昃	102下3	懇	106上2		1740_8
鬻	190上3	承	72下17		80上9		1727_4		1731_5		1733_4	翠	135下2
	216上10		72下18		83下20	串	169下14	麵	185下5	忍	221上10		1741_0
粥	191上10		73上19		178下10		1727_7		1732_7		1733_6	孔	154上11
鬲	192上15		123下14	設.	128下7	肩	63下20	鶩	6下18	君	38上11		154下3
	192上19		174下9	殺	183上13		1728_0		89上2		1733_7		1741_6
	192下2	丞	72下18		189下12	豲	71上18	鷲	7上1	晁	102下3	豫	105下8
	193上4		123下15	殺	187上1		174上15	鄹	49上12		1734_1		111下18
	202上10		174下9		214下10		1728_1		105下1	尋	80上12		1742_0
鬻	192下4	豙	89下7	燮	209上7	豯	96上4		156下4		1740_0	丹	153下16
	193上6		89下11	豭	214下10		1728_2	郗	71下18	叉	103下9		1742_2
鬻	195下8	聚	97下15	殺	214下11	歎	75上15		123下10		155上5	矜	96上5
鬻	198上4		141下14		216下14	欯	102下13	鵝	72上5		1740_1		1742_7
鬻	206上16	豫	140下20		216下17		103下9	郙	80上14	丞	88下19	鄉	14下6
鬻	212下10	彖	159下7		217上8	歇	135上12	鷟	184下19		1740_4		14下11
粥	216上20	彘	163下17	及	221上13		135上15		1733_1	娶	19下3	鴉	14下6
鷊	217上3		1723_4		1725_0		135上16	烝	72下16		23上15		14下12
鴉	221上15	豬	6上1	豨	42上4	歎	169下15		123下15		23上19	邪	21下7
鬲	221下5		6上7	豨	126上6	歡	216上4		174下9		23下4		21下17
	1722_8	猴	78上10		1725_2		216上6	恐	88下17		97下15	鴉	35下2
黍	99下19		1723_7	豬	100上18		217下20	恐	132下12		141下12		163上20
	1723_2	豨	72上13		1725_4		1728_6		1733_2	饗	142上11	邪	41下9
穗	5下11		1724_0	豬	6上1	黷	13上6	悤	2上10	夔	183上2		41下18
豫	19下17	豭	23下17		6上7		13上12		88下11	婁	224上3	鴉	41下19
	140下15		126上14		1725_6		1728_9	憂	77上8		227上12		157下13

154下2
刁 51上12
琱 51上12
聊 51下9
164下20
翢 69上13
翑 69上13
聊 76上17
翑 79上10
珝 96下20
羽 97上9
99上11
141上12
翑 97下16
141上13
聜 120上9
珋 125上12
珣 125下10
177下2
聊 143下5
聯 150上9
199下8
瓓 159下2
珣 171上10
171下11
琱 176上17
明 194下5
200上20
玥 194下5
玓 215下14

1712_2
翏 51下9
57下5
璆 74下18
75上5
75下8
75下14
79下16
79下18
176下20

1712_7
瑦 3下2
88上5
邛 6下19
鴉 12下7
邳 14下15
15下8
鳿 14下18
15上9
鴹 22上15
78上5
鵶 23上10
瑦 26下15
99上14
瑦 188上10
郅 33下12
36下11
48下4
49上4
163下19
鴉 48下4
49上4
鳿 51上10
翳 57上14
鴉 61下10
鄮 70下4
瑦 70上11
173下20
璚 70下15
202上7
聘 71上1
鷸 72上5
鴉 72上18
郅 72上19
72下3
鶑 73下17
邺(邶) 74下15
邶(邶) 151下9
151下14
耶 77下6
107下4
耶 79上10
178上6
178上12
鴉 79上16
挪 97上12
弔 97下2
邪 122下11
瑯 124下20
瑯 125上17
瑒 133下14
144下3
翳 168上6
瑯 171下11
邳 174下13
鄧 175上10
璠 185上1
郅 190上11
191上19
192上2
192上4
孑 192上1
翾 193上6
䐓 196上13
弱 207上2
207上2
聯 210上7

1713_2
聰 3上6
璁 3上8
87下20
璩 13下3
104上6
112上10
163下10
璨 28上1
琅 36下6
41下6
157上8
彔 137下10
彔 183下5
琭 183下7
騄 183下10
騄 183下17

1713_4
琡 78上5
177上6
璭 157上3

1713_6
蝨 3上2
78下19
177下14
蚤 6下18
89上3
蚤 6下18
蝨 9下6
28上3
59下12
99下19
117下20
136上10
144下7
蝨 59下14
99下19
蝨 78下19
琇 115上13
蝨 193上13
蝨 193上13

1714_0
取 23上18
23上19
76下8
97下14
126上12
187下4
瑚 77上7
娵 77下10
瑕 184下16
184下19
185上1

1714_1
瓔 70下15

1714_2
鵡 97下12

1714_7
珉 34下8
瓊 49下20
瑕 61上15
61下9
159下6
瑕 79上13
148上16
178上11
瑕 80上5
178下8
瑕 109下13
玡 115下3
167上14
瑕 116上16
瑕 118下15
瑕 126上8
瑀 160上15
瑕 161下10
瑕 195下2
瓔 216上18

1714_8
璘 92下2

1715_0
珊 42上3
197下2
聃 82上7
82下20
83上4
83上18
83上19

1715_4
踜 7上12

1715_6
璭 40上7

1716_1
聸 83上3

1716_2
珆 53上20
瑠 76上10
璠 52上1
76上10
聕 224上10

1716_4
琚 19上8
19上19
瑢 34下7
34下8
璐 142下15
珞 208上10
216上18
璐 209下7
珞 211上2

1716_7
瑁 15上16

1717_0
珝 168下16

1717_2
瑶 194上14

1717_5
毌 39下13
毌 39下13

1717_7
珺 31上16
君 59上6
諂 179上15

1718_0
瞑 71上19

更 67上14
72下14
172下18
霅 121下3
覃 208下8
212下13
1050_7
叓 150下14
1052_7
霸 169上19
210上8
霈 193下2
1053_0
霙 64上17
121上9
霙 68下7
1053_2
霬 27下9
1055_7
再 152下17
霿 177下2
霥 212上8
1060_0
西 12下17
27上1
46上12
207下3
冋 92上12
酉 124上18
百 124下14
210上19
囟 128上15
180下11

丙 129下19
179下13
180下11
面 164上16
两 170上14
170下5
百 210上19
石 214上7
1060_1
吾 18下17
26下4
61下14
晋 71下12
晉 72上14
晉 80下17
178下12
吾 143上16
晋 154上15
162下18
晋 170下3
晉 221上3
222上3
224上9
227上5
227上14
227上16
227上18
晉 226上13
1060_2
雷 176下15
晉 220上4
220上12
1060_3

霅 31下10
雷 31下10
92下14
151下1
雷 82下4
吞 123上4
145下1
雷 155上7
1060_4
雺 208上7
霤 226下19
1060_6
雷 56下1
雷 72上13
雹 149上7
149上18
畐 183下20
219上3
1060_7
霤 104上2
1060_8
吞 17上2
17上14
吞 170下3
砬 222下6
1060_9
香 77下12
否 93上14
93上16
124下5
否 191上15
1061_0
砒 65上20

1061_1
礴 58上9
168下19
醾 117下1
礤 183下7
1061_3
硫 76上11
140上19
1061_4
礓 7下9
硅 97下17
醀 133上15
碓 151上17
醀 220上13
磪 223上2
1061_6
礓 109下14
礓 111上6
1061_7
醓 28上13
礓 42上15
硫 65下18
67上18
172下2
礦 70下5
酰 121上7
1061_8
砬 220下17
1062_0
可 57下12
116下8
1062_1
碕 11下8
11下10

18下3
91上2
哥 57下12
砺 71下4
霧 81上14
1062_3
醻 143下7
1062_7
醽 9下10
醹 65上13
磅 65上14
65上18
67下12
靄 62上20
奇 121下5
121下6
121下7
靄 149上1
197上14
碼 188下4
酾 198下11
礄 215下14
1063_1
醮 52下9
1063_2
磁 16上14
礞 30下4
31上8
31上12
150上2
硾 65下18
硋 95上9
礞 113上14

醾 117下1
磦 120上2
釀 171下8
礦 215下14
1063_3
磁 16上14
1063_6
醲 94下10
218下9
1064_0
砍 34下9
1064_1
醇 35上15
霹 214下17
215上18
礔 215上18
1064_7
醇 35上15
醱 43下9
1064_8
酸 54下1
硋 54下12
醉 135下3
碎 152上1
礈 166下10
1065_7
酶 32上17
酶 152上14
1066_1
酷 32上6
78上2
125下19
醋 81上16

82下13
179上8
磊 101下9
醅 128上1
130上19
1066_3
霝 31下10
霝 51下10
靈 71下12
霝 71下13
靇 175上7
1066_6
霝 31下9
176下20
霝 31下9
䨣 163下11
霝 189上7
1066_7
磄 64下10
1068_2
硋 153上12
1068_6
磺 121下5
1069_3
醾 10上12
1069_4
醾 10上12
釀 10上12
醿 117下1
磔 222上8
226上6
1069_6
醇 64上3

詸 39下10
58下7

0260_0

剖 11上20
91上4
訓 35下16
156上3
詶 77上9
176上17
176上19
謝 84下4
85下8
剳 97上15
125下17
劅 102下12
謝 146上2
訒 147上7
訓 165上6
訓 197下18
訓 204下18
204下19

0261_0

訛 156上19

0261_1

譊 223上2

0261_2

覾 224下4

0261_3

讔 107下17
誂 113上6

0261_4

謹 12下10
12下11
13上9
14上12
31下18
32上2
79上5
102上14
誆 80下7
81上7
誑 80下8
謹 90上5
133上15
133下15
134上1
謹 132下8
詫 167上14
託 170上5
207下20
誰 171下20

0261_7

說 6下9
謊 8下12
27下1
27下4
詘 15下4
詭 29下12
誂 59下7
183上15

0261_8

誼 32下15
證 174下9

0262_1

訢 16下18
36下7
38上19
94下3

0262_7

講 29上3
119上3
211上8
211上12
213上7
謫 50上10
50上14
162下1
163上3
163上16
163下5
謪 58上20
62上10
91下7
譎 113下5
114上14
165下15
誘 124上19
講 210下19

0263_0

訙 32上7

0263_1

訴 142下2
214上2
謔 156上19

0263_2

謙 135下20

0263_3

訴 109下16

0263_4

謨 28上12
28上16
100上10
100上13
149下6
170上15
訣 46下20
54上4
譔 182下15

0263_7

訖 86下10
聽 104上20

0264_0

詆 27上18
27下4
99下11
144上4
215下20
設 57上4

0264_1

誕 107下10
誕 123下8
174下2

0264_4

諉 12上10
133上19
134上11

0264_7

護 39上3
105上4
讀 195上14

0264_9

評 26上20

0265_3

譏 17下20

0265_7

諍 69上19
173下2

0266_1

詬 125下5
125下9
177上5
177上8
177上14
177上19

0266_3

謅 116下5
諮 222上14
222上19

0266_4

諸 124上20
詆 150下20
話 150下20
170下9

0266_9

譒 58下4
168下17

0267_0

訕 6下9
訕 44下14
160上11

0267_2

詘 192下15
194上7
194上15
196上8

0267_7

諂 57上4
168上5
謫 226下11
226下14
226下16

0268_6

讀 190上9

0269_1

諒 200下12

0269_4

諜 55下2
55下4
166下20
謀 174下16
謙 208上10
譔 225下16
謀 227上2

0270_0

劓 44上16
刲(剣) 47下3
剚 157上4

0271_4

毹 12下6
30下15
氈 63下5
120下13

0273_0

氱 63下7
64上6
65上11

0280_0

刻 219下17

0281_4

氈 22上13

0290_0

剠 68下3
171下8
207上13

0292_1

新 34上7

0311_7

蝖 134上20

0312_1

訏 96下3

0312_7

蜅 24下17

0313_4

蜈 93下20

0314_7

蝮 35下9
36下20
49下17

0315_0

蠘 137下20
217上20
蝛 194下8

0321_2

毻 6上11

0321_4

蝥 176上13
蝥 189下8

0323_4

蚨 148上12

0324_2

蟳(蟫) 206下2

四角號碼檢字法

第一條　筆畫分為十種，各以號碼代表之如下：

號碼	筆名	筆　形	舉　　例	說　　明	注　　意
0	頭	亠	言宝广疒	獨立之點與獨立之橫相結合	0 4 5 6 7 8 9 各種皆由二以上之單筆合為一複筆・凡能成為複筆者，切勿誤作單筆；如亠應作0不作3，寸應作4不作2，厂應作7不作2，ᐳ應作8不作32，小應作9不作33
1	橫	一乚㇏	天土地 江元風	包括橫ㄱ與右鈎	
2	垂	丨丿亅	山月千則	包括直撇與左鈎	
3	點	丶㇏	宀礻冖 厶之衣	包括點與捺	
4	叉	十乂	草杏皮 刈大葑	兩筆相交	
5	插	扌	才戈申史	一筆通過兩筆以上	
6	方	口	國鳴目 四甲由	四邊齊整之形	
7	角	㇆厂亅 乚𠃍㇇	羽門灰陰 雪衣學罕	橫與垂的鋒端相接處	
8	八	八丷 人𠆢	分頁羊余 災汆疋午	八字形與其變形	
9	小	小⺌⺍ 𣎆忄	尖糸粦呆惟	小字形與其變形	

第二條　每字祇取四角之筆，其順序：

(一)左上角　(二)右上角　(三)左下角　(四)右下角

(例)　(一)左上角　(二)右上角　端　(三)左下角　(四)右下角

檢查時按四角之筆形及順序，每字得四碼：

(例)　顏＝0128　截＝4325　縣＝6789

第三條　字之上部或下部，祇有一筆或一複筆時，無論在何地位，均作左角，其右角作0.

(例)　宣　直　首　冬　軍　宗　毋

每筆用過後，如再充他角，亦作0・

(例)　千　之　持　掛　犬　卄　業　時

第四條　由整個囗門鬥所成之字，其下角取內部之筆，但上下左右有他筆時，不在此例・

(例)　國＝6043　閒＝7724　關＝7712

菌＝4460　瀾＝3712

附　則

I 字體均照楷書如下表：

正	住 匕 反 ⺷ 户 安 心 卜 斥 刃 业 赤 草 真 執 禺 衣
誤	住 匕 反 ⺷ 户 安 心 卜 斥 及 业 赤 草 真 執 禺 衣

II 取筆時應注意之點：

(1)宀户等字，凡點下之橫，右方與他筆相連者，均作3，不作0・

(2)尸四門等字，方形之筆端延長於外者，均作7，不作6・

(3)角筆之兩端，不作7，如𠃌

(4)筆形"八"與他筆交叉時不作8，如美

(5)⺌⺍中有二筆，水小旁有二筆，均不作小形・

III 取角時應注之點：

1 獨立或平行之筆，不問高低，概以最左或最右者為角：

(例)　非　倬　疾　浦　帝

2 最左或最右之筆，有他筆蓋於其上或承於其下時，取蓋於上者為上角，承於下者為下角・

(例)　宗　幸　寧　共

3 有兩複筆可取時，在上角應取較高之複筆，在下角應取較低之複筆・

(例)　功　盛　頗　鴨　奄

4 撇為他筆所承時，取他筆為下角・

(例)　春　奎　碓　衣　辟　石

5 左上之撇作左角，其右角取右筆・

(例)　勾　鈎　倖　鳴

IV 四角同碼字較多時，以右下角上方最貼近而露鋒芒之一筆為附角；如該筆業已用過，則附角作0・

(例)　芒＝4471₀　元　拼　是　症　歆　畜　殘　儀　難　達　毯　禧　繕　鑾　軍　覽　功　郭　痗　癥　愁　金　遠　仁　見

附角仍有同碼字時，得按各該字所含橫筆(即第一種筆形，包括橫ㄱ及右鈎)之數順序排列・

例如"市""帝"二字之四角及附角均同，但市字含有二橫，帝字含有三橫，故市字在前帝字在後，餘照此類推・

索　引

一、本索引採用四角號碼编製，例如：

　　漼　四角號碼爲　3118_1

　　巽　　　　　　　6080_1

二、每個字後注明此字的頁數、上下欄和行數，例如：

　　字頭　　頁數　　上下欄　　行數

　　漼　　　90　　　上　　　　1

　　巽　　　110　　　下　　　　15

三、當同一個字分别在本書中的不同頁數中出現時，按出現先後集中排列在此字下，例如：

　　瘖　32下14

　　　　152下1

　　　　153上14

四、本書中的避諱字索引中一律已改正，编寫索引時，按避諱字和改正後的字形分别编寫，以便查閲，例如：

　　避諱字　　四角號碼　　改正字　　四角號碼

　　痃　　　　0011_2　　　痃　　　0013_2

五、本書中的異體字和繕寫的字形，不規範的文字較多，較典型的如：

　禣——禣　　蝷——蝷　　誈——誈　　傻——傻　　嫶——嫶

　撚——撚　　桼——桼　　牙——牙　　鼜——鼜　　揳——揳

　墡——墡　　鱠——鱠、鱠　　劐——劐　　搔——搔　　永——永

　穜——穜　　葪——葪　　夜——夜　　儠——儠　　蘗——蘗

　翽——翽　　每——每

　上述情況，本索引都按楷體或每個字的規範字形编寫。

六、本書有些字其字形與楷體不同，但在全書中字形統一，這種情況，本索引均按規範楷體字形编寫，例如：

　　瓦　四角號碼爲　1021_7　不按1071_7编

七、本書中凡同一個字字形寫法不統一的，均按楷體编寫，例如：

　　戔有寫做戔的情況　按戔　5350_3编

八、本書中的古體字，均按原字形编，例如：

　　　7720_7